Edward v. Niederhäusern
Künstlergütli
8479 Truttikon
Telefon 052 / 41 10 32

Meinem lieben Lebensgefährten gewidmet

LILIANE FREY-ROHN

VON FREUD ZU JUNG

Eine vergleichende Studie zur Psychologie des Unbewußten

Daimon Verlag
Zürich

2. überarbeitete Ausgabe

2. Auflage der Originalausgabe bei
Rascher Verlag, Zürich 1969

ISBN 3-85630-002-3

Umschlag Gestaltung: Peter Schrumpf

Druck: Buch- und Offsetdruck W. Schrumpf
8123 Ebmatingen, Zürich

INHALTSVERZEICHNIS

Vorwort 13

Einleitung 17

1. Die Anfänge 17
2. FREUDS Erkenntnisse bis zur Jahrhundertwende 22

A. Vom Trauma zum gefühlsbetonten Komplex

I. Assoziationsexperiment und gefühlsbetonter Komplex 31

II. Komplex und Trauma 38
1. Akute und chronische Komplexe 38
2. Der Komplex als innere Einheit 42
3. Das Kernelement als Zentrum des Komplexes 45
4. Unbewußte und bewußte Komplexe 48

III. Die Autonomie des unbewußten Komplexes 51
1. Ichkomplex und autonomer Komplex 51
2. Der unbewußte Komplex als Teilpersönlichkeit 55
3. Persönliche und unpersönliche Komplexe 58

IV. Psychischer Konflikt und Komplex 60

V. Über den Sinn des Komplexes 64

B. Von den psychischen «Mechanismen» zur Gesamtpersönlichkeit

I. Psychische Mechanismen im allgemeinen 69

II. Substitution und Symbolisierung 71

III. Verdrängung und Dissoziation 77
1. Die Verdrängungstheorie in der Psychologie FREUDS 77
2. Die Verdrängung in der Sicht der JUNGschen Psychologie 84
a. Bewußtseinsentwicklung und Verdrängung 89
b. Unbewußte Mehrleistungen und Verdrängung 95

IV. Die Einheit und Ganzheit der Persönlichkeit 100

C. Von den persönlichen zu den kollektiven Inhalten der Seele

I. Die Psychologie der Phantasie 109
1. Die Phantasie als Entstellung und Wunscherfüllung (FREUD) 109
2. Die Phantasie als schöpferische Gestaltung (JUNG) 111

II. Die archaischen Phantasien 118

III. Die Zielstrebigkeit in der Psyche 122

IV. Das urtümliche Bild 129

V. Der Archetypus als Strukturelement und als formendes Prinzip 134
1. Archetypisches Bild als schöpferisches Zentrum 136
2. Archetypisches Bild und Bewußtsein 137

D. Vom Trieb-Unbewußten zum kollektiven Unbewußten

I. Die Vorstellung von Bewußtsein und Unbewußtem bei FREUD 145

II. Bewußtsein und Unbewußtes in der Psychologie JUNGS 157
1. Über das Ganze von Bewußtsein und Unbewußtem 157
2. Ich und Bewußtsein 159
3. Das Unbewußte 165
a. Das persönliche Unbewußte 165
b. Das kollektive Unbewußte 170

4. Archaische Erbschaft und kollektives Unbewußtes 176
a. Archaische Erbschaft und Instinkt 179
b. Phantasie und Urszenen 180
c. Phylogenetische Erbschaft und historische Verdrängung 182

E. Von der Libido zur psychischen Energie

I. Zur Sexualtheorie FREUDS 187
II. Die infantile Sexualität und die Libidoorganisation 195
1. Die infantile Sexualität: Polymorph-perverse Anlage und zweizeitiger Ansatz der Sexualität bei FREUD 195
2. Libidoorganisation und Ödipuskomplex bei FREUD 197
3. Die infantile Sexualität in der JUNGschen Sicht 203
a. Polyvalente und polymorph-perverse Anlage 206
b. Latenzzeit als Anfang der Sexualität 210
c. Der Ödipuskomplex als archetypisches Bild 211

III. Die Libido als einheitliche Lebensenergie bei JUNG 216
1. Der Begriff der psychischen Energie 220
2. Äquivalente Umsetzungen der Libido 223
a. Äquivalenzprinzip und Energieumsetzung 224
b. Symbolbildung und Äquivalenzprinzip 228
3. Gegensatzspannung und energetischer Ausgleich 230
4. Verkoppelung von archetypischem Bild und Instinkt 235
5. Inzestbild und Wiedergeburt 238
6. Die biologische Hypothese bei FREUD 242
7. Schlußbemerkung 245

F. Von der kausalen zur hermeneutischen Methode

I. Der freie Einfall und die kausale Methode FREUDS 251

II. Der gebundene Einfall und der finale Gesichtspunkt JUNGS 259
1. Die prospektiv-konstruktive Methode 261
2. Die Amplifikationsmethode 265

G. Neurose und Traum

I. Die Neurose: Triebproblem oder Persönlichkeitsproblem? 271
1. Die Neurose im Lichte der Trieblehre (FREUD) 271

2. Die Neurose als Persönlichkeitsproblem (JUNG) 280
a. Die Neurose als Entzweiung mit sich selbst 280
b. Neurose und Heilung 288
c. Die Dissoziation in Neurose und Psychose 290

II. Vom Traum als Symptom (FREUD) zum Traum als symbolischem Ausdruck (JUNG) 297
1. Der Traum bei FREUD 298
2. Der Traum in der Psychologie von JUNG 302
a. Der Traum als Manifestation des Unbewußten 305
b. Entstellung oder symbolische Gestaltung? 308
c. Wunscherfüllung oder Selbstabbildung 311
3. Von der Schlaferhaltungs- zur Kompensationsfunktion 314
a. Traum und Schlaf 314
b. Über die kompensierende Funktion des Traumes 316
4. Traumsinn und Deutung 321
a. Traumdeutung und Bewußtseinslage 326
b. Assimilation des Traumsinnes 328
c. Deutung auf der Subjekt- und Objektstufe 329
5. Historischer Überblick über den Projektionsbegriff 331

H. Vom Zeichen zum Symbol

I. Symbolisierung und Symbol bei FREUD 338

II. Das Symbol als ein relativ Unbekanntes bei JUNG 342
1. Das Inzestsymbol 344
2. Das Symbol als Mittler 347
3. Das Symbol des Selbst 352
a. Das Selbst als vereinigendes Symbol 354
b. Die religiöse Funktion des Selbst 358
c. Archetypus des Selbst und Erlebnis 361

Anhang

JUNGS Auffassungen aus den Jahren 1939–1961 365

I. Der Archetypus an sich 367
1. Der Archetypus als Regulator des Geschehens 369
2. Archetypus und Instinkt 372

II. Die Psyche in der Sicht transzendentaler Faktoren 378
1. Der Archetypus an sich als eine Form des apriorischen Angeordnetseins 378
2. Relativierung der Vorstellungen von Bewußtsein und Unbewußtem 379
a. Die Unbestimmbarkeit des Unbewußten 380
b. Das Approximative des Bewußtseins 381
c. Die Psyche als bewußt-unbewußte Ganzheit 383
d. Das Psychoid-Unbewußte als ein ursacheloses Angeordnetsein in Psychologie und Physik 384
3. FREUD und die transzendentale Wirklichkeit 391
III. Schlußbemerkung 399
Bibliographie 401
Personenregister 417
Sachregister 419

Vorwort zur zweiten Auflage

Die erste Auflage dieses Buches ist im Jahre 1969 erschienen. Obwohl rund 10 Jahre seither verstrichen sind, ist das Interesse an einer vergleichenden Darstellung der Grundauffassungen von FREUD und JUNG ebenso lebendig wie damals. Da ich mich im wesentlichen auf die Gesamtausgaben beider Psychologen beziehe, ist die Berücksichtigung der inzwischen veröffentlichten Werke nicht indiziert, da die Grundbegriffe davon unberührt geblieben sind.

Ich habe mich deshalb entschlossen, den Text dieser Auflage im wesentlichen unverändert zu belassen, abgesehen von einigen notwendig gewordenen Korrekturen. Eine wesentliche Verbesserung hingegen erfährt der Index des Sachregisters. Er soll dem Leser ermöglichen, einen raschen Überblick über die unter die einzelnen Begriffe fallenden Probleme zu gewinnen.

Zürich, 1980 — Liliane Frey-Rohn

VORWORT

Die vorliegende Arbeit ist aus einem historischen Interesse entstanden und stellt die Fortsetzung meiner Schrift über die «Anfänge der Tiefenpsychologie» (1955) dar. Da ich mich in letzterer auf die medizinische Psychologie von MESMER bis FREUD beschränkt und nur einen kurzen Blick auf die zukünftige Entwicklung geworfen habe, lag es nahe, die historische Linie weiterzuführen. Allerdings geht es mir bei dieser Studie nicht darum, einen nur annähernd vollständigen Abriß der weiteren Entwicklung zu geben. Im Zentrum steht vielmehr mein Bemühen, die Grundauffassungen FREUDS und JUNGS zu skizzieren und aus diesem Vergleich ein umfassenderes Verständnis des JUNGschen Werkes zu gewinnen bzw. das Spezifische seines Weltbildes klarer hervortreten zu lassen. Wesentlich war mir dabei, die Entwicklungslinie JUNGS von seiner anfänglichen Faszination vom FREUDschen Gedankengut bis zu seiner allmählichen Befreiung von der Macht seiner Ideen, oder mit anderen Worten: bis zum schließlichen Durchbruch zu seinem Eigensten zu zeichnen. Naturgemäß bedingte diese Zielsetzung ein relativ stärkeres Verweilen auf den dreizehn ersten Jahren seines Schaffens, in denen sich seine Grundideen in steter Auseinandersetzung mit FREUD Bahn brachen. Ein solches Unterfangen ist um so gerechtfertigter, als JUNG nicht nur ein umfassendes und tiefschürfendes Erbe antrat, sondern auch seine Erkenntnisse in ständiger Konfrontation mit diesem Erbe entwickelte und überprüfte.

In dieser Studie versuche ich, den entwicklungsgeschichtlichen mit dem systematischen Gesichtspunkt zu verbinden, wobei ich sowohl auf biographische Hinweise als auch auf individualpsychologische Beleuchtungen der jeweiligen Grundgedanken verzichtet habe. Ebenso bedingte die Beschränkung dieser Arbeit auf den geforderten Umfang den Verzicht sowohl auf die Veranschaulichung der Grundbegriffe anhand von Beispielen als auch auf die Auseinandersetzung mit der bestehenden Literatur.

In der Darstellung der psychologischen Theorien beider Forscher habe ich mich grundsätzlich auf die *Psychologie des Unbewußten* beschränkt. Ich konnte dies um so eher tun, als das Unbewußte nicht nur bis in die Zwanzigerjahre den wesentlichen Forschungsgegenstand FREUDS gebildet, sondern auch stets das vorherrschende Interesse JUNGS auf sich gezogen hat. Um des Zusammenhangs mit dem Ganzen der Psychologie willen war es zwar unvermeidlich, gewisse Abstecher in die Psychologie des Ich und des Bewußtseins vorzunehmen. Allerdings habe ich weitgehend auf die Darstellung der Typen, dem so bedeutenden Abschnitt in der Psychologie JUNGS, verzichtet, da sich im FREUDschen Werk keine Analogie dazu auffinden läßt. Nicht zuletzt konnte ich auch die Konsequenzen der theoretischen Grundlagen für die Psychotherapie nur gelegentlich streifen, da ein solches Unterfangen eine Studie weit größeren Umfangs verlangt hätte.

Einige Schwierigkeiten verursachte die Frage nach dem Modus der Darstellung der psychologischen Grundauffassungen. Es wäre sehr verlockend gewesen, jeweils von bestimmten Zeitabschnitten auszugehen und die in diesen Zeitabschnitt fallenden Äußerungen beider Forscher miteinander zu vergleichen. Dieser Plan ließ sich leider nicht verwirklichen, weil im allgemeinen JUNGS Bezugnahme auf die entsprechenden Theorien FREUDS viel später, oft Jahre später stattfand. So erfolgte, um nur einige Beispiele zu nennen, die erstmalige Erwähnung der auf die Jahre 1895–1900 zurückgehenden Hysterielehre FREUDS erst in den Jahren 1906/07 *(Diagnostische Assoziationsstudien* und *Über die Dementia praecox)*, und ebenso würdigte JUNG die 1905 veröffentlichte Sexualtheorie, vor allem die Theorie des sexuellen Kindheitstraumas erst zur Zeit seiner Ablösung von FREUD, nämlich in den Jahren 1912/13 *(Wandlungen und Symbole der Libido* und *Versuch einer Darstellung der psychoanalytischen Theorie)*. Erschwerend wirkte besonders die Tatsache, daß JUNG sich seit der Abtrennung von seinem Freund nur noch sporadisch, im Zusammenhang mit seinen jeweiligen neuen Ideen, auf ihn bezogen hat, und zudem fast ausschließlich auf die aus den Jahren 1895–1910 stammenden Erkenntnisse FREUDS.

Auch mein Versuch, die Gegenüberstellung beider Auffassungen in einer vorwiegend systematischen Weise durchzuführen, erwies sich als unfruchtbar, nicht zuletzt darum, weil die Vernachlässigung des chronologischen Gesichtspunktes dem Verständnis der im steten Werden begriffenen Gedanken JUNGS Abbruch getan hätte.

Auf Grund dieser verschiedenen Überlegungen entschloß ich mich, die chronologische mit der systematischen Betrachtungsweise zu verbinden; und zwar versuchte ich, von den Entdeckungen JUNGS ausgehend, seine Ideen mit den entsprechenden FREUDS zu vergleichen, um dann nachfolgend den jeweiligen strukturellen Wandlungen, wie sie sich im Laufe der Zeit ergaben, nachzugehen. Auch diese Methode zeitigte Nachteile, die mit den unvermeidlicherweise auftretenden Phasenunterschieden in den geistigen Interessen beider Forscher zusammenhing.

In meiner Darstellung habe ich mich zum großen Teil auf die bis zum Todesjahre FREUDS (1939) veröffentlichten Auffassungen beschränkt. Um immerhin den außerordentlich bedeutsamen und für die Abrundung des JUNGschen Werkes grundlegenden Entdeckungen aus den Altersschriften gerecht zu werden, lag es mir daran, sie in einem Anhang anzudeuten. Sie betreffen an erster Stelle den «Archetypus an sich» und den Archetypus des Selbst.

Die vorliegende Studie ist das Ergebnis einer jahrelangen Auseinandersetzung mit den Erkenntnissen beider Forscher. Da ich sie erst im letzten Lebensjahre JUNGS begann, konnte ich sie ihm ungeachtet mancher vorgängigen Diskussionen nicht mehr unterbreiten. Es sei ihm an dieser Stelle für seine stete geistige Unterstützung gedankt. Bei der Fertigstellung meiner Arbeit war mir die Durchsicht durch Frau Dr. Jolande JACOBI von großer Hilfe. Ich möchte ihr für ihre wertvollen Anregungen herzlich danken. Vor allem bin ich meinem lieben Mann dankbar, der meine Arbeit durch ständige Aufmunterung und geistige Klärung unterstützt und gefördert hat.

EINLEITUNG

1. Die Anfänge

Bereits die Anfänge seiner psychologischen Tätigkeit lassen das Komplexe und Außergewöhnliche der Persönlichkeit von C. G. JUNG erkennen. Sein Interessengebiet bezog sich ebensowohl auf Philosophie wie auf Psychopathologie; SCHOPENHAUER und KANT fesselten ihn ebensosehr wie die Probleme des Mesmerismus und Spiritismus. Ob es sich um Fragen der Erkenntnis oder der abnormen Geisteszustände im Menschen handelte: stets war es das Geheimnis der menschlichen Persönlichkeit, das ihn faszinierte und seinen Geist in Atem hielt. Schon während seines medizinischen Studiums wurde ein Zug seines Wesens offenbar, der ihn bis ins hohe Alter begleiten sollte: die Leidenschaft für das Verständnis ungewöhnlicher Erscheinungen. Erweiterung der Tatsachenkenntnis bedeutete zugleich die Erweiterung der psychologischen Erfahrung. Wie C. A. MEIER mit Recht betont hat, besaß JUNG einen untrüglichen Instinkt[1] für die Tatsachen, die zu neuen Entdeckungen im Bereich der menschlichen Psyche führen konnten. Was bereits für seine Dissertation, die sich mit okkulten Phänomenen beschäftigte, zutreffend war, galt in ebensolchem Maße für seine letzten Schriften, z. B. für die Schrift über den «modernen Mythus», in der er sich dem Phänomen der fliegenden Teller zuwandte.

Sein Interesse an der menschlichen Persönlichkeit ist schon früh wach geworden, wie aus den Erinnerungen[2] zur Genüge erhellt. Er kam früh zur Überzeugung, daß die menschliche Persönlichkeit

1. C. A. MEIER, *Jung and Analytical Psychology*, 1959, p. 8.
2. C. G. JUNG, *Erinnerungen, Träume, Gedanken von C. G. Jung*, 1962, hrg. von Aniela JAFFÉ.

alles umfaßte, *was lebendiger Ausdruck der Seele war:* sowohl die vitale Äußerung als auch die Erkenntnis, das Gefühl ebenso wie das Tun. Die zeitgenössische Beschränkung des Persönlichkeitsbildes auf Willens- und Erkenntnisvorgänge schien ein höchst unvollständiges Bild zu vermitteln. Es fehlte die emotionale Grundlage, von der aus erst das widersprüchliche Verhalten, die Neigung zu unbewußter Lüge und Selbsttäuschung, verstehbar wurde. Zu solchen enttäuschenden Erfahrungen am Menschen gab der äußere Rahmen, in dem er lebte, nur zu reichlich Anlaß: das kleinbürgerliche Milieu eines Pfarrhauses, der vom humanistischen Geist geprägte Geist seiner Vaterstadt, nicht zuletzt auch die bedrohliche Nachbarschaft der beiden Großmächte; sie formten sich zusehends zu der Erkenntnis, die man als Motto zu seinem weiteren Schaffen wählen könnte: daß nämlich *das Lichte in der Persönlichkeit nicht ohne das Dunkle existiere.* Vom Hintergrund solcher Erlebnisse her erhellt auch seine frühe Bewunderung für NIETZSCHE, dessen Spürsinn für die Tragik menschlicher Grenzzustände und dessen beißende Kritik an der Moral und Wahrheit unauslöschliche Eindrücke in ihm zurückließen. Aus all diesen Eindrücken kristallisierte sich immer deutlicher seine eigene Fragestellung heraus. Was er erst im Jahre 1914 aussprach, galt schon für die Jahrhundertwende: «zu verstehen, was eigentlich in den Seelen der Leute»[3] vorging.

Die persönliche Eigenart JUNGS trat schon in der Wahl seiner Dissertation[4], welche die von der Wissenschaft als abstrus und unakademisch abgelehnten Phänomene des Okkulten zum Gegenstand hatten, hervor. Anlaß zu dieser Arbeit gaben Erfahrungen, die er in spiritistischen Sitzungen mit den abnormen Zuständen eines fünfzehnjährigen hysterischen Mädchens machte, das in der Trance sonderbare Träume und Visionen hatte. Was ihn bei seiner Thesis leitete, war das Ziel einer Vertiefung und Erweiterung der Erkenntnis hysterischer und somnambuler Dämmerzustände zu normal psychologischen Problemen[5]. Seine Untersuchungen, nicht nur der Automatismen, der somnambulen Persönlichkeiten, sondern auch der Zustände der Dissoziation und «double conscience» brachten ihn in Berührung mit der spiritistischen

3. R. LOY, *Psychotherapeutische Zeitfragen*, 1914, p. 7.
4. C. G. JUNG, *Zur Psychologie und Pathologie sogenannter okkulter Phänomene*, 1902 (Ges. Werke I, p. 1 ff).
5. ibid. p. 18.

Literatur seiner Zeit (Myers, Mitchell, Kerner u. a. m.) sowie auch mit der französischen Psychopathologie (Binet, Azam, Ribot, Richer u. a. m.), vor allem aber mit Charcot und Janet. Besonders wertvoll war ihm Janets Ausgangspunkt von der Einheit der Persönlichkeit, wenn er auch dessen rationalistische Definition der Persönlichkeit als einer sukzessiven Abstufung des Bewußtseins nicht annehmen konnte. Auch in seinen Arbeiten über die Neurose legte Janet dieselbe Geisteshaltung, die sowohl von den Gefühlswerten absah als auch die vitalen Schichten des Individuums vernachlässigte, an den Tag – eine Einstellung, die Jung eine adäquate Erfassung der emotionalen Zustände des Kranken wie des Ergriffenseins und der Besessenheit, nicht zuletzt auch der Desintegration, zu verunmöglichen schien.

Obgleich Jung seine zurückhaltende Einstellung in der Dissertation nicht explizite zu erkennen gab, teilweise sogar in Janets Spuren ging, kam sie indirekt um so deutlicher zum Ausdruck. So wies er bereits auf eine mögliche «teleologische» Bedeutung der Somnambulismen und Halluzinationen[6] und ebenfalls auf den für viele automatische Prozesse typischen Charakter der «unbewußten Mehrleistung»[7] hin. Ja, er ging sogar so weit, in gewissen Phänomenen des Doppelbewußtseins die Tatsache von «Charakterneubildungen oder Durchbruchsversuche(n) der zukünftigen Persönlichkeit» zu vermuten[8] – eine Bemerkung, die wir als eine erste Andeutung von Entwicklungsvorgängen in der Psyche ansehen dürfen. Und nicht zuletzt bekannte er sich, in schroffem Gegensatz zu Janet, zur «Annahme einer hochentwickelten intellektuellen Tätigkeit des Unbewußten»[9].

Ein reiches Feld zur Erforschung der emotionalen und vitalen Gegebenheiten fand Jung in seiner Tätigkeit an der Klinik am Burghölzli, in die er im Jahre 1900 eintrat. Anfänglich beschränkte er sich allerdings, wie in seinen Erinnerungen zu lesen ist, darauf, die Patienten von außen her zu betrachten und sie klinisch zu erfassen, wobei er sich mit «Diagnosen, mit Symptombeschreibungen und Statistik»[10] begnügte. Daneben beschäftigte er sich mit physiologischen Untersuchungen und führte Hypnosen durch. Keine dieser Tätigkeiten vermochte ihn aber

6. ibid. p. 88.
7. ibid. p. 89.
8. ibid. p. 88.
9. ibid. p. 97.
10. C. G. Jung, *Erinnerungen, Träume, Gedanken von C. G. Jung*, p. 121.

zu befriedigen, da sein Hauptinteresse auf das Verständnis der menschlichen Persönlichkeit – der geisteskranken Persönlichkeit – gerichtet war. Aber gerade in dieser Hinsicht fand er wenig Anregung in der damaligen Psychiatrie.

In diese Zeit des Suchens und Tastens nach einem objektiven Zugang zu den irrationalen Phänomenen der Psyche schlug wie ein Blitz die Lektüre zweier Schriften von FREUD in sein Leben ein: Sowohl die *Studien über Hysterie* als auch die *Traumdeutung*[11] zeigten ihm «einen Weg zu weiteren Untersuchungen und zum Verständnis der individuellen Fälle»[12]. Was ihn zutiefst beeindruckte, war die Tatsache, daß FREUD als erster eine «psychologische Frage»[13] in die Psychiatrie einführte. Von einschneidender Bedeutung war die *Traumdeutung*. Daß jemand es wagte, ein so dunkles Gebiet, den Traum, der Wissenschaft zu erschließen, ja, in ihm sogar die «wichtigste Informationsquelle über die Vorgänge im Unbewußten»[14] zu sehen, erschien JUNG als eine höchst bedeutsame wissenschaftliche Leistung. Ebenso eindrucksvoll war es ihm, daß FREUD den Mut besaß, in einer Zeit, da das Ideal der wert- und gefühlsfreien Wissenschaft herrschend war, das Emotionale, den Affekt nicht nur einzubeziehen, sondern ihn sogar als Wegweiser durch das Dickicht der unbewußten Seelentiefen zu benützen.

Zwar hatte JUNG, wie er mir mitteilte, nie an der Wirklichkeit des Unbewußten gezweifelt; was er aber zu jener Zeit vermißte, war ein wirksames Instrument, um die unbewußten Äußerungen der menschlichen Persönlichkeit, ihre Gefühle und Emotionen und auch ihre Konflikte und Mißerfolge, vor allem ihr Leiden, an den eigenen Widersprüchen in einer *objektiven* Weise zu erforschen.

Für mich war das Unbewußte von jeher eine Selbstverständlichkeit: es war mir durchaus natürlich, daß in mir und in andern seelische

11. Wie aus JUNGS Gesprächen mit Richard EVANS ersichtlich wird, verfaßte er bereits kurz nach Erscheinen der *Traumdeutung* auf Anregung seines Chefs, E. BLEULER, eine Rezension darüber. Wenn er sie auch noch reichlich unklar fand, schien sie ihm dennoch bedeutungsvoll zu sein und auf die Zukunft hinzuweisen. Richard EVANS, *Gespräche mit C. G. Jung*.

12. C. G. JUNG, *Erinnerungen, Träume, Gedanken von C. G. Jung*, p. 121.

13. ibid.

14. C. G. JUNG, Nachruf über Sigmund FREUD, Basler Nachrichten, 33. Jahrgang, 1939, 1. X. Nr. 40.

Dinge vor sich gingen, die man eigentlich nicht wußte, sondern nur ahnte. Von jeher erschien es mir als höchst eindrucksvoll, daß die Menschen imstande waren, Dinge zu sagen und zu tun, deren Gründe sie nicht angeben, für die sie weder einstehen noch die Verantwortung übernehmen, die sie plötzlich nicht mehr erinnerten und deshalb in guten Treuen auch leugnen konnten. Was mir aber fehlte, war eine objektive Methode, um die Natur der menschlichen Persönlichkeit zu verstehen[15].

Schwierigkeiten bereitete es ihm allerdings, daß die theoretischen Grundlagen der Psychoanalyse vor allem aus der «praktischen Empirie» herausgewachsen waren und der experimentellen Nachprüfung ermangelten. Obwohl er nie bezweifelte, daß «wunderbarste Gesetzmäßigkeit alle Einfälle der Menschen beherrschte»[16], vermißte er «die sicheren Grundlagen», von denen aus die unbewußten Tatsachen evident würden. «Über die ersten wichtigsten Schwierigkeiten» half ihm, wie er schrieb, «das Assoziationsexperiment»[17] hinweg.

In unübertroffener Weise hat Alphonse MAEDER im Jahre 1956 den Geist, der in den ersten Jahren des 20. Jahrhunderts am Burghölzli herrschte, geschildert:

Nach Zürich zurückgekehrt (1906), fand ich in Eugen BLEULER einen hervorragenden klinischen Lehrer und einen wissenschaftlich produktiven Gelehrten, in C. G. JUNG, dem damaligen Oberarzt, einen begeisterten Einführer in die Psychoanalyse. Zum erstenmal hörte ich überhaupt den Namen FREUDS. ... Bald durfte ich für einige Jahre Mitarbeiter dieser beiden hervorragenden Männer werden – ein wahrhaftes Glück ... Neben aller Belehrung und Anregung, neben dem Beispiel eines der Forschung gewidmeten Lebens verdanke ich JUNG noch etwas anderes: Er war der erste wirklich bedeutende Mann, dem ich persönlich begegnete und näher kam ... und der mich selber ernst nahm. Sein profundes und weltweites Wissen, die Instinktsicherheit, mit der er den tiefenpsychologischen Problemen

15. Persönliche Mitteilungen aus dem Jahre 1958.
16. C. G. JUNG, Psychoanalyse und Assoziationsexperiment, 1905, in: *Diagnostische Assoziationsstudien* I, 1906, 3. Auflage 1915, p. 259.
17. ibid.

nachging, beeindruckten mich tief... Hinter BLEULER und JUNG stand für mich noch in der Ferne die faszinierende Gestalt des Meisters S. FREUD, den ich durch Korrespondenz und Austausch von Veröffentlichungen kennenlernte und dem ich erst später am Internationalen Kongreß für Psychoanalyse in Nürnberg begegnete. Damals trafen alle zusammen, die die Stoßtruppe der Bewegung bildeten, u. a. ADLER, STEKEL und FERENCZI, SADGER, FEDERN, JONES, ABRAHAM, EITINGTON, und aus der Schweiz neben JUNG L. BINSWANGER und O. PFISTER. Es war die Zeit der heftigsten Ablehnung, der jetzt unvorstellbar leidenschaftlichen Bekämpfung der Psychoanalyse. Diese paar Dutzend Männer, aus den vier Kardinalpunkten der Welt kommend, scharten sich damals fast brüderlich zusammen um den verehrten Urheber der Bewegung, der deutlich patriarchalische Züge trug[18].

2. FREUDS Erkenntnisse bis zur Jahrhundertwende

Um das Werk JUNGS richtig zu beleuchten und auch seine Entdeckungen gegenüber den Erkenntnissen FREUDS objektiv abgrenzen zu können, ist eine Besinnung über das von ihm vorgefundene Gedankengut unerläßlich.

Schon zu Beginn seines Forschens sah sich JUNG nicht nur einer Fülle neuartiger Beobachtungen über die Neurosenentstehung, sondern auch der revolutionierenden Betrachtungsweise FREUDS gegenübergestellt, die das Verhalten des Menschen grundsätzlich von seinen *unbewußten Motivationen* her zu erfassen suchte. Es war FREUDS wesentliche Leistung, der Emotion und der Affektivität eine zentrale Bedeutung für die Neurosenbehandlung zugebilligt und auf die Gefahren der einseitigen Verherrlichung des Intellektes und der Nichtbeachtung des Vitalen in der Psyche aufmerksam gemacht zu haben. Schon zur Zeit seiner Zusammenarbeit mit BREUER betonte er, teilweise in Anlehnung an CHARCOT, die Ätiologie des *psychischen Traumas* im Hinblick auf die Neurosenentstehung. Im Vordergrund seiner Forschung standen die Beziehungen zwischen Trauma und Symptom, wobei er unter Trauma eine psychische Erschütterung, die infolge der Inkompatibilität mit den

18. A. MAEDER, «Mein Weg von der Psychoanalyse zur Synthese», 1956, in: *Der Psychotherapeut als Partner*, p. 94.

bewußten Auffassungen des Individuums nicht verarbeitet (erledigt) werden konnte, verstand. Von Anbeginn an war der Gesichtspunkt eines spannungsreichen Kräftespiels zweier entgegengesetzter Tendenzen, bei welchem die eine Tendenz zufolge ihrer größeren Intensität die *Abwehr des affektbetonten Erlebnisses* bzw. dessen Abschiebung ins Unbewußte bewirkte, wegleitend. Diese bemerkenswerte Weiterführung der HERBARTschen Auffassung der Verdrängung gipfelte, dynamisch gesehen, in der Annahme eines Dissoziationsmechanismus bzw. einer Abtrennung der Erregungssumme von der damit verknüpften Vorstellung, inhaltlich gesehen aber in derjenigen einer Bildung eines unbewußten Krankheitsherdes. Daß solche «auf falsche Bahnen geratene Affekte» mit ihrer ganzen Spannung im unbewußten Seelenleben erhalten blieben, war – wie BLEULER mit Recht hervorhob – eine der Entdeckungen, die nicht mehr aus der Psychologie hinwegzudenken waren[19]. Ebenso wesentlich war die Erkenntnis, daß anstelle des mehr oder weniger bewußten Konfliktes zwischen Ich und Trauma eine unbewußte Gegensätzlichkeit entstand, die zur Symptombildung führte. Das Symptom faßte FREUD danach als Ausdruck einer *unbewußten Gegensatzspannung*, als eine Ersatzbildung auf, die je nach der Artung der Konfliktsituation die Form entweder der Konversion, der Transposition oder der Projektion annahm. Bahnbrechend für die Psychotherapie war seine Entdeckung, daß die Neurose das Ergebnis eines *mißglückten Abwehrversuches* seitens des Ich darstellte[20]. Als ebenso bahnbrechend erwies sich seine Voraussetzung einer grundsätzlichen Determiniertheit der neurotischen Symptome: Die Symptome waren nicht nur *sinnvoll determiniert*, sondern sie standen, wie die psychischen Gegebenheiten überhaupt, in einem durchgängigen Kausalnexus.

Eine unabsehbare Bedeutung für die Weiterentwicklung der Psychologie sollte auch FREUDS Entdeckung der Methode des «freien Einfalls» bzw. die Verwendung frei aufsteigender Assoziationen erreichen. Wenn auch die Assoziationsgesetze bereits von LOCKE und HUME erforscht worden waren, so erhielten sie im FREUDschen Werk eine völlig neue

19. E. BLEULER, «Die Psychoanalyse FREUDS», Jahrbuch für psychoanalytische und psychopathologische Forschungen, II, 1910.

20. S. FREUD, «Weitere Bemerkungen über die Abwehr-Neuropsychosen», 1896 (Ges. Werke I, p. 387). Sämtliche Angaben beziehen sich auf die Ausgabe der Ges. Werke vom Jahre 1952, Imago Publishing Co. Ltd., London.

Bewertung und Anwendungsmöglichkeit. Durch die *Einspannung des Kranken selber, des Subjektes in den therapeutischen Prozeß*, gewann Freud einen noch ungeahnten Zugang zur persönlichen Lebensgeschichte, deren Enthüllung ihm das Rätsel der Krankheit zu offenbaren schien. Abgesehen davon entdeckte er auch die außerordentlich bedeutsame Tatsache eines *Widerstandes im Kranken* gegenüber dem Heilungsvorgang – eine Tatsache, die ihm u. a. den so häufig beobachteten Mißerfolg in der therapeutischen Behandlung, vor allem in der hypnotischen Suggestion erhellte. Im Assoziationswiderstand erkannte er auch die Ursache all der *Erinnerungsstörungen*, die in der Therapie als «Absperrung der Einfälle» oder als «Abreißen des Zusammenhanges», nicht zuletzt als Blockierung und Sperrung in Erscheinung traten. Auch in theoretischer Hinsicht waren die Erfahrungen mit der Assoziationsmethode höchst aufschlußreich: ihnen verdankte Freud die Beobachtung nicht nur eines «enchaînement», einer lückenlosen Verkettung der psychischen Gegebenheiten, sondern auch einer konzentrischen Anordnung des abgewehrten Erinnerungsmaterials um sogenannte «Kern- und Kristallisationspunkte»[21].

Auf Grund aller dieser Erfahrungen gelang es ihm, als erstem in der medizinischen Psychologie, *den empirischen Nachweis des Unbewußten*, das heißt den Nachweis einer zusammenhängenden Einheit sowie auch Strukturierung des unbewußten Erinnerungsmaterials zu liefern.

Die angedeuteten Erkenntnisse stellen das psychologische Rüstzeug dar, das Jung durch die Lektüre der *Studien über Hysterie* bekannt wurde. Die weiteren Aufsätze hingegen, die Freud ebenfalls *vor* der Jahrhundertwende in verschiedenen Zeitschriften veröffentlicht hatte, dürften Jung erst anläßlich ihrer Publikation in der *Sammlung kleiner Schriften zur Neurosenlehre* (1906) zugänglich geworden sein. Jedenfalls können wir deren früheste Nachwirkungen in seinen vom Jahre 1904 an verfaßten Beiträgen zu den Assoziationsstudien erkennen.

In diesen Schriften hatte Freud vor allem die Theorien vom «sexuellen Kindheitstrauma» und vom Symptom als einer Kompromißbildung gegensätzlicher Tendenzen entwickelt. War er zunächst von einem einfachen Kausalzusammenhang zwischen neurotischem Symptom, aktuellem Trauma und Abwehrvorgang ausgegangen, so überzeugte

21. S. Freud, *Studien über Hysterie*, 1895 (Ges. Werke I, p. 182).

er sich bald vom Ungenügen dieser Auffassung: jede Krankengeschichte schien in letzter Linie auf die *sexuellen Eindrücke aus frühester Kindheit* zurückzugehen. Aber auch diese Hypothese entsprach nicht völlig der Tatsächlichkeit, sie mußte der Annahme weichen, daß noch eine weitere Bedingung zur Symptombildung erforderlich war, nämlich der erneute Durchbruch, die *Wiedererweckung unbewußter Erinnerungsspuren*[22] in späteren Jahren. Daß die neurotischen Symptome stets Abkömmlinge unbewußter Erinnerungen[23] bildeten, war eine Erkenntnis, die sich ihm weiterhin bestätigen sollte. Hingegen mußte FREUD zu seinem Leidwesen erfahren, daß der Wahrheitswert solcher wiedererweckten Erinnerungsspuren ein höchst fragwürdiger war. Von einer «absoluten Realität» der phantasierten sexuellen Kindheitstraumen konnte keine Rede mehr sein[24], da die Berichte der Hysterischen in den meisten Fällen auf Fiktionen und tendenziösen Erinnerungsfälschungen[25], ja auf «Ausweichmanövern» beruhten. Diese Feststellung bedeutete für ihn einen Zusammenbruch seiner bisherigen Werte, der ihn in größte Verlegenheit brachte. Immerhin gewann er auch durch diesen Fehlschlag ein für ihn außerordentlich wichtiges Resultat, nämlich die Entdeckung der umfassenden ätiologischen *Bedeutung der Sexualität* zum Verständnis der Neurosenentstehung: auf sie stützte er seine Begründung der «Sexualtheorie»[26], wobei er seine bisherigen entscheidenden Erkenntnisse nicht aufzugeben brauchte, sondern sie, wenn auch in modifizierter Form, zu verwerten und den neuen Hypothesen einzuordnen vermochte. Wie er selber betonte, wurde aus der bisherigen Annahme eines «sexuellen Kindheitstraumas» die Theorie vom *Infantilismus der Sexualität*[27].

Die Entdeckung, daß zensurierende Faktoren in der Psyche wirksam waren, die die aufsteigenden Erinnerungen *nicht nur abwehrten, sondern auch entstellten und verfälschten,* sollte zu einer Grundauffassung des FREUDschen Systems führen. Sie fand ihren bedeutsamen Niederschlag nicht nur in der Zurückführung der Neurose auf einen

22. S. FREUD, «Weitere Bemerkungen über die Abwehr-Neuropsychosen» (Ges. Werke I, p. 383).
23. S. FREUD, «Zur Ätiologie der Hysterie», 1896 (Ges. Werke I, p. 448).
24. S. FREUD, *Aus den Anfängen der Psychoanalyse,* 1950, p. 230.
25. S. FREUD, «Zur Ätiologie der Hysterie» (Ges. Werke I, p. 553).
26. S. FREUD, *Drei Abhandlungen zur Sexualtheorie,* 1905 (Ges. Werke V).
27. S. FREUD, «Meine Ansichten über die Rolle der Sexualität», 1905 (Ges. Werke V, p. 154).

gescheiterten Verdrängungsversuch, sondern auch in dem Versuch, die neurotischen Symptome als Ersatzbefriedigungen bzw. als *Kompromißbildungen*[28] zwischen dem «wiederkehrenden Verdrängten» einerseits und einer erneuten Verdrängungstendenz seitens der Zensur anderseits zu erklären. Beide Auffassungsweisen sollten zu Grundpfeilern der Psychoanalyse werden.

Zu den bemerkenswertesten Verdiensten, die sich FREUD um die Psychologie und Psychopathologie erworben hat, dürften seine Forschungsarbeiten über die Fehlleistungen und den Traum gehören. Sie lieferten erneut den Beweis dafür, daß es nicht nur ein «unbewußtes Denken» und ein «unbewußtes Wollen» gab, sondern daß das Psychische auch durchwegs *Sinn und Absicht* erkennen ließ[29]. Die Tatsache, das gewisse «absichtslos erscheinende Verrichtungen», wie z. B. das Versprechen, Verlesen, Vergessen, Verlegen und Verlieren, «wohlmotiviert und durch Motive, die dem Bewußtsein unbekannt waren, determiniert» zu sein schienen, rundeten sein Bild von den psychischen Störungen in Richtung des Normalen ab. Dies galt in hervorragendem Maße auch für den Traum: hatte FREUD in ihm vorerst ein pathologisches Phänomen vermutet, so erkannte er zunehmend in ihm das *Normalvorbild aller psychopathologischen Bildungen*[30] schlechthin – eine Erkenntnis, die das Verständnis der Neurose wesentlich vertiefen sollte. Als erster hatte er im Traum eine genuine psychische Leistung gesehen, die nicht nur sinnvoll, sondern auch psychologisch bedeutsam war. Daß der Traum eine strukturelle Einheit von sinnvoll miteinander verbundenen Teilen darstellte, daß er eine bestimmte Funktion im Ganzen der Psyche und ihrer Wunscherfüllungstendenzen erfüllte, und daß er schließlich in das gesamte «enchaînement» des Psychischen sinnvoll eingebettet war, dürfte zu den unzerstörbaren Erkenntnissen der FREUDschen Traumdeutung gehören. Abgesehen davon, eröffnete sich FREUD auf Grund der Traumstudien auch ein Weg zur Traumsymbolik und von daher zum allgemeinen Symbolverstehen überhaupt. Wie JUNG aus voller Überzeugung bekannt hat, war die Traumdeutung der «kühnste Versuch, der je gemacht wurde, auf dem scheinbar

28. S. FREUD. «Über Deckerinnerungen», 1899 (Ges. Werke I, p. 537).
29. S. FREUD, *Vorlesungen zur Einführung in die Psychoanalyse*, 1917 (Ges. Werke XI, p. 61).
30. S. FREUD, «Das Interesse an der Psychoanalyse», 1913 (Ges. Werke VIII, p. 398).

festen Boden der Empirie die Rätsel der unbewußten Psyche zu meistern»[31]. Ich werde in einem späteren Kapitel darauf zurückkommen[32].

31. C. G. JUNG, Nachruf über Sigmund FREUD, Sonntagsblatt der Basler Nachrichten.
32. Siehe p. 298.

A. VOM TRAUMA ZUM GEFÜHLSBETONTEN KOMPLEX

I. ASSOZIATIONSEXPERIMENT UND GEFÜHLSBETONTER KOMPLEX

Umfang und Bedeutung der von FREUD erkannten Tatsachen erhellen zur Genüge die große Wirkung, die sie auf JUNG ausübten. Von ähnlichen Nöten im Umgang mit den Geisteskranken bewegt, fand er eine Fülle von Anregungen im Werk FREUDS. Ja, die Faszination war so stark, daß er *vorerst die bedeutsamen Ansätze zu seiner eigenen Psychologie zurückstellte, um sich erst ein Urteil über die Lehre* FREUDS *zu bilden.* Seine wissenschaftliche Haltung trat aus folgenden Worten hervor:

> Ich sagte mir . . ., daß FREUD nur widerlegen könne, wer selber die psychoanalytische Methode vielfach angewendet hat und wirklich so forscht, wie FREUD forscht, d. h. das tägliche Leben, die Hysterie und den Traum von seinem Standpunkt aus lange und geduldig betrachtet[1].

Er sah in FREUD aber noch mehr als eine nur individuelle Leistung. FREUD wurde ihm zur Verkörperung der geistigen Spannung überhaupt, die für das ausgehende 19. Jahrhundert charakteristisch war. Zum Teil erschien er ihm als ein Ausläufer des wissenschaftlichen Materialismus, bemüht, den kausalen Determinismus und die mechanischen Grundvoraussetzungen des 19. Jahrhunderts auf das Leben der Psyche zu übertragen, und zum anderen, größeren Teil erkannte er in ihm bereits einen Exponenten des 20. Jahrhunderts, der, ähnlich wie

1. C. G. JUNG, *Über die Psychologie der Dementia praecox,* 1907, Vorwort p. IV (Ges. Werke III, p. 4).

Nietzsche, die Tragweite und Bedeutung, die die Affektivität für das Verständnis der Seele gewinnen sollte, vorausnahm.

Immerhin bewog ihn die noch vorhandene Unsicherheit in der Diagnose und Therapie der Psychosen sowie auch der hohe Grad von Subjektivismus in der wissenschaftlichen Erfassung der Fälle dazu, unter Leitung seines Chefs, Eugen Bleuler, und in Zusammenarbeit mit seinem Kollegen Franz Riklin, eine exaktere Methode auszuarbeiten. Und zwar war es das Assoziationsexperiment, von dem er einen Erfolg in der psychiatrischen Diagnostik erwartete. Zugleich versprach er sich auch eine Überprüfung der Freudschen Hypothesen. Die Betrachtung der Assoziationsvorgänge an der Burghölzli-Klinik war nicht neu. Schon geraume Zeit vorher hatten Bleuler und seine Mitarbeiter dem von Kraepelin und Aschaffenburg in die Psychiatrie eingeführten Assoziationsvorgang Aufmerksamkeit geschenkt[2]. Auch Jung hatte von Anbeginn seiner Tätigkeit an die assoziative Tätigkeit der Geisteskranken in seine Exploration der Geistesstörungen mit einbezogen. Manch ein erhellender Einblick in die innere Verfassung des Kranken wurde ihm dadurch zuteil. Den großen Wert, den Bleuler bereits der Erforschung von Assoziationen beimaß, ersehen wir aus folgender Bemerkung:

> So spiegelt sich in der Assoziationstätigkeit das ganze psychische Sein der Vergangenheit und der Gegenwart mit allen seinen Erfahrungen und Strebungen. Sie wird dadurch zu einem Index für alle psychischen Vorgänge, die wir nur zu entziffern brauchen, um den ganzen Menschen zu kennen[3].

Als ein besonderes Verdienst der Untersuchungen von Jung erschien ihm der unerwartete Einblick in die «unbewußten Mechanismen» der Psyche und in das «unbewußte Schaffen des Geistes»[4]. Die Assoziation war, wie schon Freud festgestellt hatte, alles andere als zufällig,

2. C. G. Jung, «Experimentelle Untersuchungen über Assoziationen Gesunder», 1905, in: *Diagnostische Assoziationsstudien* I, p. 7. Diese Studien umfassen mehrere Aufsätze, die bereits in den Jahren 1904 und 1905 veröffentlicht wurden.

3. E. Bleuler, «Über die Bedeutung von Assoziationsversuchen», in *Diagnostische Assoziationsstudien* I, p. 4 (im Text hervorgehoben).

4. ibid. p. 6.

sondern sie war in das gesamte «enchaînement» des psychischen Lebens einbezogen.

In der Versuchsanordnung des Assoziationsexperimentes[5] knüpften JUNG und seine Mitarbeiter an erster Stelle an die Methodik von WUNDT und ASCHAFFENBURG, von dem sie auch die Klassifikation der Assoziationen übernahmen, an. Im Unterschied aber zu den vorliegenden Arbeitsmethoden, die vor allem auf *den Zusammenhang von Assoziation und Aufmerksamkeitsstörung* ausgerichtet gewesen waren, stellte JUNG seine Methode in den Dienst der Beobachtung von *affektiven Störungen.* Er entdeckte nämlich anhand der Verarbeitung der Assoziationen die hoch bedeutsame Tatsache, daß «anscheinend» nebensächliche, von der WUNDTschen Schule als «Fehler» interpretierte Ergebnisse (d.h. als solche Reaktionen, die dem Sinn des Reizwortes nicht entsprachen) einen spezifischen Wert für das Verständnis der psychischen Situation des Kranken besaßen. Gerade die bisher vernachlässigten Störungen des Assoziationsablaufes – wie z. B. die «Perseveration», die «Verlängerung der Reaktionszeit», der «Ausfall der Reaktion», vor allem auch die fehlerhafte «Reproduktion der Reaktionswörter» – sollten eine außerordentliche Bedeutung als *Indikatoren* von oft mächtigen Gefühlseinflüssen und Emotionen erlangen. Solche Feststellungen ließen JUNG die Wichtigkeit der Beobachtung der affektiven Seite der Assoziationen für die «experimentelle *Erforschung der pathologischen Gefühlsveränderungen und ihrer Folgen»*[6] erkennen. Interessanterweise konnten nämlich die «Reaktionsfehler», die bisher nur von außen her betrachtet und als Störungen der Aufmerksamkeit aufgefaßt worden waren, auch von innen, von der Affektivität her, verstanden werden. Und zwar schienen sie auf die Wirksamkeit eines noch unbekannten, außerhalb des Bewußtseins liegenden psychischen Faktors hinzudeuten. Oder mit anderen Worten: Sie ließen sich zwanglos als Wirkungen von hintergründigen, gefühlsbetonten Erlebnissen interpretieren. Aus diesen Beobachtungen zog JUNG den bemerkenswerten und für seine psychologischen Forschungen außerordentlich bedeutsamen Schluß, daß in der unbewußten Psyche *affekt-*

5. Vgl. C. A. MEIER, *Die Empirie des Unbewußten,* insbesondere Kapitel IV über das Assoziationsexperiment.

6. C. G. JUNG, «Experimentelle Untersuchungen über Assoziationen Gesunder», 1905, in: *Diagnostische Assoziationsstudien* I, p. 142.

und gefühlsbetonte Komplexe vorhanden waren. Im Zusammenhang damit waren die Assoziationsstörungen nichts weniger als Hinweise auf Komplexe, *Komplexmerkmale*[7]. Die Bedeutung von gefühlsbetonten Vorstellungen als wesentliche Ursache von Träumen hatte JUNG schon im Jahre 1902 anhand seiner Untersuchungen über die somnambulen Phänomene nachgewiesen[8]. Daß sie auch einen Wert als Ursache von Störungen des Assoziationsablaufes besaßen, drängte sich ihm erst anhand des Assoziationsexperimentes auf. Diese Tatsache schien ihm auch noch in anderer Hinsicht eindrücklich zu sein: sie relativierte nämlich die Bedeutung des Ichbewußtseins, das weit weniger als autonomer Bewirker des Assoziationsprozesses denn als ein Bewirktes in Erscheinung trat.

> Unserem Ichbewußtsein erscheint der Assoziationsprozeß als sein Werk, das seinem Ermessen, dem freien Willen und der Aufmerksamkeit unterstellt ist; in Wirklichkeit aber ist, wie unser Experiment aufs schönste zeigt, das Ichbewußtsein bloß die Marionette, die auf der Schaubühne eines verborgenen automatischen Getriebes tanzt[9].

Wie faßte JUNG den Komplex auf? In seiner frühesten Beschreibung definiert er ihn als die «Gesamtzahl der auf ein bestimmtes gefühlsbetontes Ereignis sich beziehenden Vorstellungen»[10], – eine Definition, die er im Jahre 1920 durch den Hinweis auf ein zu Grunde liegendes Kernelement wesentlich erweiterte»[11] und schließlich im Jahre 1934

7. Unter den Komplexmerkmalen faßte JUNG folgende Faktoren zusammen: «Lange Reaktionszeit, sonderbare Reaktion, Fehler, Perseveration, stereotype Wiederholung eines Reaktionswortes ... Übersetzung in eine andere Sprache, Kraftausdrücke, Zitat, Versprechung, Assimilation des Reizwortes ...» «Über das Verhalten der Reaktionszeit» etc., in: *Diagnostische Assoziationsstudien* I, p. 222. Später berücksichtigte er auch den Reproduktionsversuch, der vor allem über die Erinnerungslücken und Fälschungen Aufschluß gab. Vgl.: «Psychoanalyse und Assoziationsexperiment», 1906, ibid. p. 262 f.

8. C. G. JUNG, *Zur Psychologie und Pathologie sogenannter okkulter Phänomene* (Ges. Werke I, p. 76).

9. C. G. JUNG, «Über das Verhalten der Reaktionszeit beim Assoziationsexperiment», 1905, in: *Diagnostische Assoziationsstudien* I, 211.

10. C. G. JUNG, «Experimentelle Untersuchungen über die Assoziationen Gesunder», in: *Diagnostische Assoziationsstudien* I, p. 57, Anm.

11. C. G. JUNG, *Über die Energetik der Seele*, 1928, p. 21 (Ges. Werke VIII, p. 11).

durch die Unterscheidung eines emotionalen und eines sinnbetonten Aspektes vervollständigte.

Als charakteristisch für den gefühlsbetonten Komplex erkannte er von Anfang an den *Gefühlston*[12] (Ton = Spannung), einen Gefühlsdynamismus, der sich von Zuständen geringerer Affektivität bis zu solchen von traumatisch betonter Erregtheit und von Besessenheit erstrecken konnte. Nicht nur die Häufigkeit des Vorkommens, nicht nur der Grad der Intensität, sondern auch die Gefühlsqualität ließen den gefühlsbetonten Komplex als einen außerordentlich bedeutsamen *Gradmesser der Affektivität*, als einen *«Knotenpunkt» emotionaler Vorgänge* in der Seele überhaupt erscheinen.

Die Erarbeitung und Auswertung des Assoziationsexperimentes, vor allem aber die Entdeckung der Komplexmerkmale, gehörten zu den frühesten wissenschaftlichen Leistungen JUNGS. Den großen Wert des Experimentes sah er darin, daß er eine *objektiv gültige Aussage* über die Erscheinungen der unbewußten Psyche ermöglichte. Als ein Mittel, um die im Unbewußten liegenden emotionalen Faktoren von geistigen Störungen zu erfassen, wurde es ihm zum unentbehrlichen Instrument bei der Erforschung der Phänomene der Psychopathologie. Ein nicht zu unterschätzender Nebengewinn lag auch darin, daß es in überzeugender Weise die Fruchtbarkeit der FREUDschen Assoziationsmethode für die Neurosenätiologie bestätigte. Eine große Genugtuung bereitete ihm ferner die erfolgreiche Erprobung seiner «Methode der Komplexnachweisung» an einem Verbrecher[13]. Von da ab diente ihm das Assoziationsexperiment als unentbehrliches Hilfsmittel bei der Tatbestandsdiagnostik.

JUNGS Assoziationsmethode eröffnete einen neuen Weg nicht nur zum Verständnis der neurotischen und psychotischen Symptome, sondern auch zur Erhellung der affektiven Störungen in der «normalen Psyche»: Wie er anhand seiner Untersuchungen über die Assoziationen von Gesunden nachweisen konnte, stellte das Vorhandensein von Komplexen eine allgemeine, für das Seelenleben überhaupt charakteristische Erscheinung dar. In den Komplexen fand er auch den

12. C. G. JUNG, «Experimentelle Untersuchungen über die Assoziationen Gesunder», in: *Diagnostische Assoziationsstudien* I, p. 57.

13. C. G. JUNG, «Zur psychologischen Tatbestandsdiagnostik», Zbl. Nervenhk. XXVIII (Ges. Werke I, p. 236).

Schlüssel zur Erfassung der Fehlleistungen – Versprechen, Vergessen, Verschreiben u. a. m. –, die FREUD in seiner *Psychopathologie des Alltagslebens*[14] beleuchtet hatte. Allerdings vermochte er FREUDS Zurückführung dieser Erscheinungen auf eine Interferenz bewußter und unbewußter «Absichten» nicht zu teilen, da ihm diese Auffassung als zu rational gefärbt erschien.

Die Erfahrungen, die JUNG mit dem Assoziationsexperiment gemacht hatte, blieben nicht auf diesen Versuch beschränkt. Sie fanden ihre Anwendung weit über die Versuchssituation hinaus und ließen sich überall dort, wo ein *Zwiegespräch zwischen Menschen* stattfand, bestätigen. Was er im Jahre 1934 folgendermaßen ausdrückte, war schon von allem Anfang an maßgebend für ihn gewesen:

> Was im Assoziationsexperiment geschieht, ereignet sich auch in jedem Gespräch zwischen Menschen. Hier wie dort besteht eine Experimentsituation, welche gegebenenfalls Komplexe konstelliert, die den Gegenstand des Gespräches oder die Situation überhaupt, inklusive Gesprächspartner, assimilieren[15].

Es war deshalb auch nicht erstaunlich, daß sich seine Beobachtungen mit dem Assoziationsexperiment weitgehend mit denjenigen, die FREUD im psychotherapeutischen Kontakt mit seinen Patienten machte, deckten. All die Phänomene nämlich, die er bei gestörten Versuchspersonen beobachtete – Einschränkung der Assoziationstätigkeit, Störungen des Gedächtnisses, Erschwerung der Erinnerungsfähigkeit, Ausfälle und Verfälschungen der Erinnerung –, waren ebenfalls für die psychotherapeutische Erfahrung FREUDS charakteristisch[16]. Nicht zuletzt stimmte auch die Feststellung von «systematischen Amnesien»[17], von Aufmerksamkeitsentzügen, die sich auf gewisse zusammenhängende Erinnerungsreihen beschränkten, mit der von FREUD als «hysterische Amnesie» bezeichneten Erscheinung überein.

Vorderhand ließen die Ergebnisse des Assoziationsexperimentes bedeutsame Berührungspunkte zwischen FREUD und JUNG offenbar

14. S. FREUD, *Die Psychopathologie des Alltagslebens,* 1904 (Ges. Werke IV).
15. C. G. JUNG, «Allgemeines zur Komplextheorie», 1934, p. 9 (Ges. Werke I, p. 110).
16. Siehe p. 40.
17. C. G. JUNG, *Psychologie und Erziehung,* 1946, p. 82.

werden: beide Forscher stellten einen inneren Zusammenhang zwischen gestörten assoziativen Vorgängen und psychopathologischen Phänomenen fest. Für beide lag die Ursache in einem unbewußten, affektbetonten Faktor, der eine mehr oder weniger intensive Wirkung auf die bewußte Psyche, auf Handeln und Denken des Individuums ausübte. Ebenso erkannten sie im Nachwirken gewisser unbewußt gebliebener Tatsachen – unverarbeitet gebliebener Traumata bei FREUD, affekt- und gefühlsbetonter Komplexe bei JUNG – die auslösenden Faktoren neurotischer Störungen. Auf Grund solcher bemerkenswerter Parallelen kam JUNG im Jahre 1906 zu der eindrucksvollen Feststellung, daß die *Psychoanalyse nichts anderes als ein Assoziationsexperiment bzw. dies(es) Experiment eine objektive Nachprüfung der Psychoanalyse*[18] darstellte – eine Bemerkung, die allerdings später ihre Gültigkeit einbüßte.

Zusammenfassend läßt sich feststellen, daß sich JUNG durch die Erforschung des Assoziationsexperimentes ein Instrument schuf, mit dem er einen *objektiven Zugang* zu den Phänomenen des Irrationalen, überhaupt der unbewußten Psyche gewann. Was FREUD begonnen hatte, setzte JUNG fort. Hatte FREUD den empirischen Nachweis affektbetonter Störungsfaktoren im Unbewußten geliefert, so wurde JUNG in die Lage gesetzt, diese Faktoren *experimentell* zu erhärten. Beide Forscher trugen dazu bei, die bisher nur philosophische Erfassung des Unbewußten der Empirie zugänglich zu machen. Die Notwendigkeit, die bewußten Vorstellungen durch unbewußte Perzeptionen zu ergänzen, hatte schon LEIBNIZ gesehen; auch SCHELLING erweiterte das menschliche Bewußtsein durch die Sicht auf das Ewig-Unbewußte. CARUS und SCHOPENHAUER wiederum ließen das Bewußtsein aus dem Unbewußten hervorgehen, und E. v. HARTMANN stützte sein Gebäude durch die Annahme eines unbewußten Geistes, der dem Absoluten zu Grunde liegen sollte. Gegenüber diesen mehr oder weniger spekulativen Erörterungen über das Unbewußte bedeutete der empirische Nachweis des Unbewußten eine wissenschaftliche Leistung von außerordentlicher Tragweite. Durch das Assoziationsexperiment vollends schuf JUNG die *experimentelle Grundlage*, auf der *objektive, vom persönlichen Dafürhalten unabhängige Aussagen über das Vorhandensein von affektbetonten Komplexen im Seelenhintergrund* möglich wurden.

18. C. G. JUNG, «Die Hysterielehre FREUDS», 1906.

II. KOMPLEX UND TRAUMA

1. Akute und chronische Komplexe

JUNG und FREUD begegneten sich darin, daß sie sich der unbewußten Psyche von den Störungsfaktoren des habituellen Verhaltens her annäherten. Faßte FREUD vorerst die traumatischen Affekte als auslösende Ursachen der unbewußten Phänomene auf, so waren es für JUNG die gefühlsbetonten Komplexe, die die «Kernpunkte» des Seelenhintergrundes darstellten. Die Frage nach der Beziehung zwischen Trauma und Komplex erscheint daher als unvermeidlich. Fielen beide Tatsachen zusammen? War der Komplex ebenso wie das Trauma durch intensive Affektladungen gekennzeichnet? Wie faßten beide Forscher die Funktion von Trauma und Komplex innerhalb des Persönlichkeitsganzen auf?

In seinen Assoziationsstudien, die ja teilweise der Nachprüfung der FREUDschen Erkenntnisse gedient hatten, stellte JUNG zunächst eine weitreichende Verwandtschaft des Komplexes mit dem Trauma fest. Ähnlich wie FREUD, der im Trauma den Initialaffekt der Neurosenbildung gesehen hatte, erkannte auch er im Komplex die eigentliche «Causa morbi»: danach enthielten «alle psychogenen Neurosen ... einen Komplex»[1]. Als Beispiel für die ätiologische Bedeutung des Komplexes führte er einen Fall von Hysterie an, bei welchem sowohl das Assoziationsexperiment als auch die Symptome und Träume das Vorhandensein eines und desselben Komplexes erkennen ließen[2]. Ebenso konnte er

1. C. G. JUNG, «Psychoanalyse und Assoziationsexperiment», in: *Diagnostische Assoziationsstudien* I, p. 260.

2. C. G. JUNG, «Assoziation, Traum und hysterisches Symptom», 1906, in: *Diagnostische Assoziationsstudien* II, 1909.

in seinen Untersuchungen über die «Dementia praecox» feststellen, daß bei der Demenz in vielen Fällen *am Eingang der Krankheit ein starker Affekt*[3] stand.

War der gefühlsbetonte Komplex deshalb schon dem Trauma gleichzusetzen? Wie aus den Ausführungen JUNGS hervorging, galt eine solche Übereinstimmung nur für die Komplexe mit «außerordentlich starken Gefühlstönen»: sie besaßen nicht nur eine stark konstellierende Wirkung auf das Seelenleben, sondern ihnen kam auch eine ausgesprochene ätiologische Bedeutung für die psychopathologischen Bildungen zu. Nur Komplexe mit hohen Intensitätsgraden, für die JUNG später gern das Bild eines «Totalangriffs auf die Persönlichkeit»[4] verwendete, hielten dem Vergleich mit dem Trauma stand. Über das chaotisch-leidenschaftliche Affektleben schrieb er:

> Es fehlt ihm die eigentlich menschliche Note ... (der Affekt ist) disproportioniert, irrational, ... ein *Naturphänomen* ... das menschliche Ordnung durchbricht[5].

Wo immer intensive Komplexe angerührt wurden, entstanden unerwartete und unberechenbare Wirkungen. Dies war vor allem bei den Zuständen von Besessenheit, in denen das gesamte Denken und Fühlen des Individuums in Mitleidenschaft gezogen wurde, der Fall. Die oft schwerwiegenden Veränderungen der Persönlichkeit zeigten sich sowohl in einer Einschränkung der psychischen Fähigkeiten wie auch in einem Absinken der Interessen. Der Komplex konnte so übermächtig werden, daß er immer mehr Assoziationen assimilierte, nicht selten auch das Ich in seinen Bann zog.

> Was nicht zum Komplex paßt, gleitet ab: alle anderen Interessen sinken auf Null, wodurch ein Stillstand und eine temporäre Verödung der Persönlichkeit eintritt ... Nur was zum Komplex paßt, erregt Affekte und wird geistig verarbeitet[6].

3. C. G. JUNG, *Über die Psychologie der Dementia praecox*, p. 114 (im folgenden kurz Dementia praecox genannt). (Ges. Werke III, p. 109).
4. C. G. JUNG, «Der therapeutische Wert des Abreagierens», 1921 (Ges. Werke XVI, p. 140).
5. C. G. JUNG, *Psychologische Typen*, 1921, p. 222 (Ges. Werke VI, p. 164 ff).
6. C. G. JUNG, *Dementia praecox*, p. 54 (Ges. Werke III, p. 54).

Solche intensiven Affektzustände waren jeweils durch das Merkmal des *Akuten* ausgezeichnet, wie sich z. B. bei Schreckaffekten, bei gefahrdrohenden Signalen, bei unerwarteten Todesfällen u. a. m. feststellen ließ. An ihnen konnte auch die Übereinstimmung zwischen den Ergebnissen, die FREUD anhand seiner Psychotherapie und JUNG an neurotischen Personen mit dem Assoziationsexperiment gewonnen hatte, am deutlichsten nachgewiesen werden: sie betraf das Vorhandensein nicht nur von Erinnerungslücken und Erinnerungsausfällen, sondern auch von Fehlern in der Reproduktion von Erlebnissen.

Der gefühlsbetonte Komplex umfaßte aber niemals nur akute Zustände. Anhand von Phantasien und religiösen Erlebnissen entdeckte JUNG auch die Bedeutung von *chronischen* Komplexen, die sowohl durch die Nachhaltigkeit ihrer Wirkung als auch durch eine sich oft über Jahre erstreckende Gefühlsbeständigkeit, mit anderen Worten, durch einen «beständig lebendigen Gefühlston»[7] auffielen. Diese Beobachtung war mit aus dem Grunde wesentlich für JUNG, weil sie ihn zu einer *Erweiterung der bisherigen Auffassungen der Affektivität,* sei es von FREUD oder von seinen Zeitgenossen überhaupt, veranlaßte. Hatte FREUD die «Erregungssumme»[8] (später: den Erregungsgrad) sexueller Triebwünsche als das Wesentliche an der Affektivität betrachtet, so brach JUNG eine Lanze für die Charaktere der *Stimmung und des Erlebensgehaltes*[9], sowie auch für die *Wertqualität des Komplexes.* Dieser Schritt kann nicht hoch genug veranschlagt werden, bedeutete er doch zugleich einen Wandel des Blickpunktes in der Empirie der unbewußten Phänomene: *Der innere Gehalt des Erlebens wurde von da an in ebensolchem Maße wie das Dynamische der Äußerung berücksichtigt:*

> Das Gefühl ist zunächst ein Vorgang ..., welcher dem Inhalt einen bestimmten *Wert* im Sinne des Annehmens oder Zurückweisens

7. ibid. p. 48.
8. S. FREUD, «Die Abwehr-Neuropsychosen», 1894 (Ges. Werke I, p. 74). Es hieß dort: «Es ist dies die Vorstellung, daß an den psychischen Funktionen etwas zu unterscheiden ist (Affektbetrag, Erregungssumme), das alle Eigenschaften einer Quantität hat – wenngleich wir kein Mittel besitzen, dieselbe zu messen –, etwas, das der Vergrößerung, Verminderung, der Verschiebung und der Abfuhr fähig ist und sich über die Gedächtnisspuren der Vorstellungen verbreitet».
9. C. G. JUNG, *Dementia praecox,* p. 47 (Ges. Werke III, p. 47 f).

erteilt, sodann aber auch ein Vorgang, der ... isoliert als «Stimmung» auftreten kann[10].

JUNG ging aber noch einen Schritt weiter in seiner Auseinandersetzung mit dem Trauma, vor allem mit dem im Jahre 1896 von FREUD entdeckten sexuellen Kindheitstrauma. Nicht nur beanstandete er, wie wir in einem späteren Kapitel sehen werden, FREUDS Einschränkungen des Traumas auf sexuelle, in die frühe Kindheit zurückreichende Erlebnisse, sondern zunehmend schien ihm auch das Schwergewicht, das FREUD auf die Initialbedeutung des Traumas legte, zu einseitig zu sein. Wenn er auch noch zur Zeit seiner Abtrennung von FREUD die ätiologische Bedeutung des Traumas für die Neurosenentstehung nicht durchwegs leugnete, so schien ihm die gesamte *emotionale Situation des Individuums*, seine *innere Verfassung und psychische Eigenart*, in unvergleichlich höherem Maße für die jeweilige pathologische Wirkung verantwortlich zu sein. Im Unterschied zur mechanistischen Betrachtungsweise FREUDS, die auf dem Kausalnexus von Trauma, Versagung und regressiver Wiederbelebung der Kindheitserinnerungen fußte, legte JUNG den Nachdruck auf die innere Vorbereitung im Individuum; sie war es, die überhaupt erst dem Trauma zu seiner Wirksamkeit verhalf.

«Das Individuum muß eine ganz bestimmte innere Vorbereitung dem Trauma entgegenbringen ..., um ihm zur Wirksamkeit zu verhelfen». Diese innere Vorbereitung verstand er als «eine psychologische Entwicklung, welche mit dem traumatischen Moment zum Höhepunkt und zur Manifestation gelangt»[11].

Daß sich JUNG zu einem so späten Zeitpunkt, wie es das Jahr 1913 war, mit dem «sexuellen Kindheitstrauma» auseinandersetzte, also zu einer Zeit, da FREUD die Hinfälligkeit seiner damaligen Theorie schon längst erkannt hatte, dürfte einigermaßen überraschen. Daß er trotz Kenntnis dieser Tatsache darauf einging, galt wohl dem Bestreben, nicht nur die Bedeutung des sexuellen Kindheitstraumas, überhaupt der

10. C. G. JUNG, *Psychologische Typen*, p. 625 (Ges. Werke VI, p. 467).
11. C. G. JUNG, *Versuch einer Darstellung der psychoanalytischen Theorie*, 1913, 2. Auflage 1955, p. 16 (Ges. Werke IV).

infantilen Fixierungen (z.B. Oedipuskomplex)[12] zu entkräften, sondern auch einen Weg zum Verständnis des Gegenwartskonfliktes anzubahnen. Ein weiterer Anreiz mochte darin bestanden haben, daß FREUD auch nach der Ersetzung der Traumatheorie durch die Sexuallehre insgeheim noch an der ätiologischen Bedeutung des Kindheitstraumas festhielt, wie nicht nur JUNG in seinen Gesprächen mit ihm immer wieder erkennen konnte, sondern wie auch deutlich aus der im Jahre 1918 veröffentlichten Schrift «Aus der Geschichte einer infantilen Neurose»[13] hervorgeht.

2. Der Komplex als innere Einheit

Ein bemerkenswerter Unterschied zwischen den Vorstellungen von Trauma und Komplex dürfte sich hinsichtlich der Frage nach deren innerer Geschlossenheit und Stabilität ergeben. Charakteristisch für die JUNGsche Psychologie war von Anfang an der Blickpunkt auf das *Ganzheitliche des psychischen Gefüges.* Schon in seiner Dissertation hatte er, in Anlehnung an die französische Psychopathologie, in den Somnambulismen *Ansätze zu Persönlichkeitsstrukturen* festgestellt, wobei ihm der gefühlsbetonte Charakter, d. h. die Verknüpfung von Inhalt und Emotion, als ausschlaggebend für das Verständnis des Seelenlebens zu sein schien. Dieser Gesichtspunkt blieb auch für seine Untersuchungen des Komplexes wegleitend für ihn. In ihm sah er eine höhere psychische Einheit[14], die nicht zuletzt wegen der durchgehenden *Verkoppelung von Gefühlston und Vorstellung* die Eigenschaft des *Festgefügten und Strukturierten* aufwies.

Der Vergleich mit der FREUDschen Auffassung vom Trauma verlangt ein Zurückgreifen auf die Anfänge seiner Traumatheorie. Ausgehend von den Phänomenen der Psychopathologie – Hysterie und Zwangsneurose – war es vor allem der Schreckeffekt, das psychische Trauma, das ihn beschäftigt hatte. Wenn er auch grundsätzlich davon ausging, daß jedes psychische Erlebnis von einem gewissen Affektbetrag be-

12. C. G. JUNG, «Über Psychoanalyse», 1913 (Ges. Werke IV, p. 278ff).

13. S. FREUD, «Aus der Geschichte einer infantilen Neurose», 1918 (Ges. Werke XII, p. 27 ff).

14. C. G. JUNG, «Psychoanalyse und Assoziationsexperiment», in: *Diagnostische Assoziationsstudien* I, p. 260.

gleitet war[15], der sich im Normalfall in einer motorischen Äußerung entlud, so faßte er dieses Gebilde als einen durchaus labilen Zusammenhang auf. Von Anbeginn an war er von der *Spaltbarkeit der psychischen Verbände* im Falle von intensiven Affekten, ja von Affekteinbrüchen beeindruckt gewesen. Im psychischen Trauma erkannte er eine Erlebnisgröße, die prinzipiell dissoziierbar war und unter der Einwirkung moralischer Widerstände zu einer Abtrennung des Affektes von der dazugehörigen Vorstellung[16] führen konnte. Diese Annahme, auf die ich bei der Darstellung der Verdrängungstheorie zurückkommen werde, blieb richtunggebend für seine weiteren psychologischen Erkenntnisse. Von der Spaltbarkeit psychischer Traumata her betrachtet, war der Schritt bis zur Hypothese von Verschiebungsmechanismen und Ersatzbildungen in der Psyche nicht weit. Das unbewußte Seelenleben war für ihn durchwegs flexibler Natur. Es waren vor allem seine Forschungen über die Libidovorgänge, die ihn von der grundsätzlichen *Beweglichkeit*[17] *unbewußter Verbände* überzeugten: danach waren auch im normalen Seelenleben die Verbindungen zwischen Triebziel und Objektvorstellung keineswegs fester Natur, sondern sie konnten mit Leichtigkeit durch andere *ersetzt*, mit anderen *vertauscht*, d. h. *aufgespalten* werden. Auf die Tatsache der Lockerheit des psychischen Zusammenhaltes stützte er z. B. seine interessanten Erklärungen sowohl der Homosexualität als auch der Sublimierungsmöglichkeiten von Triebregungen. Ja, die Beweglichkeit der Libido schien ihm, wie er noch im Jahre 1925 formulierte, die wesentliche Ursache der kulturellen Leistungen des Einzelnen und der Gemeinschaft zu bilden. Nicht nur das psychische Trauma, sondern das *psychische Erlebnis überhaupt stellte eine äußerst lockere Zusammenfügung von psychischen Elementen* dar.

Im Unterschied zu Freud schien Jung von allem Anfang an das Festgefügte der Verbindung zwischen Gefühlston und Vorstellung im Auge gehabt zu haben. Für ihn war der Komplex, wie er ihn im Assoziationsexperiment erfahren hatte, zunächst in sich *vollständig und ganz*. Wenn er auch im Falle außerordentlicher Affektwerte die

15. S. Freud, «Etude comparative des paralysies motrices organiques et hystériques», 1893 (Ges. Werke I, p. 54).

16. S. Freud, «Die Abwehr-Neuropsychosen» (Ges. Werke I, p. 61 ff).

17. S. Freud, *Vorlesungen zur Einführung in die Psychoanalyse* (Ges. Werke XI, p. 358 f).

Dissoziierbarkeit des Komplexes bestätigt fand, so sollte er diese Auffassung, wie wir noch sehen werden, im Unterschied zu FREUD auf gewisse Fälle von Schizophrenie beschränken[18].

Der erstmaligen Erwähnung des Komplexes als einer «höheren Einheit» folgten seine Ausführungen in der *Dementia praecox* (1907), wonach – unabhängig vom jeweiligen Inhalt – nicht nur jede Partikel den Gefühlston des Komplexganzen wiedergab, sondern auch der jeweilige Affekt auf die Gesamtheit der Vorstellungsmasse irradiierte.

> Man kann dieses Verhalten direkt mit der WAGNERschen *Musik* vergleichen. Das *Leitmotiv* bezeichnet (gewissermaßen als Gefühlston) einen für den dramatischen Bau wichtigen Vorstellungskomplex (Walhalla, Vertrag usw.). Jedesmal, wenn Handlung oder Rede den einen oder anderen Komplex anregt, erklingt das zugehörige Leitmotiv in irgendeiner Variante. Genau so ist es im gewöhnlichen psychologischen Leben: Die Leitmotive sind die Gefühlstöne unserer Komplexe, unsere Taten und Stimmungen sind Abwandlungen der Leitmotive[19].

Seine Erfassung des Komplexes als einer psychischen Einheit sollte sich außerordentlich fruchtbar auf seine psychologische Forschung auswirken. In ihm erkannte JUNG nämlich die Grundlage von *Struktureinheiten der Psyche* überhaupt. Damit hatte er zweierlei im Sinn: die Tatsache sowohl eines inneren Zusammenhanges dieser «höheren Einheiten» selber als auch ihrer Beziehung zum übergeordneten Ganzen der Psyche. Eine Reihe von Phänomenen bestätigte seine frühe Annahme. So konnte er sie in den *Wandlungen und Symbole der Libido* an den archaischen «Urgedanken», den «urtümlichen Bildern»[20], die ebenfalls ein Ganzes von Gefühl und Gedanken erkennen ließen, erhärten, und ebenso schien ihm das archetypische Bild auf eine Verkoppelung des Bildes mit dem Instinkt[21] hinzuweisen (1920). Im «pattern of behaviour» schließlich versuchte er der inneren Verbindung von «Situationsbild und Instinkt» einen adäquaten Ausdruck zu

18. Siehe p. 293 u. 295.
19. C. G. JUNG, *Dementia praecox*, p. 44, Anm. (Ges. Werke III, p. 44, Anm. 96).
20. Siehe p. 129 f.
21. Siehe p. 236 ff.

verleihen, wobei er sogar so weit ging, das Bild als «den *Sinn* des Triebes[22] (1946) zu bezeichnen – ein Sachverhalt, der ihm in der Psychotherapie für die Frage der Auslösung der jeweilig gestauten Triebregungen äußerst wichtig zu sein schien.

> ... wie die Biologie zeigt, (sind) Instinkte keineswegs blinde spontane und isolierte Impulse, sondern sie sind vielmehr eng verknüpft mit typischen Situationsbildern und können überhaupt nicht ausgelöst werden, wenn die vorhandenen Bedingungen dem apriorischen Situationsbild nicht entsprechen[23].

Noch im hohen Alter legte JUNG den Nachdruck darauf, daß Bild und Instinktregung eine Art von «Urverbindung» (1955) darstellten, was ihm auch ein Licht auf das Numinose, das Überwältigende religiöser Vorstellungen zu werfen schien.

3. Das Kernelement als Zentrum des Komplexes

JUNG vertiefte die Komplextheorie noch in einer weiteren Hinsicht. Als zentralen Bezugspunkt des Komplexes entdeckte er nämlich ein sogenanntes Kernelement[24], das den eigentlichen Träger nicht nur der energetischen Eigenschaft – des Gefühlstones –, sondern auch der inhaltlichen Qualität – der Wert- und Sinnbedeutung – darstellte. Hatte er zu allererst den Komplex durch das Merkmal eines äußeren Ereignisses definiert, so fand er im Kernelement eine Gegebenheit, die ihm einen Hinweis auf die *innerseelische Wirklichkeit* zu enthalten schien. Der Komplexkern entstand nämlich, wie er zunehmend erkannte, durch einen Zusammenstoß der äußeren mit der inneren Wirklichkeit des Individuums, wobei der Keim des Kernelementes sowohl auf frühe Erlebnisse und Dispositionen wie auch auf einschneidende Umgebungseinflüsse zurückging.

22. C. G. JUNG, «Theoretische Überlegungen zum Wesen des Psychischen», 1946, in: «Der Geist der Psychologie», p. 443 (Ges. Werke VIII, p. 231).
23. C. G. JUNG, «Medizin und Psychotherapie», in: Bulletin der Schweizerischen Akademie der Wissenschaften, 1945, I. H. 5, p. 315–525 (Ges. Werke XVI, p. 98).
24. C. G. JUNG, *Über die Energetik der Seele,* p. 21 (Ges. Werke VIII, p. 11).

Das Kernelement besteht aus zwei Komponenten, erstens aus einer Bedingung, die durch die Erfahrung gegeben ist, also einem Erlebnis, welches kausal mit der Umgebung verknüpft ist, zweitens aus einer dem individuellen Charakter immanenten Bedingung dispositioneller Natur[25].

Was er dabei gemeint hatte, ließ sich z. B. am Mutterkomplex veranschaulichen, der einerseits durch äußere, bis ins Subtilste gehende Einwirkungen seitens der Mutter und Pflegepersonen, überhaupt des schützenden Kreises der Familie, anderseits aber in ebensolchem Maße durch innere, dem Individuum immanente Vorstellungs- und Erlebensweisen bedingt war. *Im Komplex war danach das Innen eng mit dem Außen verknüpft.*

Diese Auffassung sollte durch die Entdeckung von Urbildern (1912) und von archetypischen Motiven (1917) auf dem Hintergrund des Seelenlebens[26] in einer noch unabsehbaren Weise bekräftigt werden. JUNG erkannte nämlich anhand seiner Untersuchungen über den Instinkt, daß die unbewußten Inhalte und Prozesse tief im Instinktleben wurzelnde archaische Bilder und archetypische Qualitäten (1920)[27] durchscheinen ließen. Dies galt wesentlich für den Komplex, in dessen Kern er vor allem den «Archetypus» selber erkannte. Dadurch wurde nicht nur JUNGS Vermutung seines konstitutionellen Präjudiziertseins Wahrscheinlichkeit verliehen, sondern auch die Auffassung des *Kernelementes* als eines *Trägers von archaischen Bedeutungen und Triebdispositionen* bekräftigt. All diese Erkenntnisse führten JUNG einen Schritt über FREUD hinaus: Sie befähigten ihn nämlich, die einseitige Betonung sowohl der Ätiologie äußerer Eindrücke (Traumata) als auch der nur dynamischen Betrachtungsweise von Affekt und Libido durch die Mitberücksichtigung der *konstitutionellen Disposition* des Individuums sowie auch der *innerseelischen Struktur* der unbewußten Psyche zu erweitern und ergänzen.

Hinsichtlich der Erarbeitung quantitativer Schätzungsmethoden für die Komplexwirkungen verfolgte er zunächst ähnliche Ziele wie FREUD: beide Forscher suchten nach einem zuverlässigen Maßbegriff, der die

25. ibid. p. 21 (Ges. Werke VIII, p. 11).
26. C. G. JUNG, *Die Psychologie der unbewußten Prozesse*, 1917.
27. C. G. JUNG, «Instinkt und Unbewußtes», 1919 (Ges. Werke VIII, p. 147 ff).

Erfassung von psychischen Gesetzmäßigkeiten ermöglichte. Hatte FREUD in seinem Libidobegriff[28] eine solche Vorstellung gefunden, so JUNG in der «Wertintensität»[29] – dem energetischen Wert des Kernelementes. Von letzterem hing die konstellierende Kraft des Komplexes, das heißt seine Fähigkeit, Inhalte, die eine innere Beziehung zum Kernelement aufweisen, zu assimilieren, ab. Seine Größe entsprach der Wertintensität des Komplexes.

Die konstellierende Kraft des Kernelementes entspricht dessen Wertintensität bzw. dessen Energie[30].

Auf Grund solcher Zusammenhänge schien eine *objektive Schätzung* der Komplexenergie nicht nur möglich, sondern auch einen gewissen Wahrscheinlichkeitsgrad beanspruchen zu dürfen, wenn auch die Messung psychischer Erscheinungen niemals die Genauigkeit naturwissenschaftlicher Maßmethoden erreichen konnte. Als Mittel einer solchen Schätzung erachtete er sowohl die Anzahl der konstellierten Inhalte als auch die Häufigkeit der Störungsmerkmale.

Aber auch die Intensität der affektiven Begleiterscheinungen[31], wie sie in den Wirkungen des Komplexes auf Körper, Atem, Puls und Haut beobachtbar waren, schien ihm in bezug auf die emotionalen Zustände des Individuums aufschlußreich zu sein. Obgleich JUNG bereits objektive Methoden zur Messung von Zeitgrößen, zur Aufstellung von Puls- und Atemkurven u. a. m. in der damaligen experimentellen Psychologie vorgefunden hatte, blieb es ihm auf Grund seiner Komplexuntersuchungen vorbehalten, *die Grundlage zur Erforschung der psychosomatischen Zusammenhänge* zu schaffen[32].

Zusammenfassend läßt sich feststellen, daß es von Anfang an der

28. S. FREUD, *Drei Abhandlungen zur Sexualtheorie*, 1905 (Ges. Werke V. p. 118).
29. C. G. JUNG, *Über die Energetik der Seele*, p. 23 ff (Ges. Werke VIII, p. 12).
30. ibid. p. 23 (Ges. Werke VIII, p. 12). Der Ausdruck «Konstellation» ist bei JUNG im Laufe der Zeit modifiziert worden. Während er anfänglich die Wirkung des Komplexes auf die Assoziation dabei im Sinn gehabt hatte, legte er in späteren Jahren den Akzent auf die «abwartende Bereitschaftseinstellung . . ., von welcher aus in ganz bestimmter Weise reagiert werden wird». Vgl. «Allgemeines zur Komplextheorie», 1934, p. 8 (Ges. Werke VIII, p. 109).
31. C. G. JUNG, *Über die Energetik der Seele*, p. 25 (Ges. Werke VIII, p. 14).
32. Vgl. C. A. MEIER, *Die Empirie des Unbewußten*, der in ausgezeichneter Weise die Beziehungen der emotionalen Vorgänge zur Körpersphäre beschrieben hat.

gefühlsbetonte Komplex und nicht das Trauma war, das JUNGS Interesse fesselte. Stets ordnete er die Vorstellung des Traumas derjenigen des Komplexes, der ihm von übergreifender Bedeutung zu sein schien, unter. Im Komplex (genauer: Kernelement) erkannte er die wesentlichste *Informationsquelle über das Innere der Persönlichkeit,* über seine *unbewußten Motivationen, Hoffnungen und Befürchtungen,* sowie auch über die *verborgenen Entwicklungstendenzen im Individuum.* Der Komplex war es, der *die «via regia» zum Bereich des Unbewußten darstellte,* und nicht der Traum, wie FREUD angenommen hatte.

> Die via regia zum Unbewußten sind allerdings nicht die Träume, wie er (FREUD) meint, sondern die Komplexe, welche die Verursacher der Träume und der Symptome sind[33].

4. Unbewußte und bewußte Komplexe

Daß Komplexe bewußt sein konnten, war für JUNG weniger problematisch als die Tatsache, daß sie auch unbewußt sein konnten. Ihre affektive Intensität nämlich, die sich in der Eigenart des Assoziationsablaufs, überhaupt des Bewußtseinsstromes bemerkbar zu machen vermochte, wäre ja Grund genug gewesen, um die Aufmerksamkeit des Ich darauf zu lenken. Ungeachtet solcher Überlegungen stellte JUNG aber – wie dies beim Assoziationsexperiment manifest wurde –, immer wieder fest, daß der dahinterliegende Komplex meistens unbekannt und verschleiert blieb. Man konnte nicht an der Tatsache vorbeisehen, daß in vielen Fällen *die eigentliche psychologische Bedeutung unbewußt*[34] blieb.

Diese Tatsache, die erstmalig FREUD aufgefallen war, hatte ihn zur Aufstellung der Verdrängungslehre[35] bewogen: danach verfielen traumatische Erlebnisse, kaum daß sie sich dem Bewußtsein angenähert hatten, infolge ihrer Inkompatibilität mit dem Ich der Unbewußtheit. Oder mit anderen Worten: der Affektbetrag des Traumas unterlag dem Verschiebungsmechanismus, während die zugehörige Vorstellung be-

33. C. G. JUNG, «Allgemeines zur Komplextheorie», p. 18 (Ges. Werke VIII, p. 117).
34. C. G. JUNG, *Über die Energetik der Seele,* p. 21 f (Ges. Werke VIII, p. 12).
35. Siehe p. 78 f.

wußtseinsunfähig wurde. *Psychische Traumata waren deshalb für* FREUD *stets unbewußt* – eine Erkenntnis, die sich auch in späteren Jahren, als er die Libidofixierungen, vor allem den Ödipuskomplex,[36] erforschte, in nichts änderte. Demgegenüber konnte man sich zwar mit Recht fragen, ob die Rückgängigmachung der Verdrängung in der psychoanalytischen Arbeit nicht eine Verwandlung des unbewußten Traumas in einen bewußten Komplex nach sich ziehen würde – eine Überlegung, die allerdings den FREUDschen Voraussetzungen nicht genügte. Seine Meinung ging nämlich dahin, daß sowohl mit der Bewußtmachung bzw. der Einordnung der traumatischen Ursachen in den bewußten Zusammenhang als auch mit ihrer affektiven Durcharbeitung zugleich eine Auflösung und Aufhebung des Komplexes überhaupt erfolgte. *Traumata und Komplexe betrachtete er demnach entweder als unbewußt oder im Falle ihrer Bearbeitung und Sublimierung als «erledigt»!*

Für JUNG war der Sachverhalt komplexer. Zwar teilte er FREUDS Auffassung, daß gefühlsbetonte Komplexe in der Mehrzahl der Fälle unbewußt waren. *Unbewußtheit brauchte aber nicht notwendigerweise das Ergebnis einer Verdrängung ehedem bewußt gewesener Inhalte zu sein.* Wie wir noch sehen werden, konnte sie auch auf der Unbekanntheit und Fremdheit neuer, im Unbewußten sich anbahnender Prozesse beruhen[37]. Hinsichtlich des Grades von Unbewußtheit ließ sich eine ganze Skala von Zuständen unbewußter Komplexe erkennen: sie variierten von solchen relativer Unbewußtheit – wie dies bei Fehlhandlungen der Fall war – über Zustände größerer Selbständigkeit bzw. Autonomie[38], bis zu denjenigen ausgesprochener Besessenheit, d. h. totaler Unbewußtheit. Je größer die Unbewußtheit war, desto unkorrigierbarer und unkontrollierbarer war der Komplex – eine Erkenntnis, in der sich JUNG mit FREUD begegnete.

Hingegen hielt JUNG daran fest, daß es auch *bewußte Komplexe* gab, wobei ihr Verhalten im Bewußtsein der Korrektur und Kontrolle zu-

36. FREUD hat schon im Jahre 1906 den Ausdruck «Komplex» aus der Zürcher Schule übernommen und ihn von da an verwendet. S. FREUD, «Tatbestandsdiagnostik und Psychoanalyse», 1906 (Ges. Werke VII, p. 4 ff). Auch der Ausdruck «Kernkomplex der Neurose» geht auf das Jahr 1908 zurück. S. FREUD, «Über infantile Sexualtheorien», 1908 (Ges. Werke VII, p. 176).

37. C. G. JUNG, *Über die Energetik der Seele*, p. 21, Anm. (Ges. Werke VIII, p. 11, Anm.).

38. Siehe p. 51 ff.

gänglich wurde. Was war ein bewußter Komplex? JUNG verstand darunter keineswegs ein «bloßes» Wissen des Einzelnen um das Vorhandensein komplexbetonter Affekte. Ein solches Wissen um einen blinden Fleck in der Seele schloß nämlich das Auftreten unbewußter Wirkungen ebensowenig aus, wie es umgekehrt eine Gewähr für die Möglichkeit einer Kontrollierbarkeit des Komplexes durch das Ich geboten hätte. Wichtiger als das Bewußthaben war für JUNG die mehr oder weniger erfolgreiche *Bewußtwerdung des Komplexes,* die auf einer Durchdringung von «bewußt» und «unbewußt»[39] beruhende *Bewußthaltung* sowohl der affektiven Gegensätze als auch der psychologischen Bedeutung des Kernelementes[40]. Obgleich eine solche Bewußthaltung mit einem Kraftzuwachs und einer besseren Anpassung an die Außenwelt verbunden war, so bedeutete sie noch keineswegs, wie FREUD dies annahm, daß der Komplex damit notwendigerweise aufgelöst wäre. Wie nämlich JUNG immer deutlicher erkannte, blieb bei *lebenswichtigen Komplexen stets ein unbestimmt großer Anteil des affektiven Nukleus unbewußt, wie es überhaupt keine bewußten Inhalte gab, die nicht auch am Dunkel der Unbewußtheit teilgehabt hätten*[40]. Dies brauchte kein Nachteil zu sein, da es für das Individuum auch heilsam sein konnte, *bewußt mit seinem Komplex zu leben.*

39. Siehe p. 328.
40. Siehe p. 384.

III. DIE AUTONOMIE DES UNBEWUSSTEN KOMPLEXES

1. Ichkomplex und autonomer Komplex

Von grundsätzlicher Bedeutung für das Verständnis der JUNGschen Psychologie war die Erkenntnis, daß *die Psyche stets ein Ganzes bildete, dessen Teile untereinander zusammenhingen* – eine Auffassung, die die relative Selbständigkeit der Teile keineswegs ausschloß.

> Obschon die einzelnen Teile untereinander zusammenhängen, so sind sie doch von relativer Selbständigkeit, welche so weit geht, daß gewisse Seelenteile entweder gar nicht oder nur selten mit dem Ich in Assoziation treten[1].

Solche selbständigen, durch Eigengesetzlichkeit charakterisierten Seelenteile nannte er *autonome Komplexe*. Wenn auch die Entdeckung solcher unbewußten Inhalte Tatsachen betraf, die bereits JANET (existences secondes) und FREUD (Besessenheits- und Zwangsphänomene) untersucht hatten, so sollte das Problem der Autonomie in der Psychologie JUNGS durch die Einbeziehung der kollektiven Tiefenschicht (kollektives Unbewußtes) eine noch ungeahnte Vertiefung erreichen. Vorwegnehmend läßt sich feststellen, daß die unpersönlichen Komplexe[2] des Seelenlebens einen Grad von Autonomie und Spontaneität aufwiesen, der vom Individuum als äußerst fremdartig, ja von seltsam magischer Gewalt erfahren wurde. Charakteristisch war für sie stets, daß sie der dunklen Sphäre des Unbewußten entstammten und eine unabweisbare *Überlegenheit über die bewußte Wirklichkeit* an den Tag legten.

1. C. G. JUNG, «Die psychologischen Grundlagen des Geisterglaubens», 1919 (Ges. Werke VIII, p. 347).
2. Siehe p. 58 f.

Zunächst betrat JUNG mehr oder weniger bekannten Boden: so faßte er unter all den Komplexen *den Ichkomplex* als den «festassoziiertesten Verband der Psyche», der mit dem stets «lebendigen Gefühlston des eigenen Körpers» verbunden war, auf. Obgleich er das für die «Individualität (später: der Psyche) charakteristische Zentrum»[3] in ihm sah, von dessen Einordnung in das Ganze die Gesundheit des Menschen weitgehend abhing, war er nurmehr ein Komplex unter vielen. Solange er sich mit dem unbewußten Hintergrund in Einklang befand, behauptete er seinen Zentrumscharakter. Trennte er sich eigenmächtig von seinem Untergrund ab, was für JUNG im Falle von Übersteigerung und Verabsolutierung des Gefühlstones des Ich und der damit verknüpften Vorstellungen einzutreten pflegte, so begünstigte dies die Entstehung eines zweiten oder mehrerer abgespaltener Komplexe (bei FREUD: Traumata als Folge der Abwehr seitens des Ich).

> Der Ichkomplex ist gewissermaßen nicht mehr die ganze Person, sondern es existiert neben ihm noch ein zweites Wesen, das sich auf seine eigene Art auslebt und dadurch die Entwicklung und den Fortschritt des Ichkomplexes hindert und stört . . .[4]

In solchen Fällen von Abspaltung der Komplexe vom Ich schien es sich um eine Art von «Nebenregierung zum Ichkomplex» zu handeln, die eigene Absichten verfolgte, die Ziele und Zwecke des Ich durchkreuzte und «beständig mit den Intentionen des Ichkomplexes erfolgreich konkurrierte»[5]. Das Bemerkenswerte an einer solchen Nebenregierung war die Tatsache, daß – wie schon FREUD hervorgehoben hatte – der unbewußte Komplex, ungeachtet seiner Intensität, die eigentlich ein Überschreiten der Bewußtseinsschwelle verlangt hätte, *mit seiner ganzen Spannung im Unbewußten wirksam* blieb. Ungewußt, unerkannt vom Ich, in völliges Dunkel eingehüllt, waren deshalb auch seine Wirkungen dem Zugriff des Ich völlig entzogen. Hatte schon

3. C. G. JUNG, «Die psychologischen Grundlagen des Geisterglaubens» (Ges. Werke VIII, p. 347).
4. C. G. JUNG, *Dementia praecox*, p. 53 (Ges. Werke III, p. 53).
5. C. G. JUNG, «Über das Verhalten der Reaktionszeit beim Assoziationsexperiment» in: *Diagnostische Assoziationsstudien* I, p. 211.

JANET den Nachdruck auf die perseverierende Wirkung und auch FREUD das Gewicht auf das zwangsartige Wiederholen der abgespaltenen Inhalte gelegt, so schien es JUNG abgesehen davon bedeutsam zu sein, daß jeder dynamisch geladene Komplex durch ein «Streben nach Autonomie»[6] charakterisiert war. Und zwar sah er die Eigenschaft des Autonomen in der Durchsetzungstendenz des Komplexes gegenüber der *bewußten Psyche* – eine Eigenschaft, die FREUD in erster Linie auf die Verdrängung zurückgeführt hatte.

Daß es sich bei solchen selbständig funktionierenden Einheiten nicht nur um einen Abspaltungsvorgang vom Ich handelte, sondern auch um die Erscheinung eines *spontanen Energie-Entzuges* seitens der unbewußten Psyche selber bzw. um ein spontanes Entschlüpfen eines Komplexgedankens[7], haben wir bereits angedeutet. Was JUNG im Jahre 1907 beobachtet hatte, erfuhr mit den Jahren eine bedeutsame Erweiterung. Er erkannte nämlich, daß das Faszinierende an den autonomen Komplexen mit dem Vorhandensein einer dem Ich fremden Eigenschaft, eines «unbewußten Etwas» zusammenhing, das unabhängig von unserem Bewußtsein funktionierte[8] und «unangreifbar für unsere Kritik» war. Dieses sonderbare «Etwas» zeitigte die disparatesten Wirkungen: es konnte die Grundlage schöpferischer Prozesse bilden – wie dies vor allem bei den unpersönlichen Komplexen der Fall war – oder es vermochte auch negative, ja gefährliche Störungen zu erzeugen. Eigentümlich war ihm ein oft erstaunlicher Befehlscharakter; es benahm sich nicht selten als ein «böser Geist», der allerhand Unfug und Tricks veranstaltete. Diesen Beobachtungen gab JUNG zurückblickend im Jahre 1936 folgenden Ausdruck:

> Wie das Assoziationsexperiment beweist, interferieren die Komplexe mit der Willensintention und stören die Leistung des Bewußtseins; sie erzeugen Gedächtnisstörungen und Stockungen im Assoziationsablauf; sie treten auf und verschwinden, ihren eigenen Gesetzen folgend; sie obsedieren das Bewußtsein temporär oder beeinflussen Rede und Handlung in unbewußter Weise. Sie verhalten sich also

6. C. G. JUNG, «Psychoanalyse und Assoziationsexperiment», in: *Diagnostische Assoziationsstudien* I, p. 275.
7. C. G. JUNG, *Dementia praecox*, p. 50 (Ges. Werke III, p. 51).
8. Siehe p. 367 ff.

wie selbständige Lebewesen, was in abnormen Zuständen besonders deutlich wird. In den Stimmen der Geisteskranken nehmen sie sogar persönlichen Ich-Charakter an, ähnlich wie die Geister, die sich durch automatisches Schreiben und ähnliche Techniken kundgeben. Eine Verstärkung des Komplexphänomens führt zu krankhaften Zuständen, welche nichts anderes sind als mehr oder weniger ausgedehnte oder vielfache Spaltungen mit unüberwindlichem Eigenleben der einzelnen Bruchstücke[9].

Zu solchen Einbrüchen unbewußter Komplexe gehörten nicht nur Halluzinationen und Wahnideen, sondern auch das Phänomen der «Stimme», bei dem die eigenen Gedanken laut wurden[10]. Eindrücklich waren vor allem die Erfahrungen der Primitiven mit «Geistern», die deutlich den Projektionscharakter der unbewußten Inhalte verrieten.

Die Geister sind «vom psychologischen Standpunkt aus betrachtet *unbewußte autonome Komplexe, welche projiziert erscheinen*», da sie sonst keine direkte Assoziation mit dem Ich haben[11].

In den «Geistern» offenbarten sich danach Inhalte, die entweder «an die Stelle einer verloren gegangenen Anpassung» des Individuums traten oder «eine ungenügend gewordene Einstellung eines ganzen Volkes durch eine neue zu ersetzen» trachteten[12].

Die Geister sind also entweder krankhafte Gedanken oder noch unbekannte neue Ideen[13].

Mit der Erkenntnis der Autonomie unbewußter, vom Ich unabhängiger Komplexe dürfte JUNG zum empfindlichsten Gegenschlag gegen die immer noch bestehende Bewußtseinspsychologie ausgeholt haben. Zugleich unterbaute er in sinnvoller Weise die von FREUD beobachteten Phänomene der Besessenheit und des Zwanges.

9. C. G. JUNG, «Psychologische Determinanten des Verhaltens», 1936 (Ges. Werke VIII, p. 140).
10. C. G. JUNG, «Die psychologischen Grundlagen des Geisterglaubens» (Ges. Werke VIII, p. 347, Anm.).
11. ibid. (Ges. Werke VIII, p. 349).
12. ibid. (Ges. Werke VIII, p. 357).
13. ibid.

2. Der unbewußte Komplex als Teilpersönlichkeit

An den autonomen Komplexen beobachtete JUNG eine Eigenschaft, die er schon in seiner Dissertation als für die somnambule Psyche charakteristisch erkannt hatte. Was er damals in Anlehnung an die von den französischen Psychopathologen (AZAM, RICHER, BINET, JANET u. a. m.) entdeckten Phänomene der «double conscience» und der «existences secondes» erkannt hatte, bestätigte sich ihm auf Grund seiner Komplexuntersuchungen in vollstem Umfange. Er kam nämlich zur Überzeugung, daß der unbewußte Komplex eine unbewußte *Teilpersönlichkeit* der Psyche, von ausgesprochenem Persönlichkeitscharakter, darstellte. Diese Erkenntnis, die sich in erfreulicher Weise mit seiner Auffassung von der inneren Einheit des Komplexes verband, stand in markantem Gegensatz zu FREUDS Annahme einer prinzipiellen Spaltungsbereitschaft der traumatischen Erlebnisse in die elementaren Komponenten von Emotion und Vorstellung.

Hinsichtlich der *Verselbständigungstendenz und Personifikationsneigung* der unbewußten Komplexe konnte er sich weitgehend auf die Untersuchungen JANETS berufen, der schon im Jahre 1889 den Persönlichkeitscharakter unbewußter Teilstrukturen, insbesondere der «existences secondes», bei hysterischen Patienten beobachtet hatte. Wie auch JUNG feststellen konnte, manifestierte sich in beiden Eigenschaften die Tendenz zur *Systematisierung* der Vorstellungen um einen stabilen Kern, zur Bildung eines *Persönlichkeitszentrums* – wie ihm dies beim Kernelement (1928) aufgefallen war –, wobei er das Vorhandensein eigener Empfindungen, eigener Vorstellungen und auch eines eigenen Gedächtnisses beobachtete. Obgleich die von JANET aufgeworfene Behauptung eines eigenen Ich stets eine für JUNG offene Frage blieb, schienen ihm die unbewußten Komplexe «alle wesentlichen Charaktere» mit den von JANET beobachteten Teilpersönlichkeiten «... bis auf die delikate Frage der Teilbewußtheit»[14] gemeinsam zu haben. Es wurde ihm evident, daß der abgespaltene, unbewußte Komplex eine «kleine eingeschlossene Psyche»[15], ja eine «Sonderpersönlichkeit»[16] darstellte.

14. C. G. JUNG, «Allgemeines zur Komplextheorie» (Ges. Werke VIII, p. 112).
15. C. G. JUNG, «Die Probleme der modernen Psychotherapie», 1929 (Ges. Werke XVI, p. 60).
16. C. G. JUNG, *Wandlungen und Symbole der Libido*, 1912, 2. Auflage 1924, p. 32.

Die Personifikations- und Verselbständigungstendenz des unbewußten Komplexes war aber keineswegs eine nur pathologische Erscheinung, wenn sie auch stets in den Phänomenen der Halluzination, der Wahnbildung und Besessenheit nachweisbar war. In dieser Hinsicht waren JUNG vor allem die Untersuchungen von Morton PRINCE und JANET wertvoll gewesen; sie hatten nämlich den Nachweis erbracht, daß bei einer Verstärkung der Unbewußtheit Aufsplitterungen der unbewußten Psyche bis zu vier, ja fünf Teilpersönlichkeiten, die alle ihr spezifisches Gedächtnis hatten, entstehen konnten. Ähnliche Erscheinungen stellte JUNG auch bei gewissen Phänomenen in der Psyche der Primitiven fest. So wies z. B. ihr Glaube an die Dämonen oder an die Wiederkehr der Seelen Verstorbener unmißverständlich auf die Vorstellung einer *Vielheit von Seelen* hin. Den stärksten Beweis aber für das Vorkommen von Personifikationstendenzen in der «normalen» Psyche fand JUNG in den psychischen Gestaltungen von Märchen, Traum und Mythus: interessanterweise ließen sie nämlich stets wesentliche Aspekte der menschlichen Persönlichkeit, wie z. B. typische Eigenschaften oder charakteristische Verhaltensweisen, wiederkehrende Reaktionsweisen in Form von Personifikationen und verselbständigten Motiven erkennen.

Aus solchen Feststellungen zog JUNG den Schluß, daß die individuelle Psyche kein unteilbares Ganzes bildete, sondern sich in Teilpersönlichkeiten aufspalten ließ. So betonte er im Jahre 1936 die Eigenschaft der *Spaltbarkeit der Psyche,* wobei er aber keineswegs an eine Zerstörung der Erlebenseinheiten dachte.

> Spaltbarkeit heißt, daß Teile der Psyche sich vom Bewußtsein dermaßen ablösen, daß sie nicht nur als fremd erscheinen, sondern zugleich auch ein autonomes Eigenleben führen. Es braucht sich nicht um hysterische Doppelpersönlichkeiten zu handeln oder um schizophrene Persönlichkeitsalterationen, sondern um bloße *Komplexe* in der Breite des Normalen[17].

Im Gegenteil muß deutlich hervorgehoben werden, daß die abgespaltenen Teile in der Regel in sich *vollständige Komplexeinheiten* bzw.

17. C. G. JUNG, «Psychologische Determinanten des Verhaltens» (Ges. Werke VIII, p. 140).

Teilpersönlichkeiten darstellten. Im Unterschied zu FREUDS Dissoziationsmechanismus von Affekt und Vorstellung im Falle von Verdrängungsmechanismen nahm JUNG eine Zerstörung des Erlebniskomplexes[18] ausschließlich bei gewissen psychotischen Phänomenen an. Auch die Neurose ging seiner Erfahrung nach nicht mit einer Zerstörung von Komplexen einher, sondern sie beruhte, wie JUNG schon in seinen Assoziationsstudien betont hatte, auf einer Dissoziation zweier sich ausschließender, aber in sich vollständig erhaltener Komplexeinheiten bzw. Sonderpersönlichkeiten.

Späteres vorwegnehmend möchte ich andeuten, daß JUNG schließlich im Jahre 1946 dazu kam, in der Spaltbarkeit der Psyche eine *generelle Eigenschaft der Psyche,* die ebenso beim gesunden wie beim kranken Menschen auftrat, zu erkennen. In der Vorstellung der Dissoziabilität der Psyche[19] versuchte er, dieser Erfahrung Ausdruck zu verleihen. Diese Erkenntnis war darum so bedeutsam, weil sie einerseits das Präjudiz einer Einheit und Superiorität des Ichkomplexes und anderseits auch den Glauben an eine apriori gegebene Einheit des Individuums in Frage stellte. Wenn auch ein Bild der Einheit (Archetypus des Selbst) in der Seele des Menschen schlummerte, so war diese Einheit keineswegs von Anfang an vorhanden, sondern weit eher eine Zielvorstellung, auf welche die Entwicklung des Einzelnen hinorientiert war. Immerhin erwies sich gerade diese Feststellung im Hinblick auf die Möglichkeit von Integrationsvorgängen noch unbewußter Inhalte als fruchtbar. Sie erhellte die Tatsache, daß nicht nur die Entstehung des Bewußtseins auf einer Zusammenfassung von noch unzusammenhängenden Bewußtseinsinseln beruhte, sondern auch die Erweiterung des Bewußtseins durch schöpferische Neubildungen[20] auf eine allmählich sich vollziehende Integration von vorerst noch dunklen, aber bewußtseinsfähigen Inhalten zurückging.

18. C. G. JUNG, «Die Schizophrenie» in: Schweizer Archiv für Neurologie und Psychiatrie, LXXXI, 1958, Heft I/II, p. 176 (Ges. Werke II, p. 331).

19. C. G. JUNG, «Theoretische Überlegungen zum Wesen des Psychischen», 1946, erstmals in: «Der Geist der Psychologie», p. 405 (Ges. Werke VIII, p. 202).

20. C. G. JUNG, *Über die Energetik der Seele,* p. 21, Anm. (Ges. Werke VIII, p. 11 f, Anm. 17).

3. Persönliche und unpersönliche[21] Komplexe

Ich kann es um des Zusammenhanges der einzelnen Probleme des Komplexes willen nicht unterlassen, bereits an dieser Stelle – späteres vorwegnehmend – die Entdeckung *unpersönlicher Komplexe*[22] zu erwähnen. Und zwar war es die Erkenntnis nicht nur eines *allgemein-menschlichen Sinngehaltes*, sondern auch eines *zeitlosen Hintergrundes* der unbewußt-psychischen Gestaltungen, welche die Psychologie des Komplexes in noch ungeahnter Weise fördern sollte. Sie setzte JUNG in die Lage, die grundsätzliche *Zweischichtigkeit* des unbewußten Komplexes zu erkennen. Einerseits deutete nämlich der Komplex auf Inhalte, die vom Bewußtsein abgespalten waren, und anderseits auf solche, die um ihrer Fremdheit und Unerschütterlichkeit, um ihrer Faszination und besitzergreifenden Wirkung willen an einer das Persönliche überragenden Tiefenschicht teilhatten.

Im Unterschied zu den persönlich zurechenbaren Reminiszenzen entstammten solche ergreifenden Ideen «einer Zeitlosigkeit, einem immer Dagewesensein, einem mütterlichen, seelischen Urgrund, aus dem der ephemere Geist des einzelnen Menschen emporwächst wie eine Pflanze, die Blüten trägt, Frucht bringt und Samen, dahinwelkt und stirbt. Ideen entstammen einem Größeren als dem persönlichen Menschen. Nicht wir machen sie, sondern wir sind durch sie gemacht[23].

JUNGS Annahme einer Zweischichtigkeit der unbewußten Komplexe läßt sich mit nichts Analogem in der Psychoanalyse in Vergleich ziehen. Nicht nur beruhte FREUDS Psychologie bis Ende des zweiten Jahrzehntes auf der Voraussetzung von grundsätzlich persönlich verstandenen Inhalten, sondern auch in seinen späteren Werken, in denen er die ontogenetischen durch phylogenetische Motive, vor allem durch die archaische Erbschaft ergänzte, lehnte er die Hypothese eines zeitlosen

21. Weitere Ausführungen über das Unpersönliche in der Psyche in Kapitel B. III, 2.

22. Während JUNG unter «persönlichen» Inhalten solche Vorstellungen verstand, die entweder zum Ichkomplex gehörten oder vom Ich abgespalten und vernachlässigt waren, sich also immer und stets aus den im Leben selber erworbenen Reminiszenzen zusammensetzten, entstammten die «unpersönlichen» Inhalte grundsätzlich dem zeitlosen und kollektiven Urgrund der Psyche – was sie als völlig unabhängig vom Ich und den persönlichen Erinnerungen erscheinen ließ.

23. C. G. JUNG, «Der Gegensatz von FREUD und JUNG», 1929, in: *Seelenprobleme der Gegenwart*, p. 74.

und kollektiven Unbewußten grundsätzlich ab[24]. Ungeachtet gewisser Zugeständnisse an das Vorhandensein von historischen Erinnerungen an die Vorzeit war seine Psychologie, vor allem seine Psychotherapie, wesentlich personalistisch begründet.

Durch die Einbeziehung der unbewußten Komplexe in den *allgemeinmenschlichen Urgrund* des Seelenlebens ergaben sich wichtige Konsequenzen für die Psychologie Jungs, insbesondere für seine Psychotherapie; insofern als nämlich die Komplexe an der überpersönlichen Natur der Psyche Anteil besaßen, wiesen sie nicht nur auf Probleme, die die Menschheit als solche berührten, sondern auch auf den Mutterboden schöpferischer Prozesse. Psychotherapeutisch betrachtet enthielten sie daher auch den Schlüssel, um das psychische Leiden des Menschen von seiner eigenen Tiefe her angehen zu können. Gegenüber der Reduktion belastender Probleme auf persönliche und sexuelle Kindheitskonflikte, wie dies Freud vorgeschlagen hatte, eröffnete der Ausblick auf die unpersönlichen Grundlagen der Psyche *neue Perspektiven, die zugleich mit dem Bereich des Persönlichen auch jenen des Pathologischen überschritten.* Kraft ihres Ursprungs in der kollektiven Psyche deuteten sie nämlich auf Inhalte hin, die jenseits von «gesund oder krank», ja jenseits von «gut und böse» waren. Mit Jolande Jacobi können wir sagen:

> Was dem kollektiven Unbewußten entstammt, ist niemals krankes Material; nur dasjenige kann krank sein, was aus dem persönlichen Unbewußten kommt und dort jene spezifische Umformung erhält, die von seinem Einbezogenwerden in eine individuelle Konfliktsphäre herrührt[25].

24. Siehe p. 183.
25. J. Jacobi, *Komplex, Archetypus, Symbol,* 1957, p. 30.

IV. PSYCHISCHER KONFLIKT UND KOMPLEX

Eine Betrachtung der Psychologie des Komplexes wäre ohne die Erwähnung des *psychischen Konfliktes* unvollständig. Tatsächlich sahen beide Forscher, FREUD und JUNG, im Konflikt, insbesondere im moralischen Konflikt, eine der wesentlichen Ursachen der Bildung von Komplexen (Traumata). Und ebenso erkannten sie, daß umgekehrt, bei verstärkter Intensität, auch der traumatische Komplex zum Ausgangspunkt von Spannungen und Konflikten werden konnte.

Seinem Interesse an der Neurosenentstehung entsprechend, faßte FREUD zuerst den neurotischen Konflikt ins Auge. Eine seiner ersten bedeutsamen wissenschaftlichen Leistungen hing mit der Feststellung eines *spannungsreichen, zwischen gegensätzlichen Affekten stattfindenden Kräftespiels* zusammen. Mit dieser Entdeckung ging auch seine Lossagung von der Hypnoidtheorie BREUERS, der die hysterische Disposition in gewissen traumartigen Zuständen gesehen hatte[1], einher: der psychische Konflikt schien ihm nämlich weniger auf einer Herabsetzung der psychischen Funktionen, als vielmehr auf einer Mehrleistung der Psyche zu beruhen. Ob FREUD eine solche Konfliktsituation auf den Gegensatz von bewußter Willenstendenz und unbewußtem «Gegenwillen» zurückführte, ob er in ihr eine Gegensätzlichkeit von Ich und Trauma, später auch von Selbsterhaltungs- und Sexualtrieb, von Inzestangst und Inzestwunsch sah, oder ob er schließlich die Spannung zwischen dem Ich und dem Es hervorhob: grundsätzlich gipfelte der psychische Konflikt in der Tatsache von *gegensätzlichen Affektspan-*

1. S. FREUD, «Die Abwehr-Neuropsychosen» (Ges. Werke I, p. 60). Vgl. auch BREUER und FREUD, *Studien über Hysterie*, 1895, 2. Auflage 1909, p. 192.

nungen. Allerdings bedurfte es zum Verständnis pathogener Konflikte noch weiterer Merkmale. Um pathogen zu werden, war nämlich nicht nur das Vorhandensein eines latenten *Kindheitskonfliktes* notwendig, sondern auch die Tendenz, einer Schwierigkeit zu entfliehen und durch *Regression die frühen Fixierungsstellen* zu beleben. Während der Konflikt im Normalfall verarbeitet und seine Wiederholungstendenz abgebremst werden konnte, blieb die gegensätzliche Affektspannung beim neurotischen Menschen unbewußt und deshalb auch unverarbeitet, so daß die Symptome das Bild eines nicht zum Austrag gebrachten Kampfes erkennen ließen. Ausdrücklich hob FREUD in seiner Neurosenlehre hervor, daß «der pathogene Konflikt der Neurotiker nicht mit einem normalen Kampf seelischer Regungen ... zu verwechseln ... (sei). Er ist ein Widerstreit von Mächten, von denen die eine es zur Stufe des Vorbewußten und Bewußten gebracht hat, die andere auf der Stufe des Unbewußten zurückgehalten worden ist»[2].

Das sichtbare Resultat dieses Widerstreites waren die neurotischen Symptome, die jeweils einen Ausdruck der *unverarbeitet gebliebenen affektbetonten Gegensätzlichkeit* darstellten.

Auch für JUNG beruhte der psychische Konflikt auf einer Gegensatzspannung, auf einem «affektiven Gegensatz», sei es zwischen Ethos und Sexualität, zwischen individueller Forderung und kollektiver Norm, oder sei es zwischen Natur und Geist. Wenn er auch im Konflikt die Bedingung jeder Neurose[3] erkannte, so sah er in ihm eine Gegebenheit, die er, im Unterschied zu FREUD, grundsätzlich von der *normalen Psyche* her zu beschreiben und zu verstehen suchte: wegleitend war ihm dabei stets der Gesichtspunkt des *Ganzen der Persönlichkeit.* Der Konflikt nämlich war für ihn eine *unvermeidliche Gegebenheit des Lebens und seines Entwicklungsprozesses,* die nicht ohne weiteres als negativ bewertet zu werden brauchte. Im Gegenteil wies der Konflikt, wie JUNG schon im Jahre 1912 deutlich machte, letzten Endes auf die grundlegende, für den Aufbau des Individuums lebenswichtige Spannung von «Wollen und Nichtwollen»[4] bzw. von Wachstum und Todeswillen hin: in ihm traten die seelischen Pole nicht nur in Form eines Gegen-

2. S. FREUD, *Vorlesungen zur Einführung in die Psychoanalyse* (Ges. Werke XI, p. 449 f).
3. C. G. JUNG, *Wandlungen und Symbole der Libido,* p. 167.
4. ibid. p. 168.

satzes von Innen und Außen, von äußerer Forderung und innerem Gesetz in Erscheinung, sondern auch in Form einer Dynamik entgegenlaufender Phasen im Lebensprozeß selber[5]. Als ein tief im menschlichen Dasein wurzelndes Geschehen, das ebenso charakteristisch für die normale wie für die kranke Psyche war, ließ es, gleichgültig, ob mit positivem oder negativem Vorzeichen versehen, den Ausdruck der *«anscheinenden Unmöglichkeit, ... (je) das Ganze des menschlichen Wesens zu bejahen*[6], erkennen.

Vom Ganzen her betrachtet war deshalb auch der Grad der Dissoziation für die Entstehung eines neurotischen Konfliktes maßgebend. Solange nämlich die Gegensätze geeint blieben, konnte der Konflikt als normal angesehen werden. Je mehr sich aber die Gegensätze entzweiten und einem Zustand des «Uneinsseins mit sich selber» Vorschub leisteten, desto mehr wurde der Ausbruch einer Neurose wahrscheinlich. Es entstand eine Dissoziation der Psyche[7], eine Gegebenheit, bei der die gegensätzlichen Pole durch starke Gefühlsspannungen auseinandergehalten wurden[8]. Im Unterschied zu FREUD, bei dem die Neurose stets auf eine *verdrängte* unbewußte Komponente hinwies, erkannte JUNG auch im neurotischen Konflikt eine Gegensatzspannung, bei der nicht nur *die Gegensätze durch zwei in sich völlig erhaltene Teilpersönlichkeiten* dargestellt wurden, sondern auch die *Einheit der Gesamtpersönlichkeit* jeweils gewahrt blieb. Einen wesentlich anderen Charakter zeitigte die psychische Dissoziation bei den psychotischen Phänomenen: dort nahm sie nicht selten eine Form an, die nurmehr noch Bruchstücke von Persönlichkeitsgestaltungen, d. h. Reste sinnvoller Inhalte[9] erkennen ließ.

Auch in den weiteren Merkmalen unterschied sich JUNG von FREUD: während FREUD jeden neurotischen Konflikt des Erwachsenen auf eine in der Kindheit wurzelnde Gegensätzlichkeit zurückführte, legte JUNG das Schwergewicht der Neurosenentstehung auf die Gegenwart und die

5. Siehe p. 282.

6. C. G. JUNG, «Allgemeines zur Komplextheorie», p. 12 (Ges. Werke VIII, p. 113). (Von mir hervorgehoben.)

7. C. G. JUNG, *Über die Energetik der Seele*, p. 55 f (Ges. Werke VIII, p. 36).

8. C. G. JUNG, «Psychoanalyse und Assoziationsexperiment», in: *Diagnostische Assoziationsstudien* I, p. 279.

9. C. G. JUNG, «Psychologische Determinanten des menschlichen Verhaltens» (Ges. Werke VIII, p. 141).

aktuelle Einstellung des Individuums. Es war deshalb auch die Bearbeitung des Gegenwartskonfliktes, die für den psychotherapeutischen Heilerfolg maßgebend war.

Nicht zuletzt war auch die Bewertung des *moralischen* Konfliktes bei den beiden Psychologen eine jeweils andere. Stellte FREUD bei diesem stets einen Zusammenprall von Kulturnorm und Triebwunsch fest, wobei er den unbewußten Pol immer der unmoralischen Seite zuordnete, lehnte JUNG eine solche feste Zuordnung ab. Seiner Meinung nach konnte der *unbewußte Pol ebensowohl moralischer wie auch unmoralischer Natur* sein. Faßte FREUD das Ich bis in die dreissiger Jahre als Träger von moralischen Wertungen auf, und galt für ihn die Gleichung: *unbewußt = triebbetont = unmoralisch*[10], so stellte JUNG auch die umgekehrte Beziehung fest. Nicht selten waren es nämlich gerade die moralischen Tendenzen, die unbewußt waren und dem Individuum unbekannt blieben – sei es, daß es sie geflissentlich übersah und zu «vergessen» vorzog, oder sei es, daß es sie überhaupt erst aus der Umklammerung unbewußter Erlebnisse lösen mußte. Vor allem zeitigte auch JUNGS Anerkennung der schöpferischen Neubildungen[11] eine von FREUD verschiedene Interpretation des psychischen Konfliktes. Bei solchen Konflikten, deren einer Pol durch einen noch weitgehend unbekannten, aus der Tiefe des Unbewußten sich erst formenden Inhalt bestimmt war, umspannte die Gegensätzlichkeit einen weiten Bogen, der bis ins Archaische des Unbewußten hinabreichte und deshalb auch der Bewußtwerdung große Schwierigkeiten entgegenstellte. Da im System FREUDS für solche spontanen Neubildungen kein Raum war, konnte sich JUNG auch in diesem Punkt nicht auf ihn beziehen.

10. , — eine Situation, die sich nach der Einführung und Differenzierung des Über-Ich nicht unwesentlich änderte (1923) —

11. C. G. JUNG, *Über die Energetik der Seele*, p. 21, Anm. (Ges. Werke VIII, p. 11 f, Anm.).

V. ÜBER DEN SINN DES KOMPLEXES

Obgleich der unbewußte Komplex in der Regel auf ein persönliches Unvermögen, auf Empfindlichkeiten und Minderwertigkeiten hindeutete, so erkannte JUNG immerhin die Möglichkeit, das Widrige und Inferiore durch den Blick auf das «Größere», auf das *Überlegene und Überpersönliche* im Seelenleben zu einem Anlaß der Überhöhung von zu engen Auffassungen zu gestalten. In deutlichem Unterschied zu FREUD, der die Tatsache eines neurotischen Konfliktes eher als negativ bewertete, führte JUNG die Möglichkeit einer *positiven Sinngebung* auch des inkompatiblen Komplexes nicht nur auf die der Gegensatzspannung immanente Dynamik zurück, sondern auch auf die Erfahrung, daß *das Krankmachende in der Regel auch den Keim zum Heilenden* in sich trug. Wie wir noch sehen werden, ließ sich nämlich bei geeigneter Einstellung des Individuums die zur Regression verleitende Attraktivkraft des Komplexes aufhalten, um einer *symbolischen Betrachtungsweise* Raum zu belassen[1].

Die Bedeutung des finalen Gesichtspunktes hatte schon Alfred ADLER, wenn auch im Zusammenhang einer auf Machttrieben beruhenden Psychologie erkannt. Sein Verdienst lag darin, daß er die aus Minderwertigkeits- und Unsicherheitsgefühlen unbewußt konstruierte «Leitlinie», die «leitende Fiktion»[2], einerseits als ein Mittel zur «Erhöhung des Persönlichkeitsgefühles»[3] und anderseits als «vorbereitenden Akt» zu einer «Umwertung der Werte» auffaßte.

1. Siehe p. 241.
2. A. ADLER, *Über den nervösen Charakter*, 1912, 4. Auflage 1927, p. 25 f.
3. ibid. p. 24.

Jung ging insofern weiter, als er mit aller Deutlichkeit den Gesichtspunkt vertrat, daß es keine emotional betonte Lebenserfahrung, keine seelische Verwundung, überhaupt keine komplexbetonte Lebenseinstellung gab, die nicht auch mit großem Nutzen als Anlaß zur Vertiefung der eigenen Sicht, zur Bewußtwerdung und zur Erweiterung der Persönlichkeit verwendet werden konnte. Der unbewußte Komplex verlor seine Sinnerfülltheit, wenn man ihn als ein Nichts-Als von widrigen und peinlichen Situationen betrachtete. Es gehörte zur Dignität des Menschen, ihn auch als *Ansatzpunkt zu einem geistigen Fortschritt,* zu einer bewußten Konfrontation mit den in ihm verborgenen Gegensätzen, das heißt mit dem in ihnen enthaltenen «Ja» und «Nein» zu betrachten. Auf Grund solcher Erfahrungen kam Jung zur Überzeugung, daß die Komplexe vor allem die *«Brenn- und Knotenpunkte des seelischen Lebens»* darstellten.

> Offenbar sind Komplexe eine Art von Minderwertigkeiten im weitesten Sinne, wozu ich gleich bemerken muß, daß Komplex oder Komplexe haben nicht ohne weiteres Minderwertigkeit bedeutet. Es will nur besagen, daß Unvereintes, Unassimiliertes, Konflikthaftes besteht, ein Hindernis vielleicht, aber auch ein Anreiz zu größeren Anstrengungen, und damit vielleicht sogar eine neue Erfolgsmöglichkeit. Komplexe sind daher in diesem Sinne geradezu Brenn- und Knotenpunkte des seelischen Lebens, die man gar nicht missen möchte, ja, die gar nicht fehlen dürfen, weil sonst die seelische Aktivität zu einem fatalen Stillstand käme[4].

Aus allem ging hervor, daß *der unbewußte Komplex nicht nur ein Minderwertiges, sondern auch ein Mehrwertiges darstellte. Er war nicht nur die schwache Stelle im Seelenleben, nicht nur der Ort der Niederlage, sondern er konnte auch zu einem Ort des Sieges werden!*

Versuchen wir zum Schluß die verschiedenen Aspekte der Komplexes, die sich aus Jungs Forschungen ergeben haben: Emotionalität und archetypische Grundlage einerseits, Verselbständigungstendenz und Teilpersönlichkeit anderseits, ferner die Einheit und Ganzheitlichkeit der Psyche, nicht zuletzt auch die Autonomie und Inkompatibilität mit dem Ich, zusammenzufassen, so können wir mit Jung sagen:

4. C. G. Jung, «Psychologische Typologie», 1928, Vortrag (Ges. Werke VI, p. 573).

Er ist das *Bild* einer bestimmten psychischen Situation, die lebhaft emotional betont ist und sich zudem als inkompatibel mit der habituellen Bewußtseinslage oder -einstellung erweist. Dieses Bild ist von starker innerer Geschlossenheit, es hat seine eigene Ganzheit und verfügt zudem über einen relativ hohen Grad von *Autonomie,* d. h. es ist den Bewußtseinsdispositionen in nur geringem Maße unterworfen und benimmt sich daher wie ein belebtes corpus alienum im Bewußtseinsraume . . .[5]

5. C. G. Jung, «Allgemeines zur Komplextheorie», p. 10 (Ges. Werke VIII, p. 111).

B. VON DEN PSYCHISCHEN «MECHANISMEN» ZUR GESAMTPERSÖNLICHKEIT

I. PSYCHISCHE MECHANISMEN IM ALLGEMEINEN

Ob JUNG das Assoziationsexperiment, den Komplex oder ein neurotisches Symptom untersuchte, ob er die Autonomie oder die Spaltungsphänomene der Psyche ins Auge faßte: als inneres Leitbild lag seinen Ausführungen, mehr oder weniger explizite, die *Vorstellung des Gesamtpsychischen* zu Grunde – ein Bild, das seit seiner Abtrennung von FREUD immer deutlicher in Erscheinung trat.

Die Vorstellung eines *umfassenderen Ganzen* hatte von allem Anfang an im Brennpunkt seines Interesses gestanden. Schon in der Beschäftigung mit der Philosophie in den Studentenjahren war er von der Idee des «Homo maximus, von dem jeder Einzelne nur ein Abbild ist», ergriffen gewesen. Wenn er auch erst später den Ausdruck «Selbst» oder «Persönlichkeitsmitte» in die Psychologie einführte, so war nichtsdestoweniger diese Vorstellung als dunkel-unbewußtes Leitbild stets wirksam in ihm.

Nicht von ungefähr ist es auch der Hinweis von KRAFFT-EBING auf die Psychosen als «Krankheiten der Person» gewesen, der, wie ein Blitz in ihn einschlagend, die Vorstellung einer *übergreifenden Persönlichkeit* in ihm belebte. Und in ebenso eindrücklicher Weise hatte ihn die Bemerkung JANETS über die Neurose als einer «maladie de la personnalité» bzw. die Hysterie als einer Persönlichkeitsspaltung getroffen[1].

Allerdings brachte die Berührung mit den Schriften FREUDS anfangs des Jahrhunderts zunächst einen gewissen Unterbruch in der natürlichen Entwicklung seiner eigenen psychologischen Ansätze mit sich. Was ihn

1. Mündliche Mitteilung.

faszinierte, war nicht nur die naturwissenschaftliche Methodik, sondern auch das Neuartige der FREUDschen Fragestellung, die das Subjekt und dessen Lebensgeschichte ins Zentrum der Psychotherapie rückte. Unter dem starken Eindruck seiner Neurosentheorie stellte er seine eigene Zielvorstellung, die auf die Zusammenschau der vordergründigen Persönlichkeit des Menschen mit dem «Größeren in ihm» ausgerichtet war, zurück, um vorerst die psychologischen Ergebnisse FREUDS mittels der psychoanalytischen Methode zu überprüfen.

In seinen frühen Schriften verwendete er deshalb auch häufig die Vorstellung des *psychischen Mechanismus,* die in der Psychologie FREUDS eine so große Rolle spielte. Was verstand FREUD darunter? Psychische Mechanismen waren für ihn psychologische Gesetzmäßigkeiten, die sich auf das Kräftespiel, auf die Kräftedynamik im Menschen bezogen. Und zwar unterschied er das Kräftespiel von Vorstellungen, das im Automatismus von Verdichtung, Verschiebung und Kompromißbildung gipfelte, von den Gesetzen der Verdrängung, d. h. der Abschiebung von Inhalten ins Unbewußte. Vordergründig war dabei stets die Auffassung eines *kausal bedingten, in der Art eines Automatismus ablaufenden Zusammenhanges von Kräften.* Wie verhielt sich JUNG dazu?

II. SUBSTITUTION UND SYMBOLISIERUNG

Noch im Jahre 1929 hat JUNG mit Genugtuung darauf hingewiesen, daß er nicht nur die FREUDschen Mechanismen der Verdrängung, sondern auch diejenigen der Substitution und Symbolisierung von Vorstellungen im Assoziationsexperiment bestätigt gefunden habe[1]. Ja, er hob sogar im Jahre 1936 anerkennend hervor, daß FREUD es verstanden hätte, «den Gesichtspunkt der menschlichen Persönlichkeit mit der Vorstellung von (Trieb)Mechanismen und Einzelvorstellungen zu vereinigen»[2], wobei er allerdings dessen Einengung des Weltbildes auf die «bürgerliche Kollektivperson» als eine bedauerliche Einseitigkeit bezeichnete.

Es dürfte von historischem Interesse sein, zu verfolgen, wie sich bei JUNG die anfängliche Übernahme der FREUDschen Vorstellung von psychischen Mechanismen allmählich wandelte, um Raum zu gewinnen für *die Idee sowohl des Schöpferischen, des Sinn- und Wertbetonten als auch des Teleologischen im Seelenleben.*

Was JUNG in seinen ersten Schriften, in der *Dementia praecox* und in den *Diagnostischen Assoziationsstudien*, unter der Substitution verstanden hatte, bezog sich auf eine *Reihe von Mechanismen*, die FREUD nicht nur bei den «Deckerinnerungen»[3], sondern auch bei den Fehlleistungen

1. C. G. JUNG, «Einige Aspekte der modernen Psychotherapie», 1929 (Ges. Werke XVI, p. 31).
2. C. G. JUNG, «Psychologische Typologie», 1936 (Ges. Werke VI, p. 592).
3. S. FREUD, «Über Deckerinnerungen», 1899 (Ges. Werke I, p. 546). Vgl. JUNG, «Über das Verhalten der Reaktionszeit beim Assoziationsexperiment, in: *Diagnostische Assoziationsstudien* I, p. 214.

und Symptomhandlungen[4] festgestellt hatte. FREUD führte sie nämlich auf «Unzulänglichkeiten» der psychischen Leistung, die auf Entstellung und Ersatzbildung beruhten, zurück: Als charakteristisch hob er die Tatsache hervor, daß die Fehlhandlungen das Ergebnis einer Interferenz[5] zweier oder mehrerer Intentionen darstellten, wobei die unbewußte Absicht die bewußt geäußerte entweder *vertrat, ersetzte* oder auch *verdeckte.*

Auch JUNG war es aufgefallen, daß die Reaktionsweisen im Assoziationsexperiment nicht selten «verschleiert» oder «vorgeschoben» waren bzw. die nächstliegende Assoziation durch eine andere Intention verdeckten. Wie FREUD lehnte er zu jener Zeit (1907) in solchen Fällen eine psychische Zufallsreaktion ab, um nach ihrer Determiniertheit zu fragen: So versuchte er die psychotische Depression durch einen *Mechanismus der Verdeckung*[6], den er auf den Verdrängungsvorgang zurückführte, zu erklären. Damals schrieb er:

> Bevor wir also sagen: der Frühdemente ist aus irgend einem inadäquaten Grunde deprimiert, müssen wir uns die in jedem Menschen liegenden Mechanismen vergegenwärtigen, welche immer daraufhin arbeiten, das Unangenehme so weit als möglich zu *verdrängen* und so tief als möglich *zuzudecken*[7].

In bemerkenswerter Abweichung hiervon faßte er etwa vierzig Jahre später den depressiven Vorgang im Zusammenhang mit *Gesamtveränderungen der Persönlichkeit* auf: «Am deutlichsten wohl sieht man ... ein Absinken der Energie vor gewissen Psychosen», das durch *«falsches Funktionieren des Bewußtseins»* oder auch durch *«Veränderungen der Persönlichkeit»*, nicht zuletzt durch die Aktivierung *«schöpferischer Gestaltungen»*[8] bedingt sein kann.

Ebenso ließ sich in der Psychologie JUNGS ein Wandel hinsichtlich der Auffassung von Phantasie- und Symbolbildungen feststellen. Hatte er noch im Jahre 1912 das «phantastische Denken» als ein «Ver-

4. S. FREUD, *Zur Psychopathologie des Alltagslebens*, 1904 (Ges. Werke IV).
5. ibid. p. 308.
6. C. G. JUNG, *Dementia praecox*, p. 84 (Ges. Werke III, p. 81).
7. ibid. (Von mir hervorgehoben.)
8. C. G. JUNG, *Die Psychologie der Übertragung*, 1946, p. 27 (Ges. Werke XVI, p. 192 f).

dichtungsprodukt seiner (des Menschen) psychischen Entwicklungsgeschichte»[9] interpretiert, so vertrat er in der 1952 erschienenen Auflage dieser Schrift *Symbole der Wandlung* die Ansicht, daß die schöpferischen Phantasien das Wirken eines dem Menschen urtümlichen *«primitiven» Geistes* verrieten[10]. Auch die im Jahre 1912 übernommene Reduktion des religiösen Hymnus auf bloße *Verschiebungsmechanismen* bzw. auf «Ersatzbildungen für das Erotische»[11] fand eine nicht unwesentliche Veränderung in *Symbole der Wandlung*. Im Jahre 1952 hieß es nämlich:

> Der (erotische) Eindruck arbeitet im Unbewußten weiter und produziert symbolische Phantasien[12].

Nicht zuletzt ließ er auch die anfänglich gemachte Annahme von Entstellungsvorgängen bei den Phantasievorgängen (subjektives Denken) fallen, um an deren Stelle die Wirksamkeit *objektiver*, das heißt *vom persönlichen Dafürhalten unabhängiger Beweggründe zu betonen.*

> So hieß es im Jahre 1952:
> Aber es besteht kein wirklicher Grund zur Annahme, daß ersteres (subjektives Denken) nichts als eine Entstellung des objektiven Weltbildes sei, denn es ist fraglich, ob das hauptsächlich unbewußte, innere Motiv, welches Phantasievorgänge leitet, nicht eine *objektive Gegebenheit* darstellt. FREUD selber hat ja zur Genüge darauf hingewiesen, wie sehr unbewußte Motive auf dem *Instinkt*, der doch gewiß eine objektive Gegebenheit ist, beruhen[13].

Ganz generell gab er mit der Zeit die Vorstellung eines *Verschiebungsmechanismus*, einer Verschiebung unterdrückter Affekte auf andere Vorstellungen[14], auf, um diesen Vorgang als einen natürlichen und automatisch ablaufenden *Prozeß der Umwandlung*[15] zu erklären.

9. C. G. JUNG, *Wandlungen und Symbole der Libido*, p. 31.
10. ibid. Vorwort zur 2. Auflage, 1924.
11. ibid. p. 61.
12. C. G. JUNG, *Symbole der Wandlung*, 1952, p. 87. (Von mir hervorgehoben.)
13. ibid. p. 44. (Von mir hervorgehoben.)
14. C. G. JUNG, *Wandlungen und Symbole der Libido*, p. 62.
15. C. G. JUNG, *Symbole der Wandlung*, p. 100.

Eine besondere Würdigung sollten auch die Symptomhandlungen[16], die FREUD im Jahre 1904 untersucht und ähnlich wie die Fehlleistungen aufgefaßt hatte, gewinnen. Auch bei diesen Handlungen, die er als Äußerungen bestimmter Gesten und Ausdrucksbewegungen oder auch von motorischen Gebärden verstanden hatte, glaubte er, einen bloßen Ausgleich zwischen entgegengesetzten Absichten erkennen zu können. Sie brachten, wie er hervorhob, «etwas zum Ausdruck, was der Täter nicht in ihnen vermutet und was er in der Regel nicht mitzuteilen, sondern für sich zu behalten beabsichtigte»[17]. Und zwar handelte es sich dabei um Kompromißbildungen, die «zwei Regungen dienten», einerseits der Unterdrückung eines Wunsches und anderseits der Erfüllung eines unbewußten Wunsches[18].

In Anlehnung an FREUD hatte auch JUNG den Handlungsautomatismus als einen *Mechanismus der «Verkleidung verdrängter Gedanken»*[19] (1907) interpretiert; aber bereits im Jahre 1913 ersetzte er den Ausdruck «Symptomhandlung», der ihm viel zu sehr den Nachdruck auf das Vorhandensein unbewußter Absichten legte, durch den Terminus *Symbolhandlung*[20], womit er die Tatsache unbewußter Konstellationen unterstreichen wollte. Als zunehmend adäquater erschien ihm nämlich das Unabsichtliche, «rein Zufällige» solcher Symbolhandlungen, die ihm weniger auf eine Absicht, als auf einen *unbewußten Sinn* hinzuweisen schienen. Der Weg, den er allerdings von den Ersatzbildungen zu den symbolischen Beziehungen zurücklegen sollte, war weit. Unter dem Eindruck der Persönlichkeit FREUDS hatte er nämlich noch lange zwischen einer negativen und einer positiven Bewertung der symbolisierenden Beziehungen hin und her gependelt. Bald faßte er sie als Ausdruck eines Denkens von bloß verminderter Deutlichkeit und Bestimmtheit[21], bald aber als Prototyp des mythologischen Denkens überhaupt auf.

Es war denn auch erst das Jahr 1921, in dem JUNG die Diskussion über die Symptomhandlungen einem vorläufigen Abschluß entgegen-

16. S. FREUD, *Zur Psychopathologie des Alltagslebens,* 1904 (Ges. Werke IV, p. 212 ff).
17. ibid. (Ges. Werke IV, p. 212).
18. ibid. (Ges. Werke IV, p. 219).
19. C. G. JUNG, *Dementia praecox,* p. 63 (Ges. Werke III, p. 62).
20. C. G. JUNG, *Versuch einer Darstellung der psychoanalytischen Theorie,* p. 89.
21. C. G. JUNG, *Dementia praecox,* p. 72 (Ges. Werke III, p. 70).

führte. Sie gipfelte darin, daß er diesen Handlungen, die FREUD dem Symptom gleichgesetzt hatte, die *Symbolhandlung, die wegen ihres jeweils noch verborgenen Sinnes* als bedeutsam erschien, gegenüberstellte.

> Die Tatsache, daß es zwei distinkte, einander widersprechende und von hüben und drüben eifrig verfochtene Auffassungen gibt über Sinn und Nichtsinn der Dinge, belehrt uns, daß es offenbar Vorgänge gibt, die keinen besonderen Sinn ausdrücken, die bloße Konsequenzen, nichts wie *Symptome* sind, und andere Vorgänge, welche einen *verborgenen Sinn* in sich tragen; die nicht bloß von etwas abstammen, sondern vielmehr zu etwas werden wollen, und die darum Symbole sind[22].

Aus diesen verschiedenen Andeutungen dürfte unmißverständlich hervorgehen, daß JUNG die symbolisierenden Handlungen und Ausdrücke, die er vorerst als Sonderfälle von Substitution begriffen und nach dem symptomatischen Wert beurteilt hatte, allmählich (1921) nach ihrem *symbolischen Eigenwert* zu verstehen suchte.

Eine Brücke zur Symbolbetrachtung hatten auch die Forschungen über das neurotische Symptom gebildet, die JUNG zusehends wegen des symbolischen Charakters bedeutsam zu sein schienen – eine Erkenntnis, die sich später noch in Richtung ihrer finalen Bedeutung vertiefen sollte[23]. Wenn auch FREUD gelegentlich symbolische Beziehungen (besser: symbolisierende Beziehungen zwischen Symptom und Trauma) in Betracht gezogen hatte[24], so blieb für ihn die kausale Fragestellung von primärer Wichtigkeit: das Symptom war grundsätzlich als Erinnerungssymbol an verdrängte Traumata[25] relevant.

Demgegenüber versuchte JUNG bereits in seinen *Diagnostischen Assoziationsstudien,* das Symptom als *«symbolisches Abbild»*[26] *von unbe-*

22. C. G. JUNG, *Psychologische Typen,* p. 680 (Ges. Werke VI, p. 519). (Von mir hervorgehoben.)
23. C. G. JUNG, *Die Psychologie der unbewußten Prozesse,* 1917, p. 63 (Ges. Werke VII, p. 50).
24. Siehe p. 338.
25. S. FREUD: *Studien über Hysterie* (Ges. Werke I, p. 302). Ebenso «Die Abwehr-Neuropsychosen» (Ges. Werke I, p. 63).
26. C. G. JUNG, «Psychoanalyse und Assoziationsexperiment», in: Diagnostische Assoziationsstudien I, p. 281.

wußten Komplexen zu verstehen. Obgleich er das Symbol damals noch weitgehend als Ausdruck inferiorer Gedanken interpretierte, betrat er mit dem Hinweis auf den Symbolcharakter des Symptoms dennoch bereits psychologisches Neuland. Das «Denken in Symbolismen» ließ ihn von da an auch tatsächlich nicht mehr los. Wenn man bedenkt, daß er noch im Jahre 1906 das Fehlen eines adäquaten Symbolverständnisses bei sich selber bemängelte, so kann man nur mit Staunen und Bewunderung auf den Weg blicken, der ihn von seinen zögernden Anfängen bis zu der voll ausgereiften Erfassung des Symbols als der «bestmöglichen Bezeichnung oder Formel für einen relativ unbekannten ... Tatbestand»[27] (1921) führen sollte.

27. C. G. Jung, *Psychologische Typen*, p. 675 (Ges. Werke VI, p. 516). Siehe p. 343.

III. VERDRÄNGUNG UND DISSOZIATION

1. Die Verdrängungstheorie in der Psychologie FREUDS

Von besonderem Interesse dürfte JUNGS Einstellung zur Verdrängungslehre, dem Kernstück der Neurosentheorie FREUDS sein. Es erscheint mir deshalb zweckmäßig, ausführlicher darauf einzugehen.

Wie kam FREUD dazu? Wie faßte er den Verdrängungsmechanismus auf? Die Vorstellung der Abwehr war keineswegs eine genuine Entdeckung FREUDS, sondern sie verdankte ihre Entstehung verschiedensten Anregungen. Immerhin war es seine große Leistung, sie in seine Affektlehre einbezogen und ihr damit einen spezifischen Stempel aufgedrückt zu haben. Unter den frühesten Vertretern der Verdrängungsidee befand sich HERBART. Schon in der Gymnasialzeit war FREUD durch ein Buch von LINDNER[1] auf die Psychologie von FECHNER und die Idee der Verdrängung bei HERBART aufmerksam geworden. Bei letzterem fand er bereits die Auffassung eines dynamischen Spiels von entgegengesetzten Vorstellungen, die sich gegenseitig hemmten und verdrängten, angedeutet. Auch bei HERBART waren die unbewußten Vorstellungen unzerstörbar und unverlierbar, so daß sie beim Aufhören des jeweiligen Hindernisses wieder die Schwelle des Bewußtseins zu passieren vermochten. So überraschend gewisse Übereinstimmungen mit der späteren Auffassung FREUDS auch sein mochten, so waren jedoch die Unterschiede so augenfällig, daß von einer Weiterführung der HERBARTschen Ansätze nicht die Rede sein konnte. Das Buch von LINDNER war auch in der Hinsicht erhellend gewesen, als es eine der ersten

1. E. JONES, *Das Leben und Werk von Sigmund Freud,* 1960, I, p. 432. Der Titel des Buches lautete: G. A. LINDNER, *Lehrbuch der empirischen Psychologie nach genetischer Methode,* 1858.

Einführungen in die naturwissenschaftliche Psychologie des 19. Jahrhunderts darstellte.

FREUD hat auch wertvolle Anregungen von seinen Zeitgenossen erhalten. Allen voran stand J. M. CHARCOT, dessen Kausalnexus zwischen psychischem Trauma, «obnubilation du moi» einerseits und Fixation auto-suggestiver Ideen und Symptomen anderseits, einen bleibenden Eindruck in ihm zurückgelassen hat[2]. Von Bedeutung wurden ebenfalls JANETS Untersuchungen sowohl der psychischen Automatismen – die er auf eine Dissoziation ungenügend perzipierter Vorstellungen zurückführte –, als auch der «existences secondes». Interessanterweise entstand JANETS Theorie von der perzeptiven Schwäche des Ich und der damit zusammenhängenden Aufmerksamkeitseinschränkung nur wenige Jahre später als die Hypnoidtheorie BREUERS, wonach traumartige – hypnoide Zustände – die Entstehung traumatischer Erlebnisse begünstigen sollte.

Nach kurzer Begeisterung distanzierte sich FREUD von BREUERS Auffassungen, um eine Lanze für die sogenannte Abwehrtheorie zu brechen: nicht der hypnoide Zustand war als Ursache der Hysterie anzusprechen, sondern das *psychische Trauma und der daraus sich ergebende Abwehrvorgang*[3]. FREUDS wesentliche Entdeckung lag darin, daß es die *Inkompatibilität von Trauma und Ich* war, die den Vorgang der *Abwehr inkompatibler Erregungen* einleitete. Er ergab sich stets im Fall einer Überspitzung der Gegensätze, welche die Verarbeitung des unannehmbaren Affektes verunmöglichte. Diente er im Normalfall einer mehr oder weniger zweckmäßigen Anpassung an die Umwelt, so erschien dieser Versuch in der Neurose als gescheitert. Der psychische Konflikt wurde ins Unbewußte abgeschoben, wo er mit seiner ganzen Spannung erhalten blieb, perseverierte (JANET) bzw. in ständiger Durchbruchsbereitschaft verharrte, um gleichsam als «unerlöster Geist» das Bewußtsein immer erneut zu bedrängen. Zwei für die Psychoanalyse grundlegende Erkenntnisse bauten sich darauf auf: einerseits die Annahme, daß die *Neurose auf einem mißglückten Abwehrversuch*[4]

2. Vgl. L. FREY-ROHN, «Die Anfänge der Tiefenpsychologie», in: «Studien zur Analytischen Psychologie C. G. JUNGS», 1955, p. 41.

3. S. FREUD, «Die Abwehr-Neuropsychosen» (Ges. Werke I, p. 61).

4. S. FREUD, «Weitere Bemerkungen über die Abwehr-Neuropsychosen» (Ges. Werke I, p. 387)

beruhte und anderseits die Feststellung eines *mit der Abwehr verbundenen elementaren Dissoziationsmechanismus von Affekt und Vorstellung*.

Diesen Mechanismus verstand FREUD in der Weise, daß – zwecks Abschwächung der traumatischen Vorstellung – einerseits der mit ihr verknüpfte Affektbetrag, und zwar bei gleichzeitiger *Verschiebung* auf eine affektiv gleichgültigere Vorstellung, abgetrennt und anderseits die *Vorstellung selber bewußtseinsunfähig* (Ausdruck von BREUER), d. h. ins Unbewußte abgeschoben wurde[5].

Nicht nur wesentlich, sondern auch höchst neuartig war der eben gestreifte Gedanke eines *Verschiebungsmechanismus*, der die unerträglichen Vorstellungen unkenntlich, unwirksam und auch unschädlich machen sollte[6]. In der Verschiebung sollte FREUD vor allem die formale Struktur einer ganzen Anzahl von äußerst bedeutsamen Erscheinungen sehen, die ihm den Mechanismus nicht nur der Abwehr, der Deckerinnerungen[7], sondern auch der Entstellung und Verfälschung[8], nicht zuletzt auch der Kompromißbildung[9] zwischen gegensätzlichen Tendenzen in der Psyche zu erhellen vermochte. FREUD beobachtete nämlich, daß, wann immer die bewußte Lösung eines psychischen Konfliktes mißglückte, sich als Äquivalent ein *durch Abwehr eingeleiteter unbewußter Lösungsversuch in Gestalt einer Kompromißbildung* einstellte. Mit anderen Worten: Es entstand ein *Symptom*, dem die Bedeutung eines *Zeichens für einen unbewußt gebliebenen Antagonismus von affektbetonten Kräften* – Trauma und Abwehr – zukam. Oder kürzer ausgedrückt: es war ein *Erinnerungssymbol*[10] an traumatische Ereignisse.

Beim angedeuteten Vorgang der Abtrennung von Affekt und Vorstellung konnte sich, wie FREUD annahm, dreierlei ereignen: es ergab sich entweder eine *Konversion* der «Erregungssumme» in inadäquate Körperinnervationen (Konversionshysterie)[11], oder eine *Transposition*

5. S. FREUD, «Die Abwehr-Neuropsychosen» (Ges. Werke I, p. 63).
6. ibid.
7. S. FREUD, «Über Deckerinnerungen» (Ges. Werke I, p. 546).
8. ibid. (Ges. Werke I, p. 553).
9. S. FREUD, «Weitere Bemerkungen über die Abwehr-Neuropsychosen» (Ges. Werke I, p. 537).
10. S. FREUD, «Die Abwehr-Neuropsychosen» (Ges. Werke I, p. 63).
11. ibid.

der Affekte auf andere Vorstellungen, wobei falsche Verknüpfungen zwischen Vorstellung und Affekt entstanden (Zwangsneurose)[12], und nicht zuletzt manifestierten sich die abgewehrten Vorstellungen in Form von *Projektionen* auf die Außenwelt (Paranoia)[13].

Diese noch relativ einfache Auffassung der Abwehr und der Symptombildung in der Neurose sollte sich zusehends vertiefen. Eine erste Erweiterung erfolgte mit FREUDs Hypothese des *«sexuellen Kindheitstraumas»*[14] aus dem Jahre 1896. Neu war dabei die Annahme der traumatischen Bedeutung nicht nur von einschneidenden sexuellen Erlebnissen, sondern auch von Erlebnissen aus der frühesten Kindheit, wobei er in erster Linie an Verführung und Vergewaltigung dachte. Beides führte zu einem primären Abwehrvorgang. Ebenso korrigierte er seine Auffassung von der Entstehung neurotischer Symptome: Das Primär-Abgewehrte schien nicht mehr zu genügen, sondern es bedurfte hierzu noch einer *Wiederbelebung des bereits Abgewehrten* durch die aktuelle Versagung von Triebwünschen.

Eine gewichtige Grundlage zur Erklärung des Verdrängungsvorganges schuf sich FREUD mit der Unterscheidung *von Primär- und Sekundärvorgängen* (1895)[15]. Er entdeckte nämlich einen grundsätzlichen Dualismus in den Gesetzen des Bewegungsablaufes psychischer Vorgänge, der parallel zur Unterscheidung von «unbewußt» und «vorbewußt» verlief: während die Primärvorgänge (= unbewußte Vorgänge) die Tendenz zu einem *ungehemmten Abströmen* von Energien erkennen ließen, waren die Sekundärvorgänge (= vorbewußte Vorgänge) durch einen Mechanismus von *Hemmung und Kontrolle*[16] ausgezeichnet. Diese Gegenüberstellung erlaubte FREUD erstmalig, eine ihn *wissenschaftlich befriedigende Begründung des Verdrängungsmechanismus* vorzuschlagen. Was er bisher als Ergebnis einer Gegenkraft im Ich verstanden hatte, ließ sich ebenfalls auf einen von der Zensur ausgehenden *Hemmvorgang* zurückführen. Auch diese Theorie erfuhr fünfzehn Jahre später eine nochmalige Präzisierung. FREUD stellte nämlich die für seine Neurosentheorie außerordentlich wichtige Tatsache fest, daß der

12. ibid. (Ges. Werke I, p. 65 f).
13. S. FREUD, «Weitere Bemerkungen über die Abwehr-Neuropsychosen» (Ges. Werke I, p. 401).
14. ibid. (Ges. Werke I, p. 380 f).
15. S. FREUD, *Aus den Anfängen der Psychoanalyse*, p. 409.
16. S. FREUD, *Die Traumdeutung*, 1900 (Ges. Werke II/III, p. 605).

Hemmvorgang (= Abwehr) zusätzlich einen «Wandel der Besetzung»[17] (Besetzung = Energiezuwendung) der abzuwehrenden Vorstellungen nach sich zog. Das, was die vorbewußten Vorstellungen auszeichnete, die gebundene Energieform, wurde *beim Akt der Verdrängung einer Umsetzung in eine unbewußte, durch frei strömende Energie gekennzeichnete Besetzungsform unterworfen.* Mit anderen Worten: *Alles Verdrängte folgte den Gesetzen des Unbewußten bzw. der Primärvorgänge.*

Noch eingreifender waren die Modifikationen, die FREUD in seiner *Sexualtheorie* vornahm. Die noch in den *Studien über Hysterie* als eine rein psychogene Reaktion des Ich auf das Trauma verstandene Abwehrreaktion unterbaute er im Jahre 1905 durch die *biologische Hypothese der Libido* bzw. durch triebbedingte Faktoren. Er nahm nämlich an, daß sowohl die traumatischen Erlebnisse als auch die jeweiligen Abwehrtendenzen des Ich wesentlich *konstitutionell* begründet waren – was er schon rein äußerlich durch den Wandel des Terminus «Abwehr» in den biologisch aufgefaßten Ausdruck «Verdrängung»[18] zu erkennen gab. Die Beziehung des Ich zur konstitutionellen Grundlage des Individuums sah er durch die ebenfalls konstitutionell verankerte «Latenzzeit»[19] vermittelt. Auch in dieser Hinsicht fand eine Präzisierung des Terminus statt, insofern als das bisher vage als Zensurinstanz verstandene *Ich nun als Zentrum des Vorbewußten* anerkannt wurde. Mit der Beziehung zur Latenzzeit übernahm das Ich auch das «väterliche Nein» zu den Triebwünschen, das heißt, sowohl das Inzesttabu als auch die darauf beruhenden Kulturnormen[20]. Entscheidend für diese Periode im Schaffen FREUDS war überhaupt die *biologische Begründung der Neurosenlehre.* Was er bisher als Abwehr und Trauma, als Energie und auch als Wiederbelebung von Erinnerungen bezeichnet hatte, unterzog er einer terminologischen Veränderung. Von da an zog er es vor, die Ausdrücke *Verdrängung, Sexualfixierung, Libido* und *Regression*[21] zu verwenden. Immerhin hatte diese

17. S. FREUD, «Das Unbewußte», 1915 (Ges. Werke X, p. 279).
18. S. FREUD, *Meine Ansichten über die Rolle der Sexualität* (Ges. Werke V, p. 157). Die rein psychologisch gemeinte «Abwehr» wurde durch die organische «Sexualverdrängung» ersetzt.
19. S. FREUD, *Vorlesungen zur Einführung in die Psychoanalyse,* 1917 (Ges. Werke XI, p. 338).
20. Siehe p. 196.
21. Siehe p. 201.

biologische Begründung der Verdrängungslehre weder einen Einfluß auf die bisherigen Merkmale der Verdrängung (Ausschließung des Traumas vom Ich, Bewußtseinsunfähigkeit der Vorstellung und Verschiebungsmechanismus des Affektbetrages) noch auf deren grundsätzliche Bedeutung im Hinblick auf die Neurosenentstehung.

Ihre große Bedeutung erhielt die Verdrängungshypothese durch die über Jahre sich erstreckende Hypothese FREUDS, daß das *Verdrängte und das Unbewußte korrelativ*[22] seien (1915) – eine Erkenntnis, die erst mit der Entdeckung des Über-Ich hinfällig wurde. Wir werden im Kapitel über das Unbewußte näher darauf eingehen.

Eine der eingreifendsten Modifikationen vollzog FREUD erst Jahre später im Zusammenhang mit der Begründung seiner Psychologie des Ich, wobei er das Schwergewicht seiner Forschertätigkeit von der Untersuchung verdrängter Triebregungen auf diejenige der *verdrängenden Instanz, des Ich,* legte. Nicht nur erkannte er im Ich-Ideal und im Über-Ich die Quelle, von der letztlich die Verdrängung ihren Ursprung nahm[23], sondern seine primäre Aufmerksamkeit schenkte er vom Jahre 1914 an den Veränderungen und Störungen in der Instanz des Ich selber: Die Tatsache der «Ichveränderungen» in den Entwicklungsjahren erschien ihm als mindestens ebenso wichtig wie die Veränderungen der Sexualfunktionen. Wenn auch der Mechanismus der Verdrängung weiterhin von höchster Bedeutung für die Erklärung der Neurose blieb, so büßte er immerhin seine zentrale Rolle durch die Beiordnung weiterer Mechanismen ein. Als Oberbegriff für solche automatischen Beziehungsformen nahm FREUD nämlich den früher fallen gelassenen Begriff des Abwehrmechanismus wieder auf[24], wobei er die Rolle des Über-Ich dahin erweiterte, daß es die übergeordnete Instanz, von der alle Abwehren ausgingen, darstellen sollte.

Die Entdeckung des Über-Ich sollte in noch anderer Hinsicht eine grundlegende Modifikation der Vorstellungen FREUDS nach sich ziehen:

22. S. FREUD, «Die Verdrängung», 1915 (Ges. Werke X, p. 250).

23. S. FREUD, «Zur Einführung des Narzißmus», 1914 (Ges. Werke X, p. 161). «Die Idealbildung wäre von seiten des Ich die Bedingung der Verdrängung.»

24. S. FREUD, *Hemmung, Symptom und Angst,* 1926 (Ges. Werke XIV, p. 144). Als Abwehrmechanismen faßte FREUD die folgenden auf: Verdrängung, Regression, Isolierung, Reaktionsbildung, Ungeschehenmachen, Negation, Introjektion, Projektion und schließlich auch den einzigen, zu einer positiven Form der Verarbeitung führenden Mechanismus der Sublimierung.

Hatte er bisher das Unbewußte dem Verdrängten gleichgesetzt und alles, was unbewußt war, eo ipso als verdrängt aufgefaßt, so sah er sich veranlaßt, diese Annahme aufzugeben. Es zeigte sich nämlich, daß das Über-Ich eine Ausnahme von dieser Regel insofern machte, als es nach einer Seite hin unbewußter Natur war, einen unbewußten Anteil im Ich verkörperte, nach der anderen hingegen nicht nur nicht verdrängt, sondern gerade umgekehrt der Ursprung des Verdrängungsaktes selber war. Was folgerte FREUD aus dieser Gegegebenheit? *Die Gleichsetzung von «unbewußt» und «verdrängt» ließ sich danach nicht mehr aufrechterhalten.* Er bekannte deshalb auch im Jahre 1923:

> Wir erkennen, daß das *Ubw* nicht mit dem Verdrängten zusammenfällt; es bleibt richtig, daß alles Verdrängte *ubw* ist, aber nicht alles *Ubw* ist auch verdrängt[25].

Wie wir im Kapitel über das Unbewußte erörtern werden, war diese Erkenntnis auch der Grund, weshalb er den Begriff des Unbewußten durch jenen des «Es»[26], der nicht notwendigerweise verdrängte Vorstellungen zu umfassen brauchte, ersetzte.

Eine der anfechtbarsten Folgerungen, die FREUD aus den Gegebenheiten der Verdrängung und des Über-Ich zog, war seine Theorie der Entstehung von Kulturerzeugnissen. *Die Kultur als Ganzes schien ihm nämlich ein «Nichts-Als» von Triebverdrängungen* zu sein! Nicht nur die Angst vor dem Ungesichertsein, sondern auch die Empfindungen von Ohnmacht und Hilflosigkeit veranlaßten seiner Meinung nach die Individuen, sich zusammenzuschließen und Gemeinschaften zu bilden. Sowohl der Verzicht auf die dringendsten Wünsche als auch auf die drängenden Aggressionen wurde notwendig. Oder anders ausgedrückt: die einzelnen Individuen wurden gezwungen, ihre Triebwünsche zu verdrängen! Damit aber nicht genug! Da die Menschheit auf die Dauer nicht in der Verneinung all dessen, was das Leben lebenswert gemacht hatte, zu bestehen vermochte, schuf sie sich Äquivalente für das Verlorene: sie verinnerlichte nämlich den ihr aufgezwungenen Verzicht auf die Erfüllung ihrer Wünsche. Es entstand ein *kollektives Über-Ich,* das zu Idealen und Kunstschöpfungen führte. Daß FREUD

25. S. FREUD, *Das Ich und das Es,* 1923 (Ges. Werke XIII, p. 244).
26. Siehe p. 150.

schließlich auch die *religiösen Vorstellungen* nicht nur als ein Ausweichen vor den Härten des Triebverzichtes, sondern auch als «Illusionen, Erfüllungen der ältesten, stärksten, dringendsten Wünsche der Menschheit»[27] verstand, dürfte eine der bedenklich stimmenden Konsequenzen der Verdrängungslehre sein. Und zwar ging FREUD in dieser Hinsicht so weit, die religiöse Entwicklung der Menschheit als Ganzes jener des Kindes gleichzusetzen. Wie das Kind die Triebansprüche durch Verdrängungsakte «bändigen» lernte und sich ein Vaterideal aufbaute, so auch die Menschheit: in ihren Göttern versuchte sie das Leben wieder lebbar zu machen. FREUD zögerte sogar nicht, *«die Religion ... (als eine) allgemein menschliche Zwangsneurose, (die) wie die des Kindes ... aus dem Ödipuskomplex, der Vaterbeziehung»*[28] stammte, zu bezeichnen. Schärfer konnte man wohl die Zurückführung der Kulturgüter, insbesondere der religiösen Vorstellungen, auf ein Nichts-Als von Verdrängungen nicht formulieren!

2. Die Verdrängung in der Sicht der JUNGschen Psychologie

Wie stellte sich JUNG zur Verdrängungstheorie? Von der Zeit seiner Assoziationsstudien an setzte er sich immer wieder mit der Verdrängungslehre auseinander. Noch bis in seine späten Arbeiten hob er das große Verdienst FREUDS hervor, die Grundlage zu einer Neurosenpsychologie und damit auch zu ihrem Kernstück, der Verdrängungslehre[29], gelegt zu haben. Diese anerkennende Bemerkung darf allerdings nicht überwertet werden, da die Äußerungen JUNGS sich vorwiegend auf die frühen, bis etwa ins Jahr 1912 reichenden Auffassungen über die Verdrängung bezogen. Weder berücksichtigte er die Theorie der Primär- und Sekundärvorgänge und ihrer Konsequenzen, noch bezog er sich auf die mit der Ich-Psychologie zusammenhängenden Abwehrmechanismen.

Die wissenschaftliche Bedeutung der Verdrängung wurde ihm zuerst in seinen Assoziationsexperimenten eindrücklich, als er eine Reihe von

27. S. FREUD, *Die Zukunft einer Illusion*, 1927 (Ges. Werke XIV, p. 352).
28. ibid. (Ges. Werke XIV, p. 367). (Von mir hervorgehoben.)
29. C. G. JUNG, *Über die Psychologie des Unbewußten*, 1943 (Ges. Werke VII, p. 10).

Phänomenen, die sich mit dem von FREUD als «verdrängt» Bezeichneten deckten, nachzuweisen vermochte. Sie bestätigten, wie er rückblickend noch im Jahre 1929 betonte, die «von FREUD aufgezeigten Tatsachen der Verdrängung, der Substitution und der Symbolisierung ...»[30]. Und zwar waren es in erster Linie die Assoziationsexperimente mit neurotischen Personen, an denen er gewisse unproportionierte Reaktionen festzustellen vermochte. Nicht nur markante Erinnerungsausfälle, sondern auch Erinnerungsfälschungen ließen ihn auf die Wirksamkeit akuter Komplexe schließen. Ähnlich wie FREUD erkannte er, daß es sich dabei um die Aufspaltung von Inhalten, die mit dem Ich inkompatibel und bewußtseinsunfähig waren, handelte. Schon im Jahre 1905 stellte er fest, daß der «Hauptteil eines affektbetonten Komplexes ... abgespalten und aus dem Bewußtsein verdrängt war»[31].

Diese weitgehende Bestätigung der Verdrängung hieß aber keineswegs, daß er – auch in der Zeit seiner stärksten Faszination von FREUD war dies nicht der Fall – diesen Begriff in vollem Ausmaß von FREUD übernommen hätte. Im Gegenteil machte er von Anbeginn an gewisse Abstriche, die vor allem die Neigung zum Mechanistischen und zur Universalisierung der Verdrängung betrafen. Auch die anthropologische Voraussetzung einer Kampfsituation zwischen den bewußten Überzeugungen und den emotionalen Erlebnissen konnte er nur teilweise annehmen. Man darf nämlich nie übersehen, daß er, schon zur Zeit seiner Dissertation, den Blickpunkt auf das *Ganze* der menschlichen Persönlichkeit und auf das Zusammenspiel der einzelnen Teile des Ganzen gerichtet hatte. In diesem Punkt hatte er sich mit JANET getroffen, dessen Auffassung über die Neurose als einer «Krankheit der Persönlichkeit» weitgehend seinen eigenen Erfahrungen mit somnambulen Symptomen entsprochen hatte. Ebenso war auf Grund seiner Vertiefung in das östliche Weisheitsgut das Bild des «Größeren» im Menschen, das in sinnvoller Weise das undurchdringliche Dunkel des psychischen Geschehens durchbrach, wegleitend für ihn geworden. Von diesem Erlebnishintergrund wird auch das leise Unbehagen, das er mehr

30. C. G. JUNG, «Einige Aspekte der modernen Psychotherapie» (Ges. Werke XVI, p. 31).

31. C. G. JUNG, «Experimentelle Untersuchungen über die Assoziationen Gesunder», in: *Diagnostische Assoziationsstudien* I, p. 89.

oder weniger von Anfang an dem Verdrängungsbegriff gegenüber gespürt hatte, aber nur allmählich in befriedigender Weise auszudrücken vermochte, verständlich.

Soweit es sich um den *mechanistischen Aspekt* des Abwehrvorganges handelte, war es vor allem FREUDS Zurückführung des Verdrängungsvorganges auf *elementare Gegebenheiten* und deren Gesetzmäßigkeiten, die seinem Denken fremd war. Abgesehen von den Jahren seiner stärksten Ergriffenheit von FREUD, in denen er dessen Theorie von der *Aufspaltung des psychischen Traumas in Affekt und Vorstellung* teilweise übernommen hatte, hielt er daran fest, daß eine *ganzheitliche Betrachtungsweise* der psychischen Vorgänge dem Wesen der Psyche adäquater war als die analytische Zerlegung eines Erlebnisganzen in seine Elemente. Er gab deshalb auch die anfänglich teilweise Anerkennung eines *Dissoziationsmechanismus* bei den Syndromen der Hysterie[32] und der Zwangsneurose[33] mehr und mehr auf, um ihn schließlich nur noch für die Dementia praecox[34] anzuerkennen. Bei dieser Erkrankung nämlich stellte er ähnlich wie FREUD sowohl eine «Inkongruenz zwischen Affekt und Vorstellung»[35] als auch einen Grad von Inadäquatheit der Affektivität fest, der bis zur «Verödung des Komplexes»[36] und bis zur völligen Desintegration der Persönlichkeit führen konnte – eine Tatsache, an der er bis zu seinen letzten psychiatrischen Schriften festgehalten hat.

War für FREUD das Verdrängte stets einem unbewußt gewordenen, vom Erlebnisganzen abgetrennten Vorstellungsbetrag gleichzusetzen, so galt diese Auffassung in keiner Weise für JUNG! Es scheint mir im Hinblick auf die Abgrenzung beider Auffassungsweisen voneinander von entscheidender Bedeutung, daß JUNG im Verdrängten (abgesehen von den Jahren 1907/08 immer einen komplexbetonten Inhalt, *der Gefühlston und Vorstellung* umfaßte, erkannt hat. Die angedeuteten Divergenzen hingen teilweise damit zusammen, daß FREUD sich wesentlich auf die Erfahrungen der Psychopathologie stützte und seine Verdrängungstheorie vor allem auf seine Beobachtungen am kranken

32. C. G. JUNG, *Dementia praecox,* p. 82 (Ges. Werke III, p. 79).
33. ibid. p. 83 f (Ges. Werke III, p. 80).
34. ibid. p. 85 (Ges. Werke III, p. 82).
35. ibid. p. 81 (Ges. Werke III, p. 78).
36. Siehe p. 291 und 293.

Menschen gründete, wenn er diese auch auf das Seelenleben des Normalen zu übertragen suchte. JUNGS Verdrängungsbegriff hingegen ergab sich aus einer Einstellung, die mindestens ebensosehr am normalen wie am kranken Menschen interessiert war – wie schon aus seinen frühen Arbeiten über die Assoziationen Gesunder offenbar wurde.

Ein weiterer Ansatzpunkt zu JUNGS kritischer Einstellung hing mit seiner überaus wichtigen Beobachtung zusammen, daß die vom Ich abgespaltenen Komplexe keineswegs nur *verdrängte Inhalte, die früher einmal bewußt gewesen waren,* umfaßten: in vielen Fällen schien etwas ganz anderes, nämlich ein rätselhaft anmutender *«Entzug»* bzw. ein «Entschlüpfen von Komplexgedanken» vorzuliegen. Was FREUD als «verdrängt» bezeichnete, verstand JUNG ebensosehr als Wirkung einer autonomen Tätigkeit des psychischen Hintergrundes. Bereits im Jahre 1905 finden wir die Vermutung ausgesprochen, es könnte sich bei den bewußtseinsunfähigen (verdrängten) Inhalten nicht selten auch um die Wirkung von *unpersönlichen* Komplexen bzw. um die *Aktivität und Autonomie des Unbewußten* handeln. Seine Untersuchungen über die Phantasien Geisteskranker sollten ihn auch einige Jahre später davon überzeugen, daß eine große Anzahl von Phänomenen auf die Wirksamkeit von fremdartigen, vorderhand noch apperzeptionsunfähigen Inhalten, die spontan aus der Tiefenschicht der Seele aufgestiegen waren, zurückgingen[37]. Aus solchen Beobachtungen zog er deshalb auch den bemerkenswerten Schluß auf *das Vorhandensein von unbewußten Phänomenen, die weit weniger das Ergebnis einer Verdrängung als vielmehr einer Spontanwirkung des Seelenhintergrundes* darstellten. Daraus dürfte deutlich hervorgehen, daß für ihn die FREUDsche Gleichsetzung von «verdrängt» und «unbewußt» in keiner Weise verbindlich war.

Ungeachtet der weitgehenden Unterschiede im Begriff der Verdrängung ging JUNG aber niemals so weit, diesen Terminus aufzugeben. Hingegen schränkte er ihn auf die Bedeutung von «relativ bewußtseinsunfähig» oder von «vom Ich dissoziiert» ein, wobei er aber weder die FREUDsche Auffassung vom Verschiebungsmechanismus noch diejenige des «Wandels der Besetzung» übernahm. Vor allem aber beschritt er hinsichtlich der *Frage der Motive,* die zur Verdrängung drängten, andere Wege als FREUD.

37. Siehe p. 167.

An erster Stelle war es das Motiv der «Abwehr», der Verurteilung und des Kampfes[38] gegenüber der Affektivität, das seinem Denken widerstrebte. Zutreffender schien ihm in pathologischen Fällen die Erkenntnis JANETS von der Aufmerksamkeitsschwäche (état de distraction) und der Einschränkung des Realitätssinnes (fonction du réel), wie er sie in der Hysterie bzw. in der Zwangsneurose am Werk fand, zu sein. Immerhin grenzte er sich auch dieser Auffassung gegenüber ab, da die Psyche für ihn weder nur als Schauplatz von Kampf und Feindseligkeit noch als Spielplatz von Ich und Automatismus, sondern wesentlich auch als Ort der Zusammenarbeit und Kooperation zwischen «bewußt» und «unbewußt» relevant war.

Zunächst waren es die Motive des «Vergessens» und des «Entwertens», die ihm beim Verdrängungsvorgang vordringlich zu sein schienen. So finden wir schon in den Assoziationsstudien den Versuch, das Motiv eines «gewollten Vergessens» peinlicher Erlebnisse, eines «Nichtverstehenwollens», hinter welchem sich eine «Art von Versteckenspielen mit sich selber» verbarg, als für die Hysterie bedeutsam anzusehen. Was er dabei im Sinne hatte, war weniger ein gewöhnliches Vergessen als ein «künstlicher Gedächtnisverlust»[39], worauf das Einhergehen solcher Phänomene mit einer vermehrten energetischen Spannung[40] deutlich hinzuweisen schien. Als vordergründig betrachtete er das Merkmal des «habituellen Unbewußtseins»[41], d. h. eines zur Gewohnheit gewordenen Vergessens. Auch die Zurückführung der «Verdrängung» auf das Motiv der «Entwertung» des Realitätsaspektes, wie er es im Jahre 1913[42] erstmalig versucht hat, entsprang dem Bedürfnis einer Abklärung der Motive. Er stellte nämlich fest, daß der unbewußte Komplex in gewissen Fällen von Zwangsneurosen mit einer Entwertung der Außenwelt zusammenhing, wobei sich die Kranken auf ihre Komplexe zurückzogen. Interessanterweise gewann JUNG diese Hypothese im Zusammenhang mit der für seine Psychologie so

38. S. FREUD, «Erinnern, Wiederholen und Durcharbeiten», 1914 (Ges. Werke X, p. 133).

39. C. G. JUNG, *Psychologie und Erziehung*, 2. Auflage 1936, p. 63.

40. ibid. 3. Auflage 1945, p. 83.

41. C. G. JUNG, «Experimentelle Untersuchungen über die Assoziationen Gesunder», in: *Diagnostische Assoziationsstudien* I, p. 104.

42. C. G. JUNG, «Zur Frage der psychologischen Typen», erstmals in französischer Sprache 1913 (Ges. Werke VI, p. 541 ff).

bedeutsamen *Entdeckung gegensätzlicher Einstellungsweisen* der Individuen, nämlich der Extra- und der Introversion – eine Erkenntnis, die ihm anhand der Unterschiede zwischen den psychologischen Grundlagen von FREUD und ADLER aufgegangen war. Es fiel ihm nämlich auf, daß FREUD wesentlich auf das Objekt, ADLER hingegen auf das Subjekt bezogen war. Auf einem solchen Einstellungs-Gegensatz schienen sowohl die typischen Verhaltensweisen wie die Motive in den beiden Neurosenformen von Hysterie und Zwangsneurose zu beruhen. Während er bei der hysterischen Extraversion das «habituelle Vergessen» betont fand, war bei der Zwangsneurose das Motiv der Realitätsentwertung vordringlich.

> Im hysterischen Extraversionsmechanismus sucht die Persönlichkeit, wie FREUD dies gelehrt hat, sich vom peinlichen Inhalt, vom Komplex, zu lösen, wobei psychische Phänomene auftreten, die FREUD unter dem Terminus «Verdrängung» zusammengefaßt hat. Das Individuum klammert sich dabei an die Objekte, um den peinlichen Inhalt zu *vergessen* und hinter sich zu lassen. Umgekehrt sucht der Introversionsmechanismus die Libido gänzlich auf den Komplex zu konzentrieren und die Persönlichkeit mit dem Komplex von der Realität loszumachen und zu isolieren. Dieser psychologische Prozeß ist mit Phänomenen verknüpft, die nicht eigentlich durch den Terminus «Verdrängung», sondern vielleicht besser durch den der *«Entwertung»* gekennzeichnet werden können[43].

a. Bewußtseinsentwicklung und Verdrängung

Die Entdeckung von gegensätzlichen Einstellungs-, später auch von Funktionstypen, sollte zu einem Markstein in der Psychologie JUNGS werden und ihn zu entscheidenden Erkenntnissen in bezug auf die Entstehung des Bewußtseins und damit auch der Motivationen der Verdrängung führen. Bemerkenswerterweise war JUNG in diesem Zusammenhang auch in der Lage, ein teilweises Zugeständnis an das FREUDsche Motiv der Abwehr zu machen, wenn auch mit einer wesentlich verschiedenen Begründung. Wann immer nämlich in der Psychologie

43. ibid. (Von mir hervorgehoben.)

Jungs von «Abwehr» oder von «Unterdrückung» die Rede war, so verstand er sie niemals im Rahmen einer bloßen Triebspannung, sondern wesentlich im *Rahmen der Bewußtseinsentwicklung*. Von diesem Blickpunkt her gesehen erschien das Motiv der Unterdrückung gewisser mit dem Ich inkompatibler Inhalte niemals als nur «zufälliger» Natur, sondern es war zutiefst mit dem *Differenzierungsprozeß des Bewußtseins* verquickt. Ja, Jung war sogar der Meinung, daß ohne die «Verdrängung» oder genauer, ohne die «Unterdrückung» primitiver, für die Anpassung hinderlicher Inhalte eine Differenzierung des Bewußtseins überhaupt nicht stattfinden konnte. Von daher gesehen wird auch verständlich, inwiefern Jung den Verdrängungsakt als ein auch für die Vorgänge in der «normalen» Psyche typisches Phänomen zu betrachten vermochte. In diesem Bemühen unterschied er sich von Freud, der grundsätzlich von der Neurosenpathologie ausgegangen war. Einen Baustein dazu hatte er bereits im Jahre 1912 geliefert, als er die Gegensatzstruktur von Wollen und Nichtwollen als eine dem Lebensprozeß inhärente Erscheinung hinstellte[44]. Es war auch dieses Prinzip, das er nun auf die Psychologie der Bewußtseinsentwicklung erweiterte[45]. Er konnte dies um so eher tun, als auch die Bewußtseinsdifferenzierung auf einer Entfaltung von Gegensätzen beruhte. Wie das Bewußtsein grundsätzlich die Tatsache des Gerichtetseins einschloß und in der Diskrimination von Ich und Nicht-Ich, von gut und böse, schön und häßlich, wahr und falsch gipfelte, so ging auch der Entfaltungsprozeß des Bewußtseins mit der Erzeugung von Gegensatzspannungen zwischen den bewußten und den unbewußten Inhalten einher. Den Inhalten, die das bewußte Ich integriert hatte, standen solche, die infolge von Vernachlässigung, Minderbewertung im Unbewußten verblieben waren, gegenüber. Gerichtetheit und Diskrimination waren aber nicht nur ein Gnaden-, sondern auch ein Danaergeschenk. Obgleich Jung das «Gerichtetsein ... (als) eine unbedingte Notwendigkeit für den bewußten Prozeß (erkannte), (so) bedingte es (zugleich eine) ... unvermeidliche Einseitigkeit»[46]: all das nämlich, was zum gerichteten Prozeß gegensätzlich und mit ihm inkompatibel war, wurde entweder ins Unbewußte zurückgedrängt, oder es verblieb von Anfang an in der unbewußten

44. C. G. Jung, *Wandlungen und Symbole der Libido*, p. 168.
45. C. G. Jung, *Psychologische Typen*.
46. C. G. Jung, «Die transzendente Funktion», 1916 (Ges. Werke VIII, p. 91).

Psyche. Das Resultat war die Herausbildung eines *inferioren Teiles der Persönlichkeit*, der sowohl das Unangepaßte, das Primitive und Archaische, als auch das Peinliche und Unannehmbare und schließlich auch das «Verdrängte» umfaßte – ein Gedanke, dem er im Jahre 1921 folgenden Ausdruck gab:

> Je größer die Dissoziation, d. h. die Entfernung der bewußten Einstellung von den individuellen und kollektiven Inhalten des Unbewußten ist, in desto schädlicherer Weise hemmt oder intensiviert es die Bewußtseinsinhalte[47].

Noch deutlicher formulierte er zwanzig Jahre später diesen Gedanken mit folgenden Worten:

> Man zieht begreiflicherweise die differenzierten und differenzierbaren Funktionen vor und läßt die sogenannte minderwertige oder inferiore Funktion in der Ecke stehen oder «verdrängt» sie gar, weil sie zu peinlich und unangepaßt ist. In der Tat hat sie die stärkste Neigung, infantil, ordinär, primitiv und archaisch zu sein[48].

Wenn auch JUNG die «Erfindung des Bewußtseins (als) die köstlichste Frucht am Lebensbaume»[49] betrachtete, so erkannte er ebenso unzweifelhaft im Bewußtseinsvorgang den Keim zu einer Spaltung des Persönlichkeitsganzen, zu einer *Dissoziation zwischen der superioren und der inferioren Persönlichkeit*. Zwecks Vermeidung von Mißverständnissen möchte ich ausdrücklich darauf hinweisen, daß solche inferioren Persönlichkeitsteile all die Eigenschaften, die JUNG bereits den Komplexen zugeschrieben hatte, erkennen ließen: sie wiesen, sehr im Unterschied zu FREUDS «Verdrängtem»[50], nicht nur eine gewisse *Zentrierung*, sondern auch eine gewisse *Organisation* auf.

47. C. G. JUNG, *Psychologische Typen*, p. 176 (Ges. Werke VI, p. 133).

48. C. G. JUNG, «Versuch einer psychologischen Deutung des Trinitätsdogmas», 1940/41 (Ges. Werke XI, p. 180). (Von mir hervorgehoben.)

49. C. G. JUNG, «Die Bedeutung der Psychologie für die Gegenwart», 1933, in: *Wirklichkeit der Seele*, 1934. p. 41.

50. Ebensowenig deckte sich JUNGS Gegenüberstellung von inferioren und superioren Persönlichkeiten mit der FREUDschen Unterscheidung von Primär- und Sekundärvorgang. Die unbewußte Persönlichkeit war in der Psychologie JUNGS weder «frei strömend», noch folgte sie dem Lustprinzip, sondern sie ordnete sich ebenso wie die bewußten Vorgänge dem Ordnungsgefüge des Ganzen unter.

Die Problematik der vom Ich abgespaltenen, inferioren Teilpersönlichkeit wurde in der Psychologie JUNGS vor allem beim sogenannten *Schatten*[51] manifest. Es war auch der unbewußte Schattenkomplex, der dem FREUDschen «Verdrängten» am nächsten kam. Unter dem persönlichen Schatten verstand JUNG in erster Linie einen inferioren Teil der Persönlichkeit, das heißt einen Teil, der das Minderbewertete, Undifferenzierte, oft auch das Negative und Mangelhafte einschloß. Schon im Jahre 1912 hatte er, allerdings noch in Anlehnung an FREUD, die «nicht anerkannten Wünsche» auf dem unbewußten Hintergrund als «Schattenseite der Seele»[52] sowie auch als «verdrängte Persönlichkeitsanteile» bezeichnet. In äußerst bildhafter Weise beschrieb er wiederum fünf Jahre später diesen Aspekt der menschlichen Persönlichkeit mit folgenden Worten:

> ... man entdeckt, daß der «Andere» in uns ein *«Anderer»* ist, und zwar ein wirklicher Mensch, der alle die Dinge tut, fühlt, erstrebt, die verwerflich und verächtlich sind ... Ein ganzer Mann ... weiß, daß auch sein bitterster Gegner, ja eine ganze Zahl von ihnen, den Einen schlimmsten Widerpart bei weitem nicht aufwiegt, nämlich den «eigenen. Andern», der «ihm im Busen wohnt». NIETZSCHE hatte WAGNER *in sich*, darum hat er ihm den Parsifal beneidet; aber noch schlimmer, er, Saulus, hatte auch Paulus in sich. Darum wurde NIETZSCHE ein Stigmatisierter des Geistes, er mußte die Christifikation erleben wie Saulus, als der «Andere» ihm das «ecce homo» eingab. Wer brach vor dem Kreuz zusammen? WAGNER oder NIETZSCHE[53]?

Im Schatten erkannte JUNG zunächst jenen gleichgeschlechtlichen Persönlichkeitsteil, jenen «verwerflichen», minderwertigen Anderen,

51. C. G. JUNG, *Über die Psychologie des Unbewußten*, p. 120, Anm. (Ges. Werke VII, p. 71, Anm.). «Unter Schatten verstehe ich den ‹negativen› Teil der Persönlichkeit, nämlich die Summe der versteckten, unvorteilhaften Eigenschaften, der mangelhaft entwickelten Funktionen und der Inhalte des persönlichen Unbewußten ...» Vgl. L. FREY-ROHN, «Das Böse in psychologischer Sicht», in: Studien aus dem C. G. Jung-Institut, 1961, p. 176.

52. C. G. JUNG, «Neue Bahnen der Psychologie», in: Raschers Jahrbuch, 1912 (Ges. Werke VII, p. 289).

53. C. G. JUNG, *Die Psychologie der unbewußten Prozesse*, p. 48 (Ges. Werke VII, p. 37). (Von mir hervorgehoben.)

den das Individuum während der Bewußtseinsentwicklung vergessen, verkannt, unterdrückt und um seiner Unverträglichkeit willen ins Unbewußte verwiesen hatte.

Der «Schatten» war aber nur vom Bewußtsein her betrachtet «negativ». Für die Psychologie JUNGS war es nämlich wesentlich, daß der inferiore Komplex nicht nur unmoralische, mit den Kulturwerten unvereinbare Inhalte umfaßte – wie FREUD dies lange angenommen hatte –, sondern daß er auch in potentia höchst moralische Werte, die allerdings dem Ich vorderhand noch unbekannt bzw. von ihm unerkannt waren, enthielt. Den Schatten bewertete JUNG deshalb nicht eo ipso als etwas Negatives, sondern er sah in ihm auch *prospektive und konstruktive Keime* für die zukünftige Entwicklung. Dies war vor allem dann der Fall, wenn die vom Kollektiv als positiv, vom Individuum hingegen als minderwertig bewertete Seite sich in der Schattenpersönlichkeit verbarg.

Anläßlich der Erörterung der «Finalität» des Seelenlebens werden wir sehen, inwiefern JUNG auch im minderwertigen, inferioren Inhalt in der unbewußten Psyche, bei geeigneter Einstellung des Bewußtseins, einen *Keim zur Wandlung*, den Mutterboden zu etwas Positiv-Zukünftigem erkennen konnte. Formal betrachtet war dies möglich, weil das Archaische-Primitive der Schattenpersönlichkeit noch den Zusammenhang mit den *«alten Bahnungen»* in der Psyche aufbewahrte – ein Zusammenhang, der zudem durch die Kontamination des Schattens mit dem übrigen Unbewußten erneut belebt werden konnte. In beiden Fällen wies die Schattenpersönlichkeit auf jene Persönlichkeitskeime hin, die das Individuum *mit dem Ganzen verbanden* und deshalb auch wieder *zu einem Ganzen zu vervollständigen* vermochten. Wie ich dies für den unbewußten Komplex überhaupt betont habe, konnte auch der Schattenkomplex als Anlaß zur Erfahrung eines Sinnvollen, ja «Guten» betrachtet werden. Dazu war es allerdings notwendig, daß der Einzelne dem als Unwert und mit dem Ich Unvereinbaren den Kredit eines, wenn auch noch unbekannten «Potentiell-Positiven» zubilligte und den verworfenen Persönlichkeitsteil auf die in ihm verborgenen Heilungsmöglichkeiten «befragte». In diesem Fall stellte der «Schattenkomplex» das moralische Problem des Einzelnen par excellence dar!

Die Entstehung einer Schattenpersönlichkeit konnte allerdings auch das umgekehrte Ergebnis zeitigen: War es dem Individuum infolge der Intensität der Gegensatzspannung nicht möglich, den psychischen Konflikt zwischen den Gegensätzen auszuhalten oder die abgelehnte Komponente als zu sich selber gehörig anzuerkennen, so drohte die Gefahr einer Spaltung der Persönlichkeit in die Gegensätze «hell-dunkel», «gut-böse» oder auch «positiv-negativ». In solchen Fällen erschien der Verkehr zwischen den beiden Systemen «bewußt» und «unbewußt» als unterbunden oder gar stillgelegt. Es entstanden *Stauungsphänomene* und im Gefolge davon *Symptomhandlungen* oder auch *neurotische Symptome*.

Aus den wenigen Andeutungen dürfte hervorgehen, daß der Schatten jene Vorstellungen umriß, die dem FREUDschen Begriff des Verdrängten am ehesten entsprachen. Nicht nur war er vom Bewußtsein ausgeschlossen, inkompatibel mit dessen Wertungen, auch bewußtseinsunfähig: Er war überdies von einer vom Bewußtsein ausgehenden Hemmung (Widerstand) betroffen und im allgemeinen ebenfalls minderdifferenziert, wenn nicht sogar minderwertiger Natur. Wie die Komplexe überhaupt, umfaßte er ein Ganzes von Gefühlston und Vorstellung. Als ein integrierender Teil der normalen Persönlichkeitsentwicklung unterlag die Schattenpersönlichkeit, im Unterschied zu FREUD, weder dem Abtrennungs- und Verschiebungsmechanismus noch dem «Wandel der Besetzung». Abgesehen von ihrer Unbewußtheit zeitigte die inferiore Persönlichkeit zudem dieselben Inhalte wie die superiore: das heißt Vorstellungen, Gedanken, Bilder und Wertungen[54]. Daraus erhellte erneut, daß sie keineswegs auf das Pathologische beschränkt war, sondern erst angesichts sich zuspitzender Verhaltensweisen, wie z. B. bei regressiv bedingten Stauungsphänomenen, krankhafte Formen annahm. Obgleich auch FREUD in seiner Sexualtheorie den verdrängten Komplex als eine «normale», im biologischen Phänomen der Latenzzeit gründende Tatsache auffaßte, so war er dennoch vor allem an den neurotischen Schädigungen, die sich aus dem Scheitern des Verdrängungsversuches ergaben, interessiert.

Bisher haben wir die unbewußte Psyche vorwiegend von ihrem persönlichen Aspekt her kennengelernt. Wie aber stand es mit den unpersönlichen Inhalten des Unbewußten, mit dem «Größeren» im Seelenleben? Ließen sie auch etwas dem «Verdrängten» Entsprechendes erkennen?

54. Siehe p. 169.

b. Unbewußte Mehrleistungen und Verdrängung

Die Anfänge zu einer Sichtung von Inhalten, die dem Bewußtsein überlegen waren, gingen weit zurück. Schon im Jahre 1902 hatte JUNG auf Grund seiner Untersuchungen eines somnambulen Mediums *die Mehrwertigkeit des Unbewußten* bzw. dessen Fähigkeit, «unbewußte Mehrleistungen»[55] zu vollziehen – größere Empfänglichkeit[56], Vorwegnahme der Entwicklung[57] – erkannt. Ebenfalls zu jener Zeit hatten nicht nur die Funktionserhöhungen, sei es in der Hypermnesie[58], in der halluzinatorischen Tätigkeit und in den Visionen, oder sei es in den intellektuellen Mehrleistungen, wie sie in den Phantasiedichtungen und in Träumereien[59] in Erscheinung traten, sein Erstaunen erregt.

> Endlich gibt es Fälle von somnambuler Mehrleistung, welche sich nicht allein durch Hyperästhesie der unbewußten Sinnestätigkeit und Assoziationskonkordanz erklären lassen, sondern die *Annahme einer hochentwickelten intellektuellen Tätigkeit des Unbewußten* voraussetzen[60].

Es war ihm auch aufgefallen, daß das Unbewußte sowohl über einen größeren Erinnerungsschatz, als es z. B. beim Verdrängten FREUDscher Provenienz der Fall war, wie auch über eine größere Selbständigkeit in der Kombination von Erinnerungen verfügte: Es prämeditierte sozusagen die neuen Gedanken und Kombinationen[61].

> Das Unbewußte kann wahrnehmen und selbständig assoziieren, wobei aber nur diejenigen Assoziationen Bekanntheitsqualität besitzen, die einmal das Bewußtsein passiert haben, und von diesen können noch viele so ganz der Vergessenheit anheimfallen, daß sie jegliche Bekanntheitsqualität verlieren. Unser Unbewußtes muß darum eine

55. C. G. JUNG, *Über die Psychologie und Pathologie sogenannter okkulter Phänomene* (Ges. Werke I, p. 89).
56. ibid.
57. ibid. p. 88.
58. ibid. p. 96.
59. ibid. p. 77.
60. ibid. p. 97.
61. ibid. p. 107.

ganze Anzahl von psychischen Komplexen beherbergen, die uns durch ihre Fremdheit in Erstaunen setzen würden[62].

Auch die immer erneute Erfahrung, daß gewisse «Inhalte ohne die geringste Spur von Verdrängung aus dem Bewußtsein verschwinden»[63] konnten – was auf eine Anziehungskraft seitens des Unbewußten hinzudeuten schien –, ging in dieselbe Richtung einer Mehrwertigkeit des Unbewußten. Nicht minder eindrücklich war auch die Erscheinung der Kryptomnesie, das heißt das Auftauchen von Einfällen, die nur mittelbar als Gedächtnisbilder erkannt wurden.

Die Erkenntnis psychischer Mehrleistungen in der unbewußten Psyche sollte eine unerwartete Vertiefung durch die Erforschung der *archaischen Bilder*[64] auf dem Seelenhintergrund gewinnen. Es waren besonders die Phantasien und Wahnsysteme von Geisteskranken, die JUNG einen tiefen Einblick in das Verborgene des Unbewußten tun ließen. An ihnen wurde ihm *das Spontane, das Zielstrebige und auch das Urtümliche gewisser unbewußter Gestaltungen* zum Erlebnis. An ihnen erkannte er auch, womit das *Fremde und Unkorrigierbare*, das ihn am «verdrängten» Komplex beeindruckt hatte, zusammenhing. In solchen Fällen handelte es sich nämlich in der Regel um das Auftauchen von noch unbekannten Phantasieinhalten, die etwas völlig Neues an das Individuum heranbrachten. Besonders eindrücklich war die Tatsache, daß diese Phantasien trotz ihres hohen Affektwertes nur spärliche Brücken zum Bewußtsein aufwiesen, so daß der Zugang zur bewußten Psyche erst erschaffen werden mußte – ein Phänomen, das JUNG hauptsächlich bei den *«schöpferischen Neubildungen»*[65], worunter er fremdartig anmutende Inhalte, die spontan und oft ohne sichtbare Beziehung zum Bewußtsein aus dem Dunkel der Seele auftauchten, verstand.

An solchen Erfahrungen erhärtete sich ihm die Erkenntnis, daß gewisse, oft auch absurd erscheinende Phantasien niemals nur durch verdrängte bzw. persönliche Motive allein erklärt werden konnten, sondern daß man mit großem Nutzen jeweils auch nach tieferliegenden,

62. ibid.
63. C. G. JUNG, *Analytische Psychologie und Erziehung*, 1936, p. 64.
64. Siehe p. 118.
65. C. G. JUNG, *Über die Energetik der Seele*, p. 21, Anm. (Ges. Werke, p. 11, Anm.).

unpersönlichen Faktoren suchte. Vor allem wurde ihm zunehmend deutlicher, daß sowohl der *fremdartige* Charakter und die *faszinierende* Wirkung auf das Bewußtsein, die solchen Gebilden eigentümlich war, als auch der oft völlige Mangel an persönlichem Erlebnisgehalt nur durch die Annahme eines Größeren und Unpersönlichen, das außergewöhnlicher Wirkungen fähig war, beleuchtet werden konnte. Mit einem deutlichen Seitenblick auf FREUD stellte er fest, daß es unbewußte Inhalte gab, die sich in keiner Weise den von FREUD als verdrängt bezeichneten Inhalten unterordneten, ja, *die überhaupt nicht verdrängt sein konnten, weil sie noch nie bewußt gewesen waren.*

> Die Verdrängungstheorie hat eigentlich nur diejenigen Fälle im Auge, in denen ein an sich bewußtseinsfähiger Inhalt entweder aus dem vollen Bewußtsein verdrängt und unbewußt gemacht wird, oder a limine von der Bewußtwerdung weggehalten wird. Sie zieht aber jene anderen Fälle nicht in Betracht, wo aus den an sich nicht bewußtseinsfähigen Materialien des Unbewußten sich ein Inhalt formt von hoher energetischer Intensität, der aber zunächst nicht oder nur unter größten Schwierigkeiten bewußt werden kann. In einem solchen Fall ist die bewußte Einstellung nicht nur nicht feindlich, sondern stünde ihm ganz bereitwillig gegenüber: es handelt sich um schöpferische Neubildungen, die ja bekanntlich überaus häufig ihren allerersten Anfang im Unbewußten nehmen[66].

Von da her betrachtet erschien ihm auch die FREUDsche Auffassung vom Unbewußten als zu eng, um den unpersönlichen Inhalten, vor allem den schöpferischen Inhalten der Psyche, gerecht zu werden. Wenn auch FREUD zunehmend davon Abstand genommen hatte, das Unbewußte dem Verdrängten gleichzusetzen, so war nichtsdestoweniger der von ihm als transzendierend erkannte Bereich des *Urverdrängten* weder als schöpferisch zu bezeichnen noch der archaischen Tiefe des Unbewußten gleichzusetzen. Entgegen gewissen Auffassungen, die die Urverdrängung dem kollektiven Unbewußten gleichzusetzen versuchen (K. BASH), scheint mir die Tatsache, daß es sich dabei um «blinde», jeglicher Besetzung oder Psychifizierung total unzugängliche affektbetonte Impulse handelte, einen solchen Versuch Lügen zu strafen.

66. ibid.

Auch die spätere Annahme einer *archaischen Erbschaft*[67], worunter FREUD das Vorhandensein *phylogenetischer Motive*, die sich in Resten frühmenschlicher Entwicklung[68] offenbarten, verstand, darf kaum als ein Zugeständnis an JUNGS Hypothese unpersönlicher Inhalte des Unbewußten angesehen werden. FREUD war nie bereit, eine schöpferische Tätigkeit in der unbewußten Psyche anzuerkennen. Wo sich eine solche aufzudrängen schien, verwies er sie stets in den Bereich *historischer Reminiszenzen*[69] *an die Erfahrungen der Ahnen.*

Die Anerkennung unpersönlicher Inhalte auf dem Hintergrund der Psyche führte zu einer gewichtigen Konsequenz: JUNG nahm seinen schon von Anbeginn an verwendeten *Begriff der Dissoziation* in vollem Umfang wieder auf, *um ihn als Oberbegriff für alle relativ bewußtseinsunfähigen Komplexe zu verwenden.* Einerseits wies er auf alle einmal bewußt gewesenen und nun mit dem Ich inkompatibel gewordenen Erlebnisse – das Verdrängte – hin, und anderseits umfaßte er solche Vorgänge, die noch keinen Eingang ins Bewußtsein gefunden hatten bzw. noch nicht apperzeptionsfähig geworden waren. Im Jahre 1946 gab er dieser schon viele Jahre früher gemachten Unterscheidung folgende treffende Formulierung:

> Eine ... Dissoziation hat zwei verschiedene Aspekte: im einen Fall handelt es sich um einen ursprünglich bewußten Inhalt, der aber um seiner inkompatiblen Natur willen durch Verdrängung unterschwellig wurde; im andern Fall besteht das sekundäre Subjekt in einem Vorgang, der noch keinen Eingang ins Bewußtsein gefunden hat, weil dort keine Möglichkeiten seiner Apperzeption bestehen, das heißt das Ichbewußtsein kann ihn infolge Mangels an Verständnis nicht rezipieren, weshalb er in der Hauptsache subliminal bleibt, obschon er, energetisch betrachtet, wohl bewußtseinsfähig wäre. Er verdankt seine Existenz nicht der Verdrängung, sondern stellt ein Resultat subliminaler Vorgänge dar, das als solches vordem nie bewußt war[70].

67. S. FREUD, «Die endliche und die unendliche Analyse», 1937 (Ges. Werke XVI, p. 86).
68. ibid.
69. Siehe p. 178.
70. C. G. JUNG, «Theoretische Überlegungen zum Wesen des Psychischen», 1946, erstmals als «Der Geist der Psychologie», p. 407, erschienen (Ges. Werke VIII, p. 204).

Auf die Konsequenzen, die JUNG aus der Dissoziationsauffassung für die Neurose und Psychose zog, werde ich in einem späteren Kapitel eingehen.

Trotz aller Bedenken, Einwände und Einschränkungen hat JUNG stets versucht, dem in der Vorstellung der «Verdrängung» verborgenen Sinn gerecht zu werden. Immer wieder betonte er, daß es sich bei der FREUDschen Verdrängungslehre um einen bedeutenden Versuch handelte, dem Einzelnen die *Wirklichkeit seiner unbewußten Motive* deutlich zu machen und ihm die Verlogenheit so mancher Ideale vor Augen zu führen. Daß ihn immerhin der *reduktiv-negative Zug*, der alles Bedeutende, Ergreifende und Schöpferische durch ein «Nichts-Als» verdrängter Regungen erklärte, befremdete, dürfte vom Hintergrund der JUNGschen Einstellung, die auch dem Numinosen und Autonomen der Psyche einen Wert, wenn nicht den höchsten Wert zubilligte, verständlich werden. Abgesehen von diesen einschränkenden Bemerkungen sah er aber in der Verdrängungslehre auch die großartige Leistung einer moralischen Befreiung aus der Umklammerung der Viktorianischen Ära, ungeachtet dessen, daß sie vorerst im Suchen nach den unmoralischen Motivationen und infantil-sexuellen Ursachen kollektiver Ideale steckenblieb. Sein «welthistorisches Verdienst» sah er vor allem in der Tatsache, daß FREUD, «wie ein alttestamentlicher Prophet, falsche Götzen stürzt(e) und mitleidlos die Fäulnis der zeitgenössischen Seele am Tageslicht ausbreitet(e)»[71]. Gerade dadurch, daß er «ein großer Zerstörer war, der die Fesseln der Vergangenheit zersprengt(e)»[72], bereitete er den Weg nicht nur für eine illusionslosere Zukunft, sondern auch für eine Wieder-Entdeckung echter seelischer Werte vor. Die Erreichung dieses Zieles aber setzte voraus, daß man den Schritt von der bloßen Sexualinterpretation des Unbewußten zum Größeren der Psyche, von der bloß subjektiven Betrachtungsweise der Psyche zu einer Auffassung, die auch das Objektiv-Psychische[73] der Seele einbezog, vollzog.

71. C. G. JUNG, «Sigmund FREUD als kulturhistorische Erscheinung», 1932, in: *Wirklichkeit der Seele*, p. 125.

72. ibid. p. 123.

73. Objektiv-psychisch war das vom Persönlichen Unabhängige. Siehe auch p. 118.

IV. DIE EINHEIT UND GANZHEIT DER PERSÖNLICHKEIT

Während FREUDS Untersuchungen über die Dynamismen der Psyche durch das vordergründige Interesse an der Neurose bestimmt waren, galt JUNGS Fragestellung in zunehmendem Maße der Erforschung der *Individualität und ihrer Eigenart.* Im Gegensatz zur mechanistisch-materialistischen Haltung, die sich im gesamten Schaffen FREUDS verriet, bekundete JUNG von früh an eine Einstellung, die die psychischen Phänomene wesentlich als *Teile eines übergeordneten Ganzen betrachtete.* Hielt FREUD an einem Weltbild fest, das auf durchgehender Determiniertheit und Meßbarkeit des Geschehens beruhte, und hoffte er, das komplexe Gefüge der Psyche durch die elementaren Mechanismen von Verdrängung, Verschiebung und Verdichtung durchsichtig zu machen, so konzentrierte sich das Interesse JUNGS auf die Erfassung der Beziehungen zwischen *Teil- und Gesamtpersönlichkeit.* Hielt es FREUD für möglich, das Psychische in elementare Bestandteile zu zerlegen, um aus den isolierten (Trieb)Mechanismen und Einzelvorgängen den ganzen Menschen zu erklären, so faßte JUNG das *Ganze der menschlichen Persönlichkeit* ins Auge, um die einzelnen Phänomene von der Gesamtheit her zu beurteilen und zu verstehen. Dieser Prozeß der Erfassung der psychischen Individualität dürfte um das Jahr 1921 einen ersten Höhepunkt erreicht haben[1].

Die Vorstellung der Ganzheit der Persönlichkeit ist – wie erwähnt – von Anbeginn an wegleitend für JUNG gewesen. Ob in seiner Dissertation von somnambulen Teilpersönlichkeiten, von Doppelpersönlichkeiten oder von Persönlichkeitsspaltungen die Rede war: im Hinter-

1. C. G. JUNG, *Psychologische Typen*, p. 639 (Ges. Werke VI, p. 479).

grund war stets die Vorstellung der *geeinten Persönlichkeit* in ihm lebendig. Einen Niederschlag davon ersehen wir in seiner frühen Bemerkung, daß die «Affektivität» die Grundlage der Persönlichkeit[2] bilde.

Immerhin blieb noch längere Zeit unklar, was er eigentlich unter einer Persönlichkeit verstand. Zunächst diente ihm dieser Ausdruck zur Kennzeichnung eines persönlichen Zentrums von kleinerem oder größerem Ausmaß. Schon da ergaben sich Schwierigkeiten, insofern als nicht immer deutlich wurde, ob er dabei die bewußte oder die unbewußte, die Ichpersönlichkeit oder eine Teilpersönlichkeit im Auge hatte. Ebenso verwirrend konnte auch seine Gegenüberstellung einer «minderwertigen» und einer «superioren» Persönlichkeit sein. Auch die Hinweise auf Spaltungsphänomene, auf Doppelpersönlichkeiten, waren nicht geeignet, seine Meinung immer klar hervortreten zu lassen. Demgegenüber verwendete er gelegentlich in Anlehnung an den Sprachgebrauch den Ausdruck «Persönlichkeit» auch im Sinne eines gereiften, an die Innen- und Außenwelt angepaßten Individuums. Von einer «Erweiterung der Persönlichkeit» wiederum war dann die Rede, wenn ihm die Einbeziehung unbewußter Inhalte in die Ichpersönlichkeit vorschwebte Mit der Zeit festigte sich die Bedeutung des Ausdrucks «Persönlichkeit», wenigstens in formaler Hinsicht, insofern als JUNG ihm die Bedeutung eines *festgefügten Komplexes von Eigenschaften mit einem zentralen Kern* zubilligte. Schon in frühester Zeit hatte er die Vorstellung einer «zukünftigen Persönlichkeit»[3] (1902) geprägt, um unter ihr etwas wie eine dem Ich überlegene Persönlichkeit zu verstehen. Es verstrichen immerhin noch mehrere Jahre, bis seine damaligen Vermutungen über die Ganzheit der Persönlichkeit den für ihn notwendigen Grad von Beweiskraft erreichten. Dies geschah erst nach seiner Abtrennung von FREUD (1913), als er – alles Formale und «Beengend-Automatisierte» über Bord werfend – das Wagnis unternahm, sich selber dem Lebendigen seiner Seele auszusetzen. In der Begegnung mit seiner eigenen Dunkelheit, in der Auseinandersetzung mit den Bildern, Tendenzen und Einfällen im eigenen Innern gewann er auch die für seine Psychologie so wesentliche Überzeugung,

2. C. G. JUNG, *Dementia praecox*, p. 42 (Ges. Werke III, p. 43).
3. C. G. JUNG, *Zur Psychologie und Pathologie der sogenannten okkulten Phänomene*, p. 108 (Ges. Werke I, p. 88).

daß – dem Ich im allgemeinen unbewußt – *ein organisierendes Zentrum in der Seele am Werk war.* Diese Erkenntnis sollte sich immer mehr zur Idee eines dem Individuum inhärenten, zentralen Kernes, der auf die Ganzheit der Psyche hinorientiert war, formen.

Schon im Jahre 1916 finden wir die Vorstellungen von «Individualität» und «Individuation» im Werk JUNGS. Allerdings wichen sie teilweise noch von ihrer späteren Bedeutung ab. So bezeichnete er «das Individuelle» als «die *Einzigartigkeit* in der Kombination allgemeiner (kollektiver) psychologischer Elemente»[4], die Individuation wiederum als einen «irrational erscheinenden Entwicklungsprozeß», dessen «Produkt die Individualität» ist. In ihr sah er sowohl etwas «Einzelnes» als auch zugleich etwas «Allgemeines»[5].

Nicht nur die Einheit, Einzigartigkeit, sondern auch die *apriorische Existenz* der Individualität wurde ihm zunehmend zum Gegenstand empirischer Gewißheit. So schrieb er im Jahre 1921:

> Das (psychologische) Individuum oder die psychologische Individualität existiert unbewußt a priori, bewußt aber nur insoweit, als ein Bewußtsein der Eigenart vorhanden ist ...[6]

Zunächst konnte es allerdings den Anschein haben, als ob JUNGS bisherige Hinweise auf eine Vielheit selbständiger Seelenfragmente, Komplexe und Bilder, eher der Vorstellung eines ursprünglichen Chaos als dem Gedanken eines Einheitsprinzips Vorschub leisten würde. Dem dürfte aber nicht so sein! Wie der Begriff der Vielheit, logisch betrachtet, seinen Gegensatz in der Einheit hat, so besaß auch im empirischen Bereich die Vielheit unbewußter Tendenzen ihr Gegenstück in der Tendenz zur Integration des Vielen in eine umfassende Einheit. JUNG erkannte deshalb auch, daß die *Spannung zwischen der Dissoziations- und der Einheitstendenz ein dem Lebensprozeß zuinnerst eigentümliches Phänomen* war. In dieser Spannung lag die Dynamik des Psychischen begründet; ihr zufolge traten die Gegensätze nicht nur immer erneut auseinander, sondern ließen auch im selben Maße die

4. C. G. JUNG, «Die Struktur des Unbewußten», 1916 (Ges. Werke VII, p. 335, Anm. IV der ersten Fassung). (Von mir hervorgehoben.)
5. ibid. (Ges. Werke VII, p. 330).
6. C. G. JUNG, *Psychologische Typen*, p. 639 (Ges. Werke VI, p. 479).

Tendenz zur Vereinheitlichung erkennen. Im Jahre 1928 finden wir den erhellenden Satz:

> Dem Polymorphismus der primitiven Triebnatur steht regulierend das *Individuationsprinzip* gegenüber; der Vielheit und widerspruchsvollen Zerrissenheit tritt eine kontraktive Einheit entgegen, deren Macht ebenso groß ist wie die der Triebe[7].

Es waren vor allem seine Untersuchungen über die Phantasien aus dem Unbewußten, an denen JUNG den empirischen Nachweis erbringen konnte, daß nicht nur eine regellose Buntheit dissoziierter Fragmente, sondern zugleich auch eine Tendenz zu allmählicher Zentrierung die Abfolge der Bilder beherrschte: «sie folgten bestimmten unbewußten Richtlinien, welche konvergierend auf ein bestimmtes Ziel zul(iefen)»[8].

> Individuation bedeutet: zum Einzelwesen werden, und, insofern wir unter Individualität unsere innerste, letzte, und unvergleichbare Einzigartigkeit verstehen, *zum eigenen Selbst werden*. Man könnte Individuation darum auch als «Verselbstung» oder als «Selbstverwirklichung» übersetzen[9].

Dieser Entwicklungsvorgang verlief nie ziellos, sondern er führte stets zur «Offenbarung des wesentlichen Menschen»,[10], zur *Verwirklichung der ursprünglich im embryonalen Keim angelegten Persönlichkeit mit all ihren Aspekten*[11]. Der Nachweis eines allmählichen Zentrierungsvorganges in der Psyche, der im Selbst begründet war, bedeutete zugleich die Annahme einer Persönlichkeitsmitte, eines *«Mittelpunktes der Persönlichkeit»*[12]. Es war auch diese Annahme, mit der JUNG grundsätzlich die Grenzen des von FREUD abgesteckten

7. C. G. JUNG, *Über die Energetik der Seele*, p. 86 (Ges. Werke VIII, p. 56).
8. C. G. JUNG, *Die Beziehungen zwischen dem Ich und dem Unbewußten*, 1928, p. 189 f (Ges. Werke VII, p. 252 f).
9. ibid. p. 91 (Ges. Werke VII, p. 191).
10. C. G. JUNG, *Über die Psychologie des Unbewußten*, p. 197 (Ges. Werke VII, p. 120).
11. ibid.
12. C. G. JUNG, *Die Beziehungen zwischen dem Ich und dem Unbewußten*, p. 175 (Ges. Werke VII, p. 243).

Forschungsbereiches überschritt. FREUDS naturwissenschaftlicher Gesichtspunkt hatte die Hypothese einer organisierenden Persönlichkeitsmitte nie zugelassen. Grundlegend war für ihn stets das Kräftespiel zwischen den bewußten und unbewußten Regungen, ob er nun den Dualismus von Primär- und Sekundärvorgang, von Zensur und Sexualwunsch, oder auch von Ich und Es im Auge hatte. Interessanterweise ließ auch sein anthropologischer Versuch vom Jahre 1933, der von der Gegenüberstellung der Strukturen von Ich und Es ausging, die Idee eines Zentrums im Ganzen des Individuums vermissen. An dessen Stelle billigte er dem Ich eine teilweise organisierende Bedeutung zu[13].

Wenn auch JUNG, wie wir noch sehen werden, den energetischen Gesetzen in der Psyche nachging, so schloß diese Betrachtungsweise keineswegs die Annahme eines *selbstregulierenden Prinzips*[14] aus. Im Gegenteil erkannte er in letzterem *die Grundlage sowohl des Zusammenspiels zwischen bewußt und unbewußt als auch des Wandlungsprozesses der Persönlichkeit.*

Daß diese Vorgänge sich in engem Zusammenhang mit der Bewußtseinsdifferenzierung und der Individuation vollzogen, hatte JUNG schon im Jahre 1921 betont[15]. Auch im Hinblick auf die Erfassung der psychischen Dynamik setzte er, im Unterschied zu FREUD, der sie grundsätzlich auf psychische Mechanismen bzw. auf elementare Gegebenheiten zurückführte, immer und stets die unteilbare Einheit und Ganzheit der menschlichen Persönlichkeit voraus. In ihr sah er ein «virtuelles Zentrum» zwischen Bewußtsein und Unbewußtem, das grundsätzlich vom Ich verschieden war.

> Dies wäre der Punkt des neuen Gleichgewichtes, eine neue Zentrierung der Gesamtpersönlichkeit, ein vielleicht virtuelles Zentrum, welches der Persönlichkeit wegen seiner zentralen Lage zwischen Bewußtsein und Unbewußtem eine neue sichere Grundlage gewährt[16].

13. S. FREUD, *Neue Folge der Vorlesungen zur Einführung in die Psychoanalyse,* 1933 (Ges. Werke XV, p. 99).
14. C. G. JUNG, *Über die Psychologie des Unbewußten,* p. 111 (Ges. Werke VII, p. 67). (Wurde bereits in der vorhergehenden Auflage, 1926, p. 90, erwähnt.)
15. Ich verdanke Prof. Dr. C. A. MEIER den Hinweis darauf, daß in der im Jahre 1923 erschienenen englischen Veröffentlichung der Psychologischen Typen ausdrücklich hervorgehoben wurde: *Psychological Types, or The Psychology of Individuation.*
16. C. G. JUNG, *Die Beziehungen zwischen dem Ich und dem Unbewußten,* p. 176 (Ges. Werke VII, p. 243).

Dieser Kern war sowohl Anfang als auch Ende, er entwickelte sich nicht nur im Laufe des Lebens, sondern er war von Anbeginn an als Eigenwesen angelegt. Von hier aus betrachtet erhellt, inwiefern JUNG die menschliche Persönlichkeit als die «höchste Verwirklichung der eingeborenen Eigenart des besonderen lebenden Wesens...»[17] oder auch als die «bestmögliche Entfaltung des Ganzen eines besonderen Einzelwesens»[18] beschreiben konnte – eine Auffassung, die allerdings in erster Linie den Wert eines Ideal- und Leitbildes besaß. Obgleich er nur allmählich und stets mit außerordentlicher Vorsicht seine Gedanken über die psychische Ganzheit vorbrachte, lagen sie, als Grenzerfahrungen des menschlichen Daseins, seinem ganzen psychologischen Schaffen zu Grunde.

Diese «Mitte», die er auch als das «Selbst» bezeichnet hat, wird uns später noch ausführlich beschäftigen.

Abschließend möchte ich festhalten, daß JUNG sich sehr klar darüber war, mit seiner Psychologie des Persönlichkeitsganzen und ihrer unvermeidlichen metaphysischen Voraussetzungen[19] einen seelischen Bereich ins Auge gefaßt zu haben, der bis anhin mit Vorliebe dem Gebiet des Religiösen, Philosophisch-Metaphysischen überlassen worden war. Was ihm vorschwebte, war die Erfahrung eines das Empirische teilweise transzendierenden Zentrums, einer der Vielheit seelischer Tatsachen *übergeordneten Einheit, die nicht nur den unerkennbaren Anfang, sondern auch den ebenso unerkennbaren Bezugs- und Orientierungspunkt der menschlichen Entwicklung* darstellte. In eine ähnliche Richtung ging folgende Äußerung aus dem Jahr 1936:

> Ein ganz wesentliches Erfahrungsgebiet aber, nämlich das der menschlichen Seele selber, blieb für die allerlängste Zeit metaphysisches Reservat, obwohl seit der Aufklärungszeit die ernsthaften Versuche sich zunehmend mehrten, das seelische Wesen der wissenschaftlichen Betrachtung zu erschließen. Man fing tastend mit den Sinnesempfindungen an und wagte sich allmählich auf das Gebiet der Assoziationen; eine Richtung, die schließlich zur Experimentalpsychologie

17. C. G. JUNG, «Vom Werden der Persönlichkeit», 1932, in: *Wirklichkeit der Seele*, p. 186.
18. ibid.
19. Siehe p. 375.

führte und eigentlich in der WUNDTschen *physiologischen Psychologie* gipfelte. Eine mehr beschreibende Psychologie, mit der die Ärzte bald in Fühlung traten, entwickelte sich in Frankreich. Ich nenne Namen wie TAINE, RIBOT und JANET. Für diese wissenschaftlichen Versuche war die Auflösung des Seelischen in Einzel-Mechanismen oder -Vorgänge kennzeichnend. Diesen Bestrebungen gegenüber traten Einzelne für etwas ein, das man heute als Ganzheitsbetrachtung bezeichnen würde. Es scheint, als ob diese Richtung aus der Biographik stamme, insbesondere aus dem, was eine frühere Zeit, die auch ihr Gutes hatte, eine «curiöse» Lebensbeschreibung zu nennen pflegte ...» (Justinus KERNER und der ältere BLUMHARDT, ferner die Acta Sanctorum im Mittelalter) ... «Auf diese Linie aber gehen jene wissenschaftlichen Bestrebungen der Gegenwart, die sich an die Namen William JAMES, FREUD und FLOURNOY knüpften, zurück. JAMES und sein Freund, der Schweizer Théodore FLOURNOY, haben den Versuch gemacht, die Gesamtheit der seelischen Erscheinung zu beschreiben und sie aus der Gesamtheit zu beurteilen[20].

20. C. G. JUNG, «Psychologische Typologie», 1936 (Ges. Werke VI, p. 591 f).

C. VON DEN PERSÖNLICHEN ZU DEN KOLLEKTIVEN INHALTEN DER SEELE

I. DIE PSYCHOLOGIE DER PHANTASIE

Nachdem wir in einem der vorhergehenden Kapitel den Zusammenhang zwischen Phantasie und unbewußter Mehrleistung sowie auch von Phantasie und unpersönlicher Psyche gestreift haben, wenden wir uns nun den Auffassungen der Phantasie bei den beiden uns interessierenden Forschern zu.

1. Die Phantasie als Entstellung und Wunscherfüllung (Freud)

Schon in den neunziger Jahren hatte Freud mit der Erforschung der Phantasien, vorab der «hysterischen Erinnerungsdichtungen», begonnen. Seinen ersten Erklärungsversuch, wonach die Phantasien der Hysteriker auf peinliche Kindheitsszenen, auf Verführung und Mißbrauch der Geschlechtlichkeit zurückzuführen seien, mußte er allerdings zu seiner großen Enttäuschung[1] aufgeben. Die Theorie vom sexuellen Kindheitstrauma erwies sich als unhaltbar, da sich in den wenigsten Fällen irgendwelche Verführungsszenen aufdecken ließen. Ungeachtet dieses «Sturzes aller Werte»[2] hielt er weiterhin an der Ätiologie der Erinnerungsspuren für die Entstehung der Phantasien fest. Und zwar schienen sie ihm – mochten sie sich auf erlebte Szenen beziehen oder nicht – als phantastische Umarbeitungen von Erinnerungen, die aber

1. S. Freud, *Aus den Anfängen der Psychoanalyse*, p. 230. Wie Jones betonte, sollte gerade diese Enttäuschung einen Wendepunkt in Freuds Schaffen einleiten, daß er nicht umhin konnte, «die Bedeutung der Phantasie einzusehen». Vgl. Ernest Jones, *Das Leben und Werk von Sigmund Freud*, I, p. 313.
2. ibid. p. 232.

niemals den Zug des Infantilen oder Erotischen vermissen ließen, bedeutsam zu sein. Während er vorerst den Nachdruck auf den Entstellungscharakter gelegt hatte, wonach die Phantasien in tendenziösen Erinnerungsfälschungen[3] gipfelten, gewannen sie im Zusammenhang mit seinen Traumforschungen zunehmend als Ausdruck von Wunscherfüllungstendenzen an Bedeutung. In ihnen schien sich ein die Wirklichkeit überspinnender Vorgang, der die jeweils ausgebliebenen Befriedigungserlebnisse ersetzte, zu offenbaren. Vom Traumgeschehen her gewann er auch einen Einblick in die Phantasien der Pubertätszeit, wie z. B. diejenigen von der «Belauschung des elterlichen Geschlechtsverkehrs», der «frühen Verführung durch geliebte Personen», vor allem der «Mutterleibsphantasien»[4]: ähnlich wie die nächtlichen Träume und die Tagträume verriet sich in ihnen das Bedürfnis, eine fehlende Bedürfnisbefriedigung durch ein Phantasieerlebnis zu ersetzen. Das Vorhandensein solcher Inzestphantasien[5] – wie er diese auf die sexuellen Wünsche der Kindheit zurückgehenden Phantasien nannte (1905) –, hatte er schon in seiner frühen Selbstanalyse (1897)[6] erkannt, und zwar in Form von Haßempfindungen gegenüber dem Vater und sexuellen Wünschen gegenüber der Mutter[7]. Typisch für sie war die Rückversetzung des Einzelnen in die Kindheit sowie die Betonung des Kernkomplexes, des Ödipuskomplexes.

In ähnlicher Weise faßte er auch die Phantasien des Dichters als Produkte auf, die aus Sehnsucht und Entbehrung hervorgegangen waren und in gewisser Weise einen Ersatz oder eine Fortsetzung des kindlichen Spielens darstellten[8]. Bei Tag betrachtet entpuppte sich nämlich auch der Dichter als ein Tagträumer, der das Talent hatte, nicht nur seinen Erinnerungen aus der Kindheit das Gepräge einer «Zeitmarke» zu verleihen, sondern auch durch die Kraft der künstlerischen Entstellung realer Begebenheiten dem Leser einen Lustgewinn zu verschaffen[9]. Stets war die Abwendung von der Außenwelt ein charak-

3. S. Freud, «Über Deckerinnerungen» (Ges. Werke I, p. 553).
4. S. Freud, *Drei Abhandlungen zur Sexualtheorie* (Ges. Werke V, p. 127, Anm.).
5. ibid. (Ges. Werke V, p. 127).
6. S. Freud, *Aus den Anfängen der Psychoanalyse*, p. 235, Brief an Fliess vom 15. Oktober 1897.
7. ibid. p. 238. Vgl. *Drei Abhandlungen zur Sexualtheorie* (Ges. Werke V, p. 128).
8. S. Freud, «Der Dichter und das Phantasieren», 1908 (Ges. Werke VII, p. 222).
9. ibid. p. 223.

teristischer Zug, der die Phantasie als eine Kompromißbildung zwischen Wunsch und Realität erscheinen ließ. Daß er später *unter dem Einfluß von* JUNG die Phantasien auch als Erzeugnis der Introversion[10] und nicht notwendigerweise als pathologisch betrachtete, soll nur als Nebenbemerkung angeführt werden.

Im allgemeinen hielt er dafür, daß sowohl beim Kranken als auch beim Gesunden unbefriedigte Wünsche die Motive der Phantasiebildung darstellten.

> Unbefriedigte Wünsche sind die Triebkräfte der Phantasien, und jede einzelne Phantasie ist eine Wunscherfüllung, eine Korrektur der unbefriedigenden Wirklichkeit... Es sind entweder ehrgeizige Wünsche, welche der Erhöhung der Persönlichkeit dienen, oder erotische[11].

Mit dem Überwuchern der Phantasien traten unweigerlich neurotische oder gar psychotische Symptome in Erscheinung. Und zwar konnte dies Übermächtigwerden der Phantasiegespinste sowohl von der Anziehungskraft der libidinösen Fixierungsstellen, vor allem den Urszenen, als auch von den Versagungen im Außen herstammen, wobei in jedem Falle die regressive Bewegung der Libido auf diese aufgegebenen Stellen sichtbar wurde.

2. Die Phantasie als schöpferische Gestaltung (JUNG)

Dies war in großen Zügen die psychologische Situation, die JUNG zur Zeit seiner Entdeckung des schöpferischen Hintergrundes der Phantasietätigkeit vorfand. Bis zu diesem Zeitpunkt (1908) hatte er, mehr oder weniger im Banne der FREUDschen *Traumdeutung*, genauer: der Wunscherfüllungstheorie, die Phantasiebilder als Kompensation des Unerfüllten im Leben aufgefaßt. Ein Beispiel davon war die bereits in seiner Dissertation versuchte Zurückführung der Phantasien eines somnambulen Mediums sowie auch der Traumdichtungen hysterischer

10. S. FREUD, *Vorlesungen zur Einführung in die Psychoanalyse* (Ges. Werke XI, p. 389).
11. S. FREUD, «Der Dichter und das Phantasieren», 1908 (Ges. Werke VII, p. 216 ff).

Personen auf «erfüllte sexuelle Wunschträume»[12]. Besonders deutlich trat der Gedanke der Wunscherfüllung in seiner *Dementia praecox* hervor, wo er in den phantastischen Symptomen der Dementen traumähnliche Gebilde, die von ihren unerfüllten Wünschen und Hoffnungen Kunde gaben,[13] feststellte. Allerdings unterschieden sich diese Gebilde dadurch von jenen des Normalen, daß sie sich über den gesamten Wachzustand ausbreiteten, ja ihn völlig ersetzen konnten, unter zum Teil großen Schädigungen der «fonction du réel»[14]. Vor allem war es ihm eindrücklich, daß sich beim Geisteskranken das bewußte Leben in der Erzeugung von Wunschbildern erschöpfte, während das unbewußte Erleben unter den Einfluß kontrastierender Komplexe, d. h. kompensierender Vorgänge – um einen Ausdruck aus späterer Zeit (1914) zu verwenden – geriet.

> Die bewußte psychische Tätigkeit der Patienten beschränkt sich darauf, systematisch Wunscherfüllungen zu schaffen, gewissermaßen als Äquivalent für ein arbeits- und entbehrungsreiches Leben und für die deprimierenden Eindrücke eines verwahrlosten familiären Milieus. Die unbewußte psychische Tätigkeit steht dagegen ganz unter dem Einfluß der verdrängten kontrastierenden Komplexe, einerseits des Beeinträchtigungskomplexes, anderseits der Reste normaler Korrektur[15].

Diese Bemerkungen dürften einen gewissen historischen Wert beanspruchen, stellten sie doch den erstmaligen Hinweis nicht nur auf die Kompensationsfunktion, sondern auch auf die Sinnbedeutung solcher kompensierenden Akte dar. Interessant dürfte auch die Tatsache sein, daß JUNG gleichzeitig mit ADLER, den er gern als Urheber der Kompensation bezeichnete, auf die kompensierenden (kontrastierenden) Komplexe aufmerksam gemacht hat.

Es war eine der bedeutsamsten Leistungen JUNGS, als erster in der medizinischen Psychologie sowohl die Frage nach dem *Sinn der*

12. C. G. JUNG, *Zur Psychologie und Pathologie sogenannter okkulter Phänomene* (Ges. Werke I, p. 78).
13. C. G. JUNG, *Dementia praecox,* p. 171 (Ges. Werke III, p. 163).
14. ibid. p. 172.
15. ibid. (Im Text teilweise hervorgehoben).

psychotischen Gestaltungen gestellt, als auch das therapeutische Ziel im *Sinnverständnis* gesehen zu haben. In den nächstfolgenden Jahren sollten sich seine Entdeckungen über das Wesen der psychotischen Gestaltungen rasch vermehren und ihn über die Annahme persönlicher Wunschgebilde, überhaupt persönlicher Motivationen, hinausführen. Zu seinen eindrücklichsten Erfahrungen gehörten die Beobachtungen, daß die Phantasien Geisteskranker dem Fragenden nicht nur einen Sinn, sondern vor allem einen *unpersönlichen Sinn* enthüllten. Er entdeckte nämlich, daß es sich trotz der oft ungewöhnlichen Reaktionsweise des Kranken auf Gefühlsprobleme nicht selten um solche handelte, «an denen uns nichts fremd ist»[16]. Daß sich ein tieferer «Sinn im Wahnsinn»[17] verbarg, ein Sinn, der in einer noch «unbekannten Tiefe der Seele» begründet war, leitete ihn schließlich zur Erkenntnis hin, daß die psychotischen, ebenso wie die Gestaltungen des normalen Menschen, einem allgemeinmenschlichen Urgrund entstammten. In außerordentlich bewegten Worten schilderte JUNG sein damaliges Ergriffensein von der Tiefendimension der Phantasien:

> Auch die absurdesten Dinge sind nichts als Symbole von Gedanken, die nicht nur allgemein menschlich verständlich sind, sondern überhaupt in jeder Menschenbrust wohnen. So entdecken wir im Geisteskranken nicht etwas Neues und Unbekanntes, sondern den Untergrund unseres eigenen Wesens, die Mutter der Lebensprobleme, an denen wir alle arbeiten[18].

Mit dieser Feststellung schlug er nicht nur eine erste Brücke vom Geistesleben des Kranken zu demjenigen des Normalen und Gesunden, sondern er gewann auch einen neuen psychotherapeutischen Gesichtspunkt. Anstatt die Phantasiesysteme des Dementen als bizarr abzutun, erschien es ihm als zweckentsprechender, das Gefühl des Kranken für den *allgemeinmenschlichen Sinn* seiner phantastischen Dichtungen zu wecken.

Die Frage nach dem geistigen Gehalt der Schöpfungen von Geisteskranken führte ihn zugleich auch zu der Entdeckung ihrer teleologischen

16. C. G. JUNG, *Der Inhalt der Psychose,* p. 10 (Ges. Werke III, p. 184).
17. ibid. (Von mir hervorgehoben.)
18. ibid. p. 26 (Ges. Werke III, p. 198).

Bedeutung hin. Obgleich er schon im Jahre 1908 auf die unbewußten Lösungsversuche[19] in den psychotischen Erzeugnissen hingewiesen, 1912 auch auf die Tatsache von antizipierenden Trauminhalten[20] aufmerksam gemacht hatte, hatte er diese Gedanken unter dem starken Eindruck der Persönlichkeit FREUDS noch zurückgestellt, um sie erst in den Jahren 1913/14 in vollem Umfange wieder aufzunehmen. Wir werden in einem der nächsten Abschnitte darauf zurückkommen[21].

Einen Markstein in der Entwicklung der JUNGschen Gedanken sollte sein Werk *Wandlungen und Symbole der Libido* darstellen. In ihm erbrachte er den Nachweis, daß es sich bei den unbewußten Grundlagen der Träume und den archaischen Phantasien um objektive, weitgehend von persönlichen Motivationen unabhängige Quellen der Schöpferkraft, handelte.

An dem von Th. FLOURNOY[22] überlassenen Material einer im Prodromalstadium der Schizophrenie befindlichen Frau suchte JUNG sowohl die individuelle Problematik als auch den allgemeinmenschlichen Hintergrund zu beleuchten; und zwar bezog er sich gleicherweise auf ihre bewußten Eindrücke wie auf ihre Träume und Phantasien. Zum erstenmal wandte er auch ein neues Verfahren, nämlich die Heranziehung historischer Parallelen und mythischer Motive an, um die Bedeutung autonomer Gestaltungen zu erweitern und vertiefen[23]. Trotz seines bemerkenswerten Ansatzes, trotz der tiefschürfenden Frage nach dem geistigen Gehalt der Phantasien, rückte JUNG – anfänglich noch sehr im Banne des FREUDschen Denkens – nur allmählich mit seinen eigenen Intuitionen heraus.

Es ist fesselnd und erschütternd zugleich, den inneren Zwiespalt

19. ibid. p. 16 (Ges. Werke III, p. 190).

20. C. G. JUNG, *Wandlungen und Symbole der Libido*, p. 55.

21. Siehe p. 122 ff.

22. Durch die Vermittlung von Th. FLOURNOY hatte JUNG das Phantasiematerial der Amerikanerin Miß Frank MILLER erhalten, das erstmals in den «Archives de Psychologie» im Jahre 1906 publiziert worden war.

23. Zu seinem Verfahren bemerkte JUNG im Vorwort zur 2. Auflage folgendes: «Wenn bei dieser Arbeit allerhand Mythologeme in eine Beleuchtung gerückt werden, die deren psychologischen Sinn greifbarer erscheinen läßt, so habe ich dieser Einsicht als eines willkommenen Nebenproduktes Erwähnung getan, ohne aber damit einen Anspruch auf eine allgemeine Mythentheorie machen zu wollen. Die wirkliche Absicht dieses Buches beschränkt sich auf eine möglichst gründliche Ausarbeitung aller jener geistesgeschichtlichen Faktoren, die in einem unwillkürlichen individuellen Phantasieprodukt zusammenkommen.» *Wandlungen und Symbole der Libido*. 1924.

zu verfolgen, den JUNG im Bemühen, einerseits den Erkenntnissen FREUDS gerecht zu werden, und anderseits seinem inneren Dämon treu zu bleiben, ausfocht. Nicht nur der erste Teil von *Wandlungen und Symbole der Libido* wies deutliche Spuren des inneren Uneinsseins auf, sondern vor allem der etwas später erschienene zweite Teil läßt eine zunehmende Distanzierung von FREUD deutlich werden. So positiv JUNG die ersten Schriften seines Freundes aufgenommen hatte, so zurückhaltend verhielt er sich der inzwischen veröffentlichten Sexualtheorie[24] und den darauf fußenden Schriften gegenüber. Insbesondere dürfte FREUDS Feststellung, daß die Phantasie nicht nur uneigentlich und entstellt, sondern auch inzestuöser Natur war[25], das heißt im Kompromiß zwischen infantilem Inzestwunsch einerseits und kulturbedingter Inzestschranke anderseits gipfelte[26], JUNGS eigenstem Denken widerstritten haben. Die Inzestphantasien werden uns in einem späteren Kapitel beschäftigen.

Bestrebt, das Trennende zu überdecken, entwarf JUNG allerdings anfänglich (1911) ein Bild von der Phantasie, das – ähnlich demjenigen FREUDS – weitgehend durch die Züge des Persönlichen, des Infantilen und Entstellten geprägt war. Wenn er auch die Phantasie nicht gerade als Selbsttäuschung, nicht expressis verbis als Produkt einer Ersatzbildung bezeichnete, so beschrieb er nichtsdestoweniger das vom «phantastischen Denken» (assoziativen Denken) erzeugte Weltbild als ein «überwiegend subjektiv entstelltes» Gebilde (1911)[27]. Ebenso finden sich Bemerkungen, welche die Phantasiegestaltungen vorerst noch auf «nicht anerkannte Wunschtendenzen der Seele», vor allem der Sexualität, zurückführte – alles Auffassungen, die er schon im zweiten Teil der *Wandlungen und Symbole der Libido,* erst recht aber in der 1952 erfolgten Umarbeitung, nicht nur ergänzen, sondern berichtigen sollte.

Von besonderem Interesse waren – um Späteres vorwegzunehmen –, die Überarbeitungen, die JUNG der vierten, umgearbeiteten und als *Symbole der Wandlung* (1952) bezeichneten Auflage den angeführten Stellen angedeihen ließ. So ersetzte er den Ausdruck «subjektives Denken» durch denjenigen eines «von inneren Motiven bewegten

24. S. FREUD, *Drei Abhandlungen zur Sexualtheorie* (Ges. Werke V, p. 128 f).
25. ibid. p. 127.
26. S. FREUD, «Der Wahn und die Träume», 1907 (Ges. Werke VII, p. 78 und p. 85).
27. C. G. JUNG, *Wandlungen und Symbole der Libido*, p. 31. (Jahreszahlen beziehen sich auf die Erstauflage im «Jahrbuch».)

Denkens»[28]. Ebenso verwendete er neben der Vorstellung eines «entstellten Weltbildes» die Vorstellung einer «objektiven Gegebenheit»[29]. Und nicht zuletzt ging es ihm auch nicht mehr in erster Linie um «infantile Reminiszenzen», sondern um «archaische Denkformen».

> Die unbewußten Grundlagen der Träume und Phantasien sind nur scheinbar infantile Reminiszenzen. In Wirklichkeit handelt es sich um auf Instinkten beruhende, primitive bzw. archaische Denkformen, die im Kindesalter natürlich klarer hervortreten als später[30].

Diese Eingrenzung soll keineswegs die Meinung aufkommen lassen, daß JUNG den Aspekt des Persönlichen oder des Primitiv-Archaischen in der Phantasie, wie wir noch sehen werden, grundsätzlich entwertet hätte. Wie bei den Komplexen hat er stets die Bedeutung von Gestaltungen, die auf *persönlichen Reminiszenzen, persönlichen Eindrücken und Erfahrungen* beruhten, und die in Beziehung zu den *Ereignissen der Lebensgeschichte* standen, anerkannt. In dieser Hinsicht berief er sich stets auf die bemerkenswerten Erkenntnisse FREUDS. Was ihm aber nicht möglich war, war die ausschließliche Beschränkung auf das Personalistische, hatte er doch in seinen religionsgeschichtlichen und mythologischen Forschungen die Bedeutung unpersönlicher Motive zur Genüge erfahren können.

In diesem Zusammenhang lassen sich auch die schon im ersten Teil der *Wandlungen und Symbole der Libido* vorhandenen Ansätze zu einer Sprengung des an FREUD orientierten Weltbildes verstehen. Er fand nämlich nicht nur in den Mythen, sondern auch in den Märchen und im Folklore zeitlose Motive, immer wiederkehrende Motivzusammenhänge, die auf die Existenz sogenannter *urtümlicher Bilder*[31] und allgemeinmenschlicher Symbole hindeuteten. Solche Beobachtungen führten ihn zur Annahme von unpersönlichen Kernvorgängen in der unbewußten Psyche – eine Annahme, die er später anhand von kollektiven Urmustern, den Archetypen[32], zu bestätigen vermochte. Aber

28. C. G. JUNG, *Symbole der Wandlung*, p. 43.
29. ibid. p. 44.
30. ibid.
31. Dieser Ausdruck findet sich erst im 2. Teil. Siehe 129 ff.
32. Siehe p. 135.

auch die Hypothese eines *schaffenden Triebes zur Mythologie*[33] in der Psyche, die übrigens FREUD stets abgelehnt hat, fand dort ihren Ursprung.

Eine seiner vorausgreifenden Leistungen in jener Übergangsperiode war die Entdeckung der *Symbolbedeutung* der Phantasie. Dies kam nicht nur in der Unterscheidung einer «oberen» und einer «unteren» Bedeutung[34] bzw. in der Erkenntnis einer *Doppelbedeutung alles Psychischen* (naturhaft und geistig) zum Ausdruck, sondern auch in der Entdeckung einer *durchgehenden Polarisierung* urtümlicher Vorstellungen. Eindrücklich und erhellend zugleich war ihm in dieser Hinsicht der Charakter einer ausgesprochenen *Gegensatzspannung* innerhalb der Symbolbedeutungen, die er sowohl bei den «religiösen Urgedanken»[35] als auch bei den Gottesvorstellungen (Gott und Teufel)[36] am Werk fand. Dynamisch betrachtet war damit auch das Gefälle gegeben, das zur Überhöhung der Gegensätze führte, während inhaltlich gesehen das Vorhandensein von *Analogien* die Symbolbildung ermöglichte[37]. Auf Grund solcher und ähnlicher Beobachtungen erschien ihm FREUDS Annahme der Phantasie als eines entstellten und verfälschten Phänomens schließlich als unannehmbar.

33. C. G. JUNG, *Wandlungen und Symbole der Libido*, p. 27.
34. ibid. p. 53.
35. ibid. p. 93.
36. ibid. p. 105.
37. Siehe p. 238 ff.

II. DIE ARCHAISCHEN PHANTASIEN

Der eigentliche Durchbruch aber des neuen Weltbildes, dessen, was JUNG grundsätzlich aus der «Enge des materialistischen Konkretismus» des 19. Jahrhunderts befreien sollte, erfolgte – wie er rückblickend feststellte – im zweiten Teil der *Wandlungen und Symbole der Libido.*

> Das Ganze kam über mich wie ein Bergsturz, den man ja auch nicht aufhalten kann. Die Dringlichkeit, die dahinter lag, wurde mir erst später bewußt: es war die Explosion aller jener seelischen Inhalte, welche in der drangvollen Enge der FREUDschen Psychologie und Weltanschauung keine Aufnahme finden konnten. Es liegt mir fern, die außergewöhnlichen Verdienste FREUDS um die Erforschung der individuellen Psyche irgendwie schmälern zu wollen. Der begriffliche Rahmen aber, in welchen FREUD die seelische Erscheinung spannte, erschien mir unerträglich eng[1].

Dieser Durchbruch ist nicht so zu verstehen, als ob JUNG das Archaische und das Primitive im Phantasieleben, das FREUD so sehr betont hatte, je geleugnet hätte, ebensowenig wie dies für die Tatsache der Regression auf die archaischen Schichten der Psyche der Fall gewesen ist. Ganz im Gegenteil! Es war gerade das Archaische der Phantasiebildungen, welche ihm zum Ausgangspunkt neuer Entdeckungen werden sollte. Was er nämlich in den archaischen Bildern entdeckt hatte, war «eine *objektive, vorgefundene Gegebenheit, die weder von indivi-*

1. C. G. JUNG, *Symbole der Wandlung,* Vorwort zur 4. Auflage.

dueller Erfahrung, noch von subjektiv-persönlicher Willkür ... abhing»[2] – wie er ebenfalls rückblickend betonte. In der Regression der Phantasietätigkeit auf archaische Bilder entdeckte er nämlich, ungeachtet des zunächst persönlich-subjektiven Charakters, einen Vorgang, welcher bei entsprechender Fragestellung eine Sicht auf das Allgemeinmenschliche eröffnete. Grundlegend war es für ihn, daß sich zutiefst in der schöpferischen Phantasie ein dem Menschen *urtümlicher Geist* mit den ihm eigentümlichen Inhalten offenbarte, und zwar in einer Weise, wie sie seit altersher in dem mythischen Schaffen der Völker in Erscheinung getreten waren.

> Neben den offensichtlich persönlichen Quellen verfügt die schöpferische Phantasie auch über den vergessenen und längst überwucherten primitiven Geist mit seinen eigentümlichen Bildern, die sich in den Mythologien von allen Zeiten und Völkern ausdrücken[3].

An den archaischen Phantasiebildungen entdeckte JUNG auch den *historischen Aspekt* des Unbewußten. Es wurde ihm evident, daß die unbewußte Psyche auf einer «Verdichtung des Historisch-Durchschnittlichen und Häufigen»[4] beruhte – eine Feststellung, die er auch am Traum-Unbewußten zu bestätigen vermochte. Beim Traumleben nämlich manifestierte sich die «historische Schichtung»[5] in der Verquickung nicht nur von persönlichen und kollektiven Inhalten, sondern auch von Motiven, die sowohl der jüngsten wie auch der ältesten Zeit entstammten. All diese Tatsachen ließen immer deutlicher werden, daß der Seelenhintergrund nicht nur persönlicher, sondern auch *allgemeinmenschlicher, ja unpersönlicher und objektiver Natur* war.

Um solche objektiven, immer vorhandenen Gegebenheiten, die ja zunächst noch nicht an das Ich assimiliert worden waren, im Material des Unbewußten festzustellen, bedurfte es allerdings einer *Umkehrung der Fragestellung*. Anstatt den Sinn der Phantasie aus schon Bekanntem abzuleiten – wie dies für die FREUDsche Psychologie typisch war[6] –, legte

2. ibid. p. 44. (Teilweise von mir hervorgehoben.)
3. C. G. JUNG, *Wandlungen und Symbole der Libido,* Vorwort zur 2. Auflage vom Jahre 1924.
4. ibid. p. 53.
5. ibid. p. 32.
6. Siehe p. 110.

JUNG den Nachdruck auf eine Einstellung, die das Gebilde nach seinem noch unbekannten Bedeutungskern «befragte». Diese Fragestellung setzte nicht nur eine Haltung, die die Inhalte als wirklich und tatsächlich nahm, voraus, sondern vor allem auch die Befolgung einer Methode, die sich auf das Aufsuchen von Analogien stützte und sowohl die Motive als auch die Denkformen in weiteren Zusammenhängen zu erfassen suchte. Erst eine solche Methode – JUNG nannte sie die *hermeneutische*[7] – verbürgte ihm ein adäquates Verstehen des Sinngehaltes von Phantasiegestaltungen. An einem solchen Verstehen ging man, wie JUNG stets betont hat, vorbei, wenn man mit FREUD die Phantasie auf ein bloßes Streben nach Wunscherfüllung und Ersatzbefriedigung einer unbefriedigenden Realität reduzierte. Ja, man beraubte sich geradezu der Möglichkeit, in den Gestaltungen der unbewußten Psyche das Echte und Genuine zu sehen, das, was den Menschen über seinen persönlichen Horizont und seine Nur-Triebhaftigkeit hinaushob und ihm eine Ahnung seiner hintergründigen Seelentiefe zu vermitteln vermochte.

JUNG hat niemals ein Prioritätsrecht in bezug auf die Entdeckung phylogenetischer Motive in der Phantasie beansprucht. Im Gegenteil berief er sich schon im Jahre 1911 auf die Äußerung NIETZSCHES, daß im Traum ein «uraltes Stück Menschtum»[8] weiterlebe. Er erwähnte zugleich auch die zwar eher anfechtbare Auffassung FREUDS, die im Mythus eine Entsprechung zu «de(n) entstellten Überreste(n) von Wunschphantasien ganzer Nationen»[9] sah. Und ebenso führte er auch die Arbeiten von ABRAHAM über den Zusammenhang von Traum- und Mythenpsychologie an, wobei allerdings die Zurückführung des Mythus auf ein «Stück überwundenen infantilen Seelenlebens des Volkes»[10] seinem Geist als unannehmbar erschien. Eindrücklich war ihm auch der mehrere Jahre später von FREUD veröffentlichte Hinweis auf das Vorkommen von *Urphantasien*[11], und zwar in den Träumen und Phantasien seiner Patienten. Diese Bemerkung darf uns allerdings nicht über das Vorhandensein von beträchtlichen Unterschieden in

7. Siehe p. 366.
8. C. G. JUNG, *Wandlungen und Symbole der Libido*, p. 25.
9. ibid. p. 26.
10. ibid.
11. S. FREUD, «Die Verdrängung», 1915 (Ges. Werke X, p. 242).

den Voraussetzungen beider Forscher hinwegtäuschen. Wenn auch FREUD auf den Wiederholungscharakter solcher phylogenetischer Motivzusammenhänge aufmerksam machte, und wenn er auch betonte, daß in ihnen der Einzelne «über sein individuelles Erleben hinaus in das Erleben der Vorzeit» ... hinausgriff, «um die Lücken seiner individuellen Wahrheit mit prähistorischer Wahrheit» auszufüllen»[12], so bedeuteten ihm solche Äußerungen, seinem kausal-reduktiven Denken gemäß, etwas völlig anderes als für JUNG. Wie wir in einem späteren Kapitel ausführen werden, fand er nämlich die Ursache der phylogenetischen Motive letztlich im Erleben früherer Geschlechter begründet. Er konnte nicht umhin, das Vorhandensein kollektiver *Erinnerungsspuren* anzunehmen, die in letzter Linie auf konkrete, früher einmal Wirklichkeit gewesene Ereignisse der Ahnenwelt zurückgingen.

Umgekehrt als FREUD sah JUNG in den archaischen Phantasien sowohl *spontane Manifestationen* der Phantasietätigkeit als auch Gestaltungen von *unpersönlichem,* ja *zeitlosem* Charakter. Der eigentliche Sinn dessen, was hinter solchen Gestaltungen «uralten Menschtums» verborgen war, schien ihm in einer *objektiven Gegebenheit* zu liegen, die unberührt vom individuellen Dafürhalten, unberührt von historischen Ereignissen, einem *kollektiven Urgrund* entstammte. Wir werden auf die Unterschiede zwischen den beiden Forschern anläßlich der Erörterung der Inzestphantasien[13] und vor allem der «archaischen Erbschaft» (FREUD) nochmals zurückkommen[14].

12. S. FREUD, «Aus der Geschichte einer infantilen Neurose» (Ges. Werke XII, p. 131).
13. Siehe p. 239 f.
14. Siehe p. 178.

III. DIE ZIELSTREBIGKEIT IN DER PSYCHE

Eng verwandt mit der Frage nach dem Sinngehalt war auch diejenige nach einem möglichen *prospektiven* Gehalt der Phantasie. Es waren wiederum die Untersuchungen über die Wahnphantasien der Geisteskranken, die JUNG nicht nur den Sinn, sondern auch das Vorhandensein von *anordnenden und antizipierenden Tendenzen* in der Seele des Dementen feststellen ließen. Eine erste Andeutung finden wir im Jahre 1908: An deren regressiven Phantasien erkannte er nämlich, daß nicht nur eine Flucht des Geisteskranken in die Kindheitserinnerungen, sondern auch sinnvolle *Ansätze zu neuen Lösungen* seiner zwar meistens unlösbaren Probleme zu beobachten waren. Infolge des hohen Grades von Wirklichkeitsverlust ließen sich die Lösungsversuche kaum in fruchtbarer Weise verwerten.

> ... die Wirklichkeit ist das ungelöste Problem ... Seine (des Geisteskranken) Lösungen sind unbefriedigende Illusionen, seine Heilung ein temporäres Aufgeben des Problems, das ungelöst in den Tiefen des Unbewußten weiterarbeitet und zu seiner Zeit wieder zur Oberfläche emporsteigt, um mit neuen Szenerien neue Illusionen zu schaffen; wie Sie sehen – ein abgekürztes Stück der Geschichte der Menschheit[1].

Was verstand JUNG unter «Antizipation»? Späteres vorausnehmend möchte ich andeuten, daß er, in Übereinstimmung mit MAEDER[2], der

1. C. G. JUNG, *Der Inhalt der Psychose*, p. 16 (Ges. Werke III, p. 190).
2. A. MAEDER, «Über die Funktion des Traumes», 1912 und «Über das Traumproblem», 1913.

von Anfang an den prospektiven Tendenzen nachgegangen war, unter der prospektiven und antizipierenden Tätigkeit in der Psyche eine Tendenz zur Vorübung oder auch zur Vorausskizzierung, mit einem Wort: den «Entwurf zu einer Konfliktlösung» sah[3].

Aus seinen frühen Vermutungen wurden allmählich beweiskräftige Erkenntnisse. Schon im darauffolgenden Jahr (1909) ließen ihn seine Beobachtungen über die verhängnisvollen Auswirkungen der Verstrickungen und Abhängigkeiten zwischen Eltern und Kindern die außerordentliche Bedeutung der Gestalt des Vaters hinsichtlich der *Formung des Schicksals* seiner Kinder erkennen. Gegenüber der kausalen Fragestellung FREUDS, der die Ursache der neurotischen Symptome des jugendlichen Menschen im «Familienroman»[4] gesucht hatte, stellte JUNG die Frage nach der prospektiven, das heißt der im Symptom verborgenen Bedeutung des Vaters für das zukünftige Leben. Es wurde ihm evident, daß nicht nur die Phänomene des Unbewußten, sondern auch die Aussagen von neurotischen Kindern auf *ein dem Leben immanentes Zielstreben* hinwiesen.

> Was ins Unbewußte gerät... leitet mit unsichtbaren Fäden die anscheinend individuellen Schöpfungen des reifenden Geistes. Wie alles, was ins Unbewußte geraten ist, schickt auch die infantile Konstellation noch dunkle, ahnungsreiche Gefühle ins Bewußtsein, die Gefühle geheimer Lenkung und jenseitigen Einflusses. Das sind die Wurzeln der ersten religiösen Sublimierungen[5].

Allerdings hieß dies noch nicht, daß sich die anordnenden Tendenzen auch immer positiv auswirkten! Nur zu leicht ergaben sich neurotische Konfliktsituationen zwischen der «infantilen Konstellation» (der persistierenden Wirkung des Vaterbildes) einerseits und der «Individualität»[6] (der Selbstverwirklichungstendenz) anderseits. Immerhin schien

3. C. G. JUNG, «Allgemeine Gesichtspunkte zur Psychologie des Traumes», 1928 (Ges. Werke VIII, p. 291).
4. S. FREUD, *Aus den Anfängen der Psychoanalyse*, p. 273. Brief an FLIESS vom 20. Juni 1898.
5. C. G. JUNG, «Die Bedeutung des Vaters für das Schicksal des Einzelnen», 1909, p. 19.
6. ibid.

JUNG der Ausbruch einer Neurose oft heilsamer als ein dumpfes Verharren in den infantilen Phantasiegespinsten zu sein.

Einen Schritt weiter ging JUNG in seiner 1910 erschienenen Schrift «Über die Konflikte der kindlichen Seele», die als Gegenstück zur FREUDschen Arbeit über die Phobien des kleinen Hans[7] gedacht war. Interessanterweise stellte er fünf Jahre später (1915) rückblickend fest, daß dieser Aufsatz, der ursprünglich eine Bestätigung der FREUDschen Kausal- und Sexualtheorie liefern wollte, in Tat und Wahrheit einen überzeugenden Nachweis der prospektiven Betrachtungsweise und ihrer Bedeutung für die Psychotherapie erbracht hatte. Und zwar waren es vor allem die dem Wissenstrieb und der sexuellen Neugier entstammenden Phantasiegespinste, die ihm den Einblick in die kindliche Geistesentwicklung gewährten. Obgleich er FREUDS Auffassung, daß sowohl die infantilen Geburts- als auch die Todesphantasien mit der Sexualfunktion zusammenhingen, keineswegs bestritt, diente ihm sein Material in erster Linie als Bestätigung seiner Annahme von der Sexualfunktion als einer *Keimstätte höherer Geistesfunktionen.*

> ... ich sehe in der «frühinfantilen Sexualität» (Sexualinteresse, Sexualphantasien, Sexualbetätigungen) zwar schon die Ansätze zur künftigen Sexualfunktion, aber auch die Keimstätte höherer Geistesfunktionen[8].

In der vorliegenden Schrift ging ihm auch die prospektive Bedeutung der von FREUD nurmehr als negativ bewerteten *Widerstände* des Kindes gegenüber Eltern und Umgebung auf: Nicht nur das Verstocktsein, das Mißtrauen des Kindes, sondern auch sein hartnäckiges Fragen war ihm Ausdruck eines ängstlichen Suchens, eines Orientierungsversuches in der Welt, oder mit einem Wort: In ihm verriet sich *der Ansatzpunkt zu einem geistigen Fortschritt!*

Erhellend wurden ihm vollends die Untersuchungen der schon erwähnten Phantasiegebilde der Miß MILLER. An ihnen gewann er die Gewißheit, daß die von FREUD meistens nur als eine «Rückkehr der

7. S. FREUD, «Analyse der Phobie eines fünfjährigen Knaben», 1909 (Ges. Werke VII, p. 241 f).
8. C. G. JUNG, «Über Konflikte der kindlichen Seele», 1910, Vorwort zur 2. Auflage, 1915, in: *Psychologie und Erziehung*, 1946, p. 130.

Libido zum Infantilen» verstandenen Phantasieprodukte sich nicht in der Regression oder gar im Steckenbleiben auf früheren Stufen erschöpften, sondern auch die Möglichkeit einer *Erneuerung* in sich schlossen. Er konnte nicht mehr an der Tatsache vorbeisehen, daß die Phantasie keineswegs als bloßes Relikt einer Ursachenverkettung zu beurteilen war: Insofern als sie nämlich nicht selten einen *neuen Lebensplan*[9] erkennen ließ, stellte sie eine oft höchst sinnvolle Brücke von der Gegenwart zur Zukunft dar! Wenn sich auch oft phantastische Züge, die die rauhe und unwirkliche Realität durch paradiesische Vorstellungen ersetzten, in ihr offenbarten, so wies sie unmißverständlicherweise auch auf *Ansätze zur Vergeistigung und zu neuen Gestaltungsmöglichkeiten.*

Äußerst fruchtbar erwies sich der prospektive Gesichtspunkt auch im Hinblick auf die neurotischen Symptome! An ihnen konnte Jung nämlich feststellen, daß sich ihr Sinn niemals auf die Auffindung von Ursachen einschränken ließ, sondern daß sie zudem als Versuche zu einer jeweils *neuen* Lebensform aufgefaßt werden konnten.

> Die Symptome der Neurose sind nämlich nicht nur Folgen von einmal gewesenen Ursachen, ... sondern ... auch Versuche zu einer neuen Synthese des Lebens. Wozu aber in gleichem Atemzug beizufügen ist: mißlungene Versuche; die aber nichtsdestoweniger doch eben Versuche sind mit einem Kern von Wert und Sinn[10].

Nicht zuletzt beobachtete Jung auch in den Träumen, vor allem in solchen von neurotischen Personen, daß sie dem Fragenden antizipierende Tendenzen enthüllten. Er stellte nämlich fest, «daß in gewissen Fällen von jahrelangen Neurosen zur Zeit des Krankheitsbeginnes oder geraume Zeit vorher ein Traum stattfand, öfter von visionärer Deutlichkeit, der unauslöschlich dem Gedächtnis sich einprägte und in der Analyse einen dem Patienten verborgenen Sinn enthüllt(e), der die nachfolgenden Lebensereignisse, d. h. ihre psychologischen Bedeutungen antizipiert(e)»[11].

9. C. G. Jung, *Versuch einer Darstellung der psychoanalytischen Theorie,* p. 131.
10. C. G. Jung, *Die Psychologie der unbewußten Prozesse,* p. 63 (Ges. Werke VII, p. 49 f).
11. C. G. Jung, *Wandlungen und Symbole der Libido,* p. 55.

Anhand von Träumen entdeckte er auch, wie ich später ausführen werde, die Funktion der Selbstregulierung[12] – eine Erkenntnis, die die Hypothese einer dem Psychischen *inhärenten Zielstrebigkeit* in schönster Weise bestätigte.

Diese Bemerkungen sollen nicht zur Annahme verleiten, JUNG hätte als erster dem Psychischen die Eigenschaft der Zielstrebigkeit zuerkannt. Schon Th. LIPPS hatte seiner, allerdings philosophisch orientierten Psychologie «Strebungen» zu Grunde gelegt, wobei ihm eine Tendenz sowohl zur Vereinheitlichung als auch zur Dissoziation der psychischen Vorgänge aufgefallen war.

Vor allem hatte bereits FREUD in den Phänomenen von Wunsch, Drang und Trieb einen zielgerichteten Dynamismus entdeckt. Wenn auch die kausale Fragestellung für seine Untersuchungen stets typisch war, so hatte er dabei jeweils Zweckursachen im Auge; mit anderen Worten: seine Ursachen waren zugleich auch als zielgerichtete Regungen zu verstehen. Im Unterschied aber zu JUNGS Auffassung von *einer rein psychischen, auf Gefühl, Wert und Sinn gründenden Motivation* stellten für ihn Lust und Unlust die ausschließlichen Regulatoren des Psychischen dar. Daran hinderte auch die Einführung des Realitätsprinzips, das FREUD in der Vermeidung von Unlust begründet sah, nichts. Da er die Motive der Wunscherfüllung bzw. der Vermeidung von Unlust in nächste Beziehung zur Sexualfunktion und damit zum Körper setzte, leiteten sich auch die Zielsetzungen letzten Endes von den somatischen Impulsen und Triebbedürfnissen her. Eine biologische Zielsetzung lag ebenfalls seiner Traumpsychologie zu Grunde, insofern als FREUD die Funktion des Traumes vor allem in der Schlaferhaltung erkannte.

Gegenüber dieser hedonistischen Zweckbestimmung der psychischen Vorgänge betonte JUNG die Bedeutung einer *rein psychischen Motivation*, d. h. die Regulierung durch *Wert- und Sinntendenzen.* Was er darunter verstand, suchte er im Anschluß an MAETERLINCK folgendermaßen zu beschreiben:

> ... zweifellos enthält das Unbewußte die psychologischen Kombinationen, die den Schwellenwert des Bewußtseins nicht erreichen. Die Analyse zerlegt diese Kombinationen in ihre historischen Deter-

12. C. G. JUNG, *Das Unbewußte im normalen und kranken Seelenleben,* p. 90. In erweiterter Form in: *Über die Psychologie des Unbewußten* (Ges.Werke VII, p. 67).

minanten ... Die Psychoanalyse arbeitet rückwärts, wie die Geschichtswissenschaft ... Die Historie weiß aber zweierlei Dinge *nicht,* nämlich das in der Vergangenheit Verborgene und das in der Zukunft Verborgene ... Insofern im Heute schon das Morgen enthalten ist und alle Fäden des Zukünftigen schon gelegt sind, könnte also eine vertiefte Erkenntnis der Gegenwart eine mehr oder minder weitreichende und sichere Prognose des Zukünftigen ermöglichen ..., so wie nämlich dem Unbewußten nachweisbar längst unterschwellig gewordene Erinnerungsspuren noch zugänglich sind, so auch gewisse sehr feine subliminale Kombinationen nach vorwärts, welche für das zukünftige Geschehen ... von allergrößter Bedeutung sind. So wenig aber die Geschichtswissenschaft sich um die Zukunftskombinationen bekümmert, welche vielmehr das Objekt der Politik sind, so wenig sind auch die psychologischen Zukunftskombinationen Gegenstand der Analyse, sondern waren vielmehr Objekt einer unendlich verfeinerten psychologischen Synthetik, welche den natürlichen Strömungswegen der Libido zu folgen verstünde. Das können wir nicht, wohl aber das Unbewußte, denn dort geschieht es, und es scheint, als ob von Zeit zu Zeit in gewissen Fällen bedeutsame Fragmente dieser Arbeit wenigstens in Träumen zu Tage träten, woher dann die vom Aberglauben längst geforderte *prophetische Bedeutung* der Träume käme[13].

Um dem Mißverständnis vorzubeugen, als ob die antizipierenden und prospektiven Tendenzen der Psyche gleichbedeutend mit «prophetisch» wären, zog JUNG mit der Zeit den Ausdruck «final» vor. Er wollte damit eine psychische Tendenz, die sich ausschließlich auf *Ziel und Zweck des Geschehens* bezog, andeuten.

Es wäre ebenfalls ein grober Irrtum, JUNGS Annahme einer Finalität und Zielstrebigkeit der Psyche auf eine «präexistierende Zwecksetzung» oder gar eine «philosophische Teleologie» zurückführen zu wollen. Gegen eine solche Gleichsetzung hat er sich streng verwahrt, wie aus folgender Bemerkung hervorgeht:

Damit wird nicht ausgesagt, daß die finale Bedeutung eines Phänomens schon als ein a priori gegebener Zweck in den Vorstufen des

13. C. G. JUNG, *Wandlungen und Symbole der Libido,* p. 54.

Phänomens existiert hätte. Es wäre erkenntnistheoretisch bekanntlich nicht angängig, aus der unverkennbar finalen Bedeutung biologischer Mechanismen auf eine präexistierende Zwecksetzung zu schließen. Es wäre aber borniert, wenn man mit der gerechtfertigten Weglassung des teleologischen Schlusses auch die finale Betrachtungsweise opfern wollte. Das Äußerste, was sich sagen läßt, ist: es ist, als ob eine präexistierende Zwecksetzung vorhanden wäre. In der Psychologie hat man sich vor reiner Kausalitätsgläubigkeit ebenso zu hüten wie vor der Teleologie[14].

Mit dem Nachweis eines immanenten Zielstrebens in der unbewußten Psyche gewann JUNG einen neuen Zugang zum Verständnis der menschlichen Seele, der überaus fruchtbare Arbeitsmöglichkeiten für die Psychotherapie einschloß: Möglichkeiten, die vor allem die *Anpassung an das Innere des Menschen* – sowohl die Erzielung eines *besseren Selbstverständnisses* als auch *eine dem Ganzen entsprechende Verwirklichung der vorhandenen Anlagen* – förderten.

14. C. G. JUNG, «Die Struktur des Unbewußten (Ges. Werke VII, p. 328, Anm.).

IV. DAS URTÜMLICHE BILD

In der Beschäftigung mit der schöpferischen Phantasie und mit den unpersönlichen Komplexen hatte JUNG – wie erörtert – eine neue Sicht gewonnen, und zwar auf einen *dem Menschen urtümlichen Geist, der sich auch in ihm eigentümlichen Bildern offenbarte.* Es war vor allem die Tatsache von unbewußten, sich hartnäckig der Integration ins Bewußtsein widersetzenden Inhalten, die ihn in den Jahren 1908 bis 1910 auf das Vorhandensein von tieferen *Bedeutungskernen* aufmerksam werden ließ. Es wurde ihm evident, daß hinter allem Psychisch-Bedeutsamen uralte, psychische Nuklei, *urtümliche Bilder*[1] standen, welche nicht nur eine faszinierende, sondern auch eine konstellierende Wirkung auf das Bewußtsein ausübten.

Es dürfte in diesem Zusammenhang erwähnenswert sein, daß JUNG in den *Wandlungen und Symbolen der Libido* den Ausdruck «unbewußter Komplex» durch «Imago» ersetzte. Was ihn dazu bewegte, war der Wunsch, damit die Eigenschaft einer «lebendigen Selbständigkeit in der psychischen Hierarchie»[2] hervortreten zu lassen, «d. h. jene *Autonomie,* die ... sich als wesentliche Eigentümlichkeit des gefühlsbetonten Komplexes auf Grund vielfacher Erfahrungen»[3] herausstellte. In der Neuauflage von *Symbole der Wandlung* betonte er allerdings das Ungenügen auch des Terminus «Imago», da er die kollektive Grund-

1. Der Ausdruck «urtümliches Bild» ist den Briefen Jacob BURCKHARDTS an Albert BRENNER, Basler Jahrbuch 1901, entnommen, in welchen er u. a. den Faust als ein urtümliches Bild bezeichnete. Siehe C. G. JUNG, *Wandlungen und Symbole der Libido,* p. 35.
2. ibid. p. 47, Anm.
3. ibid.

lage des Psychischen zu wenig berücksichtigte. In diesem Zusammenhang (1952) verwies er ebenfalls auf die größere Fruchtbarkeit des Begriffs «Archetypus», der vor allem das Unpersönliche, Kollektive, nicht auf die individuelle Erfahrung Bezogene gewisser Inhalte unterstreichen half[4].

Bei dem urtümlichen Bild beeindruckte ihn in erster Linie der *hohe Grad von Emotionalität,* der sie jedem persönlichen Zugriff entzogen und sie vom Geheimnis des Numinosen umwoben sein ließ; die inneren Bilder waren ihm aber nicht nur als Zentren von großer Energieintensität, sondern auch als solche, die ein «eigenes selbständiges Leben» bzw. einen *eigenen selbständigen Sinn*[5] verrieten, bedeutsam. In ihnen sah er nichts weniger als den Ausdruck einer spezifischen Formgebung des Lebens überhaupt, eines dem Psychischen inhärenten «bilderschaffenden Geistes»[6] – um einen Terminus aus späterer Zeit (1939) zu verwenden. Ähnlich wie der gefühlsbetonte Komplex wies auch das urtümliche Bild auf eine individuelle Struktur, die ebensowohl *Gefühl als Gedanke*[7] war, hin – eine Erkenntnis, die JUNG zu weiteren grundlegenden Erkenntnissen über die Natur psychischer Gestaltungen hinführte. Sie bestätigte nicht nur seine frühe Einsicht von der *oberen und unteren Bedeutung*[8] alles Psychischen, sondern sie erhärtete auch seine Auffassung, daß der *psychische Vorgang überhaupt eine Gegensatzspannung zwischen Natürlichem und Geistigem erkennen ließ;* wie wir noch sehen werden, sollte dieser Gedanke nicht nur zur Erhellung der Frage nach der Entstehung der Symbolbildung dienen, sondern zu einer der wesentlichen Grundlagen seiner Energetik werden.

Wie angedeutet, besaßen die urtümlichen Bilder auch eine *Eigengesetzlichkeit,* die sie von der Willkür des Einzelnen, überhaupt vom Persönlichen losgelöst sein ließ. So war z. B. die Tatsache eindrücklich, daß eine unzweifelhafte Beziehung des Bildes zur «psychischen Gesamtsituation»[9] bestand. Dies äußerte sich z. B. darin, daß sie einen

4. C. G. JUNG, *Symbole der Wandlung,* p. 67, Anm. 5.

5. C. G. JUNG, *Psychologische Typen,* p. 597 (Ges. Werke VI, p. 452). (Von mir hervorgehoben.)

6. C. G. JUNG, «Kommentar zu: Das Tibetische Buch der großen Befreiung», geschrieben 1939, veröffentlicht 1954 (Ges. Werke XI, p. 527).

7. C. G. JUNG, *Die Psychologie der unbewußten Prozesse,* p. 86 (Ges. Werke VII, p. 72). (Von mir hervorgehoben.)

8. C. G. JUNG, *Wandlungen und Symbole der Libido,* p. 53.

9. C. G. JUNG, *Psychologische Typen,* p. 597 (Ges. Werke VI, p. 452).

konzentrierten Ausdruck der jeweiligen individuellen Lage des Individuums, sowohl der vom Bewußtsein als auch vom Unbewußten konstellierten Inhalte darstellten. Das, was jeweils konstelliert wurde, «erfolgt(e) einerseits durch die Eigentätigkeit des Unbewußten, anderseits durch die momentane Bewußtseinslage, welche immer zugleich auch die Aktivität zugehöriger subliminaler Materialien anregt(e) und die nicht zugehörigen hemmt(e)[10].

Mit eine der tiefsten Einsichten in das Wesen urtümlicher Bilder ging dahin, daß die archaischen Bilder Exponenten der inneren Wirklichkeit waren, nämlich psychische Werte, *«welche eine ‹innere› Wirklichkeit darstellte(n), die gegebenenfalls die Bedeutung der ‹äußeren› Wirklichkeit überwogen»*[11]. Was ihn vor allem fesselte, war die Tatsache, daß sich im urtümlichen Bild eine Art von «subjektiver Bereitschaft» zur Gewinnung innerer Erfahrungen offenbarte. Das Bild nämlich wies, im Unterschied zur Wahrnehmung, die weitgehend vom Stoff der Erfahrung abhing, auf den *subjektiven Anteil des Erlebens* hin. Es stellte die Art und Weise, wie sich die Welt seit jeher im Innern der Seele abbildete, dar.

Abgesehen von der Tiefenwirkung der urtümlichen Bilder, ihrer Verwandtschaft mit archäologischen und religionsgeschichtlichen Gebilden, war es vor allem das Vorhandensein *typischer Grundformen* innerhalb der wiederkehrenden Motive, die JUNG zutiefst beeindruckten. Erhellend war ihm nämlich die psychotherapeutische Erfahrung, daß die Patienten in ihren Träumen, Symptomen und Phantasien archaische Bilder erkennen ließen, die eine erstaunliche Konstanz in der Wahl der Motive aufwiesen. Die Beobachtung sowohl der Konstanz als auch der immer erneuten Übertragung solcher archaischer Motive, wie z. B. der Figur des Medizinmannes oder des Zauberers auf den Arzt – um nur einige zu nennen – schien ihm nicht nur auf das Vorhandensein unpersönlicher Gegebenheiten im Innern der Seele hinzudeuten, sondern vor allem auch auf die Tatsache von *Urvorstellungen, die sich in immer ähnlicher Weise wiederholten.*

All die Eigenschaften, die JUNG für das «urtümliche Bild» festgestellt hatte – Wiederholungen, Konstanz, faszinierende Wirkung und

10. ibid.
11. ibid.

Regelmäßigkeiten –, führten ihn dazu, in ihnen *Dominanten der überpersönlichen Psyche* anzunehmen.

> Diese Dominanten sind die Herrschenden, die Götter, d. h. Bilder dominierender Gesetze und Prinzipien, durchschnittlicher Regelmäßigkeiten im Ablauf der Bilder, die das Gehirn vom Ablauf säkularer Prozesse empfing[12].

Bis ungefähr zum Jahre 1921 bezeichnete er das archaische Bild als «urtümliches Bild». Von da an verwendete er auch den Ausdruck «Archetypus»[13] bzw. *archetypisches Bild* hierfür – ein Ausdruck, der sich immer mehr einbürgerte.

Obgleich JUNG noch geraume Zeit beide Ausdrücke in synonymer Weise gebrauchte, traten mit der Zeit merkliche Bedeutungsunterschiede auf, die eine ständige Erweiterung des Sinngehaltes des psychischen Bildes erkennen ließen. Während die Vorstellung des urtümlichen Bildes ursprünglich dem Bedürfnis entsprungen war, sowohl das Überpersönliche und Numinose gewisser Phantasiebilder als auch deren Übereinstimmung mit bekannten mythologischen Motiven zu erfassen, brachte der Ausdruck «Archetypus» einen neuen Aspekt des Psychischen, nämlich *das Karmische und Schicksalshafte* in die Forschung hinein.

> Der Leser wird bemerken, daß sich hier in den Begriff des Archetypus ein neues Element, das früher nicht erwähnt wurde, hineinmischt. Diese Vermischung bedeutet keine unabsichtliche Unklarheit, sondern eine absichtliche Erweiterung desArchetypus durch den in der indischen Philosophie so wichtigen *karmischen* Faktor. Der Aspekt des Karma ist unerläßlich zu einem tieferen Verständnis des Wesens eines Archetypus . . .[14]

12. C. G. JUNG, *Die Psychologie der unbewußten Prozesse*, p. 117 (Ges. Werke VII, p. 103).

13. Dieser Ausdruck wurde erstmalig in: «Instinkt und Unbewußtes», 1919, verwendet (Ges. Werke VIII, p. 153). In späteren Jahren unterschied JUNG zwischen archetypischem Bild und zwischen «Archetypus», wobei er letzteren im Sinne allgemeiner Modelle des Auffassens verstand, ersteren hingegen auf symbolische Manifestationen und Bildausdrücke des «Archetypus» einschränkte.

14. C. G. JUNG, *Über die Psychologie des Unbewußten*, p. 140, Anm. (Ges. Werke VII, p. 83, Anm.).

Diese Sicht einer neuen Dimension bezog sich noch auf ein Weiteres: Im Ausdruck «Archetypus» lag der Akzent nicht nur auf der Silbe «Arche» = Anfang oder Urgrund, sondern auch auf «Typus» = Prägung. Danach konnte der Typus sowohl als «Wirkung des Stempels» wie auch als Symbol eines noch unbekannten Sinnes aufgefaßt werden.

> Der religiöse Standpunkt faßt den Typus als Wirkung des Stempels auf; der wissenschaftliche dagegen faßt ersteren als Symbol eines ihm unbekannten und unfaßbaren Gehaltes auf[15].

Abgesehen davon ließ die Regelmäßigkeit und Gesetzmäßigkeit sowie auch der Wiederholungscharakter der urtümlichen Bilder den Schluß auf das Vorhandensein von präformierten Strukturelementen und Funktionsmöglichkeiten, ja von *vorbewußten Kategorien,* die das Denken und Handeln in bestimmte Formen «zwangen», zu. Und nicht zuletzt entstammte die Wahl des neuen Terminus vielleicht bereits der *Ahnung eines Nicht-Psychischen auf dem Seelenhintergrund,* eines der Erfahrung unzugänglichen Bereiches[16].

15. C. G. Jung, *Psychologie und Alchemie,* 1943, p. 33.
16. Siehe p. 380 und p. 388.

V. DER ARCHETYPUS ALS STRUKTURELEMENT UND ALS FORMENDES PRINZIP

Hatte das Phänomen des urtümlichen Bildes das universelle Vorkommen und die Wiederholungstendenz gewisser Motive erkennen lassen, so trat mit der Sicht auf den archetypischen Hintergrund eine «essentiell unbewußte»[1] Tendenz der Psyche in Erscheinung. Und zwar manifestierte sich dieser unbewußte Charakter nicht nur in Form eines Präformiert- und Angeborenseins, sondern auch als eine funktionelle Disposition – Vorstellungen, die allerdings nur allmählich heranreiften. Vorerst sah JUNG im archetypischen Bild, ähnlich wie im urtümlichen Bild, eine typische Grundform eines gewissen, immer wiederkehrenden seelischen Erlebens[2].

Zwecks Erarbeitung der allgemeinen formalen Struktur des Archetypus ließ er sich zunächst von PLATON inspirieren, und zwar faßte er das archetypische Bild als eine Art von *präfigurierter Möglichkeit des Vorstellens,* die das Erleben in eine bestimmte Richtung drängte, auf.

> Es sind Ideen ante rem, Formbedingungen, a priori gezogene Grundlinien, die dem Stoff der Erfahrung eine bestimmte Gestaltung anweisen, so daß man sie, wie sie auch PLATON aufgefaßt hat, als *Bilder* denken kann, gewissermaßen als Schemata oder anererbte Funktionsmöglichkeiten, welche aber andere Möglichkeiten ausschließen oder zum mindesten in hohem Maße beschränken[3].

1. C. G. JUNG und K. KERÉNYI, *Einführung in das Wesen der Mythologie,* 1941, p. 111.
2. C. G. JUNG, *Psychologische Typen,* p. 598 (Ges. Werke VI, p. 453).
3. ibid. p. 431 f (Ges. Werke VI, p. 327).

Naturgemäß führte die Annahme präfigurierter Dispositionen zur Frage nach deren möglicher Vererbtheit. JUNG konnte nicht umhin, in den Archetypen bzw. archetypischen Bildern *vererbte psychische Strukturen* zu sehen, die auf bestimmte physiologisch-anatomische Anlagen[4] hinwiesen. Sie standen nicht nur im Zusammenhang beständig wirksamer *Umweltsbedingungen,* sondern sie entfalteten sich auch entsprechend bestimmter, *dem Lebendigen inhärenter Gesetze.* Was er schon im Jahr 1921 erkannt hatte, formulierte er zwanzig Jahre später (1941) in plastischer Weise folgendermaßen:

> Nicht die Welt, wie wir sie kennen, spricht aus... (dem) Unbewußten, sondern die unbekannte Welt der Psyche, von der wir wissen, daß sie nur zum Teil unsere empirische Welt abbildet, und daß sie, zum andern Teil, eben diese auch, entsprechend der psychischen Voraussetzung, formt. Der Archetypus geht nicht etwa aus physischen Tatsachen hervor, sondern er schildert vielmehr, wie die Seele die physische Tatsache erlebt...[5].

Es wurde ihm auf Grund seiner Mythenforschungen sowie der psychologischen und psychopathologischen Kasuistik immer mehr evident, daß die Archetypen «a priori vorhandene, vererbte und universal verbreitete Gegebenheiten»[6] waren. Ihre numinose Wirkung schien sich ihm aus der Tatsache zu ergeben, daß sie *«typisierte Lebenssituationen»*[7] darstellten. Ungefähr zur selben Zeit (1935) kam er sogar dazu, sie als «Organe der prärationalen Psyche» zu bezeichnen.

> Die Archetypen sind etwas wie Organe der prärationalen Psyche. Es sind ewig vererbte, charakteristische Grundstrukturen, ohne spezifischen Inhalt zunächst. Der spezifische Inhalt ergibt sich erst im individuellen Leben, wo die persönliche Erfahrung in eben diesen Formen aufgefangen wird[8].

4. ibid. p. 598 (Ges. Werke VI, p. 453).
5. C. G. JUNG und K. KERÉNYI, *Einführung in das Wesen der Mythologie,* 1941, p. 109.
6. C. G. JUNG, «Psychologische Determinanten des Verhaltens», 1936 (Ges. Werke VIII, p. 141).
7. ibid.
8. C. G. JUNG, «Psychologischer Kommentar zum Bardo Thödol», 1935 (Ges. Werke XI, p. 559).

Infolge ihrer universalen Wirkung ließen sie auch einen Zusammenhang mit einer «universalen Ähnlichkeit der Gehirne» vermuten. Oder mit anderen Worten: In ihnen schienen sich die «Funktionsweisen der Gehirne einer Ahnenreihe»[9] zu wiederholen. Auf Grund der Entsprechung dieser «universalen Geistesfunktion» mit den Funktionsweisen des Gehirns kam JUNG schon früh dazu, in den Archetypen anordnende Faktoren des psychischen Geschehens zu erkennen (1921) – ein Gedanke, den er dann im Zusammenhang mit seinen synchronistischen Untersuchungen wieder aufnahm und vervollständigte. In seinen Alterswerken wiederum zog er die bisher vertretene Auffassung einer Bindung des Archetypus an die Gehirnstruktur in Zweifel; einerseits erweiterte er diese Hypothese einer Gehirnfunktion durch die Berücksichtigung des sympathischen Nervensystems,[10] und anderseits stellte er die Tatsache einer Bindung psychischer Erfahrung an die «biologischen Substratvorgänge»[11] überhaupt in Frage. Ungeachtet dessen hielt er aber weiterhin daran fest, daß der Archetypus ein «psychisches Strukturelement, und daher einen vital nötigen Bestandteil des seelischen Haushaltes»[12] darstellte.

1. Archetypisches Bild als schöpferisches Zentrum

Die Entdeckung, daß der Archetypus nicht nur einen Konzentrationspunkt vergangener Bahnungen darstellte, sondern auch ein *Zentrum, von dem neue schöpferische Wirkungen ausgingen,* war umwälzend und sollte einer Fülle neuer Erkenntnisse den Weg ebnen. Um der Bedeutung dieser Erkenntnis willen soll der in Frage stehende Passus in extenso wiedergegeben werden.

> Der Archetypus ist eine Art Bereitschaft, immer wieder dieselben oder ähnliche mythische Vorstellungen zu reproduzieren. Es scheint also demnach, als ob das, was sich dem Unbewußten einprägt, ausschließlich die durch den physischen Vorgang erregte subjektive Phantasievorstellung wäre. Man könnte daher annehmen, daß die

9. C. G. JUNG, *Psychologische Typen,* p. 431 (Ges. Werke VI, p. 327).
10. C. G. JUNG, «Synchronizität als ein Prinzip akausaler Naturvorgänge», 1950, in: *Naturerklärung und Psyche,* p. 97 (Ges. Werke VIII, p. 568).
11. ibid. p. 96 (Ges. Werke VIII, p. 567).
12. C. G. JUNG und K. KERÉNYI, Einführung in das Wesen der Mythologie, p. 117.

Archetypen die vielmals wiederholten Einprägungen von subjektiven Reaktionen seien. Diese Annahme schiebt natürlich das Problem nur hinaus, ohne es zu lösen. Nichts hindert uns anzunehmen, daß gewisse Archetypen schon bei den Tieren vorkommen, daß sie mithin in der Eigenart des lebendigen Systems überhaupt begründet und somit schlechthin *Lebensausdruck sind, dessen Sosein weiter nicht mehr zu erklären* ist[13].

Die Archetypen waren demnach dem Leben inhärent. Sie stellten, wie JUNG ergänzend hinzufügte, Kräfte und Tendenzen dar, die nicht nur Erfahrungen wiederholten, sondern überdies *schöpferische Zentren von numinoser Wirkung* bildeten. Immer mehr sollte die gestaltende und umgestaltende Natur des Archetypus, wie sie sich vor allem in der schöpferischen Wandlungstendenz früherer Einprägungen manifestierte, im Werk JUNGS hervortreten. Wie wir im Anhang sehen werden,[14] war von hier aus betrachtet der Schritt zur Auffassung des Archetypus als eines im Transzendentalen und Nicht-Psychischen wurzelnden Urmusters des psychischen Hintergrundes nicht weit. Vorderhand allerdings beschränkte sich JUNG noch auf den Bildcharakter des Archetypus, wobei er den Nachdruck auf das Unpersönliche und der Willkür des Ich Entzogene legte.

2. Archetypisches Bild und Bewußtsein

Als eine der bedeutsamsten Eigenschaften des archetypischen Bildes erschien JUNG dessen Fähigkeit, das bewußte Ich zu ergreifen und zu wandeln. Zur Verwirklichung dieses Zieles war allerdings auch die Mitwirkung des Ich erforderlich.

Einerseits stellten diese archetypischen, aus dem kollektiven Unbewußten stammenden Bilder die «Erfahrungsmatrix»[15] schlechthin, die *Selbstmanifestation des Unbewußten* dar, und anderseits waren sie eine *spontane Reaktion der Psyche* auf eine persönliche Notlage des Ein-

13. C. G. JUNG, *Das Unbewußte im normalen und kranken Seelenleben,* p. 101 f, Anm. (Ges. Werke VII, p. 75). (Von mir hervorgehoben.)

14. Siehe p. 378 ff.

15. C. G. JUNG, «Analytische Psychologie und Weltanschauung», 1927 (Ges. Werke VIII, p. 432).

zelnen oder eine kollektive Bedrohung durch den Zeitgeist. Das archetypische Bild wirkte nicht nur *konstellierend, sondern es war auch in hohem Maße konstelliert!* In jedem Fall war es ein inneres Gegenüber zum Ich, das in stärkster Weise den Charakter der Aufforderung zur Selbstbesinnung besaß. Zur Aufforderung bedurfte es aber auch eines Aufgeforderten, nämlich der bewußten Ichpersönlichkeit. Das Bild war nurmehr Rohmaterial, das einer Übersetzung in die Sprache der jeweiligen Zeit bedurfte.

> Es wäre allerdings ein Mißverständnis, anzunehmen, daß die Phantasiebilder des Unbewußten unmittelbar, gleichsam wie eine Offenbarung, verwendet werden könnten. Sie sind nur die Rohmaterialien, die, um sinnvoll zu werden, noch der Übersetzung in die Sprache der jeweiligen Zeit bedürfen[16].

Ohne die Antwort des Ich, ohne dessen aktive Mitwirkung, war keine Erfahrung des Gegenüber, und deshalb auch keine Wandlung der Persönlichkeit möglich. Ja, JUNG erkannte in den jeweiligen Auffassungsmöglichkeiten des Individuums eine ebenso wesentliche Bedingung für die lebendige Erfahrung der inneren Wirklichkeit. Es handelte sich bei diesem Prozeß um eine wechselweise Abhängigkeit, bei welcher einerseits spontane Wirkungen aus dem Unbewußten auftauchten und anderseits eine Formung durch die bewußte Psyche erfolgte. Um zur Bilderfahrung zu werden, bedurfte es des *Zusammenklanges zwischen dem erfahrenden Subjekt und dem erfahrenen Objekt*[17].

Wie die archetypischen Erlebnisformen nach Gestaltung durch das Ich verlangten, um dem Menschlichen angenähert zu werden, so verlangte das Bewußtsein nach dem schöpferischen Einfall seitens der Seelentiefe. Ebenso wie die Erweiterung des Bewußtseins an das schöpferische Gegenüber gebunden war, war auch umgekehrt die Verwirklichung des «Selbst» von der verstandesmäßigen und moralischen Integration der jeweiligen Bildmöglichkeiten ins Bewußtsein abhängig. Erst in einem solchen Zusammenwirken bewußter und außerbewußter Gegebenheiten erfuhr das Individuum sowohl die Erhöhung seines Lebensgefühls als auch die Vertiefung seines Selbstverständnisses.

16. ibid.
17. ibid.

Das psychologische Verständnis des archetypischen Bildes als eines schöpferischen Zentrums, von dem gestaltende Wirkungen ausgingen, eröffnete JUNG neue Wege für die Psychotherapie. Die Sicht nicht nur auf das Größere und Unpersönliche in der Psyche, sondern auch auf die schaffenden und ausgleichenden Kräfte im eigenen Innern war geeignet, den personalistischen Gesichtspunkt einer Rückführung der Symptome auf die persönliche Lebensgeschichte durch die unpersönlichen Strukturelemente in der Psyche zu erweitern. JUNG gewann hierdurch ein Instrument, das den neurotischen Menschen aus seinen persönlichen Verflechtungen zu befreien, ihn aus seiner Vereinsamung herauszulösen und seinen Blick auf die unpersönlichen Lebensmächte zu richten imstande war. Dieses Instrument war allerdings nur in der Hand desjenigen fruchtbar und hilfreich, der ein subtiles Unterscheidungsvermögen für die Inhalte, die zur persönlichen Psyche gehörten, besaß, wie auch für diejenigen, die der unpersönlichen Psyche zuzurechnen waren[18].

18. C. G. JUNG, *Das Unbewußte im normalen und kranken Seelenleben*, p. 136 (Ges. Werke VII, p. 102).

D. VOM TRIEB-UNBEWUSSTEN ZUM KOLLEKTIVEN UNBEWUSSTEN

D. VOM TRIEB-UNBEWUSSTEN ZUM KOLLEKTIVEN UNBEWUSSTEN

Der empirische Nachweis einer überpersönlichen und geistigen Dimension in der unbewußten Psyche gehörte zu jenen Entdeckungen JUNGS, die die Kluft zu den psychologischen Auffassungen FREUDS offenbar werden ließen. Ungeachtet der vielen ähnlichen Beobachtungen – waren doch beide Forscher hervorragende Empiriker –, verfolgten sie hinsichtlich von Erklärung, Verständigung und Deutung der Materialien aus dem Unbewußten völlig verschiedene Ziele und Wege. Es sind schon viele Versuche unternommen worden, JUNGS Grundvorstellungen vom Unbewußten auf entsprechende bei FREUD zurückzuführen, z. B. das Verdrängte mit dem persönlichen Unbewußten, das «Urverdrängte» oder auch die «archaische Erbschaft» mit dem kollektiven Unbewußten in Eins zu setzen. Meines Erachtens hinken all diese Versuche. Bei näherem Zusehen erweisen sich die entsprechenden Vorstellungen als dermaßen verschieden, vor allem in einen so verschiedenen Sinnzusammenhang eingeordnet, daß sich kaum eine Gleichsetzung rechtfertigen läßt. Die Unterschiede in der Begriffsbildung hingen nicht nur mit den verschiedenen Problemstellungen und Zielsetzungen zusammen – richtete sich doch das vordergründige Interesse FREUDS auf die Neurose, dasjenige JUNGS hingegen auf das innere Verständnis des Seelenlebens überhaupt –, sondern auch mit der grundsätzlich anderen Geisteshaltung beider Psychologen.

Gemeinsam war beiden Forschern das Bemühen, die in der medizinischen Psychologie noch geläufige Gleichsetzung von Bewußtsein und Psyche zu durchstoßen. Beide brachen eine Lanze für die Anerkennung unbewußter Phänomene, und beide waren bestrebt, aus den Wirkungen der unbewußten Faktoren gewisse Schlußfolgerungen auf die Natur der Psyche zu ziehen. Insbesondere stand das Kräftespiel bzw. das Zusammenspiel zwischen den bewußten und den unbewußten Erscheinungen im Brennpunkt des Interesses. Bestand die außerordentliche Leistung FREUDS im empirischen Nachweis unbewußter Tatsachen als eines sinnvoll und lückenlos verketteten Zusammenhanges von Erinnerungsspuren, deren Sinn allerdings erst noch durch die psychoanalytische Methode aufgedeckt werden mußte, so gipfelten JUNGS Forschungen mehr und mehr in der Entdeckung von unanschaulichen Dominanten des Seelenhintergrundes. Seine Untersuchungen umspannten einen Bogen, der vom unbewußten Komplex zu den unerkennbaren Grundformen des Psychoid-Unbewußten reichen sollte. Er beschrieb damit ein Bild der unbewußten Psyche, das ihm schon von früh an vorgeschwebt hatte: nämlich das Bild eines Unbekannten und Größeren, das das Bewußtsein nach allen Seiten hin transzendierte.

I. DIE VORSTELLUNG VON BEWUSSTSEIN UND UNBEWUSSTEM BEI FREUD

Die begriffliche Erfassung der Grundvorstellungen FREUDS ist, wie RAPAPORT mit Recht hervorgehoben hat, dadurch erschwert, daß er die «Ebene der Analyse wiederholt geändert hat»[1].

Seine Erkenntnisse über das Unbewußte[2] entwickelten sich im Zusammenhang mit seinem hauptsächlichen Interesse, das immer und stets der Seele des Kranken galt. FREUDS erster Versuch einer Neurosenerhellung beruhte auf der Entdeckung einer psychologischen Dynamik zwischen den traumatischen Erlebnissen einerseits und dem zensurierenden Ich anderseits, wobei er als Folge der Inkompatibilität der beiden Pole die Tatsache eines *Abwehrvorganges* feststellte. Das Charakteristische an diesem Vorgang war – wie schon betont – die Dissoziation des Erlebniskomplexes, die mit der Verschiebung des Affektes und dem Unbewußtwerden der Vorstellung einherging und schließlich zur Symptombildung führte. Es entstand eine vom Ich abgetrennte Gruppe von Vorstellungen, die durch einen *Kern- und Kristallisationspunkt* ausgezeichnet war[3]. Für die bewußtseinsunfähige Vorstellung erschien es ihm als wesentlich, daß sie trotz erhöhter Spannung und Intensität der Erregung die Bewußtseinsschwelle nicht zu überschreiten vermochte. Sie hinterließ eine Spur, die zugleich wirksam und unbewußt blieb: *Als Erinnerungsspur an ein Trauma stellte die verdrängte Vorstellung die Grundlage unbewußter Vorgänge dar* (1896).

1. D. RAPAPORT, *Die Struktur der psychoanalytischen Theorie*, 1959.
2. Da der Begriff des Unbewußten in der Psychologie FREUDS sich allmählich aus den Vorstellungen von Trauma und Abwehr, die ich in den Anfangskapiteln meiner Arbeit erörtert habe, entwickelt hat, sind leider Wiederholungen unvermeidlich.
3. S. FREUD, *Studien über Hysterie* (Ges. Werke I, p. 182).

Bereits in der *Traumdeutung* führte er eine schon von seinen Vorgängern erwähnte Schicht an, nämlich die Schicht der relativ bewußtseinsnahen Inhalte des Latent-Unbewußten. Darunter verstand er solche Gedanken, die zwar temporär aus dem Bewußtsein verschwinden konnten, grundsätzlich aber bewußtseinsfähig blieben. Diese Annahme gründete auf bekannten Erfahrungen, wie z. B. auf der Beobachtung eines unerwarteten Auftauchens von mathematischen Lösungen im Schlaf oder der Erscheinung von posthypnotischen Suggestionen (BERNHEIM) u. a. m.

Mit der Unterscheidung von bewußtseinsfähigen, aber latenten Inhalten einerseits und bewußtseinsunfähigen, abgewehrten Vorstellungen anderseits ging die Annahme einer Schichtung der Psyche in «Verdrängt-Unbewußtes», «Latent-Unbewußtes» (Vorbewußtes) und Bewußtsein parallel. Sie wurde dadurch unterstrichen, daß jeweils eine Zensurinstanz die einzelnen Bereiche voneinander trennte. Schon im Jahre 1900 schrieb FREUD folgendes:

> Es gibt also *zweierlei Unbewußtes,* was wir von den Psychologen noch nicht gesondert finden. Beides ist Unbewußtes im Sinne der Psychologie; aber in unserem ist das eine, das wir *Ubw* heißen, auch *bewußtseinsunfähig,* während das andere *Vbw* von uns darum so genannt wird, weil dessen Erregungen, zwar auch nach Einhaltung gewisser Regeln, vielleicht erst unter Überstehung einer neuen Zensur, aber doch ohne Rücksicht auf das *Ubw*-System zum Bewußtsein gelangen können[4].

Gegenüber der Eigenschaft einer Vorstellung, bewußt oder unbewußt zu sein, verstand er unter dem *Unbewußten* einen Ausdruck für die Kennzeichnung eines ganzen Systems, dessen «einzelne Vorgänge unbewußt»[5] waren – eine Begriffsbestimmung, die, obgleich erst im Jahre 1913 formuliert, für FREUD stets wegleitend gewesen ist.

Ein weiterer Versuch der Erfassung des Unbewußten knüpfte ebenfalls an die *Traumdeutung* an, in welcher FREUD den Blickpunkt

4. S. FREUD, *Die Traumdeutung* (Ges. Werke II/III, p. 619). Schon in der 1. Auflage erwähnt. (Von mir hervorgehoben.)

5. S. FREUD, «Einige Bemerkungen über den Begriff des Unbewußten», 1913 (Ges. Werke VIII, p. 438 f).

vom Außen in das Innere der Psyche verlegte. Anstatt von traumatischen Erregungen ging er in seiner Traum-Theorie von verdrängten Wunschregungen im Seelenhintergrund aus. Hilfreich war ihm seine Selbstanalyse, die ihn nicht nur auf das Infantile, Sexuelle, sondern auch auf das Archaische im Traumleben hinführte. Berühmt ist das Wort geworden:

> ... im Traum (findet) man das Kind mit seinen Impulsen weiterlebend ...[6]

Im Traum entdeckte er die für sein Verständnis des Unbewußten so hoch bedeutsame Tatsache, daß *die Gesetzmäßigkeiten im Unbewußten grundsätzlich von denjenigen im Vorbewußten verschieden* waren. Erhellend wurde für ihn die Feststellung zweier Formen des Bewegungsablaufs psychischer Vorgänge, nämlich derjenigen von *Primär- und von Sekundärvorgang*[7]. An ihnen ging ihm ein für seine Theorie wesentlicher Unterschied in der Gesetzmäßigkeit der Bewegung zwischen dem Unbewußten und dem Vorbewußten auf. Und zwar stellte er in Anlehnung an Breuer die «frei strömenden» den «gehemmt strömenden Erregungsquantitäten» (gespannte, interzerebrale und relativ unbewegte Erregungszustände bei Breuer[8]) gegenüber. Während Freud im Unbewußten nur das Vorhandensein von Primärvorgängen, die stets dem Lustprinzip folgten, am Werk sah, war das bewußte System, genauer: das Vorbewußte, «in Strukturen gebunden»[9], wie Rapaport mit Recht kommentiert hat. Er dachte dabei an die Tatsachen sowohl des geordneten Denkens, der kontrollierten Affekte, der zielgerichteten Verhaltensweisen und der logischen Denkformen, als auch des Realitätsprinzips. Grundsätzlich stand der Ungehemmtheit unbewußter Wünsche ein wohl ausgebautes System von hemmenden Einflüssen gegenüber – ein Dualimus, der für Freud auch zum Verständnis des Verdrängten grundlegend war. Insofern als er nämlich von Anbeginn an die unbewußten Vorgänge den verdrängten Erinnerungsspuren gleich-

6. S. Freud, *Die Traumdeutung* (Ges. Werke II/III, p. 197).
7. S. Freud, «Entwurf einer Psychologie», 1895, in: *Aus den Anfängen der Psychoanalyse*, p. 409 f. Ebenso in: *Die Traumdeutung* (Ges. Werke II/III, p. 607).
8. Breuer-freud, *Studien über Hysterie*, p. 168 f.
9. D. Rapaport, *Die Struktur der psychoanalytischen Theorie*, p. 97.

gesetzt hatte, betrafen sämtliche Aussagen *über das Unbewußte zugleich auch das Verdrängte.* Dementsprechend befand sich nicht nur *die unbewußte, sondern auch die verdrängte Vorstellung in einem Zustand von freibeweglicher Energie.*

Am Dualismus des Bewegungsablaufs erkannte er auch eine weitere Gesetzmäßigkeit, die er als *Wandel der Besetzung*[10] bezeichnete, wobei er unter dem Ausdruck «Besetzung» den Energieaufwand, der den Erinnerungsspuren zufloß, verstand. Er war der Meinung, daß beim Übergang der Vorstellungen vom Vorbewußten ins Unbewußte und auch umgekehrt, das heißt beim Vorgang des Verdrängens einerseits wie auch bei der Rückgängigmachung des Verdrängten anderseits, jeweils eine Veränderung der Besetzungsenergien stattfand. Während er im ersteren Fall einen Entzug der vorbewußten Besetzung feststellte, lag in letzterem Fall, das heißt bei der Aufhebung und (Vor)Bewußtmachung des Verdrängten, eine Strukturierung und eine Bindung der Besetzungsenergie vor. Damit aber war der Unterschied in den Gesetzmäßigkeiten noch nicht erschöpft: FREUD nahm nämlich des weiteren einen Unterschied in der Art und Weise, wie die Objekte besetzt wurden, an. Während im Unbewußten nur Sachvorstellungen vorhanden waren, gesellten sich den letzteren im Vorbewußten noch sogenannte Wortvorstellungen zu[11]. So bedeutungslos diese Abweichungen auf den ersten Blick erscheinen mochten, so erkannte FREUD an ihnen immerhin ein Merkmal, das die Hysterie von der Schizophrenie abgrenzte: war nämlich für die Hysterie das Vorherrschen von Sachvorstellungen typisch, so für die Schizophrenie das Überwiegen von Wortvorstellungen[12]. Mittels solcher Überlegungen gewann FREUD die Möglichkeit, das *Unbewußte bzw. das Verdrängte als einen genuinen, spezifischen Gesetzen (frei-beweglich) und spezifischen Qualitäten (Sachvorstellungen) unterworfenen Bereich der Psyche vom Vorbewußten (gebundene Energie, Sach- und Wortvorstellung) abzugrenzen.*

Eine Fundgrube höchst bedeutsamer Erkenntnisse über die Natur des Unbewußten gewann FREUD mit der Begründung seiner Sexualtheorie[13]. Nachdem seine Annahme von der Ätiologie des sexuellen

10. S. FREUD, «Das Unbewußte» (Ges. Werke X, p. 279).
11. ibid. p. 300.
12. ibid. p. 302.
13. S. FREUD, *Drei Abhandlungen zur Sexualtheorie* (Ges. Werke V, p. 27 ff).

Kindheitstraumas für die Entstehung der Hysterie zusammengebrochen war, kam es einer für ihn unerwarteten Erleuchtung gleich, als er, auf Grund seiner physiologischen Untersuchungen einerseits und der Selbstanalyse anderseits, *die Bedeutung der Sexualfunktion für das psychische Dasein* erkannte. Er entdeckte nämlich, daß es sich beim Sexualtrieb um eine Kraft von außerordentlicher Wirksamkeit handelte, die nicht nur vor aller traumatischen Einwirkung, vor allen Verführungsszenen, sondern auch von frühester Kindheit an von einer innersomatischen Reizquelle im Individuum her wirksam war. Die schwierige Frage nach der Grenzziehung zwischen dem Psychischen und dem Körperlichen löste er zunächst in der Weise, daß er die Triebkraft als «die psychische Repräsentanz einer kontinuierlich fließenden, innersomatischen Reizquelle»[14] auffaßte, wobei er allerdings den Nachdruck immer mehr auf das *Biologische* legte; die Triebe waren danach Kräfte, welche die *körperlichen Anforderungen an das Seelenleben*[15] veranschaulichten. Mit der Sexualtheorie stellte FREUD die Psychologie des Unbewußten grundsätzlich auf den Boden von Trieb-, insbesondere von Sexualfaktoren: *Triebimpuls, Drang, Bedürfnisspannung und Befriedigung stellten die eigentlichen Motoren des psychischen Geschehens dar, wobei die diese Triebe repräsentierenden Vorstellungen – Triebrepräsentanzen – den Kern des Unbewußten ausmachten.*

Dem Dualismus des Bewegungsablaufs entsprach auch FREUDS Unterscheidung zweier Gruppen von Trieben: der Ichtriebe, die der Erhaltung des Individuums dienten, und der Sexualtriebe, die mit der Fortsetzung der Art zusammenhingen – eine Auffassung, die während einer kurzen Zeitspanne (1914) von einem Monismus der Libido (Sexualtrieb), der nicht nur die Objekt-, sondern auch eine Ichlibido[16] einschloß, unterbrochen wurde. Wiederum sechs Jahre später (1920) stellte er den Lebenstrieb (Eros) dem Todes- bzw. Aggressionstrieb[17] gegenüber, womit er die interessante Feststellung destruktiver Impulse im Unbewußten in eine äußerst anfechtbare Form kleidete.

Bis zum Jahre 1923 hielt FREUD an der Auffassung fest, daß das

14. ibid. p. 67.
15. S. FREUD, «Abriß der Psychoanalyse», Schriften aus dem Nachlaß (Ges. Werke XVII, p. 70).
16. S. FREUD, «Zur Einführung des Narzißmus», 1914 (Ges. Werke X, p. 141).
17. S. FREUD, «Jenseits des Lustprinzips», 1920 (Ges. Werke XIII, p. 46 f).

Unbewußte korrelativ mit dem Verdrängten[18] war. Dies schloß allerdings nicht aus, daß er mit der Zeit den Bereich unbewußter Vorstellungen über das Verdrängte im engeren Sinne ausdehnte. Auf Grund seiner Untersuchungen von Neurose und Traum sah er sich nämlich veranlaßt, auch die mannigfachen Abkömmlinge des Verdrängten, die sich nicht nur in Phantasien und Träumen fortsetzten, sondern auch in den Ersatz- und Kompromißbildungen der neurotischen Symptome in Erscheinung traten, zu berücksichtigen. Vor allem änderte sich seine Grundauffassung vom Unbewußten in der Hinsicht, daß er es nicht mehr als ein nur rudimentäres Organ, als etwas Abgetanes, sondern vielmehr als *etwas Lebendiges und Entwicklungsfähiges* betrachtete[19].

Die eingreifendste Wendung hinsichtlich der Erfassung der Psyche brachte das Jahr 1923, in dem FREUD seinen ersten Versuch zu einer *psychologischen Anthropologie un*ternahm. Er sah sich «gezwungen», nicht nur seine jahrelang festgehaltene *Gleichsetzung von verdrängt und unbewußt aufzugeben, sondern den Begriff des Unbewußten überhaupt zurückzustellen. An*stelle der Vorstellung des Unbewußten gewann zunehmend diejenige des «Es» an Bedeutung.

Mit seiner psychologischen Anthropologie, vor allem mit seiner Ich-Psychologie, machte FREUD einen entscheidenden Vorstoß in den Bereich der allgemeinen Psychologie. Obgleich er schon früh die Fruchtbarkeit der Psychoanalyse für die Ethnologie, die Literatur, die Mythologie u. a. m. gezeigt hatte, entstammten seine jeweiligen Ausführungen seinen Erfahrungen mit der Psychopathologie. In seiner Schrift *Das Ich und das Es*[20] ging er erstmalig vom *Ganzen des Individuums* aus und durchbrach die bisherige personalistische Betrachtungsweise, um den Menschen von einer größeren und höheren Warte aus zu verstehen. Nicht nur das Zusammenspiel der drei Instanzen Ich, Über-Ich und Es trat in den Vordergrund seines Interesses, sondern auch der Blickpunkt auf eine *das Persönliche transzendierende Tiefenschicht im Menschen.* Im Es erkannte er einen Bereich, der umfassender war als das Unbewußte, und der auch Triebregungen aufwies, die nicht verdrängt zu sein brauchten. Alles, was er bisher vom Unbewußten angenommen hatte, galt weiterhin für das Es. Darüber hinaus aber

18. S. FREUD, «Die Verdrängung» (Ges. Werke X, p. 250).
19. ibid. p. 289 f.
20. S. FREUD, *Das Ich und das Es* (Ges. Werke XIII, p. 235 ff).

eröffnete das Es eine Sicht auf unpersönliche und phylogenetische Hintergründe des Seelenlebens. Grundsätzlich stellte es einen dem Leben immanenten «dunkle(n) unzugängliche(n) Teil der Persönlichkeit»[21] dar. Kraft dieser ihm anhaftenden Unerkennbarkeit konnte FREUD im Es einen Bereich sehen, der einerseits dem Somatischen gegenüber offen war bzw. sich «von dorther mit Energie erfüllte»[22] und anderseits den Träger eines Geheimnisses verkörperte, der sich in die dunklen Ab- und Hintergründe der phylogenetischen bzw. archaischen Erbschaft der Ahnen verlor. In Anlehnung an die Biologie verknüpfte er mit den Trieben Tendenzen, die mit dem Leben selber gegeben, sowohl aufbauender als auch zerstörerischer, ja destruktiv-aggressiver Natur waren.

Mit der Sicht auf den phylogenetischen Hintergrund vertieften sich die Grundvorstellungen der FREUDschen Psychologie. Nicht nur erhielt das Es seine Bedeutung als eines Ursprungs aller Triebschicksale, sondern es stellte auch den Anfang der Bildungen von Ich und Über-Ich dar. FREUD bezeichnete es als das große Libidoreservoir[23], das auch alle Niederschläge der früheren Ichgestaltungen, der religiösen, der moralischen und auch der sozialen Bildungen aufbewahrte. Der Anstoß für die Ersetzung des bisher verwendeten Ausdrucks «Unbewußtes» durch denjenigen des «Es» hatte FREUD durch die Entdeckung erhalten, daß das Über-Ich einen unbewußten, aber wesensmäßig nicht verdrängten Anteil im Ich einschloß. Das Über-Ich war nicht nur unverdrängt, sondern überdies die Ursache aller Verdrängungsakte selber. Die Gleichsetzung von unbewußt und verdrängt war schlechterdings nicht mehr möglich.

> Wir erkennen, daß das *Ubw* nicht mit dem Verdrängten zusammenfällt; es bleibt richtig, daß alles Verdrängte *ubw* ist, aber nicht alles *Ubw* ist auch verdrängt. Auch ein Teil des Ichs, ein Gott weiß wie wichtiger Teil des Ichs, kann *ubw* sein, ist sicherlich ubw[24].

Was verstand FREUD unter dem Über-Ich, dem unbewußten Anteil des Ich? Zunächst schien es ihm wichtig zu sein, daß wesentliche

21. S. FREUD, *Neue Folge der Vorlesungen zur Einführung in die Psychoanalyse* (Ges. Werke XV, p. 80).
22. ibid.
23. S. FREUD, *Das Ich und das Es* (Ges. Werke XIII, p. 258, Anm.).
24. ibid. (Ges. Werke XIII, p. 244).

Leistungen des Individuums, wie z. B. die Gewissensregungen, das Streben nach Vervollkommnung oder auch das Auftauchen von Schuldgefühlen, unbewußt entstanden, d. h. vom Unbewußten her wirksam waren. In seinen Untersuchungen über den Narzißmus begegnete ihm das «Idealbild»[25], das die unbewußte Sehnsucht nach einer Verwirklichung des väterlichen Leitbildes verkörperte. Im Über-Ich wiederum erkannte er einen moralischen Widerstand gegenüber den infantilen Sexualwünschen, der sich in der Introjektion des väterlichen Nein auswirkte.

Mit der Erarbeitung der Vorstellung des Über-Ich vollzog FREUD den bedeutsamen Schritt von einer fast ausschließlichen Würdigung des libidinösen Objekts zu derjenigen des *Subjekts*. Mit dieser inneren Instanz verband er an erster Stelle die Eigenschaften des kategorischen Imperativs, des Anspruchs der Moralität schlechthin und des Strebens nach Vervollkommnung[26]. Er ging aber noch weiter! Parallel zur Frage nach dem Wesen der phylogenetischen Tiefenschicht ging auch die Frage nach der Kulturmoral und der für sie verbindlichen Autorität, womit er den Bereich einer vorwiegend *personalistischen Sicht grundsätzlich überschritt.*

Interessanterweise ging die Psychologie des Über-Ich mit einer *zunehmenden Verdunkelung des* FREUD*schen Weltbildes einher* – eine Einstellung, die mit der Verquickung dieser Instanz mit den Aggressionstrieben zusammenhing. Ebenso wie er nämlich in der Triebpsychologie den Trieben bis in das Zerstörerische des Wiederholungszwangs nachging, entwickelte er in seiner Ich-Psychologie das Ich bis zu dem Punkt, wo es als Über-Ich das Bild einer dämonisch-unerbittlichen und lebensfeindlichen Autorität erstehen ließ. Als solche gipfelte es schließlich, kulturell betrachtet, im *Prinzip des Triebverzichtes* par excellence. Wenn er auch im Über-Ich eine wesentlich aggressive und selbstzerstörerische Macht sah, die als Introjektion der väterlichen Autorität zugleich alle seit den Zeiten des «Urvaters» aufgespeicherten Aggressionen mit einschloß, so kam ihm dennoch das *unerhörte Verdienst* zu, *die in seiner Psychologie vorhandene Lücke eines Verständnisses der moralischen Werte ausgefüllt zu haben.*

25. S. FREUD, «Zur Einführung des Narzißmus» (Ges. Werke X, p. 161).

26. S. FREUD, *Neue Folge der Vorlesungen zur Einführung in die Psychoanalyse* (Ges. Werke XV, p. 67 ff und p. 73).

Obgleich ich mich in dieser Studie im wesentlichen auf die Grundlagen des Unbewußten beschränken möchte, dürfte es im Interesse einer zusammenhängenden Darstellung sein, kurz die Psychologie des bewußten Systems zu streifen.

Mit der Entdeckung des unbewußten Anteils im Ich ging Hand in Hand eine Verdeutlichung auch des *(vor)bewußten Teils,* des sogenannten Real-Ich. Hatte FREUD schon früher dem Ich die Aufgaben des Realitätsprinzips, der Kontrolle und Hemmung zugebilligt, so erlaubte ihm die Verwurzelung des Ich in der Tiefenschicht des Es eine weitere Begründung dieser Annahme. Er stellte nämlich fest, daß das (vor)bewußte Ich auch einen Teil des Es[27], und zwar jenen Teil, der unter dem *Einfluß der Außenwelt umgeformt und zu einem organisierenden Zentrum modifiziert* worden war, verkörperte. In ihm sah er mehr und mehr die Instanz, die dem Wunscherfüllungsdrang der Triebwünsche einen Riegel vorschob und das Individuum vor den drohenden Gefahren des Es schützte. Nachdem die moralische Funktion dem Über-Ich zugewiesen und vom Gesamt-Ich abgetrennt worden war, verblieben dem Ich im engeren Sinne die lebenswichtigen Funktionen der *Realitätsprüfung* einerseits und der *Sicherung des Einzelnen* gegenüber den Gefahren des Innen und Außen anderseits. Wenn auch FREUD der Instanz des Ich nicht nur das Denken, sondern auch die Vernunft und Besonnenheit[28] zuschrieb, so war immerhin seine dreifache Rolle[29], den Einzelnen gegenüber Außenwelt, Innenwelt (Über-Ich) und Es zu schützen, dermaßen einengend und beengend, daß es zugleich auch eine *eigentliche Angststätte*[30] darstellte. FREUD schrieb ihm dreierlei Formen von Angstzuständen zu, die den dreierlei Dienstbarkeiten, in denen es stand, entsprachen: *Realangst* vor den Gefahren der Außenwelt, *neurotische Angst* vor den übertriebenen Ansprüchen der Libido (Kastrationsangst und Angst vor dem Liebesverlust)[31] und schließlich *Gewissensangst* vor den Forderungen des Über-Ich, die das Individuum in Vorwurf und Schuldgefühle verstrickte. Als das Mittel, um sich

27. S. FREUD, *Das Ich und das Es* (Ges. Werke XIII, p. 252).
28. ibid. p. 253.
29. ibid. p. 286.
30. ibid. p. 287. (Von mir hervorgehoben.)
31. S. FREUD, *Neue Folge der Vorlesungen zur Einführung in die Psychoanalyse* (Ges. Werke XV, p. 94).

der Angst zu erwehren, erkannte FREUD das Angstsignal[32], das die Annäherung von Gefahr jeweils anzeigte.

Zusammenfassend schrieb FREUD im Jahre 1923 über das Ich:

> Es ist mit wichtigen Funktionen betraut, kraft seiner Beziehung zum Wahrnehmungssystem stellt es die zeitliche Anordnung der seelischen Vorgänge her und unterzieht dieselben der Realitätsprüfung. Durch die Einschaltung der Denkvorgänge erzielt es einen Aufschub der motorischen Entladungen und beherrscht die Zugänge zur Motilität ... Das Ich bereichert sich bei allen Lebenserfahrungen von außen; das Es aber ist eine andere Außenwelt, die es sich zu unterwerfen strebt. Es entzieht dem Es Libido, bildet die Objektbesetzungen des Es zu Ichgestaltungen um. Mit Hilfe des Über-Ichs schöpft es in einer für uns noch dunklen Weise aus den im Es angehäuften Erfahrungen der Vorzeit[33].

Die zentrale Bedeutung, die FREUD auch in psychotherapeutischer Hinsicht dem Ich in zunehmender Weise zugestand und die er vornehmlich in der *Realitätsanpassung* und in der *Triebbeherrschung* erkannte, trat auch in dem lapidaren Satz hervor: *«Wo Es war, soll Ich werden»!*[34]

Im Unterschied zu der stets bedeutsameren Rolle, die FREUD dem Ich zubilligte, schien diejenige des Bewußtseins weiterhin schattenhaft zu bleiben. Von Anbeginn bis zum Ende seines Schaffens hielt er nämlich an der Reduktion des Bewußtseins auf einen bloßen Wahrnehmungsvorgang – sowohl aus dem Innern wie aus dem Äußern – fest. Überdies faßte er dieses «oberflächlichste Stück» des «seelischen Apparates», wie er schon in der Schrift *Aus den Anfängen der Psychoanalyse* festgestellt hatte, als einen überaus «flüchtigen Zustand» auf, der sich «im Phänomen des Bewußtwerdens ‹verpuffte›»[35] (1920). Ja, er verstieg sich sogar zur Behauptung, daß sich Bewußtsein und Gedächtnis zutiefst «ausschlossen», daß mit anderen Worten *ein Komplementaritäts-*

32. ibid. p. 92.
33. S. FREUD, *Das Ich und das Es* (Ges. Werke XIII, p. 285).
34. S. FREUD, *Neue Folge der Vorlesungen zur Einführung in die Psychoanalyse* (Ges. Werke XV, p. 86).
35. S. FREUD, «Jenseits des Lustprinzips» (Ges. Werke XIII, p. 25).

verhältnis (Ausdruck von mir) *zwischen Bewußtsein und Erregungsspur bestand*[36]. Beim Vorgang der Wahrnehmung sollte nämlich, wie FREUD ausführte, die Gedächtnisspur dem Vorbewußten verfallen, um erst von dorther dem Ich und dem Bewußtsein zugänglich gemacht zu werden. Diese Feststellung bedeutete anscheinend nichts anderes, als daß die Funktion der Bewußtmachung in Tat und Wahrheit vom Vorbewußten ausging und dem vorbewußten Ich vorbehalten war. Daraus ergab sich demnach die für die Psychoanalyse überaus wichtige Erkenntnis, daß das *Bewußtmachen eigentlich ein Vorbewußtmachen* darstellte!

> Die Frage: Wie wird etwas bewußt? lautet also zweckmäßiger: Wie wird etwas vorbewußt? Und die Antwort wäre: durch Verbindung mit den entsprechenden Wortvorstellungen[37].

Es wäre aber voreilig, aus der Zurückführung des Bewußtmachens auf die Wortvorstellungen im *Vbw* auf FREUDS Minderbewertung der Bewußtseinsfunktion schließen zu wollen. Alles kam darauf an, wie er die Wortvorstellungen verstanden hat. Zur großen Überraschung für den Fragenden nämlich schien sie FREUD infolge ihrer «Verknüpfung mit den Sprachresten»[38] in letzter Linie wiederum von den Wahrnehmungsresiduen – folglich vom Bewußtsein – herzuleiten: sie waren nichts weniger als «Erinnerungsrest(e) des gehörten Wortes»[39]. Ein richtiger circulus vitiosus! Immerhin folgte daraus, daß *das Ich nichts bewußt machen konnte, was nicht früher einmal schon bewußt gewesen war!*

> ... bewußt werden kann nur das, was schon einmal *bw* Wahrnehmung war, und was außer Gefühlen von innen her bewußt werden will, muß versuchen, sich in äußere Wahrnehmung umzusetzen. Dies wird mittels der Erinnerungsspuren möglich[40].

36, ibid. Vgl. *Die Traumdeutung*, 3. unveränderte Auflage 1911, p. 361 (Ges. Werke II/III, p. 543/545).
37. S. FREUD, *Das Ich und das Es* (Ges. Werke XIII, p. 247).
38. S. FREUD, «Abriß der Psychoanalyse» (Ges. Werke XVII, p. 84).
39. S. FREUD, *Das Ich und das Es* (Ges. Werke XIII, p. 248).
40. ibid. p. 247.

Diese Behauptung, die zum Problematischsten gehört, was FREUD über die Beziehung beider Systeme ausgesagt hat, kommt einem eindeutigen Bekenntnis, daß aller Wissensgehalt aus der Wahrnehmungswelt und deren Erinnerungsspuren stammte, gleich!

Es ist, als sollte der Satz erwiesen werden: *alles Wissen stammt aus der äußeren Wahrnehmung*[41].

Dieses eindeutige Bekenntnis FREUDS zur Bewußtseinspsychologie vertiefte sich in den folgenden Jahren insofern, als er im Jahre 1927 eine eindeutige Lobpreisung des Intellekts, des Logos anstimmte.

Wir mögen noch so oft betonen, der menschliche Intellekt sei kraftlos im Vergleich zum menschlichen Triebleben, und recht damit haben. Aber es ist doch etwas Besonderes um diese Schwäche; die Stimme des Intellekts ist leise, aber sie ruht nicht, ehe sie sich Gehör geschafft hat. Am Ende nach unzählig oft wiederholten Abweisungen findet sie es doch[42].

Wenn er auch weiterhin daran festhielt, daß das Psychische umfassender als das Bewußtsein war, so sah er in letzterem dennoch immer mehr das *einzige Licht, das die Dunkelheit der Seele erhellte.*

Mit alledem ist aber nicht gesagt, daß die Qualität der Bewußtheit ihre Bedeutung für uns verloren hat. Sie bleibt das einzige Licht, das uns im Dunkel des Seelenlebens leuchtet und leitet. Infolge der besonderen Natur unserer Erkenntnis wird unsere wissenschaftliche Arbeit in der Psychologie darin bestehen, unbewußte Vorgänge in bewußte zu übersetzen, solcherart die Lücken in der bewußten Wahrnehmung auszufüllen[43].

Man kann sich mit Recht die Frage stellen: Wem galt FREUDS größere Liebe? Den brodelnden Leidenschaften im Es oder dem Bewußtsein?

41. ibid. p. 250. (Von mir hervorgehoben.)
42. S. FREUD, *Die Zukunft einer Illusion,* 1927 (Ges. Werke XIV, p. 377).
43. S. FREUD, «Some elementary Lessons in Psycho-Analysis», 1938, aus dem Nachlaß (Ges. Werke XVII, p. 147).

II. BEWUSSTSEIN UND UNBEWUSSTES IN DER PSYCHOLOGIE JUNGS

1. Über das Ganze von Bewußtsein und Unbewußtem

Im Unterschied zu FREUD, der erst in seinem Versuch einer psychologischen Anthropologie (1923) die Struktur der Persönlichkeit ins Auge faßte, war JUNG schon früh *vom Ganzen von bewußten und unbewußten Vorgängen* ausgegangen. Den Ausdruck «unity» und «totality» bzw. «wholeness» finden wir erstmalig im Jahre 1913[1], wobei er dieses «ganzheitliche Geschehen»[2] als einen Entwicklungsprozeß verstand, in den alle Aspekte der menschlichen Persönlichkeit einbezogen wurden. Die Vorstellung einer «Gesamtpersönlichkeit» ließ ihn von da an nicht mehr los. So schien ihm das Bild der *«Ganzheit der Persönlichkeit»*[3] unentbehrlich zu sein. Da dieses Ganze wesensmäßig bewußte und unbewußte Inhalte einschloß, kam alles auf die Herstellung einer fruchtbaren Beziehung zwischen dem Ich und dem Unbewußten an. Darunter verstand er nicht nur die Förderung der gestaltenden Kräfte der Seele, nicht nur das Verstehen dieser Gestaltungen, sondern vor allem auch die *Auseinandersetzung zwischen dem Ich und dem Unbewußten:* letztere gipfelte in der «Annäherung der Gegensätze und (in der) ... Entstehung und Herstellung eines Dritten: *der transzendenten Funktion»*[4]. Die Vereinigung der Gegensätze von bewußt und unbewußt war die Voraussetzung der «Individuation», jenes «Differenzie-

1. C. G. JUNG, «Psychoanalysis», 1913, in: *Collected Papers of Analytical Psychology*, 1916, p. 224 (Ges. Werke IV).
2. C. G. JUNG, «Die transzendente Funktion», 1916 geschrieben, 1958 veröffentlicht (Ges. Werke VIII, p. 100).
3. ibid. p. 83.
4. ibid. p. 100.

rungsprozess(es), der die Entwicklung der individuellen Persönlichkeit zum Ziele hat(te)»[5]. Sie schloß stets die Komplementierung der Ich-Persönlichkeit durch die Gegenfunktion, die «größere Persönlichkeit» ein – ein Vorgang, dem er später in der Vorstellung der Selbstverwirklichung[6] die höchste Dignität verleihen sollte (1928).

Bewußt und unbewußt standen danach nicht notwendigerweise in einer Kampfsituation zueinander, wie dies ja größtenteils, d. h. bis ins dritte Jahrzehnt, bei FREUD der Fall war. Obwohl die Einstellung der «Abwehr» auch in der Psychologie JUNGS eine Rolle spielte, z. B. bei der Unterdrückung unbewußter Regungen und Komplexe durch das Ich, betonte er in weit höherem Maße eine Einstellung, welche die Förderung des Zusammenspiels zwischen Bewußtsein und Unbewußtem im Auge behielt.

> Bewußtsein und Unbewußtes ergeben kein Ganzes, wenn das eine durch das andere unterdrückt und geschädigt wird ... Beide sind Aspekte des Lebens. Das Bewußtsein sollte seine Vernunft und seine Selbstschutzmöglichkeiten verteidigen, und das chaotische Leben des Unbewußten sollte auch die Möglichkeit haben, seiner eigenen Art zu folgen, soviel wir davon ertragen können. *Dies bedeutet offenen Kampf und offene Zusammenarbeit in einem*[7].

Die anthropologische Grundvoraussetzung eines *Persönlichkeitsganzen* war, ungeachtet dessen Eigenschaft als einer Grenzvorstellung, für das Verständnis der Psychologie außerordentlich wichtig. Sie schloß eine Sicht ein, die das Individuum vor einer Überschätzung sowohl des Ich als auch des Unbewußten zu bewahren vermochte. Betonte JUNG gegenüber der Bewußtseinspsychologie, die in seinen Jugendjahren blühte, die Notwendigkeit einer Psychologie des Unbewußten, so trat er in ebensolchem Maße der romantischen Überschätzung des Schöpferischen, des Prophetischen oder auch des Ewigen im Seelenhintergrund entgegen, um den Standpunkt des Ich zu behaupten.

Aus allem ging hervor, daß für JUNG *die psychische Totalität weder*

5. C. G. JUNG, *Psychologische Typen*, p. 637 (Ges. Werke VI, p. 477).
6. C. G. JUNG, *Die Beziehungen zwischen dem Ich und dem Unbewußten*, 1928, p. 91 (Ges. Werke VII, p. 191).
7. C. G. JUNG, «Bewußtsein, Unbewußtes und Individuation», 1939, p. 269.

dem Ich noch dem Unbewußten gleichgesetzt werden konnte, sondern stets beides umfaßte. Wenn wir also im folgenden sowohl das Ich als auch das Unbewußte ins Auge fassen werden, so ist dabei stets vorausgesetzt, daß sie nur *Teile eines Ganzen* darstellten, das durch das Prinzip der Selbstregulierung gewährleistet wurde.

2. Ich und Bewußtsein

Das galt insbesondere für das Ich, das ungeachtet seiner häufigen Überschätzung nur einen, wenn auch einen sehr bedeutsamen Komplex der menschlichen Persönlichkeit bildete.

> Das Ichbewußtsein ist ein Komplex, der nicht das Ganze des menschlichen Wesens umfaßt ... Das Ich kann darum nur ein Teilkomplex sein. Vielleicht ist es jener einzigartige Komplex, dessen innerer Zusammenhalt Bewußtsein bedeutet[8].

Als ein psychischer Komplex ließ das Ich – wie JUNG schon im Jahre 1907[9] betont hatte – *einen Gefühlston sowie auch einen stabilen Kern erkennen.* Wurde der Gefühlston sowohl durch die Gegenwärtigkeit des Körpersubstrates als auch durch den steten Untergrund des Erinnerungsmaterials und der Empfindungswelt lebendig erhalten, so stellte der Kern des Komplexes einen gleichsam «virtuellen Punkt» dar, der durch die Identität mit sich selbst und auch durch einen hohen Grad von Kontinuität ausgezeichnet war. Wie FREUD billigte auch JUNG dem Ich eine selbsterhaltende, das Individuum gegen den Ansturm von außen und innen schützende Kraft zu, obgleich er ihm weder die Bedeutung einer Angststätte noch die Funktion der Signalerteilung zuschrieb.

Was aber JUNGS Vorstellung des Ich von der FREUDschen Auffassung völlig unterschied, war dessen einzigartige Verbindung mit dem Bewußtsein. JUNG erkannte in ihm den *Bezugspunkt der bewußten Akte* schlechthin. Er sah in dieser Gegebenheit eine noch weitere Bestätigung seiner Komplexstruktur, insofern als das Ich auch eine *anziehende und*

8. C. G. JUNG, «Geist und Leben», 1926 (Ges. Werke VIII, p. 368).
9. C. G. JUNG, *Dementia praecox*, p. 45.

assimilierende Wirkung auf Vorstellungen ausübte: danach war es *nicht nur das Zentrum des Bewußtseinsfeldes, sondern auch das «Subjekt aller persönlichen Bewußtseinsakte».*

> Unter «Ich» verstehe ich einen Komplex von Vorstellungen, der mir das Zentrum meines Bewußtseinsfeldes ausmacht und mir von hoher Kontinuität und Identität mit sich selber zu sein scheint[10].

JUNG hat stets daran festgehalten – und zwar sehr im Gegensatz zu FREUD, der im Über-Ich einen unbewußten Anteil des Ich erkannte – daß *«das Bewußtsein ... die unerläßliche Vorbedingung des Ich»*[11] bildete, wobei allerdings die Umkehrung dieses Satzes, daß nämlich «ohne Ich ... kein Bewußtsein denkbar war»,[12] nicht im selben Maße Gültigkeit besaß. Erst die Tatsache seiner Bewußtseinsqualität verlieh dem Ich jene Fähigkeit, die immer wieder zum Vergleich mit dem lichtspendenden Sonnenkörper gereizt hat. In dieser Funktion wurde das Ich zum *eigentlichen Gegenüber des Unbewußten, zu der Instanz, die Konflikte auszutragen, Entscheidungen zu übernehmen und Verantwortungen zu tragen* in der Lage war.

Wenn auch die Persönlichkeit im Ich ihren größten Helligkeitsgrad erreichte, so war die Bewußtseinsqualität nicht gleichbedeutend mit *Persönlichkeitscharakter* überhaupt. Auch gewisse Strukturen im Unbewußten, abgespaltene Komplexe oder unbewußte Fragmente, Personifikationen im Traum u. a. m. konnten einen Persönlichkeitscharakter aufweisen, wobei JUNG ihnen aber im Gegensatz zur französischen Psychopathologie kaum die Eigenschaft eines Ich zuerkannte[13]. Im Unterschied zum Ich waren sie «maskenhaft, gespenstisch, problemlos, ohne Selbstbesinnung, ohne Konflikte, ohne Zweifel, ohne Leiden ...»[14]. Wie er in späteren Jahren zugestand, konnte es sich dabei höchstens um *ichähnliche Zentren* handeln, da ihnen, ungeachtet eines gewissen Helligkeitsgrades, die Eigenschaften sowohl der Kontinuität als auch der willkürlichen Reproduzierbarkeit fehlten.

10. C. G. JUNG, *Psychologische Typen*, p. 629 (Ges. Werke VI, p. 471).
11. C. G. JUNG, «Geist und Leben» (Ges. Werke VIII, p. 367). (Von mir hervorgehoben.)
12. ibid. p. 367 f.
13. C. G. JUNG, «Allgemeines zur Komplextheorie», p. 11 (Ges. Werke VIII, p. 112).
14. C. G. JUNG, «Bewußtsein, Unbewußtes und Individuation», 1939.

Ebensowenig billigte er dem Traum-Ich die Eigenschaft eines wachen Ich zu.

> So hat man in den meisten Träumen noch ein relatives Bewußtsein seines Ich, allerdings eines sehr beschränkten und eigentümlich veränderten Ich, das man als Traum-Ich bezeichnet. Es ist nur ein Fragment, oder eine Andeutung des wachen Ich ... Der Unterschied der psychischen Aktivität im Wachen und im Schlafzustand scheint daher bedeutend zu sein[15].

Das Traum-Ich faßte er deshalb als archetypische Voraussetzung des bewußten Ich, niemals aber als gleichbedeutend mit ihm auf.

Aus allem wird deutlich, daß JUNGS Vorstellung des Ich als eines «Zentrums, dem etwas bewußt ist», sich weder mit dem (vor)bewußten Ich noch mit dem Über-Ich FREUDscher Prägung deckte. War beim ersteren, dem vorbewußten Ich, nicht klar, wie das Ich die Funktionen der Realitätsanpassung und der Besinnung auszuüben vermochte, *ohne* mit Bewußtheit begabt zu sein, so war auch bei letzterem, dem Über-Ich, äußerst fraglich, wie es als eine wesentlich unbewußte Instanz die ihm zugeschriebenen Funktionen zu erfüllen vermochte. Das, was FREUD dem Über-Ich zuerkannte, schien JUNG weit eher das Bild eines Repräsentanten des *kollektiven Bewußtseins,* der «konventionelle(n) Moral ... (d. h. einer) Ausgeburt griesgrämiger praeceptorum mundi»[16] zu sein. Im Unterschied zur FREUDschen Annahme einer prinzipiell unbewußten Erwerbung (Introjektionsvorgang von Normen und väterlicher Autorität) sah er im Über-Ich eine *bewußte Erwerbung, die weitgehend mit dem Sittenkodex übereinstimmte* und zum größten Teil durch die Erziehung eingeprägt wurde, wenn sie auch im Einzelfall wieder ins Unbewußte zurückzusinken vermochte. Ja, es konnte in dieser Hinsicht sogar vorkommen, daß in Fällen, in denen das Individuum völlig unbewußt über seine geistigen und moralischen Voraussetzungen war, das Gottesbild in der Seele jeweils auf das Über-Ich reduziert wurde! Das Über-Ich wurde dann zu einer Instanz, die

15. C. G. JUNG, «Die psychologischen Grundlagen des Geisterglaubens» (Ges. Werke VIII, p. 346 und p. 347).

16. C. G. JUNG, «Sigmund FREUD als kulturhistorische Erscheinung», 1932, in: *Wirklichkeit der Seele,* p. 123.

absolute Verbindlichkeit besaß und die Beziehung zum eigenen Innern überschattete.

Eine seiner spätesten Äußerungen über das Über-Ich finden wir im Jahre 1958:

> Das Über-Ich ist ein patriarchales Überkommnis, das als solches eine *bewußte Erwerbung* und einen ebenso *bewußten Besitz* bedeutet ... Es ist insoweit mit dem identisch, was man auch mit dem Ausdruck «Sittenkodex» bezeichnet. Das Besondere ist nur die Tatsache, daß im individuellen Falle der eine oder andere Aspekt der Moraltradition sich als unbewußt erweist[17].

Was JUNG *beim Über-Ich vermißte, war das Vorhandensein einer geistig-überpersönlichen Autorität, die den Einzelnen aufgerufen hätte.* Das Gewissen erschien nämlich bei FREUD als eine indiskutable, durch das Moralgesetz festgelegte Tatsache, wonach der Mensch als ein ethisches Wesen ausschließlich in seiner Bedingtheit durch die Kulturmoral berücksichtigt wurde. Was JUNG dabei fehlte, war eine Anerkennung der durch die Strukturen des Unbewußten (wie z. B. der archetypischen Vorstellungen und numinosen Bilder, vor allem des Gottesbildes) gewährleisteten Voraussetzungen seines moralischen Empfindens.

Der ganzheitliche Gesichtspunkt trat auch in seiner Auffassung über die Entstehung des Ich hervor. Er sah in ihm das Ergebnis eines Entwicklungsprozesses, in dem der Einzelne aus einem Zustand völliger Abhängigkeit vom Seelenhintergrund zu allmählicher *Festigkeit, Konstanz und Kontinuität* heranwuchs. Und zwar war ihm dieser Prozeß der Ausdruck eines Größeren im Individuum, das auf die Konzentration des noch unzentrierten Psychischen in einem gleichsam virtuellen Punkt hinwirkte. Das Ich war für ihn ein unergründliches Geheimnis, das – obgleich es das «Allerbekannteste» zu sein schien – größte Dunkelheit in sich schloß. Einerseits wurde es als Ort einer (relativen) *Freiheit dem Unbewußten gegenüber* erfahren, als Ort der *Entscheidung in Konfliktsituationen,* und anderseits war es eine Gegebenheit, deren

17. C. G. JUNG, «Das Gewissen», in: Studien aus dem C. G. JUNG-Institut, 1958, p. 188. (Von mir hervorgehoben.)

18. C. G. JUNG, *Mysterium coniunctionis* I, 1955, p. 118.

«Basis ... die Dunkelheit der Psyche»[18] war. Ja, JUNG ging sogar so weit, im Ich «eine relativ *konstante Personifikation des Unbewußten* selber»[19] zu sehen. Ein Ausdruck dieser Tatsache war es auch, wenn JUNG ihm die Dignität zuschrieb, der *Gegenspieler des Selbst* zu sein, der sich ihm nicht nur unterordnete, im Verhältnis des «patiens zum agens» zu ihm stand, nicht nur mit ihm kooperierte, sondern sich auch über dieses Größere erhob und die Gefahr einer Hybris heraufbeschwören konnte. Diesem Paradox gab JUNG folgenden treffenden Ausdruck:

> Es ist in Wirklichkeit immer beides vorhanden: die Übermacht des Selbst und die Hybris des Bewußtseins[20].

Von dem jeweiligen Verhältnis des Ich zum Selbst leitete sich deshalb auch weitgehend das geistige Schicksal des Einzelnen ab: Steckenbleiben und Überwältigung waren ebenso möglich wie eine Wandlung und Verwandlung der Einzelpersönlichkeit – alles Erkenntnisse, die sich aus dem Gesichtspunkt des Persönlichkeitsganzen ergaben.

Obgleich JUNG das Bewußtsein als die wesentlichste Eigenschaft des Ich hinstellte, dürfte es dennoch angezeigt sein, die typischen Charaktere des Bewußtseins isoliert und unabhängig vom Ich zu betrachten. Im allgemeinen verstand er unter dem Terminus «bewußt» das Vorhandensein eines gewissen *Helligkeitsgrades* psychischer Vorgänge, worauf z. B. die Ausdrücke «bewußte Motivationen» oder «bewußte Intentionen» hinwiesen. Abgesehen von gelegentlichen Seitenbemerkungen, in denen er das Bewußtsein in räumlichem Sinne verstand und von einem «über» und «unter» dem Bewußtsein sprach, war es ihm vor allem durch die Eigenschaften der *Erhellung und Erleuchtung* ausgezeichnet – Eigenschaften, die er in der *Fähigkeit zur Diskrimination* begründet sah.

> Denn das Bewußtsein ist seinem ganzen Wesen nach Diskrimination, Unterscheidung von Ich und Nicht-Ich, Subjekt und Objekt, Ja und Nein usw. Der bewußten Unterscheidung ist überhaupt die Trennung

19. ibid. p. 117.
20. C. G. JUNG, «Das Wandlungssymbol in der Messe», 1940/41, in: *Von den Wurzeln des Bewußtseins,* 1954, p. 298.

der Gegensatzpaare zu verdanken, denn das Bewußtsein allein kann das Passende erkennen und vom Nichtpassenden oder Wertlosen unterscheiden ... Wo aber kein Bewußtsein ist, wo noch unbewußt Instinktmäßiges die Herrschaft führt, da ist keine Überlegung, kein pro et contra, keine Uneinigkeit, sondern einfaches Geschehen, geordnete Triebmäßigkeit, Proportion des Lebens[21].

Bewußtseinsentwicklung, Unterscheidung von Ich und Nicht-Ich, Trennung der Gegensätze überhaupt, waren – wie wir erkennen können – jene Werte, die den Menschen aus seiner Primitivität herausrissen und ihm die eigentliche Würde des Menschseins zu verleihen vermochten. Psychotherapie und Erziehung konnten ihrer nicht entraten. Nicht nur die Distanzierung des Kranken gegenüber seinen Symptomen beruhte auf der Fähigkeit zur Diskrimination, sondern auch die Entwicklung neuer Wertmöglichkeiten war an die Unterscheidung der unbewußten Regungen gebunden. Nicht zuletzt erkannte JUNG auch, daß der tiefere Sinn der Bewußtwerdung erst in der Erhellung der dem Leben immanenten Ziele offenbar wurde. *Bewußtmachen der dem Lebenshintergrund immanenten Tendenzen trat an die Stelle eines Vorbewußtmachens von bereits früher bewußt Gewesenem,* wie dies bei FREUD der Fall war. Bewußtwerdung war ein schöpferischer Prozeß, der neue Möglichkeiten erschloß und sich niemals auf die Reproduktion der äußeren Wahrnehmungswelt und der Erinnerungsspuren beschränken ließ.

Die schöpferische Bedeutung des Bewußtwerdungsprozesses ist seit jeher Gegenstand des Heldenmythus gewesen. In immer wieder neuer Weise wird der Kampf des Helden mit den Mächten der Finsternis, die ihn zu vernichten drohen, geschildert. Als ein mit übernatürlichen Kräften ausgerüstetes Wesen, «das mehr besitzt als bloße Menschlichkeit», treibt ihn seine Sehnsucht nach geistiger Wiedergeburt in das Wagnis, den verderblichen Sog des Unbewußten, der ihm in Gestalt der lähmenden und vergiftenden Kraft der Mutter entgegentritt, zu überwinden. Durch die Befreiung von der gefährlichen Bindung an die Eltern gewinnt er die schwer erreichbare Kostbarkeit, nämlich das Geheimnis eines neuen Lebens und eines neuen Lichtes. Was JUNG

21. C. G. JUNG, *Psychologische Typen,* p. 158 (Ges. Werke VI, p. 118).

schon in *Wandlungen und Symbole der Libido* als den Gewinn des neuen Lebens und der «unsterblichen Nahrung»[22] geschildert hatte, drückte er in der vierten Auflage folgendermaßen aus:

> Sein (des Helden) Aufstieg bedeutet eine *Erneuerung des Lichtes und damit eine Wiedergeburt des Bewußtseins aus der Verfinsterung*, das heißt der Regression ins Unbewußte[23].

3. Das Unbewußte

Wenden wir uns dem Begriff des Unbewußten in der Psychologie JUNGS zu: Wie wir bei FREUD verschiedene Etappen der Entwicklung unterscheiden konnten, so lassen sich auch im JUNGschen Werk drei Epochen feststellen. Während eine erste Phase mit der *Gegenüberstellung von persönlichen und unpersönlichen Erinnerungsspuren* zusammenhing, gründete eine zweite auf der Erkenntnis *archetypischer Dominanten* als den Strukturelementen des Seelenhintergrundes. Ihr verdankte JUNG die für das Verständnis seiner Psychologie so bedeutsame Gliederung in das persönliche und kollektive Unbewußte. Eine dritte Stufe schließlich führte zur Entdeckung des *Archetypus an sich:* er verstand darunter eine Strukturform des Psychischen, die in der Vorstellung einer unanschaulichen, d. h. psychoiden Grundform in der unbewußten Psyche gipfeln sollte. Da diese letzte Epoche in die Zeit nach dem Tode FREUDS fiel, soll sie im Anhang gewürdigt werden.

a. Das persönliche Unbewußte

In seiner anfänglichen Beschäftigung mit dem unbewußten Hintergrund der Psyche hatte sich JUNG zunächst weitgehend von den Auffassungen seiner Zeit leiten lassen. An erster Stelle stand die Auseinandersetzung mit der französischen Psychopathologie. Wie für JANET und FREUD waren es die Phänomene der Hysterie und des Somnambulismus, an denen er seinen Weg entdeckte. Aus seiner Dissertation erhellt, daß ihm die unbewußte Psyche nicht nur in Form der mannigfaltigsten Automatismen – Hyperästhesie, Hypermnesie, Halluzination

22. C. G. JUNG, *Wandlungen und Symbole der Libido*, p. 352.
23. C. G. JUNG, *Symbole der Wandlung*, p. 625. (Von mir hervorgehoben.)

und Phantasie – entgegentrat, sondern auch in Gestalt von Persönlichkeitsspaltungen, Doppel- oder auch Sonderpersönlichkeiten. An diesen Beobachtungen ging ihm die wichtige Erkenntnis auf, daß die unbewußte Psyche in Zuständen des Schlafes oder auch des Somnambulismus zu gesteigerten Leistungen fähig war. Oder mit anderen Worten: Er fühlte sich zur Hypothese von *«unbewußten Mehrleistungen»* gedrängt.

> Endlich gibt es Fälle von somnambuler Mehrleistung, welche sich nicht allein durch Hyperästhesie der unbewußten Sinnestätigkeit und Assoziationskonkordanz erklären lassen, sondern *die Annahme einer hochentwickelten intellektuellen Tätigkeit des Unbewußten voraussetzen*[24].

Mit der Auffassung, daß eine Art von «höherer Intelligenz», von geistigem Formprinzip, im Unbewußten tätig war, setzte er sich erstmalig von FREUD ab, der schon im Jahre 1895 der unbewußten Psyche die Intelligenz abgesprochen hatte[25]. Ebenso neuartig war auch seine Vermutung, daß den unbewußten Vorgängen ein übergeordneter, *unbewußter Einheitsfaktor* zu Grunde lag, der den Zusammenhalt garantierte. Ich gehe wohl nicht fehl, wenn ich in solchen Äußerungen den unscheinbaren Anfang seiner späteren Erkenntnis des Selbst und seiner regulierenden Tätigkeit sehe. Wenn auch JUNG seine frühen Intuitionen unter dem starken Eindruck der Persönlichkeit FREUDS zunächst nicht weiter verfolgte, so blieben sie bestimmend für sein zukünftiges Schaffen. Kehren wir zu den Anfängen zurück!

In seinen Assoziationsstudien, die eine teilweise Bestätigung der FREUDschen Theorien erbrachten, war es in erster Linie *der gefühlsbetonte Komplex,* an dem ihm gewichtige Einsichten in das Wesen des Unbewußten aufgingen. An ihm konnte er nachweisen, daß nicht nur *objektive, vom Bewußtsein unabhängige Faktoren* vorhanden waren, sondern daß sie überdies *Zentren von großer emotionaler Bedeutung* darstellten. Die Beobachtung der Komplexe ließ ihn auch auf die gewichtige Tatsache *höherer Einheiten* in der unbewußten Psyche, die stets durch eine dynamische und eine inhaltliche Seite charakterisiert

24. C. G. JUNG, *Zur Psychologie und Pathologie sogenannter okkulter Phänomene* (Ges. Werke I, p. 97). Siehe auch p. 95.
25. S. FREUD, *Studien über Hysterie* (Ges. Werke I, p. 272).

waren, aufmerksam werden – eine Annahme, die sich zwanzig Jahre später zur Erkenntnis einer ursprünglich gegebenen Verknüpfung von Instinkt und Archetypus runden sollte. An den Untersuchungen über den Komplex bestätigte sich ihm auch – wenigstens für die akuten, auf Schreckaffekten beruhenden Komplexe – die FREUDsche Hypothese der Verdrängung bzw. der Dissoziation intensiver Affekte vom Bewußtsein[26].

Bis zum Jahre 1910 stand fraglos die Erforschung der komplexbetonten, persönlichen Reminiszenzen aus der Lebensgeschichte, wie sie sich von Kindheit an der unbewußten Psyche eingeprägt hatten, im Vordergrund seines Interesses. Ein Wendepunkt trat mit der Untersuchung der Phantasien von Geisteskranken ein: an ihren archaischen Phantasie- und Traumgestaltungen nämlich realisierte er nicht nur die Eigenschaften des *Autonomen* und die Fähigkeit zu *schöpferischen Neubildungen* in der unbewußten Psyche, sondern auch das Vorhandensein eines *tieferliegenden, dem Bewußtsein sich meistens entziehenden Sinnes.* Zwar wurde dadurch seine Beobachtung, daß sowohl die vergessenen, unbemerkt gebliebenen, als auch die noch nicht perzipierten und mit dem Bewußtsein inkompatiblen Inhalte zum eisernen Bestand des Unbewußten gehörten, nicht angetastet. Darüber hinaus aber stellte er auch Eindrücke im Seelenhintergrund fest, die überhaupt *noch nicht apperzeptionsfähig* waren, weil sie eine zu geringe Energie besaßen, um das Bewußtsein zu erreichen. Es handelte sich in solchen Fällen meistens um Inhalte, die sich eben erst in der unbewußten Psyche zu formen und abzuzeichnen begannen, und zu denen die bewußte Persönlichkeit noch keine assoziativen Brücken zu bilden vermochte. Die Folge war, daß sie, ungeachtet ihrer potentiellen Bedeutsamkeit, relativ bewußtseinsunfähig blieben. Auf diese Entdeckung, die FREUDS Verdrängungshypothese sinnvoll ergänzte, gründete JUNG die für seine Psychologie höchst bedeutsame Erkenntnis, daß es zwei Gruppen von Inhalten im persönlichen Unbewußten gab: einerseits *die einmal bewußt gewesenen und nun subliminal oder verdrängt gewordenen Inhalte*, und anderseits diejenigen, *die infolge Mangels an bewußtem Verständnis noch nicht apperzipiert werden konnten,* obgleich sie sich im Prinzip als apperzeptionsfähig erwiesen. Waren erstere Phänomene den Bewußtseinsinhalten relativ ähnlich, so erschienen die letzteren

26. Vgl. die Ausführungen über die Verdrängung, p. 87.

eher als fremd und unbekannt. Schon im Jahre 1917 hatte Jung versucht, die persönlichen Reminiszenzen von der «Manifestation der tieferen Schichten des Unbewußten, wo die allgemeinmenschlichen, urtümlichen Bilder schlummer(te)n»[27], zu unterscheiden, aber erst im Jahre 1919 finden wir eine erste Umschreibung des *persönlichen Unbewußten.*

> Es (das persönliche Unbewußte) enthält alle diejenigen psychischen Inhalte, welche im Laufe des Lebens vergessen worden sind. Ihre Spuren sind im Unbewußten noch erhalten, auch wenn jede bewußte Erinnerung erloschen ist. Außerdem enthält es alle subliminalen Eindrücke oder Perzeptionen, welche eine zu geringe Energie besaßen, um das Bewußtsein erreichen zu können. Dazu kommen noch die unbewußten Vorstellungskombinationen, welche *noch* zu schwach und zu undeutlich sind, um die Bewußtseinsschwelle überschreiten zu können. Schließlich finden sich im persönlichen Unbewußten auch alle diejenigen Inhalte, die sich als inkompatibel mit der bewußten Einstellung erweisen. Meist betrifft dies eine ganze Gruppe von Inhalten ...[28]

Wie verhielt sich Jungs Auffassung vom persönlichen Unbewußten zu der Vorstellung Freuds vom Unbewußten? Um diese Frage zu beantworten, müssen wir uns in Erinnerung zurückrufen, daß Freud schon um die Jahrhundertwende das rein deskriptiv aufgefaßte Latent-Unbewußte, das nur durch eine unbedeutende Zensur vom Bewußtsein getrennt war, vom sogenannten Dynamisch-Unbewußten, d. h. dem Verdrängten, unterschied. Es läßt sich unschwer feststellen, daß das Latent-Unbewußte sich weitgehend mit dem bewußtseinsnahen «fringe of consciousness»[29] bzw. mit dem Hell-Dunkel der Randphänomene des Bewußtseins deckte – eine Vorstellung, die Jung von William James übernommen hatte – während das Verdrängt-Unbewußte nur sehr bedingt den entsprechenden Inhalten des persönlichen Unbewußten gleichgesetzt werden konnte. Eine Entsprechung zwischen dem Verdrängten in der Freudschen und der Jungschen Psychologie ließ sich

27. C. G. Jung, *Die Psychologie der unbewußten Prozesse*, 1917, p. 86.
28. C. G. Jung, «Die psychologischen Grundlagen des Geisterglaubens» (Ges. Werke VIII, p. 350 f).
29. Siehe Ausführungen p. 384.

schon aus dem Grunde nur teilweise feststellen, da, wie bereits angedeutet, *das Unbewußte für* FREUD *ein grundsätzlich anderes Medium als das (Vor)Bewußte darstellte.* Nicht nur ließ es andere Gesetze (freiströmender Bewegungsablauf, Beweglichkeit der Besetzungsenergie, Dissoziationsmechanismus zwischen Affekt und Vorstellung), sondern auch andere Motivationen (Lust-Unlust-Prinzip) erkennen. Im Gegensatz dazu konnte JUNG *keinen grundsätzlichen Unterschied zwischen den beiden Bereichen von Bewußtsein und persönlichem Unbewußtem* bzw. dem Verdrängten sehen. Wohl wies die relative Unreproduzierbarkeit und Unkorrigierbarkeit der persönlich-unbewußten Inhalte sowie auch die Tatsache, daß die unbewußten Strukturen (Komplexe und Persönlichkeitsfragmente) keinen Ichkern besaßen, sondern bestenfalls ichähnlich waren, auf gewisse Unterschiede hin: sie genügten aber JUNG niemals, um eine grundsätzliche Unvereinbarkeit der beiden Medien zu behaupten[30]. Gegen eine solche Annahme schien vor allem die Tatsache zu sprechen, daß sich die unbewußten Tatsachen, *inhaltlich* betrachtet, in keiner Weise von den bewußten abgrenzen ließen. Beide Schichten nämlich, das Bewußtsein wie auch das persönliche Unbewußte, wiesen gleicherweise Gefühle, Bilder, Vorstellungen und Gedanken auf.

Aus der Theorie der Verdrängung, wie sie FREUD entwickelt hat, dürfte unzweifelhaft hervorgehen, daß JUNGS wiederholt aufgestellte Behauptung, das Verdrängt-Unbewußte (FREUD) sei nichts anderes als ein «subliminaler Appendix der bewußten Seele»[31] den theoretischen Auffassungen FREUDS nicht entsprach. Ebensowenig dürfte seine Bemerkung, daß das Unbewußte FREUDscher Prägung einen «Sammelort ... (von) vergessenen und verdrängten Inhalten»[32] darstellte, dessen Grundkonzeption gerecht werden. Nicht nur das Über-Ich, das ebenfalls unbewußter Natur, keineswegs aber verdrängt war, sondern auch das Urverdrängte widerstritten dieser Annahme. Das Urverdrängte schien nämlich einen Bereich primärer Affektschicksale zu umreißen, die sich *vor* der Bildung des Ich in frühester Kindheit ereignet hatten und

30. Ich verweise auf die teilweise unrichtigen und verworrenen Unterscheidungen in: Edward GLOVER, *Freud or Jung*, 1950, p. 25 f.

31. C. G. JUNG, «Theoretische Überlegungen zum Wesen des Psychischen», in: «Der Geist der Psychologie», p. 414 (Ges. Werke VIII, p. 209).

32. C. G. JUNG, «Über den Archetypus des kollektiven Unbewußten», 1935, in: *Von den Wurzeln des Bewußtseins*, p. 3.

deshalb auch zu keiner Zeit bewußt gewesen waren. Wenn ich FREUD richtig verstehe, war das Urverdrängte auch prinzipiell bewußtseinsunfähig, obgleich es sich in steter Bereitschaft befand, sich einerseits in Angstzuständen oder auch affektiven Wiederholungszwängen zu manifestieren, und anderseits infolge seiner ursprünglichen Attraktivkraft auf das Bewußtsein das sogenannte «Nachdrängen» zu unterstützen. Diese Andeutungen lassen unzweifelhaft erkennen, *daß das FREUDsche Unbewußte sich nicht immer auf einst bewußt gewesene, später verdrängte Inhalte zurückführen ließ.* Es ließ sich auch nicht in jedem Fall dem persönlichen Unbewußten zuordnen. Ebensowenig wie das Urverdrängte persönlich-unbewußter Natur war, konnte es zum kollektiven Unbewußten gerechnet werden. In dieser Hinsicht fehlte es ihm an den Eigenschaften sowohl des Schöpferischen als auch des Archetypischen.

Vorwegnehmend möchte ich hervorheben, daß JUNG in seinen Altersschriften ungeachtet der erwähnten Äußerungen dennoch dazu kam, das Unbewußte als ein vom Bewußtsein verschiedenes Medium aufzufassen. Der Widerspruch zu seinen früheren Aussagen dürfte aber nur scheinbar sein, da er im Unterschied dazu den Schnitt zwischen den beiden Medien nicht nur tiefer legte, nämlich zwischen dem Bewußtsein und dem kollektiven Unbewußten, sondern diese Bereiche zugleich auch inhaltlich stärker voneinander abhob. Im kollektiven Unbewußten sah er immer mehr eine nicht nur *seelenähnliche,* sondern auch eine *unanschauliche Tiefenschicht der Psyche,* die letztlich bewußtseinsunfähig war. Das Psychoid-Unbewußte[33], wie er diesen Seelenhintergrund nannte, faßte er als dermaßen wesensverschieden vom persönlichen Unbewußten, erst recht vom Bewußtsein auf, daß sich die beiden Medien kaum mehr auf einen gemeinsamen Nenner bringen ließen. Sie unterschieden sich wie das Psychische vom Nicht-Psychischen.

b. Das kollektive Unbewußte

JUNG überzeugte sich im Verlauf seiner Forschungsarbeit immer mehr davon, daß die unbewußte Basis der Psyche alles andere als eine «affaire scandaleuse», oder einen vom «Schlamm der Tiefe» bedeckten Bereich darstellte, sondern vielmehr *ein Größeres, dem Einzelnen Überlegenes,* das *autonom* in das psychische Geschehen eingreifen

33. Siehe 384 ff.

konnte. Ebensowenig wie ihn auf Grund seiner religionspsychologischen und mythologischen Untersuchungen die Beschränkung der unbewußten Regungen auf infantile, sexuelle oder nur-persönliche Antriebe befriedigen konnte, war dies angesichts der Reduktion der unbewußten Motive auf Wunsch und Wunscherfüllung der Fall[33a]. Wie schon angedeutet, war es vor allem die Beschäftigung mit den urtümlichen Bildern,[34] die Beobachtung der oft überwältigenden Numinosität und des überpersönlichen Sinngehaltes, die ihn zur Entdeckung des *Eigenlebens der Psyche* hinführte. An ihr wurde ihm offenbar, daß das individuelle Bewußtsein nicht voraussetzungslos war, wie dies oft angenommen wurde, sondern daß es im Gegenteil durch bedeutsame Mächte im Innern der Seele gesteuert wurde. Diese Voraussetzung fand er in der Vorstellung des *kollektiven Unbewußten!*

Solche Voraussetzungen hatte er bereits in der Schrift *Wandlungen und Symbole der Libido* gesichtet, wenn ihm auch das kollektive Unbewußte zunächst nur dem Begriff, nicht aber dem Worte nach vorschwebte. Eine ganze Reihe von Äußerungen, wie z. B. die Feststellung, daß das Unbewußte «Reste der archaischen undifferenzierten Psyche» enthielt, oder die Erkenntnis, daß es das «Allgemeinverbreitete, das nicht nur die Individuen unter sich zum Volke, sondern auch rückwärts mit den Menschen der Vergangenheit und ihrer Psychologie verb(and)»[35], wiesen auf kollektive Faktoren hin. Ungleich FREUD, für den das Unbewußte wesentlich aus verdrängten Sexualwünschen aus der Kindheit (1905) bestand, sah JUNG in ihm auch einen kollektiven Bereich psychischer Dispositionen schöpferischer Art[36]. Den Ausdruck «kollektives Unbewußtes» selber finden wir erst in der 1917 veröffentlichten Schrift *Die Psychologie der unbewußten Prozesse,* und zwar als Bezeichnung einer nicht nur archaischen, sondern auch *allgemeinen und ubiquitären Tiefenschicht der Psyche.*

> Das kollektive Unbewußte ist der Niederschlag aller Welterfahrung aller Zeiten, daher also ein Bild der Welt, das seit Äonen sich gebildet hat[37].

33a Hinweis auf Sigmund FREUD/C. G. JUNG Briefwechsel, auf Brief vom 29. 7. 1913.
34. Siehe p. 129 ff.
35. C. G. JUNG, *Wandlungen und Symbole der Libido,* p. 171.
36. C. G. JUNG, «Yoga und der Westen», 1936 (Ges. Werke XI, p. 579).
37. C. G. JUNG, *Die Psychologie der unbewußten Prozesse,* p. 117 (Ges. Werke VII, p. 103, leicht verändert).

Das kollektive Unbewußte war demnach eine *objektive* Gegebenheit, die immer vorhanden war und den stets lebendigen Hintergrund des psychischen Geschehens bildete. Es verkörperte den *Mutterboden des Bewußtseins, die alten Bahnungen,* die stets bestrebt waren, die Bewußtseinsvorgänge wieder zur Quelle zurückzuführen: in ihm erhielt sich das Ahnenleben bis in die frühesten Anfänge zurück lebendig.

> Die persönliche Schicht erreicht ihr Ende mit den frühesten Infantilerinnerungen; das kollektive Unbewußte dagegen enthält die Präinfantilzeit, d. h. *die Reste des Ahnenlebens*[38].

Schon zu Ende des ersten Jahrzehnts hatte JUNG hervorgehoben, daß das kollektive Unbewußte nicht nur auf Kollektivvorstellungen, sondern auch auf Lebensantrieben[39] bzw. auf «subliminalen Resten archaischer Funktionen und symbolischer Formen» beruhte. Und ähnlich betonte er etwas später – bereits den Ausdruck «Archetypus» verwendend –, daß es sich aus der *«Summe der Instinkte und ihrer Korrelate, der Archetypen»* zusammensetze. Von da aus war der Schritt nicht mehr weit zur Annahme kollektiv vererbter psychischer Strukturen. So bezeichnete er im Jahre 1928 das kollektive Unbewußte als *«die gewaltige geistige Erbmasse der Menschheitsentwicklung, wiedergeboren in jeder individuellen Hirnstruktur»*[40]. Aus der Uniformität der Gehirnstruktur, die ihren Ausdruck sowohl in der Allgemeinheit, Universalität, als auch in der weitverbreiteten Übereinstimmung der Motive fand, leitete JUNG auch die Vermutung ab, daß das kollektive Unbewußte eine *einheitliche, vererbte Grundlage für die Lebens- und Funktionsformen der Ahnenreihe*[41] darstellte. Danach waren alle Funktionen in der bewußten Psyche durch unbewußte Strukturen vorgebildet.

Die Hypothese der Vererbung archetypischer Vorstellungsmöglichkeiten sollte aber, wie JUNG zu wiederholen nicht müde wurde, ja

38. C. G. JUNG, *Das Unbewußte im normalen und kranken Seelenleben,* p. 113. Unter dem Titel: *Über die Psychologie des Unbewußten* 1943 erschienen (Ges. Werke VII, p. 83).

39. C. G. JUNG, «Die Struktur des Unbewußten», 1916 (Ges. Werke VII, p. 336).

40. C. G. JUNG, «Die Struktur der Seele», 1928 (Ges. Werke VIII, p. 183).

41. C. G. JUNG, «Das Grundproblem der gegenwärtigen Psychologie», 1931 (Ges. Werke, VIII, p. 398).

nicht als eine Vererbung von Vorstellungen verstanden werden. Was er dabei im Sinn hatte, war die Annahme, daß sowohl die Urbilder als auch die Instinkte im Gehirn präformiert, das heißt als Bahnungen, vorhanden waren.

Als ein Niederschlag des Ahnenlebens barg das kollektive Unbewußte nicht nur all die Erfahrungen, die das Individuum an Vater, Mutter, Kind, Mann und Weib gemacht hatte, sondern auch das Insgesamt der *psychischen Bahnungen,* die unter der Einwirkung von Instinkten, vor allem von Hunger und Sexualität, entstanden waren. Das kollektive Unbewußte war deshalb auch für JUNG nicht nur die Quelle der Triebe und Instinkte, sondern auch der Ursprung der *Grundformen des menschlichen Denkens und Fühlens: Schöpferischer Impuls und kollektives Urbild* in einem.

> Es (das kollektive Unbewußte) ist aber gewissermaßen nicht bloß ein gigantisches historisches Vorurteil, sondern zugleich auch die Instinktquelle, indem die Archetypen nichts sind als die Manifestationsformen der Instinkte. Aus der Lebensquelle des Instinktes aber fließt auch alles Schöpferische, so daß das Unbewußte nicht nur historische Bedingtheit ist, sondern zugleich den schöpferischen Impuls hervorbringt – ähnlich wie die Natur, die ungeheuer konservativ ist und in ihren Schöpfungsakten ihre eigene historische Bedingtheit wieder aufhebt[42].

Spezifisch für die Vorgänge im kollektiven Unbewußten war nicht nur deren Losgelöstheit vom persönlichen Erfahren oder die Ubiquität der Inhalte, sondern spezifisch war auch *die Form des Innewerdens!* Das individuelle Erleben vollzog sich nämlich immer in Form von Bildern! Im kollektiven Unbewußten offenbarte sich die Welt als eine *geistige Innenwelt,*[43] die – bewegt und getragen von mächtigen Impulsen – das Erleben so, wie es sich von jeher vollzogen hatte, auch wiederum in Gestalt von Bildern erstehen ließ. Es war die historisch erfahrene Welt, die historische Vergangenheit, von innen her erlebt.

42. C. G. JUNG, «Die Struktur der Seele» (Ges. Werke VIII, p. 182).
43. C. G. JUNG, *Das Unbewußte im normalen und kranken Seelenleben,* p. 114 (Ges. Werke VII, p. 83).

Das kollektive Unbewußte enthält oder ist ein historisches Spiegelbild der Welt. Es ist gewissermaßen auch eine Welt, aber eine Welt der Bilder[44].

Während die Bilder des persönlichen Unbewußten eine Art von persönlichen Erinnerungsbildern darstellten, waren die Formen des kollektiven Unbewußten unpersönlicher Natur, wobei JUNG unter «unpersönlich» soviel wie «nicht persönlich erlebt» verstand.

Während die Erinnerungsbilder des persönlichen Unbewußten gewissermaßen ausgefüllte, weil erlebte Bilder sind, sind die Archetypen des kollektiven Unbewußten unausgefüllte, weil vom Individuum nicht persönlich erlebte Formen[45] (1926).

Diesem Charakter des Nicht-Ausgefüllten und Nicht-Persönlich-Erlebten zufolge faßte JUNG die kollektiven Bilder als eine Art von Rohmaterial auf, das allerdings zu seinem Verständnis noch der Übersetzung in die Sprache der jeweiligen Zeit bedurfte. Bei einer solchen Übertragung in die Sprache der Zeit dachte er keineswegs an eine rationale Formulierung; wirksamer war die bildhafte Gestaltung, die sich in symbolischen Formen ausdrückte. Wirksam war aber auch die Belebung des kollektiven Bildes in Form einer Tat oder einer rituellen Handlung.

Gelingt diese Übersetzung, so ist unsere Anschauungswelt durch das Symbol einer Weltanschauung wieder verbunden mit der Urerfahrung der Menschheit: der historische, allgemeine Mensch in uns reicht dem eben gewordenen, individuellen Menschen die Hand, ein Erlebnis, das jenem des Primitiven, der in der rituellen Mahlzeit sich mythisch mit dem Totem-Ahnen vereinigt, nahekommen dürfte[46].
Wann immer der tiefere Sinn der kollektiven Bilder, ihr Zusammenhang mit dem bisherigen Erfahrungsschatz dem Einzelnen zum Erlebnis

44. C. G. JUNG, «Die Struktur des Unbewußten» (Ges. Werke VII, p. 331).
45. C. G. JUNG, *Das Unbewußte im normalen und kranken Seelenleben,* p. 113 f (Ges. Werke VII, p. 83).
46. C. G. JUNG, «Analytische Psychologie und Weltanschauung» (Ges. Werke VIII, p. 432).

wurde, war dies gleichbedeutend mit einer *Rückverbindung mit der Lebensquelle.* Er erfuhr sich als *Eines mit dem Größeren in seiner Seele.* Was er erlebte, war das Geheimnis der *Wiederzusammensetzung des Getrennten.*

Das Neue seines Weltbildes, welches das kollektive Unbewußte einbezog, drückte JUNG mit folgenden Worten aus:

> ... das kollektive Unbewußte ist keineswegs eine Art von obskurem Winkel, sondern der alles beherrschende Niederschlag der Ahnenerfahrung seit ungezählten Jahrmillionen, das Echo prähistorischen Weltgeschehens, dem jedes Jahrhundert einen unmeßbar kleinen Betrag an Variationen und Differenzierungen hinzufügt. Weil das kollektive Unbewußte ein in letzter Linie in der Hirn- und Sympathicus-Struktur sich ausdrückender Niederschlag des Weltgeschehens ist, so bedeutet es in seiner Gesamtheit eine Art von zeitlosem, gewissermaßen ewigem Weltbild, das unserem momentanen Bewußtseinsweltbild gegenübergestellt ist. Das heißt, mit anderen Worten ausgedrückt, nichts Geringeres als eine andere Welt, eine Spiegelwelt, wenn man so will. Aber unähnlich einem bloßen Spiegelbild, hat das unbewußte Bild eine ihm eigentümliche, vom Bewußtsein unabhängige Energie, vermöge welcher es gewaltige seelische Wirkungen entfalten kann, Wirkungen, die nicht breit an der Oberfläche erscheinen, sondern um so mächtiger von innen, aus dem Dunkeln heraus, uns beeinflussen, unsichtbar jedem, der das momentane Weltbild keiner genügenden Kritik unterzieht und damit auch sich selber verborgen bleibt. Daß die Welt nicht nur ein Außen, sondern auch ein Innen hat, daß sie nicht nur draußen sichtbar ist, sondern auch in zeitloser Gegenwart aus dem tiefsten und anscheinend subjektivsten Hintergrund der Seele übermächtig auf uns wirkt, halte ich für eine Erkenntnis, die unbeschadet der Tatsache, daß sie eine alte Weisheit ist, in dieser Form es verdient, als ein neuer weltanschauungsbildender Faktor gewertet zu werden[47].

47. ibid. p. 428 f.

III. ARCHAISCHE ERBSCHAFT UND KOLLEKTIVES UNBEWUSSTES

Wenden wir uns wieder der FREUDschen Psychologie zu und fragen wir uns, ob wir in ihr Vorstellungen, die dem kollektiven Unbewußten analog waren, erkennen können. Was wir bisher an phylogenetischen Faktoren festzustellen vermochten, bezog sich wesentlich auf archaische Motive, auf Urphantasien und auf typische Komplexe, wie z. B. auf den Ödipus- und Kastrationskomplex. Wie faßte FREUD sie auf? War er vorerst ausschließlich an der Ontogenese, an der Zurückführung phylogenetischer Motive auf die kindheitliche Vorzeit interessiert gewesen, so konnte er mit der Zeit seine Aufmerksamkeit kaum mehr der Tatsache verschließen, daß es sich dabei um allgemeinmenschliche Inhalte, die nicht nur konstitutionell verankert waren, sondern sich bis in die phylogenetische Urzeit verfolgen ließen, handelte. Er konnte nicht umhin, eine «phylogenetische Erbschaft»[1] (1918), mit anderen Worten archaische Tendenzen und Motive anzunehmen, die «Stücke der phylogenetischen Herkunft», d. h. Stücke, die «schon bei der Geburt mitgebracht»[2] worden waren, aufwiesen.

Wir können uns mit Recht fragen, ob FREUD mit der Hypothese der

1. S. FREUD, «Aus der Geschichte einer infantilen Neurose» (Ges. Werke XII, p. 131). Über diese Schrift lesen wir bei FREUD: «Diese Krankengeschichte ist kurz nach Abschluß der Behandlung im Winter 1914/15 niedergeschrieben worden unter dem damals frischen Eindruck der Umdeutungen, welche C. G. JUNG und Alf. ADLER an den psychoanalytischen Ergebnissen vornehmen wollten. Sie knüpft also an den im Jahrbuch der Psychoanalyse, VI, 1914, veröffentlichten Aufsatz ‹Zur Geschichte der psychoanalytischen Bewegung ...› an und ergänzt die dort enthaltene, im wesentlichen persönliche Polemik durch objektive Würdigung des analytischen Materials ...»

2. S. FREUD, *Der Mann Moses und die monotheistische Religion*, 1937/39 (Ges. Werke XVI, p. 204).

«archaischen Erbschaft»[3] das Vorhandensein von Urerfahrungen oder von ererbten Dispositionen im Seelischen im Sinn hatte. Es handelt sich allerdings dabei um eine Frage, die schwer zu beantworten ist, da FREUDS Angaben uneinheitlich und widersprüchlich waren. Zunächst schien es, als ob er tatsächlich das Vorhandensein von Dispositionen[4] in der Psyche, die der Funktion eines «Wiedererwerbs», sei es von ererbten Inhalten[5] oder von «phylogenetisch mitgebrachten Schemata»,[6] dienten, bejaht hätte. Er berief sich nämlich, immer noch im selben Jahr, darauf, daß solche Schemata «wie philosophische Kategorien die Unterbringung der Lebenseindrücke besorg(t)en»[7] – eine Erkenntnis, die er in einer seiner Spätschriften (1937) wieder aufnehmen sollte. Und zwar war es die Schrift *Der Mann Moses und die monotheistische Religion*[8], in der er dem Gedanken Ausdruck gab, daß die archaischen Gestaltungen nicht nur «Niederschläge frühmenschlicher Entwicklung»[9], sondern auch das Vorkommen von spezifischen Reaktionsweisen und Dispositionen, welche das Geistesleben in eine bestimmte Richtung drängten, erkennen ließen. Unter solchen Dispositionen verstand er die «Fähigkeit und Neigung, bestimmte Entwicklungsrichtungen einzuschlagen und auf gewisse Erregungen, Eindrücke und Reize in einer besonderen Weise zu reagieren»[10].

Bei den psychischen Dispositionen dachte er an eine Art von «Erbgut», das jeweils der Erweckung durch den Einzelnen bedurfte. Interessanterweise zählte er zu ihnen sowohl gewisse Anlagen im Es, wie z. B. Dispositionen des Denkens oder auch historisch erworbene, mit der Sprachentwicklung zusammenhängende Denkbeziehungen[11], als auch

3. S. FREUD, «Die endliche und die unendliche Analyse», 1937 (Ges.Werke XVI, p. 86).
4. S. FREUD, *Der Mann Moses und die monotheistische Religion* (Ges. Werke XVI, p. 205).
5. S. FREUD, «Aus der Geschichte einer infantilen Neurose» (Ges. Werke XII, p. 29, Anm.).
6. ibid. p. 155.
7. ibid.
8. S. FREUD, *Der Mann Moses und die monotheistische Religion* (Ges. Werke XVI, p. 101 ff).
9. S. FREUD, «Die endliche und die unendliche Analyse», 1937 (Ges. Werke XVI, p. 86).
10. S. FREUD, *Der Mann Moses und die monotheistische Religion* (Ges. Werke XVI, p. 205).
11. ibid. p. 206.

gewisse Anlagen und Reaktionsweisen im Ich[12]. In jedem Fall schienen sie ihm die Entwicklung des Einzelnen zu bestimmen und sie in eine bestimmte Richtung zu drängen.

Obgleich die Vorstellung der «archaischen Erbschaft» in zunächst überraschender Weise an JUNGS Auffassung der archetypischen Strukturen gemahnte – was angesichts von FREUDS Beeindruckung durch die frühe Schrift JUNGS *Wandlungen und Symbole der Libido* kein Wunder sein dürfte, lassen sich bei näherem Zusehen tiefer liegende Unterschiede feststellen. Zwar schienen die Annahmen von nachwirkenden Erfahrungen früherer Generationen oder auch vom Vorhandensein konstitutionell angeordneter Dispositionen auf ähnliche Beobachtungen, wie sie JUNG mit den Archetypen gemacht hatte, zurückzugehen. Versuchte man aber, nach dem jeweiligen Wesen der ererbten Erfahrungen zu fahnden, so wurde die Kluft zwischen beiden Denkern in unmißverständlicher Weise offenbar. Was FREUD nämlich in Tat und Wahrheit bei den ererbten Dispositionen im Sinn hatte, waren keineswegs Bereitschaftssysteme oder Bahnungen (JUNG), sondern vielmehr *«Erinnerungsspuren an das Erleben früherer Generationen»*[13]. Ja, er ging in seiner konkretistischen Betrachtungsweise sogar so weit, solche Erinnerungsspuren auf nachwirkende *prähistorische Ereignisse* zurückzuführen. Seine Auffassung kulminierte schließlich in der Hypothese, daß alle diese Erinnerungen in letzter Linie auf die sagenhafte Episode einer Urhorde und eines Urvatermordes[14] hinwiesen – eine Annahme, die er erstmals in seiner Schrift *Totem und Tabu*[15] erwähnt hatte.

So erklärte er nicht nur das Motiv der Vatertötung als eine phantastische Wiederholung eines in dunkler Vorzeit passierten Mordes, der tatsächlichen Tötung des Vaters durch die eigenen Söhne, sondern auch den Inzestkonflikt selber als die Wiederholung eines uralten Konfliktes der Menschheit. Den inzestuösen Wünschen, jenen «ältesten und stärksten Gelüsten des Menschen», sollte ein ebenso starkes, wenn nicht noch stärkeres Verbot, das er als ein «fortgesetztes Verbot

12. S. FREUD, «Die endliche und die unendliche Analyse» (Ges. Werke XVI, p. 86).
13. S. FREUD, *Der Mann Moses und die monotheistische Religion* (Ges. Werke XVI, p. 206). (Von mir hervorgehoben.)
14. ibid. p. 192 ff.
15. S. FREUD, *Totem und Tabu*, 1912/13 (Ges. Werke IX).

des Urvaters» enthüllte, gegenüberstehen. Auf solche Verbote, die FREUD als Ausdruck der kastrierenden Gewalt der väterlichen Autorität auffaßte, führte er die vielen, von der Kultur verlangten Triebopfer zurück. Auch das religiöse Symbol bildete keine Ausnahme von FREUDS reduktiver Einstellung. Es war ihm stets nur *ein Erinnerungssymbol an das historische Ereignis des Urvatermordes.* So faßte er z. B. die Idee einer höchsten Gottheit als eine «Wiederherstellung der Herrlichkeit des Urhordenvaters»[16] auf. Und ebenso verstand er den Wandel der Gottesvorstellungen stets als einen Vorgang von Ersetzung, Entstellung und schließlicher Wiederherstellung des Urvatermythus auf. In seinem System war, wie wir erkennen können, grundsätzlich *kein Platz für die Anerkennung von psychischen Bahnungen oder archetypischen Strukturen.* Er kannte letzten Endes *nichts als Erinnerungsspuren an frühere Ereignisse* bzw. Wiederholungen solcher Spuren aus Begebenheiten, die in Urzeiten stattgefunden hatten. Für deren Erweckung nahm er das Auftreten jeweils ähnlicher Ereignisse in der Gegenwart an, wobei er allerdings die spontane Wiederholung solcher unbewußten Erinnerungsspuren, z. B. im Falle wichtiger Ereignisse, nicht ausschloß.

1. Archaische Erbschaft und Instinkt

Es berührt eigenartig, daß FREUD auch im Zusammenhang seiner biologischen Überlegungen stets gezögert hat, einen instinktiven Besitz beim Menschen anzunehmen. Wohl schien ihm eine solche instinktive Erbschaft beim Tier mehr oder weniger nachweisbar, ja, sie schien ihm auch beim Kind höchst wahrscheinlich zu sein. Eigenartigerweise aber konnte er sich nie entschließen, einen vererbten Besitz an Verhaltensweisen bzw. ein dem Tier ähnliches, instinktiv begründetes Wissen anzunehmen, wenn er sich auch gewissen Mutmaßungen nicht entziehen konnte. So schrieb er im Jahre 1918:

> Gäbe es einen solchen instinktiven Besitz auch beim Menschen, so wäre es nicht zu verwundern, wenn er die Vorgänge des Sexuallebens ganz besonders beträfe, wenngleich er auf sie keineswegs be-

16. S. FREUD, *Der Mann Moses und die monotheistische Religion* (Ges. Werke XVI, p. 242).

schränkt sein kann. Dieses Instinktive wäre der Kern des Unbewußten, eine primitive Geistestätigkeit, die später durch die zu erwerbende Menschheitsvernunft entthront und überlagert wird, aber so oft, vielleicht bei allen, die Kraft behält, höhere seelische Vorgänge zu sich herabzuziehen. Die Verdrängung wäre die Rückkehr zu dieser instinktiven Stufe, und der Mensch würde so mit seiner Fähigkeit zur Neurose seine große Neuerwerbung bezahlen und durch die Möglichkeit der Neurosen die Existenz der früheren instinktartigen Vorstufe bezeugen. Die Bedeutung der frühen Kindheitstraumen läge aber darin, daß sie diesem Unbewußten einen Stoff zuführen, der es gegen die Aufzehrung durch die nachfolgende Entwicklung schützt[17].

So faszinierend die Vorstellung des «instinktiven Besitzes» als des «Kerns im Unbewußten» oder der Neurose als eines Preises für den Neuerwerb der Vernunft auch sein mochte – und so sehr solche Ideen einer Annäherung an JUNGS Hypothese von archetypischen Verhaltensweisen auch Vorschub leisteten: der schließliche Rückzug FREUDS auf die Ätiologie bloßer Erinnerungsspuren an frühere Geschlechter[18] verwies solche Intuitionen in den Bereich bloßer Spekulation.

2. Phantasie und Urszenen

Ein ähnliches Lavieren wie bei der Frage nach der Natur der archaischen Erbschaft legte FREUD bei der Frage, ob in der psychotherapeutischen Arbeit den sogenannten Urszenen (realen Kindheitserlebnissen) oder den phylogenetischen Schemata das größere ätiologische Gewicht beigemessen werden sollte, an den Tag. Sie fiel im großen und ganzen mit der jeweiligen Bedeutung von Ontogenese und Phylogenese, der er schon im Jahre 1918 nachgegangen war, zusammen.

Zur Erhellung der Problematik möchte ich folgenden Passus aus dem Jahre 1918 voranstellen:

In der Anerkennung dieser phylogenetischen Erbschaft stimme ich mit JUNG (Die Psychologie der unbewußten Prozesse, 1917, eine

17. S. FREUD, «Aus der Geschichte einer infantilen Neurose» (Ges. Werke XII, p. 156).
18. S. FREUD, *Der Mann Moses und die monotheistische Religion* (Ges. Werke XVI, p. 206).

Schrift, die meine «Vorlesungen» nicht mehr beeinflussen konnte) völlig zusammen; aber ich halte es für methodisch unrichtig, zur Erklärung aus der Phylogenese zu greifen, ehe man die Möglichkeiten der Ontogenese erschöpft hat; ich sehe nicht ein, warum man der kindheitlichen Vorzeit hartnäckig eine Bedeutung bestreiten will, die man der Ahnenvorzeit bereitwillig zugesteht; ich kann nicht verkennen, daß die phylogenetischen Motive und Produktionen selbst der Aufklärung bedürftig sind, die ihnen in einer ganzen Reihe von Fällen aus der individuellen Kindheit zuteil werden kann, und zum Schluß verwundere ich mich nicht darüber, wenn die Erhaltung der nämlichen Bedingungen beim einzelnen organisch wiedererstehen läßt, was diese einst in Vorzeiten geschaffen und als Disposition zum Wiedererwerb vererbt haben[19].

Wie aus dieser Bemerkung hervorgeht, gewann die Berücksichtigung der kindlichen Vorzeit über diejenige der Ahnenvorzeit schließlich die Oberhand. Ebenso betonte FREUD, und zwar mit einem ausdrücklichen Seitenblick auf JUNG, daß der Psychotherapeut erst nach erfolgter Abklärung und Durcharbeitung des «individuell Erworbenen» die phylogenetische Betrachtungsweise anwenden dürfe. Obgleich er daran festhielt, daß im Falle von Abweichungen des persönlichen, insbesondere des traumatischen Erlebens des Kindes von den ererbten Schemata (bzw. in den Fällen, wo die kindlichen Erlebnisse «sich dem hereditären Schema nicht füg(t)en»[20]), es zu einer nachfolgenden Umarbeitung ... in der Phantasie[21] käme, so entschied er sich im Zweifelsfalle dennoch zugunsten der Priorität der infantilen Urszenen.

In seiner Auseinandersetzung mit JUNGS Erkenntnis, daß es die Phantasien waren, die die Kindheitserinnerungen, d. h. die Erinnerungen an die Urszenen, schufen, wurde FREUD immer mehr zu der entgegengesetzten Erkenntnis gedrängt. Seiner Erfahrung nach waren es gerade umgekehrt die Urszenen, die den Phantasien zugrunde lagen. Er konnte nicht umhin, den frühen Erlebnissen der Kindheit, z. B. den Erlebnissen im Schlafzimmer der Eltern, die primäre Bedeutung hinsichtlich der frühkindlichen Phantasiebildung zuzubilligen.

19. S. FREUD, «Aus der Geschichte einer infantilen Neurose» (Ges. Werke XII, p. 131).
20. ibid. p. 155.
21. ibid.

... (es) scheint mir die Wiedergeburtsphantasie eher ein Abkömmling der Urszene, als umgekehrt die Urszene eine Spiegelung der Wiedergeburtsphantasie zu sein[22].

Bemerkenswert dürfte seine folgende Anmerkung sein:

Ich gebe zu, daß diese Frage die heikelste der ganzen analytischen Lehre ist. Ich habe nicht der Mitteilungen von ADLER oder JUNG bedurft, um mich mit der Möglichkeit kritisch zu beschäftigen, daß die von der Analyse behaupteten, vergessenen Kindheitserlebnisse – in unwahrscheinlich früher Kindheit erlebt! – vielmehr auf Phantasien beruhen, die bei späteren Anlässen geschaffen werden, und daß man überall dort die Äußerung eines konstitutionellen Moments oder einer phylogenetisch erhaltenen Disposition anzunehmen habe, wo man die Nachwirkung eines solchen infantilen Eindrucks in den Analysen zu finden glaubt. Im Gegenteil, kein Zweifel hat mich mehr in Anspruch genommen, keine andere Unsicherheit entschiedener von Publikationen zurückgehalten. Sowohl die Rolle der Phantasien für die Symptombildung als auch das «Zurückphantasieren» von späten Anregungen her in die Kindheit und das nachträgliche Sexualisieren derselben habe ich als erster kennengelernt, worauf keiner der Gegner hingewiesen hat[23].

3. Phylogenetische Erbschaft und historische Verdrängung

Die Annahme eines «Fortbestandes ... (von) Erinnerungsspuren»[24] schien FREUD in einer noch weiteren Hinsicht fruchtbar zu sein. Sie schien ihm geeignet zu sein, die Kluft zwischen der Individual- und der Massenpsychologie zu überbrücken, wobei er die Tatsache verdrängter Erinnerungsspuren als das verbindende Glied betrachtete. Ebenso wie er das Individuell-Verdrängte als etwas, das in der unbewußten Psyche niemals ausgelöscht, sondern nur dem Bewußtsein unzu-

22. ibid. p. 137.
23. ibid. (Ges. Werke XII, p. 137, Anm.).
24. S. FREUD, *Der Mann Moses und die monotheistische Religion* (Ges. Werke XVI, p. 207).

gänglich geworden war, auffaßte, sah er auch im «Historisch-Verdrängten» etwas, was der Verdunkelung anheimgefallen war.

> Den Terminus «das Verdrängte» gebrauchen wir hier im uneigentlichen Sinn. Es handelt sich um etwas Vergangenes, Verschollenes, Überwundenes im Völkerleben, das wir dem Verdrängten im Seelenleben des Einzelnen gleichzustellen wagen[25].

Und ebenso entsprach der individualpsychologischen «Wiederkehr des Verdrängten», welche die auslösende Tatsache der Neurose bildete, eine Erscheinung im kollektivpsychologischen Gebiet. Die ganze historische Entwicklung, von dem Urvatermythus an, ließ sich nach FREUD zwanglos als eine sukzessiv erfolgende «Wiederkehr des Verdrängten», von Vatersehnsucht und Vaterhaß, von Urvatermord und Schuldgefühl (siehe Judentum und Christentum), verstehen. Bemerkenswert war FREUDS energische Abwehr des Gedankens, daß seine Anwendung des Begriffs des Verdrängten auf die Massenpsychologie als eine Konzession an das kollektive Unbewußte JUNGscher Prägung verstanden werden könnte.

> Es wird uns nicht leicht, die Begriffe der Einzelpsychologie auf die Psychologie der Massen zu übertragen, und ich glaube nicht, daß wir etwas erreichen, wenn wir den Begriff eines «kollektiven Unbewußten» einführen. Der Inhalt des Unbewußten ist ja überhaupt kollektiv, allgemeiner Besitz der Menschen[26].

Die angeführten Stellen dürften zur Genüge den unüberbrückbaren Abgrund zwischen seinen Auffassungen und denjenigen JUNGS erhellen. Er trat nicht nur in der Zurückführung des historischen und mythischen Geschehens auf individuelle Kategorien, sondern ganz allgemein auch in der Annahme kollektiver Erinnerungen an historische Ereignisse als Grundlage der phylogenetischen Erbschaft hervor. *Im entscheidenden Moment glitt* FREUD *jeweils ins Individuelle und Konkrete ab, während* JUNG *das Unpersönliche und Allgemeine ins Auge faßte.*

25. ibid. p. 241.
26. ibid.

E. VON DER LIBIDO
ZUR PSYCHISCHEN ENERGIE

I. ZUR SEXUALTHEORIE[1] FREUDS

Wie kam FREUD zu seiner «Sexualtheorie»?[2] Was waren die Grundgedanken seiner Libidolehre?

Nach dem Zusammenbruch seiner Hypothese vom sexuellen Kindheitstrauma ergab sich fast zwangsläufig die Frage nach der ätiologischen Bedeutung sowohl des Infantilismus als auch der Sexualität in der Symptomatologie der Psychoneurosen. Es kam dann auch einer unerwarteten Erleuchtung gleich, als er, auf Grund von physiologischen Beobachtungen einerseits und seiner Selbstanalyse[3] (1897) anderseits auf die *Ätiologie der Sexualfunktion für die Neurosenentstehung* stieß. Nachdem ihm zunächst die Bedeutung der erogenen Zonen aufgegangen war, entdeckte er etwas später auch die für die Psychoanalyse fundamentale Bedeutung des Ödipuskomplexes[4] (1897). Er erkannte, daß es sich beim Sexualtrieb um eine Kraft von außerordentlicher Wirksamkeit handelte, die von frühester Kindheit an im Innern des Menschen am Werk war. Es war die Sexualität, die über Gesundheit und Krankheit, über die Entwicklung und das Schicksal des Einzelnen entschied. Wie er zurückblickend feststellte, war seine frühe Anschauung über die Neurosen-Ätiologie damit keinesfalls hinfällig geworden: Das, was er früher als infantiles Sexualtrauma bezeichnet hatte, erschien nämlich in modifizierter Weise als *Infantilismus der Sexualität* wieder.

1. S. FREUD, *Drei Abhandlungen zur Sexualtheorie* (Ges. Werke V).
2. Der Ausdruck «Sexualtheorie» wurde erstmalig in einem Brief an FLIESS aus dem Jahre 1899 erwähnt. Vgl. *Aus den Anfängen der Psychoanalyse*, p. 321, Brief vom 11. Oktober 1899.
3. ibid. p. 233, Brief vom 2. Oktober 1897.
4. ibid. p. 238, Brief vom 15. Oktober 1897.

Mit der Sexualtheorie gründete FREUD seine Psychologie grundsätzlich auf die Faktoren von Trieb und Triebwunsch. Bedürfnisspannung und Befriedigungserlebnis steckten den Rahmen seiner Trieblehre ab, wobei der Prozeß der Reizbewältigung grundsätzlich durch das Lust- und Unlustprinzip reguliert wurde. Bedeutsam war seine im Jahre 1911 vorgenommene *Ergänzung der Lust- – durch das Realitätsprinzip*[5] – ein Schritt, den JONES als den folgenschwersten innerhalb der FREUDschen Lehre erkannte. Er stellte ihn als jene Leistung hin, «für die ... (ihm) am meisten Ruhm gebührt(e): sie ... (stand) sogar über seiner Entdeckung des Unbewußten»[6]. Jetzt galt nämlich «nicht mehr allein, was lustvoll ist, sondern auch, was wirklich ist»[7].

Wie bei den Trieben überhaupt unterschied FREUD auch beim Sexualtrieb eine mehr organisch bedingte «Sexualkraft» von deren psychischer Manifestation, der Libido, wenn er auch gelegentlich beide Ausdrücke unterschiedslos verwendete. *Die Libido faßte er als den spezifisch sexuellen Triebimpuls* im Gegensatz zum Hunger und zum Selbsterhaltungsdrang (Ich-Trieb) auf. Sie war ihm wesentlich psychosexueller[8] Natur, einerseits biologisch verankert, und anderseits durch die psychischen Faktoren von Lust und Unlust reguliert.

Die Trieblehre hat zwei markante Einschnitte erfahren. Der erste geschah mit der Einführung des Narzißmus im Jahre 1914, der zweite sechs Jahre später (1920) mit der Entdeckung der Destruktions- und Aggressionstriebe im Unbewußten. Die Annahme einer narzißtischen Libido, d. h. einer *libidinösen Komponente im Ich,*[9] war das Ergebnis von FREUDS Beobachtungen des Größenwahns und der Allmachtgefühle bei gewissen Psychosen, überdies ein teilweiser Gegenschlag gegenüber JUNGS Ablehnung, die Libidotheorie auf die Dementia praecox anzuwenden[10]. Wie JONES hervorgehoben hat, wirkte die FREUDsche Hypothese einer Besetzung des Ich mit Libido äußerst «verwirrend» und war geeignet, der gegnerischen Behauptung einer Verabsolutierung der Sexualität in der Psychoanalyse Vorschub zu leisten. Daß dem aber in

5. S. FREUD, «Formulierungen über die zwei Prinzipien des psychischen Geschehens», 1911 (Ges. Werke VIII, p. 232).
6. E. JONES, *Das Leben und Werk von Sigmund Freud,* II, p. 370.
7. ibid.
8. S. FREUD, *Drei Abhandlungen zur Sexualtheorie* (Ges. Werke V, p. 118).
9. S. FREUD, «Zur Einführung des Narzißmus» (Ges. Werke X, p. 141).
10. C. G. JUNG, *Wandlungen und Symbole der Libido,* p. 124.

Tat und Wahrheit nicht so war, begründete sein Biograph damit, daß FREUD niemals eine Sexualisierung des gesamten Ich, sondern nur des regressiv bedingten Teiles im Ich im Sinn gehabt hätte.

Der zweite, von seinen Schülern größtenteils angezweifelte Versuch *einer Ergänzung der Triebe durch die Aggressions- und Todestriebe* (1920) beruhte auf FREUDS Beobachtungen eines immer erneuten *Wiederholungszwanges*[11] seitens des Verdrängten; sie führten ihn zur Unterscheidung von Eros- und Todestrieb, wobei er erstere als eine Zusammenfassung der lebenden Substanz zu immer größeren Einheiten, letztere hingegen als eine konservative und regressive Tendenz im Psychischen, die Früheres wiederholte und zutiefst eine Auflösung im Anorganischen anstrebte, verstand.

FREUDS Begründung der Tiefenpsychologie als einer Triebpsychologie ließ vier wesentliche Problembereiche in das wissenschaftliche Blickfeld treten: nicht nur die *durchgehende Triebbedingtheit* der psychischen Vorgänge und die *überragende Bedeutung der Sexualität* für das Verständnis der Entwicklungsstörungen, sondern auch die *Beziehung der Psychologie zur Biologie,* und schließlich auch die Anerkennung der *teleologischen Natur* bzw. der tief in die unbewußte Empfindungs- und Körperwelt hinabreichenden Zielstrebigkeit des Psychischen.

JUNGS Forschungen über Komplex und Phantasie führten ihn naturgemäß zu einer inneren Auseinandersetzung mit der FREUDschen Sexualtheorie. Sie war intensiv und tiefschürfend. Wenn er auch von Anbeginn an ein leises Unbehagen gegenüber dem «extremen Standpunkt» FREUDS verspürte und seinen Versuch, die Neurose auf eine Verdrängung sexueller, mit dem Ich inkompatibler Faktoren zurückzuführen, nicht billigen konnte, ja, sie sogar als eine Tendenz zur Universalisierung der Sexualität verstand[12] (1907), so war es dennoch sein großes Anliegen, die psychoanalytischen Erkenntnisse einer gründlichen Überprüfung zu unterziehen bzw. den Rahmen abzustecken, in dem sie gültig waren. Er war ein zu ausgesprochener Empiriker, als daß er seinen Blick der großen Bedeutung der Sexualität im menschlichen Leben hätte verschließen können.

Nicht nur gehörte sie – wie auch er erkannte – zu den Grundtatsachen des Lebens, sondern sie spielte auch als ätiologischer Faktor

11. S. FREUD, «Jenseits des Lustprinzips», 1920 (Ges. Werke XIII, p. 17 f).
12. C. G. JUNG, *Dementia praecox,* Vorwort, p. IV (Ges. Werke III, p. 4). siehe auch Brief an FREUD vom 31. 3. 1907.

bei der Neurosenentstehung eine große Rolle, und nicht zuletzt wies auch das an sexuellen Symbolen reiche Phantasieleben sowohl des kranken wie auch des gesunden Menschen darauf hin. Auch der soziale Aspekt schien ihm wesentlich zu sein, insofern als es die Sexualität war, die «das Individuum aus der Familie heraus(trieb), damit es zur Unabhängigkeit und Selbständigkeit gelangte»[13] und in die Welt verstrickt wurde.

Ungeachtet der Tatsache, daß der Sexualtrieb einen der affektiv stärksten Triebe im Menschenleben darstellte, durfte er – wie JUNG ausführte – nicht als *die* Grundlage schlechthin aufgefaßt werden. Es war für JUNG niemals möglich, auch nicht zur Zeit seiner stärksten Faszination von FREUD, das gesamte menschliche Tun und Handeln auf Umformungen und Verschiebungen der Sexualfunktion zurückzuführen; ein solches Unterfangen kam seiner Meinung nach einer totalen Verkennung der menschlichen Natur gleich. Was er ablehnte, war das Bekenntnis zu einem «Sexualmythus», nämlich zu dem Versuch, «alles aus der Sexualität und anderen moralischen Inkompatibilitäten»[14] – wie er noch im Jahre 1929 schrieb – abzuleiten.

Diese Bemerkung darf aber nicht zur Annahme verleiten, JUNG hätte die Bedeutung von Trieb und Instinkt für das Leben und Schicksal des Menschen nicht gesehen. Was er schon im Jahre 1907 von der Affektivität aussagte, als er sie als die Grundlage der Persönlichkeit bezeichnete,[15] galt eo ipso für die Emotion, für den Gefühlston des Komplexes und auch für die Triebregung. So schrieb JUNG im Jahre 1952:

> «... Instinkte ... sind die vitalen Grundlagen, die Lebensgesetze überhaupt»[16].

Wenn er auch gemäß seinem eigenen Bekenntnis nicht wußte, was der Trieb seinem tieferen Wesen nach war – ebensowenig wie FREUD dies wußte –, so billigte er ihm immerhin die Bedeutung zu, «eine geheimnisvolle Lebensmanifestation teils psychischen, teils physiologischen

13. C. G. JUNG, *Versuch einer Darstellung der psychoanalytischen Theorie*, p. 95.
14. C. G. JUNG, «Einige Aspekte der modernen Psychotherapie» (Ges. Werke XVI, p. 31).
15. C. G. JUNG, *Dementia praecox*, p. 42 (Ges. Werke III, p. 43).
16. C. G. JUNG, *Symbole der Wandlung*, p. 299.

Charakters» zu sein, die zudem zu den konservativsten Funktionen in der Psyche . . .»[17] gehörte. (Siehe auch die «partie inférieure de la fonction» bei JANET!) Eines aber stand im Unterschied zu FREUD für ihn fest: Der Trieb erschöpfte sich niemals darin, ein Ziel zu besitzen und auf ein Objekt hingeordnet zu sein. Wie wir später sehen werden, *war dem Trieb eine geistige Seite, ein «Sinn» zugeordnet* – ein Gedanke, den er erstmalig im Jahre 1919 dahin formulierte, daß das «archetypische Bild die Selbstanschauung des Triebes»[18] darstellte. Siebenundzwanzig Jahre später griff er, wie wir im Anhang sehen werden, nochmals darauf zurück, insofern als er den Archetypus als den *«Sinn des Triebes»*[19] bezeichnete.

Von diesem Blickpunkt aus betrachtet sind auch seine Einwände gegenüber der FREUDschen Unterscheidung von Eros und Todestrieb zu verstehen. Er vermochte weder den Eros mit der Lebensmacht schlechthin in Eins zu setzen, noch den Todestrieb als das Prinzip des Bösen, Destruktiven und Tödlichen aufzufassen. Beide Triebe enthielten auch die andere Seite in sich, der Eros das seelische Prinzip der Bezogenheit, und der Todestrieb einen geistigen Aspekt.

> Auf Grund dieser Tatsache (furchtbare Mutter) hat meine Schülerin, Dr. SPIELREIN, ihren Gedanken des *Todestriebes* entwickelt, den dann FREUD aufgenommen hat. Es handelt sich aber meines Erachtens keineswegs nur um einen Todestrieb, sondern ebensowohl um den »anderen Trieb» (GOETHE), der geistiges Leben bedeutet[20].

Der ganzheitliche Gesichtspunkt JUNGS, von dem aus er sowohl den Trieb wie auch den Sinn zu erfassen suchte, verlangte eine Abgrenzung der Psychologie gegenüber der Biologie. Obgleich er es als eine bemerkenswerte Leistung FREUDS bewertete, die biologischen Tatsachen in seine Psychologie mit einbezogen und dadurch den Intellektualismus der französischen Psychologie und Psychopathologie durch natürliche Faktoren ergänzt zu haben, so lehnte er mit ebensolcher Entschiedenheit die Vermischung psychologischer und biologischer Kategorien wie auch

17. ibid. p. 229.
18. C. G. JUNG, «Instinkt und Unbewußtes» (Ges. Werke VIII, p. 157).
19. C. G. JUNG, «Theoretische Überlegungen zum Wesen des Psychischen» erstmals als «Der Geist der Psychologie», p. 443 (Ges. Werke VIII, p. 231).
20. C. G. JUNG, *Symbole der Wandlung*, p. 567, Anm.

die Reduktion des Unbewußten auf einen «naturhaften Sexualismus», d. h. auf das Bloß-Naturhafte von Trieb und Drang, ab.

Nach diesen einleitenden Bemerkungen möchte ich auf die einzelnen Argumente eingehen, die JUNG im Hinblick auf die Sexualtheorie ins Feld geführt hat.

Die frühesten kritischen Bemerkungen JUNGS über die Sexualtheorie fallen in die Jahre 1907–1912. Ich denke dabei an die Ausführungen sowohl über den «Universalismus der Sexualität», wie er ihn in der FREUDschen Psychologie zu finden glaubte, als auch über den «sexuellen Konkretismus». So lesen wir in *Dementia praecox:*

> Wenn ich z. B. Komplexmechanismen des Traumes und der Hysterie anerkenne, so will das noch lange nicht heißen, daß ich dem sexuellen Jugendtrauma die ausschließliche Bedeutung zuerkenne, wie FREUD es anscheinend tut; ebensowenig, daß ich die Sexualität so überwiegend in den Vordergrund stelle oder ihr gar die psychologische Universalität zubillige, welche FREUD postuliert, wie es scheint, unter dem Eindruck der allerdings gewaltigen Rolle, welche die Sexualität in der Psyche spielt[21].

Ungeachtet solcher und ähnlicher Bemerkungen konnte er allerdings schon in seinen frühen psychopathologischen Untersuchungen nicht umhin, sowohl die sexuelle Bedingtheit der neurotischen Symptome als auch den Sexualismus der Vorstellungswelt des Kranken bestätigt zu finden. Vor allem bei der Hysterie schien ihm nicht nur der sexuelle Charakter der Affekte, sondern auch der infantil-sexuelle Aspekt der Vorstellungen vordergründig zu sein. Allerdings erklärte er die entsprechenden Phänomene in wesentlich anderer Weise als FREUD. Bereits im Jahre 1908 deutete er an, daß die Neigung, Phantasieprodukte in sexuelle Bilder zu kleiden, als Ausdruck des archaisch-sexuellen Charakters des Seelenhintergrundes und deren Sprachfiguren aufzufassen sei. Es fiel ihm nämlich auf, daß die sexuell betonten Phantasien der Kranken eine große Verwandtschaft mit den Motiven in Mythus und literarischen Gestaltungen aufwiesen[22], eine Tatsache, die ihm in seinen späteren Forschungen noch eindrücklicher entgegentrat. So wies er in

21. C. G. JUNG, *Dementia praecox,* Vorwort, p. IV (Ges. Werke III, p. 4).
22. C. G. JUNG, «Die FREUDsche Hysterietheorie», 1908.

Wandlungen und Symbole der Libido darauf hin, daß die «sexualistische Allegorisierung» symbolischer Ausdrücke zwar im Zusammenhang mit der Phantasietätigkeit des Individuums und ihrer Regression ins Archaische der Bilderwelt, nicht aber als das Eigentliche des Bildes zu verstehen sei. Ganz im Gegenteil erkannte er zusehends, daß das Eigentliche des primitiv-sexuellen Ausdrucks *im symbolischen Gehalt des Bildes, der jeweils auf ein noch Unentwickeltes, Unverstandenes, und vor allem Unbekanntes* hindeutete, lag.

Einen Schritt weiter ging er in der Psychologie der Typen, insofern als er die Sexualisierung der Vorstellungswelt auch als eine Folge mangelnder Differenzierung der psychischen Funktionen bzw. einer Verschmelzung von Sexualempfindung und inferiorer Funktion[23] zu erfassen suchte. Als Trägerin der vom Kollektiv zurückgedrängten Werte war ja die inferiore Funktion in besonderem Maße mit der Sexualität kontaminiert.

Ein weiteres Zugeständnis an FREUD finden wir in der bereits erwähnten Schrift aus dem Jahre 1909, in der JUNG sich mit der Bedeutung des Vaters für die fernere Lebensgestaltung des Kindes beschäftigte. Seine Übereinstimmung mit FREUD ging damals noch so weit, daß er die «Lebensschicksale (als) mit den Schicksalen unserer Sexualität im wesentlichen identisch ...»[24] erklärte – eine Bemerkung, die er bezeichnenderweise in den späteren Auflagen fallen ließ!

Ebenso setzte er sich in den «Konflikten der kindlichen Seele»,[25] einer Schrift, die als Reaktion auf FREUDS Arbeit über die Phobie eines fünfjährigen Knaben[26] entstanden war, mit der Frage nach der Bedeutung des Sexualinteresses für die Entwicklung der geistigen Kräfte auseinander. Wie bereits erwähnt, interpretierte er dasselbe Material, das er vorerst noch sehr im Sinne von FREUDS Sexualtheorie aufgefaßt hatte, in den Vorworten zu den späteren Auflagen in einer wesentlich davon abweichenden Weise.

Ein letztesmal vor seiner Abtrennung von FREUD im Jahre 1913 sehen wir JUNG den Spuren von FREUD folgen, und zwar im ersten Teil von *Wandlungen und Symbole der Libido.* Interessanterweise

23. C. G. JUNG, *Psychologische Typen,* p. 626 (Ges. Werke VI, p. 465).
24. C. G. JUNG, «Die Bedeutung des Vaters für das Schicksal des Einzelnen», p. 18.
25. C. G. JUNG, «Über Konflikte der kindlichen Seele», 1910.
26. S. FREUD, «Analyse der Phobie eines fünfjährigen Knaben», 1909 (Ges. Werke VII, p. 243 ff).

nahm er bereits im zweiten Teil dieser Schrift die zunächst gemachten Konzessionen nicht nur an die kausale Methode, sondern auch an die von FREUD vorgeschlagene Theorie der infantilen Sexualität weitgehend zurück, und zwar zugunsten *der Frage nach Sinn und Symbol* der unbewußten Inhalte.

Läßt man die genannten früheren Schriften unvoreingenommen auf sich wirken, so kann man sich allerdings des Eindrucks einer bereits vorhandenen Reserve kaum erwehren, auch wenn sie aus Gründen einer respektvollen Zurückhaltung nur in verschleierter Form spürbar war. Er hielt so lange mit seinen Anschauungen zurück, bis er sie auf Grund seiner eigenen Untersuchungen empirisch nachzuprüfen in der Lage war. In dieser Hinsicht sollten seine Arbeiten über den Libidobegriff einen entscheidenden Wendepunkt darstellen! An ihnen gewann er den Rückhalt, dessen er zur Formulierung seiner eigenen Erkenntnisse bedurfte. Es ging ihm vor allem darum, einen Gesichtspunkt zu finden, von dem aus sich die *Dynamik des Unbewußten adäquat ausdrücken* ließ.

Das Ringen mit den Erkenntnissen FREUDS brachte JUNG einen nicht zu unterschätzenden Gewinn. So stellte auch die Konfrontation mit der Sexualtheorie einen der wesentlichen Marksteine in seinem eigenen Werde- und Entwicklungsdrang dar. In dieser Auseinandersetzung entstanden die Begriffe nicht nur der *psychischen Energie, des Äquivalenzprinzips*, sondern auch der *Gegensatzspannung*. Ferner erhärtete sich daran seine Auffassung von der Ätiologie der *regressiven Phantasieentwicklung* und des *Gegenwartskonfliktes* hinsichtlich der Neurosenentstehung. Und nicht zuletzt schärfte sich am Konkretismus der FREUDschen Inzesttheorie sein eigener Sinn für die *symbolische Betrachtungsweise.*

So trat er denn auch im Jahre 1913, ein Jahr nach der Veröffentlichung von *Wandlungen und Symbole der Libido* an die Aufgabe einer gründlichen Auseinandersetzung mit der Libidotheorie FREUDS heran. Es war die bemerkenswerte, leider oft übersehene Schrift *Versuch einer Darstellung der psychoanalytischen Theorie,*[27] in der er seine wesentlichen kritischen Überlegungen über die infantile Sexualität, die Inzestphantasien und den FREUDschen Libidobegriff – um nur einige der wichtigeren Probleme zu nennen – niederlegte.

27. C. G. JUNG, *Versuch einer Darstellung der psychoanalytischen Theorie*, 1913.

II. DIE INFANTILE SEXUALITÄT UND DIE LIBIDOORGANISATION

1. Die infantile Sexualität: Polymorph-perverse Anlage und zweizeitiger Ansatz der Sexualität bei FREUD

FREUDS Erkenntnis, daß die libidinösen Erlebnisse der Kindheit zu den Grundtatsachen des Seelenlebens gehörten, sollte von unabsehbarer Bedeutung für die Psychoanalyse werden. In ihnen erkannte er tief in der Konstitution des Menschen begründete Faktoren, welche ein Licht auf den Dynamismus der Entwicklung werfen sollten. Nicht nur die normale Entfaltung des Lebens, nicht nur die verschiedensten Infantilismen, sondern auch die Perversionen, ja der ganze Symptomenkomplex der Neurose nahmen dort ihren Ursprung.

Charakteristisch für die Gewinnung seiner wichtigsten Hypothesen über die infantile Sexualität war deren *Ableitung aus dem Material des neurotischen Erwachsenen.* Aus der Tatsache, daß das Material im allgemeinen auf eine unzusammenhängende Vielheit von infantilen Sexualerlebnissen zurückwies, zog er nicht nur gewagte Schlüsse auf die Ätiologie der infantilen Sexualität, sondern er begründete damit auch seine These, daß die *hereditär vorgezeichnete Veranlagung des kindlichen Seelenlebens wesentlich polymorph-perverser Natur*[1] war. Danach besaßen sämtliche Kinder die Neigung zu «perversen» Tendenzen, wobei er unter pervers eine von Hemmungen freie Art der Sexualbetätigung verstand. «Polymorph-pervers», wiederum war ihm die infantile Sexualität insofern, als sie auf eine primär gegebene, völlig *unzentrierte Vielheit von Partialtrieben,* die unabhängig und unbezogen aufeinander funktionierten, hindeutete. Sie fiel grundsätzlich mit autoerotischer Lustgewinnung zusammen.

1. S. FREUD, *Drei Abhandlungen zur Sexualtheorie* (Ges. Werke V, p. 91 f).

Einen Störungsfaktor von ebensolcher Tragweite erkannte er im *zweizeitigen Ansatz zur Sexualentwicklung,*[2] der mit einer ebenfalls hereditär bedingten Gegegebenheit, nämlich der Unterbrechung dieser Entwicklung[3] durch die Latenzzeit bzw. einem Stillstand oder einer Rückbildung der frühinfantilen Sexualansätze zusammenhing. Als eine **nur** dem Menschen zukommende Eigenschaft schien ihm der zweizeitige Ansatz «die biologische Bedingung (kat exochén) seiner Disposition zur Neurose»[4] zu sein. Dadurch, daß nämlich die Latenzzeit – die Zwischenphase zwischen infantiler und reifer Sexualität – nicht nur dem Aufbau des Ich diente, sondern zugleich auch die Anpassung an die gesteigerten Anforderungen der Sozietät verlangte, stellte sie eine äußerst kritische Periode dar, die die Voraussetzung zu den einschneidendsten Entwicklungshemmungen und Störungen in sich schloß. Einerseits wurde die frühkindliche Sexualität gewissen Verdrängungsschüben ausgesetzt, und anderseits unterlag sie der Fixierung und Verhaftung an die bisherigen Erlebnisse. *Fixierung und Verdrängung wirkten in dieselbe Richtung:* In beiden Fällen erfuhr die für die Infantilzeit charakteristische, frei strömende Energie eine *Einschränkung und Bindung*[5]*!* Wie die Verdrängung auf eine jeweils *schwache Stelle in der Ichentwicklung* hinwies, so stellte die Fixierung im Unterschied dazu eine höchst *empfindliche Stelle in der Sexualentwicklung* dar. In jedem Fall ergaben sich Entwicklungsstörungen, wobei gewisse Triebanteile die Entwicklung mitmachten, andere hingegen im Infantilstadium verblieben und damit die Überleitung auf kulturelle Ziele verzögerten.

Insofern als FREUD in den Kindheitserlebnissen die ätiologisch bedeutsamsten Faktoren für die Konflikte nicht nur des Kindes, sondern auch des Erwachsenen erkannte, hing auch die psychische Heilung weitgehend von der Möglichkeit ab, die Erinnerungen an die Kindheit wieder zu beleben. Diese Wiedererweckung aber war keine leichte Sache! Wie FREUD bereits im Jahre 1897 festgestellt hatte, war der Wahrheitswert der Kindheitserinnerungen[6] ein höchst zweifelhafter,

2. ibid. p. 135.
3. ibid.
4. S. FREUD, «Selbstdarstellung», 1925 (Ges. Werke XIV, p. 62).
5. S. FREUD, «Das Unbewußte», 1915 (Ges. Werke X, p. 287).
6. S. FREUD, *Aus den Anfängen der Psychoanalyse,* p. 230. Brief an FLIESS vom 21. September 1897.

da sich sowohl die Phantasien als auch die Erinnerungsdichtungen störend einschoben und den wirklichen Sachverhalt verschleierten. Mit letzter Deutlichkeit formulierte er seine Erfahrungen mit folgenden Worten:

> Vielleicht ist es überhaupt zweifelhaft, ob wir bewußte Erinnerungen *aus* der Kindheit haben, oder nicht vielmehr bloß *an* die Kindheit. Unsere Kindheitserinnerungen zeigen uns die ersten Lebensjahre nicht, wie sie waren, sondern wie sie späteren Erweckungszeiten erschienen sind[7].

Er kam zur Überzeugung, daß diese sogenannten Kindheitserinnerungen stets das Ergebnis von *Verfälschung und Entstellung* nicht nur seitens der Phantasie, sondern auch der Zensurinstanz darstellten. Ungeachtet dieser neuen Schwierigkeit hielt er aber an der Möglichkeit fest, die entstellenden Faktoren auflösen und zu den eigentlichen Ereignissen vorstoßen zu können. Und zwar war es die Erkenntnis des *lückenlosen Zusammenhanges*[8] der psychischen Inhalte, sowohl von Kindheitserlebnis, entstellender Phantasie, als auch von verdrängender Zensur und Symptom, die ihm eine Gewähr dafür zu bieten schien, daß – eine einwandfreie Analyse vorausgesetzt – das traumatische Kindheitserlebnis aufgedeckt werden könnte.

2. Libidoorganisation und Ödipuskomplex bei Freud

Innerhalb der Psychoanalyse stellte die Freudsche Entdeckung einer Sexualorganisation bzw. die Entdeckung von *hereditär gegebenen prägenitalen Phasen der Sexualentwicklung* die Krönung der Theorie der infantilen Sexualität dar. Vor allem die Annahme von Fixierungen und regressiven Bewegungen der Libido auf diese Stellen sollte von außerordentlicher Bedeutung für die Fragen der Neurosenentstehung und Neurosenwahl werden.

Die Wichtigkeit dieser Hypothesen für die weitere Entwicklung der Psychoanalyse rechtfertigt ein näheres Eingehen darauf.

7. S. Freud, «Über Deckerinnerungen», 1899 (Ges. Werke I, p. 553).
8. S. Freud, «L'hérédité et l'étiologie des névroses», 1896 (Ges. Werke I, p. 418).

Seine Untersuchungen führten FREUD auf die bedeutsame Unterscheidung von oral, anal und genital[9] – eine Gegenüberstellung, die er allerdings erst bedeutend später in einer für ihn befriedigenden Weise zu vervollständigen vermochte, nämlich mittels Ergänzung dieser Stufen durch diejenigen des Narzißmus (1914) und der phallischen Phase (1924).

Hatte FREUD zunächst die Problematik des Sich-Einverleibens (orale Phase) und des Sich-Bemächtigens (anale Phase) entwickelt, so ermöglichte ihm die Entdeckung der phallischen Phase, d. h. der Phase der Überschätzung des Männlichen, den Fragen der Masturbation und des Ödipuskomplexes näher auf den Leib zu rücken[10]. Durch die Einführung einer primären Phase des Narzißmus (1914)[11], in welcher der Einzelne seinen eigenen Körper als Liebesobjekt nahm und das Ich mit Libido besetzte, suchte er die paranoischen Symptome des Größenwahns und der Allmachtsvorstellungen, die JUNG schon im Jahre 1907 auf die Tatsache eines Wirklichkeitsverlustes[12] zurückgeführt hatte, mittels seiner Libidotheorie zu erhellen. Als Abschluß der infantilen Libidoorganisation bezeichnete er die genitale Stufe, in der er als Ziel die Unterordnung der Partialtriebe unter «das Primat ... der Genitalien» sah. Gleichzeitig vollzog sich auch der Übergang vom Autoerotismus zur Objektliebe.

Unter all den Stufen der Libido billigte FREUD der phallischen Phase (1923) die weitaus größte Bedeutung für die spätere Sexualentwicklung zu. Als charakteristisch für diese Stufe betrachtete er gewisse Eigenschaften, die er schon im Jahre 1909[13] beobachtet hatte: nämlich den Kult des Phallus, der mit einer Überschätzung des Männlichen einherging, das neugierige Fragen, die verstärkte Masturbation und auch die wachsende Bindung an die Eltern. Den Gipfelpunkt erreichte sie im Ödipuskomplex, bei dem der Gegensatz sich in die wenigen Worte fassen ließ: «männliches Genitale oder kastriert»[14].

9. S. FREUD, *Drei Abhandlungen zur Sexualtheorie* (Ges. Werke V, p. 82 und p. 86).
10. S. FREUD, «Die infantile Genitalorganisation», 1923 (Ges. Werke XIII, p. 295).
11. S. FREUD, «Über einen autobiographisch beschriebenen Fall von Paranoia», 1911 (Ges. Werke VIII, p. 297).
12. C. G. JUNG, *Dementia praecox*, p. 114 (Ges. Werke III, p. 109).
13. S. FREUD, «Analyse der Phobie eines fünfjährigen Knaben» (Ges. Werke VII, p. 241 ff).
14. S. FREUD, «Die infantile Genitalorganisation» (Ges. Werke XIII, p. 297).

Mit der phallischen Stufe fand ein Durchbruch durch die vorwiegend autoerotische Bedürfnisbefriedigung der frühinfantilen Zeit statt, und ebenso wich die narzißtische Objektwahl einer Objektliebe, nämlich der Bindung an die Personen der Außenwelt, vorab an die Eltern. Es war für ihn faszinierend und überraschend zugleich, die Heranreifung des Kindes bzw. den Fortschritt der Objektwahl vom narzißtisch-autoerotischen Bezug zum Höhepunkt einer «Verliebtheit in die Mutter» und einer entsprechenden «Eifersucht gegen den Vater»[15] zu verfolgen. Der Ödipuskomplex, dessen Vorlage er in der griechischen Ödipussage fand, kulminierte im inzestuösen Wunsch – vom Knaben aus gesehen –, die Mutter zu heiraten und den Vater zu töten, beim Mädchen umgekehrt. Erschütternd war der Brief, den er im Jahre 1897 an FLIESS schrieb:

> Ich habe die Verliebtheit in die Mutter und die Eifersucht gegen den Vater auch bei mir gefunden und halte sie jetzt für ein allgemeines Ereignis früher Kindheit ... Wenn das so ist, so versteht man die packende Macht des Königs Ödipus trotz allen Einwendungen, die der Verstand gegen die Fatumsvoraussetzung erhebt, und versteht, warum das spätere Schicksalsdrama so elend scheitern mußte ... die griechische Sage greift einen Zwang auf, den jeder anerkennt,weil er dessen Existenz in sich verspürt hat[16].

Auch in diesem Komplex – dem Ödipuskomplex – sah FREUD keineswegs von vornherein nur eine neurotische Situation, sondern ein *allgemeinmenschliches, hereditär vorgezeichnetes Ereignis* der frühen Kindheit, das, je nach der Stärke der Bindungen, der Intensität der mit der Latenzzeit einsetzenden Verdrängungsschübe und vor allem je nach dem Ausmaß der Regression auf die Fixierungsstelle dem Komplex auch ein jeweilig anderes Gewicht verlieh.

Verschärft wurde die Wirksamkeit des Ödipuskomplexes nicht nur durch die *«konstitutionelle Bisexualität des Individuums»*,[17] sondern

15. S. FREUD, *Aus den Anfängen der Psychoanalyse*, p. 238, erstmalig in einem Brief an FLIESS vom 15. Oktober 1897 erwähnt.

16. ibid.

17. S. FREUD, *Das Ich und das Es* (Ges. Werke XIII, p. 260). Die Bisexualität wurde erstmalig im Brief vom 1. August 1899 an FLIESS erwähnt, in: *Aus den Anfängen der Psychoanalyse*, p. 308.

auch durch die «dreieckige Anlage» der Beziehungen zwischen Eltern und Kind, welche komplizierte Mechanismen von Bindung, Identifizierung, Introjektion und Ambivalenz verursachten. All diese Verstrikkungen bewogen FREUD, den Ödipuskomplex nicht nur als den gewichtigsten Komplex der Kindheit, sondern auch als den *Kernkomplex der Neurose* par excellence zu bezeichnen. Er neigte immer mehr dazu, die Schwierigkeit seiner Überwindung in der physiologisch bedingten, zu langen Abhängigkeit des Kindes von den Eltern und dem relativ zu späten Heranreifen des Ich zu sehen – alles Tatsachen, die nicht nur die Loslösung von den infantilen Bindungen, die adäquate Objektwahl, sondern auch die Überwindung der Masturbation, nicht zuletzt auch die Einordnung in den Kulturkanon zu verzögern, wenn nicht zu vereiteln vermochten.

Seine eigentliche Tragik aber erhielt der Ödipuskomplex durch die ebenfalls hereditär bedingte, programmgemäße Ablösung seitens der nächstfolgenden Entwicklungsphase. Es war der *Kastrationskomplex*, der eigentliche Exponent der Latenzzeit, an dem der Ödipuskomplex schließlich scheitern mußte.

> ... durch den Aufschub der sexuellen Reifung ist die Zeit gewonnen worden, neben anderen Sexualhemmnissen die Inzestschranke aufzurichten, jene moralischen Vorschriften in sich aufzunehmen, welche die geliebten Personen der Kindheit als Blutsverwandte ausdrücklich von der Objektwahl ausschließen. Die Beachtung dieser Schranke ist vor allem eine Kulturforderung der Gesellschaft, welche sich gegen die Aufzehrung von Interessen durch die Familie wehren muß ...[18]

Interessant war die Folgerung, die FREUD aus dem Zusammenwirken beider Komplexe zog. Schon im Jahre 1899 teilte er FLIESS die Entdeckung eines höchst komplexen, durch *vier Komponenten*[19] ausgezeichneten Zusammenspiels beim sexuellen Akt mit – eine Erkenntnis, die er im Jahre 1923 in erweiterter Form als ein Zusammenwirken

18. S. FREUD, *Drei Abhandlungen zur Sexualtheorie* (Ges. Werke V, p. 126).

19. S. FREUD, *Aus den Anfängen der Psychoanalyse*, p. 308. Brief an FLIESS vom 1. August 1899. «Nun die Bisexualität! Mit der hast Du sicherlich Recht. Ich gewöhne mich auch, jeden sexuellen Akt als einen *Vorgang zwischen vier Individuen* aufzufassen». (Von mir hervorgehoben.)

von angeborener Bisexualität einerseits und von ambivalenter Einstellung gegenüber dem Liebesobjekt anderseits auffaßte[20]. Wir werden im Kapitel über die Neurose bei FREUD darauf zurückkommen. Manifest wurde der Zusammenprall zwischen Ödipus- und Kastrationskomplex im Kampf zwischen Inzestwunsch und Inzestangst – ein Kampf, der das Überwachsen des Ödipuskomplexes nicht nur verzögerte, sondern auch das Individuum in Schuldgefühl und Angst vor der väterlichen Autorität verstrickte.

War auch der Entwicklungsweg über die autoerotischen Partialtriebe, die Fixierungen, die Libidostufen, insbesondere über den Ödipuskomplex der normale Weg der Entwicklung, den jeder zurücklegen mußte, so brachte er immerhin nicht wenige Gefahren mit sich. Einerseits wurden nicht alle Phasen gleich gut durchlaufen und überwunden – es wurden z. B. gewisse Anteile der Funktion dauernd auf gewissen Stufen bzw. auf deren Fixierungsstellen festgehalten –, anderseits konnten äußere Hindernisse, Frustrationen im Geschlechtsleben oder Liebesenttäuschungen eine regressive Bewegung der Libido einleiten. Für FREUD war, wie wir noch sehen werden, *die Pathologie der Neurose an vier Faktoren geknüpft: nämlich an die Versagung, die Fixierung und Verdrängung, nicht zuletzt auch an die Regression*[21].

Die Entdeckung rückläufiger Tendenzen in der Psyche gehörte zu den frühesten Entdeckungen, die FREUD gemeinsam mit BREUER[22] gemacht hatte. Den Ausdruck «regressive Richtung» verwendete er erstmalig in einem Brief an FLIESS aus dem Jahre 1897[23], um ihn allerdings von da an beträchtlichen Modifikationen zu unterwerfen. Von der Annahme einer retrograden Belebung traumatischer Erinnerungen in der Hypnose bis zu den in der Traumtheorie niedergelegten Erkenntnissen war ein weiter Weg. Hatte er als das Charakteristische bei der Traumregression die Erweckung *älterer und primitiverer Arbeitsweisen* hervorgehoben, wobei das Infantile und Archaische hervortrat, so erkannte er in der Libidoregression die weit umspannendere

20. S. FREUD, *Das Ich und das Es* (Ges. Werke XIII, p. 261).

21. S. FREUD, *Vorlesungen zur Einführung in die Psychoanalyse*, 1917 (Ges. Werke XI, p. 351 ff).

22. BREUER und FREUD, «Über den psychischen Mechanismus hysterischer Phänomene», 1893.

23. S. FREUD, *Aus den Anfängen der Psychoanalyse*, p. 248. Brief an FLIESS vom 14. November 1897.

Tatsache einer *Rückkehr der Libido zu früheren Stationen der Entwicklung*[24] bzw. zu deren Fixierungsstellen. Im Unterschied zur Regression im Traum, die er zunehmend als einen normalen psychischen Vorgang auffaßte, bewertete er die regressive Bewegung der Libido in der Neurosenbildung als eine ausgesprochen pathologische Gegebenheit, die im Rückgreifen des Sexualtriebes nicht nur auf frühere Inzestobjekte, sondern auch auf aufgegebene Stufen der Sexualorganisation[25] gipfelte. Stets war hierfür, wie NUNBERG treffend schrieb, der Rückzug der Energie auf ältere Positionen und die Besetzung früherer fixierter Stellen[26] typisch.

Während beim normalen Menschen die Versagung (Frustration) zu einem Triebverzicht oder auch zu einer gesteigerten Kulturleistung, nicht zuletzt auch zu einem Vorgang der Verinnerlichung führen konnte, wurde im Falle der Neurose die Libido regressiv, wobei die zurückflutende Libido, je nach den Fixierungsstellen, auf die phallische, analsadistische oder auch oral-narzißtische Stufe zurückkehrte. Entsprechend der Libidoorganisation der jeweiligen Stufe wurden auch die dazu gehörigen Strebungen belebt und die Bindungsformen an die Objekte wiederholt[27]. Während z. B. beim Rückzug auf die phallische Phase vor allem die genitalen Strebungen und die Bindungen an die Elternfiguren aktiviert wurden, nahmen bei fortschreitender Regression vor allem die aggressiven Tendenzen zu. Steigerte sich die Aggression beim Rückgriff auf die anale Stufe bis zum Durchbruch sadistischer Impulse, so konnten bei der Regression auf die narzißtische Phase (Schizophrenie) Tendenzen sowohl zu einem ausgesprochenen Negativismus als auch zu einer feindseligen Einstellung den umgebenden Personen gegenüber auftreten. Entgegen den wiederholten Äußerungen, FREUD habe einen unumgänglichen Zusammenhang zwischen Frustration und aggressiver Reaktion konstruiert, möchte ich in Anlehnung an NUNBERG die Einschränkung machen, daß solche Reaktionen nur bei Neurosen oder auch narzißtischen Psychosen beobachtet werden konnten. Sie setzten stets eine Regression der frustrierten Libido auf aggressiv betonte, frühkindliche Fixierungsstellen voraus.

24. S. FREUD, *Vorlesungen zur Einführung in die Psychoanalyse* (Ges. Werke XI, p. 355).
25. ibid. p. 354.
26. H. NUNBERG, *Neurosenlehre*, 1959, p. 127.
27. ibid. p. 127 ff.

3. Die infantile Sexualität in der JUNGschen Sicht

Die Auseinandersetzung JUNGS mit der Sexualhypothese erreichte einen Höhepunkt zur Zeit der Abtrennung von FREUD. Sie betraf die Frage nicht nur nach der Zuverlässigkeit der Kindheitserinnerungen, der Fruchtbarkeit der Vorstellung einer infantilen Sexualität, sondern auch nach der Bedeutung des wichtigsten, von FREUD angeführten Komplexes der frühkindlichen Sexualorganisation, des Ödipuskomplexes. Keiner dieser Problembereiche, die in der Theorie FREUDS eine so überragende Rolle spielten, hat je eine ähnliche Wertschätzung in der Psychologie von JUNG erfahren. Wenn er auch im ersten Teil von *Wandlungen und Symbole der Libido* die Symptome der Neurose auf Infantilreminiszenzen und deren erotische Ersatzbildungen[28] zurückgeführt oder den Zustand des «phantastischen Denkens» durch die Merkmale des «Infantilen» und «Entstellten»[29] gekennzeichnet hatte, so distanzierte er sich seit seinem Rückzug von FREUD zunehmend von dieser Betrachtungsweise.

Vor allem warf er zwei Probleme in die Diskussion: die Frage nach der *sexuellen Natur der autoerotischen Kindheitsbetätigungen* einerseits und diejenige nach dem *Wahrheitswert der Kindheitserinnerungen* anderseits.

Obgleich schon FREUD die Gültigkeit von Erinnerungen an die frühkindliche Zeit relativiert und sie durch die entstellende Tätigkeit der Phantasie eingeschränkt gesehen hatte, so behielten sie dennoch in seinem System ihren großen Wert als ätiologisch hochbedeutsame Faktoren der Neurose. Demgegenüber nahm JUNG eine wesentlich andere Stellung ein. Nicht nur legte er bei neurotischen Konfliktsituationen den Nachdruck immer weniger auf den Ereigniswert der Kindheitseindrücke, sondern er stellte überdies dieser Betrachtungsweise eine merklich davon unterschiedene gegenüber. *Wesentlicher als die vergangene war ihm die Gegenwartssituation, wesentlicher als das konkrete Ereignis schien ihm die psychische Einstellung* des Individuums zu seiner Lage zu sein. Nicht zuletzt war ihm auch die *symbolische Bedeutung der Erinnerung wichtiger als das Kindheitsereignis.* Die Frage

28. C. G. JUNG, *Wandlungen und Symbole der Libido*, p. 61.
29. ibid. p. 31.

nach dem ätiologischen Wert der frühkindlichen Erinnerung wandelte sich ihm unversehens ins Gegenteil: Nicht die traumatische Kindheitserinnerung schien ihm das Essentielle bei der Neurosenentstehung zu sein, sondern weit eher die Phantasietätigkeit, die sich regressiv der Erinnerungsreste bemächtigte, sie aufbauschte und sie erotisch belebte. Was FREUD als Ergebnis nachwirkender Erinnerungsspuren verstand, betrachtete JUNG vielmehr als Ergebnis einer *übersteigerten Phantasietätigkeit, die in regressiver Weise die Kindheitserlebnisse imaginierte und schuf*[30].

Trotz der Relativierung des Wahrheitswertes der Kindheitserinnerungen wäre die Annahme, JUNG hätte die große Bedeutung der Vergangenheit für die Entwicklung des Individuums verkannt, ungerechtfertigt. Die Vergangenheit bzw. die Lebensgeschichte war nicht dasselbe wie die Erinnerung daran! Wenn auch die Kindheitserinnerungen in hohem Maße unzuverlässig waren, so änderte dies nichts an der Tatsache, daß ein jeder Augenblick des Lebens die ganze Vorgeschichte in sich barg. Was das Individuum geworden war, schloß die spezifischen Eindrücke seines Lebens, seines individuellen Erlebens und seiner geistigen Verarbeitung ein. Dies bedeutete aber nicht, daß die aktuellen Konflikte wiederum durch die Reproduktion dieser Geschichte, vor allem durch das höchst Fragwürdige einer Reproduktion von Kindheitserinnerungen zu lösen seien.

Verlegte FREUD den Kern des neurotischen Konfliktes stets in die Kindheit, und war für ihn der Konflikt des Erwachsenen nurmehr eine Belebung des Kindheitskonfliktes, so lehnte JUNG diese Auffassung ab. Niemals war ihm die Vergangenheit wichtiger als die Gegenwart, niemals das «Gestern» wesentlicher als das «Heute». Vor allem hinsichtlich der Neurosenentstehung betonte er: *Denn hauptsächlich in der Gegenwart liegt der pathogene Konflikt*[31]. Anstelle einer Analyse der Kindheitsschwierigkeiten hielt er es deshalb für weit angebrachter, die *aktuelle Spannung* zwischen der erwachsenen Persönlichkeit einerseits und der vom infantilen Milieu geformten Persönlichkeit[32] anderseits ins Auge zu fassen. So sah er z. B. im Infantilismus des neurotischen Menschen weniger die Folge belastender Kindheitseindrücke als viel-

30. Siehe p. 181 f. und p. 214 f.
31. C. G. JUNG, *Versuch einer Darstellung der psychoanalytischen Theorie*, p. 111.
32. ibid. p. 71.

mehr das Zeichen einer «Rückständigkeit der affektiven Entwicklung»[33] im Erwachsenenalter bzw. eines «Mitschleppens der infantilen Gefühlseinstellungen». Ein Ausdruck davon war das infantile Festhalten an Vater, Mutter und Geschwistern: In ihm erkannte er die Ursache der Ablösungsschwierigkeiten sowie auch der Fluchtreaktionen vor den Anforderungen der Außenwelt. Für JUNG strandete der neurotische Erwachsene daran, daß er eine infantile Einstellung beibehielt und sich sowohl zu Fragen der Pflichterfüllung wie auch der Anpassung an die Lebensansprüche falsch einstellte. Seine Auffassung kleidete er in folgende Worte:

> Welche Aufgabe will der Patient nicht erfüllen? Welcher Schwierigkeit des Lebens sucht er auszuweichen?[34]

Die moralische Fragestellung in der Neurosentheorie schien ihm mindestens denselben Wert zu besitzen wie die genetische.

Bei der Frage nach der Bedeutung der Kindheitseindrücke für die spätere Entwicklung des Individuums darf die für die JUNGsche Psychologie so außerordentlich bedeutsame Sicht auf *die Welt der urtümlichen Bilder* nicht übersehen werden. Wie wir noch erörtern werden, legte JUNG den Hauptakzent niemals nur auf das konkrete Ereignis, auf das konkrete Verhalten der Elternfiguren. Gegenüber der Rolle, die die Fixierung an die jeweiligen Umgebungseinflüsse der frühen Kindheit für den Erwachsenen besaß, betonte er die mindestens ebenso starke Bindung des Individuums an die durch die *konkreten Erlebnisse angerührten archetypischen Bilder des Seelenhintergrundes.* Mit anderen Worten: Es waren nicht nur die konkreten Daten der Lebensgeschichte, sondern auch die durch sie hindurchscheinenden Urbilder – Sonne, Licht, Höhle, Tempel u. a. m. –, die den menschlichen Geist faszinierten und ihn an die Vergangenheit verhaftet sein ließen. Daß diese vertiefte Sicht auch eine vertiefte Methode des Verstehens nach sich zog, soll an dieser Stelle nur angedeutet werden[35].

Wenden wir uns nach diesen mehr allgemeinen Erörterungen der Würdigung der Einzelprobleme, wie sie JUNG in der uns beschäftigenden Periode der Abtrennung von FREUD vornahm, zu.

33. ibid. p. 66.
34. ibid. p. 133.
35. Siehe p. 265 ff.

a. Polyvalente und polymorph-perverse Anlage

Wie JUNG mehrfach betont hat, vermochte er auf Grund seiner eigenen Beobachtungen weder eine Vielheit von Partialtrieben bzw. eine *polymorph-perverse Triebanlage* noch einen *zweizeitigen Ansatz der Sexualfunktion festzustellen.* Beide Annahmen schienen ihm weit eher der Ausdruck einer aus der Neurosenpsychologie des Erwachsenen entnommenen und rückwärts in die Psychologie des Kindes projizierten Vorstellung[36] zu sein, als einer Tatsächlichkeit des kindlichen Seelenlebens zu entsprechen. Zwar anerkannte er durchaus die Annahme FREUDS, daß in der Kindheit eine Vielzahl von Libidokomponenten, die unabhängig voneinander funktionierten, vorhanden sei. Auch er stellte einen Polymorphismus der frühkindlichen Betätigungsweisen, wie Lutschen, Nägelbeißen u. a. m. fest. Er konnte sich als hervorragender Empiriker auch der Tatsache nicht verschließen, daß autoerotische Spielereien, infantile Gewohnheiten, die sich später in sexuelle Spielereien fortsetzten, an der Tagesordnung waren. Diese Anerkennung des Polymorphismus frühkindlicher Betätigungsweisen hieß aber in keiner Weise, daß sie jeweils auch sexueller Natur gewesen wären. Im Gegenteil! JUNG lehnte es strikte ab, die Vorstellung «sexuell» auf die autoerotische Kindheitsbetätigung überhaupt auszudehnen. Die sexuellen Spiele der Kindheit waren grundverschieden von denjenigen des Erwachsenenalters. Nicht nur waren sie weit weniger lokal determiniert, insofern als sie sich auf irgendwelche Körperzonen bezogen, sondern auch der Charakter der Lustgewinnung war ein wesentlich anderer. Lustgewinnung brauchte ja seiner Meinung nach nicht mit der Sexualbefriedigung zusammenzufallen. Allerdings täuschte er sich darin, daß FREUD eine solche Identifikation angenommen hätte[37].

Aus allem ging hervor, daß er das, was FREUD als frühkindliche Sexualität bezeichnet und wofür er den Namen «pervers» gewählt hatte, nur mehr eine kindliche Vorstufe der späteren Sexualität darstellte. Bei den sogenannten perversen Betätigungsweisen schien es sich ihm weit eher um ein «allmählich(es) stationsweises Hinüberwandern der (Ur)-Libido aus dem Gebiet der Ernährungsfunktion in

36. C. G. JUNG, *Versuch einer Darstellung der psychoanalytischen Theorie*, p. 60.
37. Vgl. die Besprechung von Karl ABRAHAM über «Versuch einer Darstellung», in: «Ärztliche Psychoanalyse», 1914, p. 72 ff.

das der Sexualfunktion»[38] zu handeln. Was er selber beobachtete, war gerade nicht die Universalität der Sexualfunktion, sondern vielmehr eine allmählich sich vollziehende Entwicklung von einer ersten, vorsexuellen, durch Aufbau und Ernährung charakterisierten, über einer zweiten, durch die keimende Sexualität (Vorpubertät) bestimmten Phase, zu einer durch die Maturität der Geschlechtlichkeit ausgezeichneten Stufe[39] der Libido. In den frühen autoerotischen Gewohnheiten sah er lediglich die Keime zur *späteren Sexualität,* keineswegs aber einen Hinweis auf die Betätigung einer bereits entwickelten Sexualfunktion. JUNG ging aber noch weiter. Er erkannte mehr und mehr, daß die *kindliche Anlage* als *Vorstufe der geistigen Entwicklung* überhaupt anzusprechen war. Der Polymorphismus drückte sich nämlich auch darin aus, daß die Keime und Ansätze zur Entwicklung der geistigen Fähigkeiten auf diese früheste Periode des Lebens zurückgingen. Aus solchen Überlegungen, die schon in das Jahr 1913 zurückwiesen, entschloß er sich, den FREUDschen Ausdruck «perverse Anlage» durch *polyvalente Keimanlage* zu ersetzen. Diesen Gedanken gab er Jahre später (1946) folgende Formulierung:

> Die polyvalente Keimanlage des Kindes mit seiner sexuellen Terminologie, welche der Stufe der vollentwickelten Sexualität entnommen ist, zu belegen, ist ein zweifelhaftes Unterfangen. Es führt dazu, auch alles andere, das beim Kind angelegt ist, in die Sexualdeutung einzubeziehen, wodurch einerseits der Begriff der Sexualität unmäßig aufgeblasen und dunstig wird, und anderseits die geistigen Faktoren als bloße Instinktverkümmerungen erscheinen[40].

Die Annahme einer polyvalenten Keimanlage im Kind sollte eine außerordentliche Bedeutung nicht nur für sein Verständnis der frühen Auffassungsbildung im Leben des Individuums, sondern auch für seine späteren Untersuchungen über den Zusammenhang von Trieb und Archetypus gewinnen.

Zunächst legte er gegenüber FREUDS Auffassung, daß das kindliche Interesse an Wissen und Forschung von uneigentlicher Natur sei, den Nachdruck auf den *genuinen* Charakter dieser Betätigung. Entstammte

38. C. G. JUNG, *Versuch einer Darstellung der psychoanalytischen Theorie,* p. 60.
39. ibid.
40. C. G. JUNG, «Psychologie und Erziehung», 1946, p. 133.

der Wissenstrieb für FREUD dem Versuch, die bedrängenden, sexuell betonten Erlebnisse zu erklären, so überzeugte sich JUNG davon, daß die intellektuelle Neugier nicht nur autoerotisch bestimmt war, sondern grundsätzlich auch einen von den sexuellen Motivationen verschiedenen Sinn und Zweck verfolgte. Das im Wissensdrang hervortretende Sexualinteresse strebte «nur uneigentlich nach einem unmittelbaren Sexualziel . . ., sondern vielmehr nach einer Entwicklung des Denkens»[41].

Während FREUD gemäß seiner vordringlichen Frage an der Neurosenerhellung in erster Linie den pathologischen Folgen eines übersteigerten Wissenstriebes in der frühen Kindheit nachging, untersuchte JUNG die *Bedeutung des Forschungsdranges für die Entwicklung der geistigen Fähigkeiten im Individuum* überhaupt. Allerdings hatte auch FREUD in dem Forschungstrieb einen «ersten Schritt zur selbständigen Orientierung in der Welt»[42] erblickt, was aber nicht ausschloß, daß seine Bewertung eine völlig andere als diejenige JUNGS war. Was ihn interessierte, war nämlich die Frage, inwiefern dieser Trieb in der Tatsächlichkeit als Ursache von späteren Entwicklungsschädigungen erfahren werden konnte. Die Begründung fand er sowohl in den *ungenügenden intellektuellen Voraussetzungen* dieser Lebensphase als auch in den für die Latenzzeit charakteristischen *Verdrängungsschüben*[43]. Beides wirkte einer positiven Entwicklung der Wiß- und Forschungstriebe entgegen. Im radikalen Unterschied zu dieser Annahme, die das gestörte Wachstum des Kindes auf eine teilweise sexuell bedingte Fehlentwicklung des Wissenstriebes zurückführte, faßte JUNG gerade umgekehrt die *seelische Entwicklungsstörung als Folge einer Behinderung der Auffassungsbildung auf*[44]. Diese Erkenntnis war durchaus vereinbar mit der FREUDschen Annahme, daß die als infantile Sexualität bezeichnete Phase den Anfang der menschlichen Entwicklung schlechthin darstellte. JUNG fügte lediglich hinzu, daß diese Periode weder durch sexuelle Eigenschaften gekennzeichnet, noch ihre Bedeutung auf die Anfänge der Sexualität beschränkt war. Es war

41. C. G. JUNG, «Über Konflikte der kindlichen Seele», Vorwort zur 2. Auflage 1915, in: *Psychologie und Erziehung*, 1946, p. 129.

42. S. FREUD, *Drei Abhandlungen zur Sexualtheorie* (Ges. Werke V, p. 97).

43. S. FREUD, «Eine Kindheitserinnerung des Leonardo da Vinci», 1910 (Ges. Werke VIII, p. 146 ff).

44. C. G. JUNG, «Über Konflikte der kindlichen Seele», Vorwort zur 2. Auflage 1915, in *Psychologie und Erziehung*, p. 130.

seine große Leistung, in der polyvalenten Keimanlage nicht nur die *Anfänge der späteren Sexualfunktion, sondern auch die «Keimstätte höherer Geistesfunktionen»* erkannt zu haben.

> Wie diese Überlegung zeigt, fasse ich die Denkfunktion nicht etwa bloß als eine Verlegenheitsfunktion der Sexualität auf, die sich in ihrer lustbetonten Betätigung gehindert sieht und deshalb notgedrungenerweise sich in die Denkfunktion hinüberzwängt, sondern ich sehe in der «frühinfantilen Sexualität» zwar schon die Ansätze zur zukünftigen Sexualfunktion, aber auch die Keimstätte höherer Geistesfunktionen[45].

In diese Richtung ging auch seine Beobachtung, daß sich sogar gewisse Konflikte durch die «Bildung neuer Auffassungen von selber lösen ließen»[46]. Er vertiefte seinen Gedankengang schließlich noch dahin, daß in der infantilen Keimanlage nicht nur die *Anfänge der späteren Lebensgestaltung, die Keimstätte des «ganzen späteren Menschen»*, sondern auch die Niederschläge der archetypischen Erbschaft überhaupt enthalten waren. In dieser Hinsicht bezog sich das Polyvalente der Anlage auf die Gesamtheit der Triebe und Instinkte.

> In dieser Keimanlage stecken auch nicht bloß die Anfänge eines erwachsenen Lebens, sondern noch die ganze Erbschaft der Ahnenreihe von unbestimmter Ausdehnung ... Wenn wir nun mittels eines reduktiven Verfahrens die infantilen Vorstufen einer erwachsenen Psyche aufdecken, so finden wir als letzte Grundlage die infantilen Keime, welche einerseits das spätere natürliche Sexualwesen in statu nascendi, anderseits aber auch alle jene verwickelten historischen Vorbedingungen des Kulturwesens enthalten[47].

Immer mehr kristallisierte sich die Erkenntnis in ihm aus, daß die Keimanlage des Kindes sowohl die Ansätze zum natürlichen Triebwesen enthielt wie auch überhaupt den *Geist in nuce*[48] darstellte.

45. ibid.
46. ibid. p. 129.
47. C. G. JUNG, *Über die Energetik der Seele*, p. 87 (Ges. Werke VIII, p. 56).
48. ibid. p. 88 (Ges. Werke VIII, p. 57).

Ja, er ging im Jahre 1928 sogar so weit, das Geistige und die Triebkomponente miteinander zu verquicken. In der empirischen Welt schienen die beiden Eigenschaften der Psyche miteinander in der Weise verbunden zu sein, daß der «Geist» im Psychischen auch als ein Trieb erscheinen konnte. Der Geist war nicht nur «die der Triebkraft unerläßliche Form»,[49] sondern das Formprinzip des Triebes selber – eine Annahme, die er wiederum achtzehn Jahre später (1946) dahin verdeutlichte, daß der Archetypus einesteils einen geistigen Faktor, andernteils aber *einen dem Trieb innewohnenden Sinn*[50] darstellte. Und zwar nahm er eine von Anbeginn an vorhandene *Verkoppelung des geistigen mit dem natürlichen Prinzip* in der kindlichen Seele an. Diese Feststellung dürfte auch aus dem Grunde bedeutsam sein, weil die Hypothese einer Verkoppelung beider Prinzipien nichts weniger als den Ursprung der für die Psychologie JUNGS so grundlegenden Erkenntnis einer *dem menschlichen Wesen immanenten Gegensatzspannung* bilden sollte[51]. Mit dieser Voraussetzung einer dem Menschen inhärenten Gegensätzlichkeit von Trieb und Geist wurde die Unüberbrückbarkeit der Kluft zwischen FREUD und JUNG erneut offenbar.

b. Latenzzeit als Anfang der Sexualität

Ähnlich ablehnend wie gegenüber der FREUDschen Hypothese einer polymorph-perversen Anlage verhielt sich JUNG zur Annahme eines Unterbruchs der frühinfantilen Sexualentwicklung durch eine Latenzzeit. Wenn er auch – mit FREUD – das Verschwinden gewisser frühinfantiler Regungen zwischen dem dritten und fünften Jahr beobachtete, so interpretierte er dieses Phänomen völlig anders. Die Latenzzeit schien ihm nämlich weder auf einen Unterbruch der Sexualbetätigung noch auf eine Periode des Stillstandes hinzuweisen, sondern vielmehr auf ein Geschehen, das sich auf den Fortschritt von der vorsexuellen zu der sexuellen Libido bezog. Was FREUD als ein «Wiederverschwinden» der frühinfantilen Betätigung, als «sexuelle Latenzzeit» beschrieb, verstand JUNG als den *eigentlichen Anfang der Sexualität*[52]. Wie die

49. ibid. p. 98 (Ges. Werke VIII, p. 64).
50. C. G. JUNG, «Theoretische Überlegungen zum Wesen des Psychischen», erstmals als: «Der Geist der Psychologie», p. 471, 1946 (Ges. Werke VIII, p. 253).
51. Siehe p. 230 ff.
52. C. G. JUNG, *Versuch einer Darstellung der psychoanalytischen Theorie*, p. 109.

Freudsche Auffassung der Latenzzeit auf der irrigen Hypothese einer frühinfantilen Sexualität beruhte, so sah Jung auch in Freuds Erklärungsversuch der Kindheits-Amnesie die Folge einer falschen Voraussetzung. Führte nämlich Freud die Amnesie nach dem Muster der Neurose auf sexuelle Verdrängungen zurück, so erkannte Jung deren Ursache in der Lückenhaftigkeit des kindlichen Erinnerungsvermögens, die mit der Eigenart der Bewußtseinsentstehung zusammenhing. Immerhin schien ihm die Amnesie nur beim neurotischen Menschen von irgendwelchem pathologischen Belang zu sein. «Die neurotische Amnesie ist aus der Kontinuität des Erinnerns ausgestanzt, während das Erinnern der frühen Kindheit aus einzelnen Inseln in der Kontinuität des Nicht-Erinnerns besteht»[53].

c. Der Ödipuskomplex als archetypisches Bild

Wie faßte Jung den Ödipuskomplex auf? Was Freud als inzestuöse Bindung bezeichnete, erkannte auch er als einen wichtigen Tatbestand der Kindheit. Hingegen waren sowohl die Beschreibung des Phänomens als auch die Schlüsse, die er aus der Verhaftung des Kindes an die Persönlichkeiten der Eltern zog, wesentlich andere. Beim Ödipuskomplex schien es sich ihm in erster Linie um einen Gesamtkomplex von gefühlsbetonten Abhängigkeiten des Kindes zu handeln, wobei das Schwergewicht weit eher auf den Regungen von Besitzenwollen, von Anklammerung, von Eifersucht und Neid als auf einer sexuell relevanten Fixierung ruhte. Er kam deshalb schon früh zur Überzeugung (1913), daß der Ödipuskomplex nurmehr *eine Formel, wenn auch eine höchst bedeutsame Formel für das kindliche Begehren gegenüber den Eltern* überhaupt war.

> Wenn ich ... sage, daß der Ödipuskomplex zunächst nur eine Formel sei für das kindliche Begehren gegenüber Vater und Mutter und für den Konflikt, den dieses Begehren hervorruft, – wie jedes eigennützige Begehren Konflikte erzeugt –, so dürfte die Sache akzeptabler erscheinen[54].

53. ibid. p. 108.
54. ibid. p. 93.

Gegen eine sexuelle Implikation dieser oft sehr zähen Gefühlsbindungen zwischen Eltern und Kindern schien ihm auch die Tatsache zu sprechen, daß solche emotionalen Bindungen einen durchaus ubiquitären Charakter erkennen ließen, wie dies z. B. auch bei den Beziehungen zwischen Pflegeeltern und Kindern beobachtet werden konnte, wo inzestuöse Bindungen naturgemäß ausgeschlossen waren. Das Charakteristische an den Gefühlsfixierungen schien ihm mit der psychischen Funktion von Vater und Mutter zusammenzuhängen, kam doch der Mutter die Bedeutung des Hegenden und Schützenden, dem Vater diejenige der Autorität, Kritik und moralischen Stütze zu. Als die ersten eindrücklichen Lebensmächte im Leben des Kindes waren sie von bleibendem Einfluß auf die Entwicklung des Kindes.

> Die Eltern sind ... nicht bloß «Sexual»- oder «Lustobjekte», die man verabschieden kann, sondern sie sind oder stellen Lebensmächte dar, welche das Kind auf dem verschlungenen Schicksalspfad als günstige oder gefährliche Faktoren begleiten und deren Einfluß sich auch der Erwachsene nur bedingt entziehen kann[55].

Diese Zurückweisung der persönlichen Eltern als Objekte von Lust und sexuellem Begehren betraf aber nur den kleinsten Teil seiner Bedenken dem Ödipuskomplex gegenüber. In seiner kritischen Einstellung lassen sich mehrere Stufen unterscheiden, die in die Jahre 1913, 1928, 1946 und 1952[56] fallen. Hatte er vorerst lediglich den sexuellen Charakter der frühkindlichen Bindungsform bestritten (1913), so zog er mit der Zeit auch die Auffassung, daß die Eltern hauptsächlich als Objekte der Kindheit eine Rolle spielten, in Zweifel.

Er erkannte nämlich, daß die leiblichen Eltern vor allem als *Träger von Imagines* bedeutsam waren. Mindestens so wichtig wie der unmittelbare Einfluß der persönlichen Eltern waren die Bilder, die sie für das Kind verkörperten, z. B. das Bild des Ernährtwerdens oder Geliebtseins oder die Imago des Kind-Seins und Kind-Bleiben-Wollens.

55. C. G. Jung, *Psychologie und Erziehung*, 1946, p. 38.
56. Die weitere Auseinandersetzung mit dem Elternproblem bzw. Ödipuskomplex erfolgte in den Schriften: *Die Beziehung zwischen dem Ich und dem Unbewußten*, *Die Psychologie der Übertragung* und *Symbole der Wandlung*.

Dem naiven Menschen ist es natürlich nicht bewußt, daß die ihn unmittelbar beeinflussenden nächsten Angehörigen ein *Bild* in ihm erzeugen, das sich nur zum Teil mit diesen deckt, zum andern Teil aber aus Material geschaffen ist, welches aus dem Subjekt selber stammt. Die *Imago* entsteht aus den Einwirkungen der Eltern und aus den spezifischen Reaktionen des Kindes; sie ist daher ein das Objekt nur sehr bedingt wiedergebendes Bild ... Das Bild ist unbewußt projiziert, und wenn die Eltern sterben, so wirkt das projizierte Bild weiter, wie wenn es ein an und für sich existierender Geist wäre (1928)[57].

Oft schien es, als ob die Imagines der Kinder die Eltern sogar förmlich in die Vater- oder Mutterrolle hineindrängten. Den Gedanken, daß dem Ödipuskomplex lebenswichtige Imagines zu Grunde lagen, nahm JUNG wiederholt auf, um ihn dann schließlich als Ausdruck von angeborenen Funktionsweisen bzw. von anordnenden, zur Heredität gehörenden Faktoren zu verstehen. Deshalb auch ihre faszinierende und überwältigende Wirkung! Eine besonders erhellende Formulierung gab JUNG im Jahre 1952:

Die Deutung auf die Eltern ist aber an sich nur eine façon de parler. In Wirklichkeit findet ja dieses Drama in einer individuellen Psyche statt, in welcher die «Eltern» nicht sich selber, sondern nur ihre Imagines sind, nämlich diejenigen Vorstellungen, welche aus dem Zusammentreffen der Elterneigenart mit der individuellen Disposition des Kindes entstanden sind[58].

Mit dieser Sicht auf die *archetypische Grundlage des Ödipuskomplexes* führte JUNG eine völlig neue Betrachtungsweise in die Psychologie ein: Es war die numinose Qualität der Imagines, welche den Eltern die Tiefendimension des «Inzestuösen» verlieh und sie vor allem für die rückschauende Erinnerung als Träger von «inzestuösen Regungen» erscheinen ließ. Im Laufe seiner Untersuchungen entdeckte er nämlich die überragende Bedeutung, die der Phantasie, vor allem der in das

57. C. G. JUNG, *Die Beziehungen zwischen dem Ich und dem Unbewußten,* p. 114 (Ges. Werke VII, p. 205 ff).
58. C. G. JUNG, *Symbole der Wandlung,* p. 567.

Kinderland zurück regredierenden Phantasietätigkeit zukam. Sie war es, die den Erwachsenen an die familiären Bande verhaftet sein ließ, die Kindheit als ein verlorenes Paradies von Liebe, Umsorgtheit und Behütetsein imaginieren ließ. Es war die Verquickung von infantiler Einstellung oder – um mit JUNG zu sprechen – *der Infantilismus der psychologischen Anpassungsweise*[59] mit der *rückschauenden Sehnsucht*, welche nicht selten an der Wiege des inzestuösen Bildes von der Vereinigung mit den Eltern stand. Auf diesem Hintergrund zeichnete sich die Vorstellung von Liebe und Verehrung oder auch von Widerstand, Abneigung und Haß ab, die den leidenden Erwachsenen an den großen Bildern der Vergangenheit hängen bleiben ließ. Der Schritt war nicht weit zur Erkenntnis, daß sich auch in der religiösen Regression ähnliche bzw. archetypische Vorgänge abspielten.

> Die religiöse Regression bedient sich wohl der Elternimago, aber nur als eines Symbols, d. h. *sie bekleidet den Archetypus mit dem Bild der Eltern*[60].

Wie JUNG immer erneut betonte, handelte es sich bei der regressiven Tendenz des Individuums gerade nicht um einen «Rückfall in die Infantilität, sondern um einen echten Versuch des Menschen, etwas für ihn Notwendiges zu finden»[61], um ein *Suchen nach sich selber*[62]. Es war auch die Verquickung von Infantileinstellung und regredierender Phantasie, welche JUNG zu einer völlig verschiedenen Interpretation der von FREUD angenommenen Sexualtraumen und «Urszenen» führen sollte. Es entstand nämlich die gewichtige Kontroverse, ob hinsichtlich der Neurosenentstehung den Urszenen oder nicht vielmehr der nachfolgenden Tätigkeit der Phantasie die primär-ätiologische Bedeutung eingeräumt werden sollte. Während nämlich FREUD – wie wir gesehen haben – nach langem Hin und Her schließlich seiner Auffassung, daß die Phantasien in erster Linie «Abkömmlinge der Urszenen»[63] darstellten, treu blieb, hielt JUNG – um eine Bemerkung FREUDS wieder-

59. C. G. JUNG, *Versuch einer Darstellung der psychoanalytischen Theorie*, p. 72.
60. C. G. JUNG, *Symbole der Wandlung*, p. 151.
61. C. G. JUNG, «Einige Aspekte der modernen Psychotherapie» (1930) (Ges. Werke XVI, p. 34).
62. ibid.
63. S. FREUD, «Aus der Geschichte einer infantilen Neurose» (Ges. Werke XII, p. 137).

zugeben – dafür, daß umgekehrt die Urszenen Spiegelungen der Phantasie bildeten[64]. Für JUNG war es unzweifelhaft, daß es in den meisten Fällen die Phantasie war, welche die inzestuösen Erlebnisse *imaginierte und als Wirklichkeit hinstellte.*

Ebenso wie JUNG die FREUDsche Annahme eines primär gegebenen Inzestwunsches zurückwies, um sie auf die Wirksamkeit der Phantasie zurückzuführen, lehnte er auch dessen Hypothese eines primär mit dem Kastrationskomplex gegebenen Inzestverbotes ab. Was FREUD als das Ergebnis eines Zwiespalts von Inzestwunsch und Kastrationsangst bzw. Kulturerfordernis verstanden hatte, faßte JUNG als Ausdruck einer ebenfalls dem Individuum immanenten Entwicklungstendenz auf. Als ein *von innen her motivierter Widerstand gegen die Inzesttendenz* war das *Inzestverbot* alles andere als das bloße Resultat von Verdrängung bzw. Verdrängung von inzestuösen Triebkräften. Es war vielmehr eine *im Sinne der Wandlung von innen her auferlegte Beschränkung der Instinktkräfte.* Nicht ein Verbot, sondern nur eine *freiwillige Opferung* des uranfänglichen Zustandes der Abhängigkeit konnte eine Wandlung erzielen und ein sich selber bewußtes Individuum schaffen.

> Erst durch die Gewaltsamkeit des «Inzestverbotes» konnte das sich selber bewußte Individuum geschaffen werden, das vorher gedankenlos eins war mit der Sippe ...[65].

Den entscheidensten Schritt über FREUD hinaus machte JUNG mit der symbolischen Betrachtungsweise. Anstatt den Inzestwunsch auf die Sehnsucht nach einer Kohabitation mit dem gegengeschlechtlichen Partner zu reduzieren, stellte er die Frage nach dem möglichen, im Inzestbild verborgenen *symbolischen Sinn*[66]. Allerdings sah er in der Inzestphantasie nicht an und für sich schon ein Symbol, sie konnte aber, in das Ganze der gegensätzlichen Tendenzen des Menschen gestellt, zum Ausgangspunkt einer symbolischen Wandlung werden. Da das Verständnis des Symbols innigst mit dem Energiebegriff, den JUNG dem FREUDschen Libidobegriff gegenüberstellte, verwoben ist, werden wir unseren Gedankengang erst nach dessen Würdigung fortsetzen.

64. ibid.
65. C. G. JUNG, *Wandlungen und Symbole der Libido,* p. 263.
66. Siehe Kapitel H, II, 1.

III. DIE LIBIDO ALS EINHEITLICHE LEBENSENERGIE BEI JUNG

Die Auseinandersetzung mit der FREUDschen Libidotheorie, mit der Dynamik der psychischen Vorgänge und schließlich auch mit der Libidoorganisation ließ JUNG die Notwendigkeit eines psychologischen Energiebegriffs, der unabhängig von den spezifischen Manifestationen der Libido war, erkennen. Wenn auch die Ansätze zu einer neuen Fassung des Energiebegriffs bereits in *Dementia praecox* zu finden waren, so geschah der Durchbruch zum abstrakten Energiebegriff erst in den Jahren 1911–1913!

Ganz prinzipiell bemängelte JUNG zweierlei: Erstens schien ihm in der Libidotheorie die Vitalenergie zu wenig gegenüber der psychischen Energie abgegrenzt zu sein, was ihre Brauchbarkeit einschränkte. Wesentlich für eine psychologische Energetik war deren deutliche Unterschiedenheit von der biologischen Energetik. Er schlug deshalb auch die Einführung des Ausdrucks *Lebensenergie*[1] als eines umfassenderen Oberbegriffs vor, dem sich sowohl die psychische wie auch die biologische Energieform unterordnen ließ.

Zweitens überzeugte er sich davon, daß der Begriff einer Energie, der sich zu sehr an konkrete Erscheinungen, z. B. an die Triebe der Macht oder Sexualität anlehnte, ungeeignet war, um die dynamischen Veränderungen der Libido in adäquater Weise auszudrücken. Er suchte deshalb nach einem Libidobegriff, der die Wandlungen und Verlagerungen der Libido aus einem *einheitlichen Prinzip* zu begreifen erlaubte. Was er erstrebte, war die Erarbeitung eines Ausdrucks für die *psychische Wirk-*

1. C. G. JUNG, *Über die Energetik der Seele*, p. 30 (Ges. Werke VIII, p. 18).

samkeit überhaupt, so daß sich die einzelnen psychischen Abläufe als Manifestationen einer und derselben Energieform begreifen ließen. Als Zielvorstellung schwebte ihm die Begründung eines auf quantitativen Bestimmungen beruhenden, abstrakten Libidobegriffs vor.

Im Bemühen um eine *quantitative Bestimmung* der Libido begegnete er sich teilweise auch mit FREUD, der – gemäß seiner naturwissenschaftlichen Formation – stets das Ideal einer ausnahmslosen Determiniertheit und Meßbarkeit der Phänomene verfolgte. Seine Grenze lag allerdings darin, daß er seinen Libidobegriff auf die Messung von Sexualerregungen und deren dynamische Beziehungen einschränkte: psychische Mechanismen waren danach immer nur als Umformungen von Sexualenergie bzw. von sexuell bestimmten Qualitäten zu verstehen. Die Libido war eine «quantitativ veränderliche Kraft, welche Vorgänge und Umsetzungen auf dem Gebiete der Sexualerregung messen könnte ...» Dabei sollte die «Vorstellung eines Libidoquantums» bzw. dessen «Vergrößerung oder Verminderung, Verteilung und Verschiebung ... Erklärungsmöglichkeiten für die beobachteten psychosexuellen Phänomene bieten ...»[2].

Trotz anscheinend ähnlicher Bemühungen unterschied sich JUNGS *Energetik* grundsätzlich von der Libidotheorie FREUDS. Zunächst war es die enge Bindung des Libidobegriffs an die Sexualität, insbesondere an den «Infantilismus der Sexualität», die ihm das Ziel gründlich zu verfehlen schien. Von zwei Seiten her sah er sich veranlaßt, nach einer Erweiterung des Libidobegriffs zu suchen.

Einerseits waren es die von FREUD auf bloß sexuelle Ersatzbildungen zurückgeführten archaischen religiösen Vorstellungen und Inzestbilder, anderseits aber dessen Theorie der Paranoia, die JUNG auf das Unzulängliche des Libidobegriffs aufmerksam werden ließen. In beiden Fällen reduzierte FREUD die Phänomene auf ein primär-sexuelles Triebgeschehen, was die Wahrnehmung subtilerer Unterschiede verunmöglichte. JUNG konnte sich ebensowenig mit FREUDS Auffassung, daß die Religion eine «universelle Zwangsneurose» darstelle, anfreunden, wie mit der Erklärung der Inzestbilder durch rein libidinöse Vorgänge. Ein solches Vorgehen war in seinen Augen eine Vergewaltigung psychischer Erscheinungen, wobei *die Wirklichkeit sowohl des geistigen Faktors als auch der symbolischen Bedeutung der archaischen Bilder* völlig übersehen wurde.

2. S. FREUD, Drei Abhandlungen zur Sexualtheorie (Ges. Werke V, p. 118).

Einen Hinweis auf ein geistiges Suchen sah er z. B. in der Tatsache, daß die Inzestbilder in der größeren Zahl der Fälle Analogien verwendeten, wie z. B. Sonne, Licht und Ton für das Vaterbild oder Höhle und Stadt für das Mutterbild. In solchen Tendenzen manifestierte sich seiner Ansicht nach ein noch unbestimmtes religiöses Ringen, ein Suchen nach Überhöhung des Nur-Triebhaften durch ein geistiges Streben. Wie aber konnte das Einpolige eines sexuellen Generalnenners – wie FREUD dies verstand – der Zweipoligkeit geistiger Wandlungsprozesse gerecht werden? Für JUNG erschöpfte sich das archaische Gottesbild niemals in der bloßen Erfüllung eines Inzestwunsches, ebensowenig wie sich die Neurose im Konflikt zwischen Inzestwunsch und Inzesttabu erschöpfte. Der Konflikt bezog sich vielmehr auf einen *Zwiespalt im Lebenstrieb selber:* dem Triebwunsch stand eine ebenso starke Sehnsucht nach der Befreiung vom Triebzwang, dem Versinken in den Schoß der Eltern stand der Wunsch nach einer geistigen Wiedergeburt gegenüber. Mit anderen Worten: Das Wollen wurde durch ein ebenso mächtiges Nicht-Wollen[3], das Konkrete durch ein Allgemeines und schließlich das Naturhafte durch ein Geistiges durchkreuzt. Bei diesen Gegensätzen handelte es sich um einen dem Leben inhärenten Zwiespalt, wobei sich weder das eine auf das andere zurückführen ließ, noch umgekehrt. Als Konsequenz dieser Erkenntnis ergab sich für JUNG die Notwendigkeit eines einheitlichen Libidobegriffs, der den Wandlungen dieser fundamentalen Lebensäußerungen gerecht zu werden vermochte. Er schlug deshalb in Anlehnung an SCHOPENHAUER vor, unter der Libido ein von irgendwelcher Spezifikation befreites Wollen, eine Art von *kontinuierlichem Lebenstrieb* zu verstehen, der sich sowohl auf Affekt, Liebe, Sexualität, als auch auf geistige Vorstellungen anwenden ließ.

Ebenso wirksam war der Impuls, den JUNG von der FREUDschen Theorie der Paranoia für die Gestaltung der Energetik erhielt. Auch hinsichtlich dieser Auffassung schien ihm FREUD den Sachverhalt zu vereinfachen. Gegenüber JUNGS früherer Erwähnung eines «Wirklichkeitsverlustes»[4] bei der Demenz vertrat FREUD mit allem Nachdruck die Ansicht, daß die Symptome der Demenz – Größenwahn und Autoerotismus – ihre Energie ausschließlich einer Ablösung der Libido von

3. C. G. JUNG, *Wandlungen und Symbole der Libido,* p. 168.
4. Siehe p. 291.

den Sexualobjekten verdankten. Ähnlich wie bei der Hysterie und Zwangsneurose sollte die Symptombildung mittels eines Verdrängungs- und Regressionsvorganges erfolgen, der aber in der Paraphrenie nicht nur bis auf die libidinösen Objekte der Phantasie, sondern bis auf die primäre Stufe eines infantilen Autoerotismus mit völliger «Auflassung der Objektliebe»[5] und ebenso gleichzeitiger Fixierung ans Ich[6] zurückkehrte.

Dieser Beschreibung der paranoischen Hauptcharaktere als «Verdrängung; ... Libidoablösung mit Regression zum Ich»[7], hielt JUNG den beträchtlichen Wirklichkeitsverlust in der Dementia praecox gegenüber. Was schon Jahre zuvor JANET für die Psychasthénie festgestellt hatte, nämlich das Versagen der «fonction du réel», fand JUNG auch für die Dementia praecox, und zwar auf Grund von Traumanalyse und Assoziationsexperiment bestätigt.

> Bei der Dementia praecox ... fehlt der Wirklichkeit nicht bloß das Stück Libido, das sich aus der uns bekannten spezifischen Sexualverdrängung erübrigt, sondern weit mehr ... Es fehlt ein dermaßen großer Betrag an Wirklichkeitsfunktion, daß auch noch Triebkräfte im Verlust einbegriffen sein müssen, deren Sexualcharakter durchaus bestritten werden muß[8].

Eine Ableitung des Wirklichkeitsverlustes aus sexuellen Triebkräften wäre nach JUNGS Ansicht einer künstlichen Manipulation gleichgekommen! Wenn auch FREUD mit Recht die hysterische Libidointroversion bis zum Autoerotismus zurück verfolgte, so genügte diese Annahme niemals zur Erhellung des für den Schizophrenen charakteristischen Symptoms des Autismus (BLEULER). Dieses faßte JUNG auch in erster Linie als ein «intrapsychisches Realitätsäquivalent»[9] auf.

Von beiden Überlegungen her ergab sich für ihn die Notwendigkeit, *den Begriff einer einheitlichen «Lebensenergie»,*[10] *welcher sowohl den Libido- als auch den Wirklichkeitsverlust erhellte, dem FREUDschen Libidobegriff gegenüberzustellen.*

5. S. FREUD, «Über einen autobiographisch beschriebenen Fall von Paranoia» (Ges. Werke VIII, p. 314).
6. ibid. p. 309.
7. ibid. p. 313.
8. C. G. JUNG, *Wandlungen und Symbole der Libido,* p. 124.
9. ibid. p. 131. (Im Text hervorgehoben.)
10. C. G. JUNG, *Über die Energetik der Seele,* p. 30 (Ges. Werke VIII, p. 18 f).

Diese Tatsachen haben es mir unmöglich gemacht, die FREUDsche Libidotheorie auf die Dementia praecox zu übertragen[11].

1. Der Begriff der psychischen Energie

Unter der psychischen Energie verstand JUNG in Anlehnung an Robert MAYER, der die energetische Betrachtungsweise in die physikalische Vorstellungswelt eingeführt hatte, einen allgemeinen Ausdruck für das Psychisch-Wirksame überhaupt. Ähnlich wie die Elektrizität nicht als bloße Umwandlung der Wasserkraft, sondern als Manifestation einer abstrakten Energieform aufgefaßt wurde, handelte es sich auch bei den psychischen Umsetzungen um die jeweiligen Erscheinungsweisen einer und derselben Energie. *Nicht Kräfte verwandelten sich in einander,* sondern *streng genommen änderte die Energie ihre Erscheinungsform*[12]. Wie die physikalische Energie konnte auch die psychische Energie, wie JUNG annahm, als eine *dynamische* Einheit[13] aufgefaßt werden, die verschiedenster Anwendung fähig war.

Was verstand JUNG unter der psychischen Energetik? Aufschlußreich ist folgende Definition:

> Die energetische Anschauung ... ist im wesentlichen final und begreift das Geschehnis aus der Folge zum Grunde in der Weise, daß eine Energie den Veränderungen der Erscheinungen zu Grunde liege, in eben diesen Veränderungen sich konstant erhalte und schließlich entropisch einen Zustand allgemeinen Gleichgewichtes herbeiführe. Der energetische Ablauf hat bestimmte Richtung (Ziel), indem er unabänderlich (irreversibel) dem Potentialgefälle folgt[14].

Dieser so beschriebene energetische Standpunkt schien ihm der einzige zu sein, der die Wandlungen, Verlagerungen und Umsetzungen der Libido in fruchtbarer Weise zu erklären vermochte.

11. C. G. JUNG, *Wandlungen und Symbole der Libido,* p. 124. (Im Text teilweise hervorgehoben.)
12. C. G. JUNG, *Versuch einer Darstellung der psychoanalytischen Theorie,* p. 55.
13. ibid. p. 36.
14. C. G. JUNG, *Über die Energetik der Seele,* p. 9 f (Ges. Werke VIII, p. 3).

Jung war sich der großen Schwierigkeiten, die die Einführung einer energetischen Betrachtungsweise in die Psychologie verursachte, wohl bewußt. Ließen die psychologischen Faktoren die Übertragung der physikalischen Denkweise, z. B. die Abstraktion von Qualitäten zwecks Erarbeitung reiner Bewegungsgesetze, zu? Widerstritt nicht die Natur des Psychischen selber den Grundsätzen der Energetik? Für die psychologische Energetik bestanden weit größere Schwierigkeiten als für die physikalische. Wenn auch letztere von Substanzen absah, um sich auf reine Relationen zu beschränken, so handelte es sich dabei doch stets um quantitativ bestimmbare Objekte. Im Unterschied dazu zeigten die Gegebenheiten der Psyche nicht nur eine weitgehende Unbestimmbarkeit, sondern sie unterlagen auch, soweit sie potentiell bewußtseinsfähig waren, in hohem Maße der Subjektivität, Willkür und Unberechenbarkeit des bewußten Eingriffs. Nicht zuletzt war auch die Psyche, als eine nach dem kollektiven Unbewußten hin offene Wirklichkeit, der Spontaneität unbewußter Manifestationen, d. h. unberechenbarer Wirkungen ausgesetzt.

Die Übertragung eines physikalischen, aus reinen «Bewegungsbeziehungen abstrahierten *Begriffs*»[15] auf das Psychische war demnach eine höchst problematische Angelegenheit. Alles hing davon ab, ob sich relativ exakte Quantitätsbeziehungen, relativ geschlossene Teilsysteme erarbeiten sowie auch das Äquivalenzprinzip anwenden ließen. Vor allem hing die Fruchtbarkeit des Energiebegriffs von der Übertragbarkeit der für isolierte Systeme gültigen Gesetze auf die phänomenale Wirklichkeit bzw. auf sich selbst überlassene natürliche Abläufe der Psyche ab – alles sehr umstrittene Voraussetzungen![16] In der Tat dürfte auch Jungs Energielehre nicht den selben Grad von Überzeugungskraft wie seine übrigen Konzeptionen besitzen.

Die angegebenen Voraussetzungen suchte Jung vorerst durch die Schaffung eines *abstrakten und hypothetischen Energiebegriffs, in der Art eines reinen Rechenpfennigs,* zu erfüllen.

> ... die Libido, mit der wir operieren, (ist) nicht nur nicht konkret oder bekannt ..., sondern geradezu ein X ... eine reine Hypothese,

15. ibid. p. 10 (Ges. Werke VIII, p. 4).

16. Siehe die ausgezeichnete Darstellung von Toni Wolff: «Einführung in die Grundlagen der Komplexen Psychologie», in: *Die kulturelle Bedeutung der Komplexen Psychologie,* 1935, p. 126 ff.

ein Bild oder Rechenpfennig, ebensowenig konkret faßbar wie die Energie der physikalischen Vorstellungswelt ...[17] Kräfte sind phänomenal; das, was am Grunde ihrer äquivalenten Beziehung liegt, ist der hypothetische Energiebegriff, der ... ganz psychologisch ist und mit der sogenannten objektiven Realität nichts zu tun hat[18].

Von grundsätzlicher Bedeutung für die Energetik war die angedeutete Frage nach der Möglichkeit, exakte Quantitätsbestimmungen herzustellen. JUNG beantwortete sie in positiver Weise, wenn auch mit der Einschränkung, daß es sich im Unterschied zur Physik nurmehr um die *Schätzung von Quantitäten*[19] handeln konnte. Und zwar erkannte er, daß das, was man an einem psychischen Inhalt abschätzen konnte, in der Regel auf den psychischen Intensitätszustand, *den Spannungsgrad*, oder mit anderen Worten, *die Wertintensität*, beschränkt blieb[20]. In dieser Beziehung waren ihm die Ergebnisse des Assoziationsexperimentes, z. B. die quantitative Abschätzung der Komplexmerkmale, deren Exaktheit mit der teilweisen Durchführbarkeit von Zeitmessungen zusammenhing, nützlich gewesen[21].

Eine nicht unwesentliche Einschränkung in bezug auf die Anwendung des Energiebegriffs auf die Psyche erkannte JUNG auch in der Tatsache, daß die Energie, sofern es sich um reine Beziehungen handelte, in der natürlichen Welt nicht vorkam. In der Erfahrung trat sie immer nur in Verbindung mit psychischen Kräften bzw. als ein «Etwas», das an Kräfte oder psychische Qualitäten gebunden war, in Erscheinung. Anstelle von rein energetischen Beziehungen hatte man es in der *empirischen Wirklichkeit nur mit dynamischen, das heißt mit Kraftbeziehungen* wie Affekten, Triebregungen u. a. m. zu tun. Führte JUNG den abstrakten Energiebegriff auf ein Potential von Wertintensitäten zurück, so ergab sich der dynamische Energiebegriff aus dem «Verhalten der Kräfte, das heißt der bewegten Substanzen»[22] (Extensitätsfaktor). Der dynamische Energiebegriff lag in erster Linie der FREUDschen Psycho-

17. C. G. JUNG, *Versuch einer Darstellung der psychoanalytischen Theorie*, p. 54 f. (Im Text teilweise hervorgehoben.)
18. ibid. p. 55.
19. C. G. JUNG, *Über die Energetik der Seele*, p. 17 (Ges. Werke VIII, p. 9).
20. ibid. p. 19 (Ges. Werke VIII, p. 10).
21. Siehe p. 47.
22. C. G. JUNG, *Über die Energetik der Seele*, p. 49 (Ges. Werke VIII, p. 31).

logie zu Grunde, die sich wesentlich auf die Definition der Energie «als einer spezifischen Triebkraft»[23] stützte. Obgleich JUNG die Existenz der sexuellen Dynamik in keiner Weise bestritt, war es ihm nicht möglich, die Energielehre auf eine sexuell betonte Dynamik zu gründen. Seiner Ansicht nach verlangte eine allgemein-psychologische Theorie, die auch den psychischen Wandlungen und Umwandlungen der Energie[24] Rechnung tragen sollte, einen abstrakten Energiebegriff.

Es war auch dieser Unterschied zwischen Energetik und Dynamik, der zu einem Streitpunkt zwischen FREUD und JUNG wurde und nicht wenig zu ihrer endgültigen Trennung beigetragen hat. Für FREUD war und blieb die Libido eine wesentlich *dynamische Gegebenheit, die stets auf sexuelle Kräfte* hinwies[25]. Während die Energie beim dynamischen Gesichtspunkt, wie JUNG sich ausdrückte, stets an der Substanz hing, so behielt für den *energetischen Standpunkt das jeweilige Objekt immer nur den Wert eines «Ausdruck(s) oder Zeichen(s) eines Energiesystems»*[26]. Die Tatsache, daß die Energie nur an spezifischen Phänomenen *sichtbar* wurde, tat dem Versuch, reine Bewegungsgesetze aufzustellen, weiter keinen Abbruch.

2. Äquivalente Umsetzungen der Libido

Um die Energetik auf die Empirie, insbesondere auf die Umsetzungen bewußter in unbewußte Vorgänge – Bilder, Phantasien oder auch Symbole – anwenden zu können, bedurfte es noch einer weiteren Abklärung, nämlich *des Nachweises von äquivalenten Beziehungen.* In dieser Hinsicht beschritt die Psychologie eigene Wege.

Die Durchführung des energetischen Standpunktes in den Naturwissenschaften verlangte allerdings in erster Linie die Berücksichtigung des Prinzips der Erhaltung der Energie, wie dies auch FREUD schon im Jahre 1892 in seinem Prinzip der Erhaltung der Erregungssumme[27] vertreten hatte. Was in der Physik als unumgängliche Voraussetzung

23. ibid. p. 50 (Ges. Werke, p. 32).
24. ibid. p. 51 (Ges. Werke, p. 32).
25. S. FREUD, *Drei Abhandlungen zur Sexualtheorie* (Ges. Werke V. p. 118.)
26. C. G. JUNG, *Über die Energetik der Seele*, p. 39 (Ges. Werke VIII, p. 24).
27. S. FREUD, «Beiträge zu den Studien über Hysterie», 1892 (Ges. Werke XVII, p. 12).

galt, nämlich das Konstantbleiben der Gesamtenergie in einem geschlossenen System, ließ sich, wie JUNG betonte, nicht ohne weiteres auf die Psychologie übertragen. Infolge der Unmöglichkeit, im Psychischen total geschlossene Systeme zu isolieren, hielt er sich in bezug auf die beiden Grundformen der Energie – Äquivalenz- und Konstanzprinzip – vorzugsweise an das Äquivalenzprinzip.

a. Äquivalenzprinzip und Energieumsetzung

Dieses Prinzip wurde, wie ihm schien, der Tatsache, daß in der Erfahrung immer nur *Teilsysteme*, niemals aber das Ganze gegeben war, vollauf gerecht. Unter dem Äquivalenzprinzip verstand er vor allem die energetische Beziehung zwischen Energiequantitäten: *«Das Verschwinden des einen Libidoquantums (war) vom Auftreten eines entsprechenden (Energie)Wertes in anderer Form gefolgt»*[28].

> ... für jede Energie, die irgendwo zur Erzeugung eines Zustandes aufgewandt und verbraucht wird (tritt) anderswo ein gleich großes Quantum der gleichen oder anderen Energieform auf ...[29]

Er stellte auch fest, daß die Berücksichtigung äquivalenter Beziehungen in der empirischen Psychologie nicht neueren Datums war. Schon CHARCOT hatte im Zusammenhang mit seiner Traumatheorie auf die durch den Schock verursachte Umsetzung bewußter in unbewußte Zustände aufmerksam gemacht; auch sein Schüler JANET hatte, seinen Spuren folgend, die parallelen Vorgänge zwischen dem «abaissement du niveau mental» und den dissoziierten Erinnerungen untersucht. Die differenzierteste Ausgestaltung dieses Gesichtspunktes fand sich aber bei FREUD, dessen Bemühungen von Beginn seiner psychologischen Interessen an dahin gingen, *die Symptome als gleichwertige Ersatzbildungen von Beträgen, die dem Bewußtsein entzogen waren, nachzuweisen.* Danach verschwand kein Energiebetrag, ohne in einer entsprechenden Ersatzbildung wieder zum Vorschein zu kommen (Fehlleistung, Kindheitsfixierung und Symptom). Diese Vertiefung des von

28. C. G. JUNG, *Über die Energetik der Seele*, p. 33 (Ges. Werke VIII, p. 20).
29. ibid. p. 32 f (Ges. Werke VIII, p. 20).

Charcot aufgestellten Kausalnexus zwischen Ich, Trauma und Symptom sollte vor allem in psychotherapeutischer Hinsicht bedeutsam werden, insofern als *Heilen gleichbedeutend mit dem Auffinden verlorener Energien* wurde.

Daß sich Freud bei diesem Fragenkomplex, seinem naturwissenschaftlichen Modell entsprechend, vor allem auf das Konstanzprinzip berufen hatte, war für Jung nicht beweiskräftig. Auch sein physiologisch-neurologischer «Entwurf einer Psychologie» (1895), der sich in Anlehnung an Fechner auf das Streben des Organismus nach Konstanterhaltung der Erregungssumme[30] gegründet hatte – wobei er dem Luststreben als dem regulierenden Prinzip der Psyche die Rolle zubilligte, den psychischen Apparat möglichst reizlos zu erhalten –, traf das Eigentliche nicht. Die Tatsache, daß ihm als Ideal vor allem die Herabsetzung der Triebspannung auf das Niveau = 0 vorschwebte, schien sich – wie auch Rapaport annahm[31] –, vor allem auf das Entropiegesetz (= ökonomisches Modell bei Freud) zu beziehen. Diese Vermutung wurde durch eine Schrift aus dem Jahre 1920 bestätigt, in der er sich auf das Stabilitätsprinzip von Fechner[32] (in jedem geschlossenen System findet ein Fortschreiten von instabilen zu stabileren Zuständen statt) bezog und in ihm die Grundlage nicht nur des Todestriebes, sondern des Triebes überhaupt erkannte. Danach gehörte es zum Wesen des Triebes, stets zu früheren Erlebensformen zurückzukehren – eine Tatsache, die sich z. B. in der immer erneuten Wiederholung von Triebreizen, welche die Rückkehr in die Ruhelage anstrebten, manifestierte.

Ungeachtet des Gewichts, das Jung auf das Äquivalenzprinzip legte, konnte er nicht umhin, auch die psychologische Wirksamkeit des Entropiegesetzes anzuerkennen. Während aber Freud in erster Linie die Erzielung des Zustandes der Reizlosigkeit vor Augen hatte, besagte das Entropieprinzip für Jung, daß «die Energieumsetzungen innerhalb eines *geschlossenen natürlichen Systems zur Ausgleichung des Energiegefälles* tendierten, indem die Wertunterschiede des gesamten Systems von einem unwahrscheinlichen in einen wahrscheinlichen Zu-

30. S. Freud, «Entwurf einer Psychologie», 1895, in: *Aus den Anfängen der Psychoanalyse,* p. 381.

31. D. Rapaport, *Die Struktur der psychoanalytischen Theorie,* 1959, p. 25. Vgl. auch Freud, *Die Traumdeutung* (Ges. Werke II/III, Kap. VII).

32. S. Freud, «Jenseits des Lustprinzips», 1920 (Ges. Werke XIII, p. 5).

stand übergingen»[33]. Ein solcher Zustand setzte zu seiner Entstehung nicht nur ein *relativ geschlossenes System* (und damit die Konstanterhaltung der Energie), sondern auch *die Gerichtetheit und Irreversibilität* der naturhaften Vorgänge voraus – alles Erfordernisse, die nicht ohne weiteres von der Welt der physikalischen Objekte auf die Psyche übertragen werden konnten. JUNG hielt auch der Anwendung des Entropiegesetzes stets entgegen, daß im Psychischen erstens nur Teilsysteme, zweitens nur relativ geschlossene Teilsysteme vorhanden seien und daß drittens stets mit der Möglichkeit eines spontanen Eingriffs des Bewußtseins in den natürlichen Ablauf des Geschehens zu rechnen sei. *Die Gültigkeit des Entropieprinzips war deshalb sowohl an die relative Abschließung von Teilsystemen vom Ganzen als auch an eine relative Unbeweglichkeit des Bewußtseins gebunden* – Gegebenheiten, die vor allem im Bereich des Pathologischen vorkamen. Solche Situationen sah er z. B. in einer überbetonten Abschließung des bewußten Systems (Vorurteile, Überzeugungen) vom Ganzen der Psyche, was sich negativ in Form einer bis zur Erstarrung gehenden Verfestigung von Auffassungen manifestieren konnte. Pathologisch wurde eine solche «intensive Absperrung von der Umwelt» bei gewissen Geistesstörungen, wie z. B. der katatonen Schizophrenie. Das Entropiegesetz konnte sich aber auch positiv, z. B. in Fällen von allmählich sich vollziehenden Ausgleichsbewegungen, wie dies nach stürmischen Affektperioden oder auch nach intensiven inneren Spannungen der Fall war, auswirken.

> Jedermann spricht von den «Stürmen der Jugend», die der «Ruhe des Alters» weichen. Man spricht von «gefestigter Überzeugung» nach den «Kämpfen des Zweifels», von «Ausgleich innerer Spannungen» etc. Das ist die unwillkürliche energetische Betrachtungsweise, die jedermann hat[34].

Ungeachtet dessen, daß sich FREUD, wenn auch ohne namentliche Erwähnung, mehrere Male auf das Entropiegesetz bezog, kam es in seinem Werk nur an zwei Stellen explizite vor: das eine Mal nannte er es anläßlich der Schwierigkeit, bei neurotischen Patienten gewisse Um-

33. Toni WOLFF, «Einführung in die Grundlagen der Komplexen Psychologie», in: *Die kulturelle Bedeutung der Komplexen Psychologie*, p. 133.
34. C. G. JUNG, *Über die Energetik der Seele*, p. 46 (Ges. Werke VIII, p. 29).

setzungen psychischer Mechanismen in Symptome rückgängig zu machen[35], das andere Mal im Zusammenhang mit alten Leuten, bei denen die Bewegungsabläufe zu erstarren pflegten[36]. Das Äquivalenzprinzip wiederum wurde, soweit ich sehen konnte, als theoretisches Prinzip nur ein einziges Mal, und zwar in Verbindung mit der Erörterung von Wahnbildungen[37], hervorgehoben.

Obgleich die Anwendung des Äquivalenzprinzips auf die Empirie nicht gerade leicht war, weil – wie JUNG betonte –, niemals reine Gesetzmäßigkeiten vorkamen, so ließen sich nichtsdestoweniger in der Psychotherapie gewisse äquivalente Analogien auffinden. An erster Stelle hob JUNG die Übertragungssituation zwischen Arzt und Patient hervor, wobei sich nicht selten äquivalente Ersetzungen der bewußten Einstellung in Form von Traum- und Phantasiesymbolen ankündigten. In diesem Zusammenhang waren ihm auch die kasuistischen Beispiele FREUDS sehr bedeutsam.

> Wer FREUDS Arbeiten aufmerksam ließt, wird leicht sehen, welch bedeutsame Rolle das Äquivalenzprinzip in seiner Auffassungsbildung spielt. Man sieht dies besonders deutlich in seinen kasuistischen Untersuchungen, wo er Verdrängungen und ihre Ersatzbildungen beschreibt. Wer selber praktisch auf diesem Gebiet tätig ist, der weiß, daß das Äquivalenzprinzip auch in der Neurosenbehandlung von großem heuristischem Wert ist; wenn man es auch nicht immer bewußt verwendet, so verwendet man es doch gefühlsmäßig: wenn irgend ein bewußter Wert, z. B. eine Übertragung, sich mindert oder gar verschwindet, so sucht man sofort nach der Ersatzbildung, in der Erwartung, irgendwo einen äquivalenten Wert auftauchen zu sehen[38].

35. S. FREUD, «Aus der Geschichte einer infantilen Neurose» (Ges. Werke XII, p. 151).

36. S. FREUD, «Die endliche und unendliche Analyse», 1937 (Ges. Werke XVI, p. 87 f).

37. S. FREUD, «Konstruktionen in der Analyse», 1937 (Ges. Werke XVI, p. 55). «Die Wahnbildungen der Kranken erscheinen mir als Äquivalente der Konstruktionen, die wir in den analytischen Behandlungen aufbauen, Versuche zur Erklärung und Wiederherstellung, die unter den Bedingungen der Psychose allerdings nur dazu führen können, das Stück Realität, das man in der Gegenwart verleugnet, durch ein anderes Stück zu ersetzen, das man in früher Vorzeit gleichfalls verleugnet hatte».

38. C. G. JUNG, *Über die Energetik der Seele*, p. 34 (Ges. Werke VIII, p. 21).

b. Symbolbildung und Äquivalenzprinzip

Immerhin genügte die Anwendung des Äquivalenzprinzips auf die Empirie – wie JUNG ausführte – in den Fällen, die sich auf *Umsetzungen unbewußter Inhalte in Symbole* bzw. auf das Verstehen symbolischer Beziehungen bezogen, kaum. In solchen Fällen mußte die dynamische Auffassung FREUDS, die sich in der Zurückführung der Symptome auf ihre äquivalenten Ersatzbildungen, z. B. der neurotischen Symptome auf verdrängte Inzestwünsche erschöpfte, versagen, da sie weder deren Sinn und Zweck, noch der Symbolbedeutung gerechtzuwerden vermochten. Die Frage nach der finalen und symbolischen Bedeutung verlangte ein Mehreres. Vom symbolischen Sinn her gesehen handelte es sich nämlich bei solchen Vorgängen, wie z. B. der Verlagerung oder der Umsetzung von Bildern in Symbole, jeweils um die *unbewußte Entstehung von psychischen Analogien,* die relativ zum Ausgangsbild von höherer Attraktivkraft waren: Solche Bilder erwiesen ihre Kraft dadurch, daß sie ein Gefälle zur Überleitung der Energie von einem instinktiven auf ein geistiges Niveau herstellten. *Energetisch gesehen waren sie dem Ausgangsbild äquivalent, das heißt sie besaßen zum mindesten die selbe Wertintensität wie das ursprüngliche Bild.*

Die Anwendung des Äquivalenzprinzips auf die symbolische Umformung bzw. auf die Umformung in Symbole, gehörte zum Spezifischsten und Eigensten der Psychologie JUNGS. An ihr trat der Gegensatz zu FREUD besonders deutlich hervor. Wie er betonte, ging es bei solchen Umsetzungen auf äquivalente Analoga stets um die *Überleitung von minderwertigeren auf höherwertige Gebilde, um das Auffinden eines im Symbol noch verborgenen, unbekannten Sinnes.* Für FREUD hingegen lag die Bedeutung äquivalenter Inhalte darin, daß sie Ersatzbildungen von infantilen und verdrängten, genauer: von Inzestwünschen darstellten.

Allerdings waren noch etliche Hindernisse zu beseitigen, bis die Frage nach der Herstellung solcher Analoga in befriedigender Weise beantwortet werden konnte. Es zeigte sich nämlich, daß man dabei wesentlich auf die Hilfe des Unbewußten angewiesen war, da Umsetzungen in Symbole niemals «bewußt ersonnen», sondern immer nur autonom erfolgten. Daß solche Umsetzungen tatsächlich in unbewußter Weise stattfanden, schrieb er dem *natürlichen Trieb zur Analogiebil-*

dung[39] zu, den er als eine der Prärogativen der Seele auffaßte: Er wirkte in Richtung von *ständig sich vollziehenden Ausgleichsakten zwischen den unbewußten und den bewußten Vorstellungen.* Die Schwierigkeiten der Analogiebildung, die JUNG bereits in *Wandlungen und Symbole der Libido* berührt hatte, sollte er vor allem in ihrer vierten Auflage eingehend behandeln (1952).

> Die Libido ist ein natürliches *penchant;* sie ist wie das Wasser, das ein Gefälle haben muß, um fließen zu können. Die Beschaffenheit der Analogien ist deshalb ein schwerwiegendes Problem, da es wie gesagt, Vorstellungen sein müssen, welche die Libido anlocken[40].

Zur Entstehung von psychischen Analoga war es zunächst wesentlich, daß das analogische Bild (z. B. Höhle) in subtiler Weise auf die zu wandelnde Triebkraft (z. B. die natürliche Bindung an die Mutter) abgestimmt war bzw. eine gewisse Überhöhung des Ausgangsbildes darstellte. Dies betraf das Abgestimmtsein sowohl des «Oberen» auf das «Untere», wie auch des «Geistigen» auf das «Konkrete». Ein solches symbolisches Analogon war danach ein vereinigender Ausdruck von naturhafter und geistiger Bedeutung – z. B. Turm, Höhle, Rose und Kirche. Dadurch schuf es jenes Potential von Gegensätzen, das zur Weiterentwicklung lockte. Ihm kam die Bedeutung eines *attraktiven Symbols* zu, einer Umschlagstelle, die von der natürlichen Triebäußerung zur geistigen Form hinüberleitete.

Besonders geeignet zur Herstellung eines energetischen Gefälles schienen ihm die *urtümlichen Vorstellungen,* die archetypischen Bilder, zu sein. Als universelle, ererbte Formen, welche die Strukturverhältnisse des Unbewußten ausdrückten, waren sie dazu prädestiniert, als Energie-Umwandler[41] zu funktionieren. Allgemein ausgedrückt: *Immer dann, wenn die analogen Vorstellungen konform der Struktur der Psyche und dementsprechend auch auf das zu Wandelnde abgestimmt waren, erfüllte das archaische Bild die Funktion eines Energie-Transformers.* In bemerkenswerter Weise verdeutlichte er diesen schon in *Energetik der Seele* erwähnten Gedanken im Jahre 1940/41:

39. C. G. JUNG, *Wandlungen und Symbole der Libido,* p. 135.
40. C. G. JUNG, *Symbole der Wandlung,* p. 385.
41. C. G. JUNG, *Über die Energetik der Seele,* p. 76 (Ges. Werke VIII, p. 50).

Das Symbol kann nicht ein x-beliebiges sein, wie der Rationalismus glauben machen will. Nur das ist ein legitimes Symbol, welches die unveränderlichen Strukturverhältnisse des Unbewußten ausdrückt und daher allgemeine Zustimmung zu erlangen vermag[42].

Es lag in der Natur der Sache, daß solche energieumwandelnden Vorstellungen nur in beschränktem Umfang in der Psychotherapie angeregt werden konnten. In diese Richtung wirkte vor allem die Hinlenkung der Aufmerksamkeit des Patienten auf die überpersönlichen Vorgänge in der kollektiven Psyche, d. h. auf die spontanen Phantasievorgänge, wie z. B. die aktive Imagination.

Zusammenfassend möchte ich nochmals betonen, daß JUNG das *Äquivalenzprinzip mit aller Deutlichkeit als das Grundgesetz aller energetischen Umformungen überhaupt, insbesondere der symbolischen Umformungen, bezeichnet hat.*

3. Gegensatzspannung und energetischer Ausgleich

Ein wesentliches Fundament der Energielehre, der Veränderungen und Umformungen der Libido, vor allem der Entstehung des Symbols, stellte die Gegensatzspannung dar. In ihr sah JUNG, im Unterschied zu FREUD, der das Gegensatzproblem stets nur im Rahmen der Triebstruktur auffaßte, eine Gegebenheit, die die beiden Pole von Trieb und Geist umspannte. Was immer im menschlichen Leben als Gegensatz offenbar wurde, war der Ausdruck eines von Anbeginn an *dem Ganzen der Psyche inhärenten Prinzips.*

Außerordentlich bedeutsam war die Entdeckung JUNGS, daß die Gegensatzspannung als die Grundlage der Intensitätsspannungen – sei dies zwischen Wollen und Nichtwollen, zwischen Natur und Kultur, oder auch zwischen Bewußtsein und Unbewußtem –, zugleich die *Grundlage der psychischen Energie* überhaupt darstellte. *Aus dem Zusammenwirken gegensätzlicher Energieladungen ergab sich nämlich eine Potentialdifferenz, die den Fluß des Lebens bestimmte.* Schon im Jahre 1928 formulierte er diesen Gedanken in der Weise, «daß dieser

42. C. G. JUNG, «Versuch einer psychologischen Deutung des Trinitätsdogmas», 1940/41 (Ges. Werke XI, p. 205).

Gegensatz Ausdruck und vielleicht auch Grundlage jener Spannung . . ., die wir als psychische Energie bezeichnen»[43], bilden könnte. Erhellend war bereits die in den *Psychologischen Typen* gegebene Bestimmung dieses Tatbestandes gewesen:

> Mit dem Begriff der Energie ist auch der Begriff der Gegensätzlichkeit gegeben, indem ein energetischer Ablauf notwendig die Existenz eines Gegensatzes, d. h. zweier verschiedener Zustände, voraussetzt, ohne welche überhaupt kein Ablauf stattfinden kann. Jedes energetische Phänomen . . . manifestiert Anfang und Ende, oben und unten, heiß und kalt, früher und später, Ursprung und Ziel usw., das heißt die Gegensatzpaare[44].

Das Gegensatzspiel war ihm überhaupt jener *«Energetismus des Lebensprozesses, . . . jene Gegensatzspannung, die der Selbstregulierung unerläßlich ist»*[45]. Von hier aus betrachtet fand er in der psychischen Energie einen äußerst fruchtbaren Begriff, der sowohl auf «jenes Etwas, das bewegter Ausgleich zwischen Gegensätzen ist»[46], hindeutete, als auch die Tatsache gegensätzlicher Bewegungen in der Psyche in adäquater Weise auszudrücken vermochte.

Als ein Ausdruck der Polarisierung der psychischen Inhalte muß auch die Tendenz der Gegensätze, ineinander umzuschlagen – die Enantiodromie – verstanden werden. Mit Genugtuung stellte Jung fest, daß schon in frühesten Zeiten Heraklit auf ein Gesetz des Gegenlaufs hingewiesen hatte. Dieses Gesetz bedeutete für ihn «das Entgegenlaufen» von Tendenzen, vor allem die Tatsache, «daß alles einmal in sein Gegenteil hinauslaufe»[47]. Auch Nietzsche war ihm ein gewichtiger Gewährsmann, der Ähnliches in vehementen Worten zum Ausdruck gebracht hatte, als er schrieb, daß «mit jedem Wachstum des Menschen auch seine Kehrseite wachsen»[48] mußte.

43. C. G. Jung, *Über die Energetik der Seele,* p. 89 (Ges. Werke VIII, p.57). (Im Text hervorgehoben.)

44. C. G. Jung, *Psychologische Typen,* p. 287 (Ges. Werke VI, p. 216 f).

45. C. G. Jung, *Die Beziehungen zwischen dem Ich und dem Unbewußten,* 1928, p. 131 (Ges. Werke VII, p. 216).

46. C. G. Jung, *Über die Energetik der Seele,* p. 93 (Ges. Werke VIII, p. 60).

47. C. G. Jung, *Die Psychologie der unbewußten Prozesse,* p. 92 f (Ges. Werke VII, p. 78).

48. Fr. Nietzsche, Ges. Werke, Alfred Kröner, XVI, *Der Wille zur Macht,* 1912, IV. Buch, I. Rangordnung, Nr. 881, p. 296.

Ebenso wie die Polarisierung der Gegensätze bzw. die Tatsache eines immer erneuten *Auseinanderfallens des Geeinten* zur lebendigen Wirklichkeit gehörte, ebenso wie alles menschliche Tun von antagonistischen Regungen bestimmt war, so sah JUNG auch im Streben nach *Ausgleich der Gegensätze* ein Grundprinzip des menschlichen Daseins. Schon in frühen Jahren (1917) hatte er dieses Prinzip des Ausgleichs von Gegensätzen auf das Gesetz der Selbstregulierung gegründet. Die Psyche nämlich ließ nicht nur die Tendenz zur Polarisierung, sondern auch diejenige zum Ausgleich, ja zur Herstellung zusammenhängender Gleichgewichtslagen erkennen. Beides hing mit dem für die Psyche außerordentlich wesentlichen Gesetz der Selbstregulierung zusammen. *Die Psyche regulierte sich selber!* Dementsprechend hielt JUNG auch dafür, daß sich eine Theorie, die dem lebendigen Geschehen der Seele gerecht werden wollte, auf die Prinzipien von Gegensatz und Selbstregulierung stützen mußte.

> Eine psychologische (wissenschaftliche) Theorie, die mehr sein soll als bloß technisches Hilfsmittel, muß sich auf das Gegensatzprinzip gründen; denn ohne dieses könnte sie nur eine neurotisch unbalancierte Psyche rekonstruieren. Es gibt kein Gleichgewicht und kein System mit Selbstregulierung ohne Gegensatz. Die Psyche aber ist ein System mit Selbstregulierung[49].

Formal betrachtet, war die Möglichkeit eines Ausgleichs vom Vorhandensein eines *Gefälles* abhängig und niemals das Resultat einer bloßen Willensanstrengung. Umformungen und Wandlungen von Vorstellungen verlangten deshalb auch stets sich *natürlich* ergebende Potentialunterschiede, und zwar in der gewünschten Richtung. *«... nur dort, wo das Gefälle liegt, (führte) der Pfad des Lebens weiter»*[50]. Nur dort war eine Umformung in Symbole möglich!

Überall, wo schöpferische Prozesse am Werk waren, ließ sich sowohl ein Gegensatzpotential wie auch eine Tendenz zum Ausgleich feststellen. Nicht nur die Erzeugnisse der Kultur, sondern auch die religiösen

49. C. G. JUNG, *Das Unbewußte im normalen und kranken Seelenleben*, 1926, p. 90 (Ges. Werke VII, p. 66 f).

50. C. G. JUNG, *Über die Psychologie des Unbewußten*, p. 97 (Ges. Werke VII, p. 58.).

Vorstellungen und geistigen Gestaltungen konnten als Niederschläge der tiefgehenden Spannung zwischen Natur und Geist verstanden werden. Offenbarte sich in der Kultur der Gegensatz zwischen dem Natürlichen einerseits und dem nomothetischen Prozeß[51] anderseits, so erreichten die gegensätzlichen Erfahrungen von Licht und Finsternis ihre höchste Zuspitzung in den jeweiligen Gottesvorstellungen. Interessant ist folgende Bemerkung:

> Damit wäre Gott der Inbegriff nicht nur des geistigen Lichtes, das als späteste Blüte am Baum der Entwicklung erscheint, nicht nur das geistige Erlösungsziel, in welchem alle Schöpfung gipfelt, nicht nur das Ende und der Zweck, sondern auch dunkelste, unterste Ursache aller naturhaften Finsternisse[52].

Ein jegliches Gottessymbol war danach als Ausdruck eines Paradoxons aufzufassen, das einer tiefen, psychologischen Wahrheit entsprach.

> Es sagt nämlich nichts anderes, als daß es (dieses Paradoxon) die Gegensätzlichkeit eines und desselben Wesens darstellt, eines Wesens, dessen innerste Natur eine Gegensatzspannung ist. Dieses Wesen nennt die Wissenschaft *Energie*, denn sie ist *jenes Etwas, das bewegter Ausgleich zwischen Gegensätzen ist*[53].

Daß JUNG den Ursprung der Gegensatzspannung bis zurück in die früheste Kindheit verfolgte, habe ich früher dargelegt. Obgleich er sich in dieser Zurückführung der Grundlagen des menschlichen Daseins auf die Keimanlage mit FREUD deckte, darf man sich über die wesentlichen Unterschiede zwischen beiden Forschern nicht hinwegtäuschen. Für JUNG war diese Anlage niemals nur der Ausdruck von Triebspannungen, z. B. von Ich- und Sexualtrieb, sondern sie war Trägerin einer ungeheuren Inkongruenz, die bis tief in die Erbanlage hinabreichte.

51. Unter «nomothetisch» verstand JUNG einen Ausdruck für «Gesetze schaffend».
52. C. G. JUNG, *Über die Energetik der Seele*, p. 92 f (Ges. Werke VIII, p. 60, leicht veränderter Text).
53. ibid. p. 93 (Ges. Werke VIII, p. 60). (Von mir hervorgehoben.)

So wird eigentlich jedes Kind mit einer ungeheuren *Inkongruenz* geboren; einerseits ein sozusagen tierähnliches, unbewußtes Wesen, anderseits die letzte Verkörperung einer uralten und unendlich komplizierten Erbsumme. Diese Inkongruenz macht die Spannung der Keimanlage aus und erklärt überdies noch viele Rätsel der an Rätseln wahrlich nicht armen kindlichen Psychologie[54].

Daß JUNG diese Gegensatzspannung im Verlauf seines Schaffens in immer tieferem Sinn aufgefaßt hat, wird uns im nächsten Kapitel beschäftigen. Vorderhand soll nur darauf hingewiesen werden, daß die geistige Natur des Menschen für ihn niemals ein «Anhängsel ... ein Nebenprodukt der Triebe»[55] darstellte, sondern ein Prinzip sui generis, dem er die Dignität eines eigentlichen Formprinzips des Psychischen zubilligte.

Ihre tiefe Bedeutung erhielt der Prozeß von Polarisierung und Ausgleich der Gegensätze erst in der sogenannten zweiten Lebenshälfte (nach 35 Jahren). Für die Entwicklung des Einzelnen war es nämlich typisch, daß er im reiferen Alter zwecks Erfüllung des ihm innewohnenden Lebensprinzips vor die Notwendigkeit einer Integration des «Andern in ihm» gestellt wurde. War es in der ersten Lebenshälfte dem Lebensprozeß konform, sich in die Umwelt, ins Außen verstricken zu lassen, die infantilen Abhängigkeiten von Vater und Mutter und deren Ersatzfiguren zu verdrängen, um den drängenden Trieben und geistigen Impulsen zur Gestaltung zu verhelfen, so führte ein solches Verhalten in der zweiten Lebenshälfte unweigerlich zu Versagungserscheinungen. In dieser Phase ließ sich eine innere Auseinandersetzung mit den unbewußt gebliebenen, vergessenen oder verdrängten Persönlichkeitsteilen nur um den Preis eingreifender Störungen umgehen. Ebenso war es unvermeidlich, sich mit den herandrängenden, dem Bewußtsein noch fremden Inhalten des kollektiven Unbewußten in Beziehung zu setzen. Diese Erkenntnis bestimmte auch die psychotherapeutische Grundeinstellung JUNGS. Nicht die Bearbeitung infantiler Inzestwünsche (FREUD) oder untauglicher Fiktionen (ADLER), aber auch nicht die Befreiung des Ich von der Last des Vergangenen erschien ihm als das therapeutische Ziel des reiferen Lebensalters. Wesentlich

54. ibid. p. 87 (Ges. Werke VIII, p. 56).
55. ibid. p. 93 (Ges. Werke VIII, p. 61).

war ihm vielmehr *die Bewußtmachung und Assimilation der in den jeweiligen Phänomenen von Stauung, von Durchkreuzung und neurotischen Symptomen verborgenen Gegensatzfunktion.* Dieser Auffassung gab er im Jahre 1926 folgenden, sehr prägnanten Ausdruck:

> Die in der Neurose gefesselten Triebkräfte, wenn gelöst, geben dem jungen Menschen Schwung und Erwartung und Möglichkeit einer weiteren Ausdehnung seines Lebens. Dem Menschen der zweiten Lebenshälfte bedeutet die *Entwicklung der im Unbewußten schlummernden Gegensatzfunktion eine Erneuerung des Lebens.* Diese Entwicklung geht aber nicht mehr über die Lösung von infantilen Bindungen, Zerstörung von infantilen Illusionen und Übertragung der alten Bilder auf neue Figuren, sondern sie *geht über das Gegensatzproblem*[56].

4. Verkoppelung von archetypischem Bild und Instinkt

Das Phänomen der Gegensatzspannung im menschlichen Lebensprozeß hat stets das Interesse JUNGS in Atem gehalten. Von den *Diagnostischen Assoziationsstudien* an bis zu den Schriften im hohen Lebensalter hat er dieses Problem immer wieder aufgenommen und zu vertiefen gesucht. War er der Gegensatzspannung zunächst in Form eines Gegenüber von Gefühlston und Vorstellung begegnet, hatte er später die dem Leben inhärente Gegensätzlichkeit von Wollen und Nichtwollen unterstrichen (1912), wiederum neun Jahre darauf die vierfache Grundstruktur der Psyche herausgearbeitet (1921), so suchte er im Jahre 1919 *das Gegensatzproblem als ein solches von Bild und Instinkt zu begreifen.* Beide Gegensätze waren, wie er erkannte, aufeinander bezogen, wenn auch nicht kausal aufeinander rückführbar. Beide gehörten zur «Eigenart des lebendigen Systems».

Bevor wir näher darauf eingehen, müssen wir uns fragen, was JUNG unter den Ausdrücken Instinkt und Trieb verstanden hat. Aus seinen Ausführungen können wir erkennen, daß er beide Termini promiscue verwendete. Eine Definition läßt sich nur vom Begriff des Instinktes

56. C. G. JUNG, *Das Unbewußte im normalen und kranken Seelenleben,* p. 89 (Ges. Werke VII, p. 66). (Teilweise von mir hervorgehoben.)

finden, während wir in bezug auf den Begriff des Triebes lediglich über die Merkmale von Bedürfnis, Getriebensein und auch Verlangen unterrichtet werden. Als Instinkte bezeichnete er diejenigen unbewußten Vorgänge, die gleichmäßig und regelmäßig wiederkehrten und vor allem durch die Merkmale der zwingenden Nötigung[57] und des Vererbtseins bestimmt waren. In bezug auf letztere Eigenschaft war ihm das Beispiel des höchst raffinierten Fortpflanzungsinstinktes des Yuccafalters[58] erhellend. Wesentlich war ihm auch die Tatsache, daß der Instinkt völlig unabhängig von der Individualität des Menschen funktionierte und überdies auch kollektiver Natur war – eine Feststellung, die auf seine Verwandtschaft mit dem archetypischen Bild hinwies. Auch die Urbilder nämlich zeigten ein autochthones und gleichmäßiges Verhalten, auch sie funktionierten in autonomer Weise und waren kollektiv verankert.

Aus diesen Beobachtungen gewann JUNG die für seine weiteren Untersuchungen außerordentlich fruchtbare Erkenntnis, daß nicht nur die Instinkte (Triebe) und die Grundformen der menschlichen Orientierung (archetypischen Bilder) im *kollektiven Unbewußten* angelegt waren, sondern daß sie auch auf Grund ihrer Gemeinsamkeiten und Regelmäßigkeiten, ungeachtet gewisser Verschiedenheiten im Einzelnen, *Korrelate* darstellten.

> So war die «Art und Weise, wie sich der Mensch innerlich die Welt abbildet(e) trotz aller Verschiedenheiten ... ebenso gleichmäßig und regelmäßig wie sein instinktives Handeln»[59].

Für Bild und Instinkt war es charakteristisch, daß sie sowohl das jeweilige Geschehen regulierten – der Instinkt das Handeln, das archetypische Bild die Auffassung – als auch typische Formen erkennen ließen.

> Archetypen sind typische Formen des Auffassens, und überall, wo es sich um gleichmäßige und regelmäßig wiederkehrende Auffassungen

57. C. G. JUNG, «Instinkt und Unbewußtes», 1919 (Ges. Werke VIII, p. 151).
58. ibid. p. 152.
59. ibid. p. 157.

handelt, handelt es sich um einen Archetypus, gleichviel, ob dessen mythologischer Charakter erkannt wird oder nicht[60].

Analog dazu schrieb JUNG:
Instinkte sind typische Formen des Handelns, und überall, wo es sich um gleichmäßige und regelmäßig sich wiederholende Formen des Reagierens handelt, handelt es sich um Instinkt, gleichgültig ob sich eine bewußte Motivierung dazu gesellt oder nicht[61].

JUNG ging aber noch weiter. Der Zusammenhang zwischen dem Instinkt und dem archetypischen Bild schien ihm so eng zu sein, daß er den Schluß auf eine Verkoppelung beider in der empirischen Welt zog – und zwar schien ihm der Archetypus die *Selbstabbildung des Instinktes*[62] oder mit anderen Worten die *Anschauung des Instinktes von sich selbst*[63] darzustellen. Ebenso wie die archetypischen Bilder stets mit einem gewissen Energiebetrag in Erscheinung traten, waren auch die archaischen Triebregungen mit mythologischen Bildern verknüpft. In grundsätzlich ähnlicher Weise gab JUNG noch Jahre später diesem Gedanken Ausdruck:

Instinkte (sind) keineswegs blinde, spontane und isolierte Impulse, sondern sie sind vielmehr eng verknüpft mit typischen Situationsbildern und können überhaupt nicht ausgelöst werden, wenn die vorhandenen Bedingungen dem apriorischen Situationsbild nicht entsprechen. Die kollektiven Inhalte, welche sich in Mythologemen äußern, stellen nun solche Situationsbilder dar, welche mit der Auslösung instinktiver Impulse aufs innigste verbunden sind[64].

Nach seinen ersten Ansätzen zur Erforschung der Beziehungen zwischen Archetypus (archetypischem Bild) und Instinkt ließ JUNG dieses Problem für ungefähr zwanzig Jahre ruhen, um es erst wieder anläßlich seiner Untersuchungen über die Synchronizität aufzunehmen.

60. ibid. p. 158.
61. ibid. p. 156.
62. ibid. p. 157.
63. ibid.
64. C. G. JUNG, «Medizin und Psychotherapie», 1945 (Ges. Werke XVI, p. 98).

Um des inneren Zusammenhangs willen sei schon an dieser Stelle angedeutet, daß er im Jahre 1946 *die Gegensatzspannung bis dorthin verfolgte, wo es sich um das Gegenüber von Trieb und Geist handelte.* Daß er dabei das Vorhandensein zweier transzendentaler Prinzipien annahm, werde ich im Anhang[65] zu erörtern versuchen.

5. Inzestbild und Wiedergeburt

Eine unmittelbare Anwendung seiner Erkenntnisse vom Äquivalenzprinzip und von der Umsetzung unbewußter Inhalte in Symbole finden wir in seiner Auffassung des Inzestkomplexes. Sie gipfelte darin, daß es sich dabei nicht um einen konkreten Wunsch nach inzestuöser Vereinigung, sondern vielmehr um ein *symbolisches Geschehen* handelte.

Um den grundlegenden Unterschied zu FREUDS konkretistischer Interpretation darzulegen, führte JUNG schon im Jahre 1912 das Gespräch zwischen Nikodemus und Jesus an[66]. An diesem Dialog fand es JUNG höchst eindrücklich, daß Jesus dem natürlichen Bild der Geburt aus dem Mutterleib die symbolische Bedeutung einer Wiedergeburt aus Wasser und Geist gegenüberstellte, die offensichtlich ein höheres Potential und auch die faszinierende Kraft des urtümlichen Bildes erkennen ließ. Eine ähnliche Bedeutung sah er auch beim Bild der Befruchtung der Mutter durch den Geist bzw. durch den befruchtenden Windhauch[67]. Wesentlich war es ihm, daß in beiden Fällen *dem im Konkreten gefangenen Geist ein neues Gefälle angeboten wurde, das ihn von der natürlichen auf die geistige Wirklichkeit hinüberzuleiten vermochte.*

> Nikodemus bliebe in platter Alltäglichkeit stecken, wenn es ihm nicht gelänge, symbolisch sich über seinen Konkretismus zu erheben[68].
> Und weiter hieß es in der vierten Auflage (1952):
> Die symbolische Wahrheit dagegen, welche Wasser an die Stelle der Mutter, Geist oder Feuer an die des Vaters setzt, bietet der in der

65. Siehe p. 375.
66. C. G. JUNG, *Wandlungen und Symbole der Libido*, p. 217 ff.
67. ibid. p. 217 f.
68. ibid. p. 218.

sogenannten Inzesttendenz gebundenen Libido ein neues Gefälle an, befreit sie und leitet sie über in eine geistige Form[69].

Während JUNG den Akzent auf die Wiedergeburt aus dem Geistigen legte, war für FREUD das archaische Bild ein Zeichen für den verdrängten Inzestwunsch, für den Wunsch nach einer inzestuösen Kohabitation. Einer solchen Reduktion des symbolischen Bildes auf konkrete Wünsche hielt JUNG entgegen:

> Es ist nicht die inzestuöse Kohabitation, die gesucht wird, sondern die Wiedergeburt, zu der man allerdings am ehesten durch Kohabitation gelangen könnte. Dies ist aber nicht der einzige Weg, obschon vielleicht der ursprüngliche. Das Hindernis des Inzestverbotes macht die Phantasie erfinderisch ... Versuche in dieser Hinsicht bleiben natürlich im Stadium mythischer Phantasien stecken. *Einen* Erfolg aber haben sie, und das ist die Übung der Phantasie, welche allmählich eben durch die Schaffung von phantastischen Möglichkeiten Bahnen herstellt, auf denen die Libido ... abfließen kann. *So wird die Libido auf unmerkliche Weise geistig*[70].

Die Entdeckung JUNGS, daß das unbewußte Ziel des Inzestbildes gerade nicht in der Sehnsucht nach der Kohabitation, sondern im *Sehnen nach der Wiederbelebung der eigenen Natur* durch die Berührung des mütterlichen Bodens lag, kam einer Umwertung der Werte gleich. Daß diesem Wunsch zutiefst das Suchen nach sich selber und nicht nur ein träges Abgleiten ins Infantile, wie dies FREUD angenommen hatte, zu Grunde lag, gehört mit zum Eindrücklichsten der JUNGschen Psychologie.

> Nach meiner Auffassung handelt es sich dabei nicht nur um einen Rückfall in die Infantilität, sondern um einen echten Versuch des Menschen, etwas für ihn Notwendiges zu finden ... Es zeigt sich, daß er etwas ganz anderes sucht, etwas, *das* FREUD *nur negativ bewertet,* nämlich das Gefühl kindlicher Unschuld, Geborgenheit und Sicherheit, gegenseitige Liebe, Vertrauen und Glauben – kurz etwas, das viele Namen hat[71].

69. C. G. JUNG, *Symbole der Wandlung*, p. 382.
70. C. G. JUNG, *Wandlungen und Symbole der Libido*, p. 216 ff.
71. C. G. JUNG, «Einige Aspekte der modernen Psychotherapie», 1929 (Ges. Werke XVI, p. 34).

Durch eine solche Betrachtungsweise beließ JUNG dem Inzestbild die Dignität eines Unbekannten, barg doch der Schoß der Mutter eine Fülle von Möglichkeiten in sich. Es war JUNGS großes Verdienst, daß er dem regressiven Vorgang, abgesehen von der Gefahr des Steckenbleibens, auch die Möglichkeit einer *Erneuerung der Persönlichkeit aus der Seelentiefe* zuerkannte. Ja, er sah in dieser regressiven Bewegung oft die einzig mögliche Brücke zur Herstellung sowohl einer lebendigen Beziehung zu den schöpferischen Kräften als auch zu dem in der Seele seit Jahrhunderten angehäuften Schatz von Erfahrungen.

> In der Tiefe wohnt die Weisheit, die Weisheit der Mutter; einsseiend mit ihr ist dem Sinne Ahnung gegeben von den tieferen Dingen, von all den Niederschlägen uralter Zeit, deren Schichten sich der Geist bewahrt hat[72].

Diese gereifte Auffassung der Regression war allerdings nicht von Anbeginn an vorhanden. Im Banne der Psychologie von FREUD hatte auch JUNG diesen Vorgang zunächst als eine rückläufige Bewegung der Libido, welche «infantile Reminiszenzen (aus der individuellen Vergangenheit) aufgreift»[73] und in erster Linie den Elternkomplex belebte, aufgefaßt. In ähnlicher Weise suchte er im ersten Teil von *Wandlungen und Symbole der Libido* die regredierende Libido, das heißt den «tempelschänderischen Griff rückwärts» (NIETZSCHE)[74] als ein «ursprünglich passives Steckenbleiben der Libido bei den ersten Kindheitsobjekten»[75] zu beschreiben. Trotz dieser teilweisen Anlehnung an FREUD darf man aber die im zweiten Teil von *Wandlungen und Symbole der Libido* vorgenommenen Modifikationen nicht übersehen. Sie gingen Hand in Hand mit der Ablösung der *personalistischen durch die unpersönliche Ebene*. Es war das Transzendieren der persönlichen Erinnerungsbilder, oder mit anderen Worten, die *Belebung des archaischen Weltbildes*[76], wie wir sie in der Erweckung des archaischen Mutterbildes, der Weisheit der Seelentiefe, gefunden haben, die

72. C. G. JUNG, *Wandlungen und Symbole der Libido*, p. 387.
73. ibid. p. 32.
74. ibid. p. 168.
75. ibid.
76. ibid. p. 395.

JUNG auf das Numinose und *Schicksalshafte unpersönlicher Bilder* hinführte.

Das, was er in den Jahren des Ringens um seine Selbständigkeit dunkel gefühlt und erahnt hatte, sollte er in immer deutlicherer Weise formulieren. Auf Grund seiner Untersuchungen erkannte er in einer für ihn unmißverständlichen Weise, daß es sich bei der Regression auf das Inzestbild um eine Belebung weder der Abbilder der leiblichen Eltern noch der konkreten Reminiszenzen an die Kindheitsphase überhaupt, sondern vielmehr um Vorstellungen von *überpersönlichen Figuren und religiösen Kindschaftsbeziehungen* zu ihnen handelte. Erst eine solche Auffassung schien ihm den Regressionsvorgang in das richtige Licht zu rücken, wie wir aus der vierten Auflage (1952) von *Wandlungen und Symbole der Libido* zu entnehmen vermögen:

> Geht die Regression weiter, über die Kindheitsphase hinaus, d. h. in die vorbewußte («pränatale») Phase, so treten archetypische Bilder auf, welche sich nicht mehr mit den Individualerinnerungen verbinden, sondern zu jenem Schatz ererbter *Vorstellungsmöglichkeiten* gehören, welche mit jedem Menschen wieder geboren werden. Hier entstehen nun die Bilder von «göttlichen» Wesen, die teils menschlicher, teils tierischer Natur sind[77].

Mit dieser Sicht auf mythologische Inhalte und religiöse Gleichnisse eröffneten sich neue Perspektiven für das Symbolverständnis. Es wurde deutlich, daß die Regression, abgesehen von ihrer reduktiven Bewegung, auch *eine Tendenz durchscheinen ließ, die auf ein Größeres abzielte.*

Im Gegensatz zu FREUD, der im Ödipuskomplex, bzw. im Inzestkonflikt einen kaum lösbaren Zwiespalt sah, der bestenfalls durch Sublimierung und Unterdrückung oder auch durch Anpassung an die Kulturforderungen unwirksam gemacht werden konnte, billigte JUNG dem Inzestkomplex die Dignität zu, *den Keim zu einer Wandlung der Gesamtpersönlichkeit* in sich zu bergen. Die Voraussetzung dazu lag in der geistigen und symbolischen Überhöhung beider Seiten des psychischen Konfliktes.

77. C. G. JUNG, *Symbole der Wandlung*, p. 300.

Dem Unterschied zwischen der inzestuösen Tendenz einerseits und dem Inzestverbot anderseits suchte JUNG in den vierziger Jahren auch durch die Unterscheidung von endogam und exogam eine tiefere Bedeutung zu geben. Wie die endogame (inzestuöse) Tendenz, individuell betrachtet, eine geistige Tendenz und in soziologischer Hinsicht einen Trieb, der «letzten Endes die engste Familie zusammenhalten»[78] sollte, verriet, so ließ sich auch die exogame Tendenz in zweifacher Weise verstehen. Während sie auf dem soziologischen Plan einer Tendenz, die auf die Verfestigung der Persönlichkeit und auf die Ausbreitung der eigenen Möglichkeiten in der Sozietät ausgerichtet war, entsprach, wurde sie von innen her als eine dem Individuum auferlegte Beschränkung erfahren. Interessant war auch JUNGS Frage, welche psychischen Tendenzen durch die beiden Einstellungsweisen kompensiert wurden: So erschien ihm die exogame Einstellung als die Kompensation einer zu weit gehenden Sehnsucht nach dem Infantilmilieu oder dem Versinken in sich selber, die endogame Einstellung hingegen als die Balancierung einer zu ausgeprägten Neigung zur Auflösung in der Masse. Beide Tendenzen, sowohl die inzestuös-endogame als auch die beschränkend-exogame, sah er in gewissen primitiven Stämmen zu einer Kompromißlösung zusammengefaßt: nämlich zu der Heiratsform des sogenannten cross-cousin-marriage[79].

6. Die biologische Hypothese bei FREUD

Die Frage nach der Natur von Trieb und Instinkt[80] im Werk FREUDS läßt sich bis zum Jahre 1920 nicht eindeutig beantworten, obgleich er schon vorher mehrfach Äußerungen in Richtung einer biologischen Grundannahme fallen gelassen hatte. Der erste deutliche Hinweis auf die biologische Grundlage des Psychischen finden wir ungefähr zur selben Zeit, in welcher er sich der Psychologie des Ich, vorerst des Narzißmus (1914), zuwandte.

78. C. G. JUNG, *Die Psychologie der Übertragung*, 1945, p. 101 (Ges. Werke XVI, p. 237 ff).
79. ibid. p. 103 und 112 (Ges. Werke XVI, p. 239 und 245).
80. FREUD beschränkte sich grundsätzlich auf die Frage nach der Ätiologie der Triebe, die er als Erregungen, die durch Ziel und Objekt bestimmt waren, auffaßte. Den Ausdruck Instinkt behielt er sich für einen ererbten Besitz vor, wobei er einen solchen fast ausschließlich beim Tier feststellte.

Wenn er auch noch im Vorwort zur dritten Auflage der Sexualtheorie (1914) die Abweichungen der Psychoanalyse von den biologischen Ansichten hervorhob, so bezeichnete er bereits im darauffolgenden Jahr die Sexuallehre als *das an die Biologie angrenzende Stück der Lehre*[81] schlechthin. Aus dieser Zeit stammte auch der erste Versuch einer Zurückführung der Trieblehre auf die Biologie. Zwar bezeichnete er den Trieb vorsichtigerweise noch als einen «Grenzbegriff zwischen Seelischem und Somatischem», d. h. als einen «psychischen Repräsentanten der aus dem Körperinnern stammenden, in die Seele gelangenden Reize»[82], wobei er an psychische Eigenschaften wie Wünsche, Strebungen und Vorstellungen dachte. Immerhin lassen seine weiteren, im selben Jahr gemachten Andeutungen, wonach nicht nur die Quelle solcher Reize in den Organen und Körperteilen, sondern auch der Triebreiz selber in einer Bedürfnisspannung zu suchen sei, nicht zuletzt auch die psychische Funktion sich schließlich in einer Reizbewältigung erschöpfen[83] sollte, auf eine weitgehende *Verankerung der Triebpsychologie in der Biologie* schließen. Was FREUD im Jahre 1915 noch nicht klar ausgesprochen hatte, erfolgte dann um so deutlicher im Jahre 1938, als er schrieb:

> Die Triebe ... repräsentieren die körperlichen Anforderungen an das Seelenleben[84].

Diese Bemerkung wie auch der Hinweis darauf, daß der Trieb erst «auf dem Wege von der Quelle (Körpererregung) zum Ziel psychisch wirksam werde», besiegelte vollends die biologische Grundhypothese seiner Psychologie.

Abgesehen davon hob FREUD eine Reihe von spezielleren Tatsachen hervor, welche seine Hinneigung zum Biologischen erkennen ließen. So deutete nicht nur die Betonung der erogenen Zonen oder des zweizeitigen Ansatzes der Sexualentwicklung, sondern auch die Erwähnung des Geschlechtsgegensatzes, vor allem auch der Bisexualität auf sein biologisches Interesse hin. Nicht zuletzt bewertete er immer mehr die körperliche Hilflosigkeit des Kleinkindes und seine lang an-

81. S. FREUD, *Drei Abhandlungen zur Sexualtheorie,* Vorwort zur vierten Auflage 1915 (Ges. Werke V, p. 31).
82. S. FREUD, «Triebe und Triebschicksale», 1915 (Ges. Werke X, p. 214).
83. ibid.
84. S. FREUD, «Abriß der Psychoanalyse», 1938, Schriften aus dem Nachlaß (Ges. Werke XVII, p. 70).

dauernde Abhängigkeit von den Eltern als ein bedeutsames biologisches Substrat.

In den Bereich des Biologischen vollends weisen einige überraschende Feststellungen aus dem Jahre 1914, in welchen er die Sexualität als Anhängsel des Keimplasmas[85] hinstellte, schließlich sogar einen Chemismus der psychischen Kräfte vertrat. Nicht nur sollten «all unsere psychologischen Vorläufigkeiten einmal auf den Boden organischer Träger gestellt werden ...», sondern es würde dann auch wahrscheinlich, «daß es besondere Stoffe und chemische Prozesse sind, welche die Wirkungen der Sexualität ausüben ...»[86].

Wiesen die letzteren Behauptungen ins Gebiet des Physiologischen, so war die Unterscheidung von Lebens- und Todestrieben bereits als eine Konzession an das Anorganische zu verstehen. Während der Eros das Ziel verfolgte, «das Leben durch immer weitergreifende Zusammenfassung der in Partikel zersprengten lebenden Substanz»[87] zu komplizieren und zu erhalten, sah FREUD im Todestrieb und dem ihm zugeordneten Wiederholungszwang das eigentümlich anmutende Ziel, «das organische Lebende in den leblosen Zustand zurückzuführen»[88].

> Wenn wir es als ausnahmslose Erfahrung annehmen dürfen, daß alles Lebende aus *inneren* Gründen stirbt, ins Anorganische zurückkehrt, so können wir nur sagen: *Das Ziel alles Lebens ist der Tod,* und zurückgreifend: *Das Leblose war früher da als das Lebende*[89].

Im Zusammenhang mit dem FECHNERschen Stabilitätsprinzip[90] ging er – wie bereits hervorgehoben – sogar so weit, eine allmählich sich vollziehende Erschöpfung des Triebreizes, die der Erzielung einer allgemeinen Ruhelage diente, anzunehmen. Diese Feststellung, welche an die schon im Jahre 1895[91] geäußerte pessimistische Erkenntnis anknüpfte, ist mit darum so bedeutsam, weil sie die destruktiven Konsequenzen seiner Triebpsychologie erkennen läßt.

85. S. FREUD, «Zur Einführung des Narzißmus» (Ges. Werke X, p. 143).
86. ibid. p. 144.
87. S. FREUD, *Das Ich und das Es* (Ges. Werke XIII, p. 269).
88. ibid.
89. S. FREUD, «Jenseits des Lustprinzips», 1920 (Ges. Werke XIII, p. 40).
90. ibid.
91. S. FREUD, «Entwurf einer Psychologie», 1895, in: *Aus den Anfängen der Psychoanalyse,* p. 380 f.

7. Schlußbemerkung

Überblicken wir die bisherigen Ausführungen, so erkennen wir unschwer, weshalb die FREUDsche Libidotheorie für JUNG nicht annehmbar war. Interessanterweise kam er in seinen Altersschriften nochmals auf diese Theorie zurück, um den Nachdruck auf eine weitere Gegebenheit, die ihm den zutiefst vorhandenen Unterschied zu FREUD zu erhellen schien, zu legen. Was ihn an der Sexualtheorie immer wieder beschäftigte, war der dem Werk FREUDS zugrunde liegende Zwiespalt, der diesem anscheinend *unbewußt* geblieben war. Einerseits schien – wie JUNG ausführte – die Sexualität für ihn ein Numinosum gewesen zu sein, das nichts weniger als die «Rolle eines deus absconditus, eines verborgenen Gottes»[92] übernahm, und anderseits deuteten seine «Terminologie und Theorie ... ausschließlich ... (auf eine) biologische Funktion»[93] hin. Auf dieser hintergründigen Zwiespältigkeit schien es ihm zu beruhen, daß FREUD die Sexualität als etwas höchst Bedrohliches, wovor man sich schützen mußte, auffaßte. Nicht nur der Umstand, daß er sich so eingehend mit den Tabus, die die Sexualität umkreisten, beschäftigte, nicht nur der fortgesetzte Nachdruck, den er auf die Abwehrmechanismen legte, sondern auch das Gewicht, das er in seinen späteren Schriften dem Triebverzicht und der «Erziehung zur Realität»[94] zuerkannte, wiesen in dieselbe Richtung. Beides nämlich ließ offenbar werden, daß die Sexualität für ihn nicht nur die Trägerin eines undurchdringlichen, furchterregenden Geheimnisses war, sondern auch auf ein Übermächtig-Anderes in der Seele hinwies. Was FREUD in der Sicht JUNGS hätte realisieren sollen, war die Tatsache, daß auch für ihn *die Sexualität eine letztlich geistige Wesenheit* darstellte. Hätte er sich deren Paradoxie, die in der Koinzidenz des «Untersten» mit dem «Obersten», des Triebes mit dem Geiste lag, vor Augen geführt, wäre ihm die ausschließliche Reduktion der Sexualfunktion auf eine biologische Formel kaum möglich gewesen. Beides ließ sich nicht in einem Atemzug nennen!

Es dürfte nicht ohne historisches Interesse sein, daß JUNG in den fünfziger Jahren die von FREUD unausgesprochene, und wie er annahm, der Sexualhypothese höchst wahrscheinlich zu Grunde liegende Intention

92. C. G. JUNG, Aniela Jaffé, *Erinnerungen, Träume, Gedanken*, 1961, p. 156.
93. ibid.
94. S. FREUD, *Die Zukunft einer Illusion* (Ges. Werke XIV, p. 373).

aufgriff, um sie seiner eigenen ganzheitlichen Auffassung einzuordnen. Auch JUNG nämlich konnte, angesichts der drohenden Gefahr des Instinktverlustes, nicht umhin, sich eingehend mit der Bedeutung der Sexualität zu beschäftigen. Während aber FREUD diese Beobachtung der Instinktentfremdung zum Anlaß seiner Theorie von Verdrängung und Über-Ich nahm, gründete JUNG auf sie seine Auffassung vom Selbst und von der heilenden Wirkung einer In-Beziehung-Setzung zu diesem Zentrum.

Daß es sich bei der Sexualität zunächst um eine *natürliche Triebäußerung* handelte, die – wie Hunger, Macht und Selbsterhaltung – zu den biologischen Notwendigkeiten gehörte, war JUNG von jeher selbstverständlich gewesen. Dieser natürliche Aspekt war weder für ihn noch für FREUD jemals ein ernsthaftes Problem gewesen. JUNG bestritt deshalb auch niemals, daß die Sexualität zu den mächtigsten Trieben, ja zu den vitalen Grundlagen des Daseins überhaupt gehörte, und daß ihre Regulierung – immer natürliche Regungen vorausgesetzt – sowohl den Gesetzmäßigkeiten der Biologie als auch den Normen der Sozietät unterworfen war.

Wie sich die natürliche Äußerung des Sexualtriebes von derjenigen der verdrängten Sexualfunktion unterschied, so unterschied sich auch die *natürliche* Beurteilung von der *religiös-symbolischen Bewertung der Sexualität.* Für JUNG wurde, wie dies auch für FREUD der Fall war, die Sexualität immer erst dann zum Problem, wenn sie ihre natürliche Funktion eingebüßt hatte und den Platz einer unbewußt-psychischen Macht, die das Individuum von hinten her ergriff, usurpierte. Beide Forscher betonten die psychischen Gefahren einer *Unbewußtheit* des Einzelnen über seine persönlichen Sexualwünsche bzw. deren Zurückdrängung ins Unbewußte. JUNG ging aber insofern über FREUD hinaus, als er auch die Gefahren, die sich von den *kollektiven* und *unpersönlichen Faktoren* her ergaben, untersuchte. Er erkannte die bedeutsame Tatsache, daß die Sexualität immer dann, wenn sie einer Minderbewertung durch das kollektive Bewußtsein unterlag, gefährliche kompensatorische Vorgänge im Unbewußten von neurotischen oder von an der Zeitproblematik leidenden Individuen zeitigte. In solchen Fällen pflegte sich eine *der Minderbewertung entsprechende Überbewertung der Sexualität im kollektiven Unbewußten* einzustellen, wobei die sexuellen Inhalte mit archetypischen Bildern verquickt wurden. Die Sexualfunktion erschien in solchen Fällen als eine numinose Macht, die den Einzelnen in Besitz nahm und unfrei machte. Vollends dann, wenn sie an den Archetypus des Selbst, an das Gottesbild assimiliert wurde, erreichte ihre Macht einen Höhepunkt. Da der Archetypus des Gottesbildes jeweils mit dem *Anspruch der Totalität* einherging, sah sich auch das Individuum jeweils *als Ganzes herausgefordert und gezwungen, auch als Ganzes zu reagieren*[95]. Die Phänomenologie solcher Fälle war es auch, die JUNG immer erneut veranlaßte, den Sexualinstinkt ernst zu nehmen und die mit ihm verknüpften archetypischen Symbole und Situationsbilder ins Auge zu fassen. Insofern als letztere Inhalte im allgemeinen auf eine Gegensatzfunktion, d. h. eine zur bewußten Einstellung gegensätzliche Funktion, hinwiesen, stellte ihre Assimilation ans Ich kein geringes Ansinnen dar. Dessen ungeachtet stellte ihre Bewußtwerdung die conditio sine qua non der Selbstverwirklichung des Individuums dar.

Von dieser Warte aus betrachtet erhielt die Sexualität die Dignität eines Mysteriums, das zur Ganzwerdung unerläßlich war. Sie konnte zur Wandlungssubstanz schlechthin, zum Ansatzpunkt einer Erneuerung der Persönlichkeit werden, vorausgesetzt, daß der Einzelne ihren mit der Tiefe der Seele verbundenen Wert anerkannte. In seiner Psychotherapie konnte JUNG deshalb nicht umhin, die außerordentliche Bedeutung des Sexualinstinktes zu erkennen, vor allem dann, wenn er vom kollektiven Bewußtsein unterschätzt wurde. Im Unterschied zu FREUD aber versuchte er, die sexuelle Problematik im Rahmen einer ganzheitlichen Auffassung des Individuums bzw. einer symbolischen Betrachtungsweise anzugehen.

> Die Sexualhypothese besitzt ... eine beträchtliche Überzeugungskraft, weil sie mit einem Hauptinstinkt zusammenfällt ... Die Instinkte sind Teile der lebendigen Ganzheit. Sie sind der Ganzheit ein- und untergeordnet. Ihre Befreiung als Einzelwesen führt ins Chaos und den zugehörigen Nihilismus, weil sie die Einheit und Ganzheit des Individuums aufhebt und damit letzteres zerstört. Diese aber zu erhalten oder wiederherzustellen wäre Aufgabe des Psychotherapeuten in höherem Sinne. Es kann nicht die Aufgabe der

95. C. G. JUNG, *Ein moderner Mythus*, 1958, p. 41.

Erziehung sein, Rationalisten, Materialisten, Spezialisten, Techniker, kurz Existenzen, die sich, ihres Ursprungs unbewußt, abrupt in der Gegenwart vorfinden und zur Zusammenhanglosigkeit und Zersplitterung der Sozietät beitragen, hervorzubringen, und so kann auch keine Psychotherapie, die ihr Gesichtsfeld auf den einen Aspekt einschränkt, zu befriedigenden Heilresultaten führen. Die Neigung dazu aber ist so groß und die Gefahr des Instinktverlustes in der atemberaubenden Intensität der modernen Zivilisation so dringend, daß *jede Instinktäußerung sorgsam beachtet werden muß, da sie mit zum Bild der Ganzheit gehört und für das Gleichgewicht des Menschen unerläßlich ist*[96].

96. ibid. p. 44.

F. VON DER KAUSALEN
ZUR HERMENEUTISCHEN METHODE

I. DER FREIE EINFALL UND DIE KAUSALE METHODE FREUDS

In den bisherigen Ausführungen, die uns bis ans Ende der Dreißiger Jahre hinführten, wurde die Frage nach dem analytischen Verfahren und seiner Gültigkeit stillschweigend vorausgesetzt. Um diese Lücke auszufüllen, ist es unvermeidlich, nochmals zu den Anfängen der Psychologie des Unbewußten zurückzukehren.

Die Einführung der Assoziationsmethode in die Tiefenpsychologie ist eines der Hauptverdienste FREUDS. Nicht nur war sie so eng mit der Psychoanalyse verknüpft, daß er ihr den Namen der psychoanalytischen Methode schlechthin verlieh, sondern sie gehörte auch zu den wenigen Entdeckungen, an denen er, wenn auch in modifizierter bzw. erweiterter Form, zeitlebens festgehalten hat. Von daher betrachtet, sowie auch von der großen Bedeutung, die das Verfahren des freien Einfalls in den späteren psychologischen Systemen gewonnen hat, kann es nicht leicht überschätzt werden. Wie DALBIEZ mit Recht betont hat, handelte es sich dabei um eine höchst genuine Erfindung, um eine «découverte absolument personnelle de FREUD ...[1], die den Anspruch auf Objektivität erheben durfte. Da die Methode des freien Einfalls ein Kernstück seines psychotherapeutischen Verfahrens bildete, kann sie nicht losgelöst von seiner Gesamtauffassung betrachtet werden.

Grundlegend war für ihn – entsprechend seiner naturwissenschaftlichen Ausbildung – der Glaube sowohl an eine auf dem Zusammenhang von Ursache und Wirkung beruhende Gesetzlichkeit des Naturgeschehens als auch an eine auf Widerspruchsfreiheit gründende Theorie. War

1. R. DALBIEZ, La méthode psychanalytique et la doctrine Freudienne, I, Paris, 1949, p. 108.

eines der Hauptanliegen seiner Psychologie die Erforschung der Neurose, so stellte *die Auffindung der Noxe, der Krankheitsursachen, die conditio sine qua non der Heilung dar.* Von Anbeginn an sah er die eigentliche Ursache der psychischen Erkrankung in den verdrängten Kindheitserlebnissen, und ebenso lag das Ziel seiner therapeutischen Methode in der Bewußtmachung der pathologischen Erinnerungsspuren sowie in der Verarbeitung von falsch gesteuerten Affekten. Schon in seiner ersten längeren psychologischen Schrift *Studien über Hysterie* (1895) ergänzte er die BREUERsche kathartische Methode durch das Verfahren des *Erinnerns*[2], das er als die zur Aufdeckung der Krankheitsursachen geeignete Technik erkannte.

Wie war FREUD zu seiner Methode des freien Einfalls gekommen? Sein schon in den achtziger Jahren begonnener beruflicher Weg war vorerst mit gewissen Marksteinen wie «Abreagieren», «Hypnose», «hypnotische Suggestion» besetzt gewesen – alles Methoden, die ihn unbefriedigt gelassen hatten[3]. Einen Schritt weiter führten ihn sowohl BERNHEIMS Erfahrungen mit der posthypnotischen Suggestion als auch dessen Nachweis einer nur scheinbaren Amnesie der Somnambulen beim Erwachen. Auf Grund dieser Beobachtungen versprach er sich einen Heilerfolg durch ein im Wachzustand vollzogenes Ausforschen des Kranken über die Entstehung seiner Symptome. Das wiederholte Fehlschlagen nicht nur der Hypnose, sondern auch der Methode des «Drängens» und «Versicherns» – wie er die Aufmunterung des Patienten zum «Erinnern» bezeichnete – ließ ihn auf das Vorhandensein von *affektiv betonten Störfaktoren* in der Behandlung aufmerksam werden. Aus dieser Notsituation gewann er – wie dies auch später immer wieder der Fall sein sollte – einen genialen Einfall: Er versuchte dem Kranken selber die Belebung der pathogenen Erinnerungen zu überlassen! Mit dieser Erkenntnis war bereits der Grundstein zu einem indirekten Verfahren, zur sogenannten «psychoanalytischen Methode»[4] gelegt. Interessant ist die von E. JONES berichtete Tatsache, daß FREUDS Entdeckung der freien Assoziationsmethode unbewußt durch L. BOERNES

2. J. BREUER und S. FREUD, *Studien über Hysterie* (Ges. Werke I, p. 268).
3. L. FREY-ROHN, «Die Anfänge der Tiefenpsychologie», in: Studien zur analytischen Psychologie C. G. JUNGS, 1955.
4. S. FREUD, «Die Sexualität in der Ätiologie der Neurosen», 1898 (Ges. Werke I, p. 512).

Essay über die «Kunst, in drei Tagen ein Originalschriftsteller zu werden», inspiriert worden war[5], – einer Schrift, die er etwa 50 Jahre früher anscheinend mit Interesse und Begeisterung gelesen hatte. Auf dieses Essay lassen folgende Sätze schließen:

> Und hier folgt die versprochene Nutzanwendung. Nehmt einige Bogen Papier und schreibt drei Tage hintereinander, ohne Falsch und Heuchelei, alles nieder, was euch durch den Kopf geht. Schreibt, was ihr denkt von euch selbst, von euren Weibern, von dem Türkenkrieg, von GOETHE, von FONKS Kriminalprozeß, vom Jüngsten Gericht, von euren Vorgesetzten – und nach Verlauf der drei Tage werdet ihr vor Verwunderung, was ihr für neue unerhörte Gedanken gehabt, ganz außer euch kommen. Das ist die Kunst, in drei Tagen ein Originalschriftsteller zu werden[6].

Anläßlich einer späteren Lektüre dieses Essays soll FREUD höchst erstaunt gewesen sein, den Hinweis nicht nur auf die freie Assoziation, sondern auch auf die Idee der Zensur zu finden. E. JONES hält es nicht für ausgeschlossen, daß in beiden Fällen eine Art von Kryptomnesie vorgelegen hat. So interessant dieser Hinweis auf eine Kryptomnesie auch sein mag, er darf nicht darüber hinwegtäuschen, daß es nicht nur die Konzentration auf den Einfall allein, sondern auch die Anwendung dieser Methode auf die Krankengeschichte und die affektiven Störungsherde war, die die wissenschaftliche Leistung FREUDS darstellte. Auch die Tatsache, daß die theoretische Begründung der Assoziationsgesetze bereits Jahrhunderte früher durch LOCKE und HUME erfolgte, später durch HERBART wieder aufgenommen wurde, änderte an FREUDS großem Verdienst nicht viel. Entscheidend nämlich war die Tatsache, daß FREUD die Assoziationsgesetze – wie z. B. die Gesetze der Ähnlichkeit, des Gegensatzes und der Berührung – auf die Empirie des Unbewußten und die Psychotherapie anwendete. Dadurch erhielten sie sowohl eine neue Bewertung als auch eine neue Bedeutung.

Die erstmalig im Jahre 1895 angewendete Assoziationsmethode, den Kranken zum Erinnern der verlorenen Erinnerungen anzuregen, fand –

5. E. JONES, *Das Leben und Werk von Sigmund Freud,* 1960, I, p. 291.
6. S. FREUD, «Zur Vorgeschichte der analytischen Technik», 1920 (Ges. Werke XII, p. 311 f).

wie wir noch ausführen werden – ihre bedeutsame Vertiefung in der Deutung von Träumen. Immerhin stützte er schon von Anbeginn an die Technik des «Sich-Einfallen-Lassens» auf die konzentrierte Selbstbeobachtung des Kranken und die kritiklose Mitteilung der frei aufsteigenden Einfälle. Wesentlich dabei war das ungestörte Aufsteigenlassen der «ungewollten, meist als störend empfundenen ... Gedanken»[7], wobei er die Befolgung der sogenannten «technischen Grundregel»[8] als unerläßlich erkannte. Je unwillkürlicher der freie Einfall war, desto sicherer traf er die verdrängte Erinnerung! Man machte so die ungewollten Vorstellungen zu gewollten![9] Der Arzt hatte sich dabei möglichst passiv zu verhalten und keine Erklärung von außen an den Kranken heranzutragen. Dessen Befragung allein sollte den einmaligen Kausalzusammenhang, in welchem das Individuum und seine Symptome bzw. die in die psychische Verkettung eingeschobenen Träume standen, enthüllen. Wie J. H. PHILLIPS mit Recht betont hat, kam diese Leistung FREUDS einer Kopernikanischen Wendung in der empirischen Psychologie gleich[10]. Das Subjekt des Kranken wurde zur Heilung als unumgänglich notwendig erkannt, allerdings weniger als bewußtwertende Instanz, denn als *passiver Bezugspunkt* für die emporsteigenden Erinnerungen. Mittels dieses Verfahrens schien es FREUD möglich zu sein, sein Ziel, die verdrängten Traumata bzw. die *persönliche Lebensgeschichte* des Kranken ins Bewußtsein zu heben, zu verwirklichen. Wenn auch sein Vorgänger JANET von dem ähnlichen Ziel einer Assimilation der verlorenen Erinnerungen ans Ich ausgegangen war, so hatte er sich ausschließlich durch die auf Fremdsuggestion beruhende Methode der Hypnose leiten lassen.

Hatte FREUD anfänglich erwartet, mittels der Einfallsmethode direkt auf die vergessenen Krankheitsursachen lossteuern zu können, so sollten ihn gravierende Hindernisse eines Besseren belehren. Nicht nur die Ver-

7. S. FREUD, «Die Freudsche psychoanalytische Methode», 1904 (Ges. Werke V, p. 5).

8. S. FREUD, «Psychoanalyse und Libidotheorie», 1923 (Ges. Werke XIII, p. 214). Der Patient wurde aufgefordert, «sich in die Lage eines aufmerksamen und leidenschaftslosen Selbstbeobachters zu versetzen... sich die vollste Aufrichtigkeit zur Pflicht zu machen... keinen Einfall von der Mitteilung auszuschließen, auch wenn man 1. ihn allzu unangenehm empfinden sollte, oder wenn man 2. urteilen müßte, er sei unsinnig, 3. allzu unwichtig, 4. gehöre nicht zu dem, was man suche».

9. S. FREUD, *Die Traumdeutung* (Ges. Werke II/III, p. 107).

10. J. H. PHILLIPS, *Psychoanalyse und Symbolik*, 1962.

schleierung der Kindheitserinnerungen durch die Phantasiedichtungen[11], sondern vor allem auch die Erfahrung eines *Widerstandes* wirkte der Enthüllung der Kindheitserlebnisse entgegen. Vorerst hatte FREUD ihn als *Assoziationswiderstand*[12], der sich im «Abreißen des Zusammenhanges»[13], in der «Absperrung der Einfälle», nicht zuletzt auch in Gedächtnislücken und Täuschungen manifestierte, kennengelernt. Schon im Jahre 1895 stellte er die bemerkenswerte Tatsache fest, daß der Widerstand in jeder Hinsicht der Abwehrkraft, die schon anfänglich die Bewußtwerdung des peinlichen Traumas verhindert hatte, entsprach[14]. Analog der Verdrängung, die die peinlichen Regungen zurückwies, verfolgte er das Ziel, den krankhaften Zustand aufrechtzuerhalten. Dazu gehörten intellektuelle Widerstände, Zweifel, Fragezwang, Verlangen nach Erklärung; vor allem aber erkannte FREUD in dem *Übertragungswiderstand*[15] eine der wesentlichsten Formen, die der psychoanalytischen Behandlung entgegenwirkten. Er verriet stets das Vorhandensein nicht unerheblicher affektiver Störungen in der Beziehung des Kranken zum Arzt.

Den Gedanken, daß der Widerstand die Verdrängung schützte bzw. den Verdrängungsaufwand verstärkte, nahm FREUD später im Begriff der *Gegenbesetzung*[16] (Reaktionsbildung), worunter er eine äußerst wirksame Form des Widerstandes erkannte, wieder auf.

Am Übertragungswiderstand entdeckte er auch eine weitere Tatsache, nämlich die Tendenz des Kranken, *infantile Verhaltensweisen zu wiederholen.* In solchen Fällen trat das Erinnern dem Agieren den Platz ab![17] Anstatt ein «Stück (der) ... Erinnerungen zu reproduzieren», wiederholte der Kranke, allerdings sich selber unbewußt, ein Stück der Vergangenheit. Ungeachtet ihrer Verschiedenartigkeit verfolgten Erinnern und Agieren dasselbe unbewußte Ziel eines Kampfes gegen die Bewußtmachung verdrängter Triebregungen.

War das Auftreten von Widerständen gegenüber der Erschließung

11. Siehe p. 109 ff.
12. S. FREUD, *Studien über Hysterie* (Ges. Werke I, p. 269).
13. ibid. p. 297.
14. ibid. p. 268.
15. S. FREUD, «Zur Dynamik der Übertragung» (Ges. Werke VIII, p. 366).
16. S. FREUD, *Vorlesungen zur Einführung in die Psychoanalyse* (Ges. Werke XI, p. 374).
17. S. FREUD, «Erinnern, Wiederholen und Durcharbeiten» (Ges. Werke X, p. 129).

des Unbewußten ein unüberbrückbares Hindernis bezüglich der Anwendbarkeit der Assoziationsmethode? Ganz und gar nicht! Man mußte sich lediglich bewußt halten, daß der Einfall durch die Wirksamkeit des Widerstandes entstellt wurde und nur indirekt, auf Umwegen, zur Bewußtmachung der traumatischen Ursachen zu führen vermochte.

Der Widerstand begleitet die Behandlung auf jedem Schritt; jeder Akt des Behandelten muß dem Widerstand Rechnung tragen, stellt sich als ein Kompromiß aus den zur Genesung zielenden Kräften und den angeführten, ihr widerstrebenden, dar[18].

Ebenso wie die neurotischen Symptome Kompromißbildungen darstellten, mußte auch bei der Anwendung der Einfallstechnik der Tatsache *eines Ja und eines Nein gegenüber der Bewußtmachung des Verdrängten* Rechnung getragen werden. Es bedurfte daher stets der Vielfalt von Umwegen, Konstruktionen und Intuitionen, um zu den traumatischen Inhalten vorstoßen zu können. Die therapeutische Zielsetzung wurde dabei allerdings erweitert, insofern als die Rückgängigmachung der Verdrängung nun auch die Überwindung der Widerstände einschloß.

Zuerst das Aufsuchen der Verdrängung, dann die Beseitigung des Widerstandes![19]

Diese Erkenntnis war nicht nur für das Erinnernlassen des Verdrängten, sondern ebensosehr für das Durcharbeiten der Widerstände und das Wiederholenlassen der Vergangenheit von Bedeutung.

In all diesen Fällen hatte FREUD die Fruchtbarkeit der Einfallsmethode bestätigt gefunden. Mit ihrer Hilfe gewann er nicht nur seine großen Heilerfolge, sondern auch den bedeutendsten Teil seiner Einsichten in das Wesen der unbewußten Psyche, nämlich die Einsicht sowohl in die Gesetzmäßigkeiten von Trauma und Neurose, von Widerstand und Neurose, als auch von Phantasie und Traum. Auch in der Traumdeutung behielt die Methode des freien Einfalls, ungeachtet ihrer

18. S. FREUD, «Zur Dynamik der Übertragung» (Ges. Werke X, p. 280).
19. S. FREUD, *Vorlesungen zur Einführung in die Psychoanalyse* (Ges. Werke XI, p. 453).

Ergänzung durch das Verfahren der Deutung von Symbolbeziehungen, die ja naturgemäß ohne die Anwesenheit des Träumers möglich war, ihre Vorrangstellung. *Stets beließ* FREUD *der Befragung des Subjekts und der Aufdeckung der persönlichen Lebensgeschichte die grundlegende Bedeutung.*

Es bleibt uns noch die Frage zu prüfen, welchen Anspruch auf Gültigkeit und Erfolg das Verfahren des freien Einfalls erheben konnte. Inwiefern war der freie Einfall nicht ein bloßes Zufallsprodukt, und inwiefern gelangte man tatsächlich durch die Einfälle zur Erhellung der Ursachen? Die Frage war nicht schwer zu beantworten. In Tat und Wahrheit waren nämlich die Einfälle, wie FREUD feststellte, nur vom Gesichtspunkt des Bewußtseins her frei, d. h. absichtslos. Vom Unbewußten her betrachtet folgten sie einer *inneren Zielstrebigkeit.* Es waren drei bemerkenswerte Erkenntnisse, die ihm die Richtigkeit und Anwendbarkeit seines Verfahrens zu erweisen schienen: die Erkenntnis der lückenlosen und sinnvollen Verkettung des Erinnerungsmaterials[20], der konzentrischen Anordnung der Erinnerungen und Widerstände um einen affektbetonten Kern- und Kristallisationsmittelpunkt[21], und nicht zuletzt auch einer dreifachen – chronologischen, radialen und logischen – Schichtung der unbewußten Psyche[22]. Die erstaunliche Beobachtung einer sinn- und affektbetonten Verkettung zwischen Trauma, Symptom und Einfall[23] überzeugten ihn vom Vorhandensein einer seelischen Gesetzmäßigkeit, die jeglicher Reduktion der Einfälle auf Zufallserscheinungen spottete.

Damit war das naturwissenschaftliche Ziel eines durchgängigen Zusammenhanges von Ursache und Wirkung – auch für die unbewußten Vorgänge – gewährleistet! Es bedeutete für FREUD eine außerordentliche Genugtuung, als er anläßlich der Erforschung nicht nur der Traumassoziationen, sondern auch des Witzes, die Wirksamkeit von *unbewußten Zielvorstellungen*[24] zu bestätigen vermochte. Daß nicht

20. S. FREUD, «Zur Ätiologie der Hysterie» (Ges. Werke I, p. 433 f).

21. S. FREUD, *Studien über Hysterie* (Ges. Werke I, p. 182).

22. ibid. p. 292 f.

23. S. FREUD, *Zur Psychopathologie des Alltagslebens* (Ges. Werke IV, p. 268f, Anm.).

24. S. FREUD, *Die Traumdeutung* (Ges. Werke II/III, p. 533). FREUD hat in einer späteren Auflage darauf hingewiesen, daß bereits Ed. v. HARTMANN in seiner *Philosophie des Unbewußten* das «Gesetz der von unbewußten Zielvorstellungen geleiteten Ideenassoziation mit klaren Worten ausgesprochen» hatte. Ibid. p. 533, Anm.

nur das Bewußtsein, sondern auch die unbewußten Vorgänge einer, wenn auch unbewußten, Zielstrebigkeit folgten, schien nicht nur die psychoanalytische Methode und die darauf gegründete Neurosentherapie, sondern auch die Traumdeutung zu rechtfertigen. Diesen Gedanken verlieh er in folgender Weise Ausdruck:

> Von den beiden Sätzen, daß mit dem Aufgeben der bewußten Zielvorstellungen die Herrschaft über den Vorstellungsablauf an verborgene Zielvorstellungen übergeht, und daß oberflächliche Assoziationen nur ein Verschiebungsersatz sind für unterdrückte, tiefer gehende, macht die Psychoanalyse bei Neurosen den ausgiebigsten Gebrauch; ja, sie erhebt die beiden Sätze zu Grundpfeilern ihrer Technik. Wenn ich einem Patienten auftrage, alles Nachdenken fahren zu lassen und mir zu berichten, was immer dann ihm in den Sinn kommt, so halte ich die Voraussetzung fest, daß er die Zielvorstellungen der Behandlung nicht fahren lassen kann, und halte mich für berechtigt, zu folgern, daß das scheinbar Harmloseste und Willkürlichste, das er mir berichtet, im Zusammenhang mit seinem Krankheitszustand steht. Eine andere Zielvorstellung, von der dem Patienten nichts ahnt, ist die meiner Person[25].

Diese Erkenntnis machte sich FREUD insofern zunutze, als er den Kranken und auch den Träumer jeweils veranlaßte, an einer bestimmten Ausgangsvorstellung festzuhalten, wodurch die Einfälle dem «enchaînement» unterworfen wurden bzw. in den Bannkreis der affektmächtigen unbewußten Komplexe[26] gerieten.

Zusammenfassend können wir sagen, daß die Assoziationsmethode letzten Endes auf dem empirischen Nachweis beruhte, daß das *Unbewußte ein zusammenhängendes Ganzes von Erinnerungen darstellte.*

25. ibid. p. 536 f.

26. S. FREUD, *Vorlesungen zur Einführung in die Psychoanalyse* (Ges. Werke XI, p. 106 f).

II. DER GEBUNDENE EINFALL UND DER FINALE GESICHTSPUNKT JUNGS

Die Assoziationsmethode ist, wenn auch in stark modifizierter Form, ebenfalls zum eisernen Bestand der Psychologie von C. G. JUNG geworden. Wie er stets anerkennend hervorgehoben hat, leitete sie sich, historisch betrachtet, von dem FREUDschen psychoanalytischen Verfahren ab. Noch im Jahre 1929 erwähnte er, daß er seine eigene Technik von «FREUDS Methode des freien Assoziierens gelernt» habe und sie «als eine Weiterbildung derselben»[1] auffaßte. Wenn auch das Ziel, dessen Erreichung er sich von der Assoziationsmethode versprach, nämlich die Aufdeckung sowohl der Bedeutungsmittelpunkte der unbewußten Psyche, als auch das Verstehen der psychischen Entwicklungslinien, wesentlich von FREUDS Zielsetzung abwich, so stimmte er immerhin mit den *formalen Gesichtspunkten* weitgehend überein: Auch ihm kam es auf die Befragung des Subjekts bzw. das Sich-Einfallen-Lassen an.

Eine seiner frühesten Abgrenzungen gegenüber FREUD betraf die psychologische Natur der Assoziation (= Reaktionswort im Assoziationsexperiment). Wenn auch beide Forscher darin übereinstimmten, daß der Einfall, soweit das Unbewußte in Frage stand, unfrei, bzw. durch einen unbewußten Komplex determiniert war[2], so betonte JUNG in noch weit höherem Maße, als dies bei FREUD der Fall war, das Grundsätzlich-Unfreie der Reaktion. Diese glich weit eher einer Symptomhandlung und war weitgehend das Ergebnis eines autonom wirkenden Komplexes.

1. C. G. JUNG, «Ziele der Psychotherapie», 1929 (Ges. Werke XVI, p. 50).
2. S. FREUD, «Tatbestandsdiagnostik und Psychoanalyse», 1906 (Ges. Werke VII, p. 4).

Die Reaktionen sind daher nicht freie Einfälle, sondern bloß Symptomhandlungen (FREUD), die von einem psychischen Faktor geleitet werden, der sich wie ein selbständiges Wesen benimmt[3]. «Die Konstellation (ZIEHEN) einer Assoziation ist sogar meistens eine unbewußte . . .; der konstellierende Komplex spielt dabei die Rolle eines quasi selbständigen Wesens, eines ‹zweiten Bewußtseins›»[4].

Es war auch diese Erkenntnis von der Bedingtheit der Assoziation durch den Komplex, auf die JUNG einen seiner wesentlichen Einwände gegenüber FREUDS Annahme stützte, mittels freier Einfälle – wenn auch auf Umwegen – die Ursachen der Krankheit, die «verlorenen Erinnerungen», aufdecken zu können. In all den Fällen nämlich, bei denen anscheinend Initialerlebnisse berührt wurden, handelte es sich für JUNG um psychische Regungen, die *vorgängig* schon durch Komplexe konstelliert worden waren. Es ließ sich niemals mit Sicherheit auf primäre Ursachen schließen. Seiner Auffassung nach reichte die Reaktion, *der psychische Einfall, niemals über den konstellierenden Komplex hinaus, die sogenannte primäre Ursache war nichts anderes als ein Merkmal und Zeichen des Komplexes selber!*[5] Im Zusammenhang damit stand auch JUNGS ebenso grundsätzlicher Einwand, daß die Verquickung der freien Assoziationsmethode mit der kausalen Fragestellung FREUD am Eigentlichen der Psyche vorbeisehen ließ.

Insofern als FREUD alle aktuellen Probleme und Schwierigkeiten auf die unerledigte, unbewältigte Vergangenheit, konsequenterweise auch die freien Einfälle auf die in der Vergangenheit liegenden Ursachen zurückführte, blieb er im «enchaînement» von Symptom, Einfall und traumatischer Erinnerung gefangen. Was JUNG vermißte, war ein Instrument, das den *Sinngehalt* wie auch die *Entwicklungstendenzen in der unbewußten Psyche* enthüllen half. Dem Wesen des Psychischen adäquater schien ihm eine Technik zu sein, die die Einfälle vom Gesichtspunkt der Zielstrebigkeit und des Symbolgehaltes untersuchte. Wir können daher auch verfolgen, wie die Entdeckung der Spontaneität, der Eigengesetzlichkeit und auch der Zielstrebigkeit des

3. C. G. JUNG, «Psychoanalyse und Assoziationsexperiment», in: *Diagnostische Assoziationsstudien,* I, p. 211.
4. ibid. p. 222.
5. C. G. JUNG, «Die Freudsche Hysterietheorie», 1908 (Ges. Werke IV).

Psychischen einen allmählichen Wandel in der Handhabung des Einfallsverfahrens nach sich zogen!

1. Die prospektiv-konstruktive Methode

In den frühen, im Jahre 1906 und 1907 veröffentlichten Schriften JUNGS herrschte allerdings der Einfluß von FREUDS kausaler Methode noch vor. Mit anderen Worten: Das Ziel, mittels der Einfälle vergangene Ereignisse aufzudecken, war noch bestimmend. Auch in dem Vortrag «L'analyse des rêves»[6] gründete er die Traumdeutung noch weitgehend auf den freien Einfall. Immerhin steuerte er bereits auf die Aufdeckung der den Träumen zugrunde liegenden Komplexe zu, unter Vernachlässigung der Ereignisse. Es war aber erst im Jahre 1914, also *nach* seiner offiziellen Loslösung von FREUD, daß er mit seinem eigenen Standpunkt an die Öffentlichkeit trat. Und zwar war es die Beobachtung der *antizipierenden Bedeutung der Träume* (1912), die ihn zur Distanzierung von der kausal-reduktiven Methode und zur Begründung des *prospektiv-konstruktiven Gesichtspunktes* veranlaßte. Was verstand er darunter?

> Der konstruktive Standpunkt ... frägt, wie wird aus dieser so gewordenen Seele eine Brücke zu ihrer Zukunft geschlagen ...[7] Und: Die konstruktive Methode ergibt als nächstes Resultat ... eine psychologische Entwicklungslinie, eine Bahn sozusagen ...[8]

Im Unterschied dazu war der kausale Standpunkt, wie JUNG hinzufügte, weitgehend reduktiv: Er führte zu den instinktiven Ursachen, zum Primitiven und Elementaren zurück, und er war zudem auflösend und untergrabend. Für den konstruktiv-prospektiven Gesichtspunkt hingegen war es charakteristisch, *synthetisch und aufbauend* wirken zu wollen und den Blick nach vorn zu richten. FREUDS Verfahren war, wie er im Jahre 1914 schrieb, ein «Verstehen nach rückwärts» im Unterschied

6. C. G. JUNG, «L'analyse des rêves», 1909.
7. C. G. JUNG, *Der Inhalt der Psychose*, 2. Auflage 1914, p. 32 (Ges. Werke III, p. 204).
8. ibid. p. 42 (Ges. Werke III, p. 214).

zu seinem eigenen «Verstehen nach vorwärts»[9]. Während für den reduktiv-kausalen Gesichtspunkt die Frage nach dem «Warum» von vordergründigem Interesse war, und deshalb auch das Aufspüren von Störungsherden in der Vergangenheit, d. h. von Fehlentwicklungen, Erinnerungsdefekten und auch von falschen affektiven Steuerungsversuchen der Lebensenergie, stand für den konstruktiven Gesichtspunkt das Verständnis der *aktuellen Situation und die Lösung der gegenwärtigen Konflikte im Vordergrund des Interesses.* Von dieser Fragestellung erhoffte sich JUNG einen Weg zu einem adäquateren Verstehen neuer Entwicklungsmöglichkeiten und Wertmöglichkeiten des Individuums.

> Ein Mensch ist nur halb verstanden, wenn man weiß, woraus alles bei ihm entstanden ist. Wenn es nur daran läge, so könnte ein Mensch ebensogut schon längst gestorben sein. Als Lebender ist er aber nicht begriffen; denn das Leben hat nicht nur ein Gestern, und es ist nicht erklärt, wenn das Heute auf das Gestern reduziert wird. Das Leben hat auch ein Morgen, und das Heute ist nur dann verstanden, wenn wir zu unserer Kenntnis dessen, was gestern war, noch die Ansätze zum Morgen hinzufügen können[10].

Mit der Betonung eines konstruktiven Verfahrens wollte JUNG keineswegs die Bedeutung der Ursachenerforschung leugnen. Auch er erkannte die Notwendigkeit, z. B. bei Schreckerlebnissen oder bei somatischen Anzeichen, nicht zuletzt auch beim Wiederauftauchen verdrängter Erinnerungen, auf die vorgängigen Erlebnisse zurückzugehen. Von weit größerer Bedeutung war es für ihn, die Frage nach der Ursache durch diejenige nach dem *Sinn und Zweck*, oder wie er später formulierte: die Frage nach dem «Warum» durch diejenige nach dem «Wozu»[11] zu ergänzen! Wozu diente ein Symptom, wozu diente ein Komplex, oder was war der Sinn eines Traumes? Was wollte er bewirken? Von dieser Fragestellung erwartete er auch eine neue Antwort und einen neuen Zugang zum Verständnis der Entwicklungstendenzen in der unbewußten Psyche.

9. ibid. p. 29 (Ges. Werke III, p. 201).
10. C. G. JUNG, *Die Psychologie der unbewußten Prozesse,* p. 62 f (Ges. Werke VII, p. 49).
11. C. G. JUNG, «Allgemeine Gesichtspunkte zur Psychologie des Traumes», 1928 (Ges. Werke VIII, p. 277).

In seinen beiden Vorworten zu den *Collected Papers on Analytical Psychology* (1916 und 1917) war JUNG bemüht, den Unterschied zwischen dem kausalen und dem finalen Gesichtspunkt auf das Kriterium von reversibel bzw. irreversibel zurückzuführen[12].

Auch die Erkenntnis, daß das kausal-reduktive Verfahren ungeeignet war, um den auftauchenden Bildern aus dem kollektiven Bereich gerecht zu werden, wies über die FREUDsche Methode hinaus. Da die archaischen Bilder, wie JUNG vorerst an den Traumsymbolen entdeckte, vor allem durch den Sinn- und Bedeutungsgehalt heilsam waren, konnte man von einer Methode, die diese Bilder nurmehr auf persönliche Faktoren und Reminiszenzen zurückführte, nichts Aufbauendes erwarten. JUNG betonte deshalb schon im Jahre 1917 die Notwendigkeit einer Ergänzung des reduktiv-analytischen Verfahrens durch das synthetische Verfahren.

> Dieses Verfahren erreicht sein Ende in dem Moment, wo sich die Traumsymbole nicht mehr auf persönliche Reminiszenzen oder Strebungen reduzieren lassen, d. h. wenn die Bilder des absoluten Unbewußten reproduziert werden. Es wäre ganz sinnlos, diese Kollektivideen auf Persönliches reduzieren zu wollen, und nicht nur sinnlos, sondern direkt schädlich, wie mich die Erfahrung unliebsam lehrte. Die Bilder oder Symbole des absoluten Unbewußten geben nur dann Werte von sich, wenn sie einer synthetischen (nicht analytischen) Behandlung unterworfen werden. Wenn die Analyse (das kausal-

12. C. G. JUNG, *Collected Papers on Analytical Psychology* 1917, Vorwort zur 2. Auflage (Collected Works IV, p. 295 f). «... It cannot be disputed that, psychologically speaking, we are living and working day by day according to the principle of directed aim or purpose as well as that of causality ... What is plainly directed towards a goal cannot be given an exclusively causalistic explanation, otherwise we should be led to the conclusion expressed in MOLESCHOTT's famous dictum: Man ist was man ißt ... We must always bear in mind, that *causality is a point of view.* It affirms the inevitable and immutable relation of a series of events: a-b-c-z, ... *Finality ist also a point of view,* and it is empirically justified by the existence of series of events in which the causal connection is indeed evident *but the meaning of which only becomes intelligible in terms of endproducts* (final effects) ...» «As a matter of fact, modern physics has necessarily been converted from the idea of pure mechanism to the finalistic concept of the conservation of energy, because the mechanistic explanation recognized only reversible processes whereas the actual truth is that the processes of nature are irreversible. This fact led to the concept of an energy that tends towards relief of tension and hence towards a definitive final state.»

reduktive Verfahren) das Symbol in seine Komponenten zersetzt, so integriert das synthetische Verfahren das Symbol zu einem allgemeinen und verständlichen Ausdruck[13].

Nur wenn man das archaische Material nicht auflöste, sondern es in seinem Sinn- und Symbolwert zu erfassen suchte, enthüllten die urtümlichen Bilder ihren tieferen Gehalt, ihre prospektive Bedeutung für die weitere Entwicklung des Einzelnen.

Obgleich JUNG den reduktiven Kausalismus anerkannte und auch die reduktive Methode in gewissen Fällen von Verstiegenheit, Überheblichkeit und Irrealität anwendete, so schien ihm die Berücksichtigung der finalen Methode unerläßlich. Das Leben war nicht nur eine Kette ursächlich verbundener Fakten, bestand nicht nur in einer durchgängigen Verkettung von seelischen Tatsachen, wobei jeder neue Einfall die ganze Kette von Erinnerungen zum Schwingen bringen konnte, sondern *dieser Zusammenhang war auch final gesteuert.* Mit anderen Worten: Die finalen Ursachen beruhten letzten Endes auf einem unbewußten Vorauswissen irgendwelcher Art. Diesen Gedanken drückte er auch so aus, daß die Zielstrebigkeit des Unbewußten ein «System von Zweckmäßigkeiten (darstellte), welche sich zu erfüllen trachteten», und zwar bis in den Tod hinein.

Das Leben ist ein energetischer Ablauf wie irgendeiner. Aber jeder energetische Vorgang ist im Prinzip irreversibel und darum eindeutig auf ein Ziel gerichtet, und das Ziel ist die Ruhelage ... Das Leben ist sogar das Teleologische par excellence, es ist *Zielstrebigkeit* selber, *und der lebende Körper ist ein System von Zweckmäßigkeiten,* welche sich zu erfüllen trachten. Das Ende jeglichen Ablaufs ist sein Ziel[14].

Auch der Tod war unter diesem Blickpunkt als ein Ziel und eine Erfüllung anzusehen. Abgesehen von dieser zunehmenden Distanzierung gegenüber dem FREUDschen Kausalismus versuchte er immer

13. C. G. JUNG, *Die Psychologie der unbewußten Prozesse,* p. 95 f (Ges. Werke VII, p. 88).

14. C. G. JUNG, «Seele und Tod«, 1934 (Ges. Werke VIII, p. 464 f). (Von mir hervorgehoben.)

wieder, den Verdiensten FREUDS gerecht zu werden. So stellte er im Jahre 1952 retrospektiv fest:

> Es liegt mir fern, die außergewöhnlichen Verdienste FREUDS um die Erforschung der individuellen Psyche irgendwie schmälern zu wollen. Der begriffliche Rahmen aber, in welchen FREUD die seelische Erscheinung spannte, erschien mir unerträglich eng. Ich meine damit keineswegs z. B. seine Neurosentheorie, die so eng sein kann als sie mag, wenn sie nur dem Erfahrungsmaterial adäquat ist, oder seine Traumtheorie, über die man in guten Treuen verschiedener Ansicht sein kann; ich meine vielmehr den reduktiven Kausalismus seines allgemeinen Standpunktes und das sozusagen *vollständige Außerachtlassen der für alles Psychische so charakteristischen Zielgerichtetheit*[15].

Ich werde im Anhang darauf zurückkommen. Die zunächst sich ergebende Aufgabe sah JUNG in der Erarbeitung einer Einfallsmethode, die den Entwicklungs- und Sinntendenzen im Individuum gerecht wurde. So kam er zur Begründung seiner Amplifikationsmethode!

2. Die Amplifikationsmethode

Welches waren die Konsequenzen, die er aus seinem Weltbild für das Einfallsverfahren zog? Wenn auch kein zwingender Zusammenhang zwischen Einfallstechnik und psychologischer Grundauffassung bestand, so konnte man immerhin eine gewisse Affinität des freien Einfalls zum Reduktiv-Kausalen feststellen. Ebenso schien eine Affinität des Prospektiv-Finalen zum gebundenen bzw. zu dem an die jeweilige Bedeutungseinheit eines Symbols gebundenen Einfall zu bestehen. Eine solche Einfallstechnik, die JUNG als Amplifikationsverfahren bezeichnete, gipfelte darin, daß die Einfälle sich auf den Kern der jeweiligen psychischen Einheit – Komplex, Traum, Vision oder auch Phantasie – zurückbezogen. Wie die linear verlaufende Technik des freien Einfalls, ging auch die Amplifikationsmethode zunächst von den einzelnen Stücken des psychischen Gebildes, d. h. von dessen Elementen, aus.

15. C. G. JUNG, *Symbole der Wandlung*, Vorwort, p. VIII.

Während aber erstere den Erinnerungsketten folgte, um vom manifesten zum latenten Inhalt, zur Ursache, vorzustoßen, war das Amplifikationsverfahren wesentlich *radiärer* Natur. JUNG hatte dabei ein «sorgfältiges, bewußtes Ableuchten derjenigen Assoziationsverbindungen, die objektiv um ein Traumbild gruppiert»[16] waren, im Auge. Durch eine konzentrische Methode[17], die den Bedeutungskern umkreiste, hoffte er, sowohl die Vieldeutigkeit einzuschränken, wie auch den einmaligen Sinn der psychischen Gestaltung für die augenblickliche Situation zu erfassen. Wesentlich dabei war die Erweiterung des Bildsinnes bis zur Sichtbarkeit[18].

> Diese Methode der Amplifikation ist eine Erweiterung, eine bewußte Anreicherung. Ich veranlasse dabei den Träumer, das Bild in den Mittelpunkt des Interesses zu stellen und alle an das Bild gebundenen Assoziationen zu bringen[19].

Stets war das Ziel des Amplifikationsverfahrens auf die Erhellung des Bedeutungsmittelpunktes einer psychischen Einheit ausgerichtet. *Formal gesehen war es radiärer, inhaltlich hingegen hermeneutischer Natur.* Diese Erhellung konnte sowohl persönlicher als auch unpersönlicher Natur sein. Bei der persönlichen Amplifikation steuerte der Einzelne die für sein persönliches Leben und seine Lebensgeschichte wesentlichen Assoziationen bei, wodurch er den sogenannten Kontext zu den jeweiligen Elementen des psychischen Gebildes erhielt. Die unpersönliche Amplifikation hingegen beruhte auf Assoziationen aus den Materialien des kollektiven Unbewußten, wie z. B. aus der Mythologie, den Märchen und der Folklore. Diente der Kontext zum vertieften Verständnis der persönlichen Lebensgeschichte, der damit verbundenen Konfliktsituationen und unerfüllten Formen der Beziehung, so erweiterte der Einzelne mittels der unpersönlichen Amplifikation seinen Gesichtskreis in Richtung eines *allgemeinmenschlichen* Erfassens

16. C. G. JUNG, «Die praktische Verwendbarkeit der Traumanalyse», 1931 (Ges. Werke XVI, p. 158).
17. Es ist interessant, daß JUNG zu ähnlichen Feststellungen kam wie FREUD, der eine konzentrische Anordnung des Erinnerungsmaterials um gewisse Kristallisationspunkte entdeckte.
18. C. G. JUNG, *Unveröffentlichtes Seminar über die Kinderträume*, I, 1938/39.
19. ibid. II, 1939/40.

seiner Schwierigkeiten. Anhand des objektiven Kulturgutes relativierten sich seine Nöte, er nahm Teil an allgemeinen Lösungsmöglichkeiten von Konflikten und lernte sich in seinem tieferen und objektiv begründeten Menschsein verstehen.

Ganz allgemein befolgte JUNG das schon von FREUD aufgestellte Prinzip, so weit als möglich das einzelne Subjekt nach seinen Assoziationen zu dem von ihm zu Tage geförderten Material zu befragen. Allerdings war ihm das Subjekt niemals nur passiver Bezugspunkt, wie dies für FREUD der Fall war, sondern JUNG bezog, entsprechend seiner konzentrischen Methode, die den Bedeutungskern umkreiste, *das Subjekt weit aktiver in den Deutungsprozeß* hinein.

Die subjektive Befragung hatte den Vorteil einer relativen Eindeutigkeit in der Auswahl assoziativer Möglichkeiten, d. h. die Vielfalt und die Vieldeutigkeit der Wortbedeutungen wurden zugunsten der für das betreffende Individuum wesentlichen Verbindungen eingeschränkt. Immerhin erkannte JUNG, daß die Anwesenheit des Kranken bzw. seine assoziative Mithilfe nicht unbedingtes Erfordernis war, was sich vor allem bei den archetypischen Gestaltungen zeigte. Dort konnte der Psychotherapeut aus seinem eigenen Schatz an Kenntnissen und Symbolwissen amplifizieren, um dadurch nach Möglichkeit eine objektive Umkreisung des psychischen Gebildes zu erzielen.

Ungeachtet der Erweiterung der Methode des freien Einfalls zum Verfahren der *gebundenen Assoziation,* des Wandels der linearen Technik zu derjenigen des *amplifizierenden Ableuchtens des Bildes* und schließlich auch der Ergänzung des persönlichen durch das *unpersönliche,* aus dem Symbolschatz des kollektiven Unbewußten gewonnenen Materials, büßten die bereits von FREUD aufgestellten Voraussetzungen, soweit sie *formaler Natur* waren, ihre Gültigkeit in keiner Weise ein. Was JUNG schon im Jahre 1906, in Anlehnung an FREUD, anhand der Einfallstechnik im Assoziationsverfahren festgestellt hatte, blieb für ihn weiterhin verbindlich.

So hielt er stets daran fest, daß eine «wunderbare Gesetzmäßigkeit alle Einfälle des Menschen beherrscht(e)»[20], was sich in der lückenlosen Verkettung und in der affektiven Steuerung des psychischen Geschehens äußerte:

20. C. G. JUNG, «Psychoanalyse und Assoziationsexperiment», in: *Diagnostische Assoziationsstudien,* I, p. 259.

Wer genügend praktische Erfahrung mit der Analyse besitzt, kann sich empirisch immer und immer wieder von der Tatsache überzeugen, daß unter diesen Bedingungen niemals etwas X-Beliebiges reproduziert wird, sondern immer etwas, das in einem a priori durchaus nicht immer durchsichtigen Zusammenhang mit dem Komplex steht... Diese Ansicht befindet sich in Übereinstimmung mit schon bekannten psychologischen Auffassungen: Der jeweilige psychologische Moment ist nichts als die Resultante aller vorausgegangenen psychologischen Ereignisse[21].

Abgesehen von der inneren Verkettung der unbewußten Inhalte war für JUNG aber auch die Tatsache *einer ursprünglich mitgegebenen Zielstrebigkeit* in der Psyche, die sowohl durch die autonomen Komplexe wie auch die ihnen zu Grunde liegenden archetypischen Nuclei gesteuert wurden, wesentlich. Beides änderte am Vorhandensein einer durchgängigen Gesetzmäßigkeit nichts. Auch die Anwendung der Amplifikationsmethode bzw. des bewußten Ableuchtens von Assoziationsverbindungen ordnete sich störungsfrei dem «enchaînement» ein; nicht zuletzt war auch das unpersönliche Einfallsverfahren – das hermeneutische Verfahren – wie es JUNG zwecks Erhellung der archetypischen Inhalte des Unbewußten verwendete, alles andere als ein Zufallsprodukt. Es fügte sich im Gegenteil nicht nur der übergeordneten Gesetzmäßigkeit ein, sondern enthüllte überdies dem Fragenden auch *Wert, Sinn und Bedeutung des psychischen Geschehens!*

21. C. G. JUNG, «Die FREUDsche Hysterietheorie», 1908, in: Monatsschrift für Psychiatrie und Neurologie, XXIII, p. 310–322.

G. NEUROSE UND TRAUM

I. DIE NEUROSE: TRIEBPROBLEM ODER PERSÖNLICHKEITSPROBLEM?

1. Die Neurose im Licht der Trieblehre (FREUD)

Im Nachruf von JUNG über das Schaffen FREUDS lesen wir:

> Wie mit der Erkenntnis des Besessenheitscharakters der Neurosen hat FREUD mit der Bewertung des Traumes als wichtigste Informationsquelle über die Vorgänge im Unbewußten – «der Traum ist die via regia zum Unbewußten» – einen Wert der Vergangenheit entrissen, welcher unrettbar verloren schien[1].

Da die Erhellung der Neurose nicht nur den Ausgangspunkt, sondern auch das Hauptanliegen der Untersuchungen FREUDS bildeten, sollen in Kürze die Grundgedanken und Hauptprobleme seiner Neurosentheorie angedeutet werden.

Vorausschicken möchte ich, daß an dieser Stelle nur die Psychoneurosen, nicht aber die Aktualneurosen, die nach FREUDS Meinung weder auf psychische Konflikte noch auf psychische Mechanismen zurückgeführt werden konnten, ins Auge gefaßt werden sollen. Die Aktualneurosen nämlich (Neurasthenie, Angstneurose, ursprünglich auch die Phobien) wiesen stets auf *aktuelle* Störungen hin, die mit dem Sexualleben und der Lebensweise, mit dem Vegetativen oder auch der Konstitution zusammenhingen.

Den verschiedenen Ebenen, die für FREUDS Lehre vom Unbewußten charakteristisch waren, entsprachen auch die verschiedenen Phasen in seiner Neurosenlehre. Wenn sich auch seine Grundauffassung der

1. C. G. JUNG, «Sigmund FREUD», Nachruf vom 1. X. 1939. 33. Jahrgang der Basler Nachrichten.

Psychoneurose als eines *gestörten Kräftespiels,* eines *imkompatiblen psychischen Konfliktes zwischen dem Ich und einem übermächtigen Faktor in der Affektivität,* nicht geändert hat, so um so mehr die Bestimmung dessen, was dieser affektbetonte Faktor war, und was das Ich war. So betonte er sukzessive die ätiologische Bedeutung des aktuellen Traumas, des sexuellen Kindheitstraumas, sowie auch des unbefriedigten Sexualwunsches, um dann – von der Begründung der Sexualtheorie an – das Hauptgewicht auf die Fehlentwicklung des Sexualtriebes zu legen. Komplexer wurde das Neurosenproblem durch die im Jahre 1920 erfolgte Unterscheidung von Eros und Aggressionstrieb, wodurch auch die disharmonische Entwicklung zwischen Ich und Aggressionstrieb als neurosenbildender Faktor Anerkennung fand. Hatte er bis zu diesem Zeitpunkt vorwiegend das Problem von Triebstörungen ins Auge gefaßt, so vollzog er im Zusammenhang mit seiner Ich-Psychologie eine Art von kopernikanischer Wendung: Das Schwergewicht verlegte er von da an auf die Schwäche und Unfertigkeit des Ich, überhaupt auf die *Probleme der Ich-Entwicklung,* deren Schädigungen er als grundlegend für die Neurosenentstehung erkannte. Der Unterschied beider Betrachtungsweisen wurde aus der Gegenüberstellung folgender Passus aus den Jahren 1913 und 1938 ersichtlich. Im Jahre 1913 schrieb FREUD:

> Der Urkonflikt, aus welchem die Neurosen hervorgehen, ist der zwischen den das Ich erhaltenden und den sexuellen Trieben. Die Neurosen entsprechen einer mehr oder weniger partiellen Überwältigung des Ich durch die Sexualität, nachdem dem Ich der Versuch einer Unterdrückung der Sexualität mißlungen war[2].
>
> Im Jahre 1938 hingegen finden wir folgende Bemerkung:
>
> Die Neurosen sind *Affektionen des Ich,* und es ist nicht zu verwundern, daß das Ich, solange es schwach, unfertig und widerstandsunfähig ist, an der Bewältigung der Aufgaben scheitert . . .[3].

Entscheidend für die Neurosentheorie war von Anbeginn an die Erkenntnis gewesen, daß Konfliktsituationen zwischen Ich und Trieb-

2. S. FREUD, «Das Interesse an der Psychoanalyse», 1913 (Ges. Werke VIII, p. 410).
3. S. FREUD, «Abriß der Psychoanalyse», 1938 (Ges. Werke XVII, p. 111). (Von mir hervorgehoben.)

wunsch unweigerlich den Mechanismus der Abwehr (Verdrängung) seitens des Ich nach sich zogen. Bis zur Begründung seiner Ich-Psychologie hatte FREUD daran festgehalten, daß die Neurose primär auf einen *mißglückten Verdrängungsversuch* zurückging, während er sie später auf unzweckmäßige *Fluchtversuche seitens des Ich* zurückführte. In letzterem Fall handelte es sich nicht nur um sekundäre Verdrängungserscheinungen, sondern auch um *dauernde Einschränkungen in der Entwicklung der Ich-Persönlichkeit.*

Grundlegend blieb für FREUD auch die *Ätiologie der Kindheitserlebnisse* für die Neurosenentstehung. Ebenso wie er in der infantilen Sexualität und deren Libidoorganisation die *Grundlagen für die spätere Entwicklung von Charakter, Leistungs- und Genußfähigkeit des normalen Menschen* erkannte, sah er auch in der *Fehlentwicklung der frühkindlichen Sexualität* eine der wesentlichen Ursachen der Neurosenbildung. Als das wichtigste Ereignis der Kindheit erkannte er den *zweizeitigen Ansatz zur Sexualentwicklung* – eine Tatsache, die ihm «außer beim Menschen nicht bekannt und offenbar sehr wichtig für die Menschwerdung»[4] zu sein schien: Die Folge davon waren nicht nur Amnesie-Erscheinungen für frühe Ereignisse, Fixierungen und Verhaftungen der Libido an die Objekte der Partialtriebe, sondern auch Verdrängungsvorgänge unter dem Einfluß des erwachenden Ich, nicht zuletzt auch die in zwei Schüben erfolgende Objektwahl.

Innerhalb des menschlichen Reifungsprozesses stellten *die frühkindlichen Fixierungen die eigentlich neuralgischen Punkte der* Entwicklung dar. Einerseits wurde die *Beweglichkeit der Libido* und deren Fähigkeit zur Sublimierung an diesen Stellen eingeschränkt, und anderseits bildeten die Fixierungspunkte so etwas wie Zentren, die eine *dauernde Anziehungskraft* auf die bewußte Libido ausübten. Infolge der Perseverationstendenz alles Unbewußten fanden auch stets erneute Durchbruchsversuche der fixierten und verdrängten Inhalte ins Bewußtsein, die FREUD in späteren Jahren als Wiederholungszwänge des Verdrängten auffaßte, statt.

Ebenso bedeutsam für die Neurosenbildung war die *verdrängende Tätigkeit des Ich,* dessen Entstehung nach FREUD in die Latenzzeit fiel und dessen Motivationen wesentlich durch den Kastrationskomplex

4. ibid. (Ges. Werke XVII, p. 75).

bestimmt waren. Nicht nur die Verdrängung, sondern auch die Bildung von Gegenbesetzungen gegenüber dem Ansturm des Verdrängten schwächte die Funktion des Ich. *Wie die Fixierung eine Schwäche in der Sexualentwicklung bedeutete, so die Verdrängung eine schwache Stelle der Ichentwicklung.*

Abgesehen von der Verdrängung kam auch der *Versagung* in der Außenwelt und vor allem der Regression eine neurosenbildende Funktion zu. Ließ das Phänomen der Versagung mit den bekannten Folgen des Ausweichens vor den realen Forderungen, der Flucht in die Phantasie, den geringen Grad der Belastungsfähigkeit des Individuums erkennen, so führte wiederum die *Regression durch die Rückkehr der Libido zu den Fixierungsstellen zum Manifestwerden der Neurose.* Von der Stufe der Fixierung hing auch die jeweilige «Wahl der Neurose»[5] ab, die je nachdem eine Hysterie, Phobie, eine Zwangsneurose oder auch eine narzißtische Erkrankung offenbar werden ließ.

Die einzelnen Stufen der Libidoorganisation waren auch grundlegend für die *Erfahrungen im Liebesleben des Individuums.* In jener Periode bildeten sich die beiden in dieser Hinsicht wesentlichsten Mechanismen: einerseits die Anlehnung an das Objekt und anderseits die Konzentration auf die eigene Person. War die *Identifizierung das Muster schlechthin für die Überwindung des Liebesverlustes,* die schon beim Verzicht auf die Mutterbrust auf der oralen Stufe am Werk war, so stellte die *inzestuöse Bindung,* wie sie für die phallische Stufe typisch war, *den Gipfelpunkt des Anlehnungsmechanismus an das Objekt dar.*

Die für die Neurosenentstehung bedeutsamsten Phasen sah Freud in der *phallischen Phase der Sexualorganisation* und in der darauffolgenden *Periode der Latenzzeit.* Sie waren durch den Ödipuskomplex einerseits und den Kastrationskomplex anderseits ausgezeichnet. Verkörperte der Ödipuskomplex die inzestuöse Libido par excellence, so schrieb Freud dem Kastrationskomplex als dem Exponenten nicht nur der subjektiven Inzestangst, sondern auch der kulturell bedingten Inzestschranke zunehmend die wesentlichste Bedeutung im Leben des Individuums zu. Er war, wenn möglich, die noch verhängnisvollere Erscheinung, als es der Ödipuskomplex gewesen war. *Danach hatte die Zähigkeit der inzestuösen Bindung ihr Gegenstück in der ebenso zähen*

5. S. Freud, «Die Disposition zur Zwangsneurose», 1913 (Ges. Werke VIII, p. 442).

Kastrationsangst. Das Liebesobjekt, das zunächst im gegengeschlechtlichen Elternteil gefunden worden war, ließ sich nicht halten. Das Individuum geriet in eine ambivalente, von Haß und Schuldgefühlen genährte Beziehung zum Väterlich-Autoritativen: Als unausweichliche Folge entstand der *Konflikt zwischen Inzestwunsch und Inzestangst.* Sowohl ontogenetisch wie auch phylogenetisch war nach FREUD die inzestuöse Elternbindung zum Untergang bestimmt. Der Mechanismus der Objektbindung wich dem *Mechanismus der Introjektion.* Was FREUD schon für die orale Phase festgestellt hatte, daß eine «Aufrichtung des verlorenen Objekts (Mutterbrust) im Ich»[6] stattfand, bestätigte sich angesichts der Bedrohung des männlichen Genitale durch die Kastration: Die inzestuöse Objektbindung wurde in die narzißtische Identifizierung umgesetzt. Oder mit anderen Worten: Das heranwachsende Individuum *introjizierte die väterliche Autorität ins Innere;* es entstand das *Über-Ich, das das Inzestverbot perpetuierte* und die Wiederkehr der libidinösen Strebungen verhinderte.

Von der Gestaltung des Introjektionsvorganges der Elternautoritäten hing das Gelingen oder Nichtgelingen einer Überwindung des Ödipuskomplexes ab. War die erste Phase durch eine noch relativ einfache Identifizierung des Knaben mit dem Vater und eine ebenso einfache zärtliche Objektstrebung zur Mutter charakterisiert, so ließ eine zweite Phase bereits *ambivalente Einstellungen* in diesen Beziehungen erkennen. Eine weitere Verwicklung der Objektbindungen entstand mit dem Wirksamwerden des Kastrationskomplexes: Ob es sich um eine Verstärkung der Vateridentifizierung oder umgekehrt um eine Identifizierung mit der Mutter handelte; es ergab sich – immer vom Knaben her betrachtet – in beiden Fällen eine *Festigung der Männlichkeit.* Doch damit noch nicht genug! Die Implikationen des Ödipus- und Kastrationskomplexes wurden in der Theorie FREUDS noch erheblich verschärft durch die Annahme einer *konstitutionell gegebenen Tendenz zur Bisexualität,* auf die ihn FLIESS aufmerksam gemacht hatte. Aus dem Zusammenwirken der männlichen und weiblichen Eigenschaften bei beiden Geschlechtern ergaben sich sowohl positive als auch negative Bindungen des Ich an die beiden Elternteile. FREUD schloß daraus auf die bemerkenswerte Tatsache, daß nicht weniger als *vier Komponenten von inzestuösen Beziehungen* miteinander verknüpft waren.

6. S. FREUD, *Das Ich und das Es* (Ges. Werke XIII, p. 257).

Der Knabe hat nicht nur eine ambivalente Einstellung zum Vater und eine zärtliche Objektwahl für die Mutter, sondern er benimmt sich auch gleichzeitig wie ein Mädchen, er zeigt die zärtlich-feminine Einstellung zum Vater und die ihr entsprechende eifersüchtig-feindselige gegen die Mutter[7].

Ähnlich komplex waren die Verhältnisse beim Mädchen. Mit der vierfachen Ausgestaltung des Ödipus- bzw. Kastrationskomplexes hat FREUD einer außerordentlich wesentlichen Tatsache im Unbewußten Ausdruck verliehen. Wenn man vom Konkretismus seiner Ausführungen, vor allem von der triebpsychologischen Hypothese absieht, entdeckt man gewisse Analogien zu den Erkenntnissen JUNGS über die *vierfache Struktur des Psychischen.* Ich denke dabei an den Begriff des *Quaternio,* der allerdings im Unterschied zu FREUD nicht nur *rein psychischer Natur* war, sondern auch auf eine *apriorisch gegebene archetypische Anordnung in Form einer Vierheit*[8] hinwies.

In all diesen Fällen von Neurosenbildung entschied sich das Schicksal des Einzelnen jeweils durch die Art und Weise, wie der Kampf zwischen Inzestwunsch und Inzestangst bzw. zwischen Ödipus- und Kastrationskomplex ausgetragen wurde. Anders ausgedrückt: Alles hing davon ab, wie der Konflikt zwischen «dem Anspruch des Triebes und dem Einspruch der Realität»[9] verarbeitet wurde.

Galt für alle auf der Sexualhypothese beruhenden Erkenntnisse das Wort RANKS, daß die Neurose «die Unfähigkeit des Ich darstellte, mit seinem übermächtigen Sexualtrieb fertig zu werden»[10], so entstand mit FREUDS Annahme eines ursprünglich vorhandenen Aggressions- und Destruktionstriebes die wenn möglich noch schwierigere Aufgabe, mit den aggressiven Tendenzen nicht nur innerhalb der menschlichen Gemeinschaft, sondern vor allem auch im eigenen Innern fertig zu werden. Er stellte nämlich die bemerkenswerte Hypothese auf, daß *jedwede Verhinderung der Aggressionstendenz im Außen eine nicht ungefährliche Wendung dieses Triebes nach innen nach sich zog.* Ebenso wie die Angst vor der Kastrationsdrohung des Vaters zur Bil-

7. ibid. p. 261.
8. C. G. JUNG, *Aion,* 1951, p. 233. Siehe auch Anhang, p. 357.
9. S. FREUD, «Abriß der Psychoanalyse» (Ges. Werke XVII, p. 59).
10. O. RANK, Imago, 1912, I, p. 7.

dung eines imperativischen Über-Ich im Innern führte, zeitigte auch die Verhinderung der Aggression im Außen eine bedenkliche Reaktion im Innern: FREUD dachte dabei an die *Verinnerlichung dieser Impulse*, die in den wenigsten Fällen harmloser Natur war, sondern im Gegenteil die Ursache schwerster, schon auf der analen Stufe bemerkbarer Störungen im Reifungsprozeß des Individuums darstellte: Selbstzerstörung und Angst waren die häufigsten Folgen davon.

Mit der Entwicklung der Ich-Psychologie wandelte sich auch das Bild der Neurosenentstehung in mehrfacher Hinsicht. Hatte FREUD in der Sexualtheorie dem Verdrängungsmechanismus die primäre, neurosenbildende Ursache zugebilligt, so trat letzterer im Rahmen der Ich-Psychologie mehr und mehr hinter die Bedeutung von Angst und Über-Ich zurück. Einerseits griff, wie FREUD feststellte, das von inneren und äußeren Gefahren bedrohte Ich zu Maßnahmen der Sicherung und des Schutzes, und anderseits war es das Über-Ich, das als ständig wirksame Gewissensangst, als Angst vor dem Liebesverlust, die Triebansprüche in Form verschiedenster Mechanismen abwehrte (Abwehrmechanismen). Wie das Über-Ich zum *Triebverzicht* aufrief, so besaß das Ich im *Angstsignal* ein Instrument, um die Verdrängung einzuleiten. FREUD kam deshalb in Umkehrung seiner früheren Behauptung von der Angst als Folge einer Verdrängung zu der Feststellung:

> Nicht die Verdrängung schafft die Angst, sondern die Angst ist früher da, die Angst macht die Verdrängung[11].

All diese Funktionen von Ich und Über-Ich beeinträchtigten die Leistungsfähigkeit des Ich. Das Individuum wurde nicht nur gelähmt, sondern auch irregeleitet. Die jeweils verwendeten Abwehrmechanismen pflegten sich nämlich im *Ich zu fixieren* und zu regelmäßig sich erneuernden *Reaktionsweisen des Charakters* zu führen. Es stellten sich *dauernde Ichveränderungen* ein, die in der Tendenz zur *Einschränkung seiner selbst*[12] gipfelten und den Ausbruch der Neurose begünstigten.

Wenn FREUD auch stets daran festhielt, daß in jedem Fall Fehl-

11. S. FREUD, *Neue Folge der Vorlesungen zur Einführung in die Psychoanalyse*, 1933 (Ges. Werke XV, p. 92). (Von mir hervorgehoben.)
12. S. FREUD, *Hemmung, Symptom und Angst*, 1926 (Ges. Werke XIV, p. 188).

entwicklungen des Trieblebens in der Kindheit (Kindheitsneurose, frühe Verdrängungsversuche, Widerstände bzw. Gegenbesetzungen des Ich gegenüber der Wiederkehr des Verdrängten) die Neurosenbildung begünstigten, so legte er zusehends weniger Gewicht auf die primär-ätiologische Bedeutung der sexuellen Faktoren. *Nicht nur ergänzte er die Fehlentwicklungen der Sexualtriebe durch diejenigen der Aggressionstriebe,* sondern er erkannte auch, daß die *Fehlentwicklungen im Ich,* die sich im Festhalten von Abwehrreaktionen, in angsterfüllten Fluchtversuchen und mangelnder Triebbeherrschung auswirkten, ätiologisch *mindestens so bedeutsam waren wie die Störungen der Affektivität. Die Ätiologie der Neurose war also alles andere als einheitlich:* sie umfaßte sowohl die Triebstauungen – in erster Linie durch den Ödipus- und Kastrationskomplex verursacht – als auch die Schädigungen, die sich aus «den unzulänglichen Reaktionen des Ich auf die Triebgefahren»[13], allen voran die erhöhte Angstbereitschaft und Fluchtversuche, ergaben.

Interessanterweise machte sich in zunehmendem Maße auch der *biologische Faktor* in der FREUDschen Neurosenauffassung bemerkbar. Abgesehen von dem schon erwähnten *zweizeitigen Ansatz der Sexualentwicklung* schien ihm auch die *lange Abhängigkeit des Kindes von den Eltern,* die relativ *späte Reifung des Ich, die Bisexualität,* ganz zu schweigen von den *hormonalen und chemischen Bedingungen im Körperleben* von ätiologischer Bedeutung zu sein. Die Neurosen waren danach «schwere konstitutionell fixierte Affektionen, die sich selten auf einige Ausbrüche beschränk(t)en, meist über lange Lebensperioden oder das ganze Leben anhielten[14].

Welches waren die Schlußfolgerungen, die FREUD aus den Grundgedanken seiner Neurosenauffassung in bezug auf das Wesen des neurotischen Symptoms zog? Was er schon in seinem Briefwechsel mit FLIESS betont hatte, daß der Sinn der Symptome in der Tatsache «kontradiktorischer Paare von Wunscherfüllungen» liege, und daß sie jeweils dort entstünden, wo der «verdrängte und der verdrängende Gedanke»[15] zusammentreffen, d. h. Kompromisse erzeugen würden,

13. H. NUNBERG, *Neurosenlehre,* 1959, p. 367.

14. S. FREUD, *Neue Folge der Vorlesungen zur Einführung in die Psychoanalyse* (Ges. Werke XV, p. 165).

15. S. FREUD, *Aus den Anfängen der Psychoanalyse,* p. 296. Brief vom 19. Februar 1899.

blieb wegleitend für ihn. Ganz ähnlich hieß es wiederum vierunddreißig Jahre später (1933):

> Die Symptome der Neurose sind durchwegs, man möchte sagen entweder Ersatzbefriedigungen irgendeines sexuellen Strebens oder Maßnahmen zu ihrer Verhinderung, in der Regel *Kompromisse von beiden* ...[16].

Im Symptom trafen sich die entzweiten Kräfte, d. h. sie bildeten – wie FREUD noch in seinen Spätwerken hervorhob – in der Regel Kompromisse, «nach den für das Unbewußte geltenden Gesetzen zwischen Gegensätzen ...»[17] (Verdichtung, Verschiebung u. a. m.). Als grundsätzlich gescheiterte Versuche der Aussöhnung feindlicher Konfliktpositionen wiesen sie alle Zeichen der manifest gewordenen Neurose auf: nicht nur Abwendung vom Realitäts- und Hinwendung zum Lustprinzip, nicht nur Regression zu Infantilismen und Archaismen, sondern auch Tendenzen zur Wiederholung verdrängter Inhalte und zu vermehrter Angstbereitschaft. In all diesen Fällen ließ sich auch eine zunehmende Neigung zu Steifheit und Erstarrung beobachten, die meistens auch eine Verminderung der Leistungs- und Genußfähigkeit und der Anpassung an die Realität zur Folge hatte.

Je nach der Art der unterbliebenen Triebbefriedigung und der Art der Neurosenform nahmen die Ersatzbefriedigungen und Kompromißbildungen auch verschiedene Formen an: Wie FREUD schon im Jahre 1893 betont hatte, handelte es sich bei der Konversionshysterie um eine totale Umsetzung der verdrängten Triebregungen in körperliche Symptome bei entsprechender Unbewußtheit über den Krankheitsprozeß. Bei der Angsthysterie wiederum ging es um eine Verwandlung des verdrängten Libidobetrages in Angst – eine Auffassung, die später die erwähnte Umkehrung erfuhr, daß es die Angst war, die die Verdrängung hervorrief. Bei der Zwangsneurose schließlich gab der Mechanismus der Verschiebung, der Reaktionsbildung und Gegenbesetzung der Krankheit das Gepräge, wobei ein ständiges Oszillieren zwischen den Durchbruchsversuchen des Verdrängten einerseits und des Verdrängenden anderseits beobachtet wurde. Wie sich die Auffassung FREUDS

16. S. FREUD, «Abriß der Psychoanalyse» (Ges. Werke XVII, p. 112).
17. ibid.

über die Krankheitsbilder im Zusammenhang mit der Entdeckung des Aggressions- und Destruktionstriebes und auch der Ich-Psychologie wandelte, soll uns nicht weiter beschäftigen.

Abschließend möchte ich noch unterstreichen, daß schon für FREUD die Neurose ein *sinnvolles Phänomen* war. Obgleich er damit einen bemerkenswerten Gedanken, der ihn in die Nähe JUNGS rückte, äußerte, dürfen wir nicht übersehen, daß er unter dem Sinn etwas völlig anderes verstand als JUNG. Entsprechend seiner naturwissenschaftlichen Betrachtungsweise sah er den Sinn des Symptoms vor allem im «enchaînement» der Erlebnisse des Kranken, mit anderen Worten: in den im Erlebenszusammenhang verborgenen Ursachen. Konsequenterweise fiel auch die Sinnfindung mit der Aufdeckung der in die Verkettung von Symptom, Trauma und Erinnerungsmaterial von Es und Ich verwobenen Ursachen zusammen. Hatte er in der Periode, die der Erarbeitung der Ich-Psychologie vorausging, das Gewicht auf das Erinnern, auf das Durcharbeiten der Widerstände und das Wiederholenlassen der vergessenen Vergangenheit[18] gelegt, so ergänzte er diese Zielsetzung in späteren Jahren (1937) durch die Idee einer *Stärkung des Ich*. Was ihm dabei vorschwebte, war sowohl die «Sicherung der Triebbeherrschung»[19], die «intellektuelle Bewältigung der Umwelt»[20] als auch die Förderung der Anpassung durch die Erziehung zur Realität. Kurz ausgedrückt ging es ihm darum, *«die undichten Verdrängungen durch zuverlässige ichgerechte Bewältigungen zu ersetzen»*[21].

2. Die Neurose als Persönlichkeitsproblem (JUNG)

a. Die Neurose als Entzweiung mit sich selbst

JUNG hat stets anerkennend auf das Verdienst FREUDS, eine Neurosenpsychologie geschaffen zu haben, hingewiesen. Noch im Jahre 1943 schrieb er:

18. S. FREUD, «Erinnern, Wiederholen und Durcharbeiten» (Ges. Werke X, p. 126 ff).
19. S. FREUD, «Die endliche und unendliche Analyse», 1937 (Ges. Werke XVI, p. 74).
20. ibid. p. 72.
21. ibid. p. 73. (Von mir hervorgehoben.)

Es ist FREUD gewesen, dem das unsterbliche Verdienst zukommt, die Grundlage zu einer Neurosenpsychologie gelegt zu haben[22].

Seine bedeutsamste Leistung in dieser Hinsicht sah er nicht nur in der Erforschung der Krankheitsbilder und ihrer Ursachen, sondern vor allem auch in der Analyse der maßgebenden Mechanismen, allen voran der Verdrängungs- und Regressionsmechanismen.

So tief beeindruckt JUNG auch war und so manche Anregung er von FREUD erhalten hatte: Von Anbeginn an interessierte er sich weniger für die Ursachenerforschung bzw. für die kausale Determiniertheit der Neurose, als für ihren *Sinn und ihre Bedeutung im Rahmen der Persönlichkeit.* Da er seine Neurosenerfassung weitgehend unabhängig von FREUD entwickelte, möchte ich von einem durchgängigen Vergleich beider Auffassungsweisen absehen.

Soweit es sich um die Aufstellung von klinischen Bildern handelte, die ja für FREUD von zentraler Bedeutung waren, sind wir im Werk JUNGS auf spärliche Andeutungen angewiesen. Was er erst in den vierziger Jahren deutlich formulierte, galt schon für die ersten Jahre seines Schaffens: Seine Interessen waren weniger auf die Erarbeitung klinischer Bilder als auf das *Verständnis ihrer Inhalte*[23] gerichtet. Wichtiger als die klinische Diagnose war ihm das *Verstehen der kranken Seele,* die Tatsache, daß der Kranke «eine ganze Seele und damit auch ein ganzes Stück Welt»[24] in die Behandlung brachte. Das, was ihm von früh an vorschwebte, war die *kranke Persönlichkeit* (1902) – ein Gedanke, den er vierzig Jahre später in vertiefter Form wiederholte, als er betonte, daß es *nicht nur Krankheiten, sondern auch kranke Menschen* gab, und daß nicht die Fiktion der Neurose, sondern *die gestörte Ganzheit eines Menschen*[25] das Objekt der Psychotherapie bildete. Mit diesem Gedanken suchte er dem Größeren im Menschen und der Hinordnung des Einzelnen auf dieses Größere als dem heilenden Sinn seines Lebens einen Ausdruck zu geben.

22. C. G. JUNG, *Über die Psychologie des Unbewußten,* 1943 (Ges. Werke VII, p. 10).
23. C. G. JUNG, «Medizin und Psychotherapie», 1945 (Ges. Werke XVI, p. 93).
24. C. G. JUNG, «Die Psychotherapie in der Gegenwart», 1941 (Ges. Werke XVI, p. 101).
25. C. G. JUNG, «Medizin und Psychotherapie» (Ges. Werke XVI, p. 95). (Von mir hervorgehoben.)

Im Unterschied zu FREUDS früher Zurückführung der psychischen Erkrankung auf einen mißglückten Abwehrmechanismus, galt sein Augenmerk in erster Linie der Idee *einer mit sich selber entzweiten Persönlichkeit.* Wenn er auch, hierin FREUD ähnlich, den psychischen Konflikt als grundlegend für die Neurosenentstehung betrachtete, so war ihm dieser Konflikt niemals auf Triebgegensätze beschränkt; es waren nicht nur gegensätzliche Triebregungen, es waren auch geistige Regungen, ja Persönlichkeiten, die einander gegenüberstanden. Die Neurose war grundsätzlich ein *Dissoziationsphänomen der Persönlichkeit, ein Ausdruck ungelöster Gegensätze.*

Formal gesehen hatte JUNG, in Anlehnung an JANET, die Neurose von allem Anfang an als eine *Dissoziation zweier Persönlichkeiten,* die durch starke Gefühlshemmungen auseinandergehalten waren[26], betrachtet. Ebenso betonte er im Jahre 1912/1913, daß die Neurose wesentlich eine *Entzweiung mit sich selbst*[27] darstellte, ein spannungsreiches «Uneinssein mit sich selber», das als Ausdruck einer unbewußten Gegensätzlichkeit zwischen zwei kontrastierenden Tendenzen der Psyche zu verstehen war. Ausschlaggebend war für ihn stets die Diskrepanz zwischen einer bewußten und einer unbewußten Einstellung, die sich oft auch auf einen Widerstreit zwischen einem geistig-moralischen und einem naturhaft-amoralischen Verhalten bezog. Eine seiner frühen Beschreibungen der Neurose lautete:

> Bei der Neurose bestehen zwei (erotische) Tendenzen, die zueinander in striktem Gegensatz stehen, und von denen mindestens eine unbewußt ist (1912)[28].

An der Auffassung, daß die Neurose zwei gegensätzliche Komplexe oder Persönlichkeiten einschloß, die in sich vollständig waren und zusammen ein Ganzes bildeten, hat er stets festgehalten. Ob eine pathologische Einseitigkeit der Persönlichkeitsentwicklung zu Grunde lag, die sich als Widerstreit zwischen einer infantil gebliebenen und einer

26. C. G. JUNG, «Psychoanalyse und Assoziationsexperiment», in: *Diagnostische Assoziationsstudien,* I, p. 279.
27. C. G. JUNG, «Neue Bahnen der Psychologie», 1912 (Ges. Werke VII, p. 284).
28. ibid. p. 280. Der Ausdruck «erotisch» ist in der zweiten Auflage von 1917 fallengelassen worden.

reiferen Einstellungsweise äußerte, ob es sich um einen Zwiespalt zwischen einer relativ primitiven und einer geistigen Motivation handelte, um den Konflikt zwischen dem eigenen besseren Wissen und der triebhaften Disposition oder schließlich um die Gegensätzlichkeit kollektiver Anschauungen und der persönlichen Anlage: *Stets sah* JUNG *im neurotischen Konflikt den Ausdruck einer umfassenderen, dem Leben immanenten Gegensatzspannung.*

JUNG lehnte nicht nur die ausschließliche Begründung der Neurose durch einen Triebkonflikt ab, sondern auch die Verlegung des Schwerpunktes auf die Ätiologie der Vergangenheit. Nicht die Kindheitserinnerungen, sondern der *aktuelle Konflikt* stand im Brennpunkt seiner Fragestellung. In der Neurose sah er zunächst eine unangepaßte «Reaktion auf einen Aktualkonflikt»[29], der in der größeren Anzahl der Fälle im *Ausweichen des Individuums in die Phantasiewelt* gipfelte. Allerdings hatte auch FREUD bereits in den neunziger Jahren auf die Tatsache einer Flucht aus der unbefriedigenden Realität in die Erinnerungsdichtungen hingewiesen. Ungeachtet dessen aber behielt die verdrängte Fixierung, das verdrängte Trauma in seiner Psychologie die Bedeutung eines primären Ausgangspunktes, der von großer Attraktivkraft war. Umgekehrt zu ihm sah JUNG in der rückschauenden Sehnsucht, im Zurückweichen des Ich vor den Realitätsforderungen eine primäre Ursache der Neurosenbildung. Es war die Phantasie, die die Sexualdichtungen und die Kindheitstraumen imaginierte und ihnen den Anschein von Wirklichkeit verlieh[30].

Ebensowenig wie JUNG die Entstehung des neurotischen Konfliktes in die Kindheit zurückversetzte, reduzierte er ihn im allgemeinen auf eine persönliche Problematik. Schon im Jahre 1912 betonte er, daß sich in der Neurose auch *allgemeinmenschliche Probleme,* wie z. B. werdende Probleme der Menschheit[31] offenbaren konnten. In solchen Fällen schien ihm die neurotische Erkrankung nicht selten «einen mißglückten Versuch des Individuums, in ihm selber das allgemeine Problem zu lösen»[32], darzustellen. Es ist bemerkenswert, wie früh er

29. C. G. JUNG, *Versuch einer Darstellung der psychoanalytischen Theorie,* 1913, p. 132.

30. ibid. p. 139 ff., siehe auch p. 181.

31. C. G. JUNG, «Neue Bahnen der Psychologie» (Ges. Werke VII, p. 284).

32. ibid.

schon die Bedeutung der lebensgeschichtlich relevanten Zusammenhänge durch eine solche von *allgemeinmenschlichen Zielsetzungen* und Fragestellungen ergänzte – eine Betrachtungsweise, die im Zusammenhang seiner Untersuchungen über die Probleme des kollektiven Unbewußten und der Archetypen noch wesentlich vertieft werden sollte.

Ähnlich wie FREUD, der eine dynamische Begründung der Neurose anstrebte, suchte auch JUNG seine bisherige Neurosenauffassung von der «Entzweiung der Persönlichkeit mit sich selbst» durch den *energetischen Standpunkt* zu vertiefen. Im Unterschied aber zu FREUD, der seine wesentlich sexuell betonte Dynamik auf psychische Mechanismen wie Verdrängung, Ersatzbildung und Regression stützte, ging JUNG von Beziehungsformen aus, die sich einerseits aus dem Prinzip der Gegensatzspannung und anderseits aus dem Zusammenspiel von Bewußtsein und Unbewußtem ergaben. Wesentlich wurde dabei der Gesichtspunkt einer *störungsfrei sich vollziehenden Differenzierung des Bewußtwerdungsprozesses.* Störungen sowohl in der Entfaltung gegensätzlicher Verhaltensweisen als auch in der Entwicklung des Bewußtseins konnten zur Neurosenbildung führen.

Bemerkenswerte Ansätze zu einem solchen ganzheitlich betonten Ausgangspunkt lassen sich bereits kurz nach der Abtrennung JUNGS von FREUD erkennen. In der Extra- und Introversion entdeckte er gegensätzliche Einstellungsweisen der Persönlichkeit[33], deren einseitige Zuspitzung ein Licht auf die Entstehung von Hysterie bzw. Zwangsneurose zu werfen schienen.

Einen Höhepunkt erhielt seine neue Betrachtungsweise in der Psychologie der Typen (1921), in der er, abgesehen von den jeweiligen Einstellungstypen, auch die energetischen Zusammenhänge zwischen den gegensätzlichen Orientierungsfunktionen (Denken-Fühlen, Intuition-Empfinden) erforschte.

In diesem Zusammenhang stellte er die bemerkenswerte Tatsache fest, daß das Individuum, solange sich das Zusammenspiel der gegensätzlichen Einstellungs- und Funktionsweisen harmonisch entfaltete, auch in Harmonie mit dem Ganzen war. Oder mit anderen Worten: Die Energie entfaltete sich in progressiver Weise, wobei JUNG unter dem Ausdruck «Progression» ein *Weiterschreiten des psychologischen An-*

33. C. G. JUNG, «Zur Frage der psychologischen Typen», 1913 (Ges. Werke VI, p. 542 ff).

passungsprozesses[34] verstand. Die Gegensätze waren geeint und wirkten in koordinierter Weise. Energetisch gesehen, ergaben sich Störungen erst dann, wenn die progressive Bewegung der Libido zu einer gewissen Vereinseitigung des Bewußtseins führte. Mit der Verabsolutierung des bewußten Standpunktes nämlich entstand die Gefahr einer Vernachlässigung, einer Entwertung oder auch Verdrängung der dazu gegensätzlichen Inhalte: Stauungsphänomene, disharmonische Spannungen, Komplexbildungen und nachfolgend psychische Konflikte waren die Folge davon – alles Tatsachen, die ein Auseinanderfallen der Persönlichkeit begünstigten!

Mit dem Zerfall der bisher geeinten Gegensatzpaare zerfiel auch die Einheit von Impuls und Gegenimpuls, von Ja und Nein[35]: Ein Teil der Libido wurde rückläufig, kehrte auf eine infantile, ja archaische Stufe zurück. Komplexe kamen hoch, das Bewußtsein wurde von unbewußten Inhalten überschwemmt und erlitt ein «abaissement du niveau mental». Es wurde ein Zustand offenbar, in dem das Ich nur mit Mühe die Brücken zur unbewußten Psyche aufrechtzuerhalten vermochte. Mit der Dissoziierung der bisher zusammenwirkenden Gegensatzpaare wurde auch die Neurose manifest.

Wie dies schon FREUD erkannt hatte, billigte auch JUNG der Regression eine ätiologisch höchst bedeutsame Rolle bei der Neurosenentstehung zu. Allerdings faßte er die Regression nicht in mechanistischer Weise, sondern stets im Zusammenhang mit dem Ganzen des Individuums auf. Wann immer die bewußte Einstellung ungenügend war, das Bewußtsein sich gegen unbewußte Inhalte absperrte und vom Ganzen löste, fand eine *Belebung der inferioren, bisher vom Anpassungsprozeß ausgeschlossenen Funktionen* und Komplexe statt. Es entstanden Stauungsphänomene, die zur Bildung von neurotischen Symptomen Anlaß gaben. Wie Toni WOLFF richtig hervorgehoben hat, war das Symptom «ein uneigentlicher Ausdruck und nur energetisch ... als (ein) Stauungsphänomen»[36] zu verstehen.

Wenn auch die neurotischen Symptome anfänglich von JUNG als

34. C. G. JUNG, *Über die Energetik der Seele*, p. 54 (Ges. Werke VIII, p. 35). (Von mir hervorgehoben.)

35. ibid. p. 56 (Ges. Werke VIII, p. 36).

36. Toni WOLFF, «Einführung in die Grundlagen der Komplexen Psychologie», in: *Die kulturelle Bedeutung der Komplexen Psychologie*, 1935, p. 69.

«regressiv wiederbelebte Reminiszenzen»[37] bezeichnet wurden (1913), so interessierte ihn die kausale Erklärung immer weniger. Als das Eigentliche am Symptom erkannte er mehr und mehr den *verborgenen Sinn,* den zugrunde liegenden archetypischen Vorgang. Entsprechend seiner Hinneigung zum ganzheitlichen Sinn war ihm die Regression im Gegensatz zu FREUD nicht notwendigerweise ein pathologischer Vorgang bzw. ein «Rückschritt im Sinne einer Rückentwicklung oder Degeneration»[38]. Wesentlich schien ihm vielmehr zu sein, daß sie auch als potentiell positiv, als eine *Belebung neuer Werte* und als ein Anreiz zum Erwerb einer *fruchtbareren Einstellung zum Leben* aufgefaßt werden konnte. Hielt FREUD daran fest, daß die regressive Bewegung eine pathologische «Rückkehr (der Libido) zu früheren Phasen des Sexuallebens»[39] andeutete, so faßte sie JUNG in all den Fällen, wo der Rückschritt in Richtung einer zielgerichteten Introversion der Libido, das heißt, einer *Anpassung an die Innenwelt*[40] und deren Selbstverwirklichungstendenzen erfolgte, als prospektiv-aufbauend auf.

Mit dieser Feststellung berühren wir einen ungemein wesentlichen Unterschied gegenüber der FREUDschen Lehre: nämlich die Ergänzung der kausalen durch die *final-prospektive Betrachtungsweise*[41]. Die Frage nach dem «Wozu» ließ diejenige nach dem «Warum» in den Hintergrund treten. Oder mit anderen Worten: Die Aufdeckung der Ursachen wollte durch die Frage nach dem Sinn des neurotischen Symptoms im Ganzen der Persönlichkeit ergänzt werden. Dieser Versuch einer Neubewertung kam schon im Jahre 1913 darin zum Ausdruck, daß JUNG diese Erkrankungsform «nicht eo ipso (als) das Widernatürliche, Krankhafte, sondern auch als das Sinnreiche und Zweckmäßige»[42] auffaßte, das sehr oft einen individuellen Lösungsversuch des noch unlösbar erscheinenden Problems ankündigte. Von da aus, d. h. final betrachtet, stellte *die Neurose einen mißglückten Versuch, die andere, die nicht anerkannte Seite* der Gesamtpersönlichkeit, in

37. C. G. JUNG, *Versuch einer Darstellung der psychoanalytischen Theorie,* p. 106.
38. C. G. JUNG, *Über die Energetik der Seele,* p. 62 (Ges. Werke, VIII, p. 40).
39. S. FREUD, «Über Psychoanalyse», 1910 (Ges. Werke VIII, p. 53).
40. C. G. JUNG, *Über die Energetik der Seele,* p. 61 (Ges. Werke VIII, p. 39).
41. C. G. JUNG, «Allgemeine Gesichtspunkte zur Psychologie des Traumes» (Ges. Werke VIII, p. 275 und 290).
42. C. G. JUNG, *Versuch einer Darstellung der psychoanalytischen Theorie,* p. 137. (Von mir hervorgehoben.)

das bewußte Leben mit einzubeziehen[43]. In ihr wurde das Fehlschlagen einer Integration der dem Ich fehlenden Werte und Seiten ins Persönlichkeitsganze offenbar.

> ... in der Neurose (lagen) diejenigen Werte, ... deren das Individuum ermangelte[44].

Umgekehrt zur neurotischen Desintegration war für JUNG die Integration der fehlenden und unverstandenen Werte, energetisch gesprochen, gleichbedeutend mit einer Wendung der regressiven in eine progressive Bewegung der Energie. Darunter verstand er die Fähigkeit des Einzelnen, die Annäherung der inferioren Inhalte bewußt auszuhalten, ihnen den Kredit prospektiver Möglichkeiten einzuräumen – ein Verhalten, das den Sog des Unbewußten zum Stillstand brachte. Es enstand ein *neues Gefälle zwischen den Gegensätzen* und damit auch die energetische Voraussetzung ihrer *Überhöhung im Symbol.* Diesen Vorgang der Entstehung eines *Dritten aus den Gegensätzen* nannte JUNG die Geburt eines Symbols.

> Mit der Geburt des Symbols hört die Regression der Libido ins Unbewußte auf. Die Regression verwandelt sich in Progression, die Stauung gerät in Fluß. Dadurch wird die anziehende Macht des Unbewußten gebrochen[45].

Die Anwendung der finalen Betrachtungsweise auf die Neurosentherapie, die tolerante Einstellung gegenüber den regressiven Bewegungen der Libido bzw. der Blickpunkt auf eine Wandlung und Neuorientierung der bis anhin unannehmbaren Inhalte schloß auch eine *Neubewertung des Angstphänomens* ein. Schon in *Wandlungen und Symbole der Libido* hatte JUNG den Zusammenhang der Angst (Bild des Drachens!) mit der Bewußtseinsentwicklung dargelegt und erkannt, daß nicht nur jeder neue Schritt, jede Belebung unbewußter Inhalte, sondern überhaupt jedes Absinken der Energie in die Triebsphäre von

43. C. G. JUNG, «Neue Bahnen der Psychologie» (Ges. Werke VII, p. 289).
44. C. G. JUNG, *Die Psychologie der unbewußten Prozesse,* p. 79 (Ges. Werke VII, p. 67).
45. C. G. JUNG, *Psychologische Typen,* p. 368 (Ges. Werke VI, p. 282).

Angst und Widerstand begleitet war. Wie die Angst vor dem Verschlungenwerden von der Primitivität und der Unbewußtheit der Triebschicht den ständigen Gegenstand des Heldenmythus und der Unterweltsfahrten bildete, so gehörte auch umgekehrt die Überwindung von Angst und Gefahr zu ihren nie fehlenden Hypothesen. Die Angstempfindungen durften deshalb auch in der Psychotherapie nie vernachlässigt werden, besaßen sie doch die Bedeutung eines Indiziums der noch vorhandenen Schwäche, des mangelnden Gleichgewichtes und des Unvorbereitetseins für die bevorstehenden Aufgaben. Als dunkle Empfindung der Gefahr, als Zweifel am Sinn des Geschehens und auch als Verzweiflung über die Sinnlosigkeit des Weges war die Angst die ständige Begleiterin auf dem Wege der Entwicklung. Ungleich FREUD, der in der Angst vor allem ein Signal verstand, das auf eine mögliche Gefahr hinwies und das zu Schutzbauten seitens des Ich anregte, räumte ihr JUNG auch eine positive Bewertung ein: Sie konnte nämlich auch als eine *Aufforderung zur Stützung und Erweiterung des bewußten Standpunktes* verstanden werden. *Angst konnte ebensowohl den Anlaß zur Fluchtergreifung als zur Beschreitung des Heldenweges bilden!*

b. Neurose und Heilung

Die final-prospektive Betrachtungsweise zog auch eine entsprechende psychotherapeutische Fragestellung nach sich. Je mehr JUNG die Frage nach dem Sinn der unbewußt-psychischen Phänomene stellte, desto mehr verlor das von FREUD postulierte Ziel der Bewußtmachung der Ursachen an Bedeutung für ihn. Er war an einer Therapie weder der Aufhebung der Verdrängung oder der Behebung von Amnesien noch der Überwindung von Widerständen vital interessiert. Nicht daß JUNG das Verdrängte und dessen Problematik vernachlässigt hätte. Im Gegenteil! Aber es war ihm weniger als Ursache denn als *Träger eines verborgenen Sinnes und eines noch verhüllten Zweckes* wichtig. Von daher erhellt auch, weshalb er kaum auf die Auflösung des Verdrängten, sondern vielmehr auf die Erarbeitung des in ihm sich offenbarenden Sinnes abzielte. Aufhebung der Verdrängung wäre ja seiner Meinung nach einem «Totschlagen» des in ihr wirksamen Geistes gleichgekommen. Auch das Widerstandsphänomen nahm er dermaßen ernst, daß er dessen Überwindung als ein Zerschlagen verborgener Sinntendenzen verstanden hätte. Im Widerstand sah er nämlich nicht selten das erste Zeichen einer Selbständigwerdung, einer Selbstwerdung des Kranken, die sich mit Vorliebe in einer zum Analytiker gegensätzlichen Haltung kundtat. Schon im Jahre 1906 hatte er im widerstandsbetonten Verhalten des Einzelnen, sei es gegenüber Eltern und Lehrern oder dem Arzt, den unbewußten Wunsch zu einer *Neuanpassung an die Realität* erkannt – eine Auffassung, die FREUD fünf Jahre später durch die Unterscheidung von Lust- und Realitätsprinzip übernahm.

Die Erarbeitung des im neurotischen Symptom verborgenen Sinnes schloß ein Weiteres in sich ein, nämlich die Wandlung des Kranken zu einer neuen Einstellung des Bewußtseins seinem Leiden gegenüber. Mit dem Versuch, eine dem Ganzen der Persönlichkeit konforme Verhaltensweise zu erzielen, berühren wir JUNGS eigenstes therapeutisches Anliegen.

> Die Aufgabe der Psychotherapie besteht darin, die bewußte Einstellung zu wandeln, und nicht darin, versunkenen Kindheitserinnerungen nachzujagen[46].

Über das «Wie» der Wandlung ließ sich allerdings im Einzelfall nichts Allgemeines aussagen. Es hing letztlich von der jeweiligen Notlage des Kranken ab. Da das Ziel der Wandlung stets im Einzelnen selber begründet lag, *konnte er sich jeweils nur zu dem verwandeln, «was er eigentlich war»*. Um die immanenten, den unbewußten Symptomen zugrunde liegenden Lösungsversuche in Erfahrung zu bringen, stützte sich JUNG auf eine mittels Amplifikation gewonnene Methode der Befragung. Und zwar dienten der Eruierung des Sinnes auch die spontanen Manifestationen des Unbewußten, wie dies bei Träumen, Phantasien und Visionen der Fall war. Primär war ihm stets das *unbewußte Wissen* im Patienten selber, nicht das Wissen des Arztes, wenn auch dessen Kenntnisse und Verständnis sich sekundär als hilfreich erweisen konnten.

Dieser Gesichtspunkt hatte naturgemäß auch seine Auswirkung auf das viel umstrittene Problem der Übertragung des Patienten auf den

46. C. G. JUNG, «Einige Aspekte der modernen Psychotherapie», 1929 (Ges. Werke XVI, p. 33).

Arzt. Wenn er auch in ähnlicher Weise wie FREUD in der Übertragungssituation einen für die Heilung grundlegenden Faktor erkannte, so tat sich in der Handhabung dieser Situation eine abgrundtiefe Kluft zwischen ihm und FREUD auf. *Nicht die Überwindung oder Auflösung der Übertragungsbeziehung war ihm das wichtigste Anliegen, sondern vielmehr das Wachsenlassen der in dieser Beziehung verborgenen Tendenzen.* Durch eine solche Einstellung hoffte er, der *inneren Wahrheit* des Patienten besser zu begegnen, so daß sich diejenigen Werte konstellieren konnten, die den Kranken unmittelbar angingen. Auch dann, wenn der Patient infantile Wünsche und archaische Vorstellungen an den Arzt heranbrachte, bewertete JUNG letztere nicht als etwas Minderwertiges, das es zu überwinden galt, sondern vielmehr als einen noch ungeformten Stoff, der die *größere Persönlichkeit* in sich barg. Das Gelingen des Werkes hing in hohem Maße auch von der Persönlichkeit des Arztes, von seinem Verständnis, von seiner Reife und dem Grade seiner Objektivität ab. Objektiv sein hieß aber nach JUNG nicht, *über* der Situation, sondern *in* der Situation zu stehen bzw. sich seiner eigenen Gleichung nach Möglichkeit bewußt zu sein und sich in den Dienst des *Überpersönlichen* zu stellen. Insofern als der Arzt *sowohl die Krankheit als auch die Heilung* für den Patienten bedeutete, war die adäquate Gestaltung des Rapportes von lebenswichtiger Bedeutung. Der psychische Rapport zwischen Arzt und Patient war alles andere als eine Bindungsform, die «überwunden» werden sollte, sondern er war – als oft einzige Möglichkeit der Selbstverwirklichung und der Erlangung des inneren Freiheitsgefühls – eine Beziehungsform, die mit Vorteil ernst genommen und befragt wurde. Die innere Freiheit bedeutete für JUNG niemals: bar jeder Bindung zu sein, sondern im Gegenteil: *die Anerkennung des inneren Zusammenhanges mit dem anderen!*

c. Die Dissoziation in Neurose und Psychose

Wie ich ausgeführt habe, faßte JUNG die Neurose wesentlich als eine Entzweiung der Persönlichkeit mit sich selber auf, wobei ein *hoher Grad von Unbewußtheit* vorhanden war. In einem gewissen Gegensatz zu einer solchen Persönlichkeitsdissoziation schien ihm, ebenfalls im ersten Jahrzehnt seines Schaffens, die *Fragmentarisierung der Persönlichkeit* in der Psychose zu stehen.

Was bedeutete dieser Persönlichkeitszerfall psychologisch? Schon im Jahre 1907 hatte JUNG, in Fortführung der von FREUD gemachten Beobachtung einer «Incongruenz von Vorstellungsinhalt und Affekt» auf die Tatsache einer «Verödung des Komplexes», die bis zur völligen Desintegration der Persönlichkeit reichen konnte, hingewiesen. Lehnte er sich in dieser Hinsicht an die JANETsche Erkenntnis der «désagrégation psychologique»[47] bei akuten Fällen von Hysterie an, so übernahm er ebenfalls seine weitere Feststellung vom Vorhandensein eines Wirklichkeitsverlustes[48] beim psychasthenischen Syndrom. Mit diesem Rüstzeug trat er der von FREUD vertretenen Auffassung, daß es sich bei der Paranoia in ähnlicher Weise wie bei den Neurosen um einen Rückzug der Libido von den Objekten[49] handelte, entgegen. Seiner Erfahrung nach war FREUDS Annahme, daß die psychotische Regression der Libido bis auf die primäre Stufe des infantilen Autoerotismus zurückreichte, den Tatsachen nicht konform. Die Dementia praecox schien sich gerade dadurch von einer bloßen Libidointroversion zu unterscheiden, daß nicht der Verlust eines libidinösen Betrages in Frage stand, sondern vielmehr der *Verlust einer Wirklichkeitsanpassung*[50].

Es dürfte interessant sein, daß FREUD ungefähr zwanzig Jahre später, und zwar erst nach der anthropologischen Begründung seiner Psychologie (1923), die Tatsache eines Realitätsverlustes bei der Neurose sowie auch bei der Psychose in den Vordergrund der Krankheitsentstehung stellte. Obgleich er weiterhin an dem Mechanismus einer Ablösung der Libido von ihren Objekten festhielt, verfolgte er die Entstehung der psychischen Erkrankungen mehr und mehr im Zusammenhang mit dem *Versagen der Ichfunktion:* Als ätiologisch bedeutsam erschien ihm nicht nur das Scheitern der Realitätsfunktion, sondern auch das Mißlingen der Triebbeherrschung. Und zwar konnte sich das Scheitern in dreifacher Weise auswirken, in der Beziehung des Ich zum Es, zum Über-Ich oder auch zur Außenwelt.

47. P. JANET, *Névroses et idées fixes,* 1898.
48. ibid.
49. S. FREUD, «Über einen autobiographisch beschriebenen Fall von Paranoia», 1911 (Ges. Werke VIII, p. 313 f).
50. C. G. JUNG, *Dementia praecox,* p. 114 (Ges. Werke III, p. 109).

Die Übertragungsneurose entspricht dem Konflikt zwischen Ich und Es, die narzißtische Neurose dem zwischen Ich und Über-Ich, die Psychose dem zwischen Ich und Außenwelt[51].

Auch die psychischen Symptome faßte FREUD in jener Spätzeit seines Schaffens, ähnlich wie JUNG dies bereits im Jahre 1912 versucht hatte, als Realitätsersetzungen auf (bei JUNG: Realitätsäquivalente), wobei er deren Funktion in der Wiederherstellung des Realitätsbezuges[52] erkannte.

Ein weiterer gemeinsamer Zug zwischen beiden Forschern lag darin, daß sie sich in der Ätiologie der psychischen Erkrankungen nicht ausschließlich auf psychogene Faktoren stützten, sondern auch den somatischen Quellen Beachtung zollten. Während FREUD stets die Bedeutung des Chemismus der Sexualstoffe bzw. des Sexualstoffwechsels hervorhob, stellte JUNG schon im Jahre 1907 die Hypothese auf, es könnte sich bei der Dementia praecox auch um *die Wirksamkeit eines Toxins*[53] handeln. Diese Annahme gehörte zu den weit vorausgreifenden Intuitionen, die weniger die damalige psychiatrische Forschung beeinflußte, als vielmehr gewisse experimentelle Ergebnisse der heutigen Psychiatrie vorwegnahm.

Hatte er in jenen Anfangsjahren die Dementia praecox als «ursprünglich psychogen, die toxischen oder destruktiven Prozesse dagegen (als) sekundär»[54] aufgefaßt, so neigte er zehn Jahre später dazu, in gewissen Fällen auch die *primäre Ätiologie organischer Vorgänge* anzuerkennen. Er stellte zunehmend fest, daß es in der Dementia praecox (in Anlehnung an BLEULER als Schizophrenie bezeichnet) Faktoren gab, die sich im Unterschied zur Neurose nicht in «ein rein personalistisches Bezugssystem» einfügen ließen, sondern die Berücksichtigung primär biologischer Vorgänge verlangten. Vorerst wandte er seine Aufmerksamkeit *der Untersuchung psychologischer Faktoren* zu, da deren Beurteilung und Bewertung zugleich auch die Möglichkeit einer *psychotherapeutischen Behandlung* des Kranken abschätzen ließ. Es hatte ja,

51. S. FREUD, «Neurose und Psychose», 1924 (Ges. Werke XIII, p. 390).
52. S. FREUD, «Der Realitätsverlust bei Neurose und Psychose», 1924 (Ges. Werke XIII, p. 368).
53. C. G. JUNG, *Dementia praecox*, p. 114 (Ges. Werke III, p. 109).
54. C. G. JUNG, «Über das Problem der Psychogenese bei Geisteskrankheiten», 1919 (Ges. Werke III, p. 252).

wie JUNG in späteren Jahren (1959) rückblickend feststellte, zu seinen frühen Entdeckungen gehört, daß die Schizophrenie innerhalb gewisser Grenzen auch *psychisch* behandelt werden konnte.

> Es ist eine bekannte Tatsache, die ich zu meiner Genugtuung vor fünfzig Jahren selbst nachweisen konnte, daß die Krankheit, wenn auch nur in beschränktem Maße, durch Psychotherapie behandelt werden kann[55].

Soweit es sich um den psychologischen Tatbestand handelte, stellte er nach wie vor fest, daß die Schizophrenie im Unterschied zur neurotischen Dissoziation der Persönlichkeit, das Bild eines Zerfalls des erlebenden Subjekts in eine *Mehrheit von autonomen Komplexen*[56] darstellte, die sich nicht nur der Kontrolle des Ich entzogen, sondern sich sogar an die Stelle der Ich-Persönlichkeit setzen konnten.

In zunehmendem Maße drängte sich ihm die Gewißheit vom Vorhandensein eines *primär-destruktiven Faktors* auf, der den psychischen Zusammenhang zerriß. Es war auch diese Erkenntnis, die ihn von da an völlig neue Wege in der Erfassung der Schizophrenie beschreiten ließ. So betonte er elf Jahre später (1939), daß für die Neurose die *potentielle Einheit der Persönlichkeit*[57], d. h. die Tatsache eines Einheitsfaktors, der die auseinanderstrebenden Gegensätze zusammenhielt, charakteristisch war. Im Gegensatz dazu zeigte die Schizophrenie ein Krankheitsbild, in dem *die Grundlagen der Persönlichkeit erschüttert*[58] und die früheren Beziehungen zerstört zu sein schienen. Es lag nahe, die Wirksamkeit einer dämonischen Kraft zu vermuten, die das Irreparable und Unwiderrufliche der Dissoziation verursachte. In erster Linie wurde ein extremes «abaissement du niveau mental» offenbar, das das Ergebnis eines *gewaltsamen Einbruchs archaischer, aus dem kollektiven Unbewußten stammender Symbole*[59] darstellte. Obgleich die Symbole, einzeln betrachtet, einen gewissen Sinn enthüllten, auch

55. C. G. JUNG, «Neuere Betrachtungen der Schizophrenie», 1959 (Ges. Werke III, p. 290).
56. C. G. JUNG, «Geisteskrankheit und Seele», 1928 (Ges. Werke III, p. 256).
57. C. G. JUNG, «Über die Psychogenese der Schizophrenie», 1939 (Ges. Werke III, p. 265).
58. ibid. p. 266.
59. ibid. p. 269 f.

eine Ähnlichkeit mit archaischen Traumsymbolen aufwiesen, ließen sie sich kaum mit dem Traumgeschehen vergleichen, da der psychische Zusammenhang zwischen den einzelnen Elementen zerfallen war. «Es ist, als ob ... ein Erdbeben oder eine Explosion ein normales Haus auseinandergerissen»[60] hätte. Es wurde JUNG evident, daß der zugrundeliegende Faktor *keine Ähnlichkeit mit irgendeiner Art funktioneller Störung*[61] besaß. Nicht nur waren die Assoziationen verstümmelt, nicht nur erlag die innere Logik der Gedanken der verwirrenden Wirkung gewisser Faktoren, sondern auch die autonomen Komplexe ließen Züge der Entartung erkennen.

Das Trennende zwischen Neurose und Psychose suchte er ungefähr zwei Jahrzehnte später durch das Merkmal des *Systematischen* bzw. *Unsystematischen*[62] genauer zu fassen. Während er unter dem systematischen Charakter der Neurose die Gruppierung der einzelnen Krankheitszüge um einen oder mehrere, stets aber zusammenhängende Komplexkerne verstand, ließ die Schizophrenie eine «unsystematische Dissoziation», das heißt eine unzusammenhängende Vielzahl von Fragmenten, die das Chaotische der Affektivität ausdrückten, erkennen. War im ersteren Fall das affektive Verhalten stets noch durchsichtig und verständlich, so schienen im letzteren die emotionalen Werte in widersinniger Weise verteilt zu sein. Die Persönlichkeit glich, um mit JUNG zu sprechen, einem «zersplitterten Spiegel». Der systematische Aspekt der Neurose zeigte sich auch darin, daß die entzweiten Persönlichkeiten in sich geschlossen, das heißt auf einen jeweiligen Persönlichkeitskern bezogen blieben. War die hysterische Dissoziation durch die Gegensätze von emotional und intellektuell charakterisiert, so ließ die zwangsneurotische Persönlichkeitsspaltung das Gegenüber eines moralischen und eines unmoralischen Persönlichkeitskerns sichtbar werden. Wenn auch in beiden Fällen die affektive Konfliktsituation verstehbar war, so kam bei der Zwangsneurose nicht nur eine gewisse Inadäquatheit der Affektivität, sondern auch eine oft weitgehende Leugnung des inkompatiblen Komplexes hinzu, was mit kompensierenden Zwangsgedanken einherging. Den Höhepunkt der «unsystematischen Zufällig-

60. ibid. p. 271.
61. ibid.
62. C. G. JUNG, «Neuere Betrachtungen zur Schizophrenie» (Ges. Werke III, p. 286).

keit»[63] von inadäquaten Affekten bzw. von undurchsichtigen und unverständlichen emotionalen Zuständen fand JUNG in der Schizophrenie. Und zwar war es das Phänomen des «abaissement du niveau mental», das bei dieser Erkrankungsform übersteigerte Formen anzunehmen schien. Während es beim normalen Menschen als Ermüdung und Erschöpfung auftrat und auch bei den Vorgängen des Traumlebens als ein durch den Schlaf verursachtes Erlöschen des Bewußtseins beobachtet werden konnte, wies es in der Schizophrenie Züge einer *archaischen, primitiven, nicht mehr ans Ich assimilierbaren Vorstellungswelt* auf: in letzteren Fällen wurde der «Sinnzusammenhang ... oft bis zur Unkenntlichkeit verstümmelt», wobei das Groteske, Abstruse und Unverständliche in den Vordergrund trat.

Die Beobachtung des Auseinanderreißens der Vorstellungskomplexe und ihrer assoziativen Beziehungen, die in den Störungen der Ausdrucks- und Mitteilungsfähigkeit des Kranken hervortraten, sollte für JUNG von entscheidender Bedeutung werden: Auf sie konnte er die schließliche Durchleuchtung des Persönlichkeitszerfalls stützen. Was er schon im Jahre 1907 angedeutet hatte: «Wir haben nur Schalen des Affektes, der Inhalt aber ist fort»[64], vertiefte er im Jahre 1958 zu der bemerkenswerten Hypothese einer *Selbstzerstörung des pathogenen Komplexes*[65]. Zur Erhellung des Wesens einer solchen Zerstörung vermochte er sich auf die inzwischen gereifte Auffassung des *Archetypus an sich*[66] als eines anordnenden, richtunggebenden Faktors beziehen: Er kam nämlich zu der in jeder Hinsicht neuartigen Erkenntnis, daß die Ursache des affektiven Zerfalls in der Schizophrenie mit der *Funktionsstörung des zentralen Archetypus*[67] zusammenhing. Immerhin konnten, wie die Erfahrung zeigte, in Augenblicken großer Desorientierung des Geistes auch kompensierende Ordnungsfaktoren in Erscheinung treten, die auf eine noch vorhandene Wirksamkeit des anordnenden Archetypus hindeuteten.

Der Erklärungsversuch der psychotischen Dissoziation gipfelte in der Hypothese, daß der Zerfall des pathogenen Vorstellungskomplexes

63. C. G. JUNG, «Die Schizophrenie», 1958 (Ges. Werke III, p. 296).
64. C. G. JUNG, *Dementia praecox*, p. 121 (Ges. Werke III, p. 116).
65. C. G. JUNG, «Die Schizophrenie» (Ges. Werke III, p. 311).
66. Siehe p. 367 ff.
67. C. G. JUNG, «Die Schizophrenie» (Ges. Werke III, p. 311).

höchstwahrscheinlich nicht nur als Ergebnis eines Toxins, sondern auch als Folge einer Art «von fehlgegangener biologischer Abwehrreaktion zu verstehen»[68] sei – eine außerordentlich interessante Konzession an die biologische Betrachtungsweise!

68. ibid.

II. VOM TRAUM ALS SYMPTOM (FREUD) ZUM TRAUM ALS SYMBOLISCHEM AUSDRUCK (JUNG)

Wenn auch JUNG seine Einsicht in Sinn und Zweck des Unbewußten zunächst am Phantasiematerial der Geisteskranken gewonnen hatte, so war es vor allem das Phänomen des Traumes, das ihn fundamentale Einblicke in das Wesen der unbewußten Psyche tun ließ. Am Traum bestätigte sich nicht nur seine Erkenntnis von der Spontaneität des Seelenhintergrundes, sondern am Traum erwarb er auch die Vorstellung einer kompensierenden Funktion des Unbewußten, und nicht zuletzt war es auch der Traum, an dem er die Deutungsmethode der Amplifikation entdeckte und damit auch wertvollste Gesichtspunkte für die Symbolforschung erzielte.

Unter allen Nachfolgern FREUDS hat sich JUNG am eingehendsten mit der «Traumdeutung» befaßt. Tief beeindruckte ihn die Tatsache, daß FREUD den Traum wieder zur Diskussion gestellt und ihm die Dignität eines sinnvollen psychischen Geschehens zuerkannt hatte. Als sein großes Verdienst erachtete er es, daß FREUD den Traum aus der Umklammerung nicht nur von Mantik und Divination, sondern auch von der Physiologie der Leibes- und Sinnesreize befreit hatte. Den hohen Grad von Wertschätzung, den JUNG der Traumdeutung entgegenbrachte, ersehen wir aus dem im Jahre 1939 veröffentlichten Nekrolog:

> Die Traumdeutung ist wohl FREUDS bedeutendstes Werk und zugleich das anfechtbarste. Für uns damals junge Psychiater war es aber eine Quelle der Erleuchtung, während es für unsere älteren Kollegen ein Gegenstand des Spottes war. Wie mit der Erkenntnis des Be-

sessenheitscharakters der Neurosen hat FREUD mit der Bewertung des Traumes als wichtigste Informationsquelle über die Vorgänge im Unbewußten ... einen Wert der Vergangenheit und Vergessenheit entrissen, welcher unrettbar verloren schien ... Es war eine Tat nicht zu unterschätzenden wissenschaftlichen Mutes, einen damals so unpopulären Gegenstand wie den Traum überhaupt in ernsthafte Diskussion zu ziehen ... Diese Beschäftigung eröffnete nämlich einen Zugang zum inneren Verständnis der Halluzinations- und Wahnbildung in der Schizophrenie, welche die Psychiatrie nur äußerlich beschreibend darstellen konnte. Darüber hinaus wurde sie auch zum Schlüssel für die vielen verschlossenen Türen der neurotischen sowohl wie der normalen Psychologie[1].

1. Der Traum bei FREUD

FREUD war nicht nur der erste in der medizinischen Psychologie, der dem Traum einen wissenschaftlich erkennbaren Sinn zubilligte und in ihm eine *sinnvolle Determiniertheit* erkannte, sondern er war auch der Erste, der im Traum eine *strukturelle Einheit* sah[2], die sowohl mit dem gesamten Psychischen als auch in den einzelnen Teilen sinnvoll verknüpft war. Und zwar schien ihm das Wesen dieser Einheit durch das Vorhandensein eines *unbewußten Traumkerns* begründet zu sein, das heißt einer Art von Kristallisationspunkt, der sich im Zusammenhang aufeinanderfolgender Träume nicht nur derselben Nacht, sondern auch einer Reihe von Nächten wirksam erhielt[3]. «Alle Träume derselben Nacht gehören ihrem Inhalt nach zu dem nämlichen Ganzen»[4]. Und an anderer Stelle hieß es: «(sie sind) von der Deutungsarbeit wie ein *Ganzes* zu behandeln ...»[5].

FREUD hat auch als Erster die Bedeutung des Traumes als einer *via regia zur Kenntnis des Unbewußten*[6] unterstrichen. Die wichtigste Voraussetzung hierfür fand er in der Tatsache, daß auch der Traum

1. C. G. JUNG, «Sigmund FREUD», Nachruf.
2. S. FREUD, *Die Traumdeutung* (Ges. Werke II/III, p. 185).
3. ibid. (Ges. Werke II/III, p. 529 f).
4. ibid. p. 339.
5. ibid. p. 530.
6. ibid. p. 613.

in das lückenlose «enchaînement» des Erinnerungsmaterials «eingeschoben» war. Damit schien die Gewähr einer analytischen Erschließung des Traumunbewußten vorhanden zu sein. Da für ihn Sinn und Absicht des Psychischen auf dem Determiniertsein der Inhalte beruhte, hieß auch beim Traum das *Sinnfinden nichts anderes als ein Rückgehen auf die unbewußten Ursachen der Traumelemente.* Auch der Zweck der Traumdeutung ordnete sich zwanglos demjenigen der Psychotherapie ein: nämlich *die «ungewollten» Vorstellungen zu «gewollten»*[7] *zu machen.* Daß FREUD hierbei die freien Einfälle des Träumers als von ausschlaggebender Bedeutung betrachtete, habe ich schon erwähnt. Daß er später die Assoziationsmethode auch durch die Deutung von Symbolbeziehungen ergänzte, wird uns noch beschäftigen[8].

Anders als für JUNG war ihm der Traum von Anbeginn an die wertvollste Ergänzung zur Neurosenlehre gewesen. Schon im Jahre 1897 stellte er fest, daß der «Traum ... die Psychologie der Neurosen in nuce enthält»[9], und in der Traumdeutung wiederum finden wir die Bemerkung, daß sich das Traumverständnis auf die Neurose als Vorlage stützen konnte[10]. In der Tat gewann er am Traumgeschehen entscheidende Einsichten in bezug auf das Getriebe der psychischen Mechanismen, nicht nur der Verdrängung und Regression, sondern auch der Verdichtung, Verschiebung, Symbolisierung u. a. m. Aber auch für die psychologische Erfassung der Infantilerlebnisse, der Kindheitsfixierungen sowie auch der sexuellen und archaischen Hintergründe des Seelenlebens ergaben sich neue Einblicke, war doch für ihn das «Träumen ... ein Stück des überwundenen Kinderseelenlebens»[11].

Ungeachtet aller Ähnlichkeiten mit der Neurose, die im Kräftespiel gegensätzlicher Tendenzen gipfelten, war für den Traum der Zustand des Schlafes maßgebend: Der Träumer stand unter den *Bedingungen des Schlafes,* das heißt unter Rückzug der Interessen von der Außenwelt und der Einschränkung der Motilität.

«Das Träumen war ... das Seelenleben während des Schlafes ...»[12]

7. ibid. p. 107.
8. Siehe p. 338 ff.
9. S. FREUD, *Aus den Anfängen der Psychoanalyse,* p. 226. Brief vom 7. Juli 1897.
10. S. FREUD, *Die Traumdeutung* (Ges. Werke II/III, p. 593 ff).
11. ibid. p. 572 f.
12. S. FREUD, *Vorlesungen zur Einführung in die Psychoanalyse* (Ges. Werke XI, p. 84).

Biologisch betrachtet kam dem Traum – wie FREUD schon früh feststellte – die außerordentlich wesentliche Funktion zu, den *Schlaf zu erhalten.* Interessanterweise ist diese Auffassung durch die Forschungen von DEMENT und seinen Schülern, die die lebenserhaltende Funktion des Traumes empirisch nachgewiesen haben, wieder aktuell geworden[13].

Wie faßte FREUD den Mechanismus dieser infolge der stets drängenden Regungen des Unbewußten äußerst störbaren Funktion der Schlaferhaltung auf? Schon in seinem Briefwechsel mit FLIESS hatte er in den *unbewußten Wünschen* die geheimen Motive der Traum- und Symptombildung erkannt. Und zwar schienen sie ihr Ziel in der *Wunscherfüllung*[14] zu realisieren – eine Erkenntnis, die er zu seiner großen Befriedigung im Jahre 1895, gleichsam als Offenbarung des Traumgeheimnisses, gewonnen hatte. Im Zusammenhang mit den unbewußten Wünschen schien auch der ausgesprochen *visuelle,* durch die Verwandlung von Vorstellungen in *sinnliche Bilder* erzeugte[15] Charakter des Traumes sowie auch dessen *Verwandtschaft mit dem halluzinatorischen, in die Gegenwart verlegten Erleben* zu stehen. Es handelte sich bei diesen Traumtendenzen- bzw. den Traumgedanken in der Regel um infantile und archaische, meistens auch verdrängte Inhalte, die eine stete Bereitschaft, ins Bewußtsein einzubrechen, erkennen ließen, wobei sie weder vor sexuellen noch vor Todeswünschen haltmachten. In den Traumgedanken sah FREUD die wesentlichen Erreger des Traumes, die allerdings infolge ihrer Unannehmbarkeit für die Zensurinstanz nur in Gestalt einer Verkleidung und Verhüllung erinnert zu werden vermochten. In diesem Zusammenhang erkannte er auch die für die Psychoanalyse grundlegende Tatsache, daß der jeweils *erinnerte Traum* das Ergebnis eines *Entstellungsmechanismus*[16] darstellte – eines Mechanismus, der, ähnlich demjenigen in der Neurose, in einem *Kompromiß* zwischen den unbewußten Wünschen einerseits und der Zensur andererseits gipfelte. Auf Grund dieser Einsichten beschrieb er den Traum als eine (durch Zensur) *entstellte Wunscherfüllung,* was allerdings weder

13. W. DEMENT, *The Effect of Dream Deprivation,* 1960. Siehe auch die inzwischen an der Klinik und Forschungsstätte für JUNGsche Psychologie in Zürich unter Leitung von C. A. MEIER gemachten Forschungen über Traum und Schlaf!

14. S. FREUD, *Aus den Anfängen der Psychoanalyse,* p. 134. Brief vom 23. September 1895.

15. S. FREUD, *Die Traumdeutung* (Ges. Werke II/III, p. 540).

16. ibid. p. 141.

für den Kindheitstraum noch für den Erwachsenen-Traum vom «infantilen Typus» Gültigkeit besaß.

> Der Traum ist eine (verkleidete) Erfüllung eines (unterdrückten, verdrängten) Wunsches[17].

Die beiden erwähnten Ausnahmen – Kindheitstraum und Traum vom infantilen Typus – faßte FREUD als Ausdruck einer bloßen Wunscherfüllung auf, da die entstellende Zensurinstanz entweder noch nicht existierte oder nur in vermindertem Maße funktionierte.

Im *manifesten Trauminhalt* – dem erinnerten Trauminhalt – erkannte er konsequenterweise eine entstellte Ersatzbildung, im *latenten* hingegen das Verborgene und Eigentliche des Traumwunsches[18]. Drei Quellen schienen ihm für die Bildung des latenten Traumwunsches maßgebend zu sein:

> Er kann (1) bei Tage erregt worden sein und infolge äußerer Verhältnisse keine Befriedigung gefunden haben; es erübrigt dann für die Nacht ein anerkannter und unerledigter Wunsch; (2) er kann bei Tage aufgetaucht sein, aber Verwerfung gefunden haben; es erübrigt uns dann ein unerledigter, aber unterdrückter Wunsch; oder (3) er kann außer Beziehung mit dem Tagesleben sein und zu jenen Wünschen gehören, die erst nachts aus dem Unterdrückten in uns rege werden[19].

Interessant war die Parallele, die FREUD zwischen Traum und Neurose, und zwar auf Grund des Entstellungsmechanismus, zog: Hatte er das neurotische Symptom als ein Erinnerungssymbol an eine verdrängte traumatische Erregung aufgefaßt, so setzte er nun den *Traum als Ganzes einem Symptom*[20], das heißt einem Zeichen für ein anderes, gleich.

Das eigentliche Subjekt der Entstellung und Verfälschung erkannte FREUD im Zensor, dem «Werkmeister» par excellence, der sogenannten Traumarbeit. In immer neuen Facetten schien sich ihm sein Wesen zu enthüllen, das er bald als Spiel eines listigen, mit feinem Spürsinn begabten Kobolds, bald aber als Werk eines intelligenten und voraus-

17. ibid. p. 166.
18. ibid. p. 140.
19. ibid. p. 556.
20. ibid. p. 105.

denkenden Organisators verstand. Die Traumarbeit, die er den Mechanismen von Verdichtung und Verschiebung sowie auch von Dramatisierung und Symbolisierung[21], um die wichtigsten zu nennen, gleichsetzte, war ihm das Wesentlichste am Traumgeschehen. In der Darstellung dieser traumbildenden Tätigkeit zog FREUD deshalb auch alle Register seiner Kombinationskunst und ließ dem reichen Spiel seiner Phantasie einen durchaus freien Lauf.

2. Der Traum in der Psychologie von JUNG[22]

JUNGS frühe Feststellung, daß «FREUD nur widerlegen könne, wer selber die psychoanalytische Methode vielfach angewendet habe und wirklich so forsche, wie FREUD forscht»[23], gilt in ganz besonderem Maße für die Traumforschung. Es ist interessant zu verfolgen, wie lange er gerade auf diesem Gebiet, das ihm vom Jahre 1914 an nicht nur zum zentralen Anliegen, sondern auch zu einer Quelle neuer Entdeckungen werden sollte, im Banne der FREUDschen Ideen verblieb. Obgleich sich schon zu Ende des ersten Jahrzehnts seine Anschauungen über das kollektive Unbewußte abzuzeichnen begannen, ließen seine Arbeiten über den Traum noch eine genuine Stellungnahme vermissen.

Ebenso wie er in der kleinen Schrift *L'analyse des rêves* aus dem Jahre 1909 die FREUDschen Auffassungen über die Wunscherfüllung wie auch über die Zensurfunktion im Traum noch uneingeschränkt vertrat, verteidigte er auch zur selben Zeit FREUDS Ideen in seiner Besprechung der Traumergebnisse von Morton PRINCE[24]. Es mutet vielleicht unerwartet an, daß er nicht wenige der damals bei PRINCE gerügten Ansichten in seinen späteren Arbeiten in vollem Ausmaß selber vertrat. Noch ein letztesmal zollte er der Psychoanalyse und ihrer

21. Über die Symbolisierung und Symbolbildung soll an geeigneter Stelle ausführlich berichtet werden.

22. Einleitend möchte ich betonen, daß ich weder die Methode der Amplifikation, obgleich JUNG sie erstmals am Traum erarbeitet hat, noch seine Auffassung über das Symbol im Rahmen der Traumpsychologie erörtern werde. Das Amplifikationsverfahren habe ich bereits im Kapitel über den gebundenen Einfall, F. II, behandelt, während die Symbolik im folgenden Kapitel H. II, dargestellt werden soll.

23. C. G. JUNG, *Dementia praecox,* Vorwort.

24. C. G. JUNG, «Zu Morton PRINCE: Über den Mechanismus und die Deutung von Träumen», 1910/11 (Ges. Werke IV).

Methode volles Lob, und zwar in dem 1912 veröffentlichten Werk «Neue Bahnen der Psychologie»[25]. Überraschend dürfte seine damalige, in Anlehnung an FREUD geäußerte Meinung sein, daß der Traum einen «symbolischen Ersatz für einen am Tage nicht genügend gewürdigten resp. ‹verdrängten›, persönlich wichtigen Wunsch»[26] darstellte.

Mit der Abtrennung von FREUD (1913) trat zugleich ein Wendepunkt in den Veröffentlichungen über die Traumtheorie ein, wobei es sich meiner Kenntnis entzieht, von welchem Zeitpunkt an die eigenen Auffassungen für JUNGS persönliche Arbeit wegleitend wurden. Es waren vor allem die beiden Schriften *The Psychology of Dreams*[27] und *On the Importance of the Unconscious in Psychopathology*[28], die erstmalig die für das Verständnis der JUNGschen Traumpsychologie so erhellenden Gesichtspunkte der Finalität und Kompensation hervortreten ließen (1914–1916).

In seinen Traumforschungen konnte sich JUNG auf namhafte Vorläufer berufen. So hatte bereits Eugen BLEULER im Jahre 1910 die Bedeutung von Affekt und Affektkonflikt im Traum festgestellt, wobei ihm die wechselseitige Hemmung gegensätzlicher Affekte für das Traumverstehen wesentlich zu sein schien[29]. Hochbedeutsam war die Tatsache, daß BLEULER als einer der ersten in der Traumpsychologie die Traumfunktion auf eine rein psychologische Kategorie, nämlich die psychologische Verarbeitung von Komplexen[30], gegründet hatte. Von großem Wert erwiesen sich auch die von JUNG mehrfach anerkennend hervorgehobenen Arbeiten von SILBERER über die Symbolforschung; ich denke dabei an die Schriften *Phantasie und Mythus* (1909)[31] und *Probleme der Mystik und ihre Symbolik* (1924). Äußerst wertvoll wurde für ihn auch die Mitarbeit von A. MAEDER. Ihm gebührte das Verdienst, die prospektiv-finale Funktion des Traumes entdeckt zu haben.

25. C. G. JUNG, «Neue Bahnen der Psychologie» (Ges. Werke VII, p. 267 f).

26. ibid. p. 287.

27. C. G. JUNG, «The Psychology of Dreams», 1914, in: *Collected Papers on Analytical Psychology*, 1916, p. 299 f.

28. C. G. JUNG, «On the Importance of the Unconscious in Psychopathology», 1914, in: *Collected Papers on Analytical Psychology*, 1916, p. 278 ff. (Ges. Werke III, p. 225 ff.).

29. E. BLEULER, «Die Psychoanalyse FREUDS», in: Jahrbuch für psychoanalytische und psychopathologische Forschungen, II, 1910, p. 690.

30. ibid. p. 725.

31. H. SILBERER, «Phantasie und Mythus», 1909. Ibid. Jahrbuch, I.

MAEDER hat die prospektiv-finale Bedeutung des Traumes energisch hervorgehoben im Sinne einer zweckmäßigen unbewußten Funktion, welche die Lösung aktueller Konflikte und Probleme vorbereitend übt und durch tastend gewählte Symbole darzustellen sucht[32].

JUNG und MAEDER scheinen sich wechselweise befruchtet zu haben. Hatte JUNG schon in frühen Jahren einen ersten Schritt in der Erkenntnis der finalen Bedeutung der Phantasie gemacht, so machte MAEDER einen weiteren Schritt insofern, als er diese Erkenntnisse JUNGS auf den Traum anwendete und in seiner Schrift *Über die Funktion des Traumes* (1912) mit einer eigenen Traumtheorie hervortrat. Im Unterschied zu BLEULER legte er das Hauptgewicht auf den Wert des Traumes für die *Entwicklung des Individuums*[33], wobei er feststellte,, daß nicht nur die Phantasien, sondern auch die Träume «egozentrische Lösungen des Träumers vorbereiteten»[34] und sein Handeln konstellierten[35]. Zwei Jahre später (1914) erkannte er die bedeutsame Tatsache, daß der Traum die wichtigste Informationsquelle über die prospektiven Tendenzen[36] im Seelenleben darstellte. Nach diesen zwei Vorstößen seitens MAEDERS trat dann JUNG, allerdings erst im Jahre 1916, mit seiner bereits 1914 konzipierten Schrift über die Traumpsychologie an die Öffentlichkeit. Und zwar war es die grundlegende Feststellung einer kompensatorischen Funktion des Traumes[37], die er, in Einklang mit ADLERS Erkenntnis der Kompensationsfunktion, nun auch für den Traum vertrat. Es dürfte zunächst überraschend sein, daß er trotz seiner schon frühen Erwähnung der Zielstrebigkeit des Psychischen (1908) und der bereits im Jahre 1912 entdeckten antizipatorischen[38] Bedeutung der Träume erst im Jahre 1914 mit seiner eigentlichen Traumtheorie, nämlich der Kompensationstheorie, hervortrat.

32. C. G. JUNG, *«Allgemeine Gesichtspunkte zur Psychologie des Traumes»* (Ges. Werke VIII, p. 290).

33. A. MAEDER, «Über die Funktion des Traumes», in: Jahrbuch für psychoanalytische und psychopathologische Forschungen, IV, 1912.

34. ibid. p. 686.

35. ibid. p. 707.

36. A. MAEDER, *Über das Traumproblem*, 1914, p. 33.

37. C. G. JUNG, «The Psychology of Dreams», in: *Collected Papers on Analytical Psychology*, 1916, p. 307.

38. C. G. JUNG, *Wandlungen und Symbole der Libido*, p. 55.

a. Der Traum als Manifestation des Unbewußten

Es waren in erster Linie die umwälzenden Erkenntnisse auf dem Gebiet des Unbewußten, wie sie von JUNG in den ersten zehn Jahren seines Schaffens begründet worden waren, die einen Niederschlag in seiner Traumauffassung finden sollten. So hob er im Jahre 1931 hervor, daß die «Traumanalyse mit der Hypothese des Unbewußten» stand und fiel, und daß ohne deren Annahme der Traum nur ein «lusus naturae, ein sinnloses Konglomerat zerbröckelter Tagesreste»[39] wäre – eine Erkenntnis, die bereits als Motto zu jenen Durchbruchsjahren (1912–1914) hätte gesetzt werden können. Wie JUNG das «Träumen ... (als) die spezifische Bewußtseinsäußerung des Unbewußten»[40] verstand, so faßte er auch den Traum als eine «unmittelbare Äußerung des Unbewußten»[41], welche die innere Situation, die Wahrheit und Wirklichkeit des Träumers, offenbar werden ließ[42], auf.

Für die Erfassung des Traumes kam danach alles darauf an, in welcher Weise das Unbewußte verstanden wurde! In dem Maße, als sich JUNGS Verständnis des Unbewußten von den Auffassungen FREUDS löste, löste sich auch seine Psychologie des Traumes von der FREUDschen Traumtheorie ab, um eigene Wege einzuschlagen. So fand seine wesentliche Entdeckung von der schöpferischen und spontanen Natur des unbewußten Hintergrundes ihren unmittelbaren Niederschlag in seiner Traumauffassung: *Der Traum war eine selbständige Äußerung des Unbewußten, besaß seine eigene Realität und stellte eine eigene Welt dar.* Es lag ihm dementsprechend auch fern – wenigstens seit dem Jahre 1914 –, ihn auf infantile, vergessene oder auch verdrängte Wünsche zu reduzieren. Wie alles Unbewußte konnte auch der Traum als ein *zielgerichtetes Geschehen*[43], das Sinn und Zweck erkennen ließ, betrachtet werden. Von Bedeutung schien ebenfalls sein Zurückreichen bis in die archaischen Schichten des Seelenlebens zu sein, da er dadurch am «bilderschaffenden Geist» des Unbewußten bzw. an dessen Urbedeu-

39. C. G. JUNG, «Die praktische Verwendbarkeit der Traumanalyse» (Ges. Werke XVI, p. 149).
40. ibid. p. 157.
41. ibid. p. 148.
42. ibid. p. 152.
43. C. G. JUNG, «Allgemeine Gesichtspunkte zur Psychologie des Traumes» (Ges. Werke VIII, p. 290).

tungen und Urbildern partizipierte. Von daher erhellte auch die *Symbolbedeutung,* die dem Traum als Träger eines «noch jenseitigen, unerfaßlichen, dunkel geahnten Sinnes» zukam.

> Unter Symbol verstehe ich keinesweg eine Allegorie oder ein bloßes Zeichen, sondern vielmehr ein Bild, das die nur dunkel geahnte Natur des Geistes bestmöglich kennzeichnen soll. Ein Symbol umfaßt nicht und erklärt nicht, sondern weist über sich selbst hinaus auf einen noch jenseitigen, unerfaßlichen, dunkel geahnten Sinn, der in keinem Worte unserer derzeitigen Sprache sich genügend ausdrücken könnte[44].

Vor allem erwies sich die Unterscheidung zwischen dem persönlichen und dem kollektiven Unbewußten für das Verständnis des Traumes als fruchtbar: auf ihr beruhte es, daß der Traum nicht nur als *Informationsquelle über die persönlichen Probleme,* sondern auch als *Offenbarungsort über den archetypischen Sinngehalt* des Seelenhintergrundes erfahren werden konnte. Von daher fiel auch ein Licht auf die Tatsache, daß « . . . alte Kulturen . . . Träume und Visionen stets als Erkenntnisquelle, . . . als Informationsquelle»[45] über die verborgenen Gründe der Psyche benützt haben. Der Traum war, ähnlich der Vision, dem offenbarenden Gedanken oder auch der religiösen Erleuchtung eine Art von *schöpferischem Einfall,* der einen mächtigen Eindruck in der Seele zurückließ. Was war ein solcher Einfall?

> Licht bedeutet «Erleuchtung», es ist ein erleuchtender «Einfall»! Wenn wir ganz vorsichtig formulieren wollen, so müssen wir sagen, daß es sich um eine beträchtliche psychische Energiespannung handelt, welche offenbar einem sehr wichtigen unbewußten Inhalt entspricht[46].

Es waren vor allem solche faszinierenden Traumbilder und Traumgedanken, die JUNG bestimmten, im Traum den Ausdruck einer *überlegenen Weisheit,* einer «Einsicht, oder ein(es) Wissen(s), welche das jeweilige Bewußtsein nicht hervorzubringen vermochte»[47], zu sehen.

44. C. G. JUNG, «Geist und Leben», 1926 (Ges. Werke VIII, p. 381).
45. C. G. JUNG, «Das Grundproblem der gegenwärtigen Psychologie», 1931 (Ges. Werke VIII, p. 397).
46. C. G. JUNG, «Bruder Klaus», 1933 (Ges. Werke XI, p. 349).
47. C. G. JUNG, *Psychologie und Religion* (Ges. Werke XI, p. 44).

Eine Fundgrube weiterer Erkenntnisse war JUNGS Feststellung, daß der Traum eine *Affinität zum autonomen Komplex*[48] (1920) aufwies. Er stellte nicht nur – ähnlich dem Komplex – eine psychische Einheit dar, sondern seine Elemente waren ebenfalls um einen Kern gruppiert. Nicht zuletzt besaß er einen Affekt- und Gefühlston, der sowohl eine konstellierende Kraft als auch einen bestimmenden Einfluß auf den Gesamtcharakter des Traumes erkennen ließ. Dem Gefühlston war überdies ein *Bedeutungszentrum*[49] zugeordnet, das mit den einzelnen Traumelementen sowie auch mit dem Ganzen der Psyche sinnvoll verknüpft war. Wenn auch FREUD wie JUNG den Traum als ein sinnvolles Gebilde auffaßten, so verstanden sie diesen «Sinn» jedoch in grundsätzlich anderer Weise. War für FREUD der Traumsinn gleichbedeutend mit dessen Determiniertheit durch Ursachen, war er wesentlich ein Zeichen für ein anderes, so billigte JUNG dem Traum eine symbolische Bedeutung zu. Er war für ihn eine Bedeutungseinheit[50], ein symbolischer Ausdruck des Unbewußten[51], dessen Sinn sich erst aus der Verdeutlichung des noch Unbekannten in ihm ergab. Oder mit anderen Worten: Der Traum stellte, wie T. WOLFF sich prägnant ausdrückte, ein *Symbol* dar, und konnte nur mittels eines besonderen Deutungsverfahrens verstanden werden[52].

Bemerkenswert war JUNGS Nachweis einer «psychischen Struktur»[53] bzw. einer *einheitlichen Sinnstruktur des Traumganzen.* Er erkannte nämlich, daß der Traum in all den Fällen, wo er eindrucksvoll und nachhaltig war, eine verstärkte energetische Spannung und im Zusammenhang damit auch eine entsprechende Gliederung des Sinnes erkennen ließ, die analog dem klassischen Drama war.

> Mit verstärkter energetischer Spannung gewinnen die Träume geordneteren Charakter, sie werden dramatisch komponiert, zeigen

48. C. G. JUNG, «Die psychologischen Grundlagen des Geisterglaubens», 1919 (Ges. Werke VIII, p. 346).
49. C. G. JUNG, *Unveröffentlichtes Seminar über Kindheitsträume,* I, 1938/39.
50. ibid.
51. C. G. JUNG, *Psychologische Typen,* p. 609 und 612 (Ges. Werke VI, p. 488 und 490).
52. Toni WOLFF, «Einführung in die Grundlagen der Komplexen Psychologie», in: *Die kulturelle Bedeutung der Komplexen Psychologie,* p. 73.
53. C. G. JUNG, «The Psychology of Dreams, 1914/1916.

deutlichen Sinnzusammenhang, und die Wertigkeit ihrer Assoziationen nimmt zu[54].

Der Traum ließ sich, ähnlich wie dies beim klassischen Modell der Fall war, in vier sinnvoll zusammenhängende Phasen zerlegen, die man nach Personen und Ort des Geschehens, nach Exposition und Peripetie (Klimax), und schließlich auch nach der Lysis unterscheiden konnte.

b. Entstellung oder symbolische Gestaltung?

Die angedeutete Diskrepanz der Auffassungen läßt es daher auch nicht verwunderlich erscheinen, daß FREUDS Theorie vom Traum als eines Entstellungsproduktes der eigentlichen, seit dem Jahre 1913 immer klarer hervortretenden Denkweise JUNGS fremd war. Ebensowenig war in seinem späteren Traumgebäude für die Annahme einer entstellenden Zensurinstanz Raum vorhanden. Allerdings verstrich noch etwelche Zeit, bis er sich völlig vom Einfluß FREUDS lossagte und den Zensurbegriff aufgab. So sah er noch im Jahre 1909 mit FREUD im Zensor nicht nur eine Widerstandsinstanz dem Komplex gegenüber, sondern auch einen Entstellungsfaktor[55]. Ja, er setzte sogar noch im Jahre 1916 die vom Bewußtsein ausgehende Hemmung der FREUDschen Zensur gleich[56]. Von da an fehlen die positiven Erwähnungen der Zensur im Werk JUNGS. Seine eigenen Zielsetzungen, die sich in Richtung der Erforschung der Autonomie und der Struktur des Psychischen bewegten, ließen die Annahme eines «Kobolds» in der Seele, der mit «ausgeklügelter Arglist» die unbewußten Wünsche verheimlichte und die Wahrheit verdrehte, kaum mehr zu.

Mit der Ablehnung der Zensurinstanz fiel naturgemäß auch FREUDS *Hypothese einer durch sie bewerkstelligten Traumentstellung und Traumarbeit dahin.* Wenn auch JUNG an den psychischen Mechanismen selber – sei es Verdichtung, Verschiebung, Symbolisierung u. a. m. – als den formalen Bedingungen der Traumgestaltung weiterhin festhielt, die Verdichtung sogar als die formale Grundlage der Symbolbildung über-

54. C. G. JUNG, «Die transzendente Funktion», 1916 (Ges. Werke VIII, p. 89).
55. C. G. JUNG, «L'analyse des rêves», in: Année psychologique, XV.
56. C. G. JUNG, «Die transzendente Funktion», 1916 (Ges. Werke VIII, p. 79).

haupt anerkannte, so betrachtete er diesen Mechanismus von 1920 an weder unter dem Blickpunkt einer Zensur noch als Ergebnis einer Entstellung. Nicht eine Zensurinstanz, *sondern der Seelenhintergrund selber war für die Undurchschaubarkeit des Trauminhaltes verantwortlich,* und zwar kraft der durchgängigen Kontamination aller unbewußten Inhalte miteinander.

Nicht zuletzt fiel auch die auf der Zensurinstanz gegründete Unterscheidung von *manifestem und latentem Trauminhalt* in sich zusammen. Es könnte allerdings die Feststellung irreführen, daß JUNG noch in den *Psychologischen Typen* (1921) auf diese Gegenüberstellung von manifest und latent hingewiesen und ebenfalls um diese Zeit das manifeste Traumgebilde als fragmentarisch und unbefriedigend erklärt hat. Die Erklärung dieser überraschenden Tatsache findet sich darin, daß JUNG mißverständlicherweise mit dieser Feststellung auf die der Traumerinnerung inhärente Undurchsichtigkeit hindeuten wollte. Ungeachtet der ihm zugebilligten sinnvollen Struktur wurde der Traum nämlich sehr oft als phantastisch, unlogisch oder auch absurd erlebt – alles Tatsachen, die darauf hindeuteten, daß der Traumsinn nicht unmittelbar erfaßbar war. Seine Undeutlichkeit, ja auch gelegentliche Unverständlichkeit hing, wie JUNG übrigens in Übereinstimmung mit FREUD annahm, damit zusammen, daß er eine *Schrift in Bildern* darstellte. Der Traum drückte sich fast nie in logisch-abstrakten Ausdrücken, sondern immer in parabolischer bzw. in einer *Gleichnissprache*[57] aus. Während FREUD diese Undeutlichkeit des Traumsinnes als Verkleidung des Eigentlichen verstand, sah JUNG in dem noch undurchschaubaren, manifesten Inhalt gerade umgekehrt den Ausdruck des eigentlichen Wesens: *Er war ein spontaner Ausdruck des Hintergrundsgeschehens,* der infolge seiner oft weitgehenden Unabhängigkeit und Unberührtheit vom Bewußtsein der rationalen Durchsichtigkeit weitgehend entbehrte. Der oft hohe Grad von Unverständlichkeit des erinnerten Traumes verlangte deshalb eine Interpretation: Der Traum wollte stets gelesen und gedeutet werden. Aus diesem Grunde spielte auch bei beiden Forschern das Problem der Deutung eine hervorragende Rolle. Während aber FREUD bis in das zweite Jahrzehnt hinein das Deuten vorzugsweise als ein Zurückgehen auf die unbewußt-gewußten Ursachen erklärte –

57. C. G. JUNG, «Allgemeine Gesichtspunkte zur Psychologie des Traumes», in: *Über die Energetik der Seele,* p. 114 (Ges. Werke VIII, p. 282).

später faßte er auch die Deutung von (allerdings festgelegten) Symbolbeziehungen ins Auge – erkannte JUNG *im Deuten eine Kunst, deren tieferer Sinn sich im Symbolverstehen*[58] enthüllte. Um den Traum zu verstehen, erachtete es JUNG als unerläßlich, ihn in seiner Symbolsprache zu erfassen und durch Amplifikationen zu erhellen. Obgleich es sich bei der Traumerinnerung zunächst um einen unverständlichen Text handelte, faßte er ihn als Ausdruck *weder einer Fassade noch einer Entstellung* auf, wie dies für FREUD der Fall gewesen war.

> Die sogenannte Fassade ist aber bei den meisten Häusern keineswegs ein Trug oder eine täuschende Verzerrung, sondern entspricht dem Gehalt des Hauses und verrät ihn sogar oft ohne weiteres. So ist auch das manifeste Traumbild der Traum selber und enthält den ganzen Sinn ... Was FREUD «Traumfassade» nennt, ist die Undurchsichtigkeit des Traumes, was aber in Wirklichkeit eine bloße Projektion des Nichtverstehens ist, d. h. man spricht nur darum von Fassade, weil man keine Einsicht in den Traum hat. Sagen wir darum besser, es handle sich um etwas wie einen unverständlichen Text, der überhaupt keine Fassade hat, sondern von uns einfach nicht gelesen werden kann. Dann brauchen wir auch nicht dahinter zu deuten, sondern müssen ihn zuerst lesen lernen[59].

Er pflichtete deshalb auch dem Talmud bei, nach welchem der Traum als seine eigene Deutung[60] aufgefaßt wurde. Aus demselben Jahre 1940/41 stammte die Bemerkung:

> Der Traum ist ein derart schwieriger und verwickelter Stoff, daß ich nicht wage, irgendwelche Annahmen über eine ihm möglicherweise innewohnende Täuschungstendenz zu machen. Der Traum ist ein Naturereignis, und es gibt keinen ersichtlichen Grund zur Annahme, daß er eine schlaue Erfindung sei, bestimmt, uns irrezuführen![61]

Grundsätzlich hielt er von dem Zeitpunkt an, da er seine eigene Traumauffassung vertrat (1914–1916), daran fest, daß *der erinnerte*

58. Siehe spätere Ausführungen über das Symbol!
59. C. G. JUNG, «Die praktische Verwendbarkeit der Traumanalyse» (Ges. Werke XVI, p. 158 f).
60. C. G. JUNG, *Psychologie und Religion,* p. 48 (Ges. Werke XI, p. 27).
61. ibid.

Traum ein unwillkürliches, spontanes Phänomen war, das die innere Wahrheit des Träumers wirklichkeitsgetreu darstellte.

Der Traum ist «die Äußerung eines unwillkürlichen, dem Einfluß des Bewußtseins entzogenen, unbewußten seelischen Prozesses, der die innere Wahrheit und Wirklichkeit so darstellt, wie sie ist; nicht, weil ich sie so vermute und nicht, wie ich sie haben möchte, sondern wie sie ist»[62].

c. Wunscherfüllung oder Selbstabbildung

Auch die FREUDsche Hypothese vom *Traum als einer entstellten Wunscherfüllung war dem innersten Wesen* JUNGS *fremd.* Ebensowenig wie er vom Jahre 1913 an das Unbewußte auf verdrängte Wünsche zurückführte, war ihm der Traum das Ergebnis von Wünschen und wunscherfüllenden Tendenzen. Was für die unbewußte Psyche überhaupt galt, galt eo ipso auch für den Traum. Weder konnte er, wie ich bereits erwähnt habe, in sexuellen Wünschen die ausschließlichen Motoren des Traumgeschehens noch in dem mit der Wunschbefriedigung verbundenen Prinzip von Lust und Unlust die regulierende Tendenz[63] in der Psyche sehen. Letzteres besaß für ihn lediglich einen Ausdruckswert. Wenn er sich auch in der Annahme einer teleologischen Begründung der unbewußten Vorgänge mit FREUD begegnete, so handelte es sich für ihn niemals um eine nur triebbedingte, geschweige denn hedonistische Zielstrebigkeit. Wohl tendierte seiner Erfahrung nach die Psyche dahin, sich zu erfüllen, aber diese Tendenz betraf niemals nur die Befriedigung von Sexualtrieben, sondern auch die *Verwirklichung von geistigen Zielsetzungen.* Für JUNG gab es nicht nur sexuelle Regungen, sondern auch noch eine ganze Anzahl von anderen Triebtendenzen – Ernährungs-, Macht-, Geltungs-, Selbsttriebe – um nur einige wenige zu nennen. Überdies trat der Trieb auch stets mit archetypischen Situationsbildern[64] und archetypischen Motiven verkoppelt

62. C. G. JUNG, «Die praktische Verwendbarkeit der Traumanalyse» (Ges. Werke XVI, p. 152).
63. C. G. JUNG, «General aspects of Psychoanalysis», 1913.
64. C. G. JUNG, «Theoretische Überlegungen zum Wesen des Psychischen», 1946, erstmals als «Der Geist der Psychologie», p. 448 (Ges. Werke VIII, p. 235).

auf[65]. *Ebenso wie die archaischen Bilder nicht selten mit numinosen Affekttönen verknüpft waren, konnten umgekehrt intensive Traum-Affekte auf das Vorhandensein von noch unbekannten Bildern hinweisen.* In jedem Fall war es die Aufgabe der Traumdeutung, den unbewußten oder unbewußt gewordenen Zusammenhang von Affekt und Bild zu beleben und den Bildgehalt ans Ich zu assimilieren.

All diese Beobachtungen veranlaßten JUNG, zunehmend schärfer gegen die Auffassung aufzutreten, daß das Unbewußte nur wünschen konnte[66] bzw. nur auf eine Wunscherfüllung und Wunschbefriedigung verdrängter Inhalte ausgerichtet war.

> Daß Träume bloß verdrängte Wunscherfüllungen sind, ist ein längst überholter Standpunkt. Gewiß gibt es auch Träume, die erfüllte Wünsche oder Befürchtungen manifest darstellen. Aber was gibt es nicht alles sonst? Träume können unerbittliche Wahrheiten, philosophische Sentenzen, Illusionen, wilde Phantasien, Erinnerungen, Pläne, Antizipationen, ja sogar telepathische Visionen, irrationale Erlebnisse und Gott weiß was sonst noch sein. Wir dürfen nämlich eines nicht vergessen: Fast die Hälfte unseres Lebens spielt sich in einem mehr oder weniger unbewußten Zustand ab[67].

Wie ebenfalls bereits erörtert, war es für JUNG unmöglich, angesichts der Tatsache von schöpferischen Neubildungen und auch von positiven Entwicklungstendenzen in der unbewußten Psyche die FREUDsche Annahme zu teilen, daß sich nächtlicherweile all der Schlamm des Verwerflichen und Minderwertigen, der verdrängten Inzestwünsche, ja auch des Bösen[68] – Haß, Egoismus, Todeswünsche u. a. m. – einen Weg zum Bewußtsein bzw. zu motorischer Entladung zu bahnen versuchte. Im Gegenteil konnten sich seiner Erfahrung nach sowohl *moralische Tendenzen*[69] wie auch neue *geistige Möglichkeiten* im Traum ankündigen.

65. C. G. JUNG, «Instinkt und Unbewußtes» (Ges. Werke VIII, p. 157).
66. S. FREUD, *Die Traumdeutung* (Ges. Werke II/III, p. 606).
67. C. G. JUNG, «Die praktische Verwendbarkeit der Traumanalyse» (Ges. Werke XVI, p. 157).
68. S. FREUD, *Neue Vorlesungen zur Einführung in die Psychoanalyse* (Ges. Werke XI, p. 147).
69. C. G. JUNG, «Allgemeine Gesichtspunkte zur Psychologie des Traumes» (Ges. Werke VIII, p. 276 ff).

Gegenüber der FREUDschen, letztlich auf biologischen Voraussetzungen beruhenden Wunscherfüllungstheorie vertrat JUNG bereits im Jahre 1913 eine *rein psychologisch begründete Traumauffassung*, nämlich diejenige der *Selbstabbildung*[70]. Oder mit anderen Worten: Der Wunscherfüllungsfunktion von verdrängten Triebtendenzen stellte er die Funktion der Selbstdarstellung gegenüber, und der «Wunschtheorie» die Vorstellung einer bilderschaffenden, psychischen Tätigkeit, die gefühls- und wertbetont war. Danach pflegte nämlich der Traum, als ein Abbild der inneren Lage, dem Träumenden einen Spiegel über seine innere Situation[71] zu zeigen. Mehrere Jahre später formulierte er diesen Gedanken in der Weise, daß der Traum nicht nur eine Selbstabbildung in Form von Symbolen, sondern überdies eine Wiedergabe der *aktuellen Lage des Unbewußten* darstellte.

> Gegenüber der bekannten FREUDschen Ansicht vom Wesen des Traumes, daß er eine «Wunscherfüllung» sei, habe ich und hat ebenso mein Freund und Mitarbeiter A. MAEDER den Standpunkt eingenommen, der Traum sei eine spontane Selbstdarstellung der aktuellen Lage des Unbewußten in symbolischer Ausdrucksform . . .[72]

Diesen ersten Versuch eines Verständnisses der Traumfunktion ergänzte er bereits im folgenden Jahr, 1914, durch die alle früheren Theorien in den Schatten stellende Entdeckung der *Kompensationsfunktion des Traumes*.

70. C. G. JUNG, «Psychoanalysis», 1913, in: *Collected Papers on Analytical Psychology*, 1916, p. 222.

71. ibid. «According to FREUD, the dream is in its essence a symbolic veil for repressed desires, which are in conflict with the ideals of the personality. I am obliged to regard the dream structure from a different point of view. The dream is for me, in the first instance, the subliminal picture of the psychological condition of the individual in his waking state».

72. C. G. JUNG, «Allgemeine Gesichtspunkte zur Psychologie des Traumes», erweiterte Auflage von «The Psychology of Dreams» (Ges. Werke VIII, p. 300).

3. Von der Schlaferhaltungs- zur Kompensationsfunktion

a. Traum und Schlaf

Ähnlich wie FREUD billigte auch JUNG dem Traum eine auf den Schlafbedingungen beruhende Ausnahmestellung zu, die auf den verschiedensten Graden von «abaissement du niveau mental» beruhte.

> Da der Traum aus dem Schlaf stammt, so trägt er alle Merkmale des «abaissement du niveau mental» (JANET) an sich, nämlich der geringen energetischen Spannung: logische Diskontinuität, das Fragmentarische, die Analogiebildungen, die oberflächlichen Assoziationen sprachlicher, klanglicher und bildlicher Natur, die Kontaminationen, die Irrationalität des Ausdrucks, das Verworrene usw.[73].

Diese Ausnahmestellung des Traumes bedeutete aber keineswegs, daß die mit dem Schlaf verbundene Herabsetzung des Ichbewußtseins, auch eo ipso, wie dies bei FREUD der Fall war, gleichbedeutend mit einer Herabsetzung der psychischen Tätigkeit überhaupt gewesen wäre. Ganz im Gegenteil erkannte er, daß die innere Aktivität, ungeachtet des Abgeschnittenseins von der Außenwelt, in höchstem Maße lebendig war. Dies galt vor allem, wie JUNG schon früh feststellte, für die *Traum-Komplexe, deren affektive Nuclei ihm als stets lebendige Äußerungen der unbewußten Psyche* aufgefallen waren. Auf Grund der unausgesetzten Tätigkeit der Komplexe kam er deshalb auch dazu, umgekehrt zu FREUD, eine *Intensivierung des inneren Lebens während des Schlafes,* die bis zur völligen Schlafaufhebung gehen konnte, anzunehmen.

> Es darf «die Tatsache nicht übersehen werden, daß es eben *gerade die Träume sind, welche den Schlaf am meisten stören,* daß es sogar Träume gibt – und zwar wenige – deren dramatisches Gefüge sozusagen logisch auf eine höchst affektvolle Situation hinzielt und sie auch dermaßen vollständig erzeugt, daß der Affekt den Träumer unbedingt weckt»[74].

73. C. G. JUNG, «Die transzendente Funktion», erstmalig im Jahre 1916 als Privatdruck erschienen (Ges. Werke VIII, p. 89).
74. C. G. JUNG, «Allgemeine Gesichtspunkte zur Psychologie des Traumes» (Ges. Werke VIII, p. 287).

Obgleich in den Träumen gelegentlich peinliche Affekte (FREUD) zurückgehalten wurden, so war der Traum in sehr vielen Fällen auch umgekehrt von intensiven Affekten begleitet, die sich sogar bis zum Durchschlagen ins Bewußtsein, ja bis zur Entstehung von Weckreizen steigern konnten. Allerdings wäre es JUNGS ganzem, final orientiertem Denken zuwider gewesen, solche Phänomene nur vom schlafstörenden oder gar lebensschädigenden Gesichtspunkt anzugehen. FREUDS auf biologischen Überlegungen fußende Auffassung einer affektverhüllenden und schlaferhaltenden Funktion des Traumes schien ihm zu eng zu sein[75]. Die biologische Betrachtungsweise sah er nur dann als zweckmäßig an, wenn eine geringe energetische Spannung im Träumer vorhanden war. In solchen Fällen konnte sich die Funktion des Traumes im Biologischen erschöpfen. *Weit wichtiger schien ihm aber die psychologische Bewertung zu sein.* So stellte er z. B. fest, daß eine Unterdrückung der Affekte im Traum nicht nur den biologischen Zweck der Schlaferhaltung nicht erfüllte – wie dies auch FREUD gesehen hatte –, sondern darüber hinaus sogar negative und entwicklungshemmende Wirkungen auf die Psyche zeitigen konnte. Aber auch das Umgekehrte kam vor: Im Unterschied zu FREUD beobachtete JUNG nämlich, daß die Intensivierung der *Traumaffekte auch eine Quelle lebensfördernder Werte* darzustellen vermochte. Mehr und mehr überzeugte er sich davon, daß einer der hauptsächlichen Werte des Traumes im Anreiz zu einer *bewußten Orientierung* lag und als *Aufforderung zur Besinnung und zur Auseinandersetzung mit den noch unbewußten Inhalten* verstanden werden konnte.

> Die Träume «erhalten, wenn möglich, den Schlaf, d. h. sie tun es notgedrungen und automatisch unter dem Einfluß des Schlafzustandes, durchbrechen ihn aber auch, wenn ihre Funktion es erfordert, d. h. wenn die ... (unbewußten) Inhalte so intensiv sind, daß sie den Schlaf aufzuheben vermögen». Sie sind immer dann «besonders intensiv, wenn ... (sie) eine vitale Bedeutung für die bewußte Orientierung» haben[76].

Von den psychischen Wirkungen des Trauminhaltes waren allerdings die Folgen des Traumvorganges selber zu unterscheiden. Wie bereits

75. ibid.
76. ibid.

Maeder betont hatte, konnte schon der bloße *Vorgang des Träumens* den Schlaf wohltätig beeinflussen – eine Auffassung, die Jung dahin erweiterte, daß es die mit dem Träumen verbundene *Objektivierung der Affekte in den Traumsymbolen*[77], das heißt deren Bekleidung mit Sinn und Gehalt, war, welche fördernd auf die Psyche des Individuums wirkte.

b. Über die kompensierende Funktion des Traumes

Zu den außerordentlichen Verdiensten Jungs gehörte es, die genannten Erfahrungen zu einer völlig neuen Traumauffassung verwertet zu haben. Ähnlich wie Maeder erkannte er die Notwendigkeit einer *rein psychologischen Begründung des Traumes.* Allerdings begnügte er sich. nicht mit einer Erklärung, die sich nur auf die «Verarbeitung psychischer Probleme im Traum» (Maeder, Bleuler) stützte: Als wesentlich erschien es ihm vor allem, die Funktion des Traumes auf dessen Beziehung zur bewußten Psyche zu gründen. Und zwar stellte er als Erster in der empirischen Psychologie die Hypothese auf, daß der Traum eine *kompensatorische Beziehung zur jeweiligen Bewußtseinslage*[78] *des Träumers* besaß – ein Prinzip, das sich in der Psychotherapie als ungemein fruchtbar erweisen sollte.

Wenn auch der Gedanke einer Kompensation gewisser exzessiver Vorgänge durch ausgleichende Funktionen in der Medizin geläufig war, so hatte ihn erst Alfred Adler zum Grundbegriff seiner Individualpsychologie erhoben. Wie aus dessen Werken ersichtlich war, ging er von der Vorstellung eines Lebensplanes aus, den er als einen bereits in der Kindheit und zwar aus dem Zusammenstoß des Einzelnen mit der mächtigen Umwelt entstandenen Versuch, *die Minderwertigkeitsgefühle durch Machtarrangements zu kompensieren,* verstand. Schon vorher hatte Freud die kompensierende Tätigkeit dem Begriff, wenn auch nicht dem Wort nach, in seiner Traumdeutung erwähnt, z. B. als Tendenz, unbefriedigte Wünsche im Traum auszugleichen[79]. Explizite verwendete er den Ausdruck im Jahre 1908, als er z. B. auf die Kompensation der

77. Vgl. die experimentellen Untersuchungen über den Wert des Träumens, die T. C. Frey im Zusammenhang mit C. A. Meier vorgenommen hat. T. C. Frey, «Probleme der Traumdeutung», in: *Traum und Symbol,* 1963, p. 75.

78. C. G. Jung, *«Allgemeine Gesichtspunkte zur Psychologie des Traumes»* (Ges. Werke VIII, p. 287).

79. S. Freud, *Die Traumdeutung* (Ges. Werke II/III, p. 129).

Härte durch extreme Güte u. a. m.[80] hindeutete. Und ähnlich entdecken wir auch bei JUNG schon bereits *vor* dem Erscheinen des ersten einschlägigen Werkes von ADLER im Jahre 1907[81] Hinweise darauf, daß die Wahngebilde der Dementen all das kompensierten, was das bewußte Leben vermissen ließ (1907)[82]. Immerhin hatte er noch einen weiten Weg zurückzulegen bis zur Entdeckung der Kompensation als einer allgemeinen Tendenz der unbewußten Psyche. Es waren hauptsächlich die psychopathologischen Phänomene, wie die Halluzinationen und Sinnestäuschungen, vor allem die Wahnideen, an denen er seine bisherigen Vermutungen zu bestätigen vermochte und die ihn die Kompensationsfunktion erkennen ließen. Eine seiner frühesten Erwähnungen finden wir bereits im Jahre 1914:

> Zusammenfassend kann man sagen, daß die Funktion des Unbewußten bei geistigen Störungen im wesentlichen in einer Kompensation des Bewußtseinsinhaltes besteht[83].

Die Kompensation war aber, wie er bald erkannte, nicht auf die psychopathologischen Phänomene beschränkt, sondern sie war ein *Grundgesetz des Unbewußten* überhaupt.

> Bei normalen Menschen besteht die Hauptaufgabe des Unbewußten darin, kompensatorisch zu wirken und ein Gleichgewicht herzustellen. Alle extremen bewußten Tendenzen werden durch einen Gegen-Impuls im Unbewußten gemildert und herabgestimmt[84].

Ihre Vervollständigung fand diese Auffassung in der im selben Jahr erkannten Tatsache, daß die *Traumfunktion eine Ausbalancierung der bewußten psychologischen Situation darstellte*[85].

80. S. FREUD, «Die kulturelle Sexualmoral und die moderne Nervosität», 1908 (Ges. Werke VII, p. 166).
81. A. ADLER, *Studien über die Minderwertigkeit von Organen*, 1907.
82. C. G. JUNG, *Dementia praecox*, p. 171 f.
83. C. G. JUNG, «Über die Bedeutung des Unbewußten in der Psychopathologie», erstmals 1914 als Vortrag in: *Collected Papers on Analytical Psychology*, p. 286 (Ges. Werke III, p. 234).
84. ibid. p. 281 (Ges. Werke III, p. 229 f).
85. C. G. JUNG, «The Psychology of Dreams», 1914, in: *Collected Papers on Analytical Psychology*, p. 307.

Die Träume verhalten sich kompensatorisch zur jeweiligen Bewußtseinslage[86].

Die Entdeckung der Traumkompensation kann nicht hoch genug veranschlagt werden. JUNGS außerordentliches Verdienst lag darin, im Traum nicht nur eine psychologische Funktion, sondern auch ein sinnvolles Zusammenspiel zwischen dem bewußten und dem unbewußten System festgestellt zu haben. Und nicht zuletzt war es seine Leistung, diese Tätigkeiten im Zusammenhang der psychischen Energetik, ja der Lebensvorgänge überhaupt, erfaßt zu haben. Der regulierenden Tätigkeit im organischen Leben stellte er die *Selbstregulierung im Bereich des Psychischen*[87] zur Seite.

Die Seele als ein selbstregulierendes System ist balanciert wie das Leben des Körpers. Für alle exzessiven Vorgänge treten sofort und zwangsläufig Kompensationen ein, ohne sie gäbe es weder einen normalen Stoffwechsel noch eine normale Psyche ... Das Zuwenig hier erzeugt ein Zuviel dort[88].

Ganz allgemein verstand er unter der Kompensation einen *von der Psyche selber gesteuerten Überbrückungsversuch psychischer Gegensätze,* der als Ausdruck eines differenzierten Beziehungsverhältnisses zwischen bewußt und unbewußt auch ein Licht auf das «Janusgesicht» des Traumes warf! Danach genügte der Traum beiden Seiten: Einerseits war er ein spontaner Ausdruck unbewußter Prozesse, und anderseits stellte er eine sinnvoll-ausgleichende Antwort auf die jeweiligen Überzeugungen und Tendenzen des Bewußtseins dar. Die Traumelemente waren ebensowohl *konstituierende Faktoren des Unbewußten* als auch *Kompensationen der momentanen Bewußtseinslage,* durch welche sie «assoziativ angezogen und ausgewählt»[89] wurden.

86. C. G. JUNG, «Allgemeine Gesichtspunkte zur Psychologie des Traumes», 1914/1928 (Ges. Werke VIII, p. 287). (Im Text hervorgehoben.)
87. C. G. JUNG, *Das Unbewußte im normalen und kranken Seelenleben,* 1926, p. 90 (Ges. Werke VII, p. 67).
88. C. G. JUNG, «Die praktische Verwendbarkeit der Traumanalyse» (Ges. Werke XVI, p. 162 f). (Von mir hervorgehoben.)
89. C. G. JUNG, «Allgemeine Gesichtspunkte zur Psychologie des Traumes» (Ges. Werke VIII, p. 283).

In der Kompensation erkannte JUNG eine Grundregel von allgemeiner Bedeutung, die für alle psychischen Gestaltungen galt – für Phantasie, Vision und Traum. Eine Ausnahme ließ er ausschließlich für den Schocktraum gelten, der in immer gleicher Weise die traumatische Ausgangssituation wiederholte.

Im allgemeinen balancierte der Traum gestörte Gleichgewichtslagen aus, wobei er nicht nur Vergessenes, habituell Unbewußtes und Verdrängtes, sondern auch wesensmäßig noch nicht Gewußtes konstellierte. Bei einer relativ guten Anpassung des Individuums an die Außenwelt beschränkte sich der Traum auf ergänzende Beiträge zur bewußten Einstellung. Im Falle von einseitiger Bewußtseinseinstellung hingegen war die Antwort des Traumes eine ebenso einseitige: Er stellte sich auf die «Gegenseite», was die latenten Konfliktsituationen in die Sichtbarkeit treten lassen konnte. Die regulierende Tätigkeit des Traumes ging nämlich keineswegs immer parallel mit den bewußten Absichten, besonders dann nicht, wenn letztere «den vitalen Notwendigkeiten des Individuums gefährlich zu werden drohte(n)»[90]. In solchen Fällen traten im Gegenteil «lebhafte Träume von stark kontrastierendem, aber zweckmäßig kompensierendem Inhalt . . . auf»[91]. In Fällen wiederum, in denen der Traum mehr oder weniger der Mitte der Persönlichkeit angenähert war, «begnügte sich der Traum mit Varianten»[92]. War schließlich die Einstellung des Bewußtseins dem Ganzen der Psyche adäquat, «so koinzidierte der Traum und unterstrich damit dessen Tendenz, ohne jedoch dabei seine eigentümliche Autonomie zu verlieren»[93].

Besonderen Nachdruck legte JUNG auf die mythologische oder *archetypische Kompensation*, die auf eine Ausbalancierung der bewußten Überzeugungen aus den tieferen Schichten der Seele hin tendierte. Dazu gehörten auch die religiösen Kompensationen, die trotz ihrer Bewußtseinsferne von oft ausschlaggebender Bedeutung für die fernere Lebensgestaltung des Träumers wurden.

In diesen Fällen muß man sich immer daran erinnern, daß jeder Mensch in gewissem Sinne die ganze Menschheit und ihre Ge-

90. ibid. p. 288.
91. ibid.
92. C. G. JUNG, *Unveröffentlichtes Seminar über Kinderträume*, I, 1938/39. Ebenso «Vom Wesen der Träume», 1945 (Ges. Werke VIII, p. 328).
93. C. G. JUNG, «Vom Wesen der Träume» (Ges. Werke VIII, p. 328).

schichte repräsentiert. Und was in der Geschichte der Menschheit im Großen möglich war, ist im Kleinen auch in jedem Einzelnen möglich ... Es ist daher nicht erstaunlich, daß in den Träumen religiöse Kompensationen eine große Rolle spielen. Daß dies gerade in unserer Zeit vielleicht in vermehrtem Maße der Fall ist, ist eine natürliche Folge des vorherrschenden Materialismus unserer Weltanschauung[94].

Solche «großen Träume» waren nicht nur für die biologisch bedeutsamen Abschnitte des Lebens – Kindheit, Pubertät, Menopause –, sondern auch für Perioden, in welchen die Individuen nicht mehr im Einklang mit ihrer Gesamtpersönlichkeit standen, und nicht zuletzt auch für zeitgeschichtlich bedingte Krisenzeiten, charakteristisch. In all diesen Fällen fanden Kompensationen statt, die je nachdem eine bessere Anpassung des Träumers an die körperlichen Veränderungen, an die Selbstverwirklichungstendenzen oder auch an den Zeitgeist anstrebten.

Wie im vorangehenden Kapitel angedeutet, stellte JUNG dem kausalen den *prospektiv-konstruktiven Gesichtspunkt, der neue Sinnmöglichkeiten zu finden gestattete,* gegenüber. Beim Traum z. B. ließ sich mittels dieser Methode von den Elementen aus eine «Brücke in die Zukunft»[95] schlagen. In Übereinstimmung mit A. MAEDER sah er in der finalen Orientierung des Traumunbewußten eine Funktion, die die zukünftigen Leistungen antizipierte, Vorübungen unternahm und auch zukünftige Entwicklungen vorausskizzierte[96]. Hingegen warnte er vor der Verwechslung der prospektiven mit der prophetischen Traumfunktion, das heißt vor einer Einstellung, die im Traum eine Art von Psychopompos (Seelenführer) zu sehen glaubte, der «aus überlegener Kenntnis heraus dem Leben eine untrügliche Richtung zu verleihen imstande sei».

So sehr man auf der einen Seite die psychologische Bedeutung des Traumes unterschätzt, so groß ist auch die Gefahr für den, der

94. C. G. JUNG, «Allgemeine Gesichtspunkte zur Psychologie des Traumes» (Ges. Werke VIII, p. 285).
95. Siehe «Der Inhalt der Psychose» (Ges. Werke III, p. 204).
96. C. G. JUNG, «Allgemeine Gesichtspunkte zur Psychologie der Traumes» (Ges. Werke VIII, p. 291).

sich viel mit Traumanalyse beschäftigt, daß er *das Unbewußte in seiner Bedeutung für das reale Leben überschätzt*[97].

Es gab allerdings, wie JUNG beobachtete, bewußte Einstellungen, die dermaßen schlecht an die Gesamtpersönlichkeit angepaßt waren, daß die im Traum hervortretende, unbewußte Einstellung dem Ganzen besser entsprach und deshalb auch ungeahnte Sinnmöglichkeiten zeitigte. Als Beispiel führte er schon im Jahre 1914 den berühmt gewordenen Traum des Nebukadnezar an, der auf dem Höhepunkt seiner Macht einen den Niedergang antizipierenden Traum hatte[98].

4. Traumsinn und Deutung

In der Deutung des Traumsinnes beschritt JUNG neue Wege, die sich in hohem Maße von der FREUDschen Methode entfernten. Soweit die formalen Prinzipien in Frage standen, z. B. die Befragung des Träumers oder die Verwendung von Einfällen, hielt er sich weiterhin an die bereits von FREUD vorgeschlagenen Richtlinien. Seine genuine Leistung wurde erst dort offenbar, wo es um die Frage nach *dem Sinngehalt* des Traumes ging.

Was er unter dem Sinn des Traumes verstand, war etwas wesentlich anderes, als dies für FREUD der Fall war. Wenn auch beide Forscher im Traum einen Ausschnitt aus dem umfassenderen Zusammenhang der Psyche sahen und ihm auch beide eine einheitliche Struktur zubilligten, so faßten sie Sinn und Bedeutung der Traumeinheit grundsätzlich verschieden auf. Während FREUD vom Gedanken des «enchaînement» geleitet war und den Traum als Bruchstück eines kausal determinierten Erinnerungszusammenhanges verstand, erkannte JUNG in ihm *einen Teil des zielgerichteten Geschehens, das Bilder, Wertungen und archetypische Symbole sichtbar* werden ließ. Der Traum stellte in dieser Hinsicht keinen Sonderfall dar, sondern folgte ähnlichen Gesetzmäßigkeiten wie auch die Phantasien, Visionen und neurotischen Symptome. Wie JUNG im Unterschied zu FREUD weder die Phantasiegestaltung als eine symbolische Verhüllung von Grundtrieben noch das neurotische

97. ibid. (Von mir hervorgehoben.)
98. ibid. p. 286.

Symptom als eine Ersatzbefriedigung für etwas anderes aufzufassen vermochte (FREUD), so war auch der Traum für ihn in keiner Weise ein symptomatisches Zeichen[99], sondern *eine spontane schöpferische Manifestation der Seelentiefe,* die ihren nicht reduzierbaren Wert besaß.

Sinn und Sinnfindung waren deshalb auch für beide Forscher etwas anderes! War für FREUD der Traumsinn gleichbedeutend mit der Erkenntnis seiner Ursachen, so erkannte JUNG *im Sinn einen Bedeutungswert, der sich aus der Beziehung des Traumes zum Ganzen ergab.*

Hatte sich für FREUD die Sinnfindung vorerst in der Aufdeckung verdrängter Erlebnisse erschöpft – später berücksichtigte er auch feststehende Symbolbeziehungen –, so ging es JUNG um *die Vertiefung der Selbsterkenntnis und des Selbstverständnisses.* Dazu gehörte sowohl die Erfassung der gegenwärtigen Einstellung des Bewußtseins als auch die Erhellung der im Traummaterial verborgenen Entwicklungstendenzen bzw. die Erhellung dessen, was im Träumer ans Licht drängte und ihn zur schöpferischen Gestaltung bewegte und antrieb. Zur Sinnfindung waren ihm vor allem die *archetypischen Bilder,* die von jeher den «Zusammenklang des erfahrenen Subjektes mit dem erfahrenen Objekt»[100] ausdrückten, von Bedeutung. Insofern als der Traum in einem Gefüge von Symbolbeziehungen, die den Bedeutungskern umkreisten, bestand, war auch *sein Sinn durch die Beziehung dieses Kernes zu übergeordneten Bedeutungsstrukturen in der Psyche,* ja zum Größeren der Ganzheit gegeben. Wurde der immanente Traumsinn durch die Erhellung der ihm zu Grunde liegenden Bedeutungseinheit gefunden, so der transzendente Traumsinn durch die Klärung der Beziehung des bewußten Ich zu dem Bedeutungskern. Dies bedeutete nichts weniger als eine Erweiterung des momentanen Weltbildes durch den im *übergeordneten Lebens- und Bedeutungszusammenhang sich offenbarenden ganzheitlicheren Sinn.* Im Versuch der Überbrückung von bewußter und unbewußter Einstellung transzendierte das Ich den bewußten Standpunkt, um sich mit den im Traumleben allmählich hervortretenden Urerfahrungen der Menschheit rückzuverbinden.

Aus allem wird klar, daß sich die Deutung eines Traumes niemals im Erklären erschöpfen konnte. Wie die kausale durch die finale, auf

99. S. FREUD, *Die Traumdeutung* (Ges. Werke II/III, p. 105).

100. C. G. JUNG, «Analytische Psychologie und Weltanschauung», 1927 (Ges. Werke VIII, p. 432).

das Prospektive ausgerichtete Fragestellung ergänzt wurde, *so setzte* JUNG *auch dem Erklären das Verstehen, der Zeichendeutung das hermeneutische Verfahren gegenüber*[101]. Wenn auch JUNG die reduktive, auf infantile Triebfixierungen regredierende Methode keineswegs ablehnte, so schien ihm immerhin sowohl das finale, auf Sinn und Zweck der Verwirklichung eines Individuums bezogene Verfahren, als auch die hermeneutische, auf dem Verstehen der archetypischen Traumsymbole beruhende Methode für das Selbstverständnis des Individuums weit fruchtbarer zu sein.

Bei letzterem Verfahren kam es, wie wir gesehen[102] haben, darauf an, die symbolischen Traumausdrücke zu verdeutlichen bzw. *ihren Sinn durch eine In-Beziehung-Setzung zu analogen Gebilden zu erweitern.* Je mehr die einzelnen Traumsymbole zueinander und zu analogen Bedeutungszusammenhängen in Beziehung gebracht wurden, desto verständlicher wurde der jeweilige Trauminhalt. Das Wesen der Hermeneutik beschrieb JUNG schon im Jahre 1916 folgendermaßen:

> Es besteht darin, daß «der durch das Symbol gegebenen Analogie weitere Analogien angereiht werden, in erster Linie subjektive Analogien, die der Patient einfallsweise gibt, in zweiter Linie objektive Analogien, die der Analytiker aus seinem allgemeinen Wissen gibt. Durch dieses Procedere wird das Ausgangssymbol erweitert und bereichert, und es entsteht ein höchst komplexes und vielseitiges Gemälde. Dadurch entstehen gewisse psychologische Entwicklungslinien individueller sowie kollektiver Natur. Keine Wissenschaft der Erde vermöchte die Richtigkeit dieser Linien zu beweisen; ... Ihre Gültigkeit aber erweisen diese Linien durch ihren hohen Lebenswert»[103].

Daß JUNG zur Erreichung dieses Ziels die Methode des freien Einfalls durch diejenige der Amplifikation ergänzte und von der Deutung persönlicher, d. h. lebensgeschichtlich bedeutsamer Tatsachen, zum Verstehen der Elemente des Traumes aus ihren Beziehungen zum kollektiven Kulturgut fortschritt, wurde bereits angedeutet.

101. C. G. JUNG, «Die Struktur des Unbewußten», 1916 (Ges. Werke VII, p. 325 f).
102. Siehe p. 266 f.
103. C. G. JUNG, «Die Struktur des Unbewußten» (Ges. Werke VII, p. 326).

Die Anwendung des hermeneutischen Verstehens setzte auch, wie JUNG ebenfalls im Jahre 1916 hervorhob, die Berücksichtigung gewisser, symbolisch vorgezeichneter Wege voraus. Darunter verstand er das Vorhandensein von individuell vorgezeichneten Lebenslinien[104] bzw. von *Strömungsrichtungen der Libido,* die sowohl durch *emotionale Reaktionen* als auch durch *symbolische Wandlungen* angedeutet wurden. Es war für JUNG eine willkommene Bestätigung seiner frühen Vermutung, als er in den dreißiger Jahren anhand von Traumserien, d. h. von aufeinanderfolgenden und zusammenhängenden Träumen, eine *Kontinuität des unbewußten Bildstromes* festzustellen vermochte. Im Verlauf der Traumentwicklung nämlich ließen die auftretenden Leitmotive und Zielvorstellungen einen Grad von Kontinuität erkennen, der die Hypothese eines zugrunde liegenden Archetypus nahelegte. Im Jahre 1937 finden wir folgende Bemerkung:

> Wenn ich irgend kann, interpretiere ich niemals einen Traum durch sich selbst. In der Regel gehört der Traum in eine Serie. Wie im Bewußtsein eine Kontinuität besteht, ungeachtet der Tatsache, daß sie regelmäßig durch den Schlaf unterbrochen wird, so gibt es wahrscheinlich auch eine *Kontinuität der unbewußten Prozesse* und vielleicht sogar noch eher als bei den Vorgängen des Bewußtseins[105].

Anhand der Traumserie gelang es JUNG, nicht nur die Deutungshypothesen zu verifizieren, gewisse Fehler zu eliminieren[106] und die allmähliche Kristallisation archetypischer Motive zu verfolgen, sondern er entdeckte noch ein Weiteres: Er erkannte nämlich, daß sich in der unbewußten Psyche so etwas wie ein *Entwicklungsvorgang in der Persönlichkeit*[107] abzeichnete. Im Zusammenhang mit seinen Untersuchungen über die *Traumsymbole des Individuationsprozesses*[108], die

104. ibid. p. 327.
105. C. G. JUNG, *Psychologie und Religion,* 1940, p. 60 (Ges. Werke XI, p. 34).
106. C. G. JUNG, «Die praktische Verwendbarkeit der Traumanalyse» (Ges. Werke XVI, p. 159).
107. C. G. JUNG, «Vom Wesen der Träume» (Ges. Werke VIII, p. 330). (Von mir hervorgehoben.)
108. C. G. JUNG, «Traumsymbole des Individuationsprozesses», 1936 (Ges. Werke XI).

sich oft über längere Zeitläufe erstreckten, stellte er fest, daß einerseits die Träume in einer jeweils voneinander unabhängigen Weise die bewußte Situation kompensierten, anderseits aber die einzelnen Kompensationsakte sich gemäß einer *festgefügten inneren Gesetzmäßigkeit,* einer inneren Ordnung entwickelten.

> Zunächst erscheinen einem die Kompensationen als jeweilige Ausgleichungen von Einseitigkeiten oder Ausbalancierungen gestörter Gleichgewichtslagen. Bei tieferer Einsicht und Erfahrung dagegen ordnen sich diese anscheinend einmaligen Kompensationsakte einer Art von *Plan* ein. Sie scheinen unter sich zusammenzuhängen und in tieferem Sinne einem gemeinsamen Ziel untergeordnet zu sein, so daß eine lange Traumserie nicht mehr als ein sinnloses Aneinanderreihen inkohärenter und einmaliger Geschehnisse erscheint, sondern als ein wie in planvollen Stufen verlaufender Entwicklungs- oder Ordnungsprozeß. Ich habe diesen in der Symbolik langer Traumserien sich spontan ausdrückenden unbewußten Prozeß als *Individuationsprozeß bezeichnet*[109].

In dieser Annahme wurde JUNG durch die weitere, höchst bedeutsame Feststellung bestärkt, daß der Traumhintergrund eine Autonomie und Aktivität zu entfalten vermochte, die sich sogar als *Führung und Steuerung* der einzelnen Vorgänge manifestierte.

> ... das Unbewußte (wäre) imstande, so gut wie das Bewußtsein eine final orientierte Führung zu übernehmen. Dementsprechend hätte dann der Traum vorkommenden Falles den Wert einer positiv leitenden Idee oder einer Zielvorstellung, die dem momentan konstellierten Bewußtseinsinhalt an vitaler Bedeutung überlegen wäre[110].

Aus allem dürfte ersichtlich sein, in welchem Maße die hermeneutische Methode ein fruchtbares Instrument zur Erhellung nicht nur der bis anhin ungenügend wahrgenommenen Motive, Tendenzen und Auffassungen im Leben des Träumers, nicht nur seiner spontanen Ent-

109. C. G. JUNG, «Vom Wesen der Träume» (Ges. Werke VIII, p. 330).
110. C. G. JUNG, «Allgemeine Gesichtspunkte zur Psychologie des Traumes» (Ges. Werke VIII, p. 290).

wicklungsmöglichkeiten, sondern auch der Symbolbeziehungen des Traumes zum Ganzen der Psyche darstellte.

Insofern als die psychischen Einheiten, die Bedeutungszentren stets mit Gefühlstönen verkoppelt waren, stellte auch die *affektive Spannung des Traumes* einen nicht zu unterschätzenden Wegweiser durch das Dickicht der Traumsymbole hindurch dar. In dieser Hinsicht begegnete sich JUNG mit FREUD, der schon im Jahre 1900 betont hatte, daß «der Affekt immer recht hatte»[111]. Allerdings sah JUNG im Affekt weniger ein Indizium zur Enthüllung verdrängter Regungen, als vielmehr ein Instrument zur Ergründung des noch Unbekannten, noch Unausgesprochenen und Unartikulierten auf dem Grund der Seele. Die Affektladung besaß für ihn in erster Linie den Wert eines Vorgefühls und dunklen Empfindens für den Bedeutungskern. Es galt ihm daher auch als eine goldene Regel, sowohl den Träumer nach seinen Gefühls- und Affektreaktionen zum Traum als auch sich selber nach seinem Gefühl und seiner Wertung zu befragen.

a. Traumdeutung und Bewußtseinslage

Als zweite Etappe in der Traumdeutung, welche der Erarbeitung des immanenten Traumsinnes folgte, erachtete JUNG den außerordentlich bedeutsamen Vorgang der *In-Beziehung-Setzung des Traumsinnes zur Bewußtseinslage des Träumers*. Unter letzterer verstand er sowohl die habituelle Einstellung des Träumers, seine Überzeugungen, Wertungen und Interessen, als auch sein Bildungsniveau, seine Kenntnisse und menschlichen Qualitäten. Er betonte deshalb auch stets, daß bei der Deutung weder die Lebenswerte der bewußten Persönlichkeit noch sein kulturelles Niveau vernachlässigt werden durften. Eine mehr oder weniger zuverlässige Interpretation des Traumes verlangte demnach nicht unerhebliche Fähigkeiten vom Träumer wie auch vom Psychotherapeuten.

> Sie setzt psychologische Einfühlung, Kombinationsfähigkeit, Intuition, Welt- und Menschenkenntnis und vor allem ein *spezifisches Wissen* voraus, bei dem es ebensosehr auf ausgedehnte Kenntnisse wie auf eine gewisse «intelligence du cœur» ankommt[112].

111. S. FREUD, *Die Traumdeutung* (Ges. Werke II/III, p. 464).
112. C. G. JUNG, «Über das Wesen der Träume» (Ges. Werke VIII, p. 327).

Wegleitend für die Konfrontation des Traumsinnes mit der bewußten Situation des Träumers war jeweils die Frage: *Welche bewußte Einstellung wird durch den Traum kompensiert?*[113] Ohne eine solche Kenntnis der bewußten Situation konnte der Traum niemals mit Sicherheit gedeutet werden[114]. Da man allerdings niemals ohne weiteres mit Gewißheit die Bewußtseinssituation anzugeben vermochte, war die Befragung des Träumers über seine aktuelle Seelenlage von außerordentlichem heuristischem Wert. Vor allem Träume, die auf die persönlichen Daten des Lebens hinwiesen, verlangten zu ihrer Deutung die Assoziationen des Träumers.

Je nach dem Material, das der Traum konstellierte, beschränkte sich der Traumdeuter darauf, die bewußte Einstellung durch Ergänzungen und Hinzufügungen zu korrigieren. Er konnte aber auch, eingreifender, auf Gegentendenzen zu den bewußten Auffassungen aufmerksam machen und damit Konfliktsituationen heraufbeschwören. Nicht zuletzt konnte er den Schwerpunkt auf den Sinn der archetypischen Symbole legen, die im allgemeinen das Bewußtsein aus den urtümlichen Schichten kompensierten.

Im Unterschied zur reduktiven Methode, die für FREUD die allgemein gebräuchliche war, beschränkte sich JUNG auf gewisse Fälle, in denen nicht nur ein Hinunterschrauben des Träumers auf das Primitive und Elementare in ihm, sondern auch ein Hinunterdrücken auf das richtige Maß angezeigt war. In solchen Fällen war es für den Psychotherapeuten ratsam, den Träumer auf seine «Illusionen, Fiktionen und Übertreibungen» aufmerksam zu machen und ihn gegebenenfalls auch auf seinen perseverierenden Infantilismus festzunageln. Beim prospektiv-finalen Verfahren hingegen war es wesentlich, die entwicklungsfähigen Tendenzen im Träumer zu unterstreichen und dadurch die bewußte Einstellung zu vervollständigen. Die hermeneutische Methode wiederum hatte zum Ziel, die bewußte Einstellung durch die Rückbeziehung des Ich auf die in den archaischen und archetypischen Bildern verborgenen Werte zu erweitern und das *archaische mit dem bewußten Weltbild auszusöhnen.*

113. C. G. JUNG, «Die praktische Verwendbarkeit der Traumanalyse» (Ges. Werke XVI, p. 164).
114. ibid.

b. Assimilation des Traumsinnes

War für FREUD die Aufdeckung der verborgenen Wünsche und Ursachen sowie auch der dem Bewußtsein verhüllten Gedankenwege das Ziel nicht nur der Neurosentheorie, sondern auch der Traumdeutung, so sah JUNG den Zweck der Trauminterpretation für den Einzelnen in der *Assimilation des immanenten Traumsinnes*[115] *an die Bewußtseinslage.* Sie stellte die dritte Etappe in der Traumdeutung dar. Während FREUD im Auffinden und Verarbeiten der Traumursachen genügende Voraussetzungen für die Einordnung der unbewußten Inhalte in den bewußten Gedankenzusammenhang erkannte, bot für JUNG die Erarbeitung des Traumsinnes noch keineswegs eine Gewähr für dessen adäquate Einverleibung ins Bewußtsein. Im Gegenteil erwartete den Träumer noch das Meisterstück, das in der *gegenseitigen Durchdringung bewußter und unbewußter Inhalte*[116] bestand. Was er damit im Auge hatte, war, wie er eindrücklich betonte, weder eine «einseitige Bewertung ... (noch eine) Umdeutung und Umbiegung der unbewußten Inhalte durch das Bewußtsein»[117]. Bei der Assimilation handelte es sich vielmehr um eine wechselweise Annäherung und Angleichung der gegensätzlichen Wertungen von bewußt und unbewußt, wodurch eine noch vorhandene Persönlichkeitsdissoziation überwachsen, ein teilweises Mitleben des Unbewußten wieder möglich wurde und nicht zuletzt auch ein besseres Selbstverständnis erzielt werden konnte. Bei diesem Vorgang war es von grundsätzlicher Wichtigkeit, daß keine «wirklichen Werte der bewußten Persönlichkeit verletzt oder gar zerstört» wurden[118], da eine Kompensation durch das Unbewußte nur in Verbindung mit einem integralen Bewußtsein wirksam war. Als ebenso wesentlich erachtete es JUNG, daß der Träumer nach Einsichtnahme in die unbewußten Werte weder diese erneut unterdrückte – wodurch er der Möglichkeit einer Bewußtseinserweiterung verlustig gegangen wäre – noch die früheren Werte aufgab, was einer Auflösung des Subjekts in ein Wertechaos gleichgekommen wäre.

115. ibid. p. 161.
116. ibid.
117. ibid.
118. ibid. p. 165 f.

Bei der Assimilation handelt(e) es sich nie um ein Entweder-Oder, sondern stets um ein *Entweder – und – Oder*[119].

Mit einer Einstellung des Entweder – *und* – Oder konnte der Träumer, wie JUNG ausführte, einen die Gegensätze überbrückenden Gesichtspunkt erreichen, der ihn seiner natürlichen Eigengesetzlichkeit wieder anzunähern vermochte.

Durch die Assimilation unbewußter Inhalte gleichen wir ... das augenblickliche und vom Naturgesetz nur allzu leicht abweichende Bewußtseinsleben diesem wieder an und bringen so den Patienten wieder zu seiner natürlichen Eigengesetzlichkeit[120].

c. Deutung auf der Subjekt- und Objektstufe

Einer eher philosophisch-psychologischen Überlegung entstammte JUNGS Unterscheidung einer Deutung auf der Subjekt- und Objektstufe. Sie ergab sich aus der Gegenüberstellung eines naiven und eines kritischen Weltverständnisses. Wie er oft betonte, betrachtete er H. SILBERER als einen Vorläufer dieser Auffassungsweise. An seinen Namen knüpfte sich nämlich die bedeutsame Gegenüberstellung einer materialen und einer funktionalen Kategorie[121] im Psychischen, wobei er mit der materialen Kategorie den Inhalt der symbolbetonten Gestaltung zum Ausdruck zu bringen, mittels der funktionalen Kategorie hingegen die psychischen Mechanismen selber, «die Vorgänge des psychischen Apparates selbst»[122], zu umschreiben versuchte. Von dieser Betrachtungsweise versprach er sich ein erweitertes Verständnis nicht nur vom Märchen und Mythus, sondern auch von der Individualphantasie und vom Traum. Danach verstand SILBERER sowohl die Traumelemente wie auch die Phantasiesymbole als Darstellung von Systemen und Tendenzen der Psyche. Nicht zuletzt konnten seiner Meinung nach auch in den mythischen Gebilden Abbilder von abgespaltenen Affekt- und

119. ibid, p. 166.
120. ibid. p. 170.
121. H. SILBERER, «Phantasie und Mythos», in: Jahrbuch für psychoanalytische und psychopathologische Forschungen, II, 1910, p. 622.
122. ibid. p. 547.

Vorstellungsgruppen bzw. von verdrängten und unterdrückten Triebkräften festgestellt werden.

Wir gehen wohl nicht fehl, wenn wir die ersten Anfänge einer subjektiven Interpretation von Traumelementen nicht bei SILBERER, sondern bei FREUD sehen, der in der *Traumdeutung* die Tatsache von Personifikationen gewisser Charakterzüge des Träumers im Traum erkannt hatte. Ich denke dabei nicht nur an die «Sammelpersonen»[123], sondern vor allem an die Personifikationen gewisser innerer Eigenschaften und «Konfliktströmungen»[124] in den Figuren von Held, Helfer, Feind u. a. m. – alles Erscheinungen, die er in den Tagträumen und auch im psychologischen Roman beobachtet hatte. Auch RANK hatte, wahrscheinlich in Anlehnung an ihn, darauf hingewiesen, daß durch die Personifikation gewisser Eigenschaften letzten Endes «Stücke der eigenen Individualität»[125] repräsentiert wurden.

Einen gewissen Höhepunkt erreichte die subjektive Interpretationsmethode in der Gegenüberstellung der Deutung auf der Subjekt- bzw. auf der Objektstufe, wie sie JUNG vorgeschlagen hat. Während er bei der objektstufigen Deutung die einzelnen Traumstücke als der Welt zugehörige Inhalte auffaßte, sah er in der subjektstufigen Deutung einen Versuch, die Traumausdrücke als «personifizierte Züge des Träumers» zu verstehen. Diese Unterscheidung beruhte, wie ersichtlich, auf der kritischen Erwägung, ob die Traumteile eher der objektiven oder der subjektiven Welt zugehörten.

> ... ich nenne jede Deutung, in der die Traumausdrücke als mit realen Objekten identisch gesetzt werden, eine *Deutung auf der Objektstufe*. Dieser Deutung gegenüber steht diejenige, welche jedes Traumstück, z. B. alle handelnden Personen, auf den Träumer selbst bezieht. Dieses Verfahren heißt die *Deutung auf der Subjektstufe*[126].

Für JUNG sollte die Unterscheidung einer subjekt- und objektstufigen Deutung außerordentlich bedeutsam werden. War die Anwendung einer

123. S. FREUD, *Die Traumdeutung* (Ges. Werke II/III, p. 299).

124. S. FREUD, «Der Dichter und das Phantasieren», 1908 (Ges. Werke VII, p. 221).

125. O. RANK, «Ein Traum, der sich selbst deutet», in: Jahrbuch für psychoanalytische und psychopathologische Forschungen, II, 1910, p. 526, 553.

126. C. G. JUNG, *Die Psychologie der unbewußten Prozesse*, 1917, p. 101 (Ges. Werke VII, p. 92).

Deutung auf der Objektstufe besonders dann geboten, wenn jeweils Konflikte, die mit vitalen Interessen und lebenswichtigen Beziehungen im Außen zusammenhingen[127], berührt wurden, so schien die subjektstufige Deutung vor allem in Fällen einer Überwertigkeit des Objekts[128] ratsam zu sein. Bestand nämlich eine zu starke Bindung an das Außen, so entstand die Gefahr einer Beeinträchtigung von Auffassung und Selbstbesinnung. In der Psychotherapie erwies es sich für die weitere Entwicklung des Individuums deshalb oft als lebenswichtig, ob man den Augenblick wahrzunehmen vermochte, in dem sich die Ablösung des inneren Bildes vom äußeren Objekt abzuzeichnen begann. Solche Fälle konnte man relativ häufig in den Übertragungssituationen beobachten, bei denen es oft ratsam oder gar unumgänglich schien, die Trauminhalte aus ihren jeweiligen Projektionen auf das reale Objekt – den Arzt – zurückzuziehen. Durch den Rückzug der Projektionen löste sich nicht nur die *konkretistische Festlegung* des Individuums auf das äußere Objekt, sondern es offenbarte sich auch die zum Traumgeschehen analoge *innerpsychische Wirklichkeit.* Allerdings ließen sich auch Situationen von geringerer Wertigkeit des Objekts feststellen, bei denen das Festhalten an der Projektion auf den Arzt von Bedeutung sein konnte, vor allem im Hinblick auf die Konzentration auf das «Größere» im Individuum bzw. auf die Verwirklichung des Selbst. In solchen Fällen erschien es als besonders hilfreich, die Traumbilder auch als Anteile des Subjekts, mit anderen Worten als *Funktionskomplexe des Unbewußten* zu verstehen. Der Gewinn, den der Träumer daraus bezog, war gleichbedeutend mit *der Stärkung des Subjekts gegenüber der Objektwelt bzw. mit der Stärkung des Selbst- und Verantwortungsbewußtseins des Einzelnen.*

5. Historischer Überblick über den Projektionsbegriff

Die Wichtigkeit des Projektionsbegriffs in der Psychologie des Unbewußten rechtfertigt einen kurzen Hinweis auf seine Entstehungsgeschichte. JUNG hat ihn von FREUD übernommen, der ihn wiederum

127. C. G. JUNG, «Allgemeine Gesichtspunkte zur Psychologie des Traumes» (Ges. Werke VIII, p. 304).
128. ibid. p. 312.

der MEYNERTschen Psychiatrie verdankte. Wie M. DORER[129] nachgewiesen hat, war es MEYNERTS Verdienst, in seiner Gehirnphysiologie gezeigt zu haben, wie sich die Fasersysteme aus den Assoziationssystemen – das heißt den Verbindungen zwischen den einzelnen Teilen der Großhirnrinde einerseits und den Projektionssystemen[130] anderseits zusammensetzten. Diese Projektionssysteme dienten dazu, sowohl die äußeren Reize auf den Cortex zu übertragen, als auch umgekehrt eine Verbindung zwischen den subcorticalen Zentren und dem Rückenmark, damit auch mit der Peripherie, herzustellen.

FREUDS erstmalige Erwähnung der Projektionstheorie von MEYNERT erfolgte in der Schrift über die Aphasie (1891)[131]. Seine selbst gestellte Frage nach der Art der Abbildung des Körpers in der Hirnrinde – deren Verbindung mit der Peripherie er wie MEYNERT auf gewisse Bahnen (Projektionssysteme) zurückführte –, beantwortete er mit dem Hinweis auf einen Projektionsmechanismus.

> MEYNERT nennt diese Abbildung eine «Projektion», und einige seiner Bemerkungen lassen schließen, daß in der Tat eine Projektion, d. h. Abbildung, Punkt für Punkt, des Körpers in der Hirnrinde stattfindet[132].

Wiederum einige Jahre später (1896 und 1911) diente der Projektionsbegriff FREUD zur Erhellung des Verfolgungswahns in der Paranoia. Er war ihm das Ergebnis einer Hinausverlegung verdrängter Selbstvorwürfe auf andere Personen. Im Jahre 1916 schließlich versuchte er den Umfang dieses Begriffs auf das normale Seelenleben zu erweitern, wobei ihm ebenfalls die Hinausverlegung innerer (verdrängter) Vorgänge ins Außen vorschwebte. Ja, er ging in diesem Zusammenhang sogar so weit, den *Traum selber als eine Projektion,* nämlich eine Veräußerlichung eines inneren Vorganges[133] aufzufassen.

Auch JUNG hatte im Projektionsbegriff zunächst eine Hinausverlegung verdrängter (persönlicher) Inhalte ins Außen[134] gesehen – eine

129. M. DORER, *Historische Grundlagen der Psychoanalyse,* 1932.
130. Th. MEYNERT, *Klinische Vorlesungen über Psychiatrie,* 1890, p. 11.
131. S. FREUD, *Zur Auffassung der Aphasien,* 1891.
132. ibid. p. 49.
133. S. FREUD, «Metapsychologische Ergänzung zur Traumlehre», 1916 (Ges. Werke X, p. 414).
134. C. G. JUNG, *Wandlungen und Symbole der Libido,* p. 62.

Annahme, die er aber in dem Maße, als er auch unpersönliche Inhalte im Unbewußten feststellte, aufgab. *Mit der Entdeckung der urtümlichen Bilder, der autonomen Komplexe und vor allem der archetypischen Vorstellungen wandelte sich grundsätzlich sein Projektionsbegriff;* er erkannte, daß letzterer sich auf alles, *was konstelliert, dem Individuum aber unbewußt geblieben war,* bezog. Konsequenterweise befand sich das Individuum, wie er immer wieder betont hat, in einem *dauernden Zustand von Projektionen,* da all jene Inhalte des Unbewußten, die als solche nicht bewußt waren, sich stets im Außen auffinden ließen.

> Die Natur, das Objekt überhaupt, spiegelt alles jenes wider, das Inhalt unseres Unbewußten, aber als solcher nicht bewußt ist. Viele Lust- und Unlusttöne der Wahrnehmung schreiben wir ohne weiteres dem Objekt zu, ohne zu überlegen, inwiefern letzteres dafür überhaupt verantwortlich gemacht werden kann[135].

Auch vom Gesichtspunkt der Entwicklung her gesehen war die Projektion ein komplexes Problem. Ebenso wie die gegenwärtigen Projektionen bereits zukünftige Erkenntnisse vorausnehmen konnten, mußte man annehmen, daß sich manche von den heute der persönlichen Psyche zugeschriebenen Inhalten in dunkler Vorzeit in projiziertem Zustand befunden hatten. Ein großer Teil der Gedanken und Ideen, die heute die Psyche bewegen, war, wie JUNG allerdings erst in späten Jahren hervorhob, höchstwahrscheinlich in früheren Zeiten nur in der Projektion erlebbar gewesen.

Ich möchte hier den einschlägigen Passus, obgleich er erst aus dem Jahre 1956 stammt, bereits an dieser Stelle anführen.

> Alles, was wir heutzutage als Geist und Erkenntnis bezeichnen, war in früheren Jahrtausenden und Jahrhunderten in die Dinge pro-

135. C. G. JUNG, *Symbole der Wandlung,* p. 186. Der Text hatte in ähnlicher Weise bereits in *Wandlungen und Symbole der Libido* folgendermaßen gelautet:
«Die Projektion auf das ‹Kosmische› ist das uralte Vorrecht der Libido, denn sie tritt schon natürlicherweise durch alle Sinnespforten anscheinend von außen in unsere Wahrnehmungen ein, und zwar in Form der Lust- und Unlusttöne der Wahrnehmungen, die wir bekanntlich ohne weitere Überlegung dem Objekt attribuieren, und deren Ursachen wir, trotz philosophischer Überlegung, stets im Objekt aufzusuchen geneigt sind, während das Objekt oft verzweifelt wenig daran schuld ist ...»

jiziert, und auch heute noch werden von vielen Köpfen individuelle Idiosynkrasien als allgemeingültig vorausgesetzt[136].

Hatte FREUD die Auflösung von Projektionen im Prinzip als möglich erachtet, nämlich durch die Aufhebung von Verdrängungen, so äußerte sich JUNG weit weniger optimistisch. Allerdings hielt auch er dafür, daß die Auflösung von Projektionen – sofern sie unbewußt-persönlicher Natur waren – im Bereich des Möglichen stand. In all den Fällen hingegen, wo es sich um Projektionen von unpersönlichen Inhalten handelte, schien ihm die Rücknahme des Projizierten zweifelhaft zu sein. Ganz allgemein ausgedrückt: *Es konnten nur solche Projektionen zurückgenommen werden, die in die Reichweite des Bewußtseins fielen.* Um des Zusammenhangs willen möchte ich auch diese, erst ins Jahr 1956 fallende Stelle im Wortlaut zitieren:

> Projektionen können nur in der Reichweite des Bewußtseins zurückgezogen werden. Wo letzteres nicht hinreicht, kann auch nichts korrigiert werden[137].

Danach hielt JUNG dafür, *daß Inhalte, die das Individuum als außerhalb seiner selbst, das heißt als zum Außerpsychischen gehörig erlebte, weder erkannt noch aufgelöst werden konnten.*

136. C. G. JUNG, *Mysterium coniunctionis,* II, 1956, p. 260 (Ges. Werke XIV/2, p. 260).
137. ibid. p. 261 (Ges. Werke XIV, II, 261).

H. VOM ZEICHEN ZUM SYMBOL

VOM ZEICHEN ZUM SYMBOL

Da JUNG das Wesen des Symbols zuerst an den Phantasien und am Traum erforscht hat, lasse ich dieses Kapitel über «Zeichen und Symbol» der Erörterung über den Traum folgen.

Einige der wesentlicheren Aspekte des Symbols haben wir bereits in den Ausführungen über die Energetik und die Deutungsmethoden gestreift. So sahen wir unter anderem, daß JUNG das Symbol in energetischer Hinsicht als einen lebendigen Ausgleich zwischen Gegensätzen[1] auffaßte, während es FREUD – insofern als es universaler Natur war – in feststehenden, konstanten Beziehungen erschöpft fand. War es für JUNG eine «psychologische Maschine, welche Energie verwandelt»[2], ein Energietransformator, der das Physische in ein Psychisches überführte[3], so stellte es für FREUD die Wiederholung einer seit Urzeiten bestehenden Zuordnung von Sexualvorgang und Wortausdruck dar. Während FREUDS Symboldeutung auf einer Identifizierung des Symbols mit schon bekannten Gegebenheiten beruhte, eröffnete JUNG mit seiner Entdeckung der hermeneutisch-amplifikatorischen Methode bzw. eines auf geistigen Analogien beruhenden Symbolverständnisses, neue Wege und Perspektiven für die Erweiterung und die schöpferische Entwicklung der Persönlichkeit[4].

1. Siehe das Kapitel über: Äquivalente Umsetzungen der Libido, E. III, 2 b, p. 228 f.
2. C. G. JUNG, *Über die Energetik der Seele*, p. 76 (Ges. Werke VIII, p. 50).
3. Siehe das Kapitel über: Äquivalente Umsetzungen der Libido, E. III, 2 b, p. 228 f.
4. Siehe das Kapitel über: Der gebundene Einfall und der finale Gesichtspunkt JUNGS, F. II, 2 b, p. 259 f.

I. SYMBOLISIERUNG UND SYMBOL BEI FREUD

Um die Unterschiede zwischen FREUD und JUNG betreffend die Natur des Symbols zu verstehen, muß ich etwas weiter ausholen. FREUD hat erst spät, ungefähr vom Jahre 1917 an, begonnen, sich mit der «symbolischen Deutung» zu beschäftigen. Solange er es wissenschaftlich verantworten konnte, betrachtete er die Symbole ausschließlich vom kausalen Gesichtspunkt aus, ohne Berücksichtigung des allgemeinen Symbolgehaltes. Das Symbol hatte – wie die übrigen Inhalte der unbewußten Psyche – *ausschließlichen Symptomwert*, einen Wert, den er mittels der Methode des freien Einfalls zu erfassen suchte. Für diese bis ins Jahr 1917 reichende Auffassung blieb gültig, was DALBIEZ so treffend in folgende Worte gefaßt hat: «Le sens du rêve, ce sont les causes du rêve»[5]. Mit der Zeit sah sich FREUD allerdings veranlaßt, seinen Geist auch der Symboldeutung, wie sie von seinen Schülern[6] (ABRAHAM, RANK, RIKLIN und SILBERER) gehandhabt wurde, zu öffnen.

Eine Etappe auf diesem Weg zur allgemeinen Symboldeutung bildete die *Entdeckung von Symbolisierungen*[7], d. h. von Umsetzungen der Gedanken in Bilder. Schon im Jahre 1900 waren FREUD *feststehende Beziehungen* sowohl zwischen Traumsymbol und «allgemein bekannten Sprachübungen» als auch zwischen Symbol und sexuellen Objekten aufgefallen. Wie J. H. PHILLIPS mit Recht hervorhebt, hatte FREUD

5. R. DALBIEZ, *La Méthode psychanalytique et la doctrine Freudienne*, I, p. 53.

6. K. ABRAHAM, «Traum und Mythus», 1909. Otto RANK, «Der Mythus von der Geburt des Helden», 1909, ebenso: «Ein Traum, der sich selbst deutet», 1910. F. RIKLIN, «Wunsch und Symbolik im Märchen», 1908. H. SILBERER, «Phantasie und Mythos», 1910, ebenso: «Über die Symbolbildung», 1911/12.

7. S. FREUD, *Die Traumdeutung* (Ges. Werke II/III, p. 349—354).

solche feststehenden Symbolisierungen bereits in der hysterischen Symptomatologie (1895), z. B. zwischen Erbrechen und unterdrückten Affekten beobachtet[8]. Allerdings hatte es noch des Ausbaus der Libidotheorie bedurft, bis er in der Lage war, eine umfassende Symboltheorie, die auch die allgemeinen Symbole umspannte, aufzustellen.

Den unmittelbaren Anstoß zur Beschäftigung mit der allgemeinen Symbolik verdankte er den Arbeiten von STEKEL[9] sowie auch seinen Mitarbeitern RANK und SACHS. Was er schon bei der Symbolisierung entdeckt hatte, erweiterte sich ihm zum *allgemeinen Deutungsschema* (1914). Die Tatsache, daß viele Träume gewisse Symbolelemente aufwiesen, die sich der Deutung mittels freier Assoziationen nicht fügten, bzw. weder als Ergebnis einer Entstellung durch die Zensur noch überhaupt als Indikatoren persönlicher Daten aus dem bisherigen Leben bedeutsam waren, ließ ihn weiter suchen. Er konnte sich der Erkenntnis nicht mehr verschließen, daß die Symbolik nicht auf den Traum beschränkt war, sondern eine Tatsache von *allgemeiner Bedeutung* darstellte. In jedem Fall handelte es sich um indirekte Veranschaulichungen, die beim Traum zudem im Zusammenhang der Verkleidung latenter Gedanken verstanden sein wollten. Problematisch war ihm dabei die Feststellung, daß solche Traumbedeutungen fixiert waren oder, mit anderen Worten, in Gestalt von *konstanten Übersetzungen unbewußter Gedanken in Bilder* auftraten. FREUD wurde dadurch vor ein nicht unerhebliches Dilemma gestellt, nämlich die «stummen», die sich persönlichen Einfällen entziehenden Traumelemente zu ignorieren – was dann einen jeweils unbefriedigenden Traumsinn ergab – oder das Prinzip des freien Einfalls zu erweitern. Allerdings sah er sich in letzterem Fall der Gefahr ausgesetzt, in die Willkürlichkeit antiker Traumdeuter zurückzufallen und die Träume nach der Art der Chiffriermethode, die durch rein mechanische Übertragungen bekannter Bedeutungen auf Traumsymbole charakterisiert war, aufzulösen – ein Verfahren, das der Mehr- und Vieldeutigkeit der Traumsymbole kaum gerecht wurde. Um dieser Gefahr zu steuern, forderte er deshalb auch zu einer kritischen Vorsicht in der Symboldeutung auf. Dazu gehörte

8. J. H. PHILLIPS, *Psychoanalyse und Symbolik*, 1962. Es gebührt PHILLIPS das Verdienst, die drei Formen, in denen das Symbol bei FREUD vorkommt – Erinnerungssymbol, Symbolisierung und Symbol – deutlich unterschieden zu haben.

9. W. STEKEL, *Die Sprache des Traumes*, 1911.

vor allem eine umfangreiche Kenntnis der Symbolbedeutungen. Er hielt dafür, daß nur dann, wenn der Traumdeuter die gebräuchlichen Symbole, die Person des Träumers, seine individuelle Lage sowie auch die Erlebnisse des Vortages kannte, eine gewisse Gewähr gegeben war, daß er mittels Anwendung feststehender Bedeutungen sinnvolle Ergebnisse zu erzielen vermochte. Niemals aber, und dies gehörte zum eisernen Bestand der Traumdeutung FREUDS, konnte die symbolische Betrachtungsweise die Deutung mittels freier Einfälle ersetzen, weshalb er sie ausschließlich im Sinne einer Ergänzung der herkömmlichen Methode verwendete.

> Somit nötigen uns die im Trauminhalt vorhandenen, symbolisch aufzufassenden Elemente zu einer kombinierten Technik, welche sich einerseits auf die Assoziationen des Träumers stützt, anderseits das Fehlende aus dem Symbolverständnis des Deuters einsetzt[10].

Interessant dürfte es auch sein, daß die Anerkennung der Symboldeutung zwangsläufig eine Einschränkung des in der Psychoanalyse altbewährten Prinzips einer Befragung des Träumers nach seinen Assoziationen nach sich zog[11].

Worauf beruhte die Gültigkeit der allgemeinen Symbolik? Drei Gedanken wurden entscheidend für FREUD:

Erstens schien die Symbolik eine «alte, aber untergegangene Ausdrucksweise», eine Art von «Grundsprache» der Menschheit[12], auf welche alle aktuellen Symbolbedeutungen zurückgingen, darzustellen. *Zweitens* beruhte diese Grundsprache auf festen Identitätsbeziehungen[13] zwischen Wortausdruck und Sexualvorgang, wobei die Symbolbeziehung auf «einen Rest und ein Merkzeichen einstiger Identität»[14] hinzuweisen schien.

> Was heute symbolisch verbunden ist, war wahrscheinlich in Urzeiten durch begriffliche und sprachliche Identität vereint[15].

10. S. FREUD, *Die Traumdeutung* (Ges. Werke II/III, p. 358).
11. ibid.
12. S. FREUD, *Vorlesungen zur Einführung in die Psychoanalyse* (Ges. Werke XI, p. 169).
13. S. FREUD, *Vorlesungen zur Einführung in die Psychoanalyse* (Ges. Werke XI, p. 170).
14. S. FREUD, *Die Traumdeutung* (Ges. Werke II/III, p. 357).
15. ibid.

Die gegenwärtigen Symbole ließen sich danach zwanglos als feststehende Wiederholungen urzeitlicher Gleichsetzungen verstehen.

Drittens beruhten all diese Identitäten auf festen Zuordnungen zwischen Wort und Sexualobjekt. Alle «Dinge, die einmal gleich geheißen (hat(ten) wie das Genitale, können jetzt im Traum als Symbole für dasselbe eintreten»[16]. Auf Grund solcher, auf sexueller Herkunft beruhender Sprachwurzeln ergab sich, daß *alle länglichen Gegenstände auf das männliche Glied und alle Hohlformen auf das weibliche Genitale hinwiesen;* ebenso standen alle Waffen und Werkzeuge für das Männliche, während das Bearbeitete für das Weibliche stand. Die Symbolik beruhte danach auf einem allgemeinen Deutungsschema, das sich genauer als ein *Leibschema* enthüllte. Wie war dies beim Traum?

Was FREUD eine gewisse Schwierigkeit bereitete, war die Beobachtung, daß die Symbolbedeutungen, obgleich sie allgemeiner und feststehender Natur waren, dennoch dem Träumer völlig unbewußt blieben. Er sah sich deshalb veranlaßt, die Tatsache von *unbewußten Kenntnissen*[17] oder auch von Denkbeziehungen anzunehmen, wobei er allerdings nicht anzugeben vermochte, wie sie in den Traum verarbeitet werden konnten. Dazu hätte es einer tragbaren Hypothese über den Prozeß der Bewußtwerdung von unbewußten Denkmodellen bedurft.

So fortschrittlich die Symbollehre auch erscheinen mochte, FREUD reduzierte sie schließlich doch auf seine früheren Auffassungen: Nicht nur führte er die Symbolik auf *regressive* Vorgänge, die sich ins Pränatale verloren, zurück, sondern er fand sie überdies in *verdrängten* Inhalten begründet. *Nur was verdrängt war, konnte symbolisch dargestellt werden.* Insofern als das Verdrängte überdies immer auch entstellter Natur war, ließ sich die Symbolik ohne Schwierigkeiten in das Prinzip der Traumentstellung einreihen. FREUD kam deshalb zum Schluß, daß die *Traumsymbole nichts anderes als fortwirkende Entstellungen aus früheren Zeiten* bildeten. Als Reste einer Identität zwischen Wort und Sexualobjekt setzten sie den ursprünglichen Zeichencharakter dieser Wortbedeutung fort. Oder mit anderen Worten: FREUD faßte sowohl die Traumsymbole wie auch die allgemeinen Symbole als Zeichen für das Eigentliche der Geschlechtsorgane auf.

16. S. FREUD, *Vorlesungen zur Einführung in die Psychoanalyse* (Ges. Werke XI, p. 170).
17. ibid. p. 168.

II. DAS SYMBOL ALS EIN RELATIV UNBEKANNTES BEI JUNG

Für JUNG besaß FREUDS kausale Erklärung des Symbols keinen eigentlichen Symbolwert, da sie sich stets in der Zurückführung von etwas Bekanntem auf ein anderes, ebenso Bekanntes erschöpfte. Sowohl die Feststellung, daß das Symbol als ein Erinnerungssymbol bzw. als ein Ersatzprodukt von verdrängten Kindheitserinnerungen zu verstehen sei, als auch FREUDS Versuch, es auf feststehende Sexualbedeutungen zu reduzieren, widerstritt seiner eigenen Auffassung völlig. War im ersteren Fall die Frage nur zurückgeschoben, so wurde im letzteren deutlich, daß es um eine bloße Zeichenbedeutung, niemals aber um ein *«echtes»* Symbol ging. Wenn FREUD die universellen Symbole als «Rest und Merkzeichen einer seit Urzeiten bestehenden begrifflichen und sprachlichen Identität»[1] bezeichnete, so war dies in JUNGS Augen ebensosehr eine uneigentliche Symbolisierung wie ihre Zurückführung auf entstellte Sexualvorgänge: In beiden Fällen nämlich war das Symbol die «abgekürzte Bezeichnung einer bekannten Sache»[2] – *ein Symptom.* Den Sinn eines Symbols konnte er niemals darin sehen, daß es «ein verhüllendes Zeichen für etwas allgemein Bekanntes» bildete, sondern er erkannte in ihm wesensmäßig einen *Hinweis auf ein noch Unbekanntes.* Was FREUD dabei im Sinn hatte, war, laut eigener Aussage, eine Symptom- und nicht eine Symbolhandlung – eine Tatsache, die z. B. in seiner Zurückführung von unbewußt dahingeträllerten Melodien auf Symptomhandlungen deutlich zum Ausdruck kam.

1. S. FREUD, *Die Traumdeutung* (Ges. Werke II/III, p. 357).
2. C. G. JUNG, *Psychologische Typen*, p. 675 (Ges. Werke VI, p. 515).

> ... denn für ihn (FREUD) sind diese Erscheinungen nicht symbolisch in dem hier definierten Sinne, sondern symptomatische Zeichen eines bestimmten und allgemein bekannten grundlegenden Prozesses[3].

Es gab nach JUNG zwei Kategorien von Vorgängen: solche, «die keinen besonderen Sinn ausdrückten, die bloße Konsequenzen, nichts als Symptome ... (waren), und andere, die einen verborgenen Sinn in sich trugen ...»[4]. Durch die Annahme fester Zuordnungen entkleidete sie FREUD ihrer finalen Bedeutung, wie des geistigen Gehaltes überhaupt. Im Unterschied dazu stellte das Symbol für JUNG immer einen *spontanen Versuch der unbewußten Psyche dar, ein relativ Unbekanntes,* das vorerst nur dunkel geahnt wurde, *in bekannten Bildern auszudrücken.*

> Ein Ausdruck, der für eine bekannte Sache gesetzt wird, bleibt immer ein bloßes Zeichen und ist niemals Symbol. Es ist darum ganz unmöglich, ein lebendiges, d. h. bedeutungsschwangeres Symbol aus bekannten Zusammenhängen zu schaffen ... Jedes psychische Produkt, insofern es der augenblicklich bestmögliche Ausdruck für einen bis dahin unbekannten oder bloß relativ bekannten Tatbestand ist, kann als Symbol aufgefaßt werden, insofern man geneigt ist, anzunehmen, daß der Ausdruck auch das, was erst geahnt, aber noch nicht klar gewußt ist, bezeichnen wolle[5].

Bei aller Zurückhaltung hat JUNG aber nie das große Verdienst FREUDS, das in der Herausarbeitung der *formalen Grundlagen* des Symbols, nämlich der Verdichtung und Identifizierung von Vorstellungen lag, übersehen. In ähnlicher Weise faßte auch er die Verdichtung als eine Kondensation verschiedener Eigenschaften zu einer einzigen auf, wie dies z. B. bei der Personifikation von Persönlichkeitsaspekten oder bei der Bildung von archetypischen Vorstellungen der Fall war. Allerdings grenzte er sich um so mehr in inhaltlicher Hinsicht ab, insofern als er weder im Identifizierungsvorgang eine unbewußte Analogie sexueller Gemeinsamkeiten – wie FREUD dies z. B. für das

3. ibid. p. 680 (Ges. Werke VI, p. 519).
4. ibid.
5. ibid. p. 676 (Ges. Werke VI, p. 516).

Verhältnis von Wort und Sexualobjekt annahm – noch im symbolischen Ausdruck eine bloße Umformung von sexuellen Eigenschaften zu sehen vermochte. *Identifizierung beruhte für* JUNG *stets auf einer Gleichsetzung von wesensmäßig noch unbekannten Tatsachen.* Von seiner Sicht aus ging FREUDS Theorie am eigentlichen Wesen des Symbols vorbei. Er war zudem überzeugt, daß eine monopolare Betrachtungsweise, wonach die Gegensätze auf bloßen Trieberlebnissen beruhten, keine Möglichkeit bot, um grundlegende Umformungen der Libido, wie z. B. deren Überleitung von niederen auf höhere Formen[6], geschweige denn das eigentliche, in der Tiefe des Menschen begründete Wesen des Symbols zu erhellen. Dazu fehlte das Gefälle, das die Voraussetzung des Symbols bildete.

1. Das Inzestsymbol

Schon früh wurde JUNGS Auffassung in seinen Ausführungen über die Inzestsymbolik deutlich. Wie bereits erwähnt, sah er das Wesentliche am Inzestbild – nämlich das, was es als so bedeutsam, so faszinierend und der Auflösung so harnäckig wiederstrebend erscheinen ließ – nicht im inzestuösen Wunsch, sondern vielmehr *im symbolischen Gehalt des Inzestes.* Es war der Symbolgehalt, der der inzestuösen Elternphantasie das Gepräge des Machtvollen und Geheimnisumwitterten verlieh. All das, was JUNG schon in *Wandlungen und Symbole der Libido* (1912) angedeutet hatte, fand er in seiner psychotherapeutischen Arbeit bestätigt. Den bemerkenswertesten und für die Psychotherapie grundlegendsten Ausdruck der Inzestproblematik fand er – wie dies schon FREUD festgestellt hatte – *im Übertragungsverhältnis zwischen Arzt und Patient.* In letzterer Beziehung trat es klar hervor, daß *das Inzestsymbol das psychologische Muster der Liebesbeziehung schlechthin war.* Ungleich aber FREUD, der das Inzestbild als einen in die Kindheit zurückweisenden Wunsch nach Kohabitation auffaßte, war es für JUNG vorerst ein wiederkehrender, urtümlicher Ausdruck für *die Sehnsucht des Menschen nach einer Geborgenheit im Urzustand,* in der Seligkeit völliger Unbewußtheit, in der man noch eins mit sich selber und dem mütterlichen Urgrund war.

6. Siehe p. 239.

Es waren auch die inzestuös gefärbten Elternbilder, die in der Übertragungssituation am häufigsten projiziert wurden, wobei der Arzt die Projektionen sowohl des Vater- als auch des Mutterbildes auf sich ziehen konnte. Es tat dabei herzlich wenig zur Sache, ob der Einzelne um seine Projektionen wußte oder nicht. Die Tatsache, daß die Inhalte auch im Fall seines Wissens um deren Vorhandensein unentwegt weiterwirkten, ließ auf einen verborgenen, dem Bewußtsein noch völlig unzugänglichen, tief im Seelenhintergrund liegenden unbewußten Inhalt schließen.

> Man muß daher annehmen, daß über die Inzestphantasie hinaus noch hochemotionale Inhalte mit den Elternimagines verknüpft sind, welche eine entsprechende Bewußtmachung erheischen. Sie sind offenbar noch schwerer bewußt zu machen als die Inzestphantasien . . .[7].

Aus solchen emotional betonten Phantasien schloß JUNG auch auf die Wirksamkeit *unbewußter religiöser Vorstellungen,* die von hoher suggestiver Kraft waren. Charakteristisch für sie schien es zu sein, daß sie sich kaum an die traditionell überlieferten dogmatischen Vorstellungen hielten, sondern im Gegenteil eine ausgesprochen häretische Natur aufwiesen. Auffallend war es auch, daß die Elternbilder in der Regel auf Motive göttlicher Paarung hindeuteten, die nicht nur von seltener Vollkommenheit waren, sondern auch einen übermenschlichen Glanz ausstrahlten. Ob das Symbol an den androgynen Menschen PLATOS anklang, eine Analogie zu den Urbildern von Himmelskönig und Himmelskönigin erkennen ließ, oder schließlich auf eine männlich-weibliche Dualität (Niklaus von der Flüe) hindeutete: Für JUNG handelte es sich bei solchen Inzestphantasien niemals um das bloße Inzestverhältnis, sondern vielmehr um die Wirksamkeit eines Archetypus von allgemeiner Bedeutung. Die Entstehung solcher Bilder ließ sich deshalb seiner Meinung nach auch niemals durch die Inzesttheorie erklären[8]. Das, was nämlich in der Inzestphantasie zutiefst wirksam war, war der *Archetypus (Urbild) des Götterpaares, der Syzygie*[9], das Bild eines univer-

7. C. G. JUNG, «Über den Archetypus mit besonderer Berücksichtigung des Animabegriffes», 1938, in: *Von den Wurzeln des Bewußtseins,* 1954, p. 69.
8. ibid. p. 80, Anm.
9. ibid. p. 74, p. 67: Syzygos = gepaart, vereinigt. Syzygia: Coniugatio.

sell verbreiteten, in Mythologie und Ethnologie vorkommenden Bildes *einer mann-weiblichen Ganzheit.*

> Alles, was man z. B. infantilerweise den Eltern zutraut oder zuschreiben möchte, wird durch diesen heimlichen Zuschuß (religiöse Vorstellungen) ins Phantastische übertrieben, und darum bleibt es eine offene Frage, wieviel von der berüchtigten Inzestphantasie ernst zu nehmen ist. Hinter dem Eltern- oder Liebespaar liegen Inhalte höchster Spannung, die im Bewußtsein nicht apperzipiert werden und daher nur durch Projektion sich bemerkbar machen können[10].

Im Unterschied zu den traditionellen Vorstellungen ließen solche Bilder eine hohe Intensität erkennen und stellten, bei Licht betrachtet, individuelle Versuche dar, *persönliche Bindungen zu überwachsen oder Neigungen zum Auseinanderfallen der Persönlichkeit in Gegensätze durch Ganzheitsbilder zu kompensieren*[11]. Vor allem aber kam in ihnen die Tendenz zum Ausdruck, die Bindung an Vater oder Mutter in einem übermenschlichen Bild zu überhöhen.

Im Bild der Syzygie nämlich wies beim Mann der weibliche Teil, das Mutterbild, auf die Anima, und entsprechend bei der Frau der männliche Teil, das Vaterbild, auf den Animus.

Unter der Anima verstand Jung keineswegs eine rational faßbare Vorstellung, sondern im Gegenteil ein natürlich gewachsenes Symbol, das den lebenspendenden Faktor in der Psyche schlechthin darstellte.

> ... sie ist immer das Apriori von Stimmungen, Reaktionen, Impulsen und was es sonst von psychischen Spontaneitäten gibt. Sie ist ein Lebendes aus sich, das uns leben macht; ein Leben hinter dem Bewußtsein, das nicht restlos diesem integriert werden kann, sondern aus dem letzteren im Gegenteil eher hervorgeht[12].

Im Leben erschien sie fast immer als projiziert, und zwar auf die verschiedensten Gestalten; Nixen, Hexen und Göttinnen gehörten zu ihren Manifestationsformen.

10. ibid. p. 72.
11. Auf den Ganzheitsaspekt der Syzygie werde ich p. 356 eingehen.
12. C. G. Jung, «Über die Archetypen des kollektiven Unbewußten», 1934, in: *Von den Wurzeln des Bewußtseins*, p. 36.

Im Animus wiederum sah JUNG das Gegenstück zur Anima. Er war das in der Seele der Frau wirksame Bild des männlichen Geistes, ein Niederschlag der wesentlichen am Mann gemachten Erfahrungen. Entsprechend der Vielfalt solcher Erfahrungen konkretisierte sich das Symbol des Animus nicht nur in übernommenen Meinungen, in unantastbaren Überzeugungen und Argumenten, sondern auch in schöpferischen Einsichten und Gestaltungen. In der Projektion konnte der Träger des Animus als Skilehrer, als Sänger, als Religionslehrer oder auch als geistiger Führer in Erscheinung treten.

Auch bei den Seelenbildern von Animus und Anima war es von grundlegender Bedeutung, daß sich das Individuum mit den Projektionen auseinandersetzte und sie bewußt machte. Insofern als sie Leben und Geist «hinter dem Bewußtsein» darstellten, wurden sie durch die In-Beziehung-Setzung des Ich zu ihnen zu Brücken zum Unbewußten. Oder mit anderen Worten: Es kam ihnen die bedeutsame Rolle von *Vermittlern zwischen dem Bewußtsein und dem Unbewußten* bzw. zu den in ihnen verborgenen Figuren des kollektiven Unbewußten zu. Wie nämlich die Anima das archetypische Symbol des Lebens darstellte, in deren Sinnerfülltheit oder auch Sinnlosigkeit das Bild des Alten Weisen verborgen lag, so verbarg sich im Animus das Bild der Großen Mutter.

2. Das Symbol als Mittler

Zu den bemerkenswertesten Erkenntnissen JUNGS gehörte die Auffassung des Symbols als eines Mittlers, in dem sich die Gegensätze von bewußt und unbewußt einten. In seiner Eigenschaft eines rational noch nicht gestalteten Bildes und einer Manifestation des urtümlichen Seelenhintergrundes hatte es zugleich teil an der bewußten Wirklichkeit. JUNG sah in ihm einen *paradoxen Ausdruck, der auf die Vereinigung von Ja und Nein abzielte, ebensosehr das eine wie das andere einbezog.*

> Symbolisch kann ... nur sein, was im einen auch noch das andere einschließt[13].

13. C. G. JUNG, *Psychologische Typen,* p. 157 (Ges. Werke VI, p. 118).

Was sich logisch betrachtet ausschloß, praktisch als unauflösbarer Konflikt in Erscheinung trat, konnte im Symbol überbrückt werden. Es war – wie JUNG ausführte – gleichsam ein «Tertium», ein unvorhergesehenes Drittes, das sich mit Vorliebe dort einstellte, wo anscheinend unlösbare Pflichtenkollisionen vorlagen. Als ein Irrationales, das sich in der Tiefe der Seele ereignete, erlöste es den Menschen aus einem jeweilig ausweglosen Konflikt zwischen einer bewußten und einer unbewußten Einstellung. Und ähnlich schrieb JUNG rund zwanzig Jahre später:

> Was zwischen Licht und Finsternis sich ereignet, was die Gegensätze eint, hat teil an beiden Seiten und kann ebensogut von links wie von rechts beurteilt werden, ohne daß man dadurch klüger würde: Man kann nur wieder den Gegensatz aufreißen. Hier hilft nur das *Symbol,* welches, seiner paradoxen Natur gemäß, das Tertium darstellt, welches es nicht gibt – nach dem Dafürhalten der Logik – welches aber das Lebendig-Wahre ist nach der Wirklichkeit[14].

Die irrationale Doppelnatur des Symbols drückte JUNG äußerst prägnant in folgendem Satz aus:

> Das Symbol ist weder abstrakt noch konkret, weder rational noch irrational, weder real noch irreal. Es ist jeweils beides[15].

Kraft seiner Doppelnatur war das Symbol ein Paradox, das nicht nur die Gegensätze erhöhte, sondern zugleich auch ein Jenseits der Gegensatzspannung von Rationalem und Irrationalem darstellte. Diese synthesenbildende Funktion des Symbols war auch das eigentliche Geheimnis der Verwandlung der Persönlichkeit, die *gleichbedeutend ... mit fortschreitender Entwicklung zu einer neuen Einstellung*[16] war. Wir haben sie bereits als transzendente Funktion kennengelernt.

14. C. G. JUNG, *Paracelsica,* 1942, p. 134 f.
15. C. G. JUNG, *Psychologie und Alchemie,* 1944, p. 385 f.
16. C. G. JUNG, *Über die Psychologie des Unbewußten* (Ges. Werke VII, p. 108). Ähnlich schon im Jahre 1921, in: *Psychologische Typen,* p. 684 (Ges. Werke VI, p. 522). (Von mir hervorgehoben.)

> Die Auseinandersetzung mit dem Unbewußten ist ein Prozeß oder je nachdem auch ein Erleiden oder eine Arbeit, die den Namen *transzendente Funktion* erhalten hat, da sie eine Funktion darstellt, die sich auf reale und imaginäre oder rationale und irrationale Daten gründet und damit die klaffende Lücke zwischen dem Bewußten und dem Unbewußten überbrückt. Sie ist ein natürlicher Vorgang, eine Manifestation der aus der Gegensatzspannung hervorgehenden Energie, und besteht in einer Abfolge von Phantasievorgängen, die spontan in Träumen und Visionen auftreten[17].

Die symbolbildende Funktion war deshalb auch, wie JUNG im Jahre 1928 feststellte, von zentraler Bedeutung beim Prozeß der Selbstverwirklichung, dem Individuationsprozeß. Unter ihm verstand er einen «Entwicklungsverlauf, der aus dem Konflikt der beiden seelischen Grundtatsachen»[18] von Ich und Unbewußtem hervorging, in hohem Maße irrationaler Natur war, und auf die Herstellung und Entfaltung der ursprünglichen Ganzheit[18] abzielte. Entsprechend seinem auf das Ganze gerichteten Blick sah JUNG die Verwirklichung des Menschen nicht nur in der Unterscheidung des Ich von seinen Gegensätzen, sondern auch in der Erarbeitung eines Punktes jenseits dieser Gegensätze.

> Was immer das Ganze des Menschen, das Selbst, an sich bedeuten mag, so ist es empirisch ein vom Unbewußten spontan hervorgebrachtes Bild des Lebenszieles, jenseits der Wünsche und Befürchtungen des Bewußtseins. Es stellt das Ziel des ganzen Menschen dar, nämlich das Wirklichwerden der Ganzheit und Individualität mit oder gegen seinen Willen[19].

Als das Wesentliche bei diesem symbolbildenden Prozeß betrachtete JUNG die Überleitung von einem Natürlicheren auf ein Geistigeres bzw. die *Überhöhung der Gegensätze von Natur und Geist.* Das Symbol war gleichsam der «mittlere Weg, auf dem sich die Gegensätze ein(t)en zu neuer Bewegung»[20]. Insofern als *gelebtes und auch gewußtes Leben* einen

17. C. G. JUNG, *Das Unbewußte im normalen und kranken Seelenleben,* p. 116 (Ges. Werke VII, p. 87).
18. C. G. JUNG, «Bewußtsein, Unbewußtes und Individuation», 1939, p. 269.
19. C. G. JUNG, *Antwort auf Hiob,* 1952, p. 153 (Ges. Werke XI, p. 493).
20. C. G. JUNG, *Psychologische Typen,* p. 367 (Ges. Werke VI, p. 281).

immer neuen Ausgleich von Gegensätzen, eine immer erneute Überbrückung der beiden Mächte von Trieb und Geist verlangte, kam auch dem vereinigenden Symbol nichts weniger als eine schöpferische Funktion zu, die den Menschen zu seiner tieferen psychologischen Wahrheit führte.

> Das Symbol, vom Standpunkt des Realimus aus betrachtet, ist keine äußere Wahrheit, aber es ist psychologisch wahr, denn es war und ist die Brücke zu allen größeren Errungenschaften der Menschheit[21].

Die Eigenart des vereinigenden Symbols, ein irrationales Drittes zwischen den Gegensätzen von rational und irrational, von bewußt und unbewußt darzustellen, machte es auch unmöglich, je einen völlig durchsichtigen Ausdruck für dessen Bedeutung zu prägen. Das Eigentliche und Wesenhafte konnte in der Auffassung JUNGS immer nur symbolisch ausgedrückt, der Sinn nur annähernd formuliert werden. Mit der rationalen Formulierung nämlich würde das Symbol eines Teils seiner Fülle und Kraft, seiner Dichte und Lebendigkeit verlustig gehen. Wenn auch eine Annäherung des Bildes an das Bewußtsein im Hinblick auf die Selbstverwirklichung als notwendig erschien, so war stets die Gefahr damit verbunden, daß sich der Einzelne vom Urgrund abspaltete und von der schaffenden Quelle entfernte. Er konnte ihr nur dadurch entgehen, daß er das formulierte Symbol (Idee oder Bild) in der Beziehung zum Ganzen beließ. Ein symbolischer Ausdruck war, wie JUNG sich ausdrückte, nur dann lebendig, wenn er bedeutungsschwanger war. Er blieb solange lebendig, als er «Unaussprechliches in unübertrefflicher Weise» beschrieb. In solchen Fällen stellte er den augenblicklich «bestmögliche(n) Ausdruck für einen bis anhin unbekannten oder bloß relativ bekannten Tatbestand»[22] dar, was jeweils mit einer lebenerzeugenden und fördernden Wirkung einherging.

All die genannten Eigenschaften des Symbols – seine umformende, verwandelnde und gegensatzvereinigende Qualität – dürften zur Genüge erhellen, daß es sich bei der symbolischen Wahrheit um alles andere als um eine Kompromißbildung, um ein Resultat von Entstellung und Verfälschung – wie dies bei FREUD der Fall war –, handelte. Im Gegen-

21. C. G. JUNG, *Symbole der Wandlung*, p. 390.
22. C. G. JUNG, *Psychologische Typen*, p. 676 (Ges. Werke VI, p. 516).

teil kam dem Symbol in der Psychologie JUNGS die Funktion eines schöpferischen «Übergang(es) von der einen Einstellung in eine andere»[23] zu. Gerade dieser Passus weist auf die außerordentliche Bedeutung, die JUNG der psychischen Einstellung beimaß, hin. Wenn auch die Tatsachen der Analogiebildung, der symbolschaffenden Fähigkeit der Seele und der gegensatzvereinigenden Qualität die conditiones sine qua non des Symbols waren, so kam es in ebensolchem Maße auf die *bewußte Einstellung des Individuums* an!

> Ob etwas ein Symbol sei oder nicht, hängt zunächst von der Einstellung des betrachtenden Bewußtseins ab, eines Verstandes z. B., der den gegebenen Tatbestand nicht bloß als solchen, sondern auch als Ausdruck von Unbekanntem ansieht. Es ist daher wohl möglich, daß jemand einen Tatbestand herstellt, der seiner Betrachtung keineswegs symbolisch erscheint, wohl aber einem anderen Bewußtsein[24].

Entsprechend dem Einstellungstypus schieden sich auch die Geister. Je nach der psychischen Eigenart, dem Temperament oder Typus des Individuums variierte die Einstellung zum Wesen der symbolischen Wahrheit.

Wir dürfen auch, ohne zu weit zu gehen, behaupten, daß es ein solcher Unterschied in der psychischen Einstellung war, der FREUD und JUNG trotz weitgehender Ähnlichkeit in ihren Beobachtungen grundsätzlich trennen sollte. Fühlte man hinter der Psychologie FREUDS die Macht des kastrierenden Vaterbildes, so bei JUNG das Ergriffensein vom Mutterbild, vom Lebendigen und Nährenden der Seelentiefe. Dementsprechend bewertete er auch die psychischen Inhalte nicht nur nach ihrer Beziehung zur Lebensgeschichte, sondern grundsätzlich auch nach ihrer Beziehung zum Ganzen der Psyche und zu den jeweiligen prospektiven Möglichkeiten des Menschen. Wie JUNG z. B. in der Regression, abgesehen von der Gefahr einer Verhaftung an das Vergangene, auch den Keim zu einer neuen Lebensmöglichkeit erkannte, so billigte er auch dem archaischen Bild die Dignität zu, eine Wiedergeburt aus dem mütterlichen Urgrund anzubahnen. Das Symbol war

23. ibid. p. 684 (Ges. Werke VI, p. 522).
24. ibid. p. 677 (Ges. Werke VI, p. 517).

ihm deshalb auch niemals ein Merkzeichen uralter Identität zwischen Sexualität und Sprache, sondern vielmehr ein spontaner Versuch der Seele, ein relativ Unbekanntes in bekannten Bildern auszudrücken. Erschöpfte sich für FREUD das Symbol in einer kompromißbetonten Wunscherfüllung, so erkannte JUNG in ihm nicht nur eine schöpferische Analogiebildung von Trieb und Geist, sondern auch ein Irrationales, das psychologische Gegensätze vereinigte[25].

3. Das Symbol des Selbst

Eine der bedeutendsten Leistungen JUNGS war die bereits im Jahre 1928 formulierte Entdeckung eines in den symbolischen Gestaltungen des Unbewußten hervortretenden *Zentrums der Persönlichkeit, des Selbst.*

> Wie er unter dem Selbst ein Etwas verstand, das nicht nur den Anfang des psychischen Lebens, sondern auch das Ziel, nach welchem alles hinauslief, bildete, so verstand er auch unter dem Selbstverwirklichungsprozeß einen Entwicklungsvorgang, in dem der Mensch zu *dem* bestimmten Einzelwesen (wurde) ..., das er nun einmal (war) ...[26].

25. Die Symbolauffassung JUNGS ist naturgemäß von der psychoanalytischen Schule schon früh angegriffen worden. Interessant ist die Kritik von S. FERENCZI, der in seiner Rezension von *Wandlungen und Symbole der Libido* (1913) folgendes schrieb: «... anfänglich findet auch JUNG das Motiv der Symbolbildung ... in der Tendenz, unbewußte Komplexe, ‹denen man die Anerkennnung versagt, die man als nicht existierend behandelt›, in eine entstellte, dem Bewußtsein unverständliche Form zu gießen ... Merken wir uns übrigens, daß JUNG hier noch die unbewußte Tendenz als das *Eigentliche,* deren phantastisches Ersatzprodukt als dessen *Symbol* ansieht ..., während im zweiten Teil der Libidoarbeit nicht mehr die im Bewußtsein vertretenen Abbilder, sondern die unbewußten Tendenzen der Seele selbst für ‹Symbole› erklärt werden, obwohl die von JUNG zugestandene Rolle der Verdrängung beim Entstehen der Symbolik eine solche Umkehrung ausschließt. Dies ist übrigens die Gelegenheit, darauf hinzuweisen, daß man sich endlich über die eindeutige Verwendung des Wortes ‹Symbol› einigen müßte. Nicht alles, was für ein anderes steht, ist ein Symbol ... Zum Symbol im Sinne der Psychoanalyse wird ein ... Gleichnis erst vom Moment an, wo die Zensur die ursprüngliche Bedeutung ins Unbewußte verdrängt. Darum kann z. B. der Kirchturm nach der einmal vor sich gegangenen Verdrängung wohl einen Phallus, nie mehr aber der Phallus einen Kirchturm ‹symbolisieren›». Ärztliche Psychoanalyse, Jahrgang 1913, p. 393 f.

26. C. G. JUNG, *Die Beziehungen zwischen dem Ich und dem Unbewußten,* p. 92 (Ges. Werke VII, p. 192).

Psychologisch gesehen wurde das Symbol des Selbst als ein Zentrum erfahren, das nicht mit dem Ich zusammenfiel, sondern in einer Art virtuellem Zentrum gipfelte. Es wies nicht nur auf eine unerkennbare Mitte hin, sondern wurde auch als eine *übergeordnete Ganzheit* erlebt. Als solches stellte es das Bild einer *totalen Persönlichkeit* dar, die sowohl die «Mitte zwischen Bewußtsein und Unbewußtem» als auch den vereinigenden Bezugspunkt für die Vielheit von Persönlichkeitsfragmenten, Komplexen und autonomen Figuren im kollektiven Unbewußten bildete. Wenn auch die Vorstellung des Selbst niemals restlos anschaulich gemacht, sondern nur aus den Manifestationen der Seele erschlossen und erahnt werden konnte, so war damit dennoch eine *Urvorstellung des Menschen*, nämlich diejenige einer *potentiellen Ganzheit*, in die Reichweite persönlicher Erfahrung getreten. Philosophisch betrachtet war es eine unerkennbare Wesenheit, die das Fassungsvermögen des Individuums schlechthin überstieg.

> Ich habe diesen Mittelpunkt als das *Selbst* bezeichnet. Intellektuell ist das Selbst nichts als ein psychologischer Begriff, eine Konstruktion, welche eine uns unerkennbare Wesenheit ausdrücken soll, die wir als solche nicht erkennen können, denn sie übersteigt unser Fassungsvermögen[27].

In ähnlicher Weise betonte JUNG etwa dreißig Jahre später, daß dem Symbol des Selbst eine nur potentiell empirische Bedeutung zukam: Als ein Bild der Ganzheit war es nämlich nur zum kleinsten Teil erfahrbar, zum größeren hingegen blieb es unerkennbar. Infolge des Unbestimmtheitsfaktors wies das Selbst einerseits auf die empirische Wirklichkeit und anderseits auf das Transzendente hin. Oder mit anderen Worten: *Es war sowohl subjektiver als auch objektiver Natur.*

> Als empirischer Begriff bezeichnet das Selbst den Gesamtumfang aller psychischen Phänomene im Menschen. Es drückt die Einheit und Ganzheit der Gesamtpersönlichkeit aus. Insofern aber letztere infolge ihres unbewußten Anteils nur zum Teil bewußt sein kann, ist der Begriff des Selbst eigentlich zum Teil potentiell empirisch und daher im selben Maße ein *Postulat.* Mit anderen Worten, er um-

27. ibid. p. 203 (Ges. Werke VII, p. 260).

faßt Erfahrbares und Unerfahrbares bzw. noch nicht Erfahrenes. Diese Eigenschaften hat er mit sehr vielen naturwissenschaftlichen Begriffen, welche mehr Nomina als Ideen sind, gemein. Insofern die Ganzheit, welche aus bewußten wie aus unbewußten Inhalten besteht, ein Postulat ist, ist ihr Begriff transzendent, denn sie setzt das Vorhandensein von unbewußten Faktoren aus empirischen Gründen voraus und charakterisiert damit eine Wesenheit, die nur zum Teil beschrieben werden kann, zu einem anderen Teil aber pro tempore unerkennbar und unbegrenzbar bleibt[28].

Die Eigenart des Selbst, sowohl das Rationale und Irrationale als auch das Empirische und Transzendente auszudrücken, machte es – wie angedeutet – auch schwer, jemals eine rationale Formel für dessen Wesenheit zu prägen: *Nur das Symbol konnte die Totalität der Psyche in befriedigender Weise wiedergeben.*

a. Das Selbst als vereinigendes Symbol

Den tiefsten und vollständigsten Ausdruck der Ganzheit fand JUNG im sogenannten vereinigenden Symbol, das in einer logisch nicht faßbaren Weise das Selbst ausdrückte. Als ein Symbol für die *Totalität der Erlebnisses* bzw. für die «Bipolarität des Archetypus»[29] vereinigte es die bewußte wie auch die unbewußte Natur, die superioren und die inferioren Funktionen, nicht zuletzt auch das Männliche und Weibliche. In ganz besonderem Maße galt für das Selbstsymbol, daß es stets beides war: rational und irrational, gut und böse, hell und dunkel – eine complexio oppositorum.

> Zum *Symbol des Selbst* kann alles werden, von dem der Mensch eine umfassendere Ganzheit voraussetzt als von sich selber[30].

Wie JUNG in seinen religionspsychologischen Untersuchungen immer wieder feststellen konnte, waren es in der Regel Vierheits- und Kreis-

28. C. G. JUNG, *Psychologische Typen*, Nachtrag 1958 (Ges. Werke VI, p. 512 f).
29. C. G. JUNG, *Psychologie und Alchemie*, p. 631.
30. C. G. JUNG, «Versuch einer psychologischen Deutung des Trinitätsdogmas», 1940/41 (Ges. Werke XI, p. 170).

symbole, die die Ganzheit am adäquatesten ausdrückten. Als eine uralte Vorstellung der Menschheit wies die *Vierheit* der Symbolelemente auf das Ganze nicht nur der vier Temperamente, Jahreszeiten, Himmelsrichtungen, sondern auch der vier Funktionen hin. Zu den ältesten religiösen Symbolen der Kulturgeschichte gehörte auch das *Mandala* (ritueller oder magischer Kreis). Es war von ausgesprochen numinoser Natur, was mit der *Symmetrie* seiner Bildelemente zusammenhängen mochte, die in eindrücklicher Weise das Vorhandensein nicht nur einer spiegelnden Beziehung des Bewußtseins zum Unbewußten, sondern auch eines *transzendentalen Ordnungsprinzips* im Unbewußten sichtbar werden ließ. Auch die Beziehung zwischen Kreis und Mittelpunkt wies auf eine transzendentale Mitte hin, die sich in den verschiedenen Religionen als Bild einer inneren Gottheit manifestierte. Wo immer eine konzentrische und radiäre Anordnung der Bilder und Motive um eine zentrale Mitte vorhanden war, wurde ein vom Ich verschiedenes Zentrum sichtbar. Charakteristisch für die Erfahrung eines unpersönlichen Zentrums in der Psyche war, daß etwas, das schon immer da gewesen war und immer wieder gesucht wurde, am Ende auch in Erscheinung trat. Was psychologisch als Symbol des Selbst aufgefaßt wurde, erschien im Christentum als dogmatisch festgelegte Gestalt Christi, im Osten als Purusha, Atman, Hiranyagarbha, Buddha und so fort. Die Erfahrung des Zentrums trat z. B. im Bild Christi inmitten seiner Jünger oder auch in der kultischen Circumambulation des Mittelpunktes (mittelalterliches Ballspiel) hervor.

> Auf alle Fälle bezweckt und bewirkt der feierliche Rundtanz die Einprägung des Bildes vom Kreis und vom Zentrum sowie die Beziehung jedes Punktes der Peripherie auf die Mitte. Psychologisch bedeutet diese Anordnung ein Mandala und damit ein Symbol des Selbst, auf welches nicht nur das einzelne Ich, sondern zugleich mit ihm noch viele andere Gleichgesinnte oder Schicksalsverbundene ausgerichtet sind[31].

Den Ganzheitscharakter des vereinigenden Symbols fand JUNG vor allem in den *Gegensatzkonjunktionen* (coniunctio = Vereinigung) ausgedrückt, sei es in den einfacheren Konjunktionen, z. B. in den Syzy-

31. C. G. JUNG, «Das Wandlungssymbol in der Messe», 1941 (Ges. Werke XI, p. 302).

gien, oder sei es in den Konjunktionen doppelter Natur, wie dies bei den auf dem Prinzip der Vierheit beruhenden Quaternionen der Fall war.

Bei dem archetypischen Bild der *Syzygie* z. B. trat der Aspekt der Ganzheit stets in Gestalt einer *Dualität von männlich-weiblich* hervor. Es drückte die Erfahrung aus, daß im Bereich des Übermenschlichen und Göttlichen das Männliche immer auch zugleich mit dem Weiblichen gegeben war. Das Motiv der Syzygie konnte sich ebensowohl auf eine Lichtvision der Gottheit, die männlichen und weiblichen Charakter besaß, als auch auf das in den Bereich der Götter erhobene Motiv der Paarung von Vater und Mutter beziehen. Wenn es auch, wie angedeutet, zunächst an das Inzestmotiv gemahnte, *so war es für* JUNG *gerade nicht von inzestuöser Natur, sondern vielmehr als Bild der Ganzheit aufzufassen.* Er wies deshalb auch FREUDS Erklärung durch die Tatsache der Bisexualität zurück, um das Motiv des göttlichen Liebespaares als ein rein *innerseelisches Beziehungsverhältnis* zu verstehen. Es handelte sich dabei um eine Erkenntnis, die er in seinen religionspsychologischen Untersuchungen, sowohl in der Spekulation des Gnostizismus als auch in der chinesischen Philosophie (Yang-Yin), immer wieder bestätigt fand: Das Syzygienmotiv war von *universaler Bedeutung* und reichte in ebensolche Tiefen primitiver Mythologie hinunter wie das Animamotiv, das den nie fehlenden weiblichen Aspekt des archetypischen Bildes des Liebespaares bildete. In der psychotherapeutischen Arbeit fand er solche Motive sehr oft im Verhalten von muttergebundenen Söhnen, die ihre Angst vor der rauhen Wirklichkeit durch Bilder von überirdischer Schönheit kompensierten. War es ihnen möglich, das Syzygienmotiv in seinem ganzheitlichen Sinn zu erkennen, so konnte es sich als das entscheidende Erlebnis schlechthin im Prozeß der Individuation enthüllen. Auch in der Übertragungssituation ließ sich beobachten, daß das archetypische Motiv des Götterpaares bei einer gewissen Intensität des Prozesses regelmäßig als das zentrale Motiv der Beziehung zwischen Arzt und Patient auftrat. Und zwar war für solche Bilder stets eine bestimmte archetypische Anordnung der Symbole, ein *bestimmtes Ordnungsgefüge*, charakteristisch, das sowohl auf eine *gegensätzliche Strukturform* als auch auf die *Herstellung einer ganzheitlichen Beziehung* hinwies.

Auch in dieser Hinsicht waren die gnostischen und alchemistischen

Schriften über die Quaternionen, insbesondere über den Heiratsquaternio[32], vorbildlich für Jung. Unter dem Quaternio wurde im allgemeinen eine *symmetrische Anordnung* von Gegensätzen in Form einer Vierheit verstanden, die im Fall eines Heiratsquaternios die *Strukturform einer gegensätzlichen Anordnung von Figuren* erkennen ließ. Ob es sich um die Gegensätze von endogamer und exogamer Libido, von Bruder und Schwester, von Hell und Dunkel, Licht und Schatten handelte, stets geschah die Anordnung der Figuren entsprechend dem folgenden quaternären Schema[33]:

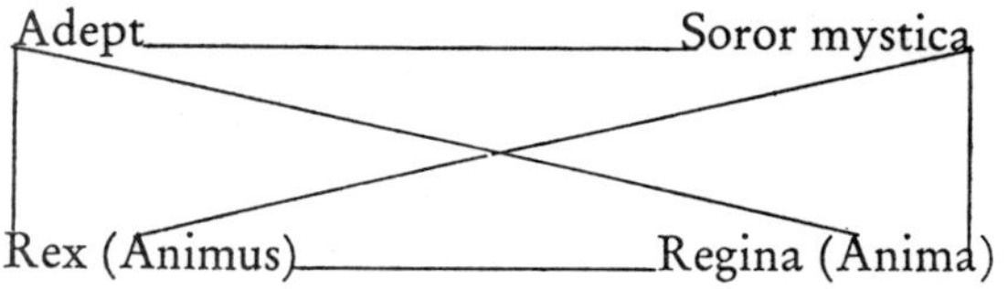

Interessant dürfte in diesem Zusammenhang die Analogie des Heiratsquaternios zu der bereits von Freud festgestellten Vierheit von Beziehungsformen[34] sein. Während aber Freud in einer solchen Vierheit stets eine auf den Annahmen von Bisexualität und psychosexueller Natur des Menschen beruhende Vierheit von Personen sah, erkannte Jung im Quaternio *die vierfache Grundlage der Ganzheit*[35] schlechthin.

> Erst die Herstellung ... (der) vier Aspekte gewährleistet eine ganzheitliche Beschreibung[36].

Ebenso erkannte er – im Unterschied zu Freud – in der Vierheit von Beziehungsformen einen Ausdruck von ausschließlich psychischem Charakter: Der Heiratsquaternio stellte im tiefsten Sinne ein Ganzheitsurteil dar, *eine Aussage, die die psychische Ganzheitsstruktur wiedergab*.

Der ganzheitliche Aspekt des Heiratsquaternios brachte es mit sich, daß es dabei weder an Andeutungen in Richtung des Inzestbildes noch an Tendenzen fehlte, die auf eine Erweiterung der psychischen Struktur des «gewöhnlichen» Menschen nach der über- und untermenschlichen

32. C. G. Jung, *Aion*, p. 303 f.
33. C. G. Jung, *Die Psychologie der Übertragung*, 1945, p. 96 f (Ges. Werke XVI, p. 241).
34. Siehe p. 200.
35. C. G. Jung, *Aion*, p. 233. (Von mir hervorgehoben.)
36. ibid. p. 371.

Seite hinwiesen. In letzterem Fall ließen sich, je nach der bewußten Orientierung des Individuums, entweder die Beziehung des «gewöhnlichen» Menschen zum geistigen, «höheren» (Geistquaternio) oder zum «unteren» Menschen (Schattenquaternio) beobachten.

> Da es sich (beim Heiratsquaternio) um ein urtümliches, für die Psychologie der Liebesbeziehung sowohl als der Übertragung bezeichnendes Schema handelt, so liegt es auf der Hand, daß es, wie alle charakterologischen Schemata, eine «günstige» und eine «ungünstige» Erscheinungsform aufweist ...: alles was der Mensch tut, hat einen positiven und einen negativen Aspekt[37].

b. Die religiöse Funktion des Selbst

Die Beziehung zwischen der Erfahrung des Selbst und dem Gottesbild beschäftigte JUNG in zunehmend stärkerer Weise. Während er, wie deutlich geworden sein dürfte, die Vorstellung des Selbst vor allem in der zweiten Hälfte der zwanziger Jahre ins Zentrum seiner Psychologie rückte, hatte ihn die Phänomenologie des Gottesbildes schon in früheren Jahren interessiert. Eine seiner bemerkenswerten Leistungen war es bereits im Jahre 1912 gewesen, das Bild der Gottheit aus der Umklammerung personalistischer Deutung befreit zu haben. Es wurde ihm immer deutlicher daß sich in den Bildern Gottes, wie sie in Traum, Phantasie und Vision in Erscheinung traten, eine tiefere Gegebenheit, als es das Ich war, abzeichnete, nämlich eine *natürliche Funktion der Seele,* die unmittelbare Erfahrungen im Innern und *lebendige Vorgänge im Unbewußten* zum Ausdruck brachte. In dieser Hinsicht war ihm in ganz besonderem Maße *das Bild der Gotteserneuerung* erhellend gewesen; es schien ihm nämlich in der Regel auf einen *höchsten Wert in der Seele* hinzudeuten, der ebensosehr eine *neue Einstellung des Bewußtseins* als auch *eine neue Manifestation des Lebens* vorbereitete[38]. Auch in der Psychotherapie und den damit verknüpften Regressivvorgängen auf das archaische Weltbild war ihm die große Bedeutung, die eine Erneuerung bzw. Wiederbelebung des archaischen Gottesbildes

37. ibid. p. 331.
38. C. G. JUNG, *Psychologische Typen,* p. 275 (Ges. Werke VI, p. 206).

für den Prozeß der *Selbstverwirklichung*[39] besitzen konnte, aufgefallen (1928).

Das Vorhandensein eines urtümlichen bzw. *archetypischen Bildes der Gottheit* in der Seele erörterte er vor allem in der Schrift *Psychologie und Religion* (1939). Er hatte dabei eine «psychologische Funktion irrationaler Natur» im Sinne, die auf die Erfahrung eines Numinosen hindeutete und *mit der Frage nach der tatsächlichen Existenz Gottes nichts zu tun hatte*[40]. Wie die Religion auf das Numinose bezogen war, so wies der Homo religiosus auf einen Menschen, dessen psychische Einstellung «durch die Erfahrung des Numinosen verändert worden» war[41]. Die Tatsache einer solchen Beziehung bzw. die Hinordnung des Menschen auf das Göttliche suchte JUNG durch die tiefgründige Einsicht zu erhellen, daß das Gottesbild grundsätzlich auf einer Entsprechung der Seele zum Wesen Gottes beruhte.

> Es ist vielleicht zu weit gegangen, von einem Verwandtschaftsverhältnis (zwischen Gott und Seele) zu sprechen; aber auf alle Fälle muß die Seele eine Beziehungsmöglichkeit, d. h. eine Entsprechung zum Wesen Gottes in sich haben, sonst könnte ein Zusammenhang nie zustandekommen. Diese Entsprechung ist, *psychologisch formuliert, der Archetypus des Gottesbildes*[42].

Die Beschäftigung mit der religiösen Funktion des Selbst sowie auch die Frage nach der Beziehung des Gottesbildes zum Selbst wurde in den vierziger Jahren immer mehr zum zentralen Anliegen JUNGS. Er erkannte in steigendem Maße, daß sich die Symbole des Selbst von denjenigen der Gottheit in keiner Weise unterschieden. So hieß es im Jahre 1940:

> Da man nun aber empirisch nie unterscheiden kann, was ein Symbol des Selbst und was ein Gottesbild ist, so treten diese beiden Ideen trotz aller Unterscheidungsversuche immer wieder vermischt auf,

39. C. G. JUNG, *Die Beziehungen zwischen dem Ich und dem Unbewußten*, p. 68 (Ges. Werke VII, p. 175).
40. C. G. JUNG, *Über die Psychologie des Unbewußten*, p. 128 f (Ges. Werke VII, p. 77).
41. C. G. JUNG, *Psychologie und Religion*, p. 15 (Ges. Werke XI, p. 6).
42. C. G. JUNG, *Psychologie und Alchemie*, p. 23. (Von mir hervorgehoben.)

z. B. das Selbst als synonym mit dem inneren Christus johanneischer und paulinischer Prägung, oder Christus als Gott ... oder der Atman als individuelles Selbst und zugleich als Wesen des Kosmos, oder Tao als individueller Zustand und zugleich als korrektes Verhalten der Weltereignisse[43].

Beiden Erlebnisformen, der psychologischen Erfahrung des Selbst und ebenso der religiösen Erfahrung, lag anscheinend etwas Gemeinsames zu Grunde, nämlich *ein Etwas, das als umfassende Einheit und Ganzheit erlebt wurde.* Wie das Gottesbild konnte auch der Archetypus des Selbst den Menschen mit einer solchen Gewalt ergreifen, daß er am Wahrheitsgehalt seines Erlebens kaum zu zweifeln vermochte. In beiden Fällen wurde das Individuum vom Numinosen ergriffen, das ihm ein «ahnungsweises Ganzheitserlebnis vermittelte». Ein Kriterium der Unterscheidung zwischen dem Erlebnis des Selbst und dem Erleben Gottes schien es nicht zu geben.

Auf alle Fälle war es mir persönlich unmöglich, ein unterscheidendes Kriterium aufzufinden. Darüber entscheidet allein der Glaube oder ein philosophischer Beschluß, welche beide mit einer empirischen Wissenschaft nichts zu tun haben[44].

Auf dieser Tatsache beruhte auch die Subjektivität des Erkenntniswertes der Aussagen über das Selbst sowie über das Gottesbild. Von beiden Wesenheiten besaß der Einzelne ausschließlich das Zeugnis des individuellen Erlebens, auf welches sich keine objektive Wahrheitsaussage gründen ließ, weder über die Gleichartigkeit noch über die Verschiedenheit des zugrunde liegenden Transzendenten. Obgleich sich alle Aussagen auf ein Objektives von außerordentlicher Numinosität bezogen, eignete ihnen nur ein subjektiver Wahrheitswert. Es konnte deshalb auch keine Rede davon sein, daß Jung eine Gleichsetzung des Archetypus an sich mit Gott bzw. des Unbewußten mit Gott angenommen hätte. Was für die Erfahrung von Selbst und Gott galt, galt überhaupt für alle religiösen Zeugnisse: Wie er eindrücklich hervorgehoben

43. C. G. Jung, «Versuch einer psychologischen Deutung des Trinitätsdogmas» (Ges. Werke XI, p. 170).
44. ibid. p. 207.

hat, *war ihr Erkenntniswert eingeschränkt, insofern als sie stets nur das Bild und das Gleichnis, niemals aber den transzendenten Hintergrund selber betrafen.*

Daher kommt es, daß wir uns, wenn wir von religiösen Inhalten reden, in einer Welt von Bildern, welche auf ein Ineffabile hindeuten, bewegen. Wir wissen nicht, wie deutlich oder wie undeutlich diese Bilder, Gleichnisse und Begriffe hinsichtlich ihres tranzendentalen Gegenstandes sind. Sagen wir z. B. «Gott», so äußern wir ein Bild oder einen Wortbegriff, der im Laufe der Zeit viele Wandlungen erlebt hat. Dabei sind wir außerstande, mit irgendwelcher Sicherheit anzugeben – es sei denn durch den Glauben –, ob diese Veränderungen nur Bilder und Begriffe oder das Unaussprechliche selber betreffen[45].

Über die Vieldeutigkeit der religiösen Aussagen äußerte sich JUNG folgendermaßen: Intellektuell betrachtet hatten solche Aussagen den Wert einer bloßen *Hypothese über ein Unaussprechliches.* Historisch gesehen ließen sie den Charakter einer gewissen *Objektivität* erkennen, insofern als es sich dabei um sich wiederholende Urvorstellungen der Menschheit handelte. Und schließlich besaßen sie, individuell betrachtet, dank der Numinosität ihrer Erfahrung *den Wert eines nahezu Absolut-Verbindlichen für das jeweilige Subjekt.*

c. Archetypus des Selbst und Erlebnis

Ungeachtet der Relativität des Wahrheitswertes religiöser Aussagen und ungeachtet der Relativität des objektiven Erkenntniswertes von metaphysischen Verabsolutierungen stellte JUNG aber niemals die subjektive Gültigkeit der inneren Erlebnisse in Frage. Seine eigenen Erfahrungen sowie auch die historischen Zeugnisse und nicht zuletzt auch die Bekenntnisse seiner Schüler überzeugten ihn immer erneut von dem *außerordentlichen Erlebniswert der inneren Erfahrung* für das Subjekt. Wenn er auch jegliche Hypostasierung strikte zurückwies, so war das Ergriffensein vom An-Sich des Archetypus für ihn dennoch von letzter

45. C. G. JUNG, *Antwort auf Hiob,* p. 7 (Ges. Werke XI, p. 388).

Verbindlichkeit. Wie er an der Existenz der transzendentalen Wirklichkeit nie gezweifelt hat, so war ihm auch das Innewerden von Gott und vom Selbst ein inneres Geheimnis von größter Numinosität. In welchen Gleichnissen sich ihm auch immer der Sinn dieses Ineffabile offenbarte: Für das Erleben existierte es; *es war wirklich, und es wirkte!*

Ähnlich wie KANT die reine der praktischen Vernunft gegenübergestellt hatte, unterschied JUNG den metaphysischen Wahrheitsanspruch vom individuell-gültigen Erlebnis. Ausdrücklich betonte er, daß die Inkommensurabilität zwischen der religiösen Aussage und dem Verstand in keiner Weise die Wirklichkeit und Lebendigkeit der inneren Erfahrung schmälerte[46]. Im Gegenteil schätzte er das persönliche Ergriffensein von der transzendentalen Realität weit höher als das intellektuelle Urteil über dieses Etwas ein!

> Das Erlebnis ist das Wesentliche, nicht aber dessen intellektuelle Veranschaulichung und Verdeutlichung, welche sich ja nur dort als sinn- und hilfreich erweist, wo der Zugang zur Urerfahrung verschüttet ist[47].

> Oder an anderer Stelle heißt es in ebenso eindrücklicher Weise:
> Es kommt beim religiösen Erlebnis nicht darauf an, wie explizit ein Archetypus formuliert werden kann, *sondern wie sehr man von ihm ergriffen ist.* Nicht das ist wichtig, wie ich ihn denke, sondern wie ich von ihm erfaßt bin[48].

In der praktischen Arbeit war deshalb auch das *innere Wissen* um das Vorhandensein des Archetypus des Selbst und des Gottesbildes für JUNG wegleitend – ein Wissen, das er auf Grund nicht nur von Träumen und Phantasien, sondern auch von der Phänomenologie des Individuationsprozesses gewonnen hatte. Vor allem schwebte ihm das archetypische Bild eines Größeren vor, das gleichsam als ein virtueller Mittelpunkt[49] Ideen und Erlebnisse anordnete. Im Zusammenhang damit sah

46. C. G. JUNG, *Mysterium coniunctionis* II, p. 333 (Ges. Werke XIV/2, p. 333).
47. ibid. II, p. 325 (Ges. Werke XIV/2, p. 325).
48. ibid. II, p. 301 (Ges. Werke XIV/2, p. 301).
49. C. G. JUNG, *Die Beziehungen zwischen dem Ich und dem Unbewußten*, p. 202 (Ges. Werke VII, p. 260).

er auch das vornehmste Ziel der Psychotherapie darin, eine Beziehung des Ich zu der Wirklichkeit des inneren Zentrums herzustellen. Erst die Ausrichtung auf dieses Ziel schien ihm den Menschen zu dem zu machen, was er in Wirklichkeit war. Er billigte deshalb auch der Erfahrung des An-Sich von Selbst und Gottesbild die Dignität eines Seelisch-Unangreifbaren zu, das in tranzendentalen Voraussetzungen gründete. Obgleich sich das Erleben stets im Medium von subjektiven Bildern und Symbolen ausdrückte, so beruhte es nichtsdestoweniger auf einer *emotionalen Grundlage* von stärkster Numinosität, die für die Lebensgestaltung des Einzelnen von letztlicher Verbindlichkeit war.

> Obschon unsere ganze religiöse Vorstellungswelt aus anthropomorphen Bildern besteht, die als solche einer rationalen Kritik niemals standhalten könnten, so darf man darüber doch nicht vergessen, daß sie auf *numinosen Archetypen* beruhen, d. h. auf einer emotionalen Grundlage, welche sich für die kritische Vernunft als unangreifbar erweist[50].

Für JUNG bestand deshalb auch kein Zweifel darüber, daß dieser Seelenhintergrund sich für den darauf sich Beziehenden und Fragenden als eine Quelle der Kraft offenbarte, die unversiegbar war.

Ich möchte nochmals festhalten, daß JUNG, obgleich er die empirische Erfahrung des Selbst dem Gottesbild gleichsetzte, mit anderen Worten die *Ununterschiedenheit der psychologischen und religiösen Bilder* anerkannte, sich jeglichen Urteils über das Wesen des transzendenten Hintergrundes enthielt. Als zur unerkennbaren Natur des Unbewußten gehörend, ließ sich weder über den Archetypus des Selbst noch über Gott irgendwelche Erkenntnis von objektiver Gültigkeit gewinnen. Dies schloß aber nicht aus, daß *sowohl das archetypische als auch das religiöse Erlebnis einen Ganzheitscharakter verriet, der ihm die Dignität* einer *numinosen Erfahrung von höchster Sinnerfülltheit verlieh.*

50. C. G. JUNG, *Antwort auf Hiob*, p. 8 (Ges. Werke XI, p. 389).

ANHANG
JUNGS AUFFASSUNGEN AUS DEN JAHREN 1939–1961

I. DER ARCHETYPUS AN SICH

In den letzten Jahren seines Schaffens vertiefte JUNG sein Weltbild in einer Weise, die den bisherigen Rahmen nicht nur transzendierte, sondern auch relativierte. Er betrat einen in der medizinischen Psychologie noch so unbekannten Boden, daß es kaum möglich sein dürfte, seine gereiften Auffassungen mit den früheren von FREUD zu vergleichen. Um der Abrundung seines Werkes willen möchte ich nicht darauf verzichten, seine Spätgedanken, die zudem in die Zeit nach dem Tode FREUDS fielen, zu erörtern. Es soll deshalb auch in der Form eines Anhangs erfolgen.

Wir sind JUNG bis dahin gefolgt, wo er den Ausdruck «archetypisches Bild» prägte, um damit die Tatsache typischer Grundformen, präfigurierter Dispositionen und Tendenzen zur Wiederholung ähnlicher Erfahrungen im seelischen Erleben zu beleuchten. Diesen Gedanken hatte er im Jahre 1943 in folgende Worte gekleidet:

> Die Archetypen sind, wie es scheint, nicht nur Einprägungen immer wiederholter typischer Erfahrungen, sondern zugleich auch verhalten sie sich empirisch wie *Kräfte* oder *Tendenzen* zur Wiederholung derselben Erfahrungen. Immer nämlich, wenn ein Archetypus im Traum, in der Phantasie oder im Leben erscheint, bringt er einen besonderen «Einfluß» oder eine Kraft mit sich, vermöge welcher er *numinos* resp. faszinierend oder zum Handeln antreibend wirkt[1].

1. C. G. JUNG, *Über die Psychologie des Unbewußten,* p. 126 f (Ges. Werke VII, p. 75).

In den archetypischen Bildern hatte er nicht nur einen Konzentrationspunkt früherer Bahnungen endeckt, sondern auch ein Zentrum, von dem faszinierende Wirkungen ausgingen. Als schöpferische Kräfte wirkten sie gestaltend und umgestaltend auf das Leben und Handeln des Individuums, wobei sie auch weitgehend die Gedanken und künstlerischen Schöpfungen veranlaßten.

Ebenso hatte er schon früher festgestellt, daß zwischen dem Archetypus und der bewußten Psyche insofern eine Wechselwirkung bestand, *als das Bild ebenso sehr nach Formung durch das bewußte Ich verlangte, wie auch umgekehrt das Bewußtsein nach dem sinnerfüllten Einfall.*

Je mehr sich JUNG den Phänomenen des kollektiven Hintergrundes, sei es den Synchronizitätsphänomenen oder auch den Manifestationen des Geistigen, zuwandte, desto mehr wurde es ihm evident, daß der Archetypus *unergründlich* war und daß der menschliche Geist nur Umschreibungen und approximative Charakterisierungen eines letztlich *unbewußten Bedeutungskerns* zu geben vermochte.

> Der Sinn dieses Nucleus war nie bewußt und wird es nie sein. Er wurde und wird immer nur gedeutet, wobei jede Deutung, welche dem verborgenen Sinn ... einigermaßen nahekommt, von jeher den Anspruch nicht nur auf absolute Wahrheit und Gültigkeit erhob, sondern zugleich auch auf Ehrfurcht und religiöse Devotion[2].

Daß es sich bei der formenden Kraft des Archetypus letztlich um ein *Geheimnis der schaffenden Kraft des Geistes* handelte, hatte JUNG schon im Jahre 1921 in folgendem treffendem Bild festzuhalten gesucht:

> Dem Licht setzt der Organismus ein neues Gebilde, das Auge, entgegen, und dem Naturvorgang setzt der Geist ein symbolisches Bild entgegen, das den Naturvorgang eben so erfaßt, wie das Auge das Licht. Und eben so wie das Auge ein Zeugnis ist für die eigentümliche und selbständige schöpferische Tätigkeit des lebenden Stoffes, so ist auch das urtümliche (archetypische) Bild ein Ausdruck der eigenen und unbedingten, erschaffenden Kraft des Geistes[3].

2. C. G. JUNG und K. KERÉNY, *Einführung in das Wesen der Mythologie,* 1941, p. 112.
3. C. G. JUNG, *Psychologische Typen,* p. 600 (Ges. Werke VI, p. 454).

1. Der Archetypus als Regulator des Geschehens

Eine der bedeutsamsten Erkenntnisse, die JUNG in den vierziger Jahren gewann, war die Hypothese einer *anordnenden Tätigkeit der Archetypen.* Und zwar waren es wiederum die Phantasiegestaltungen in der unbewußten Psyche, genauer: die durch aktive Imagination hervorgerufenen und sich über lange Zeiträume erstreckenden Phantasien, die ihn in diese Richtung wiesen. An ihnen erkannte er die Tatsache von *unbewußten Regulatoren im Seelenhintergrund,* die unabhängig von persönlichen Motiven das Bildmaterial anordneten. Daß sich gewisse Motive wiederholten und eine Übereinstimmung mit mythologischen Symbolen erkennen ließen, war ihm nicht neu. Überraschend aber war nicht nur die weitgehende *Geordnetheit,* sondern auch die *Zentriertheit* des Phantasiematerials. Es war, als ob *spontane Faktoren,* ja ein *unbewußter Bedeutungskern* in der Seelentiefe am Werk wäre, der die Funktion eines Anregers des Geschehens besaß.

In diese Richtung wies vor allem die *Numinosität des Archetypus* – eine Tatsache, die JUNG hauptsächlich am Archetypus an sich feststellen sollte. Wo immer dieser auch erschien, hatte er zwingenden Charakter, und wo immer «seine Wirkung bewußt wurde ..., (war) er durch *Numinosität* gekennzeichnet»[4]. Ob der Archetypus als Traum- oder Bildvorstellung, als Gedanke oder auch als menschliche Gestalt erfahren wurde: Gemeinsam war all seinen Formen, daß sie *mit dem Gefühl eines präsenten Numens* verknüpft waren. Oder mit anderen Worten: Der jeweils Ergriffene erlebte die Quelle seiner Erfahrung als eine außerbewußte psychische Präsenz, welche den besonderen Charakter des «Illuminierenden» und Hilfreichen, aber auch des Fremdartigen erkennen ließ. Sehr eindrücklich schrieb JUNG über diesen Vorgang des Ergriffenwerdens durch den archetypischen Bedeutungskern:

> Ein dunkler Impuls entscheidet letzthinig über die Gestaltung, ein unbewußtes Apriori drängt zur Gestaltwerdung, und man weiß nicht, daß das Bewußtsein eines andern von den gleichen Motiven angeleitet wird, wo man doch das Gefühl hat, einer grenzenlosen subjektiven Zufälligkeit ausgeliefert zu sein. Über der ganzen Pro-

4. C. G. JUNG, «Versuch einer psychologischen Deutung des Trinitätsdogmas» (Ges. Werke XI, p. 163).

zedur scheint ein dunkles *Vorherwissen* nicht nur der Gestaltung, sondern auch ihres Sinnes zu schweben[5].

Diese Annahme eines anscheinenden Vorherwissens des Archetypus war eine durchaus neue, ebenfalls aus den vierziger Jahren stammende Feststellung. Eben so neu war die Hypothese eines *apriorischen Besitzes von Zielvorstellungen.*

Als ein numinoser Faktor bestimmt der Archetypus die Art und den Ablauf der Gestaltung mit einem anscheinenden Vorwissen oder *im apriorischen Besitz des Zieles*, welches durch den Zentrierungsvorgang umschrieben wird[6].

Da die unbewußten Regulatoren der psychischen Gestaltungen nur an ihren Wirkungen, niemals aber in ihrer eigentlichen Natur erkannt werden konnten, schienen sie auf ein *abstraktes Ordnungsschema*, das heißt auf eine *Grundform des Vorstellens*, die in immer wieder verschiedenen Bildern in Erscheinung trat, hinzudeuten.

Aus diesen Erfahrungen und Überlegungen habe ich erkannt, daß es gewisse *kollektiv vorhandene, unbewußte Bedingungen* gibt, welche als Regulatoren und Anreger der schöpferischen Phantasietätigkeit wirken und entsprechende Gestaltungen hervorrufen, indem sie das vorhandene Bewußtseinsmaterial ihren Zwecken dienstbar machen[7].

Insofern als solche anordnenden Formen auf ein von den jeweiligen Veranschaulichungen völlig verschiedenes Medium hinwiesen, wählte JUNG zur Bezeichnung des Grundschemas den Ausdruck *Archetypus an sich.*

Die archetypischen Vorstellungen, die uns das Unbewußte vermittelt, darf man nicht mit dem *Archetypus an sich* verwechseln. Sie sind vielfach variierte Gebilde, welche auf eine an sich *unan-*

5. C. G. JUNG, «Theoretische Überlegungen zum Wesen des Psychischen», erstmals unter dem Titel «Der Geist der Psychologie», p. 446 (Ges. Werke VIII, p. 234).
6. ibid. p. 454 (Ges. Werke VIII, p. 239).
7. ibid. p. 447 (Ges. Werke VIII, p. 234).

schauliche Grundform zurückweisen. Letztere zeichnet sich durch gewisse Formelemente und durch gewisse prinzipielle Bedeutungen aus, die sich aber nur annähernd erfassen lassen[8].

Während die archetypischen Bilder eine Art Konkretisierung solcher numinoser, anordnender Faktoren, eine Verhüllung des hintergründigen Bedeutungskerns durch den Stoff darstellten, ließ dieser anordnende Kern selber numinose Wirkungen von oft erstaunlicher *Sinnerfülltheit*[9] erkennen.

Solche Wirkungen waren es auch, die JUNG zu einem Vergleich zwischen den numinosen Erfahrungen der Seele und den in der Alchemie beschriebenen Lichterlebnissen veranlaßten. Er dachte dabei an die «Lichtsamen im Chaos» (KHUNRATH), an die «scintillae» (DORN), an die Fischaugen auf dem Meeresgrund, oder auch an die Bilder von leuchtenden Schlangenaugen. An solchen numinosen Erlebnissen, die gleichsam als sporadisch aus dem Dunkel des Unbewußten auftauchende Lichtfunken erfahren wurden, gewann er die höchst bedeutsame Annahme eines *bewußtseinsunfähigen Geist-Faktors* auf dem Grund der Seele.

Der Begriff des Archetypus an sich hatte danach die Bedeutung eines *psychischen Modells,* das, ungeachtet seiner Konstruktion aus den erkennbaren Wirkungen der symbolischen Veranschaulichungen, die Funktion erfüllte, gewisse strukturelle Zusammenhänge – wie die *Geordnetheit, Zielgerichtetheit und Zentriertheit* – im psychischen Material klarer zu erfassen. Mittels ihrer ließen sich wiederum weitere Erkenntnisse über die Beziehung von Archetypus und Bewußtsein gewinnen.

Es handelt sich ja nicht darum, eine Behauptung aufzustellen, sondern vielmehr ein *Modell* zu entwerfen, welches eine mehr oder weniger nützliche Fragestellung verspricht. Ein Modell sagt nicht, es sei so, sondern es veranschaulicht nur einen bestimmten Betrachtungsmodus[10].

8. ibid. p. 460 (Ges. Werke VIII, p. 244).
9. ibid. p. 449 (Ges. Werke VIII, p. 236).
10. C. G. JUNG, «Theoretische Überlegungen zum Wesen des Psychischen», ausschließlich in: (Ges. Werke VIII, p. 214).

Woher der Archetypus kam, ob er erworben war oder nicht, was es überhaupt mit dieser metaphysischen Qualität für eine Bewandtnis hatte, gehörte zu den nicht beantwortbaren Fragen:

> Ich bin schon des öfteren gefragt worden, woher der Archetypus komme, ob er erworben sei oder nicht. Diese Frage läßt sich nicht direkt beantworten. Die Archetypen sind ... Faktoren und Motive, welche psychische Elemente zu gewissen (als archetypisch zu bezeichnenden) Bildern anordnen, und zwar in einer Art und Weise, die immer erst aus dem Effekt erkannt werden kann. Sie sind vorbewußt vorhanden und bilden vermutlich die Strukturdominanten der Psyche überhaupt, vergleichbar dem unanschaulichen, potentiellen Vorhandensein des Kristallgitters in der Mutterlauge[11].

Er fuhr weiter:

> Empirisch gesehen ist aber der Archetypus innerhalb der Reichweite des organischen Lebens überhaupt nie entstanden. Er trat mit dem Leben auf den Plan[12].

Angesichts der Unbeantwortbarkeit der metaphysischen Natur des Archetypus an sich ließ sich mit Sicherheit nur so viel aussagen, daß er eine Art von *vererbtem psychischem Apriori* darstellte, d. h. ein Insgesamt von formalen Bedingungen, die immer wieder ähnliche Vorstellungen hervorzubringen vermochten.

2. Archetypus und Instinkt (Trieb)

Die Frage nach der Beziehung zwischen dem biologischen und dem psychologischen Aspekt des Seelenhintergrundes hat JUNG durch all die Jahre seines Schaffens nicht losgelassen. Sie stellte sich von neuem, nachdem er im Archetypus an sich einen schlechthinig unbewußten Bedeutungskern festgestellt hatte.

11. C. G. JUNG, «Versuch einer psychologischen Deutung des Trinitätsdogmas», 1940/41 (Ges. Werke XI, p. 162, Anm.).
12. ibid.

Wie er schon im Jahre 1919 erörtert hatte, bildeten Instinkt und archetypisches Bild die Grundlage des kollektiven Unbewußten; das eine war nicht ohne das andere zu denken. Die Prinzipien des Handelns und des Auffassens waren in einer Weise miteinander verkoppelt, daß das Urbild als «Selbstabbildung des Instinktes»[13] bezeichnet werden konnte.

> ... die Art und Weise, wie sich der Mensch innerlich die Welt abbildet, (ist) trotz aller Verschiedenheit in der Einzelheit ebenso gleichmäßig wie sein instinktives Handeln ... Das *kollektive Unbewußte* besteht aus der Summe der Instinkte und ihrer Korrelate, der Archetypen. So wie jeder Mensch Instinkt besitzt, so besitzt er auch die Urbilder[14].

Einen bedeutsamen Schritt weiter in der Erfassung der Beziehungen zwischen Instinkt und Archetypus führten die Ergebnisse der Tierpsychologie. Wie nämlich aus den Untersuchungen namhafter Biologen hervorging (PORTMANN, HEDIGER, LORENZ), ließ sich das Vorhandensein von präformierten Anordnungen besonders deutlich beim tierischen Verhalten, z. B. anläßlich des Nestbaus, des rituellen Tanzes, beobachten[15]. Aber auch das Vorherwissen der Hühner beim Ausschlüpfen aus dem Ei oder das typische Verhalten der Spinnen beim Bau ihres kunstvollen Netzes ließ das Vorhandensein präformierter Urbilder erkennen. Es lag nahe, die Annahme von angeborenen Verhaltensstrukturen vorzuschlagen. Und eben so nahe lag es, solche Anordnungen mit den archetypischen Anordnungen im menschlichen Leben in Beziehung zu setzen. Allerdings war der empirische Nachweis von typischen Instinktformen beim Menschen eher schwierig, weil das Bewußtsein umgestaltend, ja störend auf den anordnenden Prozeß der Triebbilder einzuwirken vermochte. Mit einiger Deutlichkeit ließen sich jedoch solche instinktiven Anordnungen beim Kleinkind nachweisen, während sie beim Erwachsenen größtenteils auf die Wahrnehmung schöpferischer Prozesse, wie sie z. B. bei der aktiven Imagination oder bei gewissen Traumserien hervortraten, beschränkt blieben. Die Übereinstimmung

13. Siehe p. 237.
14. C. G. JUNG, «Instinkt und Unbewußtes» (Ges. Werke VIII, p. 157 f).
15. Jolande JACOBI, *Komplex, Archetypus, Symbol*, 1957, p. 46 ff.

zwischen der anordnenden Tätigkeit der Archetypen und den regulierenden Vorgängen im Trieb- und Instinktgeschehen war immerhin so überraschend, daß Jung nicht umhin konnte, *das anordnende Prinzip des Archetypus demjenigen des Instinkttypus gleichzusetzen.* Im «pattern of behaviour» koinzidierten beide.

> Trieb und archaischer Modus koinzidieren im biologischen Begriff des pattern of behaviour[16].

Dieser Gedanke ließ sich auch so ausdrücken, daß der Archetypus einen nach oben und einen nach unten weisenden Aspekt besaß. *Während der biologische Aspekt von außen in der Instinkthandlung sichtbar wurde, offenbarte sich das archetypische Gestaltungsprinzip nur von innen her, im bildhaften Erleben.*

Die Hypothese einer Verkoppelung von Trieb und Bild, Archetypus und Instinkt, darf niemals dahin verstanden werden, als ob sich Jung zu einer biologistischen Annahme bekannt hätte. Ganz im Gegenteil. In seinem Werk war niemals von einer Ableitung der psychischen Inhalte aus dem Biologischen die Rede. Nicht nur die Dynamik des Triebes, sondern auch das Bild des Triebes folgte einer jeweils eigenen, spezifischen Gesetzmäßigkeit.

> Dies manifestierte sich z. B. darin, daß «im Trieb ein vom Biologischen verschiedener Zwecksinn, der erst im Laufe der Entwicklung sichtbar wird, verborgen sein»[17] konnte.

Ja, dieser spezifische Charakter trat unter gewissen Umständen auch in Form von denkbar größten Gegensätzen[18] hervor; oder mit anderen Worten: Das archetypische Bild vermochte dermaßen unabhängig vom Triebempfinden zu funktionieren, daß es in ausgesprochenen Gegensatz dazu trat. Man denke nur an den Gegensatz zwischen einem Menschen, der unter der Herrschaft der Triebe steht, und einem solchen, der vom Geist ergriffen ist.

16. C. G. Jung, *«Theoretische Überlegungen zum Wesen des Psychischen»,* erstmals als *«Der Geist der Psychologie»,* p. 441 f (Ges. Werke VIII, p. 230).
17. ibid. p. 417 (Ges. Werke VIII, p. 211).
18. ibid. p. 450 (Ges. Werke VIII, p. 236).

Die Tatsache der Zusammengehörigkeit von Archetypus und Instinkt führte JUNG zu einer weiteren, wenn auch gewagten Hypothese: Was im empirischen Bereich als Verkoppelung biologischer und psychologischer Gegebenheiten in Erscheinung trat, schien ihm auf das Vorhandensein zweier *transzendentaler Prinzipien*, die letztlich inkommensurabel waren, hinzudeuten. Ebenso wie der Geist dem Trieb in der menschlichen Erfahrung beigeordnet war, traten die beiden Prinzipien im Bereich des Transzendentalen auseinander. Und ebenso, wie die Verkoppelung beider in der Empirie zum Verständnis der Energetik wesentlich war, so schien JUNG die Hypothese von transzendentalen Faktoren für die Diskussion der Frage nach dem Metaphysischen und Religiösen fruchtbar zu sein. Hinsichtlich der empirischen Welt erörterten wir bereits, daß JUNG in der Gegensatzspannung, vor allem im Gegenüber von Trieb und Geist, den tieferen Ursprung der Energie sah. Beides wirkte in der Weise zusammen, das einerseits *der Archetypus den «Sinn des Triebes*[19]*»* und anderseits *der Instinkt den energetischen Aspekt des Geistes* verkörperte.

Es dürfte bemerkenswert sein, daß JUNG erst in seinen Altersschriften *den Ausdruck Geist im Sinne eines An-Sich, das gleichsam als spiritus rector dem Leben Sinn und Zweck verlieh*, verstanden hat. Bis zu diesem Zeitpunkt hatte er sich darauf beschränkt, das Geistige als ein bilderschaffendes Prinzip, als begeisternden und inspirierenden Seelenhauch, kurz: als ein Urbild in der Psyche, wissenschaftlich zu untersuchen.

Mit der Wendung vom Urbild zum Geistbegriff vollzog er eine der bedeutsamsten Vertiefungen seiner psychologischen Grundbegriffe. Daß er mit dieser Annahme eines *bewußtseinsunfähigen bzw. eines psychoiden Faktors* die Grenzen der empirischen Wissenschaft überschritt, war ihm wohl bewußt, zögerte er doch nicht, die *Archetypen als metaphysische Prinzipien*, die «die ganzheitliche Orientierung des Bewußtseins beding(t)en»[20], zu bezeichnen.

> In meinen bisherigen Arbeiten habe ich archetypische Phänomene als psychische behandelt, weil es sich bei dem darzustellenden oder zu untersuchenden Material stets nur um Vorstellungen gehandelt hat. Die hier proponierte psychische Natur des Archetypus steht ... nicht

19. ibid. p. 443 (Ges. Werke VIII, p. 231).
20. C. G. JUNG, *Ein moderner Mythus*, 1958, p. 60.

im Widerspruch zu früheren Formulierungen, sondern bedeutet nur eine weitere Differenzierung des Begriffs, welche in jenem Moment unumgänglich wird, wo ich zu einer allgemeineren Auseinandersetzung über das Wesen der Psyche und zu einer Klarstellung ihrer empirischen Begriffe und deren Verhältnis zueinander mich genötigt sehe[21].

Zur Veranschaulichung der psychischen Spannung zwischen Trieb und Archetypus drängte sich JUNG das Bild des Spektrums auf, wobei er das Triebbild am ultravioletten, die Triebdynamik hingegen am infraroten Ende wirksam sah[22].

Wie das «Psychisch-Infrarote», das heißt die biologische Triebseele, allmählich in die physiologischen Lebensvorgänge und damit in das System chemischer und physikalischer Bedingungen übergeht, so bedeutet das «Psychisch-Ultraviolette», das heißt der Archetypus, ein Gebiet, das einerseits keine Eigentümlichkeiten des Physiologischen aufweist, anderseits und in letzter Linie auch nicht mehr als psychisch angesprochen werden kann, obschon es sich psychisch manifestiert. Das tun aber auch die physiologischen Vorgänge, ohne daß man sie deshalb als psychisch erklärt[23].

Auf Grund solcher und ähnlicher Überlegungen erschien JUNG die transzendentale, wesentlich unanschauliche Natur des Triebes ebenso unabweisbar wie diejenige des Archetypus zu sein, wurzelte doch der Trieb nicht nur im Organismus, sondern bildete auch die «Brücke zum Stoff» schlechthin.

In der archetypischen Vorstellung und in der Triebempfindung stehen sich Geist und Stoff auf der psychischen Ebene gegenüber. Stoff sowohl wie Geist erscheinen in der seelischen Sphäre als kennzeichnende Eigenschaften von Bewußtseinsinhalten. Beide sind ihrer letzten Natur nach transzendental, d. h. unanschaulich, indem die

21. C. G. JUNG, «Theoretische Überlegungen zum Wesen des Psychischen», erstmals als «Der Geist der Psychologie», p. 462 (Ges. Werke VIII, p. 246).
22. ibid. p. 457 (Ges. Werke VIII, p. 242).
23. ibid. p. 462 (Ges. Werke VIII, p. 246).

Psyche und ihre Inhalte die einzige Wirklichkeit darstellen, die uns *unmittelbar* gegeben ist[24].

JUNG zog aus all diesen Hypothesen die weitere, ebenso gewagte Hypothese, daß analog dem Archetypus, dem An-Sich des Geistes, auch *ein An-Sich des Triebes* vorhanden sei. Ebenso wie das archetypische Bild zur psychoiden Natur des Archetypus an sich hinleitete, mündete auch die Triebempfindung in ein An-Sich, nämlich das An-Sich des Stoffes. Inwiefern und ob sich diese Gegensätze von Stoff und Geist in einem Dritten überhöhen und zur Sicht eines einheitlichen Weltbildes vereinigen ließen, werde ich noch erörtern[25].

24. ibid. p. 463 (Ges. Werke VIII, p. 247).
25. Siehe p. 390 f.

II. DIE PSYCHE IN DER SICHT TRANSZENDENTALER FAKTOREN

1. Der Archetypus an sich als eine Form des apriorischen Angeordnetseins

Mit dem Nachweis der psychoiden Natur des Archetypus vollzog JUNG den außerordentlich bedeutsamen Schritt *von der subjektiven zur objektiven Betrachtungsweise bzw. von der archetypischen Vorstellung zum Trans-Psychischen des Archetypus an sich.*

Diese Ausrichtung auf einen objektiven Hintergrund erlaubte ihm, Randphänomene ins Auge zu fassen, die die Welt des Psychisch-Erfahrbaren weitgehend transzendierten, das heißt die zu einem Teil erfahrbar, zum andern aber unerkennbar waren. Gemäß seiner Offenheit neuen Beobachtungen gegenüber wurde ihm vor allem die Untersuchung *synchronistischer Erscheinungen* zum Ausgangspunkt neuer Erkenntnisse. Als bemerkenswerteste Eigenschaft solcher Koinzidenzen erkannte er die Tatsache eines sinnvollen, aber völlig a-kausalen Zusammenfallens gewisser psychischer Zustände (Todesahnungen, Ängste, Erwartungen) mit einem oder mehreren Ereignissen in der Außenwelt[1] (außergewöhnliche Naturereignisse, Unfälle u. a. m.). Den synchronistischen Erscheinungen war, wie er feststellte, gemeinsam, daß sie sich rein zufällig zu ereignen und «einem bloßen *Vorhanden- oder Sosein,* das heißt einer nicht weiter reduzierbaren Kontingenz»[2] zu entsprechen schienen. Er fand sie nicht nur in den RHINEschen Experimenten mit den ESP-Phänomenen, in den Korrelationen der Astrologie oder auch im I-Ging am Werk, sondern, wie wir noch sehen werden, auch in der Physik bestätigt.

1. C. G. JUNG, «Synchronizität als ein Prinzip akausaler Zusammenhänge», in: *Naturerklärung und Psyche,* 1952, p. 26 f (Ges. Werke VIII, p. 500).

2. ibid. p. 103 (Ges. Werke VIII, p. 574).

Auf Grund solcher sinngemäßen Koinzidenzen kam JUNG zur Aufstellung einer für die psychologische Wissenschaft völlig neuen Hypothese, die Perspektiven von ungeahnter Tragweite eröffnen sollte. Er erkannte nämlich, daß synchronistische Phänomene dem menschlichen Geist nur dann faßbar wurden, wenn man die Idee des kausalen Determinismus durch die ebenso allgemeine Idee eines *Zusammenhanges durch Gleichartigkeit oder Sinn*[3] ergänzte. Es schien sich ihm um eine das Kausale transzendierende Dimension zu handeln, die auf ein *ursacheloses Angeordnetsein*[4] von Gegebenheiten bzw. auf die Wirksamkeit eines apriorischen Anordners, den er dem Archetypus an sich gleichsetzte, hindeutete. Seine nächste Analogie schien letzterer Faktor mit der Idee eines metaphysischen Schöpfungsaktes[5] zu besitzen. Was JUNG darunter verstand, war eine «creatio continua»[6], die entweder auf «eine Reihe sukzessiver Schöpfungsakte ... (oder) die ewige Gegenwart des einen Schöpfungsaktes»[7] zurückging.

Aus allem wurde ersichtlich, daß JUNG dem Archetypus an sich die *Funktion eines transpsychischen Anordners* zubilligte, das heißt eines Prinzips, das nicht nur a priori gegeben war, sondern auch in einer *apriorischen Verteilung und Anordnung von Faktoren* bestand.

Das Ergebnis seiner fortscheitenden Beschäftigung mit dem Archetypus faßte er in folgender Bemerkung zusammen:

> Der Archetypus ist die durch Introspektion erkennbare Form des apriorischen psychischen Angeordnetseins[8].

Ich werde noch eingehend darauf zurückkommen.

2. Relativierung der Vorstellungen von Bewußtsein und Unbewußtem

Die bemerkenswerte Wandlung in der Auffassung des Archetypus, die sich in der Eigenschaft eines unanschaulichen Strukturelementes ausdrückte, konnte nicht ohne Rückwirkung auf die Vorstellungen des

3. ibid. p. 102 (Ges. Werke VIII, p. 572).
4. ibid. p. 104 (Ges. Werke VIII, p. 574).
5. ibid. p. 104 (Ges. Werke VIII, p. 575).
6. ibid. p. 106 (Ges. Werke VIII, p. 576).
7. ibid. p. 106, Anm. (Ges. Werke VIII, p. 576, Anm.).
8. ibid. p. 104 (Ges. Werke VIII, p. 575).

Unbewußten und des Bewußtseins bleiben. *Beide Vorstellungen büßten zusehends an Deutlichkeit, Bestimmbarkeit und auch Eindeutigkeit ein.*

a. Die Unbestimmbarkeit des Unbewußten

Hatte JUNG anfänglich das Unbewußte als einen Bereich aufgefaßt, der prinzipiell bewußtseinsfähig bzw. der Erhellung durch die bewußte Psyche zugänglich war, so bedingte die Annahme von psychoiden Faktoren auf dem Hintergrund der Seele eine grundsätzliche Wendung in seiner bisherigen Betrachtungsweise. Es wurde ihm immer mehr evident, daß seine schon im Jahre 1934 geäußerte Vermutung, das kollektive Unbewußte könnte zu einer *raum- und zeitlosen Seinsform*[9] hinüberleiten, einen hohen Grad von Berechtigung besaß. Die Hypothese einer transpsychischen Funktion des Archetypus bewog ihn zur weiteren Hypothese eines *unanschaulichen und bewußtseinsunfähigen Hintergrundes der Psyche*, der vom menschlichen Dafürhalten letztlich unabhängig war. Seine umwälzenden Erkenntnisse sollten schließlich darin gipfeln, daß das kollektive Unbewußte einen psychoiden Bereich darstellte, der in die «Dunkelheiten jenseits der Verstandeskategorien» führte und das «Nichtbewußtseinsfähige und nur Seelenähnliche»[10] umfaßte. *Das apriorische Anordnungsprinzip im Archetypus hatte sein Gegenstück in der psychoiden Natur des kollektiven Unbewußten.*

Die Sichtung einer solchen, mit dem Verstand inkommensurablen Seinsform bedeutete eine beträchtliche Erweiterung der bisherigen Auffassung des Unbewußten: In ihm sah JUNG von da an einen Bereich, der sich von persönlichen bis zu psychoiden Kategorien erstreckte.

> Das Unbewußte ist nicht das schlechthin Unbekannte, sondern es ist vielmehr einerseits das *unbekannte Psychische*, das heißt all das, von dem wir voraussetzen, daß es, wenn es zum Bewußtsein käme, sich in nichts von den uns bekannten psychischen Inhalten unterscheiden würde. Anderseits muß man das psychoide System dazurechnen, über dessen Beschaffenheit wir direkt nichts auszusagen wissen[11].

9. C. G. JUNG, «Seele und Tod», 1934 (Ges. Werke VIII, p. 473). (Von mir hervorgehoben.)

10. C. G. JUNG, «Theoretische Überlegungen zum Wesen des Psychischen», erstmals als «Der Geist der Psychologie», p. 425, Anm. (Ges. Werke VIII, p. 218, Anm.). (Von mir hervorgehoben.)

11. ibid. p. 421 (Ges. Werke VIII, p. 214).

Diese Erweiterung der Vorstellung des Unbewußten ging Hand in Hand mit der Annahme einer *Verdunklung und Relativierung* dieses Bereiches. Waren die Begriffe bewußt und unbewußt bisher klar und eindeutig gewesen, so unterlagen sie einer zunehmend unbestimmteren Fassung. So stellte JUNG fest, daß beim Absinken der psychischen Energie in die tieferen Schichten des Unbewußten auch eine zunehmende Angleichung des Erlebens an die Natur des Instinktes, das heißt an die Eigenschaften der Primitivität, des Automatismus und der Unbeeinflußbarkeit stattfand. Ein anderer Ausdruck war die sukzessive Abnahme der Korrigierbarkeit und Rationalisierbarkeit des Unbewußten durch das Bewußtsein.

> Obschon im Unbewußten der Vorgang zunächst weitergeht, wie wenn er bewußt wäre, so scheint er doch mit zunehmender Dissoziation gewissermaßen auf eine primitivere (d. h. archaisch-mythologische) Stufe abzusinken, sich in seinem Charakter der zugrundeliegenden Instinktform anzunähern und die den Trieb kennzeichnenden Eigenschaften anzunehmen, nämlich Automatismus, Unbeeinflußbarkeit, all-or-none-reaction usw. Benützen wir hier die Analogie des Spektrums, so können wir das Absinken der unbewußten Inhalte mit einer Verschiebung nach dem roten Ende vergleichen ...[12]

Das Unbewußte verdunkelte sich immer mehr, bis es sich ins Unvorstellbare und Unanschauliche verlor.

b. Das Approximative des Bewußtseins

Auch die Eigenschaft der Bewußtheit erfuhr im Zusammenhang mit den Synchronizitätsuntersuchungen eine beträchtliche Relativierung. War das Bewußtsein bis zur Mitte des Jahrhunderts eine eindeutige Vorstellung gewesen, hatte zwischen bewußt und unbewußt eine mehr oder weniger bestimmbare Grenze bestanden, und hatte man mit ihm die Vorstellung eines gewissen Helligkeitsgrades verbunden, so ließen sich all diese Bestimmungen nicht mehr aufrechthalten. Es zeigte sich immer deutlicher, daß die Qualität der Luminosität nicht auf den Bereich des

12. ibid. p. 424 (Ges. Werke VIII, p. 216 ff).

sogenannten Bewußtseins beschränkt war. Nicht nur die Untersuchungen über die einzelnen Bewußtseinszustände, sondern auch die Forschungen über das Unbewußte, insbesondere über die Helligkeitszustände der unbewußten Inhalte, zwangen gleicherweise zur Relativierung der Vorstellungen von Bewußtsein und Bewußtheit. Einerseits ließen sich keine bewußten Zustände erkennen, die nicht unter gewissen Umständen auch unbewußt waren, und anderseits gab es auch kein Unbewußtes, das nicht einen Minimalgrad von Helligkeit aufwies. So gab es Zustände, in welchen das Schwergewicht auf der Bewußtheit lag, und andere, in denen die Unbewußtheit vordergründig war.

> Zwischen dem «ich tue» und dem «ich bin mir bewußt, was ich tue», besteht nicht nur ein himmelweiter Unterschied, sondern bisweilen sogar ein ausgesprochener Gegensatz[13].

Anders ausgedrückt: Jung erkannte, daß Helligkeitsgrade des Bewußtseins existierten, die eine Art von Mittelding zwischen absoluter «Verdunklung» und intensivstem Helligkeitsgrad darstellten. Dazu gehörten nicht nur die pathologischen Dissoziationszustände, die abgespaltenen Komplexe, die, wie schon Janet nachgewiesen hatte, eine Art von Persönlichkeitscharakter besaßen, sondern auch die infantilen und primitiven Verhaltensweisen, nicht zuletzt auch die archetypischen Gestaltungen. Bei all diesen psychischen Inhalten handelte es sich um Phänomene, die, ungeachtet der Ermangelung eines Ichkerns und der reflexiven Fähigkeit, dennoch eine gewisse «Luminositas» erkennen ließen. Wenn auch bei solchen Vorgängen eines «approximativen Bewußtseins»[14], wie Jung diese Luminositäten bezeichnete, keineswegs von einem zweiten Ich die Rede sein konnte, so verrieten sie dennoch einen *Grad von Sinnerfülltheit, der an die Qualität der Bewußtheit* gemahnte.

> Das Licht des Bewußtseins hat, wie wir aus unmittelbarer Erfahrung wissen, viele Helligkeitsgrade und der Ichkomplex viele Abstufungen seiner Betonung. Auf animalischer und primitiver Stufe herrscht eine bloße «Luminositas», welche sich kaum noch von der Helligkeit dissoziierter Ichfragmente unterscheidet. Hier, wie auf infantiler und

13. ibid. p. 425 (Ges. Werke VIII, p. 217).
14. ibid. p. 427 (Ges. Werke VIII, p. 219).

primitiver Stufe ist das Bewußtsein keine Einheit, indem es noch von keinem festgefügten Ichkomplex zentriert wird, sondern da und dort aufflackert, wo es äußere oder innere Ereignisse, Instinkte und Affekte gerade wachrufen. Auf dieser Stufe hat es noch einen insulären bzw. archipelagischen Charakter. Beobachten wir ... die psychischen Prozesse bei den höheren Vertebraten und insbesondere bei domestizierten Tieren, so begegnen wir bewußtseinsähnlichen Erscheinungen, welche die Existenz eines Ich kaum mehr vermuten lassen. Auch auf höherer und höchster Stufe ist das Bewußtsein noch keine völlig integrierte Ganzheit, sondern vielmehr unbestimmter Erweiterung fähig ... Man tut daher wohl daran, sich das Ichbewußtsein als von vielen kleinen Luminositäten umgeben zu denken[15].

All diese Erkenntnisse stellten eine unerwartete wissenschaftliche Leistung dar, die die Relativierung der früheren Bewußtseinspsychologie (d. h. der Identifikation von Bewußtsein und Psyche) weiter vorantrieb. War die Absolutheit des Bewußtseins bereits durch die FREUDsche Erkenntnis vom Vorhandensein unbewußter Vorgänge in Frage gestellt worden, so in weit empfindlicherer Weise durch die Relativierung der Bewußtseinsqualität selber.

c. Die Psyche als bewußt-unbewußte Ganzheit

Diese Auffassung einer Relativierung psychischer Tatsachen erreichte ihren Höhepunkt in der Entdeckung, daß die Inhalte des Bewußtseins in der Regel unter einem bestimmten Aspekt bewußt, unter einem anderen hingegen unbewußt waren. JUNG machte nämlich auf die Paradoxie gewisser Fälle aufmerksam, in denen das Individuum zwar ein deutliches Bewußtsein über gewisse Inhalte zu besitzen glaubte, dabei aber nicht merkte, daß sie tatsächlich in einer wesentlichen Hinsicht unbewußt waren, ja sogar Störungen in der bewußten Psyche verursachen konnten[16].

Diese Erkenntnis formulierte JUNG in einer für die vierziger Jahre völlig neuartigen und äußerst paradox anmutenden Weise folgendermaßen:

15. ibid.
16. ibid. p. 425 (Ges. Werke VIII, p. 217).

... So gelangen wir zu dem paradoxen Schluß, daß es *keinen Bewußtseinsinhalt gibt, der nicht in einer anderen Hinsicht unbewußt wäre*[17].

Die Inhalte des Bewußtseins waren grundsätzlich «zugleich bewußt und unbewußt». Oder mit anderen Worten: *«Die Psyche stellte ... eine bewußt-unbewußte Ganzheit dar»*[18]. Schon William JAMES hatte etwas Ähnliches für die bewußtseinsnahen Phänomene, die er als «fringe of consciousness»[19] bezeichnet hatte, beobachtet. JUNG machte insofern einen Schritt darüber hinaus, als er die Relativierung der Bewußtseinsqualität bis zur Annahme bloßer Luminiositäten bzw. von gelegentlich aufflackernden Helligkeitsgraden von minimaler Intensität fortsetzte. Zusammenfassend ließe sich sagen, daß JUNG parallel zur zunehmenden Dissoziation der unbewußten Vorgänge vom Ich eine *Intensitätsskala von Bewußtseinshelle beobachtete, die sich von Zuständen intensivster Helligkeit bis zu solchen von völliger Bewußtseinsunfähigkeit erstreckte.*

d. Das Psychoid-Unbewußte als ein ursacheloses Angeordnetsein in Psychologie und Physik

Wie ich bereits andeutete, hatten die Erfahrungen synchronistischer Phänomene den Blick JUNGS für neue Aspekte des psychischen Hintergrundes geschärft. Erstaunlich an diesen Beobachtungen war, daß die zeitlichen Koinzidenzen, ungeachtet ihrer anscheinend *zufälligen Verknüpfung*, dennoch eine hinsichtlich ihres *Sinngehaltes weitgehende Ähnlichkeit* aufwiesen. Ihre Erhellung war allerdings ohne eine Erweiterung der psychologischen Sicht nicht möglich. Letztere verlangte nämlich die Relativierung nicht nur der Idee der Kausalität, sondern auch der Anschauungsformen von Raum und Zeit[20] – was eine Verlegung des Schwergewichtes der Betrachtungsweise auf den Begriff *einer transzendentalen Wirklichkeit bzw. einer Wirklichkeit des Nicht-Psychischen*[21] zur Folge hatte. In bezug auf solche unvorstellbaren,

17. ibid. p. 425 (Ges. Werke VIII, p. 217 f).
18. ibid. p. 441 (Ges. Werke VIII, p. 230).
19. ibid. p. 421 (Ges. Werke VIII, p. 215).
20. ibid. p. 482 (Ges. Werke VIII, p. 261).
21. ibid. p. 481 (Ges. Werke VIII, p. 260).

dem bewußten Zugriff entzogenen Inhalte ließen sich, wie JUNG annahm, nurmehr noch *ursachelose Anordnungen* feststellen. Als das Prinzip, das solche Zusammenhänge durch Gleichartigkeit und Sinn gewährleistete, faßte er den Archetypus an sich auf: In ihm sah er «eine *lebendige Idee*, die immer wieder Anlaß zu neuen Interpretationen» gab[22]. Er war seiner Meinung nach nicht nur der apriorische, unanschauliche Anordner der Vorstellungswelt, sondern er war überhaupt mit der Wirklichkeit des Unvorstellbaren, des Nicht-Psychischen, verknüpft.

Es war für JUNG in höchstem Maße bedeutsam, als er analoge Vorstellungen und Denkmodelle in der Physik erarbeitet fand. Ebenso wie der Psychologe zum Randphänomen des Archetypus an sich vorstieß bzw. zum Prinzip einer apriorischen Anordnung und Verteilung von Faktoren, hatte auch der Physiker gewisse Gesetze – Wahrscheinlichkeitsgesetze – festgestellt, die sich auf a-kausale Anordnungen von physikalischen Tatsachen bezogen. Zur Erklärung der verschiedenartigen Störungen, die sich auf der atomaren Ebene durch die Einbeziehung des Beobachters ergaben, war der Physiker nämlich zur Preisgabe der Idee der Kausalität gezwungen worden. Es waren in erster Linie die Probleme *der Beobachtung und der Komplementarität* (z. B. der Ausschließung von Welle und Partikel in der Lichttheorie), die eine Ergänzung der Kausalitätsvorstellung durch diejenige des *statistischen Naturgesetzes* notwendig erscheinen ließen. Beides führte zur Einbeziehung des Unanschaulichen in die theoretischen Überlegungen[23].

22. C. G. JUNG, *Mysterium coniunctionis* II, 1956, p. 300 (Ges. Werke XIV/2, p. 300).

23. Die Tatsache bemerkenswerter Analogien zwischen den physikalischen und den psychologischen Gegebenheiten, wie z. B. zwischen dem Begriff des «Feldes» und demjenigen des «Unbewußten» hat auch W. PAULI im Jahre 1954 unterstrichen. Ebenso schien es ihm indiziert zu sein, in beiden Disziplinen die Idee der Kausalität durch die Annahme von allgemeinen Zusammenhängen in der Natur zu erweitern. «Das ‹Unbewußte› selbst hat eine gewisse Analogie zu ‹Feld› in der Physik, und beide werden durch ein Beobachtungsproblem wesentlich ins Unanschauliche und Paradoxe gerückt. In der Physik ist zwar nicht die Rede von sich reproduzierenden ‹Archetypen›, sondern von ‹statistischen Naturgesetzen mit primären Wahrscheinlichkeiten›, aber beide Formulierungen treffen sich in der Tendenz, die alte engere Idee von ‹Kausalität› (Determinismus) zu einer allgemeineren Form von ‹Zusammenhängen› in der Natur zu erweitern, worauf auch das psychophysische Problem hinweist.» W. PAULI, Dialectica, 1954, Vol. 8, Nr. 4, p. 300.

Die Beziehungen zwischen der physikalischen und der tiefenpsychologischen Erkenntnis ist erstmalig durch C. A. Meier im Jahre 1935 zum Gegenstand der Reflexion erhoben worden. In dieser Schrift finden sich auch die für das Verständnis des Fortschritts in der Physik notwendigen Hinweise auf die Literatur.

> Wenn die heutige Physik durch die von ihr *neu geschaffenen Denkformen* eine Verwandtschaft und Verknüpftheit mit der Komplexen Psychologie entdeckt hat, so wissen wir nicht, welche der beiden Disziplinen auf ihre neue Schwester mehr stolz sein kann. Beide Wissenschaften haben in vieljähriger getrennter Arbeit Beobachtungen und dazu adäquate Denksystematiken angehäuft. Beide Wissenschaften sind an gewisse Grenzen gestoßen ... die ähnlichen prinzipiellen Charakter tragen. *Das zu Untersuchende und der Mensch* mit seinen Sinnes- und Erkenntnisorganen und ihren Erweiterungen – den Meßinstrumenten und Meßverfahren – *stehen in unlösbarem Zusammenhang. Das ist Komplementarität in der Physik sowohl wie in der Psychologie.* Es ist ein *Rückwirken des einen auf das andere* – ein reziprokes «symmetrisches» Verhältnis ...[24]

Ein wenig früher hieß es:

> Untersuchen wir irgendeinen bewußten Inhalt eingehend genug, so werden wir alsbald auf unterliegende unbewußte Motive stoßen. Wir benötigen diese Prämissen also durchaus, wenn wir anders schon zwingende Aussagen machen wollen (exakte Messung). Die ins Bewußtsein gehobenen «unbewußten» Inhalte werden nun aber auf den primären Bewußtseinsinhalt zurückwirken und ihn *modifizieren.* Daß die Bewußtmachung das unbewußte Material verändert und weiterhin die bewußte Einstellung modifiziert, hat hier also sein physikalisches Analogon[25].

Was bereits im Jahre 1935 von Meier vermutet worden war, konnte Jung auf Grund seiner Synchronizitätsuntersuchungen weitgehend in der

24. C. A. Meier, «Moderne Physik – Moderne Psychologie», 1935, in: *Die kulturelle Bedeutung der Komplexen Psychologie*, p. 362.
25. ibid. p. 359 f.

Empirie nachweisen. Vor allem stellte er fest, daß grundsätzlich eine *Reziprozität (Komplementarität) zwischen den Bewußtseinsvorgängen einerseits und den Synchronizitätserscheinungen anderseits bestand.* Unter dem Ausdruck Komplementarität verstand man im allgemeinen, wie BAVINK ausführte, ein Verhältnis von Bestimmungen, bei dem die eine die andere in ihrer Geltung begrenzte. Entsprechend dieser Tatsache konnte JUNG z. B. beobachten, daß sich synchronistische Phänomene jeweils dann einstellten, wenn die psychische Energie ins Unbewußte absank, das heißt unbewußt wurde (Trance). Aber auch das Umgekehrte ließ sich beobachten, nämlich das Aufhören von synchronistischen Erscheinungen im Augenblick des Einsetzens von Bewußtseinsvorgängen. Ebenso wie ein komplementäres Verhältnis zwischen Synchronizität und Bewußtheit bestand, stellte JUNG auch eine solche Beziehung zwischen dem Vorhandensein eines neurotischen Symptoms einerseits und der Bewußtheit über diese Symptome anderseits fest. Mit anderen Worten: *Die Symptome verschwanden, wenn die Inhalte die Schwelle des Bewußtseins erreichten.* Obgleich schon FREUD diese Tatsache früh erkannt hatte, brachte er sie niemals mit dem Prinzip der Komplementarität in Beziehung. Soweit mir aus seinen Schriften bekannt ist, kam diese Vorstellung (nicht das Wort, das ja erst später in der Physik eingeführt wurde) bereits in der Traumdeutung vor, als er auf die Tatsache eines Ausschließungsverhältnisses zwischen Gedächtnis einerseits und Bewußtsein anderseits aufmerksam machte[26].

JUNG konnte aber noch eine weitere Gemeinsamkeit zwischen Psychologie und Physik nachweisen: Ebenso wie in der Physik auf der Stufe atomarer Größenordnung unkontrollierbare Wirkungen seitens des Beobachters auf das zu beobachtende System stattfanden, verlangte auch die Erforschung der psychologischen Hintergrundphänomene die Berücksichtigung des Beobachters. Auch in der Psychologie modifizierte nämlich nicht nur das beobachtende Subjekt jeweils die objektive Natur der Hintergrundsphänomene, sondern auch das Psychoid-Unbewußte veränderte seinerseits durch seine anordnenden Wirkungen die bewußten Ergebnisse. Ebenso wie das Vorhandensein eines Beobachters die Objektivität der transzendentalen Wirklichkeit begrenzte, das heißt *im Sinne der Subjektivität verwandelte,* erhielt das psychologische

26. S. FREUD, *Die Traumdeutung* (Ges. Werke II/III, p. 545).

Weltbild in letzterem Fall ein *objektives Moment.* Zur Erhärtung seiner Auffassungen konnte sich JUNG auf einen Brief von PAULI stützen, den er zu seinem Nachwort geschrieben hatte:

> Der Physiker wird in der Tat eine Entsprechung in der Psychologie an dieser Stelle erwarten, weil die erkenntnistheoretische Situation betreffend die Begriffe «Bewußtsein» und «Unbewußtes» eine weitgehende Analogie zu der unten skizzierten Situation der «Komplementarität» innerhalb der Physik aufzuweisen scheint. Einerseits läßt sich das Unbewußte nur indirekt erschließen durch seine (anordnenden) Wirkungen auf Bewußtseinsinhalte, anderseits hat jede «Beobachtung des Unbewußten», d. h. jedes Bewußtmachen unbewußter Inhalte, eine zunächst unkontrollierbare Rückwirkung auf diese unbewußten Inhalte selbst ... Der Physiker wird also per analogiam schließen, daß eben diese unkontrollierbare Rückwirkung des beobachtenden Subjektes auf das Unbewußte den objektiven Charakter seiner Realität begrenzt und dieser zugleich eine Subjektivität verleiht ...[27]

Ähnlich wie in der Physik ergab sich, wie JUNG feststellte, auch für die Psychologie eine paradoxe Situation. *Es enthielten nämlich alle intellektuellen Modelle über den nicht-psychischen Hintergrund einen Unbestimmtheitsfaktor, der sie in einer Hinsicht als objektiv, in einer anderen hingegen als eher subjektiv erscheinen ließ* – ein Gesichtspunkt, den JUNG für alle Aussagen, die das Anschauliche transzendierten, im Auge behielt.

> Die den Wirkungen des Unbewußten zugrunde liegende Realität schließt also ebenfalls das beobachtende Subjekt ein und ist daher von unvorstellbarer Beschaffenheit. Sie ist in der Tat das allerintimst Subjektive und zugleich allgemein wahr, das heißt im Prinzip überall als vorhanden nachweisbar ... Die Flüchtigkeit, Willkürlichkeit, Dunkelheit und Einmaligkeit, die der Laienverstand stets mit der Vorstellung des Psychischen verbindet, hat nur für das Bewußtsein Geltung, nicht aber für das absolute Unbewußte[28].

27. C. G. JUNG, «Theoretische Überlegungen zum Wesen des Psychischen», erstmals als «Der Geist der Psychologie», p. 482 , Anm. (Ges. Werke VIII, p. 262, Anm.).
28. ibid. p. 483 (Ges. Werke VIII, p. 262).

Aus solchen Gegebenheiten zog JUNG den bemerkenswerten Schluß, daß die sogenannten «Archetypen ... eine Natur, die man nicht mit Sicherheit als psychisch bezeichnen» konnte, besaßen[29].

Der Unbestimmtheitsfaktor, der den Äußerungen über die transzendentale Wirklichkeit anhaftete, ließ auch jeden Anspruch auf deren Erkenntnismöglichkeit hinfällig werden. Obgleich die Konstruktion gewisser Instrumente die phänomenale Wirklichkeit beträchtlich ausdehnte, bezogen sich obige Aussagen ausschließlich nur auf Phantasien, Bilder und Gedanken des Einzelnen. Wenn auch JUNG selber niemals an der Existenz der transzendentalen Wirklichkeit gezweifelt hat, erachtete er alle Modelle darüber als mit dem Verstand und dem Urteil grundsätzlich inkommensurabel.

> Die Existenz einer transzendentalen Wirklichkeit ist an sich zwar evident, aber es fällt unserem Bewußtsein ungeheuer schwer, jene intellektuellen Modelle, die das Ansich unserer Wahrnehmungen veranschaulichen sollen, zu konstruieren. Unsere Hypothesen sind unsicher und tastend, und nichts bietet uns Gewähr, daß sie einmal endgültig richtig sein könnten[30].

Die Beschränkung der Erkenntnismöglichkeit des transzendentalen Hintergrundes galt ebensosehr für die Innen- wie auch für die Außenwelt.

> Daß die Welt außen und innen auf transzendentalen Hintergründen ruht, ist so sicher wie unser eigenes Vorhandensein, aber ebenso sicher ist, daß die unmittelbare Anschauung der archetypischen Innenwelt mindestens ebenso zweifelhaft richtig ist wie die der physischen Außenwelt[31].

Sofern ein wissenschaftliches Interesse vorhanden war, blieb dem Fragenden nurmehr der Weg übrig, den die Physik bereits eingeschlagen hatte: nämlich durch *die Aufstellung von Wahrscheinlichkeits-*

29. ibid.
30. C. G. JUNG, *Mysterium coniunctionis* II, p. 332 (Ges. Werke XIV/2, p. 332).
31. ibid.

gesetzen bzw. von Korrelationen zwischen subjektiven und gewissen akausalen Faktoren dem Unbestimmtheitsfaktor zu steuern. Sofern aber das Interesse metaphysischer Natur und auf einen möglichen Sinn des Ganzen ausgerichtet war, lag, vorausgesetzt, daß sich nicht ein Anspruch auf Wissenschaftlichkeit einschlich, der *Aufstellung von Modellen über die Natur des Transzendentalen* nichts im Wege.

Ungeachtet seines Zweifels an der Möglichkeit, jemals ein objektives Verstandesurteil über den transzendentalen Seelenhintergrund abgeben zu können, hielt JUNG stets an dem *subjektiven Wert eines Bildes oder eines Gleichnisses über Sinn und Bedeutung des als numinos erlebten Hintergrundes* fest. Er zögerte deshalb auch nicht, Modelle aufzustellen, die das Komplementaritätsverhältnis zwischen der Physik und Psychologie einerseits und zwischen Materie und Geist anderseits beleuchten sollten. Solchen Modellen kam aber in keinem Fall irgendein Wahrheitswert zu, sondern ihre Bedeutung lag ausschließlich in dem Aufwerfen «nützlicher Fragestellungen» begründet.

Ausgehend von dem erstaunlichen Phänomen sinngemäßer Koinzidenzen war für JUNG ein Modell wegleitend, in dem die unerkennbare transzendentale Wirklichkeit als eine Art von unanschaulichem Raum-Zeit-Kontinuum («das heißt als ein Medium, bei dem der Raum nicht mehr Raum, und die Zeit nicht mehr Zeit ist»[32]) imaginiert wurde. Mit anderen Worten: Das Raum-Zeit-Kontinuum wurde in eine Dualität von physischen und psychischen Vorgängen aufgespalten. Die Tatsache allerdings eines Unbestimmtheitsfaktors in den Wirkungen der Hintergrundsrealität, der eine Verwischung der Grenzen zwischen objektiv und subjektiv nach sich zog, ließ es als ebenso möglich, ja vielleicht wahrscheinlicher erscheinen, *daß Materie und Psyche zwei Aspekte einer und derselben Wirklichkeit darstellen könnten.*

> Da Psyche und Materie in einer und derselben Welt enthalten sind, überdies miteinander in beständiger Berührung stehen und schließlich beide auf unanschaulichen transzendentalen Faktoren beruhen, so besteht nicht nur die Möglichkeit, sondern sogar auch eine gewisse Wahrscheinlichkeit, *daß Materie und Psyche zwei verschiedene Aspekte einer und derselben Sache sind.* Die Synchronizitätsphäno-

32. C. G. JUNG, «Synchronizität als Prinzip akausaler Zusammenhänge», p. 67 (Ges. Werke VIII, p. 539). (Von mir hervorgehoben.)

mene weisen, wie mir scheint in diese Richtung, indem ohne kausale Verbindung Nicht-Psychisches sich wie Psychisches et vice versa verhalten kann. Unsere gegenwärtigen Kenntnisse erlauben uns allerdings nicht viel mehr, als die Beziehung der psychischen und materiellen Welt mit zwei Kegeln zu vergleichen, deren Spitzen sich in einem unausgedehnten Punkt, einem eigentlichen *Nullpunkt,* berühren und nicht berühren[33].

Und ebenso entwickelte er ungefähr zehn Jahre später in völliger Übereinstimmung mit den Alchemisten die Modellvorstellung, daß «der Hintergrund unserer empirischen Welt ... ein ‹unus mundus›» sei[34], der auf einer Identität des psychischen und physischen Seins beruhte[35]. Mit dieser Vermutung, daß Materie und Psyche die beiden Aspekte des transzendentalen Hintergrundes unserer empirischen Tatsächlichkeit bilden, möchte ich JUNGS metaphysische Erwägungen abschließen. Sie stellen weniger gesicherte Ergebnisse als vielmehr Ausblicke in die noch zu bearbeitende Problematik der komplexen Psychologie dar.

3. FREUD und die transzendentale Wirklichkeit

Wenn wir unter transzendental einen nicht-psychischen Tatbestand verstehen, dem wir einen objektiven, wenn auch nicht rational begründbaren oder psychisch deutbaren Sinn[36] zubilligen, so dürfte die Einstellung FREUDS gegenüber der Realität des Transzendentalen und des geistigen An-Sich nicht schwer abzuschätzen sein. Es wäre durchaus unrichtig, ihm die Annahme eines An-Sich absprechen zu wollen.

Er kannte ein An-Sich, es war aber – soweit seine Publikationen in Frage standen – ausschließlich ein *An-Sich des Triebes, ja des Stoffes* (Leblosen)! Ein geistiges An-Sich, ein transzendentaler Sinn war ihm fremd. Hinter der psychischen Wirklichkeit stand in letzter Linie der *Körper mit seinen Anforderungen.* In ihm suchte er den eigentlichen

33. C. G. JUNG, «Theoretische Überlegungen zum Wesen des Psychischen», erstmals als «Der Geist der Psychologie», p. 462 (Ges. Werke VIII, p. 246).

34. C. G. JUNG, *Mysterium coniunctionis* II, p. 318 (Ges. Werke XIV/2, p. 318).

35. ibid. p. 316.

36. C. G. JUNG, «Versuch einer psychologischen Deutung des Trinitätsdogmas» (Ges. Werke XI, p. 154).

Träger der psychischen Vorgänge. Er zögerte sogar nicht – wie er im Jahre 1920 ausführte –, im Anorganisch-Leblosen den Anfang sowie auch das Ende alles Lebendigen zu sehen. Den Ausdruck transzendental verwendete er selber nicht, sondern vielmehr denjenigen von metapsychisch, und zwar zwecks einer Abgrenzung von der Metaphysik.

Ich glaube in der Tat, daß ein großes Stück der mythologischen Weltauffassung, die weit bis in die modernsten Religionen hinein reicht, nichts anderes ist als *in die Außenwelt projizierte Psychologie.* Die dunkle Erkenntnis ... psychischer Faktoren und Verhältnisse des Unbewußten spiegelt sich ... in der Konstruktion einer *übersinnlichen Realität,* welche von der Wissenschaft in die Psychologie des Unbewußten zurückverwandelt werden soll. Man könnte sich getrauen, die Mythen vom Paradies und Sündenfall, von Gott, vom Guten und Bösen, von der Unsterblichkeit und dergleichen in solcher Weise aufzulösen, die *Metaphysik* in *Metapsychologie* umzusetzen[37].

Die Bezeichnung des Unbewußten als eines Psychoiden hat er expressis verbis abgelehnt, da ihm dieser Ausdruck eine zu große Diskrepanz zwischen dem Bewußtsein einerseits und dem Unbewußten anderseits zu präjudizieren schien[38]. Metapsychischer Natur waren für ihn nicht nur die Lebens- und Todestriebe, sondern auch das sogenannte Konstanzprinzip, das er, in Anlehnung an FECHNERS Stabilitätsprinzip, als eine Tendenz zur Trägheit, zur Rückkehr des seelischen Apparates auf das «Niveau = 0» (Null)[39] verstanden hatte (1895).

Mit der Berufung auf das Metapsychische wollte er auch in keiner Weise eine Grenzlinie zwischen Erkennbarem und Unerkennbarem ziehen. Trotz aller Hinweise auf die relative Bewußtseinsunfähigkeit unbewußter (verdrängter) Vorgänge, hielt er nämlich an deren prinzipieller Erkennbarkeit fest, wenn er sie auch von gewissen Bedingungen – wie der Rückgängigmachung der Verdrängung und des Durcharbeitens der Widerstände – abhängig sein ließ. Interessanterweise glaubte er die Voraussetzung für die Erkennbarkeit unbewußter Vorgänge in dem für Neurose und Traum typischen Vorgang der Regression der Libido auf

37. S. FREUD, *Zur Psychopathologie des Alltagslebens* (Ges. Werke IV, p. 287 f).
38. S. FREUD, *Das Ich und das Es* (Ges. Werke XIII, p. 241).
39. S. FREUD, «Entwurf einer Psychologie», 1895, in: *Aus den Anfängen der Psychoanalyse,* p. 381. Ähnlich in «Jenseits des Lustprinzips», 1920 (Ges. Werke XIII, p. 5).

frühere Entwicklungsstufen und deren Abkömmlinge gefunden zu haben[40]. Die Bewußtmachung solcher Abkömmlinge der frühkindlichen Fixierungen war für ihn weitgehend gleichbedeutend mit der Erkenntnis des Unbewußten. Allerdings dürfen wir die einzige, von FREUD zugelassene Ausnahme nicht unberücksichtigt lassen. Ich denke dabei an das Urverdrängte, das für ihn unbesetzbar und folglich auch unerkennbar blieb.

Daß FREUD ein An-Sich organischer und somatischer Substrate (Stoffwechselstoffe, Sexualstoffe, «Chemismus der Sexualität») angenommen hatte, stand außer jedem Zweifel. Ebenso unzweifelhaft aber war auch die Tatsache, daß er niemals ein archetypisches oder geistiges An-Sich anerkannt hat. Wann immer der Ausdruck «Geist» vorkam, war es in der Bedeutung von Seele, von geistigen Interessen oder auch von «ruach» (Windhauch). In jedem Fall wies der Geist auf einen Gegenpol zur Sinnlichkeit bzw. auf etwas «mit dem Gesicht Wahrgenommenes» hin. Weder seiner Annahme eines Urverdrängten noch der Hypothese einer archaischen Erbschaft konnte deshalb die Bedeutung eines Nicht-Psychischen zugestanden werden. Wenn er auch das Urverdrängte als eine prinzipiell bewußtseinsunfähige Schicht auffaßte, so ließ immerhin deren Reduktion auf «blinde», ständig sich erneuernde Affektzustände und Wiederholungszwänge *das Nur-Triebbedingte, ja letztlich Ungeistige dieses Mediums* erkennen.

Auch der Begriff der archaischen Erbschaft bezog sich in keiner Weise auf eine transzendentale Wirklichkeit, geschweige denn auf ein geistiges An-Sich. In ihm kam vielmehr eine Gegebenheit von *historischem Gepräge* zum Ausdruck, die auf Niederschläge frühmenschlichen Erlebens, genauer: auf *Erinnerungsspuren* an das Erleben früherer Generationen zurückwies[41]. Ja, FREUD führte sie in letzter Linie sogar auf Erinnerungen an das historische Ereignis der Urvatertötung zurück.

Wie aber stand es mit der geistigen Natur des Über-Ich? War es nicht möglich, in ihm den Repräsentanten einer geistigen Kategorie zu sehen? Hält man sich zur Beantwortung dieser Frage nur an FREUDS Beschreibung des Über-Ich als eines Anwaltes des kategorischen Imperativs oder des Strebens nach Vervollkommnung und nach dem Höheren im

40. S. FREUD, «Das Unbewußte» (Ges. Werke X, p. 286).

41. S. FREUD, *Der Mann Moses und die monotheistische Religion,* 1926 (Ges. Werke XVI, p. 206).

Menschen[42], so scheint einer positiven Interpretation nichts im Wege zu stehen. Erfährt man aber, daß dieses Höhere im Menschen eine Introjektion der väterlichen Kastrationsdrohung darstellte, und daß diese der Kern war, der sich in der Gewissensangst fortsetzte[43], so wollen gewisse Zweifel aufsteigen. Nicht nur verkörperte sich in der Kastrationsdrohung die von der persönlichen und kulturbedingten Autorität ausgehende Abwehrtendenz allem gegenüber, was Lust, Leben und Trieb hieß, sondern sie gipfelte in dem als absolut erkannten Prinzip der Triebverneinung. Durch die Verabsolutierung der moralischen Forderung kehrte sich das Über-Ich, das Prinzip der Moralität, unversehens in eine lebensfeindliche Instanz, die sich, wie FREUD betonte, in gewissen Fällen sogar als in höchstem Maß unmoralisch erweisen konnte[44]. Vor allem die Beziehung zu den Aggressions- und Todestrieben ließ das Destruktive des Über-Ich in Erscheinung treten: Seine Entstehung aus einer Introjektion der väterlichen Autorität betraf nämlich nicht nur die Kastrationsdrohung, sondern auch die ursprünglich mit der Vaterinstanz verbundene Aggressionsneigung, die das Individuum mit Ängsten und Strafandrohungen peinigte und es nicht zuletzt auch in Schuldgefühle verstrickt sein ließ. Gemäß seiner Auffassung, daß die «Aggression des Gewissens ... die Aggression der Autorität»[45] konservierte, sah FREUD den Einzelnen in eine dauernde Verteidigungsstellung gedrängt. Er ging sogar so weit, in der Melancholie, die ihm der Höhepunkt der lebensfeindlichen Aktivität des Über-Ich zu sein schien, eine Steigerung der Aggressionstendenz bis zur Tatsache einer Reinkultur des Todestriebes[46] anzunehmen. *Anstatt ein Prinzip der Moralität zu sein, wandelte sich das Über-Ich in Unmoral.* Erwartete man den Ausdruck eines objektiv-geistigen Hintergrundes, so begegnete man einem subjektiv betonten Ungeist! Die Unerbittlichkeit des Über-Ich, dessen Aggressionsneigung in dem Maße wuchs, als das Individuum seine Aggression meisterte[47], ließ den Menschen in eine Zwangsläufigkeit geraten, die die ethische Lösung seiner Konflikte zum Scheitern brachte.

42. S. FREUD, *Neue Folge der Vorlesungen zur Einführung in die Psychoanalyse* (Ges. Werke XV, p. 73).
43. S. FREUD, *Das Ich und das Es* (Ges. Werke XIII, p. 288).
44. ibid. p. 284.
45. S. FREUD, *Das Unbehagen in der Kultur* (Ges. Werke XIV, p. 487).
46. S. FREUD, *Das Ich und das Es* (Ges. Werke XIII, p. 283).
47. ibid. p. 284.

Auch der in den dreißiger Jahren gepriesene Logos[48] war nur ein magerer Ersatz für eine transzendentale Realität. Insofern als FREUD in ihm ein Instrument des Ich erkannte, das wesentlich dem *Triebverzicht* und der *Beherrschung der Triebe* diente, trat im Logos nicht nur eine rationale, sondern auch eine im Persönlichen gründende Macht hervor. Auch die weitere Funktion des Ich, die er in der *Erziehung zur Realität*[49] sah, wies weit eher in die Richtung einer Begrenzung der Persönlichkeit als in eine solche des Offenseins einem Höheren gegenüber. FREUDS Auffassung ging nämlich dahin, daß sich das Ziel der Realitätssicherung nur durch das Opfer einer Einschränkung seiner selbst bzw. einer Einschränkung seiner eigenen Organisation[50] verwirklichen ließ. Ich glaube, daß wir diese Einstellung ohne Bedenken als eine Absage an das Prinzip eines Größeren und Konstruktiven in der Seele des Menschen interpretieren dürfen. Was FREUD schließlich dem suchenden Individuum anbot, war die Unterwerfung seines Geistes unter das asketische Prinzip nicht nur der Selbsteinschränkung, sondern auch der Triebverneinung. In jedem Fall fehlte die Anerkennung der Realität eines überpersönlichen Sinngehaltes. Diese Feststellung galt, wie wir gesehen haben, auch für die religiösen Vorstellungen, die FREUD auf den Vaterkomplex zurückführte.

> Die Psychoanalyse hat uns den intimen Zusammenhang zwischen dem Vaterkomplex und der Gottesgläubigkeit kennen gelehrt, hat uns gezeigt, daß der persönliche Gott psychologisch nichts anderes ist als ein erhöhter Vater, und führt uns täglich vor Augen, wie jugendliche Personen den religiösen Glauben verlieren, sobald die Autorität des Vaters bei ihnen zusammenbricht. *Im Elternkomplex erkennen wir so die Wurzel des religiösen Bedürfnisses;* der allmächtige, gerechte Gott und die gütige Natur erscheinen uns als großartige Sublimierung von Vater und Mutter, vielmehr als Erneuerungen und Wiederherstellungen der frühkindlichen Vorstellungen von beiden. Die Religiosität führt sich biologisch auf die lang anhaltende Hilfsbedürftigkeit des kleinen Menschenkindes zurück, welches, wenn es später seine wirkliche Verlassenheit und

48. S. FREUD, *Die Zukunft einer Illusion* (Ges. Werke XIV, p. 378).
49. ibid. p. 373.
50. S. FREUD, Hemmung, Symptom und Angst (Ges. Werke XIV, p. 187 f).

Schwäche gegen die großen Mächte des Lebens erkannt hat, seine Lage ähnlich wie in der Kindheit empfindet und deren Trostlosigkeit durch die regressive Erneuerung der infantilen Schutzmächte zu verleugnen sucht. Der Schutz gegen neurotische Erkrankung, den die Religion ihren Gläubigen gewährt, erklärt sich leicht daraus, daß sie ihnen den Elternkomplex abnimmt, an dem das Schuldbewußtsein des Einzelnen wie der ganzen Menschheit hängt, und ihn für sie erledigt, während der Ungläubige mit dieser Aufgabe allein fertig werden muß[51].

Bei der Lektüre des Werkes kann man sich des Eindrucks nicht erwehren, daß FREUD bestrebt war, alles, was an das Überpersönliche des Geistes grenzte, aus der Psychoanalyse auszuklammern – ein Versuch, der ihm allerdings nicht völlig gelang. Interessanterweise war nämlich FREUD, ungeachtet seines Einsatzes für die Wissenschaftlichkeit der Psychoanalyse, insgeheim von früher Zeit an von den Phänomenen des Okkultismus angezogen gewesen[52]. Seine geistige Entwicklung führte ihn vom Ergriffensein von den Erscheinungen der hysterischen Besessenheit (CHARCOT)[53], ja vom Dämonischen der hysterischen Epidemien[54] über die Erlebnisse des Unheimlichen, wie er sie beim Wiederholungszwang und bei der hartnäckigen Wiederkehr gewisser Situationen[55], z. B. der Zahlenbezeichnungen (Zahl 62)[56] erfahren hatte, bis zur Anerkennung der Phänomene von Gedankenübertragung und Telepathie. Was er anfänglich als Aberglauben abgetan hatte, nahm er zusehends als objektive Möglichkeit[57], als den «realen Kern von noch nicht erkannten Tatsachen»[58] an.

Die Frage, die Sie gewiß am meisten interessiert, ob man an die objektive Realität dieser Befunde glauben darf, kann die Psycho-

51. S. FREUD, «Eine Kindheitserinnerung des Leonardo da Vinci», 1910 (Ges. Werke VIII, p. 195). (Von mir hervorgehoben.)
52. Siehe Ausführungen von Ernest JONES, *Sigmund Freud, Leben und Werk,* III, Kap. XIV.
53. S. FREUD, «CHARCOT», 1893 (Ges. Werke I, p. 31)
54. S. FREUD, «Charakter und Analerotik», 1908 (Ges. Werke VII, p. 208, Anm.).
55. S. FREUD, «Das Unheimliche», 1919 (Ges. Werke XII, p. 251).
56. ibid. p. 250.
57. S. FREUD, «Traum und Okkultismus», 1933 (Ges. Werke XV, p. 58).
58. ibid. p. 38.

analyse nicht direkt beantworten, aber das mit ihrer Hilfe zu Tage geförderte Material macht wenigstens einen der Bejahung günstigen Eindruck[59].

Und etwas weiter stellte er fest:
Wenn man sich für einen Skeptiker hält, tut man gut daran, gelegentlich auch an seiner Skepsis zu zweifeln. *Vielleicht gibt es auch bei mir die geheime Neigung zum Wunderbaren, die der Schaffung okkulter Tatbestände so entgegenkommt*[60].

Ungeachtet dieser Anerkennung eines realen Kerns in den wundersamen Phänomenen des Okkultismus, beließ er diesen einen Raum nur außerhalb der wissenschaftlichen Forschung. Ebensowenig änderte sein im Jahre 1933 abgelegtes Bekenntnis, daß auch *er* eine Mythologie, nämlich die Trieblehre, besaß[61], irgend etwas an seinen wissenschaftlichen Grundlagen. Die Triebphänomene und deren Ursachen bezogen sich nach wie vor auf das Konkrete, auf das Körperliche und das Historisch-Gegebene. Es war auch dieser Gesichtspunkt, der seinen Blick für das Unpersönliche und Überpersönliche des Bedeutungskerns, der dem Triebgeschehen erst die Würde tieferen Menschseins verliehen hätte, verdunkelte. Derjenige, der die Frage nach einem transzendentalen An-Sich des Geistes stellte, vermißte die Anerkennung eines mit dem Metapsychischen des Triebhintergrundes verbundenen objektiven Sinngehaltes. Die Reduktion des Größeren und Beseelenden auf Wunsch, Drang und Trieb zeitigte die nicht unerhebliche Gefahr einer Dämonisierung des Lebens: *Letztere nämlich war das unvermeidliche Ergebnis einer Einstellung, die das Numinose am Mitleben verhinderte. Ein* solcher Vorgang der Dämonisierung des individuellen Daseins wurde in seiner Schrift *Eine Teufelsneurose im siebzehnten Jahrhundert*[62] deutlich. In ihr hat FREUD das hochinteressante Phänomen einer Teufelsverschreibung gedeutet, und zwar als Ersatzbildung für eine ambivalent gebliebene Beziehung zum Vater bzw. zur Gottheit. Insofern

59. ibid. p. 50.
60. ibid. p. 57.
61. S. FREUD, «Angst und Triebleben», 1933 (Ges. Werke XV, p. 101).
62. S. FREUD, «Eine Teufelsneurose im siebzehnten Jahrhundert», 1923 (Ges. Werke XIII, p. 315 ff).

als diese Neurose auf eine irregeleitete Beziehung zum Numinosen zurückgeführt wurde, offenbarte sie nolens-volens die mit dem Vorbeisehen am Archetypus des Selbst unvermeidlicherweise verbundene Gefahr einer «Verteufelung» des Lebens.

III. SCHLUSSBEMERKUNG

Verglichen mit dem pessimistischen Ausklang des FREUDschen Werkes ist die Psychologie JUNGS unvergleichlich optimistischer und konstruktiver. Sein Bemühen um ein adäquates Verständnis des leidenden Menschen ließ ihn immer neu die Frage nach dem Sinn des menschlichen Daseins stellen. In seinen Erörterungen über das An-Sich des Geistes und den Archetypus des Selbst hat er diese Kernfrage bis zu den durch das Menschsein selber gesteckten Grenzen verfolgt. Für die Formulierung jenes transzendenten Etwas, das der Einzelne nicht mit seinem Denken beantworten konnte, verblieb ihm immerhin die Möglichkeit einer Gestaltung in Bild und Gleichnis. Sehr schön hat Aniela JAFFÉ dem Gedanken JUNGS Ausdruck gegeben, als sie den Mythus als jene Gedankenform beschrieb, die das Unbeantwortbare zu beantworten versuchte[63].

Die Psychologie von C. G. JUNG kann dem Individuum weder die Unsicherheit noch die Angst und Ungewißheit über sein Schicksal nehmen, aber sie kann ihm durch Hinlenkung auf die eigene Erfahrung eine Ahnung von dem, «was die Welt im Innersten zusammenhält», vermitteln. Dies mag viel und mag auch wenig sein. Viel im Vergleich zu der dunklen Nacht des Geistes, die den Menschen in blinder Verzweiflung gefangen hält, wenig im Hinblick auf die Gewißheit, die nur das Charisma des Glaubens verleiht. Die Psychologie kann ebensowenig ein Ersatz für die Religion sein, wie das innere Erlebnis ein Ersatz für das Wissen durch Glauben ist. Sie kann aber – und das ist ihre große Bedeutung – ein Weg sein, der den Menschen seine Gegensätze verstehen und ihm seine schicksalsmäßige Begrenzung ertragen hilft.

63. Aniela JAFFÉ, *Der Mythus vom Sinn*, 1967, p. 14.

BIBLIOGRAPHIE

1 K. ABRAHAM, «Traum und Mythos». Eine Studie zur Völkerpsychologie. Schriften zur angewandten Seelenkunde, Heft 4, Leipzig/Wien, 1909.

2 – Besprechung von *Versuch einer Darstellung der psychoanalytischen Theorie* (Jung). Internationale Zeitschrift für Ärztliche Psychoanalyse. Leipzig/Wien, 1914.

3 A. ADLER, *Studien über Minderwertigkeit von Organen.* Wien/Berlin, 1907.

4 – *Über den nervösen Charakter.* Bergmann, München, 1912.

5 G. ADLER, *Entdeckung der Seele.* Rascher, Zürich, 1934.

6 – *Zur analytischen Psychologie.* Rascher, Zürich, 1952.

7 G. ASCHAFFENBURG, «Experimentelle Studien über Assoziationen», in: Psychologische Arbeiten, I, hsg. von Kraepelin. Leipzig, 1896.

8 G. BALLY, «Die Psychoanalyse Sigmund Freuds». Handbuch der Neurosenlehre und Psychotherapie, III. Urban und Schwarzenberg, München/Berlin, 1958.

9 – *Einführung in die Psychoanalyse Sigmund Freuds.* Rowohlts, Deutsche Enzyklopädie Bd. 131/32, 1961.

10 A. BENNETT, *C. G. Jung, Einblicke in Leben und Werk.* Rascher, Zürich, 1963.

11 L. BINSWANGER, «Über das Verhalten des psychogalvanischen Phänomens beim Assoziationsexperiment», in: Journal für Psychologie und Neurologie, X. Leipzig, 1907.

12 E. BLEULER, «Über die Bedeutung des Assoziationsversuches», in: Journal für Psychologie und Neurologie», III. Leipzig, 1904. Als Beitrag in: *Diagnostische Assoziationsstudien, I,* 1906.

13 – «Bewußtsein und Assoziation». Ibid. VI, 1905. Als Beitrag in: *Diagnostische Assoziationsstudien,* I, 1906.

14 – «Dementia praecox oder Gruppe der Schizophrenien», in: Handbuch der Psychiatrie. Leipzig/Wien, 1911.

15 – «Die Psychoanalyse Freuds». Jahrbuch für psychoanalytische und psychopathologische Forschungen, II. Leipzig/Wien, 1910.

16 J. BREUER und S. FREUD, *Studien über Hysterie.* Leipzig/Wien, 1895. Siehe Nr. 30.

17 J. A. C. Brown, *Freud and the Post-Freudians.* Penguin Books, 1961.

18 R. Dalbiez, *La méthode psychanalytique et la doctrine Freudienne.* Desclée de Brouwer & Cie., Paris, 1949.

19 M. Dorer, *Historische Grundlagen der Psychoanalyse.* Leipzig, 1932.

20 W. Dement, *The Effect of Dream Deprivation.* Science, 1960.

21 R. Evans, *Gespräche mit C. G. Jung.* Rhein-Verlag, Zürich, 1967.

22 G. TH. Fechner, *Einige Ideen zur Schöpfungs- und Entwicklungsgeschichte der Organismen,* 1873.

23 S. Ferenczi, Besprechung von: *Wandlungen und Symbole der Libido* (Jung), 1912, in: Internationale Zeitschrift für Ärztliche Psychoanalyse. Leipzig/Wien, 1913.

24 R. Fine, *Freud: A Critical Re-Evaluation of His Theories.* McKay Co. Inc., New York, 1962.

25 A. Freud, *Das Ich und die Abwehrmechanismen.* Imago Publishing Co. Ltd., London, 1946.

S. Freud, Die angeführten Zitate beziehen sich im allgemeinen auf die Gesamtausgabe der Schriften Freuds, und zwar ausschließlich auf die Gesammelten Werke der Imago Publishing Co. Ltd., London, 1940–1952. (Gesammelte Schriften 1924–1934.)

26 – *Zur Auffassung der Aphasien.* Eine kritische Studie. Deuticke, Leipzig/Wien, 1891.

27 – «Charcot». Wiener Medizinische Wochenschrift, 37, 1893. Als Beitrag in: Sammlung kleiner Schriften zur Neurosenlehre (1893–1906). Deuticke, Leipzig/Wien, 1906 (Abgekürzt: Samml. kl. Schr.). (Ges. Schriften I und Ges. Werke I). Siehe Nr. 45.

28 – «Quelques considérations pour une étude comparative des paralysies motrices organiques et hystériques». Archives de Neurologie, 77, 1893. Als Beitrag in: Samml. kl. Schr., 1906 (Ges. Schriften I und Ges. Werke I). Siehe Nr. 45.

29 – «Die Abwehr-Neuropsychosen». Neurologisches Zentralblatt 10/11, 1894. Als Beitrag in: Samml. kl. Schr., 1906 (Ges. Schriften I und Ges. Werke I). Siehe Nr. 45.

30 J. Breuer und S. Freud, *Studien über Hysterie.* Deuticke, Leipzig/Wien, 1895/1909/1916/1920. Unter dem Titel «Über den psychischen Mechanismus hysterischer Phänomene» in: Neurologisches Zentralblatt, 1893, 1/2 (Ges. Schriften I und Ges. Werke I). Siehe Nr. 16.

31 S. Freud, «Entwurf einer Psychologie», in: *Aus den Anfängen der Psychoanalyse,* 1895.

32 – «Weitere Bemerkungen über die Abwehr-Neuropsychosen». Neurologisches Zentralblatt, 10, 1896. Als Beitrag in: Samml. kl. Schr., 1906 (Ges. Schriften I und Ges. Werke. I). Siehe Nr. 45.

33 – «L'hérédité et l'étiologie des névroses». Revue Neurologique, IV/6, 1896. Als Beitrag in: Samml. kl. Schr., 1906 (Ges. Schriften I und Ges. Werke I). Siehe Nr. 45.

34 – «Zur Ätiologie der Hysterie». Wiener Klinische Rundschau, 22–26, 1896. Als Beitrag in: Samml. kl. Schr., 1906 (Ges. Schriften I und Ges. Werke I). Siehe Nr. 45.

35 – «Die Sexualität in der Ätiologie der Neurosen». Wiener Klinische Rundschau, 2/4/5/7, 1898. Als Beitrag in: Samml. kl. Schr., 1906 (Ges. Schriften I und Ges. Werke I). Siehe Nr. 45.

36 – «Über Deckerinnerungen». Monatsschrift für Psychiatrie und Neurologie. Berlin, 1899 (Ges. Schriften I und Ges. Werke I).

37 – *Die Traumdeutung.* Deuticke, Leipzig/Wien, 1900–1930. (Ges. Schriften II/III und Ges. Werke II/III).

38 – «Über den Traum». Grenzfragen des Nerven- und Seelenlebens, 1901 (Ges. Schriften III und Ges. Werke II/III).

39 – «Zur Psychopathologie des Alltagslebens». Monatsschrift für Psychiatrie und Neurologie, X/1–2. Berlin, 1901. In Buchform: *Zur Psychopathologie des Alltagslebens.* Karger, Berlin, 1904; vermehrte Auflagen 1907–1919; weitere vermehrte Auflagen in: Internationaler Psychoanalytischer Verlag, Leipzig/Wien, 1920–1924 (Ges. Schriften IV und Ges. Werke IV).

40 – «Die Freudsche psychoanalytische Methode», in: Löwenfeld; Psychische Zwangserscheinungen. Wiesbaden, 1904. Als Beitrag in: Samml. kl. Schr. 1906 (Ges. Schriften I und Ges. Werke V). Siehe Nr. 45.

41 – *Drei Abhandlungen zur Sexualtheorie.* Deuticke, Leipzig/Wien, 1905–1925 (Ges. Schriften V und Ges. Werke V).

42 – «Meine Ansichten über die Rolle der Sexualität in der Ätiologie der Neurosen», 1905, in: Löwenfeld: Sexualleben und Nervenleiden. 4. Auflage 1906. Als Beitrag in: Samml. kl. Schr. 1906 (Ges. Schriften V und Ges. Werke V). Siehe Nr. 45.

43 – «Bruchstück einer Hysterieanalyse». Monatsschrift für Psychiatrie und Neurologie, XXVIII/4. Berlin, 1905. Als Beitrag in: Samml. kl. Schriften II. Folge, 1909 (Ges. Schriften VIII und Ges. Werke V). Siehe Nr. 50.

44 – «Tatbestandsdiagnostik und Psychoanalyse». Archiv für Kriminalanthropologie und Kriminalistik, 26, von Hans Gross, 1906. Als Beitrag in: Samml. kl. Schr. 1909 (Ges. Schriften X und Ges. Werke VII). Siehe Nr. 50.

45 – Sammlung kleiner Schriften zur Neurosenlehre aus den Jahren 1893–1906. Deuticke, Leipzig/Wien, 1906–1922. Siehe Nrn. 27, 28, 29, 32, 33, 34, 35, 40, 42.

46 – «Der Wahn und die Träume in W. Jensens ‹Gradiva›.» Schriften zur angewandten Seelenkunde, I. Wien, 1907 (Ges. Schriften IX und Ges. Werke VII).

47 – «Zwangshandlungen und Religionsübungen». Zeitschrift für Religionspsychologie, I/1, 1907. Als Beitrag in: Samml. kl. Schr. 1909 (Ges. Schriften X und Ges. Werke VII). Siehe Nr. 50.

48 – «Charakter und Analerotik». Psychiatrisch-Neurologische Wochenschrift IX/52. Lublinitz (Schlesien), 1908. Als Beitrag in: Samml. kl. Schr. 1909 (Ges. Schriften V und Ges. Werke V). Siehe Nr. 50.

49 – «Der Dichter und das Phantasieren». Neue Revue, I, 1908. Als Beitrag in: Samml. kl. Schr. 1909 (Ges. Schriften X und Ges. Werke VII). Siehe Nr. 50.

50 – Sammlung kleiner Schriften zur Neurosenlehre, II. Folge. Deuticke, Leipzig/Wien, 1909/1912/1921. Siehe Nrn. 43, 44, 47, 48, 49.

51 – «Analyse der Phobie eines fünfjährigen Knaben». Jahrbuch für psychoanalytische und psychopathologische Forschungen. Leipzig/Wien, 1909. Als Beitrag in: Samml. kl. Schr. III. Folge, 1913 (Ges. Schriften VIII und Ges. Werke VII). Siehe Nr. 56.

52 – *Über Psychoanalyse.* Fünf Vorlesungen. Deuticke, Leipzig/Wien, 1910–1930 (Ges. Schriften IV und Ges. Werke VIII).

53 – «Eine Kindheitserinnerung des Leonardo da Vinci». Schriften zur angewandten Seelenkunde, VII, Wien, 1910 (Ges. Schriften VII und Ges. Werke VIII).

54 – «Formulierungen über die zwei Prinzipien des psychischen Geschehens». Jahrbuch für psychoanalytische und psychopathologische Forschungen, III, Leipzig/Wien, 1911. Als Beitrag in: Samml. kl. Schr. III. Folge, 1913 (Ges. Schriften V und Ges. Werke VIII). Siehe Nr. 56.

55 – «Psychoanalytische Bemerkungen über einen autobiographisch beschriebenen Fall von Paranoia». Jahrbuch für psychoanalytische und psychopathologische Forschungen, III, 1911. Als Beitrag in: Samml. kl. Schr. 1913 (Ges. Schriften VIII und Ges. Werke VIII). Siehe Nr. 56.

56 – Sammlung kleiner Schriften zur Neurosenlehre, III. Folge. Deuticke, Leipzig/Wien, 1913/1921. Siehe Nrn. 51, 54, 55.

57 – «Zur Dynamik der Übertragung». Zentralblatt für Psychoanalyse, II, 1912. Als Beitrag in: Samml. kl. Schr. IV. Folge, 1918 (Ges. Schriften VI und Ges. Werke VIII). Siehe Nr. 70.

58 – «Das Interesse an der Psychoanalyse». Scientia, VII, 1913 (Ges. Schriften IV und Ges. Werke VIII).

59 – «Einige Bemerkungen über den Begriff des Unbewußten in der Psychoanalyse». Internationale Zeitschrift für ärztliche Psychoanalyse, I. Leipzig/Wien, 1913. Als Beitrag in: Samml. kl. Schr. 1918 (Ges. Schriften V und Ges. Werke VIII). Siehe Nr. 70.

60 – «Die Disposition zur Zwangsneurose». Vortrag auf dem psychoanalytischen Kongreß in München. Internationale Zeitschrift für ärztliche Psychoanalyse, I. Leipzig/Wien, 1913. Als Beitrag in: Samml. kl. Schr. 1918 (Ges. Schriften V und Ges. Werke VIII). Siehe Nr. 70.

61 – «Einige Übereinstimmungen im Seelenleben der Wilden und der Neurotiker», in: Imago I/II, 1912/1913. In Buchform: *Totem und Tabu.* Heller, Wien, 1913. Weitere Auflagen in: Internationaler Psychoanalytischer Verlag, Leipzig/Wien, 1920/1922/1934 (Ges. Schriften X und Ges. Werke IX).

62 – «Erinnern, Wiederholen und Durcharbeiten». Internationale Zeitschrift für Psychoanalyse, II, 1914. 2. Auflage in: Internationaler Psychoanalytischer Verlag, Leipzig/Wien, 1922. Als Beitrag in: Samml. kl. Schr. 1918 (Ges. Schriften VI und Ges. Werke X). Siehe Nr. 70.

63 – «Zur Einführung des Narzißmus». Jahrbuch für psychoanalytische und psychopathologische Forschungen, VI. Leipzig/Wien, 1914. Als Beitrag in: Samml. kl. Schr. 1918 (Ges. Schriften VI und Ges. Werke X). Siehe Nr. 70.

64 – «Das Unbewußte». Internationale Zeitschrift für Psychoanalyse, Leipzig/Wien, II, 1915. Als Beitrag in: Samml. kl. Schr. 1918 (Ges. Schriften V und Ges. Werke X). Siehe Nr. 70.

65 – «Triebe und Triebschicksale». Internationale Zeitschrift für Psychoanalyse, II. Leipzig/Wien, 1915. Als Beitrag in: Samml. kl. Schr. 1918 (Ges. Schriften V und Ges. Werke X). Siehe Nr. 70.

66 – «Die Verdrängung». Internationale Zeitschrift für Psychoanalyse, III, 1915. Als Beitrag in: Samml. kl. Schr. 1918 (Ges. Schriften V und Ges. Werke X). Siehe Nr. 70.

67 – «Metapsychologische Ergänzung zur Traumlehre». Internationale Zeitschrift für Psychoanalyse, IV, 1916. Als Beitrag in: Samml. kl. Schr. 1918 (Ges. Schriften V und Ges. Werke X). Siehe Nr. 70.

68 – *Vorlesungen zur Einführung in die Psychoanalyse.* Heller, Leipzig/Wien. I. Teil: Fehlleistungen, 1916; II. Teil: Der Traum, 1917; III. Teil: Allgemeine Neurosenlehre, 1917. Als Gesamtband: 1918/1920/1922 (Taschenausgabe); 5. und 6. Auflage in: Internationaler Psychoanalytischer Verlag, Leipzig/Wien, 1926/1930. Weitere Auflage von 1933 bei Kiepenheuer, Berlin (Ges. Schriften VII und Ges. Werke XI).

69 – «Aus der Geschichte einer infantilen Neurose». Als Beitrag in: Samml. kl. Schr. zur Neurosenlehre. Leipzig, 1918/1922 (Ges. Schriften VIII und Ges. Werke XII). Siehe Nrn. 70/74.

70 – Sammlung kleiner Schriften zur Neurosenlehre, IV. Folge. Heller, Leipzig/Wien, 1918; 2. Auflage in: Internationaler Psychoanalytischer Verlag, Leipzig/Wien, 1922. Siehe Nrn. 57, 59, 60, 62, 63, 64, 65, 66, 67, 69.

71 – «Das Unheimliche». Imago V, 1919. Als Beitrag in: Samml. kl. Schr. V. Folge, 1922 (Ges. Schriften X und Ges. Werke XII). Siehe Nr. 74.

72 – «Zur Vorgeschichte der analytischen Technik». Internationale Zeitschrift für Psychoanalyse, VI. Leipzig/Wien, 1920. Als Beitrag in: Samml. kl. Schr. 1922 (Ges. Schriften VI und Ges. Werke XII). Siehe Nr. 74.

73 – *Jenseits des Lustprinzips.* Internationaler psychoanalytischer Verlag, Leipzig/Wien, 1920/1921/1924 (Ges. Schriften VI und Ges. Werke XIII).

74 – Sammlung kleiner Schriften zur Neurosenlehre, V. Folge, Internationaler Psychoanalytischer Verlag, Leipzig/Wien, 1922. Siehe Nrn. 69, 71, 72.

75 – «Psychoanalyse und ‹Libidotheorie›». Handwörterbuch der Sexualwissenschaften, 1923 (Ges. Schriften XI und Ges. Werke XIII).

76 – *Das Ich und das Es.* Internationaler Psychoanalytischer Verlag, Leipzig/Wien, 1923. Als Beitrag in: Theoretische Schriften, ibid. 1931 (Ges. Schriften VI und Ges. Werke XIII).

77 – «Die infantile Genitalorganisation». Internationale Zeitschrift für Psychoanalyse IX, Leipzig/Wien, 1923 (Ges. Schriften IX und Ges. Werke XIII).

78 – «Eine Teufelsneurose im siebzehnten Jahrhundert». Imago IX, 1923. In Buchform: *Eine Teufelsneurose im siebzehnten Jahrhundert.* Internationaler Psychoanalytischer Verlag, Leipzig/Wien, 1924 (Ges. Schriften X und Ges. Werke XIII).

79 – «Der Realitätsverlust bei Neurose und Psychose». Internationale Zeitschrift für Psychoanalyse, X, Leipzig/Wien, 1924 (Ges. Schriften VI und Ges. Werke XIII).

80 – «Neurose und Psychose». Internationale Zeitschrift für Psychoanalyse, X, 1924. Als Beitrag in: Schriften zur Neurosenlehre, 1931 (Ges. Schriften VI und Ges. Werke XIII).

81 – «Der Untergang des Ödipuskomplexes». Internationale Zeitschrift für Psychoanalyse, X, Leipzig/Wien, 1924. Als Beitrag in: Schriften zur Neurosenlehre, 1931 (Ges. Schriften VI und Ges. Werke XIII).

82 – «Selbstdarstellung», in: Die Medizin der Gegenwart in Selbstdarstellungen, hsg. von Grote. Meiner, Leipzig, 1925. In Buchform unter dem Titel: *Selbst-*

darstellung. Internationaler Psychoanalytischer Verlag, Leipzig/Wien, 1934/1936. Neudruck im Verlag Imago Publishing Co., Ltd., London, 1946 (Ges. Schriften XI und Ges. Werke XIV).

83 – *Hemmung, Symptom und Angst.* Internationaler Psychoanalytischer Verlag, Leipzig/Wien, 1926. Als Beitrag in: Schriften zur Neurosenlehre, 1931 (Ges. Schriften XI und Ges. Werke XIV).

84 – *Die Zukunft einer Illusion.* Internationaler Psychoanalytischer Verlag, Leipzig/Wien, 1927/1928 (Ges. Schriften XI und Ges. Werke XIV).

85 – *Das Unbehagen in der Kultur.* Internationaler Psychoanalytischer Verlag, Leipzig/Wien, 1930/1931 (Ges. Schriften XII und Ges. Werke XIV).

86 – «Traum und Okkultismus». Neue Folge der Vorlesungen zur Einführung in die Psychoanalyse, XXX. Vorl. 1933 (Ges. Werke XV).

87 – «Aufklärungen, Anwendungen, Orientierungen». Neue Folge der Vorlesungen zur Einführung in die Psychoanalyse, XXXIV. Vorl. (Ges. Werke XV).

88 – *Neue Folge der Vorlesungen zur Einführung in die Psychoanalyse.* Internationaler Psychoanalytischer Verlag, Leipzig/Wien, 1933; Schriften aus den Jahren 1928–1933. Vermischte Schriften (Ges. Schriften XII und Ges. Werke XV).

89 – «Die endliche und die unendliche Analyse». Internationale Zeitschrift für Psychoanalyse, XXIII, 1937 (Ges. Werke XVI).

90 – «Konstruktionen in der Analyse». Internationale Zeitschrift für Psychoanalyse, XXIII, 1937 (Ges. Werke XVI).

91 – «Moses, ein Ägypter». Imago XXIII/1, 1937; «Wenn Moses ein Ägypter war». Imago XXIII/4; 1937; In Buchform: *Der Mann Moses und die monotheistische Religion.* Drei Abhandlungen. De Lange, Amsterdam, 1939 (Ges. Werke XVI).

92 – «Abriß der Psychoanalyse», 1938. Internationale Zeitschrift für Psychoanalyse und Imago, XXV/1, 1939 (Ges. Werke XVII).

93 – «Psychoanalyse und Telepathie», 1921, in: Schriften aus dem Nachlaß (Ges. Werke XVII).

94 – Some elementary Lessons in Psycho-Analysis, 1938. Internationale Zeitschrift für Psychoanalyse und Imago XXV/1, 1940 (Ges. Werke XVII).

95 – *Aus den Anfängen der Psychoanalyse.* Briefe an Wilhelm Fliess. Abhandlungen und Notizen aus den Jahren 1887–1902. Imago Publishing Co., Ltd., London, 1950, hsg. von Marie Bonaparte, Anna Freud, Ernst Kris. Siehe Nr. 31.

96 C. T. Frey, «Probleme der Traumdeutung» in: *Traum und Symbol.* Rascher, Zürich, 1963.

97 L. Frey-Rohn, «Die Anfänge der Tiefenpsychologie». *Studien zur analytischen Psychologie C. G. Jungs,* I. Rascher, Zürich, 1955.

98 – «Das Böse» in: Studien aus dem C. G. Jung-Institut Zürich, Rascher, Zürich, 1961.

99 E. Glover, *Freud or Jung.* Norton, New York, 1950.

100 A. Jaffé, *Der Mythus vom Sinn im Werk von C. G. Jung.* Rascher, Zürich, 1967.

101 J. Jacobi, *Die Psychologie von C. G. Jung.* Rascher, Zürich, 1940.

102 – *Komplex, Archetypus, Symbol.* Rascher, Zürich, 1957.

103 P. Janet, *L'Automatisme psychologique.* Paris, 1889.

104 – *Etat mental des hystériques.* Les Stigmates mentaux. Tome I, II. Rueff et Cie., Paris, 1892, 1894.

105 – *Les Névroses.* Flammarion, Paris, 1919.

106 E. Jones, *Das Leben und Werk von Sigmund Freud.* Huber, Bern/Stuttgart, 1960.

C. G. Jung, Wo nichts besonderes vermerkt, beziehen sich die angeführten Zitate auf die 1. Auflage der Schriften Jungs sowie auf die im Verlag Rascher, Zürich, erscheinenden Gesammelten Werke. Bei den Bänden I, III, IV, VI, VII, VIII, XI, XIV und XVI, die bereits erschienen sind, wurde das Erscheinungsjahr angegeben. Werke, bei denen als Quelle lediglich der Erscheinungsort Zürich vermerkt ist, sind – wie auch die *Studien aus dem C. G. Jung-Institut* – ebenfalls bei Rascher erschienen.

107 – *Zur Psychologie und Pathologie sogenannter okkulter Phänomene.* Eine psychiatrische Studie. Inauguraldissertation. Oswald Mutze, Leipzig, 1902 (Ges. Werke I, 1966).

108 C. G. Jung und F. Riklin, «Experimentelle Untersuchungen über die Assoziationen Gesunder». Journal für Psychologie und Neurologie, III/IV. Leipzig, 1904. Als Beitrag in: *Diagnostische Assoziationsstudien,* I, 1906 (Ges. Werke II). Siehe Nr. 114.

109 C. G. Jung, «Über das Verhalten der Reaktionszeit beim Assoziationsexperiment». Journal für Psychologie und Neurologie, VI/1, Leipzig, 1905. Als Beitrag in: *Diagnostische Assoziationsstudien,* I, 1906 (Ges. Werke II). Siehe Nr. 114.

110 – «Zur psychologischen Tatbestandsdiagnostik». Zentralblatt für Nervenheilkunde und Psychiatrie, XXVIII. Leipzig, 1905. In Buchform: *Zur psychologischen Tatbestandsdiagnostik.* Zürich, 1941 (Ges. Werke I, 1966).

111 – «Psychoanalyse und Assoziationsexperiment». Journal für Psychologie und Neurologie, VII, 1/2. Leipzig, 1905. Als Beitrag in: *Diagnostische Assoziationsstudien,* I, 1906 (Ges. Werke II). Siehe Nr. 114.

112 – «Assoziation, Traum und hysterisches Symptom». Jahrbuch für Psychologie und Neurologie, VIII, 1/2, 1906. Als Beitrag in: *Diagnotische Assoziationsstudien,* II, 1910 (Ges. Werke II). Siehe Nr. 121.

113 – «Die Hysterielehre Freuds». Eine Erwiderung auf die Aschaffenburgsche Kritik. Münchner Medizinische Wochenschrift, LIII, 47. München, 1906 (Ges. Werke IV, 1969).

114 – *Diagnostische Assoziationsstudien.* Beiträge zur experimentellen Psychopathologie, I. Barth, Leipzig, 1906/1911/1915 (Ges. Werke II). Siehe Nrn. 108, 109, 111.

115 – *Über die Psychologie der Dementia praecox.* Ein Versuch. Carl Marhold, Halle a. S., 1907 (Ges. Werke III, 1968).

116 – «Über die Reproduktionsstörungen beim Assoziationsexperiment». Journal für Psychologie und Neurologie, IX/4, Leipzig, 1907. Als Beitrag in: *Diagnostische Assoziationsstudien,* II. Leipzig, 1910 (Ges. Werke II).

117 – *Der Inhalt der Psychose.* Schriften zur angewandten Seelenkunde, III. Deuticke, Leipzig/Wien, 1908; 2. revidierte und erweiterte Auflage, 1914 (Ges. Werke III, 1968).

118 – «Die Freudsche Hysterietheorie». Monatsschrift für Psychiatrie und Neurologie, XXIII/4. Berlin, 1908 (Ges. Werke IV, 1969).

119 – «Die Bedeutung des Vaters für das Schicksal des Einzelnen». Jahrbuch für psychoanalytische und psychopathologische Forschungen, I. Leipzig/Wien, 1909. In Buchform: *Die Bedeutung des Vaters für das Schicksal des Einzelnen,* Zürich, 1914/1917/1927; 3. umgearbeitete Auflage, 1949 (Ges. Werke IV, 1969). Siehe Nr. 211.

120 – «L'analyse des rêves». Année psychologique, XV. Paris, 1909. Deutsch: «Traumanalyse» (Ges. Werke IV, 1969).

121 – *Diagnostische Assoziationsstudien,* II. Barth. Leipzig, 1910/1911/1915 (Ges. Werke II). (Die Zitate entstammen der 3. Auflage 1915.) Siehe Nrn. 112, 116.

122 – «Über Konflikte der kindlichen Seele». Jahrbuch für psychoanalytische und psychopathologische Forschungen, II. Deuticke, Leipzig/Wien, 1910. In Buchform: *Über Konflikte der kindlichen Seele.* Deuticke, Leipzig/Wien, 1916; 3. Auflage, Zürich, 1939 (Ges. Werke XVII). Siehe Nr. 189.

123 – «Wandlungen und Symbole der Libido». Jahrbuch für psychoanalytische und psychopathologische Forschungen, III/IV, 1911/1912. In Buchform: *Wandlungen und Symbole der Libido.* Ein Beitrag zur Entwicklungsgeschichte des Denkens. Deuticke, Leipzig/Wien, 1912/1925/1938; 4. revidierte und erweiterte Auflage unter dem Titel: *Symbole der Wandlung.* Zürich, 1952 (Ges. Werke V). (Die Zitate entstammen der 2. Auflage 1925.) Siehe Nr. 215.

124 – «Morton Prince, The Mechanisms and Interpretation of Dreams». Eine kritische Besprechung. Jahrbuch für psychoanalytische und psychopathologische Forschungen, III, 1911 (Ges. Werke IV, 1969).

125 – «Neue Bahnen der Psychologie». Raschers Jahrbuch für Schweizer Art und Kunst, III, 1912 (Ges. Werke VII, 1964). Erweiterte und revidierte Auflage unter dem Titel: *Die Psychologie der unbewußten Prozesse,* 1917. Siehe Nrn. 136, 145, 196.

126 – «Versuch einer Darstellung der psychoanalytischen Theorie». Jahrbuch für psychoanalytische und psychopathologische Forschungen, V, 1913. In Buchform: *Versuch einer Darstellung der psychoanalytischen Theorie,* 1913; 2. erweiterte Auflage, Zürich, 1955 (Ges. Werke IV, 1969). (Zitate entstammen der 2. Auflage 1955.) Siehe Nr. 220.

127 – «Psycho-Analysis». Transactions of the Psycho-Medical Society, IV/2, 1913. Als Beitrag in: *Collected Papers on Analytical Psychology.* London, 1916. Deutsch: «Zur Psychoanalyse» (Ges. Werke IV, 1969).

128 – «Zur Frage der Psychologischen Typen». Vortrag am analytischen Kongreß in München, 1913. Erstmalig in französischer Sprache als: «Contribution à l'étude des types psychologiques». Archives psychologiques, XIII/52, 1913 (Ges. Werke VI, 1960, Anhang). Siehe Nr. 141.

129 – «On Psychoanalysis». Vortrag am 17. Medical Congress in London, 1913. Als Beitrag in: *Collected Papers on Analytical Psychologie.* London, 1916. Deutsch: «Psychoanalyse» (Ges. Werke IV, 1969). Siehe Nr. 133.

130 – «The Psychology of Dreams», geschrieben 1914. Als Beitrag in: *Collected Papers on Analytical Psychology.* London, 1916. Erweiterte Auflage unter dem Titel: «Allgemeine Gesichtspunkte der Psychologie des Traumes», in: *Über die Energetik der Seele,* 1928; nochmals erweiterte 3. Auflage in: *Über psychische Energetik und das Wesen der Träume.* Zürich, 1948/1964 (Ges. Werke VIII, 1967). Siehe Nrn. 133, 149, 150, 209.

131 – *Psychotherapeutische Zeitfragen.* Ein Briefwechsel mit Dr. C. G. Jung, hsg. von Dr. R. Loy. Deuticke, Leipzig/Wien, 1914 (Ges. Werke IV, 1969).

132 – «On the Importance of the Unconscious in Psychopathology». British Medical Journal, II, 1914. Als Beitrag in: *Collected Papers on Analytical Psychology.* London, 1916. Deutsch: «Über die Bedeutung des Unbewußten in der Psychopathologie» (Ges. Werke III, 1968). Siehe Nr. 133.

133 – *Collected Papers on Analytical Psychology.* Baillère, Tindall and Cox. London, 1916/1917. (Die Aufsätze sind aufgeteilt in die Bände I, II, III, IV, VI, VII, VIII, XVII der Ges. Werke. Die Zitate entstammen der 1. Auflage 1916.)

134 – «Die transzendente Funktion». Privatdruck 1916 (Ges. Werke VIII, 1967). Siehe Nr. 226.

135 – «La structure de l'inconscient». Archives Psychologiques, XVI, 1916. Deutsch: «Die Struktur des Unbewußten» (Ges. Werke VII, 1964). 2. erweiterte Auflage unter dem Titel: *Die Beziehungen zwischen dem Ich und dem Unbewußten.* Reichl, Darmstadt, 1928 (Ges. Werke VII, 1964). Siehe Nr. 147.

136 – *Die Psychologie der unbewußten Prozesse.* Schriften zur angewandten Seelenkunde. Zürich, 1917/1918; 3. Auflage, revidiert und erweitert unter den Titeln: *Das Unbewußte im normalen und kranken Seelenleben.* Zürich, 1926, und: *Über die Psychologie des Unbewußten.* Zürich, 1943 (Ges. Werke VII, 1964). Siehe Nrn. 125, 145, 196.

137 – «Instinct and the Unconscious». British Journal of Psychology, X/1, 1919. Deutsch: «Instinkt und Unbewußtes», in: *Über die Energetik der Seele.* Zürich, 1928, und *Über psychische Energetik und das Wesen der Träume,* 1948/1964 (Ges. Werke VIII, 1967). Siehe Nrn. 150, 209.

138 – «On the Problem of Psychogenesis in Mental Diseases». Proceedings of the Royal Society of Medecine, XII/3, 1919. Deutsch: «Über das Problem der Genese der Geisteskrankheiten» (Ges. Werke III, 1968).

139 – «The Psychological Foundations of Belief in Spirits». Proceedings of the Society for Psychical Research, XXXI, 1920. Deutsch: «Die psychologischen Grundlagen des Geisterglaubens», in: *Über die Energetik der Seele.* Zürich, 1928, und: *Über die psychische Energetik und das Wesen der Träume.* Zürich, 1948/1964 (Ges. Werke VIII, 1967). Siehe Nrn. 150, 209.

140 – «The Question of the Therapeutic Value of Abreaction». British Journal of Psychology, II. London, 1921. Deutsch: «Der therapeutische Wert des Abreagierens» (Ges. Werke XVI, 1958).

141 – *Psychologische Typen.* Zürich, 1921–1950 (Ges. Werke VI, 1960). Siehe Nrn. 128, 143, 154, nur im Anhang der Gesamtausgabe.

142 – *Analytische Psychologie und Erziehung.* Vortrag in London, 1924, veröffentlicht bei Kampmann, Heidelberg, 1926. Erweiterte Auflage in: *Psychologie und Erziehung.* Zürich, 1946 (Ges. Werke XVII). Siehe Nr. 204.

143 – «Psychologische Typen». Zeitschrift für Menschenkunde, I/1, 1925, in: *Psychologische Typen,* Anhang (Ges. Werke VI, 1960, Anhang). Siehe Nr. 141.

144 – «Geist und Leben», Form und Sinn, II/2. Augsburg, 1926. Als Beitrag in: *Seelenprobleme der Gegenwart.* Zürich, 1931 (Ges. Werke VIII, 1967). Siehe Nr. 162.

145 – *Das Unbewußte im normalen und kranken Seelenleben. Zürich,* 1926/1929/1936. Erweiterte Auflage als: *Über die Psychologie des Unbewußten,* 1943 (Ges. Werke VII, 1964). Siehe Nrn. 135, 196.

146 – «Analytische Psychologie und Weltanschauung». Vortrag in Karlsruhe, 1927. Als Beitrag in: *Seelenprobleme der Gegenwart.* Zürich, 1931 (Ges. Werke VIII, 1967). Siehe Nr. 162.

147 – *Die Beziehungen zwischen dem Ich und dem Unbewußten.* Reichl, Darmstadt; 2.–5. Auflage. Zürich, 1933–1950 (Ges. Werke VII, 1964). Siehe Nr. 135.

148 – «Über die Energetik der Seele», in: *Über die Energetik der Seele.* Zürich, 1928 (Ges. Werke VIII, 1967). Erweiterte Auflage in: *Über psychische Energetik und das Wesen der Träume.* Zürich, 1948/1964 (Ges. Werke VIII, 1967). Siehe Nrn. 150, 209.

149 – «Allgemeine Gesichtspunkte zur Psychologie des Traumes, in: *Über die Energetik der Seele.* Siehe Nrn. 150, 209.

150 – *Über die Energetik der Seele.* Psychologische Abhandlungen II. Zürich, 1928. Erweiterte Auflage in: *Über psychische Energetik und das Wesen der Träume.* Siehe Nr. 209.

151 – «Die Struktur der Seele». Europäische Revue, IV/1–2, 1928. Erweiterte Auflage (Ges. Werke VIII, 1967).

152 – «Psychoanalyse und Seelsorge». Sexual- und Gesellschaftsethik, V, 1928 (Ges. Werke XI, 1963).

153 – «Geisteskrankheit und Seele». Erstmalig unter dem Titel «Heilbare Geisteskranke? Organisches oder funktionelles Leiden?» in: Berliner Tageblatt, Nr. 189. Berlin, 1928 (Ges. Werke III, 1968).

154 – «Psychologische Typologie». Vortrag in Zürich, 1928. Als Beitrag in: *Seelenprobleme der Gegenwart.* Zürich, 1931 (Ges. Werke VI, 1960, Anhang). Siehe Nrn. 141 und 162.

155 – «Der Gegensatz Freud und Jung». Kölnische Zeitung, 1929. Als Beitrag in: *Seelenprobleme der Gegenwart.* Zürich, 1931 (Ges. Werke IV, 1969). Siehe Nr. 162.

156 – «Ziele der Psychotherapie». Bericht über den IV. allgemeinen ärztlichen Kongreß für Psychotherapie, 1929 (Ges. Werke XVI, 1958).

157 – «Die Bedeutung der Konstitution und Vererbung für die Psychologie». Die medizinische Welt, III/47, 1929 (Ges. Werke VIII, 1967).

158 – «Die Probleme der modernen Psychotherapie». Schweizerisches Medizinisches Jahrbuch, 1929. Als Beitrag in: *Seelenprobleme der Gegenwart.* Zürich, 1931 (Ges. Werke XVI, 1958). Siehe Nr. 162.

159 – «Some Aspects of Modern Psychotherapy». Journal of State Medecine, XXXVIII, 1930. Deutsch: «Einige Aspekte der modernen Psychotherapie» (Ges. Werke XVI, 1958).

160 – «Der archaische Mensch». Europäische Revue, VII/1–3. Erweiterter Beitrag in: *Seelenprobleme der Gegenwart.* Zürich, 1931 (Ges. Werke X). Siehe Nr. 162

161 – «Das Grundproblem der gegenwärtigen Psychologie». Erstmalig unter dem Titel: «Entschleierung der Seele», in: Europäische Revue, VII/2, 7, 1931. Als erweiterter Beitrag in: *Wirklichkeit der Seele.* Zürich, 1934 (Ges. Werke VIII, 1967). Siehe Nr. 170.

162 – *Seelenprobleme der Gegenwart.* Psychologische Abhandlungen III. Zürich, 1931–1969. (Die Aufsätze sind aufgeteilt in die Bände IV, VI, VIII, X, XV, XVI, XVII der Ges. Werke.) Siehe Nrn. 144, 146, 154, 158, 160.

163 – «Die praktische Verwendbarkeit der Traumanalyse». Kongreßbericht der Allgemeinen Ärztlichen Gesellschaft für Psychotherapie, 1931. Als Beitrag in: *Wirklichkeit der Seele.* Zürich, 1934 (Ges. Werke XVI, 1958). Siehe Nr. 170.

164 – «Sigmund Freud als kulturhistorische Erscheinung». Charakter, I/1, Heft 2. Berlin, 1932. Als Beitrag in: *Wirklichkeit der Seele.* Zürich, 1934 (Ges. Werke XV). Siehe Nr. 170.

165 – «Die Beziehungen der Psychotherapie zur Seelsorge». Vortrag, Straßburg, 1932 (Ges. Werke XI, 1963).

166 – «Vom Werden der Persönlichkeit». Erstmalig unter dem Titel «Die Stimme des Innern». Vortrag im Kulturbund in Wien, 1932. Als Beitrag in: *Wirklichkeit der Seele.* Zürich, 1934 (Ges. Werke XVII). Siehe Nr. 170.

167 – «Bruder Klaus». Neue Schweizer Rundschau, I/4, 1933 (Ges. Werke XI, 1963).

168 – «Die Bedeutung der Psychologie für die Gegenwart». Erstmalig unter dem Titel «Über Psychologie», Neue Schweizer Rundschau, 1933. Erweiterte Auflage in: *Wirklichkeit der Seele.* Zürich, 1934 (Ges. Werke X). Siehe Nr. 170.

169 – «Zur gegenwärtigen Lage der Psychotherapie». Zentralblatt für Psychotherapie und ihre Grenzgebiete, VII/1, 1934 (Ges. Werke X).

170 – *Wirklichkeit der Seele.* Anwendungen und Fortschritte der neueren Psychologie. Psychologische Abhandlungen IV, Zürich, 1934. (Die Aufsätze sind aufgeteilt in die Bände VIII, X, XV, XVI, XVII der Ges. Werke.) Siehe Nrn. 161, 163, 164, 166, 169.

171 – «Zur Empirie des Individuationsprozesses». Eranos-Jahrbuch, 1933. Erweiterter Beitrag in: *Gestaltungen des Unbewußten.* Zürich, 1950 (Ges. Werke IX, 1). Siehe Nr. 212.

172 – «Allgemeines zur Komplextheorie». Kultur- und Staatswissenschaftliche Schriften der Eidgenössischen Technischen Hochschule, Nr. 12. Sauerländer, Aarau, 1934 (Ges. Werke VIII, 1967).

173 – «Über die Archetypen des kollektiven Unbewußten». Eranos-Jahrbuch, 1934. Erweiterter Beitrag in: *Von den Wurzeln des Bewußtseins.* Zürich, 1954 (Ges. Werke IX/1). Siehe Nr. 219.

174 – «Grundsätzliches zur praktischen Psychotherapie». Zentralblatt für Psychotherapie und ihre Grenzgebiete, VIII/2, 1935 (Ges. Werke XVI, 1958).

175 – «Psychologischer Kommentar zum Bardo Thödol», hsg. von Evans-Wentz in: *Das Tibetanische Totenbuch.* Zürich, 1935/1936/1937/1947/1948/1953/1960 (Ges. Werke XI, 1963).

176 – «Was ist Psychotherapie?» Schweizerische Ärztezeitung für Standesfragen, XVI/26 (Ges. Werke XVI, 1958).

177 – «Psychologische Typologie». Süddeutsche Monatshefte XXXIII/5 1936 (Ges. Werke VI, 1960, Anhang).

178 – «Traumsymbole des Individuationsprozesses». Eranos-Jahrbuch, 1935. Erweiterter Beitrag in: *Psychologie und Alchemie.* Zürich, 1944 (Ges. Werke XII). Siehe Nr. 200.

179 – «Über den Archetypus mit besonderer Berücksichtigung des Animabegriffes». Zentralblatt für Psychotherapie und ihre Grenzgebiete, IX/5, 1936. Erweiterter Beitrag in: *Von den Wurzeln des Bewußtseins.* Zürich, 1954. Siehe Nr. 219.

180 – «Die Erlösungsvorstellungen in der Alchemie». Eranos-Jahrbuch, Zürich, 1936. Erweiterter Beitrag in: *Psychologie und Alchemie.* Zürich, 1944. Siehe Nr. 200.

181 – «Yoga and the West». Prabuddha Bharata, 1936. Deutsch: «Yoga und der Westen» (Ges. Werke XI, 1963).

182 – «The Concept of the Collective Unconscious». St. Bartholomev's Hospital Journal XLIV/3, 1936. Deutsch: «Über den Begriff des kollektiven Unbewußten» (Ges. Werke IX).

183 – «Factors determining Human Behaviour». Harvard Tercentenary Conference of Arts and Sciences, 1936. Deutsch: «Psychologische Determinanten des menschlichen Verhaltens» (Ges. Werke VII, 1967).

184 – *Psychology and Religion.* The Terry Lectures. New Haven, Yale University Press, 1938. Deutsch: *Psychologie und Religion.* Zürich/Leipzig, 1940 (Ges. Werke XI, 1963) Siehe Nr. 190.

185 – «On the Psychogenesis of Schizophrenia». Journal of Mental Science, LXXXV/358, 1939. Deutsch: «Über die Psychogenese der Schizophrenie» (Ges. Werke III, 1968).

186 – «Unveröffentlichtes Seminar über Kinderträume», gehalten an der Eidg. Technischen Hochschule, Zürich, 1938/39 und 1939/40.

187 – «Bewußtsein, Unbewußtes und Individuation». Zentralblatt für Psychotherapie und ihre Grenzgebiete, XI/5, 1939 (Ges. Werke IX/1).

188 – «Sigmund Freud». Ein Nachruf. Sonntagsblatt der Basler Nachrichten, XXXIII, Nr. 40, 1. X. 1939 (Ges. Werke XV).

189 – *Über Konflikte der kindlichen Seele.* Zürich, 1939. Siehe Nr. 122.

190 – *Psychologie und Religion.* Zürich, 1940–1961 (Ges. Werke XI, 1963). Siehe Nr. 184.

191 C. G. Jung und K. Kerényi, «Das göttliche Kind» und «Das göttliche Mädchen», in: Albae Vigiliae, VI/VII und VIII/IX, 1941. Als Beiträge in: *Einführung in das Wesen der Mythologie.* Amsterdam/Leipzig/Zürich, 1941/1951. Siehe Nr. 192.

192 – *Einführung in das Wesen der Mythologie.* Pantheon Akademische Verlagsanstalt, Amsterdam/Leipzig/Zürich. 2. Auflage Rascher, Zürich, 1951 (Ges. Werke IX/1). Siehe Nr. 191.

193 – «Zur Psychologie der Trinitätsidee». Eranos-Jahrbuch, 1940/41. Erweiterter Beitrag unter dem Titel «Versuch einer psychologischen Deutung des Trinitätsdogmas», in: *Symbolik des Geistes.* Zürich, 1948 (Ges. Werke XI, 1963). Siehe Nr. 208.

194 – «Das Wandlungssymbol der Messe». Eranos-Jahrbuch, 1940/41. Als erweiterter Beitrag in: *Von den Wurzeln des Bewußtseins.* Zürich, 1954 (Ges. Werke XI, 1963). Siehe Nr. 219.

195 – *Paracelsica.* Zürich/Leipzig, 1942 (Ges. Werke XIII).

196 – *Über die Psychologie des Unbewußten.* Zürich, 1943/1948/1960 (Ges. Werke VII, 1964). Siehe Nrn. 125, 136, 145.

197 – «Der Geist Mercurius». Eranos-Jahrbuch, 1942. Als erweiterter Beitrag in: *Symbolik des Geistes.* Zürich, 1948 (Ges. Werke XI, 1963). Siehe Nr. 208.

198 – «Zur Psychologie östlicher Meditation». Mitteilungen der Schweizerischen Gesellschaft der Freunde ostasiatischer Kultur, V, 1943. Als erweiterter Beitrag in: *Symbolik des Geistes.* Siehe Nr. 208.

199 – «Psychotherapie und Weltanschauung». Schweizerische Zeitschrift für Psychologie und ihre Anwendungen, I/3, 1945. Als Beitrag in: *Aufsätze zur Zeitgeschichte.* Zürich, 1946 (Ges. Werke XVI, 1958). Siehe Nr. 206.

200 – *Psychologie und Alchemie.* Psychologische Abhandlungen V. Zürich, 1944/1952 (Ges. Werke XII). Siehe Nrn. 178, 179.

201 – «Die Psychotherapie in der Gegenwart». Vortrag in Zürich, Schweizerische Zeitschrift für Psychologie und ihre Anwendungen, 1945, IV/1. Als Beitrag in: *Aufsätze zur Zeitgeschichte.* Siehe Nr. 206.

202 – «Vom Wesen der Träume». Ciba Zeitschrift, IX/99, 1945/1952. Als erweiterter Beitrag in: *Über psychische Energetik und das Wesen der Träume.* Zürich, 1948 (Ges. Werke VIII, 1967). Siehe Nr. 209.

203 – «Zur Psychologie des Geistes». Eranos-Jahrbuch, 1945. Erweiterter Beitrag unter dem Titel: «Zur Phänomenologie des Geistes im Märchen», in: *Symbolik des Geistes.* Zürich, 1948 (Ges. Werke IX/1). Siehe Nr. 208.

204 – *Psychologie und Erziehung.* Zürich, 1946/1950 (Ges. Werke XVII). Siehe Nr. 142.

205 – *Die Psychologie der Übertragung*, erläutert an einer alchemistischen Bilderserie für Ärzte und praktische Psychologen. Zürich, 1946 (Ges. Werke XVI, 1958).

206 – *Aufsätze zur Zeitgeschichte.* Zürich, 1946. (Die Aufsätze sind aufgeteilt in die Bände X und XVI der Ges. Werke.) Siehe Nrn. 199, 201.

207 – «Der Geist der Psychologie». Eranos-Jahrbuch, 1946. Unter dem Titel «Theoretische Überlegungen zum Wesen des Psychischen» in: *Von den Wurzeln des Bewußtseins.* Zürich, 1954 (Ges. Werke VIII, 1967). Siehe Nr. 219.

208 – *Symbolik des Geistes.* Studien über psychische Phänomenologie. Psychologische Abhandlungen VI. Zürich, 1948/1953. (Die Aufsätze sind aufgeteilt in die Bände IX/1, XI, XIII der Ges. Werke). Siehe Nrn. 193, 197, 198, 203.

209 – *Über die psychische Energetik und das Wesen der Träume.* Psychologische Abhandlungen, II. Zürich, 1948 (Ges. Werke VIII, 1967). Siehe Nrn. 130, 137, 139, 148, 149, 150, 202.

210 – «Introduction to Esther Harding: Frauen-Mysterien». Rascher, Zürich, 1949.

211 – *Die Bedeutung des Vaters für das Schicksal des Einzelnen.* 3. umgearbeitete Auflage. Zürich, 1949 (Ges. Werke IV, 1969). Siehe Nr. 119.

212 – *Gestaltung des Unbewußten.* Psychologische Abhandlungen VII. Zürich, 1950. (Die Aufsätze sind aufgeteilt in die Bände IX und XV der Ges. Werke.) Siehe Nr. 171.

213 – «Grundfragen der Psychotherapie». Dialectica, V/1, 1951 (Ges. Werke XVI, 1958).

214 – *Aion.* Untersuchungen zur Symbolgeschichte. Psychologische Abhandlungen VIII. Zürich, 1951 (Ges. Werke IX/2).

215 – *Symbole der Wandlung.* Analyse des Vorspiels zu einer Schizophrenie. Zürich, 1952. 4. umgearbeitete Auflage von: *Wandlungen und Symbole der Libido,* 1912 (Ges. Werke V). Siehe Nr. 123.

216 – «Über Synchronizität». Eranos-Jahrbuch, 1951. Erweiterter Beitrag unter dem Titel «Synchronizität als ein Prinzip akausaler Zusammenhänge», in: *Naturerklärung und Psyche.* Zürich, 1952 (Ges. Werke VIII, 1967). Siehe Nr. 218.

217 – *Antwort auf Hiob.* Zürich, 1952/1953 (Ges. Werke XI, 1963).

218 – *Naturerklärung und Psyche.* Studien aus dem C. G. Jung-Institut, IV, Zürich, 1952 (Ges. Werke VIII, 1967). Siehe Nr. 216.

219 – *Von den Wurzeln des Bewußtseins.* Studien über den Archetypus. Psychologische Abhandlungen IX. Zürich, 1954. (Die Aufsätze sind aufgeteilt in die Bände VIII, IX, XI, XIII der Ges. Werke.) Siehe Nrn. 173, 179, 194, 207.

220 – *Mysterium Coniunctionis.* I, II, Untersuchung über die Trennung und Zusammensetzung der seelischen Gegensätze in der Alchemie. Psychologische Abhandlungen X/XI. Zürich, 1955/1956 (Ges. Werke XIV, 1968).

221 – «Psychological Commentary to The Tibetan Book of the Great Liberation». Ed. by Evans-Wentz, London/New York, 1954. Unter dem Titel: «Psychologischer Kommentar zu dem ‹Buch der Großen Befreiung›», in: *Das Tibetische Buch der Großen Befreiung.* Barth, München, 1955 (Ges. Werke XI, 1967).

222 – «Recent Thoughts on Schizophrenia», written for a Symposion, 1957. Deutsch: «Neuere Betrachtungen zur Schizophrenie», in: Universitas, XIV. Stuttgart, 1959 (Ges. Werke III, 1968).

223 – «Die Schizophrenie». Schweizer Archiv für Neurologie und Psychiatrie, LXXXI/1/2. Zürich, 1958 (Ges. Werke III, 1968).

224 – *Ein moderner Mythus:* Von Dingen, die am Himmel gesehen werden. Zürich, 1958 (Ges. Werke X).

225 – «Die transzendente Funktion», in: *Geist und Werk.* Rhein-Verlag, Zürich, 1958 (Ges. Werke VIII, 1967). Siehe Nr. 134.

226 – *Das Gewissen.* Studien aus dem C. G. Jung-Institut, VII. Zürich, 1958 (Ges.

227 – «Das Gewissen in psychologischer Sicht», in: *Das Gewissen.* Siehe Nr. 228.
Werke X).

228 – *Erinnerungen, Träume, Gedanken von C. G. Jung.* Hsg. von Aniela Jaffé, Zürich, 1962.

229 E. KRAEPELIN, «Der psychologische Versuch in der Psychiatrie». Psychologische Arbeiten, I, Leipzig, 1896.

230 A. MAEDER, «Essai d'interprétation de quelques rêves». Archives de Psychologie, T. VI, Nr. 24, 1907.

231 – «Die Symbolik in den Legenden, Märchen, Gebräuchen und Träumen». Psychiatrisch-Neurologische Wochenschrift, X, Halle, Jg. 1908.

232 – «Zur Entstehung der Symbolik im Traum, in der Dementia praecox etc.». Zentralblatt für Psychoanalyse, I. Wiesbaden, 1910/11.

233 – «Über die Funktion des Traumes». Jahrbuch für psychoanalytische und psychopathologische Forschungen», IV. Leipzig/Wien, 1912.

234 – «Zur Frage der teleologischen Traumfunktion». Ibid. V, 1913.

235 – «Mein Weg von der Psychoanalyse zur Synthese», in: *Der Psychotherapeut als Partner.* Zürich, 1957.

236 C. A. MEIER, «Moderne Physik – Moderne Psychologie», in: *Die Kulturelle Bedeutung der Komplexen Psychologie.* Berlin, 1935.

237 – *Jung and Analytical Psychology.* Andover Newton Theological School, Newton Centre, Massachusetts, 1957.

238 – «Der Traum im alten Griechenland», in: *Traum und Symbol.* Zürich, 1958.

239 Th. MEYNERT, *Klinische Vorlesungen über Psychiatrie,* 1890.

240 Fr. NIETZSCHE, Werke, I–XVI, Kröner, Leipzig.

241 H. NUNBERG, *Allgemeine Neurosenlehre.* Huber, Bern/Stuttgart, 1959.

242 J. H. PHILLIPS, *Psychoanalyse und Symbolik.* Huber, Bern/Stuttgart, 1962.

243 L. J. PONGRATZ, *Problemgeschichte der Psychologie.* Francke, Bern/München, 1967.

244 H. W. PUNER, *Freud, His Life and His Mind.* Foreword by E. Fromm, Laurel Edition.

245 D. RAPAPORT, *Die Struktur der psychoanalytischen Theorie.* Originalausgabe in englischer Sprache, 1959. Deutsch bei Klett, Stuttgart.

246 O. RANK, «Der Mythus von der Geburt des Helden». Schriften zur angewandten Seelenkunde, Heft 5. Leipzig/Wien, 1909.

247 – «Ein Traum, der sich selbst deutet». Jahrbuch für psychoanalytische und psychopathologische Forschungen, II. Leipzig/Wien, 1910.

248 F. RIKLIN und C. G. JUNG, «Experimentelle Untersuchungen über Assoziationen Gesunder». Journal für Psychologie und Neurologie, III, IV. Leipzig, 1904 (Ges. Werke II). Siehe Nr. 107.

249 F. RIKLIN, «Wunscherfüllung und Symbolik im Märchen». Eine Studie. 1908.

250 F. SEIFERT, *Tiefenpsychologie.* Eugen Diederichs, Düsseldorf/Köln, 1955.

251 H. SILBERER, «Phantasie und Mythos». Jahrbuch für psychoanalytische und psychopathologische Forschungen, II. Leipzig/Wien, 1910.

252 – «Über die Symbolbildung». Ibid. III/IV, 1911/1912.

253 W. STEKEL, *Die Sprache des Traumes.* Eine Darstellung der Symbolik und Deutung des Traumes. Wiesbaden, 1911.

254 P. WALDER, *Mensch und Welt bei C. G. Jung.* Origo Verlag, Zürich, 1951.

255 T. WOLFF, «Einführung in die Grundlagen der Komplexen Psychologie», in: *Die kulturelle Bedeutung der Komplexen Psychologie.* Springer, Berlin, 1935.

256 D. WYSS, *Die tiefenpsychologischen Schulen von den Anfängen bis zur Gegenwart.* Vandenhoek und Ruprecht, Göttingen, 1961.

PERSONENREGISTER

Abraham K. 22, 120, 206, 338
Adler A. 22, 64, 89, 112, 176, 182, 234, 304, 316 f.
Aschaffenburg G. 32 f.
Azam C. M. 19, 55

Bash K. W. 97
Bavink B. 387
Bernheim H. 252
Binet A. 19, 55
Binswanger L. 22
Bleuler E. 20, 21 ff., 32, 219, 303 f., 316
Blumhardt der Ältere 106
Boerne L. 252
Brenner A. 129
Breuer J. 42, 60, 79, 147, 201, 252
Burckhardt J. 129

Carus C. G. 37
Charcot J. M. 19, 22, 78, 224 f., 396
Christus (Jesus) 238, 355, 360

Dalbiez R. 251, 338
Dement W. 300
Dorer M. 332
Dorn G. 371

Eitington M. 22
Evans R. 20

Fechner G. Th. 77, 225, 244
Federn P. 22
Ferenczi S. 22, 352
Fliess W. 41, 110, 123, 187, 199 ff., 275, 278, 300
Flournoy Th. 106, 114
Fonk 253
Frey-Rohn L. 78, 252
Frey T. C. 316

Glover E. 169

Hartmann Ed. v. 37, 257
Hediger H. 373
Herbart J. 23, 77, 253
Heraklit 231
Hume Th. 23, 253

Jacobi J. 15, 59, 373
Jaffé A. 17, 399
James W. 106, 384
Janet P. 19, 51, 53, 55 f., 69, 78, 85, 88, 93, 106, 165, 187, 191, 219, 224, 254, 291, 314, 382
Jones E. 22, 77, 109, 188, 252 f.

Kant I. 17, 362
Kerényi K. 134 ff., 368
Kerner J. 19, 106
Khunrath H. C. 371
Kraepelin E. 32
Krafft-Ebing R. v. 69

Leibniz G. W. 37
Linder G. A. 77
Lipps Th. 126

Locke J. 23, 253
Lorenz K. 373
Loÿ R. 18

Maeder A. 21 f., 122, 303 f., 313, 316, 320
Maeterlinck M. 126
Mayer R. 220
Meier C. A. 17, 33, 47, 104, 300, 316, 386
Mesmer F. 13
Meynert Th. 332
Miller F. 124
Mitchell A. 19
Moleschott J.
Myers F. W. H. 19

Nebukadnezar 321
Nietzsche Fr. 18, 32, 92, 120, 231, 240
Niklaus von der Flüe 306, 345
Nikodemus 238
Nunberg H. 202, 278

Pauli W. 385, 388
Pfister O. 22
Phillips J. H. 254, 338 f.
Platon 134, 345
Portmann A. 373
Prince M. 56, 302

Rank O. 276, 330, 338 f.
Rapaport D. 145, 147, 225
Rhine J. B. 378
Ribot T. A. 19, 106
Richer R. 19, 55
Riklin F. 32, 338

Sachs H. 339
Sadger J. 22
Schelling F. W. J. 37
Schopenhauer A. 17, 37, 218
Silberer H. 303, 329, 330, 338
Spielrein S. 191
Stekel W. 22, 339

Taine H. 106

Wagner R. 44, 92
Wolff T. 221, 226, 285, 307
Wundt W. 33, 106

Ziehen Th. 260

Die Namen von FREUD und JUNG wurden wegen ihres häufigen Vorkommens im Register nicht erwähnt.

SACHREGISTER

abaissement du niveau mental 224, 285, 293, 295, 314, 381
Aberglaube 396
abreagieren 252
Absicht 26, 36, 72, 74, 257, 319
Absperrung 24, 226, 255
Abwehr, -instanz (vgl. Verdrängung) 23ff, 77, 80ff, 83, 86, 88ff, 145f, 151, 158, 255, 273, 277f, 296, 394
– missglückter Abwehrversuch 23, 78, 282
– Trauma und 52, 78, 80f, 145
– Über-Ich als 82f, 151, 277
– Widerstand als 24, 255
Abwehrmechanismus 79, 82, 84, 245, 273, 277f, 282
Affekt (s. auch Dissoziation, Traum) 20, 23, 37ff, 40f, 42f, 46, 48, 50, 61f, 79f, 82, 86, 147, 167, 169, 192, 218, 226, 252, 295, 303, 312ff, 315, 326, 329, 339, 383, 393
– Dissoziation von Vorstellung und 23, 43, 55, 57, 79, 86, 145, 169
– gegensätzliche 60f, 78f, 86, 291, 303
– Initialaffekt 38, 41
– Inkongruenz von Vorstellung und 86
– Transposition des 23
– traumatischer 38, 40, 42f, 48, 79, 167
– Verknüpfung von Bild und 312
– als Weckreiz 314f
affektiv (s. auch Nucleus, Spannung) 48, 50, 61, 205, 314, 326
– Störungen 33, 35, 37, 47, 252f, 255, 262, 278
– Rückständigkeit der affektiven Entwicklung 205
Affektivität 22, 32f, 35, 40, 48f, 86, 190, 205, 257, 262, 326
– als Grundlage der Persönlichkeit 101, 190
– Inadäquatheit der 86
– Komplex als Gradmesser der 35
– Neurose als Störung der 272, 278
– in der Psychose 294
Aggression 152, 202, 394
Aggressionstrieb (Destruktionstrieb) Todestrieb 149, 151f, 188, 191, 244, 272, 276ff, 280, 394
– Eros und Todestrieb 189
agieren 255
Ahnen, -leben, -welt (s. auch Ubw. koll.) 98, 121, 136, 151, 172, 174f, 181, 209
Aktualneurose 271
Alchemie 350, 371, 391
Allmachtgefühl 188, 198
all-or-none-reaction s. Trieb
Ambivalenz (s. auch Einstellung) 200f, 275f, 397
Amnesie 36, 211, 252, 273, 288
Amplifikation (Anreicherung, Erweiterung) (s. auch hermeneutisch) 265ff, 268, 289, 297, 302, 310, 322f, 325, 327, 337
– konzentrisch, radiär 266f
– Methode der 265ff, 268, 297, 322f, 337

anal 202
Analogie, -bildung, Analogon 120, 218, 228f, 314, 323, 343, 345, 351f, 385f
– aequivalente 227
– zw. physik. Feld und Ubw. 385
– und Symbol (-bildung, -verständnis) 117, 229, 337, 351
– Trieb zur 228f
Andere, der s. Schatten
Angst (s. auch Gewissensangst, Inzestangst, Liebesverlust, Realangst, Libido) 60, 83, 153f, 170, 200f, 215, 274ff, 277, 279, 287f, 356, 378, 394, 399
– Urverdrängung und 170
– Verdrängung und 277, 279
Angsthysterie 271, 279
Angstneurose 271
Angstsignal, Angststätte (s. auch Ich, Verdrängung) 153f, 159, 277, 288
Anima, Animus
– und Götterpaar 356
– als Mutter- bzw. Vaterbild 346
– als Symbol des Geistes, Lebens 347
– als Vermittler 347
Anlage, kindliche, perverse 177f, 195, 206f, 209
– Inkongruenz der 233f
– polymorph-perverse, polyvalente 207, 209
Anlehnungsmechanismus 274
Anordner (s. auch Bild, archetyp.) 122f, 136, 368f, 370f, 373, 385, 387f
– apriorischer 379
– Archetypus als 369, 371ff, 374
Anordnung, Angeordnetsein (s. auch Archetypus, Quaternio, Psychoid-Unbewusstes) 154, 257, 266, 276, 355ff, 362, 373, 379f, 385
– akausale, apriorische, ursachelose 379f, 385
– archetypische Anordnung als Vierheit 276, 356
– konzentrische, radiäre 257, 266, 355
– symmetrische 357
Anorganische, das 189, 244, 392
Anpassung, -sprozess 50, 78, 128, 154, 161, 205, 241, 279, 284ff, 289, 291, 319ff
– Infantilismus der psychologischen 214
An-Sich s. Archetypus, Geist, Materie, Trieb
Anthropologie, psychologische 150, 157
Antizipation (s. auch Traum) 113, 122f, 125, 261, 304, 312, 320f, 333
Apperzeption 98, 167
Aequivalenzprinzip, aequivalent (s. auch Analogie) 194, 221, 224f, 227f, 238
– als energetische Beziehung 224
– als Grundlage symbolischer Umformungen 228, 230
archaisch s. Bild, Denken, Erbschaft, Gottesbild, Modus, Motiv, Phantasie, Regression, Schatten, Schicht, Stufe, Traum, Trieb, Unbewusstes, Vorstellung, Weltbild
Archaische, das 63, 91, 131, 147, 167, 171
Arche 133
archetypisch s. Anordnung, Bild, Dominante, Erbschaft, Gestaltung, Grundlage, Innenwelt, Kompensation, Motiv, Nucleus, Ödipuskomplex, Sinngehalt, Symbol (Traumsymbol), Vorstellung
Archetypische, das 170
Archetypus (Formprinzip) 15, 46, 116, 130, 135, 210, 345, 362, 368f, 371f, 373f, 376, 379, 385, 389
– als Angeordnetsein, apriorisches 373, 379f, 385
– – als anordnender Kern, aprior. Anordner, Regulator 369ff, 372, 374, 379ff, 385
– als ein An-Sich 15, 295, 360f, 363, 369ff, 372, 375, 377f, 385, 393
– als Bipolarität 354, 374
– als «creatio continua» 379
– Funktionsstörung des zentralen 295
– als Grundform, unanschauliche 165, 370f
– als Korrelat des Instinktes, Triebes 373ff
– als metaphysisches Prinzip 375
– als Modell 132, 371
– als Organ der praerationalen Psyche 135

– Numinosität des 363, 369f
– als pattern of behaviour 44, 374
– als präsentes Numen 369
– als ein Nicht-Psychisches 385, 389f
– psychoide, seelenähnliche, transzendentale, unanschauliche Natur des 137, 165, 370ff, 375f, 377ff, 380
– als Sinn des Triebes 191, 210, 375
– Sinnerfülltheit des 371
– als spiritus rector 375
– als Strukturdominante, -element 372, 379
– als das Ultraviolette 376
– als ein Urmuster 137
– als ein vererbtes Apriori 372
– als Vorherwissen 370
– Zielstrebigkeit des 371
Arzt 131, 227, 255, 331, 344f, 356
Askese 395
Assimilation, assimilieren (s. auch Ich, Komplex) 39, 47, 119, 160, 247, 254, 312; 328f
Assoziation (Reaktionswort), -sablauf, -sgesetz, assoziativ (s. auch Denken) 23, 32ff, 35ff, 39, 48, 53, 72, 87, 105, 115, 167, 252f, 254, 259f, 266ff, 294, 308, 327, 332, 339f
– oberflächliche 258, 314
– Störungen der 33f, 36, 53, 68
Assoziationsexperiment 21, 32ff, 35ff, 38, 40, 43, 48, 53, 69, 71f, 84f, 219, 222, 259
– als Grundlage der Komplexforschung 37
– als objektiver Zugang zur Psyche 37
– und Psychoanalyse 37
– Verdrängung und 72, 84
Assoziationsmethode 23f, 32, 35, 251ff, 254, 258ff, 267, 299
Assoziationswiderstand 24, 255
Astrologie 378
Atem- und Pulskurven 47
Atman 355, 360
Auffassung 23
Auffassung 23, 132, 207ff, 227, 236, 325, 327, 331
– Behinderung der 208
– typische Formen der 236
– Verkoppelung mit Handeln 373
Aufklärung 105
Aufmerksamkeit, -sstörung 33, 36, 78, 88
Auge 368
Ausgleich 226, 229
– des Energiegefälles, der Gegensätze 225, 231ff, 234, 337, 349f
Aussen, -welt (s. auch Innen) 46, 62, 147, 153f, 199, 291, 319, 331ff, 346, 374, 389, 392
– Abwendung von der 110, 205
Autismus 219
Autoerotismus, autoerotisch 195, 198f, 203, 206ff, 218f, 291
Automatismus 18f, 54, 70, 74, 78, 88, 165, 381
Autonomie (Eigengesetzlichkeit), autonom (s. auch Bild, Komplex, Psyche, Unbewusstes) 49, 51, 53, 55, 65f, 69, 87, 99, 114, 129ff, 167, 170f, 259f, 268, 293f, 307f, 319, 325, 333, 353
Autorität 152, 212, 394
– Über-Ich als 162
– väterliche 179, 212, 275, 394ff
– – Introjektion der 152, 161, 275, 394

Bahnung, alte (s. auch Ubw. koll.) 93, 136, 172f, 178f, 368
Bedeutung (s. auch Traum) 117, 130, 187, 189, 193, 263, 268, 306f, 315, 320f, 390
– feststehende 310, 337f, 340f
– Symbolbedeutung 117, 228, 306, 340f
– Vieldeutigkeit 266f, 339
Bedeutungseinheit 265f, 307
Bedeutungskern, -smittelpunkt, -szentrum 120, 129, 259, 266f, 307, 322, 326, 368f, 371f, 397
– Gefühlston und Bedeutungszentrum 307
– Traum als 307, 322
– Umkreisung des 266f
Bedürfnis, -befriedigung (s. auch Spannung) 110, 199, 236
Bedürfnisspannung 149, 188, 242
Beeinträchtigungskomplex 112
Befragung (s. auch Subjekt) 254, 257,

259, 267, 289, 321, 327, 340
Beobachter, Rückwirkung auf das Beobachtete 387f
Beobachtung 385, 387f
beschreibende Psychologie s. d.
Besessenheit 19, 35, 39, 49, 51, 54, 56, 271, 297f, 396ff
Besetzung, -senergie (s. auch Ich) 148, 169, 188, 198
– Wandel der 81, 87, 94, 148
Besinnung, Besonnenheit 153, 161, 315
besitzenwollen 211
Betrachtungsweise (Auffassung, Fragestellung, Gesichtspunkt, Methode, Orientierung, Sicht, Standpunkt) 70, 259, 323, 329
– biologische 296, 315, 391
– dynamische 46, 223, 228, 284
– energetische 104, 220ff, 223, 226, 284
– finale, konstruktive, prospektive 64, 124f, 261ff, 264, 286ff, 303, 315, 320, 322f, 325, 327
– ganzheitliche 86, 106, 162, 191, 246f
– kausal-reduktive, mechanistische 41, 99, 126, 261f, 263ff, 320, 322f, 327, 338
– konkretistische 178
– moralische 205
– naturwissenschaftliche 104, 280
– objektive, subjektive 47, 99, 378
– phylogenetische 181
– symbolische 74, 194, 215, 247, 340
Bewegungsablauf 147, 149, 227
– Dualismus des 80, 147ff
– freiströmende und gebundene Energie 80f, 147f, 169, 196
bewusst s. Einstellung, Ich, Komplex, Persönlichkeit, Über-Ich, Wert
bewusst-unbewusst 49f, 60, 94, 157ff, 169, 223f, 317f, 333, 354, 388
– Ausgleich zwischen 229
– Diskrepanz, Konflikt zwischen 60, 72, 90, 282, 321, 348
– Durchdringung von 50, 328
– als Ganzheit 157, 354, 383f
– Kooperation von 88, 104, 144, 158, 318
– Relativierung von 381ff
– Überbrückung von 322, 347, 350
– Unbestimmbarkeit von 381, 383f
Bewusste, das 86f, 167, 170
Bewusstheit 50, 55, 156, 161, 381f, 386f
– Komplementarität des Gedächtnisses zur 387
– Relativierung der 381
– im Unbewussten 382
Bewusstmachung (s. auch Projektion, Verdrängte, das) 49, 148, 155, 164 235, 252, 255f, 345, 347, 350, 386, 388
– vor-bewusst-machen 155, 164
Bewusstsein, -sfunktion (s. auch Schuld, Verantwortung) 14, 19, 37, 49, 53, 56, 72, 91, 94ff, 138, 143, 146, 154ff, 160, 163f, 167ff, 182, 224, 226, 230, 285, 288, 305, 308f, 312, 315, 324f, 328f, 331, 334, 345ff, 349f, 352, 358f, 368ff, 371, 373, 375f, 380ff, 383f, 386f, 388f, 392
– approximatives 382
– Differenzierung des 90
– Differenzierung des 90, 104, 157f, 284
– als Diskrimination, Unterscheidung 90, 163f
– Doppelbewusstsein, double conscience 18f, 55
– Einseitigkeit des 285, 319
– Einstellung des 91, 93, 97, 247, 289, 319, 322, 327, 348, 351, 358f
– Entstehung des 57, 89, 211
– Erneuerung, Erweiterung, Wiedergeburt des 57, 138, 165, 288, 328
– fringe of consciousness 168, 384
– Gerichtetheit des 90
– Held als Wiedergeburt des 165
– Hybris des 163
– Ich als Subjekt persönlicher Bewusstseinsakte 160
– – als Zentrum des 160f
– Ichbewusstsein 34, 98, 383
– Inkompatibilität von Schatten, Verdrängten mit dem 94, 167f
– kollektives 161, 246f
– Komplementarität von Gedächtnis und 154f, 387f
– – vom Unbewussten und 388
– als Licht, Luminositas, Helligkeitsgrad 156, 163ff, 381ff, 384

– Relativierung des 382ff
– Schuldbewusstsein s. d.
– Spontaneität des 226
– im Traum 305, 316f, 319, 325, 327
– Unbewusstes und 104, 158, 170, 230, 246, 284, 349, 353, 355, 380, 388, 392
– Verantwortungsbewusstsein s. d.
– als Vorbedingung des Ich 160
– als Wahrnehmung 154f
Bewusstseinsentwicklung 90, 93, 164, 284, 287
Bewusstseinslage 6, 131, 316ff, 326ff
– Inkompatibilität mit der 66
– Kompensation der 316ff, 327
Bewusstseinspsychologie 54, 156, 158, 383
Bewusstseinsschwelle 145, 168
Bewusstseinsunfähigkeit (s. auch Psychoid-Unbewusstes, Verdrängte, das, Vorstellung) 48f, 79, 82, 87, 94, 98, 145f, 170, 371, 375, 380, 384, 392f
Bewusstwerdung 50, 63, 65, 154f, 164, 284, 341
– als schöpferischer Prozess 164
Beziehung, -sform, symbolische 397
– Symbolbeziehung 71, 74f, 85, 299, 302, 308, 310, 322, 337f, 339ff, 342f, 352
– Vierheit von 357
Bild 44f, 66, 94, 102, 130, 162, 169, 173f, 192f, 212ff, 218, 223, 228, 236f, 241, 247, 263, 266f, 288, 306, 309, 312, 321, 331, 343, 345f, 350f, 353, 355f, 361, 363, 368f, 373, 389f, 399
– Affekt und 312
– archaisches 46, 96, 118f, 131f, 217, 237, 240, 263, 312, 327, 351
– – als Energietransformator 229
– archetypisches 44, 132f, 134ff, 137f, 191, 205, 213f, 246, 322, 327, 345f, 367f, 371f, 377
– – als anordnender Faktor 136, 368, 371
– – als Energieumwandler 220
– – als Gottesbild, Gottesidee, Götterpaar 247, 345, 359, 362
– – als Grundform, des Auffassens, Erlebens 132, 134f, 236
– – Instinkt und 44, 167, 172, 236f, 373f
– – als schöpferisches Zentrum 136f, 139, 368
– – als Selbstabbildung des Instinktes, Triebes 191, 237, 373
– – als Strukturelement 135ff, 229
– – als ererbte, praefigurierte Vorstellungsmöglichkeit 134, 241
– Autonomie des 66
– als Energiezentrum 130
– Idealbild s. d.
– Inzestbild s. d.
– Situationsbild s. d.
– Trieb und 191, 373f, 376
– Urbild s. d.
– urtümliches 44, 116, 132, 168, 171, 205, 238, 264, 333
– – Autonomie des 129f
– – als Gefühl und Gedanke 130
– – Gesetzmässigkeit, Konstanz des 131f, 133
– – Instinkt und 44f, 235, 237, 247, 373
– – konstellierende Wirkung des 129
– – Numinosität, Faszination des 97, 129ff, 132, 162, 171, 238, 241
– – prospektive Bedeutung des 264f
– – Sinn des 130, 171
– – Wiederholungscharakter des 131, 133f
– – als Wirklichkeit, innere 131, 133f
Bindung 196, 199, 331, 346
– Elternbindung s. d.
– infantile 200, 235
Biologie, biologisch 45, 81f, 126, 128, 136, 149, 151, 179, 188f, 191, 196, 242ff, 246, 278, 292, 296, 313, 315, 374, 376, 391, 395
– Betrachtungsweise, biol. s. d.
– Funktion s. d.
– als Grundlage des Psychischen 242
– Neurose, biologische Begründung der 82, 278
– Psychologie und 81f, 189, 191, 243, 372, 375
Bisexualität 199ff, 243, 275, 278, 356f
Böse, das 191, 312
Brenn- und Knotenpunkte s. Komplex
Buddha 355

Causa morbi 38
Chiffriermethode 339
Christentum 355
Christus, Jesus 238, 355, 360
Circumambulation 355
Complexio, Coniunctio oppositorum, Selbst als 354
Corpus alienum 379
Creatio continua 379
Cross-Cousin-Marriage 242

Dämmerzustand 18
Dämon, -englaube, Dämonisierung 56, 396f
Deckerinnerung 71, 79
Dementia praecox (s. auch Schizophrenie, Toxin) 39, 86, 188, 218ff, 291f
Denken, Denkbeziehung, -modell 26, 177, 208, 341, 385f, 399
- archaisches, assoziatives, mythologisches, phantastisches, subjektives 72ff, 115f, 203
- gerichtetes, geordnetes, logisches 147
- physikalisches 221
- in Symbolismen 76
Denkfunktion 209
Depression, psychotische 72
Desintegration (désagrégation psychologique) s. Persönlichkeit
Determiniertheit, Determinismus (s. auch Traum) 23, 26, 31, 72, 100, 217, 278, 281, 298ff, 300, 307, 321, 379, 385
Deus absconditus 245
Deutung (s. auch Objekt-, Subjektstufe, Symbol, Traum) 254, 257, 261, 299, 309f, 312, 322f, 326, 328ff, 331, 337ff, 340f, 368
Deutungsschema (Leibschema) 339, 341
Disposition 45, 60, 177f, 181f
- ererbte, konstitutionelle 46, 177f
- funktionelle 134
- phylogenetische 182
- praefigurierte 135, 367
Dissoziation, Dissoziabilität (Spaltung, Spaltbarkeit, Zerfall) (s. auch Erlebnis, Gegensätze, Persönlichkeit, Psyche) 18, 43, 56f, 62, 69, 78f, 91, 98, 100, 145, 164, 167, 224, 280ff, 284f, 290ff, 293ff, 328, 346, 381f, 384
- von Affekt und Vorstellung 23, 43, 55, 57, 79, 86, 145, 169
- -stendenz und Einheitstendenz 102, 126
- Neurose als 57, 62, 282, 285, 290ff
- systematische, unsystematische 294
- als Ursache der Symptombildung 145
- Verdrängung und 98, 167
Dissoziationsmechanismus 23, 57, 79, 86
Dominanten 132, 144, 165, 372
- archetypische 165
Drama, klassisches 307
Dramatisierung 302
Drang 149, 192, 252, 397
Dualismus, Dualität (s. auch Bewegungsablauf, Syzygie) 80, 147ff, 356, 390
- männlich-weiblich 345, 356
Dynamik, dynamisch 40, 62, 77, 100, 102, 104, 126, 145, 166, 168, 194, 216, 220, 222f
- Betrachtungsweise, dyn., s. d.
Dynamisch-Unbewusstes 168

Echte, Eigentliche, das 120, 193, 301, 342, 350ff
Eifersucht gegen den Vater 199
Eigentätigkeit s. Spontaneität
Einfall 254, 257ff, 260, 264f, 267f, 306, 321, 339f, 368
- Absperrung des 24, 255
- freier, Methode des 23, 251ff, 254, 256f, 259ff, 265, 267, 299, 323, 338ff
- gebundener 265f, 267f
- Kausalnexus zw. Erinnerung, Symptom und s. d.
- schöpferischer 138, 306
Einfühlung 326
Einheit, -sprinzip, -stendenz, einheitlich (s. auch Individuum, Persönlichkeit, Psyche, Selbst, Struktur, Traum, Unbewusstes) 19, 26, 42, 44, 55ff, 62, 65, 102ff, 105, 126, 166, 189, 220, 247, 265f, 293, 298, 307, 321, 326, 351, 353, 360, 383

– Bedeutungseinheit 265, 307
– Dissoziations- und Einheitstendenz 102, 126
– und Vielheit 102f
Einschränkung, Selbsteinschränkung 196, 395
Einstellung, -sweise (s. auch Bewusstsein) 63, 89, 91, 93, 97, 158, 242, 247, 282, 284, 319, 321f, 327, 348, 351, 358f, 386, 397
– ambivalente 201, 275f
– bewusste 97, 247, 319, 327, 351
– Einseitigkeit der 285, 319
– habituelle 205, 214, 326
– neue 289, 348, 351, 358
Einstellungstypen 89, 284, 351
Eltern 123f, 200, 205, 213f, 218, 234, 241, 244, 278, 346
– Ablösung von den 205
– Kind, Abhängigkeit von den 200, 211f, 234, 243f, 278
– als Sexualobjekte 212
– als Träger von Imagines 212ff
– Widerstand gegen 124
Elternbindung 164, 198ff, 202, 205, 212, 244, 275, 344, 346
– inzestuöse 211, 274f
Elternimago (-bild) 212ff, 218, 345f, 351
Elternkomplex 240, 395f
Emotion, emotional 18f, 20, 22, 33, 35, 41f, 47, 55, 65f, 85, 130, 166, 199, 324, 345, 363
Empirie, empirisch (s. auch Psychologie, Wirklichkeit, Wissenschaft) 21, 27, 37, 40, 222ff, 227f, 253f, 353, 359f, 375f, 387, 391
– Nachweis, empir., des Unbewussten 24, 37, 103, 143f, 253
– Selbst als empirisch und transzendent 353f
Enantiodromie 231
enchaînement 24, 26, 33, 258, 260, 268, 280, 299, 321
endogam 242, 357
Energetik, energetisch (s. auch Aequivalenzprinzip, Spannung, Wert) 47, 104, 130, 216ff, 220ff, 224ff, 227f, 230f, 307, 314f, 318, 337, 375
– Ablauf, energet. 220, 224, 226, 231, 264
– Betrachtungsweise, energet. s. d.
– biologische 216ff
– des Lebensprozesses 231
– physikalische, psychische, psychologische 216, 220f, 318
Energie, -quantum, -spannung, -wert (s. auch Heilung) 81, 130, 151, 167f, 220ff, 223ff, 230f, 233, 237, 306, 337, 349, 375, 387
– Absinken der 72, 381, 387
– als Ausgleich zw. Gegensätzen 233
– Entzug der 53
– Erhaltung der 220, 223f, 225f
– frei strömende und gebundene 80f, 147f, 169, 196
– Gefälle, Potential der 220, 225f, 228ff
– Gegensatzspannung als Grundlage der 230f
– Grundformen der 224
– als Grundlage von Aequivalenz- und Konstanzprinzip 224ff
– Lebensenergie s. d.
– physikalische 220f
– Progression und Regression der 202, 284, 287
– psychische 194, 216, 230f
– Umsetzung, Umformung, Überleitung der 81, 217, 225, 228f
– Wandlung, Umwandlung der 223
– Wertintensität der 222, 228
Energiebegriff 215ff, 220ff, 223
Energiebesetzung 148, 169, 202
– Wandel der 81, 87, 94, 148
Energietransformator (s. auch Bild, Symbol) 220, 229, 337
Entladung, motorische 312
Entropie 220, 225f
Entscheidung 160, 162
Entsprechung 359
Entstellung, entstellen (s. auch Kindheitserinnerung, Phantasie, Traum, Verdrängte, das, Weltbild, Wunscherfüllung) 25, 72f, 110, 115f, 120, 179, 197, 203, 300f, 308f, 310f, 339, 341f, 350
Entstellungsmechanismus 79, 301
Entwertung, Motiv der 88f
Entwicklung, -sgeschichte, -sprozess,

-svorgang (s. auch affektiv, Individuum) 48, 73, 90, 93, 105, 157f, 162, 164, 200f, 205, 207f, 215, 234f, 259f, 262, 265, 281, 284, 287, 304, 312, 320, 322, 324ff, 331, 333, 337, 348
– Bewusstseinsentwicklung s. d.
– Hemmung der 315
– Ichentwicklung, gestörte 272ff, 278
– Libidoorganisation als Grundlage der 273
– Persönlichkeitsentwicklung s. d.
– Sexualität als Grundlage der 273
Entwicklungslinien 19, 260, 262, 312, 323
Entwicklungsstörung, -sschädigung (s. auch Ich-Entwicklung, Sexualität) 189, 196, 205, 262, 272f, 277f
– Auffassungsbehinderung als Ursache von 208
– Wissenstrieb als Ursache von 208
Entzweiung s. Dissoziation
– mit sich selbst 282, 284, 290
Epidemie, hysterische 396
Erbmasse 172
Erbschaft, Erbgut 177, 179, 209
– archaische, archetyp., phylogenet., 58, 98, 121, 143, 151, 176f, 180, 183, 209, 393
Ereignis, -wert (s. auch Kindheitserlebnis) 203, 261, 268, 383
Erfahrung, erfahrbar (s. auch Gott, Selbst) 46, 131, 135ff, 138, 154, 178, 222, 240, 267, 353f, 358, 360ff, 363, 367, 369, 378, 399
– Bild als Erfahrungsmatrix 137
– von Gott, Selbst 358, 360, 362f
– Ich als Bedingung der 138, 153f
– innere 361f
– des Numinosen, Religiösen 358ff, 361ff, 369, 371, 397f
– Urerfahrung 322, 362
Ergriffensein 19, 362, 369
Erinnern, Methode des 252f, 255, 280
Erinnerung, -smaterial, Reminiszenzen (s. auch Kausalnexus) 24f, 58, 95, 159, 167f, 181, 183, 196f, 203, 224, 240f, 252f, 254, 257f, 263f, 266, 286, 321
– Deckerinnerungen 71, 79
– historische 59, 98 183
– infantile 116, 203, 240f
– Kindheitserinnerung s. d.
– persönliche 58, 116, 167f, 263
– symbolische Bedeutung der 203
– traumatische 201, 260
– verdrängte, abgewehrte 24f, 254, 262
– Wiedererweckung, Wiederbelebung der 25, 81, 196
Erinnerungsdichtungen 109, 197, 283
Erinnerungsspuren, -sreste 25, 127, 144f, 155f, 158, 164f, 182, 204, 252
– kollektive, historische, praehistorische 98, 121, 178, 180, 393
– verdrängte 147f, 182
– Wahrheitswert der 25
Erinnerungsstörungen, -fälschungen, -lücken 24f, 36, 40, 85, 110, 117, 262
– der Phantasie 73, 110, 117, 120, 203
Erinnerungssymbol 179
– Symptom als 75, 301, 342
Erkenntnis, -wert 322, 333, 360ff, 389, 393
– Relativität des 361
Erklärung, erklären 342
– und Verstehen 322f
Erleben, Erlebnis, -wert (Eindruck) 25, 33, 40, 42f, 45f, 85f, 97, 121, 131, 134, 181, 188, 195f, 204f, 208, 334, 356, 360ff, 363, 367, 374, 381, 393, 399
– Dissoziation des 57, 145
– Erkenntniswert des 360ff
– Ganzheits-, Totalitätserlebnis 354, 360
– Initialerlebnis s. d.
– Kindheitserlebnis s. d.
– religiöses, numinoses 40, 360, 362f, 371
– traumatisches 48, 55, 78, 81, 145
– Zerstörung des Erlebniskomplexes 57, 295
Erleuchtung 306
Ernährung, -sfunktion, -strieb 206, 212, 311
erogen s. Zone
Eros 149, 189, 191, 244, 272
– und Todestrieb 189
Erregung, -squantität, -sspur 35, 145, 147, 155, 242
Erregungssumme 23, 40, 79, 223, 225

Ersatz, -befriedigung, -bildung (s. auch Symptom) 23, 26, 43, 72ff, 110, 115, 120, 150, 203, 217, 224, 227f, 279, 284, 303, 321f, 342, 352, 397, 399
- Symbol als 342
- Traum als 301, 303
Erziehung zur Realität 280, 395
Es 83, 150f, 154, 156, 177
- Ich, Über-Ich und 60, 104, 150f, 153f, 280, 291
- als Libidoreservoir 151f
- Unbewusstes, Beziehung zum 83, 150f
- als Ursprung der Triebschicksale 151
ESP — Phänomene 378
Ethnologie 150, 346
Ethos 61
existences secondes 51, 55, 78
exogam 242, 357
Experimentalpsychologie, experimentell 47, 105
Extensitätsfaktor 222
Extraversion, hysterische 89, 284

Familie, Familienroman 123
- Sexualität als Befreiung aus der 190
Fassade 310
Fehlentwicklung (s. auch Neurose, Sexualität, Wissenstrieb) 208, 262, 272f, 277f
Fehlleistung, Fehlhandlung 26, 36, 49, 71f, 74, 224
Feld s. Physik, Unbewusstes
Feuer 238
Fiktion 25, 234, 327
Finalität, final (prospektiv) (s. auch Funktion, Methode, Phantasie, Symptom, Traum) 64, 75, 93, 122, 124f, 127f, 228ff, 238, 261f, 263f, 276ff, 286ff, 303f, 315, 320, 322ff, 325, 327, 343
- Betrachtungsweise, finale s. d.
Finsternis 348, 357
Fixierung (s. auch Ich, Kindheit, Libido, Neurose, Sexualität, Trieb) 49, 61, 81, 196f, 201, 205, 219, 224, 273f, 277f, 283, 299, 301, 393
- als Ursache der Neurose 81, 197, 273f
Fixierungsstellen 61, 199, 201ff
- Anziehungskraft seitens der 111, 273
- Regression auf 61, 169
Flucht 205, 283
Folklore 266
fonction du réel 88, 112, 219
Fortschritt, geistiger 65, 124
Fragment, Fragmentierung (s. auch Persönlichkeit, Psychose) 62, 160, 169, 291
Fremdsuggestion 245
fringe of consciousness s. Bewusstsein
Frustration (Versagung) 201f
Führer, geistiger 325, 347
Funktion, funktionell (s. auch Disposition, Traum) 82, 124, 126, 134, 149, 153f, 187, 206f, 209, 245f, 284, 291, 300, 302ff, 315f, 318, 320, 350, 358, 369, 395
- biologische 245, 315
- differenzierte 91, 193
- Gegensatzfunktion 158, 235, 247
- inferiore, minderwertige 91f, 193, 285, 354
- kompensierende 304, 313, 317
- moralische 153
- Orientierungsfunktion 284
- partie inférieure de la fonction 191
- prophetische 320
- prospektiv-finale 303f
- psychische, psychologische 60, 318, 359
- religiöse 359
- schlaferhaltende 126, 300, 315
- der Selbstdarstellung 313
- der Selbstregulierung 126
- Sexualfunktion s. d.
- superiore 354
- symbolbildende, synthesenbildende 348f
- transpsychische, transzendente 157, 348f, 354, 380
- Wunscherfüllungsfunktion 313
Funktionsstörung des Archetypus (s. auch Psychose) 295

Ganzheit, -serlebnis, -sstruktur, -surteil, ganzheitlich, Ganze, das (s. auch Mensch, Persönlichkeit, Psyche, Sinn) 42, 44, 51, 61f, 65, 69, 85f, 93f, 100ff, 104, 106, 150, 157f, 159, 162f, 191, 226, 230, 241, 246ff, 258, 281, 286f, 289, 307, 319ff, 322, 326, 346, 349, 351, 353ff, 356f, 360, 363, 375, 383f, 388, 390
- Betrachtungsweise, ganzheitl. s. d.
- gestörte 281
- männlich-weibliche 346
- Mechanismus und 104
- potentielle 353
- Symbol, Beziehung zur 350, 353ff
- vierfache Grundlage der 357
Ganzwerdung 247
Geborgenheit 239, 344
Geburtsphantasie 124
Gedächtnis 88
- Komplementarität zum Bewusstsein 154f
Gedächtnisstörungen 36, 53, 255
Gedanke 76, 94, 130, 146, 169, 328, 338f, 368f, 389
- Entzug des 87
- Gefühl und 44, 130
- Traumgedanke s. d.
- Urgedanken s. d.
Gedankenübertragung 396
Gefälle (Potential) (s. auch Energie, Gegensätze) 117, 220, 225, 228ff, 232, 238f, 287, 344
Gefühl, -sbindung, -seinstellung 18ff, 33, 40, 44, 62, 123, 126, 169, 212, 326
- und Gedanke 44, 130
- infantile 205
- Schuldgefühl s. d.
- als Wert 40
Gefühlston, gefühlsbetont (s. auch Bedeutungskern, -komplex) 33f, 35, 37ff, 39f, 42ff, 45, 48f, 52, 86, 94, 129f, 159, 166, 190, 211, 235, 307, 313
- Vorstellung, Verknüpfung mit dem 34, 42f, 86, 94, 235
Gegenbesetzung (s. auch Reaktionsbildung, Widerstand, Zwangsneurose) 255, 274, 278f
Gegensatz, Gegensätzlichkeit, gegensätzlich, Gegensatzstruktur (s. auch Affekt, Strukturform) 23, 50, 60ff, 64f, 78f, 90, 94, 117, 130, 157, 164, 201, 210, 218, 229ff, 232ff, 235, 238, 245, 253, 279, 283ff, 287, 303, 344, 347f, 349f, 356f, 372, 374ff, 377, 382, 390, 399
- Ausgleich der 231ff, 234, 337, 349ff
- Dissoziation, Trennung, Zerfall der 62, 164, 285, 346
- Drittes (Tertium) aus den 287, 348, 350
- Gefälle zwischen den 117, 287
- Kompromissbildung von 79
- Neurose als 272, 282f
- Polarisierung der 231f, 234
- Symbol als Mittler zw. den 349
- symmetrische Anordnung von 357
- Symptom als ubw. Gegensätzlichkeit 23, 61
- Überhöhung, Überbrückung, Vereinigung der 117, 157, 287, 318, 329, 347ff, 350ff
- Umschlagen der (Enantiodromie) 231
Gegensatzfunktion 158, 235, 247
Gegensatzspannung 60ff, 64, 94, 130, 194, 210, 231, 233, 283f
- als Energetismus des Lebensprozesses 231
- als Grundlage der Energie 230ff, 233
- und Symbolbildung 130
- Symptom als 23
Gegenwart, -skonflikt, -ssituation 32, 62f, 175, 194, 204, 262, 283
- Vergangenheit und Gegenwart 203f
- Zukunft und 125, 127
Gehirn, -struktur 136, 332
- kollektives Unbewusstes und 172, 175
Geist 32, 53, 58, 78, 124, 230, 238, 240, 306, 333, 347, 349, 352, 368, 371, 375, 377, 393
- An-Sich des 375, 377, 393, 396f, 399
- bilderschaffender 130, 305
- als Formprinzip des Triebes 210
- Instinkt als energetischer Aspekt des 375
- Keimanlage als Geist in nuce 209
- männlicher 347
- Materie (Stoff) und 376f, 390

– Natur und 61, 130, 218, 233, 349, 390
– primitiver, urtümlicher 73, 119, 129
– Selbsteinschränkung des 395
– als spiritus rector 375
– Trieb und 210, 238, 245, 350, 374f
– Ungeist 394
– als Wirklichkeitsaspekt 390f
– Zeitgeist 320
Geister als autonome Komplexe 54
Geistesfunktion, Keimstätte der 124, 209
Geisteskranker, Geisteskrankheit 31f, 54, 87, 96, 112f, 122, 167, 317
geistig (s. auch Entwicklung, Erbmasse, Fortschritt, Führer, Schicksal, Sexualität, Über-Ich, Wiedergeburt) 34f, 65, 124, 162ff, 172f, 193, 218, 245, 337, 358, 367f
Geistquaternio 358
Geltungstrieb 311
genital 198, 341
Genuss- und Leistungsfähigkeit 273
Gerichtetheit (s. auch Denken, Bewusstsein) 90, 147, 226
Gesetz, -mässigkeit (s. auch Psyche, Unbewusstes) 47, 70, 81, 132f, 135, 147f, 169, 227, 251, 257, 267f, 321, 325, 374
– Naturgesetz, statistisches 385
– Wahrscheinlichkeitsgesetz 385, 389f
Gestaltung, -sprinzip 72, 113, 267, 319, 321, 329, 352, 369f, 374, 382, 399
– archetypische 267, 382
Gesundheit 187, 190
Gewissen 152, 162, 394
Gewissensangst (vgl. Über-Ich) 153, 277, 394
Glaube 239, 360f, 395, 399
– Aberglaube 396
Gleichgewicht, -slage (s. auch Kompensation) 232, 248, 319, 325
Gleichnis, Gleichnissprache 390, 399
Gnostizismus 356
Gott, Gottheit, göttlich (s. auch Erfahrung, Symbol) 84, 132, 183, 233, 345f, 355f, 358ff, 363, 392, 395, 397
Gottesbild, -erneuerung, -mord, -symbol, -vorstellung 117, 161f, 179, 183, 233, 247, 345, 355, 358ff, 362f
– als Paradoxon 233
– Wiederbelebung des 358
– als Entsprechung der Seele zu Gott 359
– als Beziehung zum Selbst 359f, 362
– Über-Ich als 161
Götterpaar (Syzygie) 345f, 356
Grössenwahn (Paranoia) 188, 198, 218
Grössere, das (s. auch Persönlichkeit, Psyche) 58, 64, 70, 85, 94, 97, 99, 139, 144, 158, 162f, 170, 175, 241, 281, 290, 322, 331, 362, 395, 397
Grundform, Grundstruktur (s. auch Energie, Erleben, Psyche) 65, 131f, 134f, 224, 236, 367, 370f, 375, 377, 389
– unanschauliche 165, 370
Grundregel, technische 254
Grundsprache 340
Gut und Böse 392

habituell (s. auch Einstellung, Unbewusstsein, Vergessen, Verhaltensweisen) 38, 88f, 205, 214, 326
Halluzination, halluzinatorisch (s. auch Traum) 19, 54, 56, 95, 165, 298, 300, 317
Handeln 74, 190, 236f, 304, 367f, 373
– Auffassung und 373
Hass 110, 214
Hedonismus 126, 311
Heilung, heilen (s. auch Neurose) 64, 196, 225, 252, 254, 290
– heilen als Auffinden verlorener Energien 225
Heiratsquaternio 356ff
Held, -enmythus 164f, 330
– als Erneuerung des Lichtes 165
– als Wiedergeburt aus der Regression 165
Helligkeitsgrad 160, 163, 381f, 384
Hemmung, Hemmvorgang 94, 153, 303, 308
– als Sekundärvorgang 80f
hereditär 195ff, 199
Hermeneutik, hermeneutisch (s. auch Traum) 266, 323f, 327, 337
– Amplifikation und 266, 337
– Methode, hermeneutische s. d.

Heros 183
Hexe 346
Hiranyagarbha 355
Hirnrinde s. Projektion
Historie, historisch 127, 361, 397
– Erinnerung 59, 98, 183
Historisch-Verdrängte, das 183
Höhle 218, 229
Homo maximus 69
Homo religiosus 359
Homosexualität 43
Hunger 188, 246
Hybris 163
Hyperaesthesie, Hypermnesie 95, 165f
Hypnoid, -theorie 60, 78
Hypnose 19, 201, 252, 254
– posthypnotische Suggestion 24, 146, 252
Hypothese, biologische 81f, 243
Hysterie, Hysterielehre, hysterisch (s. auch Extraversion) 14, 18, 25, 31, 38, 42, 55f, 60, 69, 78f, 86, 88f, 109, 148f, 165, 192, 219, 274, 284, 339, 396
– Angsthysterie s. d.
– als Dissoziationsmechanismus 86
– als Extraversionsmechanismus 89
– Konversionshysterie 79, 279
– als Persönlichkeitsspaltung 69

Ich 48, 51, 55, 63, 78, 80ff, 85, 88, 90, 92f, 104, 119, 138, 150ff, 153ff, 157ff, 160f, 169, 188f, 196, 198, 200, 234, 272f, 275ff, 278, 280, 283, 322, 327, 353, 355, 358, 363, 368, 382ff, 395
– Abspaltung vom 52ff, 58, 87, 92, 145
– als Abwehrinstanz 23, 81f, 158, 273, 277f
– als Angstsignal, Angststätte 153, 159, 277
– Assimilation an das 119, 160, 247, 254, 312
– Besetzung, libidinöse, des 188, 198
– Bewusstsein als Vorbedingung des 160
– als Subjekt bewusster Akte 159f
– Dunkelheit der Psyche als Basis des 163
– als Erfahrungsbedingung 138, 153f
– Es und 60, 104, 150f, 153f, 291
– Festigkeit, Kontinuität des 162
– Fixierung im 219, 277f
– als Funktion der Besinnung, Vernunft 153, 161
– als Gegenspieler des Selbst 163
– Inkompatibilität von Affekt, Komplex, Trauma, Verdrängtem mit dem 22, 48, 65, 78, 85, 98, 145, 189, 272
– als konstante Personifikation des Unbewussten 163
– als Ort von Freiheit und Entscheidung 162
– Reaktionsweisen des 178
– als Realitätsprinzip, -anpassung, -prüfung 153f, 161, 280, 395
– Schatten und 92
– Traum-Ich 161
– Über-Ich und 83, 150f, 153f, 160f, 169, 291
– Überschätzung des 158f
– Unbewusstes und 157, 160, 162f, 349
– als Unterscheidung von Gegensätzen 349
– Verdrängung und 82, 280
– – Ich als verdrängende Instanz 82, 273
– vorbewusstes 153, 155, 161
– als Zentrum des Bewusstseinsfeldes 160f
– des Vorbewussten 81
ichähnlich s. Komplex, Struktur
Ichbewusstsein 34, 98, 383
– Herabsetzung des 314
Ichentwicklung, gestörte 272ff, 278
Ichfunktion 153f
– Versagen der 291
Ichideal 82
Ichkern 169
Ichkomplex 52, 57f, 159f, 382f
Ich-Libido 149, 188
Ich-Persönlichkeit 101, 138, 158, 272, 293
Ichpsychologie 14, 82, 84, 150, 152, 242, 272f, 277
Ich-Trieb 149, 188
Ideal, kollektives 99
Idealbild 152
Identifikation, Identifizierung 200, 274f, 337, 343f, 383

– narzisstische 275
Identität, -sbeziehungen 337f, 340ff, 352, 391
– von psychisch und physisch 391
Idiosynkrasie 334
I-Ging 378
Illumination 369
Illusion 122, 312, 327
Imagination 204, 215, 283
– aktive 230, 369, 373
Imago (s. auch Eltern) 129, 321f
Imperativ, kategorischer s. Über-Ich
Individualität, individuell 52, 100, 102f, 183, 236, 330, 349
Individualpsychologie 182, 316
Individuation, -sprinzip, -sprozess 102ff, 157ff, 325, 349, 362
– Syzygienmotiv und 356
Individuum 41, 81, 93, 138, 150, 152, 204, 247, 262, 287, 323, 331, 333f, 347, 351, 358, 360, 368, 399
– als Einheit, Ganzheit 57, 150, 247
– Entwicklungstendenzen des 48, 215, 304
– Selbstverständnis des 138
– Sexualität und 190
infantil (s. auch Erinnerung, Gefühlseinstellung, Motiv, Phantasie, Schutzmacht, Seelenleben, Verhaltensweise) 99, 110, 115, 120, 124, 203, 205, 209, 214, 240f, 255, 279, 382, 396
– Fixierung 323
– Inzestwunsch 228, 234
– Sexualität 124, 152, 194ff, 197, 203, 206f, 208ff, 211, 273
– Wunsch 152, 290, 305
Infantile, das 201
– im Traum 147, 301, 327
– Regression auf das 124, 214, 279
Infantilismus, Infantilzeit (s. auch Anpassung, Sexualität) 25, 99, 120, 187, 195f, 204, 214, 217, 239, 327
– als Ursache der Neurose 187
Inkongruenz s. Affekt, Keimanlage
inferior (minderwertig) (s. auch Funktion, Persönlichkeit, Schatten) 76, 91ff, 94, 101, 193, 285, 354
Informationsquelle s. Komplex, Traum
Initialaffekt 38, 41
Initialerlebnis 260
Inkompatibilität (s. auch Bewusstsein, -slage, Ich, Komplex, Schatten, Trauma, Verdrängtes) 22f, 48, 64ff, 78, 85, 90, 94, 98, 145, 167f, 189f, 272
Innen, Innenwelt (s. auch Erfahrung, Motiv, Wahrheit, Wirklichkeit) 45f, 73, 115, 128, 131, 147, 153, 162, 173, 238, 276, 286, 305, 311, 314, 325, 331, 356, 358, 361ff, 373, 389
– archetypische 389
– geistige 173
– und Aussen 46, 62, 147, 153f, 331f, 374
Instinkt, -handlung, instinktiv 46, 73, 116, 173, 190, 209, 215, 235ff, 247f, 373, 381, 383
– Archetypus als Korrelat des 373ff
– als Besitz, instinktive, archaische Erbschaft 179f, 242
– Bild, archetypisches, Situationsbild und 44f, 46, 167, 172, 235ff, 247, 373f
– als energetischer Aspekt des Geistes 375
– Ganzheit und 248
– als regelmässige Wiederkehr 236f
– als regulierender Vorgang 374
– Unbewusstes, koll. als Grundlage des 173, 236, 373
– Selbstabbildung, Selbstanschauung des 191, 237, 373
– als zwingende Nötigung 236
Instinkttypus 374
Instinktverlust 246, 248
Integrationsvorgänge 57, 138, 234, 346
Intellekt, intellektuell (s. auch Modell) 22, 95, 156, 166, 191, 208, 280, 362, 388f, 395
Intelligenz, höhere 166
– intelligence du cœur 326
Intensität, -szustand, intensiv 145, 314f
– Wertintensität s. d.
Intensitätsspannung (s. auch Über-Ich, Vater) 82, 152, 161, 200, 275, 394
Introversion (s. auch Libido) 89, 111, 219, 284, 286, 291
Intuition 326
Inzest (Kohabitation), inzestuös (s. auch Elternbindung, Libido) 115, 211ff,

214f, 239, 274f, 344f, 356
– symbolischer Gehalt des 344
Inzestangst 201, 274, 276
– und Inzestwunsch 60, 201, 275f
Inzestbild 110, 115, 121, 194, 214f, 217f, 239ff, 344ff, 356f
– als Sehnen nach Wiedergeburt 238f
– als Suchen nach sich selber (s. auch Selbst) 214, 239
Inzestkomplex 238, 241
– als symbolisches Geschehen 238
– als Wandlungskeim 241
Inzestkonflikt 178, 218, 241
Inzestobjekt 202, 212, 275
Inzestphantasie 110, 115, 194, 215, 345f
Inzestschranke 115, 200, 274
Inzesttheorie 194
Inzestverbot, -tabu 81, 178f, 215, 218, 239, 241, 275
Inzestwunsch 115, 178, 199, 215, 218, 228, 234, 239, 312, 344
– infantiler 228, 234
– und Inzestangst 60, 201, 275f
– und Kastrationsangst 215
– verdrängter 228, 239, 312
Irrationale, das, irrational 37, 314, 349f, 352, 354
Irreversibilität 220, 226, 263f
Isolierung 82

Jahreszeiten 355

Kampf 85
– Psyche als Kooperation und 88, 158
Karma 132
Kastration, -sangst, -sdrohung, kastrieren 153, 179, 198, 215, 275f, 394
Kastrationskomplex 176, 200f, 215, 273f, 276, 278
– als Ursache der Neurose 273f, 278
Kategorie, funktionale, materiale, vorbewusste 133, 329
kathartisch s. Methode
Kausalität, kausal (s. auch Betrachtungsweise, Methode, Traum) 31, 194, 249ff, 260f, 263ff, 281, 321ff, 327, 342, 379, 384f, 391
– a-kausal 378, 385, 390
– Relativierung der 385
Kausalnexus von Einfall, Erinnerung, Symptom, Trauma 23f, 41, 78, 225, 254, 257, 260, 280
Keimanlage (s. auch Triebanlage) 206, 233f
– als Geist und Trieb 209
– Inkongruenz der 233f
– als Keimstätte höherer Geistesfunktionen 209
– polyvalente 207, 209
Kern, -komplex (s. auch Psyche, ubw., Ödipus-Komplex) 101, 110, 116, 120, 129, 149, 159, 200, 265f, 307, 322, 326, 368f, 396f
– anordnender 371
– Bedeutungskern s. d.
– Ichkern s. d.
Kernelement 34, 45ff, 50, 55
Kern- und Kristallisationspunkt 145, 257, 266
Kind, kindlich (s. auch Eltern) 84, 123, 181, 193, 195f, 199f, 211f, 213, 244, 278, 373, 393, 395
– Hilfsbedürftigkeit des 243, 395
– Psychologie des 206, 234
Kindheit, -sereignis (s. auch Traum) 62, 110, 116, 149, 167, 169, 181f, 187, 195ff, 199, 203, 205f, 208, 210ff, 214, 233, 240f, 278, 301, 316, 320, 396
– Fixierungen in der 224, 299
Kindheitserinnerungen 110, 116, 181, 196f, 203f, 240f, 255, 283, 289, 342
– entstellte, verdrängte, verfälschte 110, 197, 342
– Phantasie und 181, 204, 255, 283
– regressive Belebung der 41, 122, 240
– symbolische Bedeutung der 203
– als Ursache der Neurose 204
– Wahrheitswert der 196, 203f
Kindheitserlebnis, -szenen (s. auch Phantasie, Urszenen) 25, 41, 80, 109, 180ff, 195f, 199, 203ff, 214 f, 255, 299
– als Grundlage der Neurose 80, 195f, 252, 273
– als Grundtatsache des Seelenlebens 195
– Regression auf 204, 240f
– verdrängte 252
Kindheitskonflikt 59, 61, 196, 204

– Aktualkonflikt und 283
Kindheitstrauma, sexuelles 14, 24f, 41f, 80, 109, 148f, 180, 187, 192, 214, 272
– und Imagination 283
Kirche 229
Koinzidenz, sinngemässe (s. auch Synchronizität) 378f, 384, 390
Kollektive, das, kollektiv 51, 58f, 61, 91, 98f, 121, 161, 171, 178, 180, 183, 193, 246f, 323, 368
– Bewusstsein, koll., s. d.
– Unbewusstes, koll., s. d.
– Urgrund, koll., s. d.
Kollektivpsychologie 183
Kompensation, kompensatorisch (s. auch Traum, Unbewusstes) 111f, 242, 246, 297, 303f, 313ff, 316ff, 319f, 325, 327f, 356
– archetypische, mythologische, religiöse 319f
– der Bewusstseinslage, -seinstellung, 316ff, 319, 325, 327
– durch Ganzheitsbilder 346
– gestörter Gleichgewichtslagen 319, 325
– als Grundgesetz des Unbewussten 317
– planvolle Anordnung der Komp.-Akte 325
– als Ordnungsprozess 325
– Sinnbedeutung der 112
Komplementarität (Reziprozität) 385ff, 390
– von Bewusstem und Unbewusstem 388
– von Bewusstheit und Symptom 387
– von Bewusstsein und Gedächtnis (Erregungsspur) 154f, 387f
– von Bewusstsein und Synchronizitätserscheinungen 387
– von Geist und Materie 390
– von Physik und Psychologie 386ff, 390
Komplexe; komplex 34ff, 38ff, 45ff, 48f, 50ff, 53, 55, 59f, 65f, 69, 85, 87ff, 91, 93f, 98, 101f, 112, 116, 129, 158, 166f, 169, 176, 189f, 192, 200, 215, 259ff, 265, 273f, 276, 278, 285, 307f, 314, 333, 353, 395
– abgespaltene, dissoziierte 44, 52f, 55f, 58, 85, 87, 98, 160, 382, 392
– akute und chronische 39f, 85, 167
– Anziehungskraft seitens der 64
– assimilierende Wirkung des 39, 47
– Assoziationsexperiment als Grundlage 37
– Autonomie des 49, 51, 53, 55f, 65f, 87, 129, 167, 259, 268, 293f, 307, 325, 333
– Beeinträchtigungskomplex s. d.
– bewusste und unbewusste 48ff
– als Brenn- und Knotenpunkte 65
– als corpus alienum 66
– als Einheit, höhere (Ganzheit) 42f, 44, 55f, 65, 307
– Fremdheit, Unkorrigierbarkeit des 96f, 168
– gefühlsbetonte 34ff, 37ff, 40, 48f, 129f, 166
– als Gradmesser der Affektivität 35
– als Grundlage von Struktureinheiten 44
– Ichähnlichkeit des 160, 169
– Ichkomplex s. d.
– als Informationsquelle 48
– Inkompatibilität des Ich mit dem 65
– Inzestkomplex s. d.
– Kastrationskomplex s. d.
– Kernelement (Kern) des 34f, 45ff, 50, 55, 101, 159, 307
– Kernkomplex 110, 200
– Konflikt als Grundlage des 60
– Mutterkomplex s. d.
– Ödipuskomplex s. d.
– Personifikationstendenz des 55f
– Schattenkomplex s. d.
– Selbstzerstörung des pathol. 57, 295
– Sinn des 64, 262
– Systematisierung des 55
– als Teilpersönlichkeit 55f, 65
– Trauma und 38ff, 48f
– unbewusster 49, 52, 54ff, 58f, 64f, 75f, 88, 93, 129, 352
– unpersönlicher 51, 53, 58, 87
– Vaterkomplex s. d.
– verdrängter, inferiorer 87, 93, 96
– Verödung des 86, 291
– Verselbständigungstendenz des 55f, 65

– als Via regia zum Unbewussten 48
– Zweischichtigkeit des 58
komplexe Psychologie s. d.
Komplexmerkmale 34f, 47, 222
Kompromiss, -bildung 24, 26, 70, 74, 79, 111, 150, 242, 256, 278f, 300, 350, 352
– als unbewusster Lösungsversuch 79
– Symbol als 350
– Symptom als 24, 26, 79, 150, 256, 279, 350, 352
– Traum als 300
Konflikt, -situation, 20, 23, 59ff, 61f, 78f, 94, 123, 160, 162, 179, 196, 203f, 209, 211, 218, 241, 262, 266f, 271f, 276, 282f, 285, 294, 319, 327, 330f, 348f, 394
– Aktual-Gegenwartskonflikt 63, 194, 262, 283
– als Grundlage von Komplex, Trauma 60
– Inzestkonflikt s. d.
– Kindheitskonflikt s. d.
– moralischer 60, 63
– neurotischer 60ff, 64, 123, 204, 272, 279, 282f
– psychischer 60, 63, 79, 94
– Urkonflikt 206, 272
– Wiederholungstendenz des 61
Konfrontation, bewusste 65
Konkrete, das, Konkretisierung 183, 229, 238, 241, 371, 397
Konkretismus, konkretistisch 192, 194, 331
– Betrachtungsweise, konkretist. s. d.
– Weltbild, konkretist. 118
Konstanz (s. auch Bild, urt.) 131, 337, 339
Konstanzprinzip (Stabilitätsprinzip), Konstanterhaltung (s. auch Energie) 224f, 392
Konstellation, konstellieren (s. auch Traum) 39, 47, 74, 123, 129, 131, 260, 304, 307, 319, 325, 327, 333
– infantile 123
Konstitution, konstitutionell (s. auch Disposition) 46, 81, 176, 178, 182, 195, 199
konstruktiv s. Betrachtungsweise
Kontamination 93, 309, 314
Kontext 266
Kontingenz 378
Kontinuität (s. auch Lebenstrieb) 162, 218, 324
Konversion, Konversionshysterie (s. auch Symptom) 23, 79, 279
konzentrisch s. Anordnung, Amplifikation
Kooperation (s. auch bewusst-unbewusst) 88, 158
Körper, -welt, körperlich 149, 159, 189, 198, 243, 320, 322, 391
Korrektur, Korrigierbarkeit (s. auch Wirklichkeit) 111, 334, 381
Korrelation 390
Kostbarkeit, schwer erreichbare 164
Kraft 220, 222f
– des Geistes, geistige 193, 367f
Kräftedynamik, -spiel 23, 60, 70, 77, 144, 299
Kranker, krank, Krankengeschichte 24f, 145, 190, 192, 253ff, 258, 267, 281, 344, 356
– als Subjekt der Heilung 254
Krankheit, -sherd, -sursache (s. auch Person) 23f, 69, 187, 252, 254, 258
Kreis, Kreissymbol 354f
Kristallgitter 372
Kryptomnesie 96, 253
Kultur, -gut, -moral, kulturell 63, 81, 152, 162, 196, 202, 230, 241, 323, 326
– Natur und 230
– als Triebverdrängung 83ff

latent s. Traum
Latent-Unbewusstes s. d.
Latenzzeit 81, 94, 196, 199f, 208, 210f, 273f
Leben, -sgesetz, -svorgang, lebendig (s.

auch Anima, Symbol) 61, 125, 135, 151, 158, 164, 190, 195, 230, 244, 262, 264, 286, 318, 320f, 339, 343, 347f, 350ff, 358, 372, 376, 385, 394, 397
– Dämonisierung, Verteufelung des 397f
– als energetischer Ablauf 264
– neue Lebensform, Erneuerung des 125, 164f, 235, 351, 358
– Sexualität als Grundtatsache des 189, 246
– Zielstrebigkeit des 123, 264
Lebensenergie 216ff, 219, 262
Lebenserhaltung, -förderung 315, 346, 350
Lebensfeindlichkeit, -schädigung 315, 394
Lebensgeschichte, lebensgeschichtlich 24, 70, 116, 139, 167f, 204f, 254, 257, 323, 351
Lebenshälfte 234f
Lebensmächte 191
Lebensplan, -form, -prinzip 125, 234, 316
– Phantasie als neuer 125
Lebensprozess 102, 231, 234
– Energetismus des 231
– Phasen des 62
Lebenstrieb 149, 218, 244, 392
Lebenswert, -sziel 326, 349
Leibschema 341
Leiden, psychisches 59
Leistungs- und Genussfähigkeit 273
Leitlinie, Leitbild 64, 152
Leitmotiv 44, 324
Libido, libidinös 46, 81, 89, 125f, 127, 152, 188f, 195, 217, 219, 222f, 229, 239, 324, 333
– Ablösung der 218f, 291
– Angst vor der 153
– Besetzung, libidinöse 198
– Beweglichkeit der 43, 273
– biologische Begründung der 81
– endogame, exogame 357
– Entzug der 195
– Fixierung, -sstellen der 49, 61, 81, 201, 273f
– Ichlibido s. d.
– Introversion der 219, 286, 291
– inzestuöse 239, 274
– als Lebensenergie s. d.
– Monismus und Dualismus der 149
– narzistische 188
– Progression der 284, 287
– psychosexuelle 188, 217
– quantitative Bestimmung der 217, 221f
– Regression der 111, 124f, 197, 201f, 240, 274, 285ff, 291, 392f
– als Sexualtrieb 188
– Umformung, Umsetzung, Verlagerung, Wandlung der 216, 220, 230, 344
– Urlibido 206
Libidobegriff 47, 194, 215ff, 218f
Libidoorganisation (Sexualorganisation) 197f, 202f, 216, 273f
– als Grundlage der Sexualität 273
– Ödipuskomplex s. d.
– Stufen, Phasen der 198f, 202f, 274f
– als Ursache der Neurose 197, 206, 273
Libidoreservoir (s. auch Es) 151f
Libidotheorie, -lehre 187f, 198, 216, 220, 245, 339
Licht, -vision 156, 164f, 218, 233, 306, 356f, 368, 371, 382
– – Held als Erneuerung des 165
– und Finsternis 230, 348, 357
Lichtsamen im Chaos 371
Liebe, -sbeziehung 214, 218, 239, 344, 358
Liebesobjekt 198, 201, 275
– ambivalente Einstellung zum 201
Liebespaar (s. auch Syzygie) 346, 356
Liebesverlust 274
– Angst vor 153, 277
Logos, logisch (s. auch Schichtung) 156, 257, 309, 395
Luminosität s. Bewusstsein
Lust, -gewinnung, -streben 110, 195, 206, 225, 394
Lust und Unlust (Prinzip) 169, 333
– als Regulatoren der Psyche 126, 188, 225, 311
Lust- und Realitätsprinzip 147, 188, 279, 289

Macht, -arrangement, -trieb 64, 216, 246f, 311, 316

Mandala 355
– als spiegelnde Beziehung 355
– Symmetrie des 355
– als transzendentales Ordnungsprinzip 355
Männliche, das, männlich (s. auch Geist)
– Überschätzung des 198
– männlich-weibliche Dualität 345f, 354, 356
Märchen 56, 116, 266, 329
Masse, Auflösung in der 242
Massenpsychologie 182f
Masturbation 198, 200f
Materialismus, materialistisch 100, 118, 320
– wissenschaftlicher 31
Materie (Stoff) 376, 390f
– An-Sich der 377, 391, 393
– Geist und 376f, 390
– transzendentale Natur der 376, 390f
– Trieb als Brücke zur 376
– als Wirklichkeitsaspekt 390f
Mechanismus, psychischer, unbewusster (s. auch Ganzheit) 32, 70, 104, 106, 271, 281, 284, 299, 329
– Betrachtungsweise, mech. s. d.
– Einzelmechanismen s. Abwehr-, Dissoziations-, Entstellungs-, Regressions-, Substitutions-, Symbolisierungs-, Umformungs-, Verdichtungs-, Verdrängungs-, Verschiebungsmechanismus
medizinische Psychologie s. d.
Medizinmann 131
Mehrleistung, -wertigkeit 19, 60, 95ff, 109, 166
Meinung 347
Melancholie 394
Menopause 320
Mensch, -sein, menschlich 105, 190, 196, 281, 319, 352, 358, 394, 397, 399
– androgyner 345
– Ganze des 62, 281, 349
– geistiger, höherer 358
– Verwirklichung des 349
Menschenkenntnis 326
Menschheit, -sentwicklung, -sgeschichte 84, 98, 120ff, 319f, 340, 396
Mesmerismus 17
Messbarkeit 100, 217
Metaphysik, metaphysisch 105, 361f, 372, 375, 379, 390, 392, 397
Metapsychologie, metapsychisch 392, 397
Methode (Analyse) 32, 46f, 252f, 255, 266, 280, 289, 340
– Amplifikationsmethode s. d.
– Assoziationsmethode s. d.
– Einfallsmethode s. d.
– des Erinnerns s. d.
– finale 263f, 276ff, 303, 322, 327
– hermeneutische 120, 266, 268, 323ff, 327, 337
– kathartische 252
– kausale, kausal-reduktive (s. auch Betrachtungsweise) 194, 261, 263ff, 322f, 327
– naturwissenschaftliche 70
– prospektiv-konstruktive 261f, 264
– psychoanalytische 31, 70, 144, 251f, 258f, 302
– des Schätzens s. d.
– synthetische 261, 263f
– Versichern, Methode des s. d.
Minderwertige, das, Minderwertigkeitsgefühl 64f, 316
Misserfolg 20, 24
Mitte, Mittelpunkt (s. auch Persönlichkeit) 69, 103f, 319, 353, 355, 362
– Selbst als unerkennbare 353
Mittler s. Symbol
Modell 132, 341, 371, 385, 388f
– intellektuelle 388f
Moral, moralisch (s. auch Betrachtungsweise, Konflikt, Schatten, Sinn, Traum, Wert, Widerstand) 43, 60, 63, 93, 99, 138, 152f, 161f, 205, 212, 312, 394
– Über-Ich als Moralität s. d.
– – als moralische Funktion s. d.
Motiv, Motivation (s. auch Verdrängung) 56, 73, 87f, 89, 96, 111, 113, 115f, 119f, 126, 131, 169, 192, 300, 325, 345, 356, 369, 372
– archaisches, archetypisches, mythisches, mythologisches 46, 114, 131f, 136, 176, 192, 311, 324, 356
– autoerotisches, infantiles 99, 208
– inneres 73, 115

– objektives, unpersönliches, zeitloses 73, 114, 116
– ontogenetisches, phylogenetisches 58, 98, 120f, 176, 181
– unbewusstes 22, 26, 48, 73, 99, 171, 386
– unmoralisches 99
– Wiederholungstendenz des 134
Mutter 46, 110, 199, 205, 211f, 229, 234, 238, 240, 275f, 351, 356, 395
– furchtbare, lähmende, vergiftende 164, 191
– grosse 347
– Identifizierung mit der 275
– Weisheit der 240
Mutterbild, -imago 218, 240, 345f, 351
Mutterkomplex 46
Mutterleibsphantasie 110, 238
Mythologie, Mythologem, mythologisch (s. auch Trieb) 74, 114, 116f, 119, 132, 150, 237, 266, 346, 356, 369, 381, 392, 397
– mythologische Kompensation 319
Mythus, Mythenforschung, mythisch (s. auch Motiv, Phantasie) 56, 114, 116, 119f, 132, 135f, 183, 192, 239, 329, 392, 399
– Sexualmythus 190

Nachdrängen 170
Nahrung, unsterbliche 165
Narzissmus (s. auch Libido, Psychose) 152, 188, 198f, 202, 242, 274, 292
– paranoische Symptome 198
Natur, -ereignis 190, 210, 233, 238, 246, 310, 333, 346, 349, 358, 368, 378, 385, 390f
– Geist, Gegensatz zur 61, 130, 218, 233f, 349, 390
– Gerichtetheit und Irreversibilität der 276
– Kultur, Gegensatz zur 230
Naturgesetz 385
naturwissenschaftlich (s. auch Betrachtungsweise, Psychologie) 70, 78, 104, 354
Negation, Negativismus 82, 202
Neid 211
Nervensystem, sympathisches 136
Nestbau 373
Neubildung, schöpferische 57, 59, 63, 96f, 167, 312
Neugier 124, 208
Neurasthenie 271
Neurose (Psychoneurose), Neurosenentstehung, neurotisch (s. auch Biologie, Symptom) 19, 22, 25, 38, 41, 57, 60ff, 78, 80ff, 85, 100, 124f, 139, 143, 150, 180, 183, 187, 190, 194ff, 197, 200, 201ff, 204, 208, 214, 218, 235, 252, 256, 258, 271ff, 274ff, 277f, 281ff, 284ff, 287, 289f, 291f, 294, 392, 396ff
– als Abwehr (Verdrängung), missglückte 23, 25f, 78, 94, 273, 278, 282
– Ätiologie der (s. auch Bisexualität, Kastrations-Ödipuskomplex, Kindheitserlebnis, -erinnerung, Libidoorganisation, Sexualfunktion, Sexualität, Sexualtrieb, Trauma, Verdrängung, Versagung) 25f, 37ff, 41, 78, 80ff, 84, 187, 189, 195ff, 200ff, 204, 206, 211, 252, 272ff, 276, 278, 356f.
– als Affektion des Ich 272, 278
– Aktualneurose s. d.
– Angst, neurotische 153
– Angstneurose s. d.
– Besessenheit in der 271, 297f
– als Dissoziation 57, 62, 282, 284f, 290ff
– als Fehlentwicklung 272f, 277f
– Fixierung, -sstelle als Ursache der 81, 197, 273f
– als gestörte Ganzheit 281
– als Gegensätzlichkeit, Gegensatzspannung 272, 282f
– Heilung der 252, 288ff
– Hysterie s. d.
– als gestörte Ich-Entwicklung 272ff, 278, 291
– als Konflikt 60ff, 64, 123, 204, 272, 279, 282f
– Mechanismus der 300
– als missglückter Verdrängungsversuch 26, 78, 94, 273
– narzisstische 274, 292
– als Persönlichkeitserkrankung 69, 85, 273, 281f, 286f

- Phantasie und 214
- Psychose und 291f, 294
- Regression und 201ff, 204, 214, 274, 279, 285, 291, 392f
- Sinn der 280f
- Symptome, neurotische s. d.
- systematischer Aspekt der 294
- Traum und 26, 125, 271, 299ff
- als Triebproblem 272, 278
- Übertragungsneurose 292
- als Uneinssein mit sich selber 282
- Urszenen und 214
- Versagung und 201f, 274
- Vierheit der Faktoren in der 201
- Wahl der 197, 274
- als Wiederkehr des Verdrängten 26, 183, 278
- als Widerstandsproblem 255f
- als Wirklichkeitsverlust 291
- Zwangsneurose s. d.
- zweizeitiger Ansatz der Sexualentwicklung als Ursache der 196, 278

Neurosenbehandlung 22, 227
Neurosentheorie, -psychologie 61, 70, 77, 80f, 84, 206, 265, 280f, 328
Neurosenwahl 197, 274
Nicht-Psychische, das (s. auch Psyche, Psychoid-Unbewusstes, Seelenhintergrund) 133, 137, 170, 384f, 388, 390, 391, 393
Nikodemus 238
Nixe 346
nomothetisch 233
Normalvorbild psychopathologischer Bildungen s. Traum
Nucleus 129, 268, 368
- affektiver 50, 314
- archetypischer 268

Null, -punkt 391f
Numen, präsentes 369
numinos s. Archetypus, Bild, urt., Erfahrung, Erlebnis, Psyche, Sexualität, Symbol

obere und untere Bedeutung der Psyche s. d.
Objekt, -besetzung (s. auch Inzest-, Sexualobjekt) 138, 148, 152, 163, 191, 202, 212, 219, 223, 226, 240, 275, 322, 331, 333, 337f, 340f, 344
- Anlehnung an das 274f
- Überwertigkeit des 331

Objektivität, objektiv (s. auch Motiv, Ubw., koll.) 20f, 35, 37, 47, 73, 99, 114, 116, 118f, 172, 330, 360f, 363, 378, 387f, 391, 394, 396f
- subjektiv-objektiv, Unbestimmbarkeit von 378, 388, 390

Objektiv-Psychische, das 99
Objektliebe 198f, 219
Objektstufe, Deutung auf der 329ff
Objektwahl 199f, 273
obnubilation du moi 78
Ödipuskomplex 84, 176, 187, 198f, 200f, 203, 211, 213, 241, 244, 274, 278
- als archetypisches Bild 213
- als angeborene Funktionsweise 213
- als Kernkomplex der Neurose 110, 200
- als Ursache der Neurose 200, 274, 278
- als Fixierungsstufe 49, 198, 203
- als Schicksalsdrama 199

Okkultismus, okkult 17f, 396f
Ontogenese 58, 176, 180f
Opfer 215, 395
oral 202, 274
Ordnung 325, 370
- Kompensation als Ordnungsprozess 325
- transzendentales Ordnungsprinzip 355

Organe der prärationalen Psyche s. d.
Organisation 91, 153
- Einschränkung seiner eigenen 395

Orientierung, -sfunktion 105, 208, 236, 284, 315, 358, 375
Oszillieren s. Zwangsneurose

Paarung, göttliche 345
Paradies 214, 392
Paradoxie (s. auch Symbol) 233, 245, 347f, 383, 385
Paranoia, Paraphrenie 80, 198, 217ff, 291, 332, 398
- Narzissmus und 198
- als Wirklichkeitsverlust 198

Partialtrieb 195, 198, 201, 206, 273

Partikel und Welle 385
pattern of behaviour 44, 373f
Perseveration 33, 78
Person, Psychose als Krankheit der 69
– Vierheit der 357
personalistisch 59, 116, 150, 152, 240, 358
Personifikation (s. auch Ich, Komplex, Traum) 55f, 160, 163, 330, 343
persönlich s. Amplifikation, Erinnerung, Schatten, Unbewusstes
Persönlichkeit, -scharakter 17ff, 20f, 39, 48, 56, 69ff, 89, 91f, 93f, 100f, 160, 163, 242, 281, 294, 322, 328, 343, 346, 352, 382, 395
– Affektivität als Grundlage der 101
– bewusste 322, 326, 328
– Desintegration, Fragmentierung der 62, 86, 160, 169, 287, 291, 353
– Dissoziation, Spaltung der 69, 91, 94, 100, 166, 280ff, 285, 290f, 293ff
– Doppelpersönlichkeit 56, 100f, 166
– Einheit der 19, 62, 104, 293, 353
– Erhöhung, Erneuerung der 65, 101, 111, 240, 247
– Ganzheit, Totalität, Gesamtheit der 61f, 85, 100f, 104, 157f, 163, 241, 286f, 289, 319ff, 353
– grössere, zukünftige 19, 69, 101, 158, 290
– Ichpersönlichkeit s. d.
– inferiore, superiore 91f, 93f, 101
– kranke 281
– Mitte der 69, 103f, 319, 353
– Neurose als Erkrankung der 69, 85, 273, 281f, 286
– Schattenpersönlichkeit 93f
– Struktur der 42, 157
– Teilpersönlichkeit s. d.
– verdrängte 92, 234
– Wandlung, -sprozess 72, 104, 138, 163, 241, 348
– Zentrum, Zentrierung der 55, 91, 103f, 352
– Zerfall, Verödung der 39, 291, 293f
– zukünftige 101
Persönlichkeitsentwicklung 94, 157f, 234, 324, 337
Perversion, (s. auch polymorph-pervers) 195, 206
Perzeption, unbewusste 37, 167f
Pflichtenkollision 348
Pflichterfüllung 205
phallisch 202, 274
Phallus 352
Phantasie, -bild, -bildung, -symbol, phantastisch 40, 58, 72f, 87, 95f, 109ff, 113ff, 116, 120f, 124f, 131ff, 136, 150, 166f, 181f, 189f, 192, 197, 204, 214f, 219, 223, 227, 230, 239, 255f, 265f, 309, 312, 319, 321, 329, 337, 345f, 349, 352, 358, 362, 367, 369f, 389
– archaische, mythische, phylogenetische, primitive 96, 114, 116, 118f, 120f, 131, 167, 239
– Denken, phantastisches 72, 115, 203
– als Erinnerungsdichtung, -entstellung, -fälschung 73, 109f, 115, 117, 120, 197, 203, 283
– Flucht in die 283
– Geburtsphantasie 124
– infantile 110, 115, 124
– Inzestphantasie 110, 115, 121, 194, 215, 344f
– Kindheitserlebnisse und 109, 181f, 204, 255, 283
– Kindheitserinnerungen und 181, 204, 255
– als Kompensation 111, 319
– als Kompromiss 120
– als Lösungsversuch 125
– Mutterleibsphantasie s. d.
– als neuer Lebensplan 125
– Neurose und 204, 214
– regressive Phantasieentwicklung 182, 204, 214, 274
– prospektiv-finale, antizipierende 122, 125, 304
– Regression der (s. auch Flucht) 119, 122, 125, 193f, 204, 213f, 274, 283
– als Rohmaterial 138
– schöpferische 73, 96, 111, 119, 121, 349, 370
– sexuelle 192f
– Sinn der 119f, 122
– symbolische Bedeutung der 73, 117
– unpersönliche 121

– Urphantasie 120, 176
– Urszenen und 181f, 214f
– – als Wiedergeburtsphantasien 182
– Wunsch als Triebfeder der 111, 120
Phasen (Stufen) (s. auch Lebensprozess, Libidoorganisation, Traum) 62, 197ff, 201f, 207, 274f, 308
– Philosophie 69, 177, 356
Phobie 271, 274
Phylogenese (s. auch Erbschaft) 58, 98, 120f, 151f, 176f, 180ff
– phylogenetische Schemata 177, 180f
Physik, physikalisch 220f, 224, 226, 378, 385f, 389
– Energie, Energetik 220f
– Feld, Analogie zum Unbewussten 385, 388, 390
physiologisch 19, 190, 244, 376
– Psychologie s. d.
Plan (s. auch Kompensation) 312, 325
Polarisierung (s. auch Gegensätze) 117, 231f, 234
Polymorphismus (s. auch Anlage, Triebanlage) 103, 195, 206f
Polyvalenz 207, 209
Potential s. Gefälle
praefiguriert, praeformiert 133ff, 367, 373
Präsenz, präsent 369
Primärvorgang 80f, 84, 91, 104, 147
Primitive, das, primitiv 91, 118, 164, 327, 381ff
– primitiver Geist 73, 119
Primitiven, die 54, 56
Prinzip (s. auch Aequivalenz-, Konstanz-, Lust-, Realitätsprinzip) 126, 132, 147, 153, 183, 188, 191, 194, 224f, 227f, 230, 238, 279, 289, 353, 379, 385, 390, 392
– Psyche als selbstregulierendes 104, 232, 318
– metaphysisches 375
– transzendentales Ordnungsprinzip 355, 375
Problem, persönliches 122, 306
– Wirklichkeit als ungelöstes 122
Progression 284f, 287
Projektion, -sbegriff, -smechanismus (s. auch Symptom) 23, 54, 80, 82, 213, 331ff, 334, 345ff, 392
– Auflösung der 331, 334
– Bewusstmachung von 347
– und Hirnrinde 332
– Traum als 332
– unbewusste, unpersönliche 334
prophetisch 127, 158, 320
prospektiv-konstruktiv (s. auch Bild, urt., Phantasie, Traum) 93, 122f, 124f, 127, 264f, 303f, 320, 323, 327, 351
– Betrachtungsweise s. d.
– Methode s. d.
Prozess 349
– Entwicklungs- und Ordnungsprozess 325
– schöpferischer 53, 59, 373
– – Bewusstwerdung als 164, 341
– symbolbildender 349
– unbewusster 311, 318, 324
Psychasthenie 219, 291
Psyche, Psychische, das, psychisch (s. auch Funktion) 17, 20, 26, 31ff, 37, 47, 50, 53, 58ff, 62, 69f, 79, 88, 94, 99, 119, 123, 127, 129f, 135, 139, 144, 149ff, 158, 161, 165, 170f, 188f, 197, 220ff, 232, 234, 261, 265, 267f, 271, 307, 311, 313ff, 316, 318f, 321f, 326, 329, 333, 346, 354f, 359, 368, 375ff, 378ff, 382f, 388ff, 391f
– Archetypus als Organ der praerationalen 135
– Autonomie (Eigenleben) der 51, 69, 87, 99, 170f, 260f, 308
– als Basis des Ich 163
– als bewusst-unbewusste Ganzheit 383f
– biologische Grundlage der 242
– Dissoziabilität (Spaltbarkeit), Dissoziation der 43, 56f, 62, 69
– Doppelbedeutung des 117, 130
– Dynamik der 102, 104, 144, 216
– Einheit, -sfaktor der 166
– als ein Ganzes, Ganzheit, Totalität 42, 44, 51, 65, 69, 102, 148, 226, 230, 307, 319, 326, 351, 354, 357, 384
– Gesetzmässigkeit der 47, 70, 257
– als das Grössere 99, 139, 144, 170
– Grundform, psychoide, unanschauliche der 165, 170, 375, 377, 389

– Materie und Psyche als transzendental 390f
– als Nichtpsychisches 137, 170, 391
– Regulatoren, regulierende Prinzipien in der 126, 225, 311
– als selbstregulierendes Prinzip 104, 232, 318
– Spontaneität der 137, 260, 346
– Störungen in der 383
– Struktur der 44, 46, 135ff, 139, 165, 229, 308, 322, 372, 379
– – vierfache 235, 276
– als Tiefenschicht, ubiquitäre 171
– als ein Transzendentales, Transpsychisches, Zeitloses 58, 378ff, 390f
– Triebbedingtheit der 189
– als ein Überpersönliches 59, 132
– Umsetzungen, Umformungen 220
– Unbestimmbarkeit der 221
– unbewusste 27, 35, 37f, 46, 53, 58, 98, 119f, 128, 143f, 165f, 170, 182, 235, 256f, 259f, 311f, 314, 317, 324, 343, 369
– – Entwicklungslinien in der 19, 260, 262
– – Kernvorgänge in der 116
– Wirklichkeitsaspekt der 377
– – von Materie und 390f
– Zielstrebigkeit der 126, 128, 189, 260, 268, 304, 311
Psychiatrie 20, 32
Psychoanalyse, psychoanalytisch 21f, 26, 31, 37, 58, 70, 127, 144, 150, 155, 187ff, 195, 197, 243, 251f, 258f, 302, 340, 352, 395ff
– Assoziationsexperiment und 37
– psychoanalytische Methode s. d.
psychoid (s. auch Archetypus) 165, 375, 377f, 380, 392
Psychoid-Unbewusstes 144, 170, 384f, 387, 392
– als das Nichtbewusstseinsfähige, Nichtpsychische 170
– als transzendentale Wirklichkeit 384, 387
– als das Unanschauliche, Seelenähnliche 170, 380
– als ursachelose Anordnungen 385
– Unbestimmtheitsfaktor im 389
Psychologie, psychologisch (s. auch Kind) 26, 150, 206, 221, 224, 234, 313, 315f, 320, 358, 363, 384f, 392, 399
– beschreibende 106
– Bewusstseinspsychologie s. d.
– und Biologie 81f, 189, 191, 243, 372, 375
– empirische 224
– experimentelle 47, 105
– Grundbegriffe der 375
– Ichpsychologie s. d.
– Kollektivpsychologie 183
– komplexe 291, 386, 391
– Massenpsychologie s. d.
– medizinische 13, 24, 112, 143, 298, 367
– naturwissenschaftliche 78
– personalistische 59
– Physik, Beziehg. zur 385ff, 388, 390
– physiologische 106
– Tierpsychologie 373
– Triebpsychologie s. d.
– der Typen 14, 89
– des Unbewussten 14, 158, 331, 392
Psychoneurose s. Neurose
Psychopathologie, psychopathologisch 26, 35, 37, 39, 42, 86, 90, 135, 150, 160, 165, 191, 317
Psychopompos 320
Psychose, psychotisch 32, 57, 62, 72, 113f, 188, 291f
– Ablösung von den Objekten 291
– Absinken der Energie in der 381
– Affektivität in der 294
– Einbruch archaischer Symbole 293
– als Fragmentierung der Persönlichkeit 62, 160, 169, 291
– Funktionsstörung des zentralen Archetypus 295
– als Krankheit der Person 69
– narzisstische 202
– Neurose und 281f, 294
– Regression in der 291
– Selbstzerstörung des Erlebniskomplexes 57, 295
– Symptome, psychotische s. d.
– als unsystematische Dissoziation 294
– als Verödung, Zerfall der Persönlichkeit 39, 86, 291, 293f
– Versagen der Ichfunktion in der 291

– als Wirklichkeitsverlust 291
psychosexuell 188, 217
psychosomatisch 47
Psychotherapie, Psychotherapeut, psychotherapeutisch 14, 24, 36, 40, 45, 59, 63, 70, 113, 124, 128, 131, 164, 180f, 227, 229f, 234, 247f, 251, 253, 316, 326f, 331, 344, 356, 358, 363
Pubertät, -sphantasie 110, 207, 320
Puls- und Atemkurven 47
Punkt, virtueller 159, 162
Purusha 355

Quantität, -sbestimmungen 217, 221f
Quaternio 276, 356f
– als apriorische, archetypische Anordnung 276
– Geistquaternio s. d.
– Heiratsquaternio s. d.
– Schattenquaternio s. d.
– als symmetrische Anordnung 357f
– als vierfache Grundlage der Ganzheit 357
– als Vierheit von Beziehungsformen, Personen 357

Raum, Anschauungsformen von Zeit und 384
Raum-Zeit-Kontinuum (s. auch Ubw. Koll.) 390
– raum-zeitlose Seinsform 380
Reaktion, -sweisen, 56, 178, 259f, 346
– Reaktionswort 33f, 259
Reaktionsbildung (Gegenbesetzung) (s. auch Zwangsneurose) 82, 255, 279
Reaktionsfehler (Komplexmerkmale) 33f
real 396f
Real-Angst 153
Realität, -sanpassung 111, 120, 125, 153f, 161, 227, 279, 283, 289, 292, 305, 362, 392, 395f
– Entwertung der 88f
– Erziehung zur 245, 395
– Flucht aus der 283
– fonction du réel 88, 112, 219
– transzendentale 395
Realitätsaequivalent 219, 292
Realitätsprinzip, -sprüfung (s. auch Ich) 126, 147, 153f, 188
– Lust- und Realitätsprinzip 147, 188, 279, 289
Rechenpfennig 221f
Regression (Rückkehr), regressiv (s. auch Neurose, Psychose, Traum) 64, 81f, 124f, 165, 189, 201ff, 204, 214, 219, 240f, 274, 279, 281, 284ff, 287, 291, 299, 323, 341, 392f
– auf das Archaische, Archaismen 118f, 193, 240, 279, 358
– als Erneuerung, Keim zu neuer Lebensmöglichkeit 125, 240, 351, 396
– auf Fixierungsstellen 61, 111, 169, 199, 201f, 274
– und Geburt des Symbols 287
– auf das Infantile, Inzestbild 125, 214, 241, 279
– auf Kindheit, -serinnerung, -serlebnis 41, 122, 204, 240f
– der Libido s. d.
– der Phantasie s. d.
– auf (frühere) Stufen 125, 202, 286, 392f
– als Suchen nach sich selber 214
– im Traum 201f
Regressionsmechanismus 82, 281, 284, 299
Regulatoren, regulierend (s. auch Archetypus, Lust-Unlust, Psyche) 126, 188, 225, 236, 311, 319, 369f, 374
– unbewusste 369f
Reiz, -quelle, reizlos 149, 188, 225, 332
Relativierung (s. auch Bewusstsein, bewusst-unbewusst, Psyche, Unbewusstes) 381ff
Religion, -sgeschichte, Religiosität, religiös (s. auch Erlebnis, Funktion, Symbol, Vorstellung) 40, 44f, 84, 116f, 131, 179, 214, 217, 232f, 241, 246, 319f, 345f, 354f, 359f, 362f, 395f, 399
– Erfahrung des s. d.
– als Vaterbeziehung 84
– Vieldeutigkeit der Aussage 361
– als Zwangsneurose, universelle 84, 217

Reproduktion, -sversuch, Reproduzierbarkeit 34, 40, 160
Rest- und Merkzeichen urzeitlicher Identität (s. auch Symbol) 342, 352
Reziprozität s. Komplementarität
Rückbildung 196
Ruhelage 225, 244, 264
Rundtanz 355

Sachvorstellung 148
Sammelperson 330, 343
Schatten, -persönlichkeit 92ff
– als der Andere 92
– archaischer 93
– Ich, Beziehung zum 92
– als inferiore Teilpersönlichkeit 91f, 93f
– Inkompatibilität von Ich und 94
– Licht und 357
– als moralisches Problem 93
– persönlicher 92
– prospektive Bedeutung des 93
– als das Verdrängte 92, 94
Schattenkomplex 93
Schattenquaternio 358
Schätzungsmethode 46f
Schicht, Schichtung 19, 257
– archaische 305
– historische 119
– logische 257
Schicksal (s. auch Vater) 123, 132, 187, 190, 193, 241
– geistiges 163
– Triebschicksal 151
Schizophrenie, schizophren (s. auch Dementia praecox) 44, 56, 114, 148, 202, 226, 292ff, 295, 298
– archaische Vorstellungen in der 295
– als abaissement du niveau mental 295
– als chaotische Affektivität 294
– als Funktionsstörung und Selbstzerstörung des pathogenen Komplexes 295
– als unsystematische Dissoziation 294
Schlaf (s. auch Träumen) 146, 161, 166, 295, 299, 314ff, 324
– als abaissement du niveau mental 314
– Erhaltung des 126, 300, 315
– Störung des 315
– Traum, Träumen und 299, 314ff
Schöpfung 113, 158, 170, 379
schöpferisch 72, 98, 111, 240, 337, 350f, 368
(s. auch Bewusstwerdung, Einfall, Neubildung, Phantasie, Prozess, Zentrum) 53, 57, 59, 63, 71ff, 96f, 111, 119, 121, 129, 136f, 138f, 164, 167, 306, 312, 322, 341, 349, 370, 373
Schrift in Bildern 309
Schuldbewusstsein 396
Schuldgefühl 152f, 201, 275, 394
Schutzmächte, infantile 396
Scintilla 371
Seele, seelisch (s. auch Kindheitserlebnis) 18, 39, 43, 87, 92, 102, 120, 122, 128, 131, 135, 143, 149, 151, 156f, 195, 229, 240, 243, 311, 319, 322, 326f, 351ff, 358f, 363, 367, 371, 380, 393
– Entsprechung zum Gottesbild 359
– infantiles 120
– natürliche Funktion der 358
– als organisierendes Zentrum 102
– als selbstregulierendes System 318
– Spontaneität der 322
– als Unbekanntes 326
– Vielheit von 56, 102
seelenähnlich (vgl. Archetypus, Ubw. Koll.) 170, 380
Seelenbild 347
– Anima und Animus als 346
Seelenhintergrund 38, 87, 96, 119f, 143, 162, 165, 193, 195, 309, 347, 363, 369, 380, 390
– Dominanten des 144
– als ein Nicht-Psychisches, Transzendentales 133, 388f
– Spontanwirkung des 87
Sehnsucht, rückschauende 214
Sein, Identität von psychischem und physischen 391
Sekundärvorgang 80f, 84, 91, 104, 147
Selbst, selber 69, 103, 105, 163, 166, 242, 246f, 349, 352ff, 355, 359, 360, 362
– archetypisches Bild des 15, 57, 362
– «Archetypus» des 247, 360, 362, 398
– als Bipolarität des Archetypus 354
– als complexio, coincidentia opposi-

torum 354
– als Einheit, Ganzheit, Totalität 353f, 360
– als empirisch und transzendent 353f
– Entzweiung mit sich selber 282, 284, 290
– Erfahrung des 358, 360, 362f
– Erkenntniswert, subjektiver 360f
– als Gottesbild 359f, 362
– Gottheit als Symbol des 359
– Ich als Gegenspieler des 163
– als Mitte, unerkennbare 353
– als Postulat 353f
– religiöse Funktion des 359
– Suchen nach sich selber 214, 239
– als Symbol, vereinigendes 353ff
– Unbestimmtheitsfaktor im 353
– Unerkennbarkeit des 353, 363
– Verwirklichung des 138, 331, 352
– als Zentrum, virtuelles 352f
Selbstabbildung, -anschauung (s. auch Instinkt, Trieb) 191, 237, 373
Selbstanalyse 110, 147, 149, 187
Selbstbewusstsein 331
Selbstdarstellung s. Traum
Selbsteinschränkung s. Geist
Selbsterhaltung, -strieb 60, 188, 246
Selbsterkenntnis 322
Selbstmanifestation s. Unbewusstes
Selbstregulierung, selbstregulierend 104, 126, 159, 166, 231f, 318
– System, selbstregulierendes 232, 318
Selbsttäuschung 18, 115
Selbsttrieb 311
Selbstverständnis (s. auch Individuum) 128, 138, 322f, 328
Selbstverwirklichung (Individuation) 103, 123, 128, 138, 158, 247, 286, 290, 320, 331, 349f, 352
– als Erneuerung des Gottesbildes 358f
Sexualbetätigung 195
Sexualentwicklung 196f
– zweizeitiger Ansatz der 196
Sexualfunktion 82, 124, 126, 149, 206f, 209, 245ff
– Umformungen der 190
– Universalität der 207
– als Ursache der Neurose 187
– verdrängte 246
– zweizeitiger Ansatz der 196, 206, 243, 273f, 278
Sexualität, Sexualbefriedigung, -erregung, -wunsch (s. auch Familie) 25, 104, 115, 149, 171, 187, 189f, 192f, 201, 206ff, 210f, 217f, 230, 244ff, 247, 273
– Bisexualität s. d.
– Chemismus der 244, 292, 393
– Entwicklungsstörungen, Fehlentwicklungen der 189, 196, 208, 272, 278
– Fixierung als empfindliche Stelle der 196, 274
– als Geheimnis 245, 247
– als geistige Wesenheit 245
– als Grundtatsache des Lebens 189, 246
– infantile, frühkindliche 124, 152, 194ff, 197, 203, 206f, 208f, 211, 273
– – Infantilismus der 25, 187, 217
– – als Keimstätte höherer Geistesfunktionen 124, 209
– – als Grundlage der Charakterentwicklung 273
– – und Latenzzeit s. d.
– – polymorph-perverse Anlage 207, 209
– Sprache, Identität mit der 352
– symbolische Bedeutung der 246
– Universalismus, Verabsolutierung der 188ff, 192
– als Ursache der Neurose 25, 187, 197, 272
– Verdrängung der 196, 211
– als Wandlungssubstanz 247
Sexualmythus 190
Sexualobjekt 212, 219
– Wort und 337f, 340f, 344
Sexualorganisation (Libidoorganisation) 197f, 202f, 216, 273f
– Stufen der 198f, 201f, 274f
Sexualstoffe, Chemismus der 292, 393
Sexualtheorie, -hypothese 14, 42, 81, 94, 99, 115, 124, 148f, 187ff, 192f, 203, 245, 277
Sexualtrauma s. Kindheitstrauma
Sexualtrieb (s. auch Libido) 149, 187f, 190, 202, 216, 246, 276, 278, 311
– Fehlentwicklungen des 272f, 278

– als Ursache der Neurose 276
Sexualvorgang 342
– Wortausdruck und 337
Sexuelle, das, sexuell 25, 147, 189f, 192f, 206, 208, 300, 341, 343f
Sinn, -erfülltheit, -gebung, -zusammenhang, sinnvoll (s. auch Archetypus, Bild, urt., Komplex, Phantasie, Symptom, Traum) 26, 35, 64f, 71, 74f, 112f, 119f, 122f, 125f, 130, 144, 167, 171, 191, 194, 210, 228, 257, 262, 268, 278, 280f, 286, 289, 293, 298f, 305f, 307ff, 309, 316, 318, 320f, 322f, 326ff, 329, 339, 347, 350, 363, 368, 370f, 375, 378f, 382, 390f, 399
– Assimilation des 328f
– als Beziehung zum Ganzen 322
– als Erkenntnis der Ursachen 125, 322
– ganzheitlicher, immanenter, transzendenter 322
– moralischer 93, 152, 394
– symbolischer 215, 228, 262, 306f, 323, 327, 342f
– Synchronizität 378f
– als sinngemässe Koinzidenz 378f, 384, 386f, 370, 390
– Traumsinn s. Traum (Sinn des)
– im Wahnsinn 113
Sinnestäuschung 317
Sinngehalt 122, 132, 171, 260, 263, 306, 316, 384, 395, 397
– archetypischer 306
Sinnlichkeit 300
– Geist als Gegenpol zur 393
Sinnstruktur 298, 307, 309
Sittenkodex 161
Situationsbild 44f, 237, 247, 311
Somatische, das 151, 243
Somnambulismus, somnambul 18f, 34, 42, 55, 85, 95, 100, 111, 165f, 252
Sonne 218
Sozietät, sozial 190, 196, 246
Spaltbarkeit, Spaltung (vgl. Dissoziation) 43, 56f, 69, 91, 94, 100, 166, 294
Spannung 23, 60, 64, 78, 88, 94, 130, 145, 194, 210, 222, 226, 230ff, 233f, 283f, 326, 346, 376
– affektive 48, 61f, 326
– Bedürfnisspannung s. d.
– energetische 231, 307, 314f
– Gegensatzspannung s. d.
– Intensitätsspannung s. d.
– Triebspannung s. d.
Spektrum 76, 381
Spiegelbild s. koll. Unbewusstes
Spiegelung s. Mandala, Phantasie
Spinne 373
Spiritismus 17ff
Spiritus rector s. Archetypus, Geist
Spontaneität (Eigentätigkeit), spontan (s. auch Bewusstsein, Psyche, Seelenhintergrund, Traum, Unbewusstes) 51, 87, 96, 121, 131, 137f, 221, 226, 260, 289, 297, 309, 311, 318, 322, 343, 346, 349, 352
Sprache, Sprachübung, -rest, -wurzel 155, 341
– Grundsprache der Menschheit 340
– Sexualität und 352
– Symbol und 338
– Symbolsprache 310
Stabilitätsprinzip 225, 244, 392
Stadt 218
Stauungsphänomene 94, 235
Steckenbleiben 99, 125, 163, 240
Stimme 54
Stimmung 40f, 346
Stoff s. Materie, Geist
Störung, -sfaktoren, s. affektiv, Assoziation, Aufmerksamkeit, Behandlung, Entwicklungs-, Funktions-, Gedächtnisstörung, Ichentwicklung, Schlaf
Streben, Strebungen 126, 242
– geistiges 218
Struktur, -dominante, -einheit, -element, Strukturiertheit (s. auch Bild, archetyp., Persönlichkeit, Psyche, Sinn, Unbewusstes) 26, 42, 44, 46, 134ff, 136, 139, 147ff, 157, 162, 165, 169, 228ff, 235, 262, 276, 298, 307ff, 321, 357, 371f, 379
– einheitliche 307, 321
– gegensätzliche 356
– Gehirnstruktur s. d.
– Grundstruktur, vierfache 235, 276, 356
– ichähnliche, unbewusste 160, 169
– vererbte 235

Strukturelement, praeformiertes, psychisches, unanschauliches, vererbtes 133, 135f, 139, 165, 379
Stufen (Phasen) (s. auch Libidoorganisation, Regression, Traum) 125, 198f, 201f, 207, 274f, 286, 308, 381, 392f
– archaische 381
Subjekt 13, 24, 70, 138, 152, 163, 254, 257, 259, 267, 301, 322, 331, 361, 387
– Auflösung des 328
– Befragung des 254, 257, 259, 267
– Ich als Subjekt persönl. Bewusstseinsakte 160
– Stärkung des 331
Subjektivismus, subjektiv (s. auch Denken, Wert) 32, 73, 115f, 131, 221, 330, 360f, 363, 369, 387, 390, 394
– Betrachtungsweise s. d.
– objektiv-subjektiv s. d.
Subjektstufe 329ff
Sublimierung 43, 49, 82, 241, 273, 395
subliminal 167ff
Substanz 221f
Substitution 71f, 75, 85
– Mechanismus der 71
Substratvorgänge, biologische 136
Suchen nach sich selber 214, 239
Suggestion, hypnotische 24, 146, 252
– Fremdsuggestion 254
Suggestivkraft 345
superior s. Funktion
Symbol, -wert, symbolisch (s. auch Aequivalenzprinzip, Funktion, Inzest, Phantasie, Selbst, Sexualität) 73, 74ff, 113, 116f, 132, 193f, 203, 215, 217, 223, 227ff, 230, 238f, 341, 246f, 260, 263f, 265, 293f, 304, 306f, 313, 329, 337f, 339f, 341f, 343ff, 348f, 350f, 352f, 354f, 363, 368f, 371
– archetypisches 321, 327, 347, 356
– attraktives 229
– als ein Bekanntes 337, 342
– Betrachtungsweise, symbolische s. d.
– als Brücke 350
– Denken in Symbolismen 76
– Deutung des, Deutungsschema 257, 337ff, 340f
– Doppelnatur, symbolische 348
– als ein Drittes (Tertium) 157, 287, 348, 350
– als Echtes, Eigentliches 342, 350
– als Energietransformator 337
– als Erinnerungssymbol 75, 79, 179, 301, 342
– als Ersatzprodukt 342
– als schöpferische Funktion 350
– als Ganzheit 353f
– Geburt des Symbols und Regression 287
– als Gegensatzvereinigung 349ff
– Gottessymbol, Symbol der Gottheit 233, 359
– und Individuation 349
– Inzestsymbol s. Inzestbild
– Kindheitserinnerung, symbolische Bedeutung der 209
– als Kompromiss 350
– Lebendigkeit des, lebendiges 343, 348, 350
– als Mittler, mittlerer Weg 347, 349
– als numinose Erfahrung 363
– als ein Paradox 347f
– religiöses 179, 246, 355
– als Rest- und Merkzeichen 337, 341f, 352
– sexuelles 190
– Sinn, symbolischer s. d.
– Sprache, Beziehung zum 338
– Symptom und 75f, 338, 342f
– transzendente Funktion und 348
– Traum als, Traumsymbol 227, 263, 294, 307, 316, 323, 326, 339, 341
– als Übergang einer Einstellung zur andern 351
– als Umformung, Überleitung, Wandlung 215, 228, 230, 232, 238, 324, 344, 350
– als ein relativ Unbekanntes 76, 342f, 350ff
– vereinigendes, synthesenbildendes 348ff, 351f, 354f
– Vier, Vierheit als 354f
– Wahrheit, symbolische 238, 250
– als Wunscherfüllung 352
– als Zeichen 342
Symbolbedeutung 117, 228, 306, 340f
Symbolbeziehung, Symbolisierung, symbolisieren 71, 74f, 85, 299, 302, 308, 322, 338ff, 342f

– feststehende 310, 322, 337f, 340f, 352
– als Identität zwischen Sprache, Wort und Sexualität 337f, 340ff, 344, 352
– Mechanismus der Symbolisierung 299, 302, 308
Symbolbildung 72, 130, 349, 352
– und Analogiebildung 117, 351
– Gegensatzspannung und 130
– Verdichtung als formale Grundlage der 308
Symbolhandlung und Symptomhandlung 74f, 342f
Symbolik 26, 339f, 341, 344, 352
– als allgemeines Deutungsschema (Leibschema) 339, 341
– als Grundsprache der Menschheit 340
– Vieldeutigkeit der 339
Symbolsprache 310
Symbolverständnis, -verstehen, -wissen 26, 76, 215, 228, 241, 267, 310, 337, 340
Symmetrie, symmetrisch (s. auch Anordnung, Gegensatz, Mandala, Quaternio) 355ff, 386
– als transzendentales Ordnungsprinzip 355
Symptom 22f, 38, 48, 61, 78f, 131, 139, 164, 195, 197, 224, 227f, 252, 254, 257, 260, 262, 279, 321f, 343
– als Abbild, symbolisches 35
– als Abkömmling unbewusster Erinnerungen 25
– als Erinnerungssymbol 75, 79, 301
– als Ersatzbildung, aequivalente 23, 26, 150, 224, 228, 279, 321f
– finale Bedeutung des 75, 343
– als Gegensätzlichkeit, unbewusste 23, 61
– hysterisches 339
– Kausalnexus von Einfall, Traum und s. d.
– komplementär zur Bewusstheit 387
– als Kompromissbildung 24, 26, 74, 79, 150, 256, 279, 350, 352
– als Konversion, Transposition oder Projektion 23
– als Lösungsversuch 286, 289
– neurotisches 35, 61, 69, 75, 80, 94, 111, 123, 125, 150, 192, 203, 228, 235, 256, 279, 301, 321f
– – als Kern mit Wert und Sinn 125
– – als misslungene Versuche 125
– paranoisches 398
– psychotisches 35, 111
– Sinn des 262, 278, 286, 289
– Symbol und 75f, 338, 342f
– Traum als s. d.
– Trauma und 22, 75
– als Verdrängtes 279
– Wert, symptomat. 75, 322, 342f
Symptombildung 23, 25, 80, 182, 219, 300
– Dissoziation als Ursache der 145
– Motiv der 300
Symptomhandlung 72, 74, 259f, 342
– und Symbolhandlung 74f, 342f
Symptomwert 338, 342
Synchronizität, synchronistisch 368, 378f, 381, 384, 386f, 390
– Koinzidenzen (sinngemässe) 378f, 384, 386f, 390
– komplementär zu Bewusstheit und Bewusstsein 387
– als sinnvolles Phänomen 378f
– als blosses Vorhanden-und So-sein 378
– als Zusammenhang durch Gleichartigkeit und Sinn 379, 385
synthetisch s. Methode
System, Teilsystem 18, 224, 226
– geschlossenes 224ff
Systematisierung, systematisch (s. auch Komplex, Neurose) 55, 294
Syzygie (s. auch Individuation) 346, 355f
– als Dualität von männlich-weiblich 356
– als Götterpaar (Liebespaar) 345, 356

Tagesrest s. Traum
Tagtraum, Tagträumer 110, 330
Talmud 310
Tanz, ritueller 373
Tao 360
Tatbestandsdiagnostik 35
Teilpersönlichkeit (s. auch Persönlichkeit) 55ff, 62, 65, 78, 91ff, 100f, 166

Teleologie 19, 71, 113, 127f, 189, 264, 311
Telepathie 396
Temperamente 351
– Vierheit der 355
Teufel 56
Teufelsverschreibung 397f
Tiefenschicht (s. auch Psyche, koll. Unbewusstes) 150, 152, 170f, 380
Tierpsychologie 373
Tod, -esahnung, -esphantasie, -eswunsch 124, 244, 264, 300, 378
Todestrieb (s. auch Aggressionstrieb) 149, 188, 191, 225, 244, 392, 394
– als das Böse 191, 312
– Eros und 189
– Wachstum und Todeswille 61
Totalität, psychische (s. auch Psyche, Selbst) 158, 247, 353f
Totem-Ahnen 174
Toxin 292, 296
Trägheit 392
Trance 18
Transposition (s. auch Affekt, Symptom) 23, 79
Transzendentale, das, transzendental (s. auch Archetypus, Psyche, Unbewusstes, Trieb) 137, 361ff, 375f, 384, 387, 389, 390ff, 397
– Ordnungsprinzip, transz. s. d.
– Wirklichkeit, transz. s. d.
Transzendente, das, transzendent (s. auch Selbst) 353f, 360f, 363, 378f, 380, 399
– Funktion, transz. 157, 348f, 354
transzendieren 144, 150, 240, 322, 378, 388
Traum, -element, -inhalt 18, 20, 26, 31, 34, 38, 48, 56, 110, 114, 116, 119f, 125ff, 131, 147, 150, 161, 167, 192, 243, 254, 256f, 261, 265, 297ff, 300f, 302, 304ff, 307ff, 311f, 313ff, 316, 318ff, 321ff, 324ff, 327, 329ff, 337, 339, 341, 349, 358, 362, 368, 392
– als Abbild, Selbstabbildung 313
– Affekte, affektive Nuclei im 303, 312, 314ff, 326
– Amplifikation von 265f, 297, 302, 310, 323
– Analogiebildung im 314
– als antizipierend 114, 125, 261, 304, 312, 321
– Archaisches im 131, 147, 167
– Bedeutungskern 306f, 315, 320, 322, 326
– Bewusstsein im Traum 305, 316f, 319, 325, 327
– Chiffriermethode 339
– Determiniertheit des 298ff, 307, 321
– Deutung des 254, 261, 297, 299, 309f, 312, 322ff, 326, 328, 340
– – auf der Subjekt- und Objektstufe 329ff
– – Zeichendeutung 323
– – Deutungsschema 339, 341
– als Einheit 26, 298, 307, 321f
– als entstellt, verhüllt, verkleidet 300f, 308, 310, 339, 341
– als Ersatzbildung 301, 303
– als Fassade 310
– final-prospektiver Aspekt 303f, 320, 322f, 325, 327
– freier Einfall im 256, 261, 340
– Funktion des 303, 315f, 318, 320
– Gleichnissprache, Bilderschrift des 309
– halluzinatorischer Charakter des 300
– hermeneutischer Aspekt des 323ff, 327, 337
– das Infantile im 147, 301, 327
– als Informationsquelle 20, 271, 298, 304, 306
– kausal-reduktiver Aspekt des 323
– Kindheitstraum 301
– Kompensation im 304, 313ff, 316ff, 319, 325, 327
– als Kompromiss 300
– als konstellierend 307, 319, 325, 327
– latenter, manifester Inhalt des 266, 301, 309, 339
– als Lösungsversuch 304
– als Manifestation des Ubw. 119, 168, 314, 322
– moralische Tendenz im 312
– als Naturereignis 310, 378
– Neurose und 26, 125, 271, 299f, 301
– als Normalvorbild psychopathologischer Bildungen 26
– Personifikation im 56, 160, 330

– Phasen, vier 308
– als Projektion 332
– prophet. Tendenz im 127, 158, 320
– als Psychopompos 320
– Regression im 201f
– regulierende Tätigkeit des 126, 319
– Schlaf, Beziehung zum 299, 314f
– als schlaferhaltend 126, 300, 315
– als Selbstdarstellung, -abbild 313
– Sinn (Traumsinn) Sinnstruktur des 262, 289, 298f, 305ff, 309, 316, 321ff, 326ff, 329, 339
– – Assimilation an den 328
– Spontaneität des 309, 311, 318
– als Symbol, Symbolsprache des 307, 310, 326, 340f
– als Symptom 279ff, 301, 322, 338
– Tagesreste im 305, 340
– Traumsymbol s. d.
– als uraltes Stück Menschtum 120
– Ursachen des 34
– als via regia zum Ubw. 48, 298
– als Wunsch, verdrängter 303, 305, 311
– als Wunscherfüllung (entstellte) 26, 110, 300ff, 311ff
– als Zeichen 301, 306, 323
– Zensor, Zensur im 300ff, 305f, 308
– als zielgerichtet 305, 321
Trauma, psychisches, traumatisch (s. auch Affekt, Erinnerung, Symptom) 22, 37ff, 40ff, 43, 46, 48f, 60, 75, 78f, 81, 145, 167, 181, 197, 201, 224, 254ff, 257, 260, 272, 301, 319
– Abwehr und 52, 78f, 80f, 145
– als Initialaffekt 38, 41
– Inkompatibilität des Ich mit dem 22f, 48, 78, 145
– Kausalnexus zw. Einfall, Symptom und s. d.
– Kindheitstrauma, sexuelles s. d.
– Konflikt als Ursache des 60
– als Ursache der Neurose 37f, 41, 78, 272
– verdrängtes 254, 283, 301
Traumanalyse 219, 305, 321
Traumarbeit 301f, 308
Träumen 305, 316
– als Bewusstseinsäusserung im Ubw. 305
– als lebenserhaltend 300
– und Schlaf 299, 316
Träumer 25f, 304f, 310, 314, 319ff, 322, 325ff, 328, 330, 340
Traumerinnerung, erinnerter Traum 309ff
Traumforschung 302
Traumgedanke 300, 306, 339
Traum-Ich 161
Traumserie 324f, 373
Traumsinn s. Traum, Sinn des
Traumsymbol 227, 263, 294, 316, 323, 326, 339, 341
– archetypisches 323
– als fortwirkende Entstellung 341
Traumsymbolik 26
– Vieldeutigkeit der 339
Traumtheorie, -psychologie 265, 303ff
Traumwunsch 301
Trieb, -disposition, -geschehen, -haftigkeit, -kraft, -regung 43, 45f, 126, 149, 151f, 156, 164, 188f, 190ff, 209f, 217, 228f, 230, 234f, 242, 246, 311, 321, 344, 352, 374ff, 377, 381, 393f, 397
– Aggressionstrieb s. d.
– all-or-none-reaction 381
– zur Analogiebildung 228f
– An-Sich des 377, 391
– archaische 46
– Archetypus, Beziehung zum 191, 207, 210, 375
– Automatismus des 381
– Bild, archetyp., Verkoppelung mit dem 191, 374
– als Brücke zum Stoff 376
– Es und 151
– Fixierung des 323
– Geist und 210, 238, 245, 350, 374f
– – Geist als Formprinzip des 210
– als Grenzbegriff zwischen Soma und Seele 243
– Ich-Trieb s. d.
– Machttrieb s. d.
– zur Mythologie 117
– Neurose als Problem des 272, 278
– Partialtrieb s. d.
– Repräsentanz des 149, 243
– Selbstanschauung des 191
– Selbsttrieb s. d.
– Sexualtrieb s. d.

– Todestrieb s. d.
– transzendentale Natur des 376
– Überhöhung des Triebhaften 218
– Umsetzung in Symptome 279
– verdrängte 45, 82f, 96f, 147, 255, 279, 313, 330, 380
– Wendung nach innen 276
– zweierlei 149
Triebanlage, polymorph-perverse 206
Triebbedingtheit 189, 393
Triebbeherrschung 154, 278, 280, 395
Triebbild und Triebdynamik 373f, 376
Trieblehre, -psychologie 152f, 188f, 243, 397
Triebopfer, -verneinung, -verzicht 84, 152, 179, 202, 245, 277, 394f
Triebreiz 225, 243f
Triebschicksal s. Es
Triebspannung 90, 225, 233
Triebverdrängung, Kultur als 83ff
Triebwunsch 40, 63, 80f, 153, 188, 218
Triebziel 43
Triebzwang 218
Turm 229
Typen, Psychologie der 14, 89, 193
Typus, typisch (s. auch pattern of behaviour) 44, 133, 135, 351, 367, 373f
– Instinkttypus 374
– Traum vom infantilen 301

Überbrückung, Überhöhung (s. auch bewusst-unbewusst, Gegensätze) 117, 218, 318, 322, 329, 347, 349f
Über-Ich 82f, 150ff, 161f, 246
– als Abwehrinstanz 82f, 151, 277, 393
– als Aggression, Destruktion 394
– Angstzustände und 170, 394
– als bewusste Erwerbung 161f
– Es und 150f, 154
– als geistige Autorität 162
– als Gewissensangst s. d.
– als Gottesbild 161
– Ich und 83, 150f, 153f, 160f, 169, 291
– als Introjektion des Vaters 152, 161, 275, 394f
– als kategorischer Imperativ 152, 393
– als koll. Bewusstsein 161, 246f
– als Moral, Moralität 161f, 394
– als moralische Funktion, Widerstand 152f
– als Streben nach Vervollkommnung 152, 393
– als unbewusster Anteil im Ich 83, 151, 153, 160, 169
– als Unmoral 394
– als Ursache des Schuldgefühls 152f, 394
– als Ursprung der Verdrängung 82f, 151, 277
– als verdrängende Instanz 83
– Wiederholungszwang 170
Überpersönliche, das 59, 64, 132, 183, 241, 290, 395ff
Übertragung, -sbeziehung, -ssituation 131, 227, 290, 331, 344f, 356, 358
– Selbstverwirklichung 290
– Überwindung der 290
Übertragungsneurose 292
Übertragungswiderstand 255
Überzeugung 326, 347
ultraviolett 376
Umformung, Umsetzung, Überleitung (s. auch Energie, Libido, Psyche, Sexualfunktion, Symbol, Triebregung, Vorstellung) 81, 190, 196, 215ff, 220, 223ff, 226ff, 229f, 232, 238f, 279, 324, 344, 349f
– Mechanismus der 217, 226f
– Überleitung auf ein Geistiges 349
Umwelt, -seinfluss 45f, 316
unanschaulich (s. auch Archetypus, Grundform, Unbewusstes, koll.) 165, 170, 371, 376, 379ff, 385, 390
Unbekannte, das (s. auch Seele) 193, 326, 380
– Symbol als ein s. d.
Unbestimmtheitsfaktor, Unbestimmbarkeit (s. auch Psyche, Selbst, Unbewusstes, Wirklichkeit) 221, 353, 381ff, 388ff
unbewusst s. Komplex, Motiv, Prozess, Psyche, Regulator, Über-Ich, Vorstellung, Wunsch, Wunscherfüllung
unbewusst-bewusst s. bewusst-unbewusst
Unbewusste, das 14, 20, 35, 48f, 52, 60, 73, 81, 90, 93, 94ff, 98f, 104, 121, 123,

126f, 134ff, 143, 145f, 148f, 152, 157ff, 161f, 164ff, 167, 169f, 183, 188, 192, 230, 246, 258ff, 264, 268, 273, 287, 300, 305, 311f, 318f, 321, 324f, 328, 333, 347, 349, 352f, 360, 363, 370, 380ff, 388, 392
– Abschiebung ins 23, 70, 78f, 90
– Absinken ins 381, 387
– absolutes 263, 388
– Analogie zum «Feld» 385
– anordnende Wirkungen des 388
– Anziehungskraft des 96
– als archaisch 63, 171
– Automatismus des 381
– Autonomie (Eigentätigkeit) des 87, 131, 167, 325
– Beobachtung des 388
– Bewusstheit im 382
– Bewusstsein und 104, 158, 170, 230, 246, 284, 349, 353, 355, 388, 392
– Dynamik des 194
– Dynamisch-Unbewusstes 168
– Einheitsfaktor im 166
– empirischer Nachweis des 24, 37, 40, 103, 143f, 253
– Erkennbarkeit des 392f
– Es und 83, 150f
– Gesetzmässigkeit im 81, 147
– historischer Aspekt des 119
– Ich und 157, 160, 162f, 349
– kollektives Unbewusstes 51, 58f, 97, 143, 165, 170, 172f, 183, 221, 234, 246f, 263, 266f, 293, 302, 306, 347, 353, 368, 373, 380
– – als Niederschlag der Ahnenerfahrung 172, 175
– – als alte Bahnungen, Mutterboden des Bew. 172f
– – als geistige Erbmasse 172
– – Gehirnstruktur und 172, 175
– – als Grundlage des Instinktes 173, 236, 373
– – als historisches Spiegelbild der 174, 236
– – als Innenwelt, geistige 173
– – als objektive Gegebenheit 172
– – persönliches Unbewusstes und 165, 174, 306
– – psychoider, unanschaulicher, seelenähnlicher Bereich des 170f, 380f
– – als raum-zeitlose Seinsform 380
– – als Raum-Zeit-Kontinuum 390
– – als unpersönlich 174
– – Urverdrängung und 97, 143, 169f, 393
– Kompensation durch das 297, 317, 328
– Komplementarität von Bewusstsein und 388
– als korrelativ mit dem Verdrängten 82f, 87, 148, 150f
– Latent-Unbewusstes 146, 168
– Manifestation, Selbstmanifestation des 119, 137, 168, 221, 314
– Mehrwertigkeit (Mehrleistung) des 19, 60, 95f, 109, 166
– als moralisch und unmoralisch 63, 99
– persönliches Unbewusstes 59, 92, 143, 165, 167ff, 170, 174, 306, 381
– – als nichtapperzipiert, subliminal 167ff
– – Unbewusstes, koll. und s. d.
– – als das Verdrängte 143, 167f, 169f
– Psychoid-Unbewusstes s. d.
– Relativierung des 381f
– Selbstmanifestation des 137
– Sexualismus des 192
– Spontaneität des 87, 96, 138, 221, 289, 343, 349
– Steuerung durch das 325
– Struktur des 162, 229f
– transzendentales Ordnungsprinzip im 355
– Triebbedingtheit des 311
– Triebrepräsentanz als Kern des 149
– Überschätzung des 158, 321
– als ubiquitäre Tiefenschicht 171
– Unbestimmbarkeit des 381f
– Unerkennbarkeit des s. d.
– als das Verdrängte s. d.
– als Verdrängt-Unbewusstes 146, 167ff
– als Vorbewusstes 146f, 169
– als Wunsch, verdrängter 311f
– zeitloses 146
– zweierlei 146
Unbekannte, das (s. auch Symbol) 76, 144, 307, 326, 342ff, 350ff, 380

Unbewusstheit 48ff, 56, 94, 246, 279, 288, 290, 344, 382
Unbewusstsein, habituelles 88
Uneinssein mit sich selber 162
Unerkennbarkeit s. Selbst, Über-Ich, Unbewusstes
Ungeist 393f
Ungeschehenmachen 82
Unheimliche, das 396
unkorrigierbar, unreproduzierbar 96, 169
Unlust und Lust (-prinzip) s. Lust
unpersönlich s. Komplex, Motiv, Phantasie
Unpersönliche, das 130
Unschuld 239
unsystematisch (s. auch Dissoziation, Psychose) 294
Unterdrückung 90, 158, 241, 301, 339
Unterweltsfahrt 288
unus mundus 391
Urbild 46, 173, 205, 236, 306, 345, 373, 375
– praeformiertes 373
– als Selbstabbildung des Instinktes 373
Urerfahrung 177, 322, 362
Urgedanken 44, 117
Urgrund, allgemeinmenschlicher, kollektiver 58f, 113, 121, 344, 350f
Urhorde 178
Urkonflikt 206, 272
Urlibido 206
Urphantasie 120, 176
Ursache, ursachelos 252, 257, 260f, 307, 309, 322, 328
– Anordnung, ursachelose 385
– Aufdeckung der 252, 328
Urszene 180ff, 214f
– Anziehungskraft seitens der 111
– Neurose und 214
– Phantasie und 181f, 214f
Urteil 362, 389f
– Ganzheitsurteil 357
urtümlich s. Bild
Urvater, -mord, -mythus 152, 178f, 183, 393
Urverdrängte, das, Urverdrängung 97, 143, 169f, 393
Vater, 84, 110, 123, 152, 193, 199, 205, 211f, 234, 238, 275f, 345, 356, 394f, 397
– Autorität 179, 201, 212, 395
– – Introjektion der 152, 161, 200, 275, 394
– als Former des Schicksals 123, 193
– als moralische Stütze 212
– Religion als Vaterbeziehung 84
– Urvater s. d.
Vaterbild 218, 345f, 351
Vaterideal 84
Vaterkomplex 395
Vatertötung 178
Verantwortung, -sbewusstsein 160, 331
Verdeckung 72
Verdichtung (s. auch Symbolbildung) 72f, 119, 279, 343
Verdichtungsmechanismus 70, 100, 299, 302, 308
verdrängt s. Erinnerung, Erinnerungsspur, Inzestwunsch, Kindheitserinnerung, Kindheitserlebnis, Komplex, Persönlichkeit, Schatten, Sexualfunktion, Symptom, Trauma, Trieb, Ubw., persönl., Vorstellung, Wunsch
Verdrängte, das 74, 80f, 86, 91, 95, 168, 182, 278f, 319
– Bewusstmachung des 148, 252, 255f
– als das Bewusstseinsunfähige 79, 82, 87
– als das Entstellte 341
– als das Früher-Bewusste 86f, 167, 170
– historisch-Verdrängte, das 183
– als inferiorer Teil 91f
– Inkompatibilität des Ich mit dem 85, 98, 189
– Neurose als Wiederkehr des 26, 183, 278
– Rückgängigmachung des 148
– Schatten als das 92, 94
– Symptom als 279
– als Träger des verborgenen Sinnes 288
– Unbewusstes als korrelativ mit dem 82f, 97, 148, 150f
– Unbewusstes, persönl., als 82, 143, 167ff, 170
– Urverdrängte, das 97, 143, 169f, 393
– Verkleidung des 74

– Wiederholung (Wiederkehr), -szwang des 26, 189, 273, 278f
Verdrängt-Unbewusstes 146, 167ff
Verdrängung, -svorgang (s. auch Sexualität) 23, 26, 49, 53, 70, 72, 77, 80, 82ff, 85ff, 88ff, 96, 98f, 167, 180, 189, 196, 201, 211, 215, 219, 227, 246, 255f, 273, 280, 352
– als Abschiebung ins Unbewusste 23, 70, 78f
– Angst und 277, 279
– Assoziationsexperiment und s. d.
– Begründung der 80, 82
– Dissoziationsmechanismus und 23, 57, 98, 167
– als Entschlüpfen ins Ubw. 53
– Entwerten als Motiv der 88f
– historische 183
– Ich, Ichentwicklung, Beziehung zur 82, 273f, 278, 280
– – ichgerechte Bewältigung der 280
– – Ichideal als Quelle der 82
– als moralische Befreiung 99
– Nachdrängen 170
– Neurose 26, 81f, 84, 201, 211, 273f
– – als missglückter Versuch der 26, 94, 273
– Nichts-Als-Verdrängung 65, 83ff, 99
– Rückgängigmachung, Aufhebung der 49, 148, 256, 288, 334, 392
– Substitution, Symbolisierung und 85
– Triebverdrängung 83
– Über-Ich als Ursprung der 82f, 151, 277
– Vergessen als Motiv der 88
– Widerstand als Stütze der 255
Verdrängungslehre 84, 167
Verdrängungsmechanismus 71f, 77, 82, 100, 271, 277, 281, 284, 299
Verdrängungsschub 196, 199, 208
Vereinigung, Überhöhung, Überbrückung (s. auch Gegensätze) 117, 157, 287, 318, 329, 347ff, 350ff
– vereinigendes, synthesenbildendes Symbol s. d.
Verfahren s. Methode
Verfälschung 79, 117, 197, 301
Verfolgungswahn 332
Vergangenheit 32, 127, 183, 203ff, 255f, 260, 262, 280, 283, 298, 351
– Verhaftung an 35
– Wiederholenlassen der 256
Vergessen, das 26, 88f, 167f, 234, 319
– habituelles 89
Verhaltensweisen, habituelle 38, 56 147, 179f
– infantile 255, 382
Verhüllung 321, 342
Verinnerlichung 202
Verkettung 24, 144, 254, 257, 264, 267
Verkleidung 74, 300, 339
Verlagerung 220, 228
verlegen, verlesen, verlieren 26
Verliebtheit in die Mutter 199
Vernunft 153, 158, 363
Verödung (Zerfall) (s. auch Komplex, Persönlichkeit, Psychose) 39, 86, 291, 293f
Versagen s. Ichfunktion
Versagung (Frustration) 80, 201f, 234, 274
Verschiebung 190
Verschiebungsmechanismus (s. auch Zwangsneurose) 43, 48, 70, 73, 82, 87, 94, 100, 258, 279, 299, 302, 308
Verschleierung 72, 197
Versichern, Methode des 252
Versprechen 26, 36
Verstand 362
– Inkommensurabilität von Religion, transzendentaler Wirklichkeit mit dem 362, 380
– jenseits der Kategorien des 380
Verstehen, Verständnis 281, 399
– erklären und verstehen 322f
– hermeneutisches 324
– nach rückwärts, vorwärts 261f
– Symbolverstehen, Symbolverständnis s. d.
Vertebraten 383
Vervollkommnung 152, 393
Verwirklichung 138, 333, 349, 352
– Selbstverwirklichung s. d.
Via regia zum Unbewussten (s. auch Komplex, Traum) 48, 298
Vieldeutigkeit s. Symbolik
Vielheit (s. auch Einheit, Seele) 56, 102f, 105, 195

Vier, Vierheit (s. auch Beziehung, Bisexualität, Ganzheit, Quaternio, Selbst, Temperamente, Traum) 200f, 235, 276, 308, 355ff
- von Beziehungsformen 235, 357
- Grundstruktur, vierfache 235, 276, 356
- von Personen 357
- Struktur der Psyche, vierfache 235
- Symbol der 354f
virtuell (s. auch Punkt, Zentrum) 159, 162, 352f
Vision 18, 265, 289, 306, 312, 319, 321, 349, 358
Vitale, das, Vitalenergie 18f, 22, 216, 246, 315, 319
Volk 120
Vorbewusste, das, vorbewusst 61, 81, 133, 146ff, 153, 155, 161, 169
- Ich und 153, 155, 161
- als Zentrum 81
Vorbewusstmachen und Bewusstmachen 155, 164
Vorhanden- und Sosein (s. auch Synchronizität) 378
Vorherwissen 370, 373
Vorpubertät 207
Vorstellung, -swelt, vorstellen (s. auch Affekt) 34, 43, 55, 70f, 77, 79f, 86, 94, 117, 134, 145f, 148, 169, 172, 192, 213, 229f, 232f, 235, 243, 254, 330, 343, 346, 370, 385, 395
- archaische 290, 295
- archetypische 162, 172, 333, 343, 370, 376f
- bewusstseinsunfähige 48f, 79, 82, 145
- Dissoziation von Affekt und 23, 43, 57, 79, 86, 145, 169
- ererbte Möglichkeiten der 241
- Gefühlston und 34, 42f, 86, 94, 235
- Grenzvorstellung 158
- Grundform des 370
- als praefigurierte Möglichkeit 134
- religiöse 45, 84, 217, 232f, 345f, 363, 395
- Sachvorstellung 148
- Sexualisierung der 192f
- Umformung, Umsetzung, Verwandlung 232, 300
- unbewusste 77, 146, 148, 150, 229, 345
- Urvorstellung 131, 353, 355, 361
- verdrängte 86, 145, 148
- Wortvorstellung s. d.
- Zielvorstellung s. d.
Vorzeit 154, 181
Wachen 161
Wachstum und Todeswille 61
Wahnbildung, -idee, -phantasie, -system 54, 56, 96, 122, 227, 298, 317
Wahnsinn s. Sinn
Wahrheit, innere, symbolische (s. auch Symbol) 238, 250, 290, 305, 311, 350f, 360, 368, 388
Wahrheitswert 25, 196, 203, 360f, 390
- Relativität des 361
Wahrnehmung, -ssystem, -svorgang, -swelt 154ff, 164, 333, 389
- Bewusstsein als 154f
Wahrscheinlichkeit, -sgesetz 255, 385, 389f
Wandel der Besetzung s. d.
Wandlung, Umwandlung, Verwandlung, Wandlungsprozess (s. auch Libido, Persönlichkeit) 72, 93, 104, 138, 163, 216, 218, 223, 229, 241, 348, 361
- der Einstellung 289
- Energie-Umwandler 229
- symbolische 215, 228, 232, 238, 324, 344, 350
Wandlungssubstanz 247
«warum» oder «wozu» 262
Wasser 238
Weckreiz s. Affekt
Weise, der alte 347
Weisheit 240, 306
Welle und Partikel 385
Welt 131, 174f, 305, 330, 373
- Verstrickung in die 190
Weltbild 73, 115, 118, 152, 175, 240, 322, 327, 376f, 388
- archaisches 240, 327, 358
- subjektiv entstelltes 73, 115f
Weltverständnis 329
Wendung nach innen s. Trieb
Wert, wertbetont 75, 125f, 193, 227, 290, 313, 315, 328, 342, 358
- bewusster 227

– energetischer 47, 224f
– Gefühl als 40
– lebensfördernder, -schädigender 315
– Lebenswert 326
– moralischer 93, 152
– subjektiver 390
– symptomatischer 343
Wertechaos 328
Wertintensität (s. auch Energie) 47, 222, 228
Wertung 94, 321, 326, 328
Widerstand (s. auch Neurose, Verdrängung) 24, 94, 124, 215, 255ff, 308
– als Abwehrkraft 24, 255
– Assoziationswiderstand 24, 255
– Durcharbeiten des 256, 280, 392
– Gegenbesetzung als 255, 278
– moralischer 43, 152
– Übertragungswiderstand 255
– Überwindung des 256, 288
Wiedergeburt 165, 238f, 351
– geistige 164, 218
Wiederholung, -stendenz, Wiederholenlassen (s. auch Vergangenheit) 61, 131, 133f, 189, 255f, 319, 337, 341
– früherer Ereignisse 178f
– urzeitlicher Identität (Gleichsetzung) 337, 341
Wiederholungszwang (s. auch Todestrieb, Über-Ich, Verdrängte, das) 53, 152, 170, 189, 244, 273, 279, 393, 396
Wiederkehr (des Verdrängten) 26, 183, 273, 278f, 396
Wille, Willkür 232, 381
Windhauch, befruchtender 238, 393
Wirklichkeit (Realität) 20, 51, 122, 188, 131, 238, 305, 331, 347, 362
– Angst vor der 356
– empirische 222, 353, 391
– fonction du réel 88, 112, 219
– innere, geistige 45, 131, 238, 305, 311, 331, 362
– Korrektur der 111
– Materie und Geist als Aspekte der 390f
– transzendentale, nichtpsychische (s. auch Verstand) 362, 384, 387, 389f, 391, 393, 395
– – Unbestimmtheitsfaktor in der 388f
Wirklichkeit als ungelöstes Problem 122
Wirklichkeitsfunktion 219
Wirklichkeitsverlust 122, 198, 218f, 291
Wissen 156, 326, 362, 399
– als Wahrnehmung 156
– Vorherwissen 370, 373
Wissenschaft, empirische 360, 375
Wissenstrieb 124, 207f
– Fehlentwicklung des 272f, 278
– als Ursache von Entwicklungsstörungen 208
Witz 257
Wollen und Nichtwollen 61, 90, 218, 230, 235
Wort 155
– Sexualobjekt, -vorgang und 337f, 340f, 344
– als Zeichen 341
– Wortvorstellung 148, 155
Wunder, Wunderbare, das 397
Wunsch, -bild, -regung, -tendenz, wünschen 111f, 115, 120, 126, 147, 171, 199, 243, 300, 313, 316, 328, 397
– infantiler 152, 290, 305
– Inzestwunsch s. d.
– Phantasie und 111, 120
– Todeswunsch 300
– Traumwunsch s. d.
– Triebwunsch s. d.
– unbewusster 74, 147, 300f, 311, 328
– verdrängter, unerledigter 147, 301, 311f, 303, 305, 311f
Wunscherfüllung, -sfunktion 26, 74, 110, 112, 120, 126, 153, 171, 278, 300, 302, 311ff
– entstellte 300f, 311
– Symbol als 352
– Traum als s. d.
– unbewusste 74, 174, 300
Wunscherfüllungstheorie 313

Yang-Yin 356

Zahl 396
Zeichen (s. auch Symbol, Symptom, Traum, Wort) 223, 301, 306, 323, 337, 341ff

Zeichendeutung 323
Zeit, Anschauungsformen von Raum und 384
Zeitgeist 320
Zensor, Zensur (s. auch Traum) 25f, 80f, 104, 146, 168, 197, 253, 300ff, 305f, 308f, 339, 352, 369
Zentrum, Zentrierung, -svorgang (s. auch Ich, Persönlichkeit, Selbst) 55, 91, 102ff, 104, 136f, 139, 153, 160f, 166, 307, 352f, 355, 363, 368f, 370f
– schöpferisches 136f
Zerfall s. Verödung
Ziel, -gerichtetheit, -setzung, -strebigkeit (s. auch Archetypus, Leben, Psyche, Traum) 96, 123, 126ff, 189, 191, 257f, 260, 264f, 268, 304f, 311, 321, 371
Zielvorstellung 57, 257f, 284, 324f
– apriorische 370
– Triebziel 43
Zone, erogene 187, 243
Zufall, Zufälligkeit 72, 369, 384
Zukunft, zukünftig (s. auch Persönlichkeit) 19, 101, 125, 127, 261, 320
Zusammenhang (s. auch enchaînement, Kausalnexus, Verkettung) 23f, 26, 33, 40, 78, 144, 197, 225, 254, 257f, 260, 264, 267f, 280, 299, 321, 379, 385
Zwang 51, 54, 394
– Triebzwang 218
Zwangsneurose 42, 80, 84, 86, 88f, 219, 274, 279, 284, 294
– Oszillieren in der 279
– Reaktionsbildung (Gegenbesetzung) in der 279
– Religion als universelle 84, 217
– Verschiebungsmechanismus in der 279
Zweck, -mässigkeit, -sinn 126ff, 262, 264, 305, 323, 374f
Zweckursache 126
Zweifel 255
zweizeitiger Ansatz der Sexualfunktion 196, 206, 243, 273f, 278
– als Ursache der Neurose 196, 278
Zwiegespräch 36
Zwiespalt 218

Weitere Titel im

Daimon Verlag

Kunst und schöpferisches Unbewusstes

Dieser Band vereint drei Aufsätze Erich Neumann's über die Beziehung des Künstlers zur Gesellschaft. In der künstlerischen Arbeit finden nach Neumann die ursprünglich formlosen archetypischen Inhalte einen Ausdruck. Diese Formen werden von der Zeit, der Gesellschaft, dem Raum, in dem sie entstehen, mitbeeinflusst, sie erhalten aber vor allem über die Psyche des kunstschaffenden Individuums ihre eigene Gestalt. Die Aufgabe des Künstlers besteht darin, im Gegensatz zur vorherrschenden Kultur und Norm zu stehen und dadurch schöpferisch zu wirken.

Erscheint im Juni 1980
Inhalt 170 Seiten

DM/Sfr. 22.—

Selbstmord und seelische Wandlung
James Hillman

Hillman versucht den Selbstmordimpuls von innen her zu verstehen, indem er die jeweils beim Einzelnen vorliegende seelische Situation in Betracht zieht. Er kommt dabei zu der Feststellung, dass der Todesimpuls als eine bestimmte Art der Erfahrung des Todes angesehen werden muss, die — so paradox das klingen mag — eine Lebensnotwendigkeit für die menschliche Seele ist, die nur auf dem Weg dieser Erfahrung zu der inneren Wandlung gelangen kann, auf die hin sie angelegt ist.

Das Werk wendet sich an alle, die praktisch und theoretisch mit der analytischen Arbeit verbunden sind und denen die seelischen Wandlungen und Krisen bedeutsam sind.
Inhalt 170 Seiten

DM/Sfr. 22.—

Die Visionen des Niklaus von Flüe
Marie-Louise von Franz

Die Autorin bespricht und interpretiert die Visionen des Einsiedlers Niklaus von Flüe. In einer tiefenpsychologischen Analyse befasst sich Marie-Louise von Franz mit deren Bedeutungen und zeigt Bezüge zur Sagen- und Mythenwelt in faszinierender Weise auf. Durch diese Deutungen wird die Gestalt Niklaus von Flüe's in ihrer archetypischen Dimension beleuchtet. Er verkörperte die Idee des «Priester-Arztes», in der Therapeut und religiöser Seelsorger vereint sind, und dessen heilende Wirkungen durch die eigene Verbindung mit den Mächten des Unbewussten erzeugt werden.

Inhalt 140 Seiten

DM/Sfr. 21.—